# PRIMERA Y SEGUNDA CARTA A LOS

# TESALONICENSES

Gordon D. Fee

**EDITORIAL CLIE**
C/ Ferrocarril, 8
08232 VILADECAVALLS
(Barcelona) ESPAÑA
E-mail: clie@clie.es
**http://www.clie.es**

**PRIMERA Y SEGUNDA CARTA A LOS TESALONICENSES**
ISBN: 978-84-18810-67-1
Depósito Legal: B 10854-2022
Comentarios bíblicos
Nuevo Testamento
Referencia: 225173

Impreso en Estados Unidos de América / *Printed in the United States of America*

# ÍNDICE GENERAL

## SEGUNDA CARTA A LOS TESALONICENSES

# PREFACIO

Cuando acepté ser el editor de esta serie de comentarios, a finales de la década de 1980, una de mis primeras tareas consistió en contactar a algunos de los autores de la serie original para comprobar si estaban dispuestos a producir una segunda edición actualizada de su comentario, sobre todo porque habían transcurrido ya cinco décadas y algunos de los volúmenes no habían aparecido aún. Una de las personas con las que pude hablar personalmente fue Leon Morris, de Melbourne, Australia, cuando me encontraba de visita en aquella ciudad para enseñar y predicar, en la primavera de 1987. Fue un tiempo cordial durante el que descubrí que el profesor Morris ya había decidido ofrecer una segunda edición de su comentario sobre Tesalonicenses, y que lo había hecho a petición de mi predecesor, F. F. Bruce. Aunque por entonces tenía noventa años, seguía en sus plenas facultades. Sin embargo, también estaba prácticamente confinado en su casa, ya que no conducía; de modo que la "revisión" resultó ser algo más que añadir algunos "cambios" en unos pocos pasajes y la puesta al día de algunas notas a pie de página. Al final, su "revisión" fue también lo último que editó el profesor Bruce en la serie.

Como he venido enseñando sobre estas cartas durante más de tres décadas, al menos en tres entornos distintos (Gordon-Conwell Theological Seminary, Regent College y Fuller Theological Seminary), le he dado vueltas durante varios años a la idea de recolocar el comentario del profesor Morris. Ahora, cuando llevo ya cinco años jubilado del Regent College y he terminado algunas cosas que tenía atrasadas, he decidido llevar a cabo este deseo (con el estímulo de los editores). En este intervalo, la literatura secundaria ha proliferado hasta quedar casi fuera del alcance de cualquiera que intente abordar esta tarea. De hecho, aseguraría que la cantidad de literatura secundaria sobre estas cartas se ha duplicado en los últimos quince años, de tal manera que ya no es posible tener la sensación de "dominarla". En realidad, he descubierto tanto material solo en la edición final que con ello bastaría para pedir disculpas por adelantado a todos los que han escrito sobre estas epístolas y no figuran en la bibliografía actual. Es bastante evidente que las que una vez fueron conocidas como "las Cenicientas" del corpus paulino han asistido por fin al baile.

Sin embargo, por todo ello, al margen de los eruditos pertenecientes a la tradición dispensacionalista, la segunda de estas epístolas sigue siendo un tanto "Cenicienta"; la prueba de ello debe encontrarse en la escasez general de literatura secundaria al respecto en comparación con la primera carta. Aunque parte de esto puede atribuirse a que su tamaño es poco más de la mitad de la primera misiva (tiene un cuarenta y cinco por ciento menos de palabras), en su mayor parte parecería más bien que el asunto está relacionado con la diferencia general de los materiales escatológicos en 2:1-12, que muchos eruditos calificarían de indigna del Pablo al que ellos conocen por Gálatas y Romanos, que es el que les gusta. Pero, como lo expresó hace años I. H. Marshall, varios argumentos demasiado débiles (en contra de su autenticidad) no llegan a formar un motivo firme; y, en resumidas cuentas, el prejuicio en contra del contenido de la carta (que nadie se atrevería a admitir) no es una razón adecuada para negar la autoría paulina. Ese instante aparentemente idiosincrático en comparación con el resto del corpus, no supera el contenido de Romanos 9-11.

Por tanto, la obra presente ha sido mayormente un trabajo de amor por el apóstol a quien he llegado a conocer bien a lo largo de los muchos años durante los cuales he enseñado y escrito sobre sus cartas. Y uso el adverbio "mayormente" porque, como ha venido siendo la costumbre de toda mi vida, escribo primero el comentario y después consulto la literatura secundaria, tras lo cual realizo cualquier ajuste necesario y añado las notas adecuadas a pie de página. Aunque gran parte de esos recursos ha sido útil, reconozco cierta frustración hacia aquellos textos que parecen ser algo puramente idiosincrático, impuesto por la cultura académica actual de publicar o desaparecer.

Coincido con otros en que estas dos cartas no son el "plato fuerte" del corpus paulino; sin embargo, están llenas de una sustancia histórica y teológica que las hace merecedoras de cualquier esfuerzo. Cierto es que la gran pasión de la vida de Pablo —judíos y gentiles como un solo pueblo de Dios por medio de Cristo y del Espíritu— no se percibe de manera patente; no obstante, siempre es su propósito subyacente y, por tanto, su preocupación de que estos creyentes (en su mayoría gentiles) entiendan bien los términos de cómo se vive a la luz de la obra de Cristo y del Espíritu.

Gordon D. Fee

# ABREVIATURAS

| | |
|---|---|
| a. e. c. | antes de la era común |
| AB | Anchor Bible |
| ad loc. | hacia el lugar (*ad locum*) |
| AnBib | Analecta Bíblica |
| ANF | The Ante-Nicene Fathers |
| ASV | American Standard Version |
| AT | Antiguo Testamento |
| Atanasio | |
| *Ad Serap.* | *Ad Serapionem* |
| *ATR* | *Anglican Theological Review* |
| 2 Bar. | 2 Baruc |
| *BBR* | *Bulletin for Biblical Research* |
| BDAG | W. Bauer, W. F. Arndt, F. W. Gingrichm and F. W. Danker, *Greek-English Lexicon of the New Testament and Other Early Christian Literature* |
| BDF | F. Blass, A. Debrunner, and R. W. Funk, *A Greek Grammar of the New Testament* |
| BETL | Bibliotheca Ephemeridum Theologicarum Lovaniensium |
| *Bib* | *Biblica* |
| *BibLeb* | *Bibel und Leben* |
| *BK* | *Bibel und Kirche* |
| *BL* | *Bibel und Liturgie* |
| *BR* | *Biblical Research* |
| *BT* | *The Bible Translator* |
| *BTB* | *Biblical Theology Bulletin* |
| BZNW | Beihefte zur *ZNW* |
| ca. | aproximadamente (*circa*) |
| cap. | capítulo |
| *CBQ* | *Catholic Biblical Quarterly* |
| Cicerón | |
| *Att.* | *Epistulae ad Atticum* |
| CNT | Commentaire du Nouveau Testament |
| cp. | compárese |

Dion Crisóstomo
*Orat.* — *Orations*

| | |
|---|---|
| e. c. | era común |
| *Ébib* | *Etude bibliques* |
| ed. | editor, editado por |
| *EDNT* | *Exegetical Dictionary of the New Testament* |
| *EQ* | *Evangelical Quarterly* |
| 2 Esdr. | 2 Esdras |
| esp. | especialmente |
| ESV | English Standard Version |
| ET | English translation |
| *et al.* | y otros (*et alia*) |
| *ETL* | *Ephemerides Theologicae Lovanienses* |
| *ExpTim* | *The Expository Times* |
| FFNT | Foundations and Facets: New Testament |
| *FilolNT* | *Filología Neotestamentaria* |
| *GEP* | G. D. Fee, *Gods Empowering Presence* |
| GNB | Good News Bible (= Today's English Version) |
| gr. | griego |
| *GTJ* | *Grace Theological Journal* |
| *HBT* | *Horizons in Biblical Theology* |
| HNT | Handbuch zum Neuen Testament |
| *HTR* | *Harvard Theological Review* |
| ICC | International Critical Commentary |
| *Int* | *Interpretación* |
| IVPNTC | IVP New Testament Commentary |
| JB | Jerusalem Bible |
| *JBL* | *Journal of Biblical Literature* |
| *JETS* | *Journal of the Evangelical Theological Society* |
| *Jos. Asen.* | *Joseph and Asenath* |
| Josefo | |
| *Ant.* | *Jewish Antiquities* |
| *War.* | *Jewish War* |
| *JSNT* | *Journal for the Study of the New Testament* |
| JSNTSS | Journal for the Study of the New Testament Supplement Series |
| *JTS* | *Journal of Theological Studies* |
| Juan Crisóstomo | |
| *Hom. In 1 Thess.* | *Homiliae in epistulam I ad Thessalonicenses* |
| *Jub.* | *Jubilees* |

| | |
|---|---|
| KEK | Kritisch-exegetischer Kommentar über das Neue Testament |
| KJV | King James Version (= AV) |
| LA | Latín antiguo |
| LCL | Loeb Classical Library (Harvard University) |
| LEC | Library of Early Christianity (ed. W. A. Meeks) |
| lit. | literalmente |
| *LS* | *Louvain Studies* |
| *LTP* | *Laval théologique et philosophique* |
| LXX | Septuaginta |
| m. | murió |
| 1 Mac. | 1 Macabeos |
| MajT | Texto Mayoritario (= texto tipo bizantino) |
| MM | J. H. Moulton y G. Milligan, *The Vocabulary of The Greek New Testament* |
| MS(S) | manuscrito(s) |
| n. (nn.) | nota(s) |
| $NA^{27}$ | E. Nestle, K. Aland, *Novum Testamentum Graece* (27ª ed.) |
| NAB | New American Bible |
| NASB | New American Standard Bible |
| NASU | New American Standard Update |
| NCBC | New Century Bible Commentary |
| NEB | New English Bible |
| *Neot* | *Neotestamentica* |
| NET | The Net Bible |
| NICNT | New International Commentary on the New Testament |
| *NIDNTT* | *The New International Dictionary of New Testament Theology* |
| NIGTC | New International Greek Testament Commentary |
| NIV | New International Version |
| NIVAC | NIV Application Commentary |
| NJB | New Jerusalem Bible |
| NKJV | The New King James Version |
| NLT | New Living Translation |
| *NovT* | *Novum Testamentum* |
| NovTSup | Novum Testamentum, Supplements |
| NRSV | New Revised Standard Version |
| NT | Nuevo Testamento |
| N.T. | nota del traductor |
| *NTS* | *New Testament Studies* |
| NTTS | New Testament Tools and Studies |
| NVI | Nueva Versión Internacional |

| | |
|---|---|
| p. (pp.) | página(s) |
| *P. Flor.* | *Papiro Florentino* |
| *P. Giess.* | *Papiro Giessen* |
| *P. Oxy.* | *Oxyrhyncus Papyri* |
| *PEGLMBS* | *Proceedings, Eastern Great Lakes and Midwest Biblical Societies* |
| Platón | |
| *Rep.* | *La República* |
| PNTC | Pillar New Testament Commentary |
| por ej. | por ejemplo |
| q.v. | *quod vide* (que ve) |
| *RB* | *Revue biblique* |
| REB | Revised English Bible |
| reed. | reeditado |
| rev. | revisado |
| RSV | Revised Standard Version |
| *RTR* | *Reformed Theological Review* |
| RVA | Reina Valera Actualizada |
| RVR1960 | Reina Valera Revisión 1960 |
| s. | siglo |
| Sab. | Sabiduría de Salomón |
| SBLDS | Society of Biblical Literature Dissertation Series |
| SBT | Studies in Biblical Theology |
| *SEÅ* | *Svensk exegetisk årsbok* |
| Sir. | Sirac |
| *SJT* | *Scottish Journal of Theology* |
| SNTSMS | Society for New Testament Studies Monograph Series |
| SP | Sacra Pagina |
| *SR* | *Studies in Religion/Sciences religieuses* |
| *ST* | *Studia theologica* |
| *STK* | *Svensk teologisk kvartalskrift* |
| *SwJT* | *Southwestern Journal of Theology* |
| *T. Job* | *Testamento de Job* |
| *T. Leví* | *Testamento de Leví* |
| *TDNT* | *Theological dictionary of the New Testament* |
| Tertuliano | |
| *Ad. Marc.* | *Adversus Marcionem* |
| TNIV | Today's New International Version |
| TR | Textus Receptus |
| trad. | traducido por |
| *TrinJ* | *Trinity Journal* |

| | |
|---|---|
| *TS* | *Theological Studies* |
| *TSK* | *Theologische Studien und Kritiken* |
| *TU* | *Texte und Untersuchungen* |
| *TynB* | *Tyndale Bulletin* |
| *TZ* | *Theologische Zeitschrift* |
| UBS[4] | United Bible Societies Greek New Testament (4ª ed.) |
| v. (vv.) | versículo(s) |
| *VD* | *Verbum domini* |
| *VT* | *Vetuys Testamentum* |
| WBC | Word Biblical Commentary |
| *WTJ* | *Westminster Theological Journal* |
| WUNT | Wissenschaftliche Untersuchungen zum Neuen Testament |
| *ZNW* | *Zeitschrift für neutestamentliche Wissenschaft* |
| *ZST* | *Zeitschrift für systematische Theologie* |
| *ZTK* | *Zeitschrift für Theologie und Kirche* |

# BIBLIOGRAFÍA

## I. COMENTARIOS

Beale, G. K. *1-2 Thessalonians.* IVPNTC; Downers Grove, Ill.: InterVarsity Press, 2003.

Best, Ernest. *A Commentary on the First and Second Epistles to the Thessalonians.* New York: Harper & Row, 1972.

Bruce, F. F. *1 and 2 Thessalonians.* WBC 45; Waco: Word, 1982.

Calvino, J. *1, 2 Thessalonians.* Wheaton, Ill.: Crossway, 1999.

Dibelius, M. *An die Thessalonicher I, II.* HNT; Tübingen: Mohr, 1937.

Dobschütz, Ernst von. *Die Thessalonicherbriefe.* KEK; Göttingen: Vandenhoeck & Ruprecht, 1909.

Eadie, John. *Commentary on the Greek Text of the Epistles of Paul to the Thessalonians.* Nueva York: Macmillan, 1877.

Ellicott, Charles John. *Commentary on the Epistles of St. Paul to the Thessalonians.* Grand Rapids: Zondervan, 1957 (reed. de la 2ª ed., 1861).

Findlay, G. G. *The Epistles of Paul the Apostle to the Thessalonians.* Grand Rapids: Baker, 1982 (reed. de la ed., 1904).

Frame, James E. *A Critical and Exegetical Commentary on the Epistles of St. Paul to the Thessalonians.* ICC; Edimburgo: T&T Clark, 1912.

Gaventa, Beverly Roberts. *First and Second Thessalonians.* Interpretation; Louisville: John Knox, 1998.

Green, Gene L. *The Letters to the Thessalonians.* PNTC; Grand Rapids: Eerdmans, 2002.

Hendriksen, William. *Exposition of I and II Thessalonians.* Grand Rapids: Baker, 1955.

Hiebert, David E. *The Thessalonian Epistles: A Call to Readiness.* Chicago: Moody, 1971.

Holmes, Michael W. *1 and 2 Thessalonians.* NIVAC; Grand Rapids: Zondervan, 1998.

Holtzmann, Heinrich J. "Die Briefe an die Thessalonicher". HNT; Freiburg, Mohr, 1889, 1-46.

Juel, Donald H. "1 Thessalonians", en *Galatians, Philippians, Philemon, 1 Thessalonians* (por E. Krentz, J. Koenig, y D. H. Juel). Minneapolis: Augsburg, 1985, 213-55.

Lightfoot, J. B. *Notes on Epistles of St Paul from Unpublished Commentaries.* Londres: Macmillan, 1904.

Lünemann, Gottlieb. *Critical and Exegetical Handbook to the Epistles of St. Paul to the Thessalonians.* Trans. P. J. Gloag. Edimburgo: T&T Clark, 1880.

Malherbe, Abraham J. *The Letters to the Thessalonians.* AB 32B; Nueva York: Doubleday, 2000.

Marshall, I. Howard. *1 and 2 Thessalonians.* NCBC; Grand Rapids: Eerdmans, 1983.

Masson, Charles. *Les deux Épîtres de Saint Paul aux Thessaloniciens.* CNT 11; Neuchâtel: Delachaux et Niestlé, 1957.

Milligan, George. *St. Paul's Epistles to the Thessalonians: The Greek Text with Introduction and Notes.* Londres: Macmillan, 1908.

Moffatt, James. "The First and the Second Epistles of Paul the Apostle to the Thessalonians", en *The Expositor's Greek NT* (vol. 4; Londres/Nueva York: Hodder & Stoughton, 1897).

Moore, A. L. *1 and 2 Thessalonians.* Londres; Camden, N.J.: Nelson, 1969.

Morris, Leon. *The First and Second Epistles to the Thessalonians.* NICNT; 2ª ed.; Grand Rapids: Eerdmans, 1991.

Plummer, A. *A Commentary on St. Paul's First Epistle to the Thessalonians.* Londres: Robert Scott, 1918.

Richard, Earl J. *First and Second Thessalonians.* SP 11; Collegeville, Minn.: Liturgical Press, 1995.

Rigaux, Béda. *Saint Paul: Les Épîtres aux Thessaloniciens.* ÉBib; Paris: Gabalda, 1956.

Thomas, R. L. "1 and 2 Thessalonians", en *The Expositor's Bible Commentary,* vol. 11 (ed. F. E. Gaebelein). Grand Rapids: Zondervan, 1978.

Wanamaker, Charles A. *The Epistle to the Thessalonians: A Commentary on the Greek Text.* NIGTC; Grand Rapids: Eerdmans, 1990.

Whiteley, Denys E. H. *Thessalonians in the Revised Standard Version, With Introduction and Commentary.* Nueva York/Londres: Oxford University Press, 1969.

Witherington, Ben III. *1 and 2 Thessalonians: A Socio-Rhetorical Commentary.* Grand Rapids: Eerdmans, 2006.

## II. OTRAS OBRAS

Amphoux, C. B. "1 Th 2,14-16: Quel Juifs sont-ils mis en cause par Paul?". *FilolNT* 16 (2003), 85-101.

Argyle, A. W. "Parallels between the Pauline Epistles and Q", *ExpTim* 60 (1948/49), 318-20.

Ascough, R. S. "A Question of Death: Paul's Community-Building Language in 1 Thessalonians 4:13-18", *JBL* 123 (2004), 509-30.

Aune, D. *Prophecy in Early Christianity and the Ancient Mediterranean World.* Grand Rapids: Eerdmans, 1983.

Aune, D. C. "Trouble in Thessalonica: An Exegetical Study of I Thess 4:9-12, 5:12-14 and II Thess 3:6-15 in Light of First-Century Social Conditions", inédito. Tesis de Maestría en Teología (Vancouver, B.C.: Regent College, 1989).

Aus, R. D. "The Liturgical Background of the Necessity and Propriety of Giving Thanks according to 2 Thes 1:3", *JBL* 92 (1973), 432-38.

______ "The Relevance of Isaiah 66:7 to Revelation 12 and 2 Thessalonians 2", *ZNW* 67 (1976), 252-68.

Bahr, G. J. "Paul and Letter Writing in the First Century", *CBQ* 28 (1966), 465-77.

Bailey, J. A. "Who Wrote II Thessalonians?", *NTS* 25 (1979), 131-45.

Baltensweiler, H. "Erwägungen zu 1 Thess 4.3-8", *TZ* 19 (1963), 1-13.

Bammel, E. "Judenverfolgung und Naherwartung: Zur Eschatologie des Ersten Thessalonicherbriefs", *ZTK* 56 (1959), 294-315.

______ "Preparation for the Perils of the Last Days: 1 Thessalonians 3:3", en *Suffering and Martrydom in the New Testament: Studies Presented to G. M. Styler by the Cambridge New Testament Seminar* (ed. W. Horbury y B. McNeil). Cambridge: Cambridge University Press, 1981, 91-100.

Barclay, J. M. G. "Conflict in Thessalonica", *CBQ* 55 (1993), 512-30.

Bassler, J. M. "The Enigmatic Sign: 2 Thessalonians 1:5", *CBQ* 46 (1984), 496-510.

______ Σκεῦος: A Modest Proposal for Illuminating Paul's Use of Metaphor in 1 Thessalonians 4:4", en *The Social World of the First Christians: Essays in Honor of Wayne A. Meeks* (ed. L. M. White y O. L. Yarbrough). Minneapolis: Fortress, 1995, 53-66.

Bauckham, Richard. *God Crucified: Monotheism and Christology in the New Testament.* Grand Rapids: Eerdmans, 1999.

______"The Sonship of the Historical Jesus in Christology", *SJT* 31 (1978), 245-60.

Baumert, N. "'Ομειρόμενοι in 1 Thess 2,8", *Bib* 68 (1987), 552-63.

______"'Wir lassen uns nicht beirren': Semantische Fragen in 1 Thess 3,2f", *FilolNT* 5 (1992), 45-60.

Beauvery, R. "Πλεονεκτεῖν in 1 Thess 4.6a", *VD* 33 (1955), 78-85.

Beck, N. A. "Anti-Jewish Polemic in the Epistles of Paul", en *Mature Christianity: The Recognition and Repudiation of the Anti-Jewish Polemic in the New Testament* (Londres: Associated University Press, 1981), 39-50.

Benson, G. P. "Note on 1 Thessalonians 1.6", *ExpTim* 107 (1996), 143-44.

Black, D. A. "The Weak in Thessalonica: A Study in Pauline Lexicography", *JETS* 25 (1982), 307-21.

Blumenthal, C. "Was sagt 1 Thess 1.9b-10 über die Adressaten des 1 Thess? Literarische und historische Erwägungen", *NTS* 51 (2005), 96-105.

Bockmuehl, M. N. A. "'The Trumpet Shall Sound': *Shofar* Symbolism and Its Reception in Early Christianity", en *Templum Amicitiae: Essays on the Second Temple Presented to Ernst Bammel* (ed. W. Horbury; JSNTSS 48; Sheffield: JSOT Press, 1991), 199-225.

Boers, H. "The Form-Critical Study of Paul's Letters: 1 Thessalonians as a Case Study", *NTS* 22 (1976), 140-58.

Brown, C. "The Parousia and Eschatology in the NT", *NIDNTT* 2: 901-35.

Burke, T. J. "Pauline Paternity in 1 Thessalonians", *TynB* 51 (2000), 59-80.

Byrskog, S. "Co-senders, Co-authors and Paul's Use of the First Person Plural", *ZNW* 87 (1996), 230-50.

Capes, D. B. *Old Testament Yahweh Texts in Paul's Christology.* WUNT 2/47; Tübingen: Mohr Siebeck, 1992.

Caragounis, C. C. "Parainesis on 'agiasmos (1 Th 4:3-8)", *FilolNT* 15 (2002), 133-51.

Carras, G. P. "Jewish Ethics and Gentile Converts: Remarks on 1 Thes 4.3-8", in Collins, *Thessalonians Correspondence,* 306-15.

Cerfaux, Lucien. "*'Kyrios'* dans les citations pauliniennes de l'Ancien Testament", *ETL* 20 (1943), 5-17.

Chadwick, H. "1 Thess. 3:3: σαίνεσθαι", *JTS* 1 (1950), 156-58.

Collins, R. F. *Studies in the First Letter to the Thessalonians.* BETL 66; Leuven: Leuven University Press, 1984.

______ Ed. *The Thessalonians Correspondence.* BETL 87; Leuven: Leuven University Press, 1990.

______"This Is the Will of God: Your Sanctification (1 Thess 4:3)", *LTP* 39 (1983), 27-53.

Coppens, J. "Une diatribe antijuive dans I Thess. II, 13-16", *ETL* 51 (1975), 90-95.

Cortozzi, S. "1 Thes 2:7 — A Review", *FilolNT* 12 (1999), 155-60.

Cosby, M. R. "Hellenistic Formal Receptions and Paul's Use of ΑΠΑΝΤΗΣΙΣ in 1 Thessalonians 4:17", *BBR* 4 (1994), 15-34.

Crawford, C. "The 'Tiny' Problem of 1 Thessalonians 2,7: The Case of the Curious Vocative", *Bib* 54 (1973), 69-72.

Delobel, J. "One Letter Too Many in Paul's First Letter? A Study of (ν)ηπιοι in 1 Thess 2:7", *LS* 20 (1995), 126-33.

Donfried, K. P. "The Cults of Thessalonica and the Thessalonian Correspondence", *NTS* 31 (1985), 342-52.

______"The Imperial Cults and Political Conflict in 1 Thessalonians", en *Paul and Empire: Religion and Power in Roman Imperial Eschatology* (ed. R. A Horsley). Harrisburg: Trinity, 1997, 158-66.

______ "The Kingdom of God in Paul", en *The Kingdom of God in 20th-Century Interpretation* (ed. W. L. Willis). Peabody, Mass.: Hendrickson, 1987, 175-90.

______ "Paul and Judaism: 1 Thessalonians 2:13-16 as a Test Case", *Int* 38 (1984), 242-53.

______ *Paul, Thessalonica, and Early Christianity*. Grand Rapids: Eerdmans, 2002.

______ "Was Timothy in Athens? Some Exegetical Reflections on 1 Thess. 3.1-3", en *Paul, Thessalonica, and Early Christianity* (London: T&T Clark, 2002), 209-19.

Dunham, D. A. "2 Thessalonians 1:3-10: A Study in Sentence Structure", *JETS* 24 (1981), 39-46.

Dunn, James D. G. *Baptism in the Holy Spirit*. SBT 2/15; Londres: SCM, 1970.

______ *Jesus and the Spirit*. Philadelphia: Westminster, 1975. *Jesús y el Espíritu*. Viladecavalls: CLIE, 2014.

______ *The Theology of Paul the Apostle*. Grand Rapids: Eerdmans, 1998.

Duplacy, J. "Histoire des manuscrits et histoire du texte du N.T.: Quelques réflexions méthodologiques", *NTS* 12 (1965/66), 124-39.

Dupont, J. "'Avec le Seigneur' a la Parousie", en *SUN QRISTOU: L'union avec le Christ suivant Saint Paul*. Paris: Desclée de Brouwer, 1952, 39-79.

Edgar, T. R. "The Meaning of 'Sleep' in 1 Thessalonians 5:10", *JETS* 22 (1979), 345-49.

Elgvin, T. "'To Master His Own Vessel': 1 Thess 4:4 in Light of New Qumran Evidence", *NTS* 43 (1997), 604-19.

Ellingworth, P. "Which Way Are We Going? A Verb of Movement, Especially in 1 Thess 4:14b", *BT* 25 (1974), 426-31.

Ellis, E. E. "Paul and His Co-Workers", *NTS* 17 (1971), 437-52.

Evans, C. A. "Ascending and Descending with a Shout: Psalm 47.6 and 1 Thessalonians 4.16", en *Paul and the Scriptures of Israel* (ed. C. A. Evans y J. A. Sanders; JSNTSup 83). Sheffield: Sheffield Academic Press, 1993, 238-53.

Exler, F. X. J. *The Form of the Ancient Greek Letter of the Epistolary Papyri (3rd c. B.C.-3rd c. A.D.)*. Chicago: University of Chicago Press, 1923.

Faw, C. E. "On the Writing of First Thessalonians", *JBL* 71 (1952), 217-32.

Fee, G. D. *Galatians: [A] Pentecostal Commentary*. Blandford Forum: Deo Publishing, 2007.

______ "*Laos* and Leadership under the New Covenant: Some Exegetical and Hermeneutical Observations on Church Order", en *Gospel and Spirit: Issues in New Testament Hermeneutics*. Peabody, Mass.; Hendrickson, 1991, 120-43.

______ *New Testament Exegesis: A Handbook for Students and Pastors*. 3ª ed.; Louisville: Westminster John Knox, 2002.

______ "On Text and Commentary on 1 and 2 Thessalonians", en *SBL 1992 Seminar Papers* (ed. E. H. Lovering Jr.). Atlanta: Scholars Press, 1992, 165-83.

______ *Pauline Christology: An Exegetical-Theological Study.* Peabody, Mass.: Hendrickson, 2007.

______ *Paul's Letter to the Philippians.* NICNT; Grand Rapids: Eerdmans, 1995.

______ y M. L. Strauss. *How to Choose a Translation for All Its Worth.* Grand Rapids: Zondervan, 2007.

Ferguson, E. *Backgrounds of Early Christianity.* 2ª ed.; Grand Rapids: Eerdmans, 1993.

Förster, G. "1 Thessalonicher 5,1-10", *ZNW* 17 (1916), 169-77.

Foucant, C. "Les Fils du Jour (1 Thess 5,5)", en *The Thessalonians Correspondence* (ed. R. F. Collins), 348-55.

Fowl, S. "A Metaphor in Distress: A Reading of ΝΗΠΙΟΙ in 1 Thessalonians 2.7", *NTS* 36 (1990), 469-73.

Fredrickson, E. "Passionless Sex in 1 Thessalonians 4:4-5", *Word & World* 23 (2003), 23-30.

Fudge, E. "The Final End of the Wicked", *JETS* 27 (1984), 325-34.

Funk, R. W. "The Apostolic Presence: Paul", en *Parables and Presence: Forms of the New Testament Tradition.* Philadelphia: Fortress, 1982, 81-102.

Gaventa, B. "Apostles as Babes and Nurses in 1 Thessalonians 2:7", en *Faith and History: Essays in Honor of Paul W. Meyer* (ed. J. T. Carroll, C. H. Cosgrove y E. E. Johnson). Atlanta: Scholars Press, 1991, 193-207.

Geiger, G. "1 Thess 2,13-16: Der Initiationstext des christlichen Antisemitismus?". *BL* 59 (1986), 154-60.

Giblin, C. H. *In Hope of God's Glory: Pauline Theological Perspectives.* Nueva York: Herder and Herder, 1970.

______ *The Threat to Faith: An Exegetical-Theological Re-examination of 2 Thessalonians 2.* AnBib 31; Rome: Pontifical Biblical Institute, 1967.

Gilliard, F. D. "Paul and the Killing of the Prophets in 1 Thess. 2:15", *NovT* 36 (1994), 259-70.

______ "The Problem of the Antisemitic Comma between 1 Thessalonians 2.14 and 15", *NTS* 35 (1989), 481-502.

Gillman, J. "Paul's εἴσοδος: The Proclaimed and the Proclaimer (1 Thess 2,8)", en R. F. Collins, *Thessalonians Correspondence,* 62-70.

Goulder, M. D. "Silas in Thessalonica", *JSNT* 48 (1992), 87-106.

Gribomont, J. "Facti sumus parvuli: La charge apostolique (1 Th 2,1-12)", en *Paul de Tarse: Apôtre de notre temps* (ed. A.-L. Descamps et al.; Série monographique de 'Benedictina'; Section Paulinienne 1; Rome: Abbaye de S. Paolo [1979]), 311-38.

Gundry, R. "A Brief Note on 'Hellenistic Formal Receptions and Paul's Use of ΑΠΑΝΤΗΣΙΣ en 1 Thessalonians 4:17'", *BBR* 6 (1996), 39-41.

______ "The Hellenization of Dominical Tradition and Christianization of Jewish Tradition in the Eschatology of 1-2 Thessalonians", *NTS* 33 (1987), 161-78.

Gunkel, H. *The Influence of the Holy Spirit.* Philadelphia: Fortress, 1979 (pub. original, 1888), 30-42.

Haacker, K. "Elemente des heidnischen Antijudaismus im Neuen Testament", *ExpTim* 48 (1988), 404-18.

Harris, J. R. "A Study in Letter-Writing", *Expositor* 5/8 (1898), 161-80.

Harrison, J. R. "Paul and the Imperial Cult at Thessaloniki", *JSNT* 25 (2002), 71-96.

Heikel, J. A. "1. Thess. 3,2", *TSK* 106 (1935), 316.

Heil, J. H. "Those Now 'Asleep' (Not Dead) Must Be 'Awakened' for the Day of the Lord in 1 Thess 5.9-10", *NTS* 46 (2000), 464-71.

Hengel, M. *The Son of God: The Origin of Christology and the History of Jewish-Hellenistic Religion.* Philadelphia: Fortress Press, 1976.

Hewett, J. A. "1 Thessalonians 3.13", *ExpTim* 87 (1975-76), 54-55.

Hock, R. F. "Paul's Tentmaking and the Problem of His Social Class", *JBL* 97 (1978), 555-64.

______ *The Social Context of Paul's Ministry.* Philadelphia: Westminster, 1980.

Holtz, T. "The Judgement on the Jews and the Salvation of All Israel: 1 Thes 2,15-16 and Rom 11,25-26", en *The Thessalonians Correspondence* (ed. R. F. Collins, 1990), 284-94.

Hoppe, R. "Der *Topos* der Prophetenverfolgung", *NTS* 50 (2004), 535-49.

Horbury, W. "1 Thessalonians 2,3 as Rebutting the Charge of False Prophecy", *JTS* 33 (1982), 492-508.

Howard, T. L. "The Meaning of 'Sleep' in 1 Thessalonians 5:10 — A Reappraisal", *GTJ* 6 (1985), 337-48.

Hughes, F. W. *Early Christian Rhetoric and 2 Thessalonians.* JSNTSS 30; Sheffield: JSOT Press, 1989.

Hunt, A. S. y C. C. Edgar (eds.). *Select Papyri I.* LCL; Cambridge, Mass.: Harvard University Press, 1932.

Hunter, A. M. *Paul and His Predecessors.* 2da ed.; Londres: SCM, 1961.

Hurd, J. C. "Paul ahead of His Time: 1 Thess. 2:13-16", en *Anti-Judaism in Early Christianity,* vol. 1: *Paul and the Gospels* (ed. P. Richardson y D. Granskou). Waterloo, Ont.: Wilfrid Laurier University Press, 1986, 21-36.

Hurtado, L. W. *Lord Jesus Christ: Devotion to Jesus in Earliest Christianity.* Grand Rapids: Eerdmans, 2003.

Hyldahl, N. "Jesus og joderne ifolge 1 Tess 2, 14-16", *SEÅ* 37/38 (1972/73), 238-54.

Jensen, J. "Does *Porneia* Mean Fornication? A Critique of Bruce Malina", *NovT* 20 (1978), 161-84.

Jeremias, J. *Unknown Sayings of Jesus.* Londres: SPCK, 1958.

Jewett, R. *Paul's Anthropological Terms: A Study of Their Use in Conflict Settings.* Leiden: Brill, 1971.

______ *The Thessalonian Correspondence: Pauline Rhetoric and Millenarian Piety.* Philadelphia: Fortress, 1986. "The Form and Function of the Homiletic Benediction", *ATR* 51 (1969), 18-34.

______ "Tenement Churches and Communal Meals in the Early Church: The Implications of a Form-Critical Analysis of 2 Thessalonians 3:10", *BR* 38 (1993), 23-43.

de Jonge, H. J. "The Original Setting of the Χριστος ἀπέθανεν ὑπέρ formula". Collins, *Thessalonians Correspondence,* 229-35.

Judge, E. A. "The Decrees of Caesar at Thessalonica", *RTR* 30 (1971), 1-7.

Juel, D. *Messianic Exegesis: Christological Interpretation of the Old Testament in Early Christianity.* Philadelphia: Fortress, 1988.

Keck, L. E. "Images of Paul in the New Testament", *Int* 43 (1989), 341-51.

Kemmler, D. W. *Faith and Human Reason: A Study of Paul's Method of Preaching as Illustrated by 1-2 Thessalonians and Acts 17,2-4.* NovTSup 40; Leiden: Brill, 1975.

Kern, P. H. *Rhetoric and Galatians: Assessing an Approach to Paul's Epistle.* SNTSMS 101; Cambridge: Cambridge University Press, 1998.

Kim, S. "Paul's Entry (εἴσοδος) and the Thessalonians' Faith (1 Thessalonians 1-3)", *NTS* 51 (2005), 37-47.

Klassen, W. "The Sacred Kiss in the New Testament: An Example of Social Boundary Lines", *NTS* 39 (1993), 122-35.

Kloppenborg, J. "ΦΙΛΑΔΕΛΦΙΑ, ΘΕΟΔΙΔΑΚΤΟΣ and the Dioscuri: Rhetorical Engagement in 1 Thessalonians 4.9-12", *NTS* 39 (1993), 265-89.

Knox, A. D. "Τὸ μηδένα σαίνεσθαι έν ταῖς θλίψεσιν ταύταις (1 Thess. 3,3)", *JTS* 25 (1924), 290-91.

Koenig J. *Jews and Christians in Dialogue: New Testament Foundations.* Philadelphia: Westminster, 1979.

Koester, H. "The Text of First Thessalonians", en *The Living Text: Essays in Honor of Ernest W. Saunders* (ed. D. E. Groh y R. Jewett). Lanham, Md.: University Press of America, 1985, 219-27.

Konradt, M. "Είδέναι ἕκαστον ὑμῶν τὸ ἑαυτοῦ σκεῦος κτᾶσθαι… Zu Paulus' sexualethischer Weisung in 1 Thess 4,4f", *ZNW* 92 (2001), 128-35.

Kreitzer, L. *Jesus and God in Paul's Eschatology.* JSNTSS 19; Sheffield: Academic Press, 1987.

Kuhn, H.-W. "Die Bedeutung der Qumrantexte für Verstandnis des Ersten Thessalonicherbriefes: Vorstellung des Münchener Projekts: Qumran und das Neue Testament", en *The Madrid Qumran Congress: Proceedings of the International Congress on the Dead Sea Scrolls* (ed. J. T. Baretta y L. V. Montauer). Leiden: Brill, 1992, 1:339-53.

Küng, H. *On Being a Christian*. Garden City, N.Y.: Doubleday, 1976.

Kurichialnil, J. "If Any One Will Not Work, Let Him Not Eat", *Biblehashyam* 21 (1995), 184-203.

Lake, K. *The Early Epistles of St. Paul*. Londres: Rivingtons, 1911.

Lambrecht, J. "Loving God and Steadfastly Awaiting Christ (2 Thessalonians 3,5)", *ETL* 76 (2000), 435-41.

Lamp, J. S. "Is Paul Anti-Jewish? *Testament of Levi* 6 in the Interpretation of 1 Thessalonians 2:13-16", *CBQ* 65 (2003), 408-27.

Langevin, P-É. "L'intervention de Dieu, selon 1 Thess 5,23-24: Déja le salut par grâce", en *The Thessalonians Correspondence* (ed. R. F. Collins), 236-56.

Laurent, J. C. M. "Der *Pluralis maiestaticus* in den Thessalonicherbriefen", *STK* 41 (1868), 159-66.

Lautenschlager, M. "Εἴτε γρηγορῶμεν εἴτε καθεύδωμεν: Zum Verhältnis von Heiligung und Heil in 1 Thess 5,10", *ZNW* 81 (1990), 39-59.

Légasse, S. "Paul et les Juifs d'après 1 Thessaloniciens 2,13-16", *RB* 104 (1997), 527-91.

______ "Vas suum possidere (1 Th 4,4)", *FilolNT* 10 (1997), 105-15.

Lofthouse, W. F. "'I' and 'We' in the Pauline Letters", *BT* 6 (1955), 72-80.

Lucchesi, E. "Précédents non bibliques à l'expression néo-testamentaire: 'Les temps et les moments'", *JTS* 28 (1977), 537-40.

Lyons, G. *Pauline Autobiography: Toward a New Understanding*. SBLDS 73; Atlanta: Scholars Press, 1985.

Maarten, M. J. J. "Paradise Regained or Still Lost? Eschatology and Disorderly Behaviour in 2 Thessalonians", *NTS* 38 (1992), 271-89.

Malherbe, A. J. "'Gentle as a Nurse': The Cynic Background to 1 Thess. II", *NovT* 12 (1970), 203-17.

______. "'Pastoral Care' in the Thessalonian Church", *NTS* 36 (1990), 375-91.

______ *Paul and the Popular Philosophers*. Minneapolis: Fortress, 1989.

Malina, B. "Does *Porneia* Mean Fornication?", *NovT* 14 (1972), 10-17.

Martin, W. "'Example' and 'Imitation' in the Thessalonian Correspondence", *SwJT* 42 (1999), 39-49.

McCaig, A. "Thoughts on the Tripartite Theory of Human Nature", *EQ* 3 (1931), 121-38.

McGehee, M. "A Rejoinder to Two Recent Studies dealing with 1 Thess 4:4", *CBQ* 51 (1989), 82-89.

Mearns, C. L. "Early Eschatological Development in Paul: The Evidence of I and II Thessalonians", *NTS* 27 (1980/81), 137-57.

Meeks, W. A. *The First Urban Christians: The Social World of the Apostle Paul.* New Haven: Yale University Press, 1983.

Metzger, B. M. *The Text of the New Testament.* Ed. rev. con B. Ehrman. Nueva York: Oxford University Press, 2005.

______ *A Textual Commentary on the Greek New Testament.* 2da ed.; Londres/ Nueva York: United Bible Societies, 1994.

Meyer, B. F. "Did Paul's View of the Resurrection of the Dead Undergo Development?", *TS* 47 (1986), 363-87.

Michaels, J. R. "Everything That Rises Must Converge: Paul's Word from the Lord", en *To Tell the Mystery: Essays on New Testament Eschatology in Honor of Robert H. Gundry* (ed. T. F. Schmidt y M. Silva; JSNTSS 100; Sheffield: JSOT Press, 1994), 182-95.

Michel, O. "Fragen zu 1 Thessalonicher 2,14-16: Antijüdische Polemik bei Paulus", en *Antijüdäismus im Neuen Testament? Exegetische und systematische Beitrage* (ed. W. P. Eckert, N. P. Levison y Martin Stöhr). Munich: Chr. Kaiser, 1967, 50-59.

Mitchell, M. M. "New Testament Envoys in the Context of Greco-Roman Diplomatic and Epistolary Convention: The Example of Timothy and Titus", *JBL* 111 (1992), 641-62.

Moore, A. L. *The Parousia in the New Testament.* NovTSup 13; Leiden: Brill, 1966.

Morris, L. "ΚΑΙ ΑΠΑΞ ΚΑΙ ΔΙΣ", *NovT* 1 (1956), 205-8.

Moule, C. F. D. *An Idiom Book of New Testament Greek.* 2da ed.; Cambridge: Cambridge University Press, 1963.

______ *The Origin of Christology.* Cambridge: Cambridge University Press, 1977.

Müller, P. -G. "The Human Paul of the New Testament: Anti-Judaism in I Thess 2:14-16", *BK* 44 (1989), 58-65.

Munck, J. "I Thess. 1:9-10 and the Missionary Preaching of Paul: Textual Exegesis and Hermeneutical Reflections", *NTS* 9 (1963), 95-110.

Murrell, N. S. "The Human Paul of the New Testament: Anti-Judaism in 1 Thess 2:14-16", *PEGLMBS* 14 (1994), 169-86.

Nepper-Christensen, P. "Das verborgene Herrnwort: Eine Untersuchung über 1. Thess 4,13-18", *ST* 19 (1965), 136-54.

Nestle, E. "I Thess. III,3", *ExpTim* 18 (1907), 361-62.

Neusner, J. *The Mishnah: A New Translation.* New Haven: Yale University Press, 1988.

Nicholl, C. "Michael the Restrainer Removed (2 Thess. 2:6-7)", *JTS* 51 (2000), 27-53.

O'Brien, P. T. *Introductory Thanksgivings in the Letters of Paul.* NovTSup 49; Leiden: Brill, 1977.

Ollrog, W. H. *Paulus und seine Mitarbeiter.* Neukirchen: Neukirchener, 1979.

Parry, St. John R. "σαίνεσθαι, I Thess. III,3", *JTS* 25 (1923/24), 405.

Pearson, B. A. "1 Thessalonians 2:13-16: A Deutero-Pauline Interpolation", *HTR* 64 (1971), 79-94.

Perdelwitz, R. "Zu σαίνεσθαι ἐν ταῖς θλῖψεσιν ταύταις, 1 Thess. 3,3", *TSK* 86 (1913), 613-15.

Petersen, E. "Die Einholung des Kyrios", *ZST* 7 (1930), 682-702.

Pfitzner, V. C. *Paul and the Agon Motif.* NovTSup 16; Leiden: Brill, 1962.

Plevnik, J. "The Destination of the Apostle and of the Faithful: Second Corinthians 4:13b-14 and First Thessalonians 4:14", *CBQ* 62 (2000), 83-95.

Porter, S. E. "Hermeneutics, Biblical Interpretation, and Theology: Hunch, Holy Spirit, or Hard Work?", en I. H. Marshall, *Beyond the Bible: Moving from Scripture to Theology.* Grand Rapids: Baker, 2004, 97-128.

Quarles, C. L. "The ΑΠΟ of 2 Thessalonians 1:9 and the Nature of Eternal Punishment", *WTJ* 59 (1997), 201-11.

Reinhartz, Adele. "On the Meaning of the Pauline Exhortation: '*mimētai mou ginesthe* — become imitators of me'", *SR* 16 (1987), 393-403.

Rensberg, F. J. J. van. "An Argument for Reading νήπιοι in 1 Thessalonians 2:7", en *A South African Perspective on the New Testament: Essays by South Atrica New Testament Scholars Presented to Bruce M. Metzger* (ed. J. H. Petzer y P. T. Hartin: Leiden: Brill, 1986), 252-59.

Richardson, P. *Israel in the Apostolic Church.* London: Cambridge University Press, 1969.

Roberts, J. H. "The Eschatological Transitions to the Pauline Letter Body", *NovT* 20 (1986), 29-35.

Rosner, B. "Seven Questions for Paul's Ethics: 1 Thessalonians 4:1-12 as a Case Study", en *Understanding Paul's Ethics.* Grand Rapids: Eerdmans, 1995, 351-60.

Russell, R. "The Idle in 2 Thess 3.6-12: An Eschatological or a Social Problem?", *NTS* 34 (1988), 105-19.

Sailors, T. B. "Wedding Textual and Rhetorical Criticism to Understand the Text of 1 Thessalonians 2,7", *JSNT* 80 (2000), 81-98.

Schmidt, D. D. "1 Thess 2:13-16: Linguistic Evidence for an Interpolation", *JBL* 102 (1983), 269-79.

Schnider, F. y W. Stenger. *Studien zum neutestamentlichen Briefformular.* NTTS 11; Leiden: Brill, 1987.

Schubert, P. *Form and Function in the Pauline Thanksgivings.* BZNW 20; Berlin: Töpelmann, 1939.

Simpson, J. W. Jr., "The Problems Posed by 1 Thessalonians 2:15-16 and a Solution", *HBT* 12 (1990), 42-72.

Smith, C. "Ἀδιαλείπτως Προσεύχεσθε: Is Paul Serious?". *Presbyterion* 22 (1996), 113-20.

Smith, J. E. "Another Look at 4Q416 2 ii.21: A Critical Parallel to First Thessalonians 4:4", *CBQ* 63 (2001), 499-504.

______ "1 Thess 4:4 — Breaking the Impasse", *BBR* 11 (2001), 65-105.

Spicq, D. "Les Thessaloniciens 'inquiets' étaient-ils des paresseux?", *ST* 10 (1956), 1-13.

Stambaugh J. E. y D. L. Balch. *The New Testament in Its Social Environment.* LEC; Philadelphia: Westminster, 1986.

Steele, E. S. "Jewish Scripture in 1 Thessalonians", *BTB* 14 (1984), 15.

Stein, R. H. "Did Paul's Theology Develop? (1 Thess. 4:13-18)", en *Difficult Passages in the Epistles* (Grand Rapids: Baker, 1988), 82-88.

Stephenson, A. M. G. "On the Meaning of ἐνέστηκεν ἡ ἡμέρα τοῦ κυριοῦ en 2 Thessalonians 2,2", *TU* 102 (1968), 442-51.

Still, T. D. *Conflict at Thessalonica: A Pauline Church and Its Neighbors.* JSNTSS 183; Sheffield: Sheffield Academic Press, 1999.

Stowers, S. K. *Letter Writing in Greco-Roman Antiquity.* LEC 5; Philadelphia: Westminster, 1986.

Taylor, N. H. "Who Persecuted the Thessalonian Christians?". *Hervormde Teologiese Studies* 58 (2002), 784-801.

Tuckett, C. M. "Synoptic Tradition in 1 Thessalonians?", en R. F. Collins (ed.), *The Thessalonians Correspondence,* 160-82.

Turner, N. *Grammatical Insights into the New Testament.* Edinburgh: T&T Clark, 1965.

van Unnik, W. C. "'Den Geist löschet nicht aus' (1 Thessalonicher v 19)", *NovT* 10 (1968), 255-69.

Verhoef, E. "Die Bedeutung des Artikels tån in 1 Thess 2.15", *Biblische Notizen* 80 (1995), 41-46.

Wainwright, A. "Where Did Silas Go? (And What Was His Connection with *Galatians?*)", *JSNT* 8 (1980), 66-70.

Ware, J. "The Thessalonians as a Missionary Congregation: 1 Thessalonians 1,5-8", *ZNW* 83 (1992), 126-31.

Waterman, G. H. "The Sources of Paul's Teaching on the 2nd Coming of Christ in 1 and 2 Thessalonians", *JETS* 18 (1975), 105-13.

Watts, R. "The Meaning of *Alaw Yiqpesu Melakim Pihem* in Isaiah LII 15", *VT* 40 (1990), 327-35.

Weima, J. A. D. "An Apology for the Apologetic Function of 1 Thessalonians 2:1-12", *JSNT* 68 (1997), 73-99.

______ "But We Became Infants among You", *NTS* 46 (2000), 547-64.

______ "'How You Must Walk to Please God': Holiness and Discipleship in 1 Thessalonians 4:1-12", en *Patterns of Discipleship in the New Testament* (ed. R. N. Longenecker). Grand Rapids: Eerdmans, 1996, 98-119.

______ *Neglected Endings: The Significance of the Pauline Letter Closings.* Sheffield: Sheffield University Press, 1994.

Weiss, J. *Earliest Christianity.* 2 vol. Nueva York: Harper and Brothers, 1959.

Weiss, W. "Glaube — Liebe — Hoffnung: Zu der Trias bei Paulus", *ZNW* 84 (1993), 196-217.

White, J. L. *Light from Ancient Letters.* FFNT; Philadelphia: Westminster, 1986.

Whitton, J. "A Neglected Meaning for σκεῦος in 1 Thessalonians 4:4", *NTS* 28 (1982), 142-43.

Wiles, G. P. *Paul's Intercessory Prayers: The Significance of the Intercessory Prayer Passages in the Letters of Paul.* SNTSMS 24; Cambridge: Cambridge University Press, 1974.

Winter, B. W. *Seek the Welfare of the City: Christians as Benefactors and Citizens.* Grand Rapids: Eerdmans, 1994.

Witmer, S. E. "Θεοδίδακτοι in 1 Thessalonians 4:9: A Pauline Theologism", *NTS* 52 (2006), 239-50.

Wortham, R. A. "The Problem of Anti-Judaism in 1 Thess 2:14-16 and Related Pauline Texts", *BTB* 25 (1995), 37-44.

Wright, N. T. *The Resurrection of the Son of God.* Minneapolis: Fortress, 2003.

Yarbrough, O. L. "The Precepts of Marriage and Sexual Morality in 1 Thess 4:3-8", en *Not like the Gentiles: Marriage Rules in the Letters of Paul* (SBLDS 80). Atlanta: Scholars Press, 1986, 65-87.

Yarbrough, R. W. "Sexual Gratification in 1 Thess 4:1-8", *TrinJ* 20 (1999), 215-32.

# PRIMERA CARTA A LOS TESALONICENSES

# Introducción a 1 Tesalonicenses

Se podría decir que escribir un comentario sobre las dos cartas de Pablo a los creyentes de Tesalónica debería contar con tres introducciones: una al respecto de la ciudad y su comunidad cristiana (asuntos de interés para ambas epístolas) y luego una segunda y una tercera introducción sobre las cartas mismas, ya que, aunque tienen cierta relación obvia entre sí, cada una de ellas es única en sí misma. Además, debido a que muchos discuten la autoría de la segunda, es preciso conceder una sección mucho mayor en este caso. Sin embargo, en esto me mantendré del lado de la tradición y proporcionaré tan solo dos introducciones. Donde sí me inclino a apartarme de ella es en ofrecer introducciones separadas al principio de cada comentario en lugar de hacerlas figurar a ambas al comienzo del libro en su conjunto. Este es, sencillamente, mi propio intento de atribuirle su mérito a 2 Tesalonicenses en vez de etiquetarla como una especie de apéndice al comentario de la primera epístola.[1] En el caso que nos ocupa, empiezo con las cuestiones que se dan "por sentadas" (la autoría y la fecha), que no suelen ser objeto de discrepancia; a continuación, paso a las preguntas más fundamentales al respecto de la ciudad de Tesalónica y la naturaleza de la naciente comunidad cristiana en esta bulliciosa metrópolis y, por lo tanto, al momento en que se escribió esta carta.

## I. AUTORÍA Y FECHA

Aunque se haya negado la *autoría* paulina de esta epístola alguna que otra vez, como en el caso del escepticismo histórico extremo de F. D. Baur, a mediados del siglo XIX, este rechazo se enfrenta a dificultades históricas tremendas, de tal manera que uno llega a preguntarse sobre el sentido de "molestarse" en comprobar si las razones de Baur estaban o no basadas, en última instancia, en cuestiones históricas propiamente dichas o en su propia adhesión a la filosofía hegeliana.

1. También supondré aquí que la tradición histórica está en lo cierto al respecto de que el orden cronológico de los libros es el indicado por su número; el único comentarista que piensa lo contrario (C. A. Wanamaker) cuenta con pocos seguidores y estoy convencido de que es por buenas razones.

Así, desde el cambio al siglo XX, la autoría paulina de esta carta se ha aceptado de forma casi universal como un hecho histórico.

Sin embargo, la pregunta más relevante a este respecto es la de la autoría plural, ya que las dos misivas a esta iglesia son, de todo el corpus paulino, las únicas que poseen dos rasgos exclusivos. En primero lugar, "el/los autor/es" se indentifica/n sin calificación alguna ("apóstoles", "siervos", etc.), algo que se ha convertido en la característica estándar de todas las cartas posteriores, empezando por nuestra 1 Corintios.[2] En segundo lugar, la primera persona del plural se mantiene básicamente a lo largo de la carta de manera que, según los principios históricos habituales, los remitentes de la carta a la iglesia de los tesalonicenses deberían identificarse como Pablo, Silas y Timoteo. De hecho, dado que se menciona a los tres en las señas, se debe tomar en serio el hecho de que el apóstol dé a entender que las epístolas procedían de ellos tres.

No obstante, la misiva fue dictada solo por uno de ellos, el apóstol mismo, como confirman los "lapsus" ocasionales en primera persona del singular (2:18; 3:5; 5:27). Aun así, dada la singularidad del uso de la primera persona del plural en estas dos cartas, además de que comience mencionándolos a los tres, lo más probable es que debiéramos tomar la pluralidad de la autoría más en serio de lo que la mayoría de nosotros suele hacerlo. Esto parece ser lo más cierto ya que, en esta primera carta (como en la siguiente), Pablo no recalca su autoridad para intervenir en la situación de la congregación. Este fenómeno comienza —y por una buena razón, según resulta— con la primera carta que se conserva suya a los creyentes de Corinto. Esto es, además, un añadido a las pruebas de que, por mucho que se pudiera describir esta carta de otro modo, según los estándares antiguos, es primero y principal una epístola de amistad. No se designa a Pablo como "apóstol de Jesucristo" ni como "siervo de Cristo"; se menciona a los tres sencillamente como coautores que comentan la situación en Tesalónica, aunque la carta en sí misma haya sido dictada por Pablo.

La *fecha* de la carta se basa primordialmente en la fecha combinada de Hechos 17:1-9 y la mención singular de Pablo de haberse quedado solo (presumiblemente con Silas) en Atenas, por haber enviado a Timoteo desde allí a los tesalonicenses (3:1-2). La forma misma en la que se expresa esto sugiere que el apóstol ya no se encontraba en aquella ciudad y que habría seguido hasta Corinto.[3] Si nos

2. Esto sugiere, en oposición a un amplio cuerpo de eruditos evangélicos, que Gálatas no es la primera carta de Pablo, sino que se escribió después de 2 Corintios y antes de Romanos. Ver la introducción a mi libro *Galatians: A Pentecostal Commentary* (Blandford Forum: Deo Publishing, 2007, 4-5).

3. El "vínculo" cronológico externo para todo este cálculo es la referencia en Hechos 18:12 a la comparecencia de Pablo ante Gallo, cuya fecha de toma de posesión de su cargo puede datarse con precisión en el 51-52 o 52-53 e. c.

basamos en la referencia en Hechos, donde se indica que Pablo y sus compañeros fueron a Tesalónica, pasando por Filipos —lugar que las autoridades municipales les habrían pedido que abandonaran—, podemos deducir sin miedo a equivocarnos una datación del 49 o 50 e. c. *aproximadamente* para la escritura de esta carta.

Lo que se desconoce de manera específica es la *ubicación* de Pablo en el momento de escribir, ya que la mención del regreso de Timoteo en 3:16 no tiene referente geográfico al respecto del sitio al que volvió. Por tanto, a partir del relato de Hechos, la mayoría de eruditos ha presupuesto que el retorno de Timoteo y el envío de esta carta se produjeron en los primeros meses de la visita de Pablo a Corinto, narrada en Hechos 19:1-18a. Esto no puede probarse ni negarse; es sencillamente una base —que además encaja a la perfección— para los pocos datos históricos de los que disponemos.

## II. LA CIUDAD Y SU COMUNIDAD CRISTIANA

Tesalónica (en ocasiones Saloniki) es una de las muchas ciudades mediterráneas que ha tenido una historia continua desde el período grecorromano hasta el día de hoy, sobre todo por su situación estratégica en el punto más al norte del Golfo Termaico (golfo de Salónica), además de su ubicación a horcajadas sobre la Vía Egnatia, carretera principal entre Bizancio (en la actualidad, Estambul) al este y los puertos adriáticos al oeste. Según el historiador griego, Strabo (m. 23 e. c.), la ciudad de aquel tiempo había sido fundada por Casandro, en el siglo IV a. e. c., quien le puso el nombre de su esposa Thessalonikē (= "victoria de Tesalia"), hija de Felipe y hermanastra de Alejandro Magno. En el 167 a. e. c., cuando Macedonia fue anexionada por Roma y dividida en cuatro partes, Tesalónica se convirtió en la capital del segundo distrito. Cuando se reorganizó la provincia en el 148 a. e. c., se la nombró capital de la provincia de Macedonia. En el toma y daca de la historia, la ciudad tuvo la suerte de estar de parte de Octavio (más tarde Augusto) en la guerra civil (42 a. e. c.); por ese motivo, se la premió con el estatus de "ciudad libre". Al mismo tiempo, por supuesto, al igual que Filipos, esto aseguraba la lealtad al emperador, así como los beneficios imperiales que la acompañaban.

Según el relato de Lucas en Hechos 17:6, los "politarcos" desempeñaban el gobierno local; es un término hallado en inscripciones, pero en la literatura conocida solo figura en este libro. Al parecer, había cinco "politarcos" en la época de Pablo. Por su situación geográfica estratégica, casi con toda seguridad tenía una población mixta similar a la de Corinto, lo que la convertía en una ciudad especialmente cosmopolita en comparación, por ejemplo, con una villa interior como Filipos. La mayoría de su población sería griega, pero las localidades como

Tesalónica y Corinto experimentaron una considerable afluencia de inmigrantes de todas partes, incluida de manera especial la diáspora judía. Era, asimismo, una ciudad donde, a diferencia de las localidades más romanas, las mujeres ostentaban sitios de honor y autoridad. Estas diversas realidades significaban también que existía una considerable mezcla de gremios y religiones.

La fundación de la iglesia misma, recogida en Hechos 17:1-9 y aludida en 1 Tesalonicenses 1:4-10, tuvo lugar probablemente en el 49-50 e. c. aproximadamente. Como era costumbre en Pablo, el trío misionero (Pablo, Silas y Timoteo) no inició su proclamación en el Ágora, sino en la sinagoga judía, algo que, según el relato de Hechos, solo duró tres sábados. Lo que sucedió a continuación en términos de tiempo y duración de la estancia queda envuelto en misterio, ya que el siguiente acontecimiento registrado por Lucas, a renglón seguido de la narrativa anterior, relata el momento en el que los "creyentes" de Tesalónica los sacaron a empujones a altas horas de la noche. Sin embargo, las pruebas de las dos cartas a los tesalonicenses, las propias referencias de Pablo sobre haberles impartido enseñanza[4] y el grado de madurez cristiana que revelan, sugieren que la comunidad de creyentes estaba mejor cimentada de lo que cabría esperar por lo general después de solo dos semanas. Además, dado que el tiempo de referencia de Lucas tenía que ver con el ministerio de Pablo en la sinagoga judía y no con su estancia en Tesalónica como tal, habría que pensar en una estancia de varias semanas o meses.

De hecho, todo lo demás en 1 Tesalonicenses, además de una nota de pasada en Filipenses 4:15, indica un período superior a tres semanas. En 1:8, Pablo les recuerda que las nuevas de la "fe" de ellos habían precedido a su llegada a los siguientes destinos (Berea, Atenas, Corinto), algo que habría requerido cierto tiempo para desarrollarse. En 2:9-12, 17 y 19-20, Pablo rememora el alto grado de afecto mutuo existente entre él (junto a Silas y Timoteo) y estos creyentes, lo que nuevamente exigiría más tiempo que dos semanas. Del mismo modo, en 2 Tesalonicenses 3:7-10, Pablo les recuerda que había trabajado "con sus propias manos" para no suponerles una carga, lo que les había dejado un ejemplo a seguir; este tipo de modelos conductuales habrían sido difíciles de establecer en solo quince días. Sin embargo, la prueba suprema de una estancia más larga nos llega de una referencia de pasada en Filipenses 4:16, donde Pablo trae a la memoria que "una y otra vez" ellos habían provisto para sus necesidades mientras había estado en Tesalónica. Ya de por sí, el "una y otra vez" empuja el marco de tiempo más allá de las dos semanas. Pero, señalado todo esto, seguimos sin tener clara

4. Ver esp. 2 Ts. 2:5, donde el "¿No recuerdan que ya les hablaba de esto cuando estaba con ustedes?" sugiere una enseñanza sobre ciertos aspectos de la escatología cristiana que parecería exigir un período de tiempo superior a las dos semanas.

la cantidad de tiempo de su estancia; probablemente fueron seis meses o más, pero ¿quién sabe?

Según el relato de Hechos (17:4), el resultado global de la estadía de Pablo en Tesalónica fue la conversión de "algunos judíos... un buen número de mujeres prominentes". Esta imagen encaja bastante bien con nuestras dos cartas. Aunque las pruebas que ellas proporcionan de la presencia judía son prácticamente inexistentes, lo más probable es que reflejen el resultado de un fuerte predominio de conversos gentiles. Además, aunque la comunidad creyente se inició, como de costumbre, entre personas "temerosas de Dios", la imagen que surge en 1 Tesalonicenses 1:9-10 es de individuos puramente paganos que aceptaron a Cristo (1:9). El problema con el ocio indisciplinado de 1 Tesalonicenses 4:9-11 —retomado con mayor detalle en 2 Tesalonicenses 3:6-15— se relaciona con mayor probabilidad con la sociología gentil; puede ser que refleje un grado de tensión entre los comerciantes y los potentados más ricos. La implicación en todos estos casos es que Pablo y sus compañeros habían estado con la naciente comunidad creyente durante una estancia de varios meses y no de tan solo un par de semanas.

Finalmente, deberíamos observar que, como en cualquier otro lugar, esta fe cristiana naciente tendía a cruzar todos estos límites sociológicos y comerciales diversos; esta era una de las razones muy factibles por la que se sospechaba de ella y por la que recibió su porción de persecución, como indica la narrativa (muy breve) de Hechos 17. Sin embargo, este es también uno de los motivos detrás de algunas de las tensiones que afloran en ambas epístolas a los tesalonicenses, en especial en relación con el "ocio indisciplinado", cuyo aparente malentendido al respecto del lugar que uno ocupa en Cristo condujo a que algunos intentaran vivir de la generosidad de los demás.

## III. OCASIÓN Y LUGAR DESDE DONDE SE ESCRIBIÓ

En comparación con todas las cartas paulinas posteriores, 1 Tesalonicenses consta de dos rasgos extraordinarios que no se encuentran en ninguna de las demás. En primer lugar, mientras la mayoría de las demás cartas comienza con un agradecimiento de apertura y un informe de oración, en esta carta ese material se extiende hasta el capítulo 3 y, así, cubre casi el sesenta por ciento de toda la carta, aunque la mayor parte de esta sección no refiera técnicamente a estos dos asuntos. Dicho de otro modo: la acción de gracias que empieza de la "forma normal" en 1:3 no muestra pruebas claras de terminar por completo en un momento dado de la carta, ya que el agradecimiento por las relaciones pasadas deriva en una larga narrativa al respecto de la historia de esa relación, antes de concluir con un informe de oración en 3:11-13. En cartas posteriores, cuando aparece un informe de oración, ocurre de inmediato después de la enumeración de los distintos agradecimientos.

En segundo lugar, la mayor parte de esta carta —toda, con excepción de 4:13-18— refleja un regreso a las cuestiones sobre las que Pablo había hablado con anterioridad, cuando estaba presente en medio de ellos. Así, la carta está llena de información que les recuerda lo que ya se les había enseñado o refuerza lo que ya sabían. En realidad, en esta epístola figuran al menos once veces frases del tipo "como bien saben" (1:5; 2:1 [2x], 5, 9, 10, 11; 3:3-4; 4:2, 9; 5:1); en dos de esos casos (4:9 y 5:1), el texto insiste en que ellos "no necesitan que se les escriba". No obstante, ¡el apóstol lo escribe de todos modos! De manera que debemos tratar la pregunta del porqué, sobre todo si consideramos que Timoteo había regresado con lo que parece haber sido un informe esencialmente bueno sobre ellos.

El intento de responder al "porqué" es lo que conduce a sugerir una ocasión para la carta. La cuidadosa lectura de 1 Tesalonicenses hace surgir varios asuntos. Primero, la mayor parte del lenguaje "recordatorio" intenta traer a la memoria de los creyentes el primer tiempo que Pablo pasó entre ellos; se destacan dos cuestiones: la conversión de ellos y la forma de vida del apóstol mientras estuvo en Tesalónica. Segundo, la apresurada partida de Pablo y sus compañeros de la ciudad había producido, mientras tanto, una angustia obvia al respecto de los tesalonicenses. Los motivos de su preocupación eran tres: (*a*) Desde el punto de vista de Pablo, había abandonado Tesalónica antes de que su trabajo allí hubiera llegado a su fin adecuado; su mayor inquietud era verlos plenamente establecidos en Cristo. En 2:17 se nos da una pista de esto ("luego de estar separados de ustedes por algún tiempo"). (*b*) Mientras tanto, las pruebas de 2:14-16 indican que se habían convertido en una comunidad sufriente, algo que en 1:6 se indica como un aspecto presente desde el principio. La causa del "sufrimiento" en este caso está relacionada con alguna forma de persecución. (*c*) Estos dos problemas se convierten para Pablo en motivos de cierta ansiedad, justificada casi con toda seguridad por su repentina partida del lado de ellos ("¡quedamos huérfanos!" [2:17], traduce la TNIV), su posterior incapacidad de volver y la persecución de ellos. En realidad, esto último se une a los dos apartados anteriores no solo para alimentar los argumentos desde la oposición, sino también para aumentar su propio nivel de angustia por ellos.

La carta misma se escribió, por lo tanto, cuando Timoteo regresó de Tesalónica y Pablo recibió un informe esencialmente positivo sobre ellos como comunidad de creyentes. Al mismo tiempo, es necesario tratar tres asuntos que son, en última instancia, el motivo de la carta: una cuestión relacionada con el carácter sagrado del lecho marital; la negativa a trabajar por parte de algunos que podían hacerlo, pero preferían vivir de la generosidad de los demás; y preguntas sobre la naturaleza y el momento del retorno del Señor. Al margen de tratar estos temas directamente, al parecer también se resumen al final mediante el "staccato" de imperativos de 5:14.

El lugar donde se escribió la carta fue, con toda seguridad, Corinto. Lo demuestra la mención a Atenas en 3:1-2; la implicación de esta referencia es que Pablo había esperado allí, pero ya no se encontraba en aquel lugar. Dado que, según el relato de Hechos, Corinto no solo fue la siguiente ciudad que visitó, sino también la primera donde permaneció un tiempo considerable (18 meses, según Hechos 18:11), parece el lugar más probable desde donde habría contestado a los tesalonicenses.

# Texto, exposición y notas

## I. ACCIÓN DE GRACIAS, NARRATIVA Y ORACIÓN (1:1-3:13)

Casi todas las cartas del período grecorromano[1] comienzan con un triple saludo: El remitente, Al destinatario, Saludos.[2] Muy a menudo, el siguiente elemento sería un deseo (a veces una oración) por la salud o el bienestar del receptor de la carta. Las epístolas de Pablo suelen seguir esta forma estándar y por lo general incluyen también un agradecimiento[3] dirigido a Dios. En algunos casos, también añade un informe de oración en el que no solo indica que los recuerda en oración, sino que describe con algún detalle el objeto de la plegaria.[4] Estas características son identificables ya en su primera carta existente.[5] Pero lo son con cierto contraste con las que vendrán más tarde —incluida 2 Tesalonicenses—, donde cada uno de los elementos se identifica con mayor facilidad, aun si son un tanto complicados.

1. Para estudios útiles sobre la forma de escribir cartas en el período grecorromano, ver J. L. White, *Light from Ancient Letters* (FFNT; Philadelphia: Westminster, 1986), cuyo análisis se basa en los papiros griegos; y S. K. Stowers, *Letter Writing in Greco-Roman Antiquity* (LEC 5; Philadelphia: Westminster, 1986), que abarca más. Cada una de estas obras (o ambas) representa una lectura obligada para una exegesis seria de las cartas del NT. Junto con la útil colección de tales cartas en Stowers y White, ver también A. S. Hunt y C. C. Edgar, eds., *Select Papyri I* (LCL; Cambridge, Mass.: Harvard University Press, 1932) para ejemplos adicionales de los papiros griegos.

2. Todas las "cartas" verdaderas del NT siguen este patrón (incluida la de Jacobo en Hechos 15:23-29), con excepción de 3 Juan, que carece del saludo protocolario. Para una colección de ejemplos de los papiros, ver F. X. J. Exler, *The Form of the Ancient Greek Letter of the Epistolary Papyri (3rd C. B.C.-3rd C. A.D.)* (Chicago: University of Chicago Press, 1923), 23-68. Para una colección y un estudio detallado adicional, ver F. Schnider y W. Stenger, *Studien zum neutestamentlichen Briefformular* (NTTS 11; Leiden: Brill, 1987).

3. Perceptiblemente ausente en Gálatas, 1 Timoteo y Tito.

4. Ver 1 Ts. 3:11-13 y 2 Ts. 1:11-12; cp. Col. 1:9-11 y Fil. 1:9-11.

5. Para el juicio de que esta sea la primera carta existente de Pablo, ver la introducción a mi comentario sobre Gálatas (*Galatians: [A] Pentecostal Commentary* [Blandford Forum: Deo Publishing, 2007], 4-5). Cp. esta Introducción, pp. 26-27.

No es el caso de 1 Tesalonicenses, lo que provocó que los capítulos 1-3 pasaran por todo tipo de escrutinio y análisis distintos.[6]

No es que los elementos en sí mismos no puedan ser identificados. Después de todo, 1:2-3 lleva todas las marcas de los informes de agradecimiento de Pablo, mientras que el informe (muy típico) de oración aparece finalmente en 3:11-13. Pero la distancia entre estos dos elementos forma parte del problema, junto con otros dos asuntos que complican el análisis. En primer lugar, el informe de agradecimiento no llega en este caso a una conclusión clara. Aunque 1:4 dependa gramaticalmente de "siempre damos gracias a Dios" del versículo 2, lo que sigue (empezando en el versículo 5) parece apartarse de las razones explícitas del agradecimiento y evoluciona, en su lugar, en una larga y extensa narrativa sobre las relaciones del pasado reciente de los apóstoles (Pablo, Silas y Timoteo) con los tesalonicenses. Lo mismo vuelve a ocurrir en 2:13, donde se reanuda (o repite) la enumeración de los agradecimientos de 1:4, para después perderse de nuevo en la continuación de la narrativa, que ahora explica su propia angustia por ellos en el ínterin. Esto acabó (como ellos sabían entonces) con el envío de Timoteo (2:17-3:5). El relato concluye con un suspiro claro de alivio ante el regreso de Timoteo, cuyo informe sobre ellos (3:6-10) se convirtió en la causa inmediata de esta carta. Así, nuestra primera dificultad tiene que ver con la *naturaleza* de esta acción de gracias que se convierte en narrativa y con el informe de oración a modo de apéndice al final, ¡hacia la mitad de la misiva![7]

En segundo lugar, ¿qué hacemos con la *naturaleza* de la extensa y doble narrativa (1:5-2:12; 2:14-3:10) que domina esta sección entre la acción de gracias (1:2-4) y la oración (3:11-13)? Las dos preocupaciones principales de la primera sección del relato quedan presentadas en el versículo 5: *(a)* El hecho y la naturaleza de la conversión de los tesalonicenses; y *(b)* la naturaleza del ministerio de los apóstoles en medio de ellos. Estos puntos vuelven a retomarse, a su vez, en 1:6-10 y 2:1-12. En el primer caso, esto comienza con el sufrimiento que padecían (v. 6), seguido del renombre de su conversión (vv. 7-8), y concluye con una mención de la razón de ser de su conversión (vv. 9-10). En 2:1-12, Pablo les recuerda la naturaleza de su ministerio en medio de ellos, que era del todo distinto al de otros itinerantes (vv. 2-6), ya que el cuidado y la preocupación (tanto suya como de sus compañeros) eran como los de un padre (vv. 7-12).

6. Aunque esto siempre ha sido cierto al respecto de esta carta (cp. cualquier comentario de un período anterior), la llegada de los análisis retóricos ha hecho que esto sea incluso más notable en el caso de 1 Tesalonicenses.

7. Es preciso señalar que esto sería cierto, aunque no tuviéramos cartas posteriores de Pablo con las que establecer una comparación. Comoquiera que sea, Pablo está rompiendo aquí todo molde conocido al respecto de la escritura de cartas, incluidos sus propios hábitos —por usar un anacronismo—, que comienzan en 2 Tesalonicenses y, básicamente, continúan de ahí en adelante.

Tras la segunda acción de gracias, cuyo énfasis está puesto en haber recibido el mensaje apostólico como lo que era en realidad —el propio mensaje de Dios—, se reanuda la narrativa recordando a los tesalonicenses de su padecimiento e indicándoles que estaba muy en consonancia con el de otros que han seguido a Cristo (2:14-16). Sin embargo, el enfoque principal está puesto ahora en la preocupación de los apóstoles por los creyentes entre el momento en que los tres habían abandonado Tesalónica y el regreso de Timoteo a Corinto con su informe al respecto del bienestar de los creyentes tesalonicenses. Solo entonces añade Pablo el informe de oración (3:11-13), de un tipo que también se convertiría en algo habitual en sus cartas posteriores. Así, las dos partes de la narrativa son simplemente un recordatorio (cronológico) de cómo eran las cosas al principio de su fe en Cristo y de la preocupación apostólica por ellos desde el momento en que los tres apóstoles habían abandonado la ciudad hasta que se escribió esta epístola. Lo que Pablo hizo (y es exclusivo de esta, su primera carta) consiste pues en intercalar una extensa narrativa de las relaciones pasadas y presentes entre el informe de acción de gracias y el de oración. El hincapié en el relato se entiende mejor como reflejo del entorno histórico. Aunque no puede haber aquí una precisión total, dos elementos vuelven a aparecer en los capítulos 1-3 y permiten una suposición bien fundamentada al respecto de la naturaleza de dicho marco. Primero, Pablo alude en más de una ocasión al sufrimiento de ellos frente a la oposición (1:6-7; 2:14-16; 3:2-4); segundo, el apóstol ofrece también una defensa considerable tanto de su ministerio mientras estuvo con ellos (2:1-12) como de sus actos desde que se marchó de allí (2:17-3:5). Esto se entiende mejor al tomarlos como temas relacionados; es decir, la persecución que estaban padeciendo los creyentes tesalonicenses por parte de sus antiguas relaciones paganas (2:15) estaba de algún modo relacionada con el hecho de que se habían convertido gracias a un judío itinerante predicador de una nueva religión[8] (no griega), y parte de la acusación original que había recaído sobre él y Silas tenía que ver con la legitimidad de dicha religión y el honor del César (Hch. 17:7).[9] La preocupación misma de Pablo era

8. Esta opinión fue rechazada por G. Lyons, *Pauline Autobiography: Toward a New Understanding* (SBLDS 73; Atlanta: Scholars Press, 1985), 177-201, en un argumento que no me resulta plenamente convincente. Parte de su razón para el rechazo reside en que la erudición no ha podido establecer un contexto polémico para la carta, que presuponga alguna oposición a Pablo en la comunidad eclesial. Estoy bastante de acuerdo sobre este asunto; pero la oposición no es contra Pablo —y, por tanto, *en el seno* de la comunidad cristiana—, sino que es más probable que se trate de la oposición pagana a los creyentes tesalonicenses (como sugiere 2:14-16) y es muy posible que el papel de Pablo en su conversión forme parte del mismo dilema.

9. Que la situación en Tesalónica pueda muy bien estar relacionada con la acusación en contra de Pablo en Hechos 17:7 es algo sugerido por E. A. Judge, "The Decrees of Caesar at Thessalonica", *RTT* 30 (1971), 1-7; cp. K. P. Donfried, "The Cults of Thessalonica and the Thessalonian correspondence", *NTS* 31 (1985), 342-52; y Wanamaker, 113-14.

si estaban permaneciendo firmes en su fe recién hallada a pesar de su apresurada despedida junto a Silas[10], probablemente antes de que los tesalonicenses estuvieran firmemente asentados en la fe, como él hubiera deseado.[11]

## A. SALUTACIÓN (1:1)

1 *Pablo, Silvano[a] y Timoteo, a la iglesia de los tesalonicenses que está en Dios el*[12] *Padre y en el Señor Jesucristo: Gracia y paz a ustedes.*[b13]

[a] En griego *Silvanus*, variante de Silas

[b] En algunos manuscritos tempranos: *de Dios nuestro Padre y del Señor Jesucristo*

Aunque los tesalonicenses mismos no hubieran tenido acceso a nuestro conocimiento más amplio sobre Pablo como escritor de cartas, la forma más conveniente de entrar en la relevancia de esta salutación es a través de la comparación con las demás cartas del corpus. Al compararlas, destacan dos asuntos: su brevedad y la designación inusual de la iglesia "que está en Dios el Padre y en el Señor Jesucristo". Consideraremos cada uno de los elementos por separados.

**1**

*(A) El/los escritor/es.* Aunque se trata de una práctica extremadamente rara entre las cartas grecorromanas existentes, Pablo incluye con frecuencia en sus salutaciones a

10. Esto da por sentado que la imagen de Hechos 17:1-10 es, por lo general, exacta. Varios asuntos se juntan para dar crédito a ese relato: la obvia angustia de Pablo por el bienestar de ellos, que había conducido a repetidos intentos por regresar (2:18), al envío de Timoteo en su lugar (3:1-2) y, finalmente, a su gran alivio al descubrir que estaban perseverando en la fe (3:6-8). También parece ser corroborado por la necesidad de defender su ministerio en medio de ellos (2:1-12; anticipado en el pasaje presente [vv. 5-6, 9]), dado que los persecutores (seguramente griegos) de estos nuevos creyentes probablemente estaban al tanto de su repentina partida, en mitad de la noche, algo que se podría ver, desde su punto de vista, como una forma de "salvar su propio pellejo".

11. Ver esp. 2:17-3:10, donde su preocupación por la fe (fidelidad) de ellos es casi con toda probabilidad la razón básica de su incansable insistencia en regresar (2:18) y de que hubiera enviado a Timoteo en su lugar (3:1-2). Nótese también su genuino alivio al ver que se mantenían firmes en la fe (3:8), aunque era consciente de que había "deficiencias" (3:10).

12. En el texto griego no hay artículo definido, lo que provoca que el ἡμῶν secundario ("nuestro") aparezca antes y acabe convirtiéndose en el tipo textual bizantino, influenciado por la forma más estándar que hallamos en otros lugares de los escritos de Pablo.

13. Aunque el añadido que se encuentra en la nota del TNIV aparece ya desde א (s. IV) y se convirtió en algo estándar en la tradición manuscrita posterior, es desde todo punto de vista secundario: (1) está ausente en todas las primeras y mejores evidencias en general, tanto en Oriente como en Occidente; (2) estas palabras se encuentran en 2 Tesalonicenses en todos los manuscritos conocidos sin variación; por tanto, (3) no hay forma de justificar una "omisión" tan temprana y generalizada solo en esta carta, en todo el corpus paulino.

los compañeros que estaban en el momento con él.[14] Pero este es el único lugar donde añade a dos colaboradores de este tipo; además, al igual que en 2 Tesalonicenses, no añade designación identificadora alguna más allá de los nombres.[15]

El nombre latino *Silvano,* que pertenece al hombre al que se menciona en segundo lugar, es sin dudas el Silas que aparece por primera vez en la narrativa de Hechos, como uno de los dos hombres a los que se confía la carta del Concilio de Jerusalén a las iglesias gentiles en Antioquía y más allá (Hch. 15:22-32), y quien más adelante se convirtió en el acompañante de Pablo en su segundo viaje misionero (Hch. 15:40-18:10).[16] Él y Pablo habían sido sacados a toda prisa de Tesalónica durante la fatídica noche de la que habla Hechos 17:5-10. Según el relato de Hechos, Silas se quedó a continuación en Berea con Timoteo, mientras Pablo se dirigió al sur, a Atenas, y finalmente a Corinto, ciudad donde se volvieron a reunir los tres hombres (Hch. 18:5). A partir de ese punto, Lucas no vuelve a mencionarlo más por su nombre en el resto de su narrativa.[17]

En el caso de Silas, se cuestiona su función (o no función) en la ayuda para la redacción de estas dos cartas. Por una parte, el cambio de Pablo en 2:18 a la primera persona del singular como identificación personal indica que la carta procede, en última instancia, de él (Pablo), o al menos que fue él quien la dictó en realidad. Por otra parte, el hecho de que el apóstol mencione a Silas aquí como uno de los que escriben, sumado al uso prácticamente sistemático del "nosotros" —distintivo de las dos cartas a los tesalonicenses— debería interpretarse como que Silas desempeñó un papel más importante que simplemente sentarse a escuchar cómo Pablo dictaba la carta.[18] De hecho, parece del todo probable que en realidad fue él quien escribió según el dictado del apóstol.

14. Lo hace así en siete cartas del corpus: 1 y 2 Tesalonicenses (Timoteo y Silas), 1 Corintios (Sóstenes), 2 Corintios (Timoteo), Colosenses (Timoteo), Filemón (Timoteo) y Filipenses (Timoteo). No se conoce *ejemplo* alguno fuera del corpus paulino. La única *referencia* conocida a la coautoría se encuentra en Cicerón, *Att.* 11.15.1: "Por mi parte, he concluido de tus cartas —tanto las que escribiste junto a otros y las que escribiste en tu propio nombre—..." (LCL 2:3634). Ver la explicación en G. J. Bahr, "Paul and Letter Writing in the First Century", *CBQ* 28 (1966), 465-77.

15. Por el contrario, se autodesigna "apóstol" o "prisionero" (Filemón) e incluye a su compañero (Timoteo) en la designación tan solo una vez (Filipenses), donde señala que ambos son "siervos de Jesucristo".

16. En uno de los momentos verdaderamente idiosincrático de la erudición del NT, M. D. Goulder ("Silas in Thessalonica", *JSNT* 48 [1992], 87-106) sugiere que Silas se convirtió en realidad en el oponente de Pablo y fue el responsable de las "falsas enseñanzas" que circulaban en Tesalónica.

17. Aunque no podemos tener plena certeza, es muy probable que se trate del Silvano/Silas que fue el verdadero responsable de escribir 1 Pedro (1 P. 5:12; lit. "*con la ayuda* de Silvano... les he escrito brevemente"), que se redactó en Roma.

18. Sobre esta cuestión en estas dos cartas, ver, además, S. Byrskog, "Co-senders, Co-authors and Paul's Use of the First Person Plural", *ZNW* 87 (1996), 230-50. Cp. también J. C.

La historia de que *Timoteo* se unió a Pablo y Silas al principio de este viaje misionero se cuenta en Hechos 16:15. No se le menciona de nuevo por su nombre hasta 17:14; sin embargo, las cartas de Pablo a las dos ciudades macedonias (Filipos y Tesalónica) dejan en claro que Timoteo estuvo con ellos en los mismos lugares (como también se da a entender probablemente en la narrativa de Lucas). Lo que no es tan seguro, por causa de la mención específica a Pablo y Silas tanto en el relato de la prisión filipense (Hch. 16:16-37) como en el de la huida nocturna de Tesalónica (Hch. 17:10) es la relación de Timoteo con estos dos acontecimientos. Es casi seguro que no se viera implicado en el encarcelamiento filipense; es al menos posible que permaneciera en Tesalónica durante un breve tiempo después de que Pablo y Silas abandonaran la ciudad, pero eso es algo que no podemos saber.

Estos datos diversos justifican en conjunto la falta de designación tras sus nombres y la naturaleza inusual de los plurales ("nosotros", "nos", "nuestro") de principio a fin. Los tres habían estado involucrados juntos en el "ministerio" en Tesalónica, aunque es evidente que Pablo llevaba la iniciativa; el hecho de que Timoteo hubiera sido enviado para ver cómo les iba a los tesalonicenses (y que probablemente fuera enviado de nuevo como portador de la misiva) significa que la epístola procedía realmente de los tres.[19]

*(B) Los receptores.* Aunque la designación de los destinatarios de esta carta es bastante abreviada si se la compara con cartas posteriores, lo que aquí se plasma es del todo cosecha teológica de Pablo. Que se les designe como "la *iglesia* de los tesalonicenses"[20] indica que este uso del término griego *ekklēsia* era, a estas alturas (48 e. c. aprox.) una práctica establecida entre los primeros seguidores de Cristo. Los orígenes de esta palabra en la ciudad-Estado griega —para referir a la asamblea de los ciudadanos reunidos para tratar los asuntos de la ciudad—, sumada a la mención a las "sociedades" de personas que compartían creencias comunes,[21] definieron a *ekklēsia* como la elección preferida de los traductores griegos del Antiguo Testamento, que utilizaron el término con regularidad para verter el *qahal* hebreo, en referencia a "toda la congregación" de Israel.[22] La elección de

M. Laurent, "Der *Pluralis maiestaticus* in den Thessalonicherbriefen", *STK* 41 (1868), 159-66; y W. F. Lofthouse, "'I' and 'We' in the Pauline Letters", *BT* 6 (1955), 72-80.

19. Por el bien de la conveniencia —dado que Pablo llevaba claramente la voz cantante (cp. 2:18 y 2 Ts. 3:17) y fue casi con toda seguridad el responsable del primer dictado de la carta—, a lo largo de este comentario designaré con regularidad a Pablo como el "escritor", aunque siempre se dé a entender, por supuesto, a la luz del sentido cualificado que aquí se expone.

20. Para una explicación útil de esta frase, ver R. F. Collins, *Studies in the First Letter to the Thessalonians* (BETL 66; Leuven: Leuven University Press, 1984), 285-97.

21. Sobre esto, ver BDAG 2.

22. El mito que señala que, por sus orígenes siglos antes, la palabra era una combinación del griego ἐκ ("fuera") y καλέω ("llamar"), de manera que los cristianos son los "llamados fuera",

esta palabra para referir a la comunidad de los creyentes en cualquier localidad era natural. Y, en la época de esta carta, ya había empezado a designar a todos los creyentes de una comunidad en concreto,[23] se reuniera o no, aunque en Pablo sigue apuntando con mayor frecuencia a su sentido original.

Los conversos gentiles al cristianismo ya no eran miembros de la cultura grecorromana solamente. Habían entrado en la "sociedad"[24] de un pueblo cuyas raíces estaban en el judaísmo y cuya historia tenía sus orígenes en el Antiguo Testamento, una historia que los tesalonicenses conocerían bien en su forma griega: la Septuaginta (LXX).[25] Y el principal término utilizado para aludir a esta nueva "sociedad" fue el empleado en la forma primitiva de la historia en referencia a Israel como "el pueblo reunido de Dios". La nueva expresión de ese "pueblo reunido" había echado ahora raíces profundas en Macedonia.

Solo en estas dos cartas se describe a la iglesia como "*de* los tesalonicenses".[26] En este caso, el genitivo significa sencillamente "compuesta por personas que viven en Tesalónica". Tiene cierto interés que Pablo, en la carta siguiente (1 Corintios para nosotros), ya no hable de la iglesia de esta forma, tal vez porque podría sugerir fácilmente connotaciones de posesión. Así, en 1 Corintios, son "la iglesia *de Dios* en Corinto", con toda probabilidad porque algunos de aquella iglesia habrían empezado a pensar en términos de "propiedad".

Sin embargo, la verdadera sorpresa en nuestra carta llega a continuación. Están "*en* Dios el Padre y en el Señor Jesucristo". En realidad, este es el único lugar de todo el corpus en que se piensa que los creyentes tienen su existencia "en Dios".[27] Esto se justifica con mayor facilidad a partir de la forma en que Pablo introduce en una frase aquello que en otro lugar tiende a mantener separado. Es

---

debería abandonarse por completo. Esta palabra ya estaba en uso en la época de Pablo, tanto en el mundo griego como en la Biblia griega, y no tenía nada que ver con "un llamado a salir". Sencillamente significaba "asamblea". Ver mi *New Testament Exegesis: A Handbook for Students and Pastors* (3ra ed.; Louisville: Westminster John Knox, 2002), 79-80.

23. Ver más en 2:14, donde se usa el plural para designar a las muchas comunidades de creyentes en la provincia de Judea; cp. Gá. 1:2.

24. Sobre la pregunta sociológica de las iglesias primitivas como "sociedad" religiosa en el mundo grecorromano, ver esp. W. A. Meeks, *The First Urban Christians: The Social World of the Apostle Paul* (New Haven: Yale University Press, 1983), 74-80; J. E. Stambaugh y D. L. Balch, *The New Testament in Its Social Environment* (LEC; Philadelphia: Westminster, 1986), 124-26, 140-41; y E. Ferguson, *Backgrounds of Early Christianity* (2da ed.; Grand Rapids: Eerdmans, 1993), 131-36.

25. Esto se ha cuestionado recientemente; para una breve refutación, ver G. D. Fee, *Pauline Christology: An Exegetical-Theological Study* (Peabody, Mass.: Hendrickson, 2007), 20-25.

26. En realidad, este fenómeno solo aparece en estos dos casos de entre las 62 figuraciones del término ἐκκλησία en el corpus paulino.

27. En Col. 3:3, Pablo habla de que los creyentes "han muerto" y que su vida presente está ahora "escondida *con* Cristo *en* Dios"; pero esto es bastante diferente de su uso, que a continuación es "en Cristo (Jesús)". Por esta razón, Best (62) considera este uso presente como principalmente

decir, la posición presente de la iglesia está "en Dios" el Padre, precisamente porque también está "en el Señor Jesucristo". Así, tanto la fuente (la obra de Cristo) como la meta (Dios el Padre) de su existencia como pueblo de Dios se expresan juntas en esta frase compacta.

Lo más significativo al respecto de esta frase es, no obstante, la "alta" cristología[28] que supone, una cristología que es minuciosa en estas dos cartas y que señalaremos con regularidad a lo largo del comentario. Es el primero de muchos ejemplos en los que una preposición controla el doble objeto de Dios y Cristo, donde las dos "personas divinas" (por usar el lenguaje de un tiempo posterior) se ven en la unión más cercana en referencia a las actividades divinas. Si este fuera el único caso, no habría mucho que hacer con ello. Sin embargo, en estas dos cartas se puede sacar gran partido del hecho que, en 1 Tesalonicenses 3:11, Dios y Cristo son el sujeto plural de un verbo singular como objeto de la oración, mientras que en 2 Tesalonicenses 2:16 se produce el mismo fenómeno, pero con Cristo en la primera posición. Además, en 2 Tesalonicenses 3:5 y 16, "el Señor" (en referencia a "Jesucristo") es la persona divina individual a quien se dirige la plegaria.

Por consiguiente, es de algún modo importante observar también que en esta primera mención de la deidad en el corpus paulino se designe a Dios sencillamente como "Padre", mientras que se señale a Cristo como "Señor". A este respecto, la ausencia del típico "Padre *nuestro*" (posterior) es quizá relevante, dado que, para Pablo, Dios ha llegado a conocerse como "Padre" precisamente porque es "el Padre de nuestro Señor Jesucristo", y a continuación se convierte en "nuestro Padre" porque estamos relacionados con Él por medio del Hijo.[29] De ahí que, en este caso, la falta del "nuestro" posesivo señale probablemente al versículo 10, donde Pablo habla de "esperar del cielo a Jesús su Hijo [del Padre]".

Esta designación también sugiere que, desde un tiempo muy temprano, Pablo (y otros creyentes) ya habían acabado por reconocer tanto al Padre como al Hijo en el texto griego de la *Shema* de Deuteronomio 6:4.[30] Después de todo, la forma clara en que el apóstol lo expresa en su siguiente carta (1 Co. 8:6) no es algo por lo que se abogue, sino la base a partir de la cual se sostiene lo demás. Así, el "único Dios" de la *Shema* es el Padre, mientras que el "único SEÑOR" de

---

instrumental ("la salvación radica en lo que Dios ha llevado a cabo" por medio de Cristo); pero esto es especialmente distinto aquí. Ver 2:14 más abajo.

28. Ver Fee, *Pauline Christology*, 36-38.

29. Ver esp. 2 Co. 1:3; 11:31; Gá. 4:4-6; Ro. 15:6; Ef. 1:3.

30. Es decir, hacia el primer siglo cristiano, el nombre divino (Yahvé) dejó de pronunciarse y fue sustituido oralmente por *Adonai* ("Señor"), que apareció en algún momento temprano en la Septuaginta como κύριος (Yahvé). Deuteronomio 6:4 ha de leerse, pues, en la LXX: κύριος (Yahvé) ὁ θεὸς ἡμῶν κύριος (Yahvé) εἷς ἐστιν. Lo que Pablo ha hecho en 1 Co. 8:6 es atribuir el κύριος a Cristo, el Hijo, y el θεὸς a Dios el Padre. Ver toda la explicación en *Pauline Christology*, 89-94.

la misma es Jesucristo (el "Hijo", asumido bajo la realidad de Dios como Padre). Por consiguiente, es probable que en general esta primera mención de Dios en el corpus paulino nos llegue con esta comprensión de la *Shema* bien dominada.[31] Se indica aquí la postura segura de los creyentes tesalonicenses. Están "en" el Padre y en el Hijo de manera simultánea. En esta epístola, Pablo insistirá en la mayoría de las ocasiones en su existencia en "el Señor".

*(C) La salutación.* La salutación que encontramos aquí se convirtió en el modelo de todas las cartas posteriores de Pablo. Como se señala en los comentarios de esta misma serie de 1 Corintios y Filipenses, es un maravilloso ejemplo de cómo el apóstol "convierte en evangelio" todo aquello que toca.[32] El saludo tradicional en el mundo helenista era *chairein,* infinitivo del verbo "regocijarse", pero en las salutaciones sencillamente significaba "¡Saludos!" (ver Hch. 15:23; Stg. 1:1). En posesión de Pablo, se transforma en *charis* ("gracia"), a la que añade el tradicional saludo judío *shalom* ("paz",[33] en el sentido de "plenitud" o "bienestar").[34] Así, en lugar de los "saludos" habituales, Pablo comienza su epístola a sus hermanos y hermanas en Cristo con un "gracia a ustedes y paz".[35]

31. Y deberíamos señalar todo esto porque comprender de este modo el Salmo 110:1 ya era cosa común en la iglesia primitiva. También indicaremos cómo, por medio de estas dos cartas, la designación κύριος ("Señor") se ha convertido en la denominación exclusiva de Jesucristo exaltado, de manera que Cristo se entiende como el "Señor" en todos los ecos del AT donde aparece dicho título. Ver más abajo, en 3:12.

32. R. F. Collins (*Studies,* 139-40) argumenta (de forma poco convincente) que Pablo ha adoptado aquí una fórmula anterior y la ha adaptado a sus propios propósitos. Aunque todo es posible, no todo lo posible es igualmente probable. De hecho, suponer que el teólogo más creativo de la iglesia primitiva sea considerado como incapaz de creatividad en ideas como estas, encierra de por sí un sesgo considerable, pero se debería aceptar que lo tomó prestado de otros, y todo esto sin prueba alguna. Ver además n. 74 sobre 1:9-10 más abajo.

33. Gr. εἰρήνη; sobre esta palabra ver V. Hasler, *EDNT,* 1:394-97; y H. Beck y C. Brown, *NIDNTT,* 2:780-82. Sencillamente, es posible que, dado que este término hebreo tiene connotaciones de "bienestar" inherentes, Pablo usa aquí un saludo judío como equivalente del "deseo de salud" que se encuentra en muchas cartas en papiro; sin embargo, tal vez también cabría recordar que el español "hola" deriva de "¡salud a ti!". Que el saludo "shalom" llevara consigo un deseo de salud en la época de Pablo parece discutible, pero posible.

34. Al mismo tiempo, también podría estar modificando una fórmula de bendición hebrea (ἔλεος καί εἰρήνη, "misericordia y paz"), presente en, por ej., *2 Bar.* 78:2, sugerido (en sentido inverso) en Gá. 6:16. Esto no se puede demostrar, por supuesto, ya que Pablo podría haber expuesto su idea teológica adoptando la bendición sin modificación. Lo más probable es que la fórmula de bendición se encuentre de fondo, pero la modificación sea el resultado de que el apóstol era un hombre de dos mundos, como se sugiere aquí.

35. Tal vez deberíamos indicar que no podemos estar seguros de que Pablo mismo sea responsable de esta "transformación en evangelio" de fórmulas tradicionales. Pero es la prueba más temprana de que disponemos y coincide bastante con lo que hace en otros lugares.

Merece la pena notar que este es el orden invariable de las palabras de Pablo y no "gracia y paz a ustedes", como se lee en la mayoría de las traducciones. Es muy probable que este orden tenga relevancia: la gracia de Dios y de Cristo es lo que recibió el pueblo de Dios; paz es el resultado de un don semejante. De ahí, "gracia a ustedes y paz". En un sentido profundo, esta salutación representa de un modo hermoso la perspectiva teológica más amplia de Pablo. La suma total de la actividad de Dios hacia sus criaturas humanas se encuentra en el término "gracia"; en Cristo, Dios se ha entregado de forma abundante y misericordiosa a su pueblo.[36] Nada es merecido, nada puede alcanzarse. La suma total de estos beneficios, tal como los experimentan los receptores de la gracia de Dios, es "paz",[37] el *shalom* escatológico de Dios ahora y por venir.[38] Lo segundo (la paz) fluye de lo primero (la gracia) y juntas proceden de "Dios nuestro Padre" y son hechas efectivas en nuestra historia humana por medio de nuestro "Señor Jesucristo", de manera que en todas las apariciones posteriores, empezando por 2 Tesalonicenses, Pablo añade la fuente que ya se da por sentada aquí, pero no se expresa: "De Dios nuestro Padre y del Señor Jesucristo".

## B. ACCIÓN DE GRACIAS (1:2-3)

*2 Siempre damos gracias a Dios por todos ustedes cuando los mencionamos en nuestras oraciones. 3 Los recordamos constantemente delante de nuestro Dios y Padre a causa de la obra realizada por su fe, el trabajo motivado por su amor, y la constancia sostenida por su esperanza en nuestro Señor Jesucristo.*

Aquí, Pablo inicia una práctica que continuaría a lo largo de la mayoría de sus epístolas posteriores: la salutación va inmediatamente seguida de un informe de acción de gracias. Al hacerlo así, solo está cristianizando de manera radical un fenómeno común en ciertos tipos de cartas del mundo grecorromano.[39] En este

36. Así, la carta también acaba con: "La gracia de nuestro Señor Jesucristo esté con ustedes".

37. En Pablo, "paz" puede aludir, según el caso, a: (1) paz con Dios (= cese de las hostilidades); (2) paz en el seno de la comunidad de creyentes; (3) paz interior en vez de agitación; y (4) descanso u orden en el contexto de la adoración. Otros comentarios expresan más confianza de la que yo podría reunir al respecto de poder aislar cualquiera de estos matices en las salutaciones paulinas. En el contexto de los saludos a una comunidad, incluye, al menos, (1) y (2) y tal vez incluso (3).

38. En cuanto a la probable dimensión escatológica de este término en Pablo, ver C. H. Giblin, *In Hope of God's Glory: Pauline Theological Perspectives* (Nueva York: Herder and Herder, 1970), 96.

39. Sobre este asunto, ver P. Schubert, *Form and Function in the Pauline Thanksgivings* (BZNW 20; Berlin: Töpelmann, 1939), cuyos intereses eran, como indica el título, la forma y la función; y P. T. O'Brien, *Introductory Thanksgivings in the Letters of Paul* (NovTSup 49; Leiden: Brill, 1977), cuya explicación de esta acción de gracias figura en las pp. 141-66.

primer caso, sin embargo, nos enfrentamos a dificultades dobles: (1) no queda claro cuándo cesa el contenido real de la acción de gracias y surge algo muy parecido a un relato de las relaciones pasadas;[40] y (2) nuestros versículos 2-10 constan de dos frases muy largas y complejas (vv. 2-5 y 6-10). Por consiguiente, cualquier división de este material es, por lo general, arbitraria por parte del intérprete, aunque siempre se pueden encontrar motivos para casi cualquier cosa.

Este comentario seguirá la estructura de párrafos de la versión NVI ya que, desde cualquier criterio, el versículo 4 sirve de transición entre la acción de gracias y la posterior memoria narrativa de la conversión de los tesalonicenses y su relación con Pablo. Por una parte, está vinculado a los versículos 2-3 tanto por gramática como por contenido y, por lo tanto, sigue siendo parte de la acción de gracias en sí; por otro lado, cuando Pablo empieza a recordarles específicamente la *naturaleza* de su elección mencionada en el versículo 4, en términos de la propia experiencia que ellos tienen al respecto (v. 5), la acción de gracias da paso a un extenso recuerdo para beneficio de los tesalonicenses de los acontecimientos de su conversión (vv. 6-10), incluida de manera especial una larga "defensa" de la conducta de los apóstoles mientras estuvieron entre ellos (2:1-3:10).

En cualquier caso, deberíamos ser conscientes de cómo "funciona" toda la frase (vv. 2-5). La estructura resulta bastante fácil de ver:

Siempre damos gracias a Dios por todos ustedes
> cuando los mencionamos en nuestras oraciones.
> Los recordamos constantemente delante de nuestro Dios y Padre a causa de la obra realizada por su fe, el trabajo motivado por su amor,
> y la constancia sostenida por su esperanza en nuestro Señor Jesucristo.

Pablo afirma, pues, que él y sus compañeros apostólicos dan gracias por ellos en sus plegarias de dos maneras: mencionándolos siempre en oración —ya que

40. Por esta razón, tanto Schubert como O'Brien (nota anterior) están preparados para argumentar que la acción de gracias en sí se extiende a lo largo de 3:10. En esto los siguen Malherbe y Beale, pero este punto parece ser un caso claro de falta de concordancia entre la "forma" y la "función". Aunque a nivel estructural, el hecho de que el informe de oración comience en 3:11 podría significar que la acción de gracias acaba en 3:10, en realidad la narrativa de la pasada relación entre Pablo y ellos (1:5-2:12; 2:17-30) tiene poco que ver con dar gracias por ellos y mucho con una narrativa al respecto de su propia relación pasada. Lo que se opone a esta opinión son las dobles realidades de que *(a)* Pablo mismo en 2:13-14 retoma el hilo perdido y, así, se repite incluyendo el tema de la *imitatio;* y *(b)* todo lo demás (1:4-2:12; 2:17-3:10) es un relato extenso y consecutivo sobre sus relaciones pasadas con ellos hasta el momento mismo de escribir, aspecto que no guarda relación con el tema de la acción de gracias. Otros consideran que la expresión de su agradecimiento ocupa todo 1:10 (por ej., Findlay, Best, Bruce, Marshall, Richard y Green), mientras que Holmes entiende que solo es el v. 6. Al menos se puede justificar esto último sobre la base de la gramática; sin embargo, en términos de contenido, los vv. 5-10 van más allá de la acción de gracias y se convierten en narrativa propiamente dicha.

recuerdan constantemente su fe, su amor y su esperanza— y todo esto porque también saben que estas cosas son la prueba de la elección de los tesalonicenses. Pero justo en este punto, Pablo se lanza a detallar los aspectos evidentes de su elección/conversión y, con esto, lo que empezó siendo un informe de acción de gracias comienza a perfilarse como un relato prolongado, en el cual les recuerda primero que tanto su conversión como su permanencia en la fe es algo conocido en otros lugares de Grecia (1:5-10). De modo que, para todo propósito práctico, el contenido real del informe de acción de gracias mismo se encuentra en esos dos versículos.[41]

**2**

Lo que se afirma en esta primera parte del informe de acción de gracias se convertirá en algo típico en todos los agradecimientos posteriores de Pablo. Siempre tiene lugar en el contexto de la oración que, en la "lógica" corriente de las cosas, debería ser lo primero. Es decir, mientras oramos por ustedes, damos continuas gracias. Pero esto, es un "informe de acción de gracias" y no un "informe de oración"; de ahí que el primer participio ("los mencionamos") proporciona simplemente el contexto para las gracias repetidas de los apóstoles por los creyentes tesalonicenses en todos los casos, ya que los tres oran por ellos. Ruegan por "todos ustedes", ya que los mencionan constantemente en oración. La primera persona del plural que encontramos aquí y en 2 Tesalonicenses 1:3 solo aparece una vez más en Colosenses 1:3, aunque se incluya a otros en el saludo (como, por ej., en 1 Corintios). Pero al contrario de lo que pasa en todas las demás cartas de Pablo, con la excepción parcial de 2 Corintios, aquí continúa durante toda la carta (excepto en 2:18; 3:5 y 5:27). Esto es probablemente relevante en este caso ya que, aunque el apóstol fue sin lugar a duda la "persona clave" que recibió el ataque contra los apóstoles subyacente en 2:1-12, les recuerda a los tesalonicenses con regularidad que los tres juntos estuvieron involucrados originalmente en ese ministerio.

El enfoque de la acción de gracias es "por todos ustedes", situación en la que Pablo (típicamente) expresa su agradecimiento por personas, no por "cosas" ni "experiencias". En este caso, el "todos" no es quizás una cuestión de énfasis como tal, sino una manera de poner por delante que todos los miembros de la comunidad de creyentes, incluso algunos que necesitarán ser suavemente reprendidos en esta carta, forman parte de la recién creada *ekklēsia* de creyentes de Tesalónica.

41. Y esto es así a pesar de quienes percibirían también aquí aspectos retóricos (por ej., Wanamaker, Witherington; R. Jewett, *The Thessalonian Correspondence: Pauline Rhetoric and Millenarian Piety* [Philadelphia: Fortress, 1986]). Si esto es un elemento retórico, lo es por decreto y no porque exista analogía alguna a ello en los retóricos. Para una crítica del entusiasmo contemporáneo hacia la retórica griega por parte de muchos eruditos del NT, ver P. H. Kern, *Rhetoric and Galatians: Assessing an Approach to Paul's Epistle* (SNTSMS 101); Cambridge: Cambridge University Press, 1998).

Al menos, en la misiva misma no hay nada que sugiera que el agradecimiento de Pablo "por *todos* ustedes" insinúa cierta inquietud interna en la comunidad, como sucede en algunas otras epístolas (por ej., Romanos, Filipenses). En el momento de la escritura, la comunidad creyente de Tesalónica no era probablemente muy grande y el recuerdo que el apóstol y sus compañeros conservaban de ellos seguía estando fresco, lo que incluía por tanto a los "holgazanes" señalados en 5:14 y ya anticipados en 4:9-12.

La decisión más difícil, aunque no especialmente relevante, al respecto de la cláusula que conforma nuestro versículo 2 es la colocación del adverbio "constantemente" al final del versículo en el texto griego. El texto griego del Nestle-Aland anotó la frase de manera que el adverbio acompañara al participio que inicia el versículo 3 y muchos otros les han seguido, incluso un buen número de traducciones al inglés. Así, "los recordamos constantemente delante de nuestro Dios y Padre a causa de la obra, etc.".[42] Pero aquí tenemos un caso en el que el uso paulino en otros lugares y la estructura de las dos primeras cláusulas parecen favorecer la versión TNIV y otras. Aunque Pablo usa este término solo cuatro veces en sus cartas,[43] en cada caso lo hace en relación con la oración y la acción de gracias, nunca con "los recordamos". Además, tomarlo en este caso como la conclusión de la primera cláusula y no como principio de la siguiente da como resultado una frase bien equilibrada con el versículo 3, que empieza con "los recordamos" y acaba con "delante de nuestro Dios y Padre". En este último caso, la mayoría de las versiones pone al frente, y con razón, el modificador final en aras de un lenguaje más apropiado. Lo mismo ocurre con esta cláusula, que tiene mayor sentido como vemos más arriba: "Los recordamos *constantemente* delante de nuestro Dios y Padre".

Aparte de esto, deberíamos señalar que la lógica de la frase de Pablo da a entender que él, Silas y Timoteo dan gracias por los tesalonicenses —siempre—, a la vez que interceden por ellos en oración —constantemente—. Así, en esta temprana carta, el apóstol reúne la intercesión y el agradecimiento, una práctica que las demás cartas muestran ya como un hábito continuo.

42. Ver, entre otras, la KJV, NIV, NASB, JB, NRSV, REB; cp. Ellicott, Lightfoot, Findlay, Frame, von Dobschütz, Holtzmann, Bruce, Holmes, Green, Beale; O'Brien, *Thanksgivings*. Entre quienes lo entienden como μνείαν ποιούμενοι ἐπὶ τῶν προσευχῶν ("mencionándolos en nuestras oraciones"), como en la TNIV, ver RSV, NEB, GNB, NET, ESV, NLT, NJB; cp. Milligan, Moffatt, Rigaux, Best, Wanamaker, Morris, Richard, Malherbe. Marshall y Witherington son ambivalentes.

43. Tres veces en esta carta (aquí; 2:13; 5:17) y una en Romanos (1:9). El orden de palabras en la siguiente apareción (2:13) parecería ser decisiva (εὐχαριστοῦμεν τῷ θεῷ ἀδιαλείπτως). Para quienes se sienten incómodos por la "distancia con el verbo", ver 1 Co. 15:58 (περισσεύοντως ἐν τῷ ἔργῳ τοῦ θεοῦ πάντοτε).

**3**
Con una segunda cláusula de participio, el apóstol vuelve a dar gracias y así comienza esta larga frase. El contenido de la oración misma es básicamente manejable en términos de comprensión de lo que está intentando comunicar a los tesalonicenses en su momento de adversidad. No obstante, algunos de los detalles exigen explicación, y esta puede presentarse mejor al ofrecer una traducción más "literal" de la frase paulina (en su orden de palabras y retomando a partir del verbo principal): "Los recordamos constantemente delante de nuestro Dios y Padre a causa de la obra realizada por su fe, el trabajo motivado por su amor y la constancia sostenida por su esperanza en nuestro Señor Jesucristo".

Comenzamos por el final, observando que, en esta tercera mención de Dios en la carta y, por tanto, en el corpus paulino, se designa de nuevo a Dios como "Padre", pero en este caso con el posesivo "nuestro". Por tanto, para Pablo, el Jesucristo resucitado y exaltado es nuestro "Señor" celestial, mientras que por la venida del Hijo se solía aludir con regularidad al Dios eterno como *nuestro* Padre.[44] La forma en que esto se produjo, incluida la función del Espíritu en el proceso, se describe con algún detalle en Gálatas 4:4-7. La facilidad con la que esto se expresa aquí indica que semejante conversación sobre Dios existía desde hacía tiempo, y que probablemente había formado parte de la instrucción que Pablo había impartido a estos creyentes gentiles primitivos.

Por lo demás, en la frase son tres los asuntos en cuestión: *(a)* la forma en que la frase final, "delante de nuestro Dios y Padre", debe funcionar: como modificador de la frase "de nuestro Señor Jesucristo" o del participio de apertura "los recordamos"; *(b)* si la expresión "en nuestro Señor Jesucristo" solo modifica la frase final ("la constancia sostenida por su esperanza") o si aplica a todo lo anterior ("la obra...", "el trabajo..." y "la constancia..."); *(c)* la naturaleza y el significado de las frases que forman la tríada fundamental: fe, amor y esperanza.

Los dos primeros elementos son básicamente estructurales y, por tanto, solo afectan a la comprensión general de la frase. Al respecto de la frase final ("delante de nuestro Dios y Padre"), es remotamente posible —sobre todo a la luz del versículo 10, más abajo— que Pablo esté pensando en "el Señor Jesucristo" ahora en la presencia del Padre; sin embargo, resulta difícil percibir cómo podría ser esto una causa para la acción de gracias de ese momento en relación con los tesalonicenses mismos. Es más probable, por tanto, como sugerimos al respecto del versículo 2 y según el orden de palabras allí presente, que la intención de Pablo sea considerar esto como una *inclusio* con "les recordamos", tal como se indica en la TNIV.[45]

44. Sobre la relevancia de esta designación en la presente carta, ver la explicación del vocativo ἀδελφοί ("hermanos [y hermanas]") en su primera aparición en 2:1.

45. En realidad, este es un lugar donde, manteniendo el orden de palabras intacto, las supuestas traducciones "literales" (por ej., KJV, ASV, NASU) crean una considerable dificultad

Pablo se visualiza, pues, con Silas y Timoteo, "delante de *nuestro* Dios y Padre", ofreciendo una gozosa acción de gracias a Dios por los creyentes tesalonicenses.

A la luz de esta expresión más cierta de una *inclusio* en la oración de Pablo, es posible que también quisiera que "nuestro" y "del Señor Jesucristo" realizaran una triple función. Es decir, que, como reconocen otras traducciones, el "su" va con cada uno de los tres nombres de la tríada cristiana, de manera que la frase final pueda ir con cada uno de ellos. De ser así, no solo está su "esperanza en nuestro Señor Jesucristo", sino también su "obra", producto de su "fe" en el Señor Jesucristo, e impulsada por su "amor" por Cristo. Aunque no podemos tener certeza aquí, sí encaja con el patrón de tales inclusiones recurrentes en estas dos cartas.[46]

Podemos observar, además, que, en una interpretación semejante de la cláusula de Pablo, el conjunto adopta la forma de una especie de triple *inclusio*. El enfoque está claramente en el conjunto interno de tres, envuelto por el "su" posesivo y "el Señor Jesucristo". Los tesalonicenses son el sujeto de las ideas verbales en la tríada de fe, amor y esperanza; el Señor Jesucristo es el objeto en, al menos, el primer y el tercer caso. Es decir: su fe y su esperanza están en o se dirigen hacia Cristo, mientras que su amor es más probablemente hacia los demás. Todo esto está encerrado, a su vez, por el conjunto externo que tiene que ver con que Pablo "rec[uerde] (esas virtudes) delante de nuestro Dios y Padre".

Lo crucial en la cláusula son las razones para la acción de gracias, cuya intención parece primordialmente un estímulo para los tesalonicenses. De hecho, se deberían leer estas palabras antes que nada a la luz de los capítulos 2 y 3, sabiendo que se expresan en respuesta al regreso de Timoteo con un informe esencialmente bueno al respecto de los creyentes en Tesalónica, incluso si se encontraban en medio de una considerable persecución (ver 2:14; 3:2-5). La gratitud de Pablo hacia Dios por ellos se expresa en términos de la tríada especialmente cristiana —fe, esperanza y amor— que aparece aquí por primera vez en la literatura cristiana. Vuelve a figurar en 5:8 y, después, en las epístolas de Pablo de manera recurrente.[47] Al mismo tiempo, y sobre todo a la luz del resto de la carta,

---

para el lector. Así, en la NASU encontramos: "...constancia de esperanza en nuestro Señor Jesucristo en la presencia de nuestro Dios y Padre". La KJV y la ASV al menos intentaron aliviar parte de la dificultad al colocar una coma después de "Cristo". Por otra parte, la ESV sigue a la RSV y a la mayoría de las demás traducciones contemporáneas, cambiando el orden de palabras del mismo modo que la TNIV.

46. Ver, por ej., 2 Ts. 2:17, donde la mayoría de las traducciones inglesas reconocen que "toda" relacionada con "obra" y "buena" con "palabra" van con ambos sustantivos ("toda buena obra y palabra").

47. Se les conoce mejor por su siguiente aparición en 1 Co. 13:13, donde el orden "fe, esperanza, amor" está condicionado por el contexto; a continuación, figuran en una diversidad de formas y contextos (Gá. 5:5-6; Ro. 5:1-5; Col. 1:4-5; Ef. 4:2-5). Fuera de Pablo, ver 1 P. 1:21-22 y He. 6:10-12. Al respecto de los dos últimos casos, A. A. Hunter (*Paul and His Predecessors* [2ª

es necesario tomarse con igual seriedad las primeras palabras de cada una de las frases (obra, trabajo, constancia).[48]

Con frecuencia se han interpretado las dos primeras ("obra de fe, trabajo de amor") como tópicos cristianos, relacionadas con diversas formas de servicio y deber directamente asociados al evangelio mismo. El motivo es fácil de ver; aunque en cartas posteriores Pablo use ambos sustantivos y sus verbos correspondientes para hablar tanto de "la obra del Señor" como de "trabajar con las propias manos",[49] en el contexto de la tríada divina, los instintos propios deben ser entendidos exclusivamente en relación a lo primero (hacer "la obra del Señor"). Sin embargo, la acción de gracias ulterior del apóstol suele anticipar con regularidad cuestiones que se tratarán en la carta (que a veces necesita aplicar corrección en la comunidad)[50]; este parece ser también el caso más probable aquí. Por tanto, mediante el agradecimiento, Pablo está elogiando a toda la comunidad, una red lo bastante extendida como para abarcar a aquellos que también precisan abordar estos asuntos.

Tristemente, una traducción "literal" de estas tres frases también ha conducido a una interpretación errónea adicional por parte de muchos lectores. Así, "trabajo de amor", por ejemplo, se entiende bastante bien a un nivel, ya que se

---

ed.; Londres: SCM, 1961], 33-35) argumentó que las frases reflejan una formula prepaulina que puede remontarse hasta Jesús mismo. Para una explicación completa de la tríada en esta carta, ver W. Weiss, "Glaube —Liebe— Hoffnung: Zu der Trias bei Paulus", *ZNW* 84 (1993), 196-217, quien también tiende a encontrarlas donde no están.

48. Se debería observar, asimismo, fuera intención de Pablo o no, que en el caso de ambos conjuntos de sustantivos existe un orden ascendente. La vida propia de uno en Cristo empieza con la "fe", que se manifiesta en el "amor" y vive en una "esperanza" expectante de la consumación futura. Así, la fe "obra", mientras que el amor "se esfuerza" y la esperanza "soporta" (cp. Ap. 2:2, al respecto de la iglesia de Éfeso). Sobre los tres últimos, cp. Lightfoot, 11.

49. Aunque el sentido de la segunda palabra (κόπος) se inclina firmemente hacia la naturaleza "de gran esfuerzo" de la obra, también se puede usar en algunos casos casi de forma intercambiable con ἔργον, término general para "obra, hechos, acciones" de todo tipo. Así, en Ro. 16:5, María πολλὰ ἐκοπίασεν εἰς ὑμᾶς (que "tanto ha trabajado por ustedes"), al parecer en alusión al esfuerzo manual de alguna clase; en el v. 12, tres mujeres (Trifena, Trifosa y Pérsida) ἐκοπίασεν ἐν Κυρίῳ ("se esfuerzan trabajando por el Señor"), al parecer en referencia a "practicar el evangelio" de una forma u otra (el grupo de palabras ἔργον no aparece en absoluto en Romanos 16). Al margen del uso en el v. 5, Pablo rara vez utiliza el grupo de palabras κόπος para el trabajo en general y de cualquier tipo, para lo cual suele usar el grupo de ἔργον, en especial para "cumplir la ley" o "hacer el bien" en general. La sutil distinción entre ambos términos puede verse mejor, quizás, en el uso que Pablo hace de ellos en 1 Co.15:58: περισσεύοντες ἐν τῷ ἔργῳ τοῦ Κυρίου πάντοτε, εἰδότες ὅτι ὁ κόπος ὑμῶν οὐκ ἔστιν κενὸς ἐν Κυρίῳ ("progresando siempre en la obra del Señor, conscientes de que su trabajo en el Señor...").

50. Ver, por ej., 1 Co. 1:5, "han sido enriquecidos con todo tipo de palabras y de conocimiento" (TNIV) a la luz de los capítulos 8 y 12; cp. Fil. 1:4, "porque han participado en el evangelio desde el primer día" a la luz de 4:10-20.

ha abierto camino en el lenguaje común como algo que tiene que ver con ciertas actividades motivadas por el amor de aquellos involucrados en ellas. Pero que ese sea su significado aquí es algo altamente cuestionable. Además, frases como "obra de fe" y "constancia de esperanza" suenan bastante ambiguas, a menos que se conviertan en posesivos: "La obra de la fe" y "la constancia de la esperanza". De este modo, la TNIV —y pocas más—[51] las han transformado a todas en expresiones con sentido que captan la sensación de "resultado/razón" de los tres genitivos.[52]

La primera locución, "su obra en la fe", ha sido una idea bastante inquietante para muchos protestantes, sobre todo a la luz de los enfáticos contrastes en Gálatas y Romanos entre "*fe* en Jesucristo" y "*obras* de la ley". Pero esta comprensión errónea de la preocupación de estas dos últimas cartas es desafortunada, para no mencionar que malinterpreta a Pablo, quien, en ambas cartas, está aludiendo de forma específica a los requisitos de que los gentiles "cumplan" ciertos aspectos de la ley judía (circuncisión, Sabbat, leyes alimentarias). Al mismo tiempo, Pablo es bastante insistente en que la fe verdadera se ve mejor en las "buenas obras" que produce, como aclara Gálatas 5-6 de manera especial.[53] Su lenguaje aquí refleja gran parte de la misma idea. La fe verdadera en Cristo —como la fe verdadera en el Antiguo Testamento— se expresa en "las obras".[54] Y, en cualquier caso, en la primera de sus cartas, la "fe" es un término mucho más amplio que el uso más estrechamente definido en (la mayor parte de) Gálatas y Romanos.[55] Además, la misma palabra "obra" adopta muchas formas en las cartas de Pablo. En ocasiones

51. Ver, por ej., NJB, REB, GNB y la nota en la NET ("Estas expresiones denotan virtudes cristianas en acción: la obra producida por la fe, el trabajo motivado por el amor y la constancia que surge de la esperanza en Cristo"). Cp. Lightfoot (10), quien traduce las locuciones como "la obra que viene de la fe, el trabajo que surge del amor, la paciencia que nace de la esperanza". Cp. Milligan, 6; Frame, 76.

52. Aunque se debería resaltar que no todos piensan así. BDAG (κόπος 2) sugiere que son descriptivos/adjetivales: "Fiel trabajo, acciones de amor, constante esperanza" (cp. NTV). Sin embargo, esta traducción implica perder de vista la tríada cristiana exclusiva.

53. A este respecto, ver esp. 5:6 (lo que cuenta es la "fe que 'obra' por medio del amor") y 6:9-10. Nadie es salvo por "hacer lo que es bueno", sino que solo las personas verdaderamente "salvas" expresarán su salvación por medio del fruto del Espíritu.

54. Collins (*Studies,* 212-13) consideraría que esta expresión se refiere a la "fe activa"; pero esto parecería malentender considerablemente a Pablo, esp. a la luz de la frase siguiente (¿"amor en acción"?), por no mencionar el uso paulino en otros lugares. De manera similar, la traducción de Best (68), "logro de fe", parece poner el énfasis global en el lugar erróneo.

55. E incluso en estas cartas no se restringe tan estrechamente como lo hacen algunas expresiones del protestantismo; obsérvese, por ej., la frase de Pablo: "El que antes nos perseguía, ahora predica la *fe* que procuraba destruir" en Gá. 1:23, donde "la fe" es prácticamente equivalente al evangelio, al igual que las varias apariciones en 3:1-10 en la presente carta, que rayan mucho el sentido de "fidelidad". Ver además la explicación de Collins, "The Faith of the Thessalonians", en *Studies* 209-29.

expresa las actividades del "ministerio" (por ej., 1 Co. 3:13; 15:58); a veces, refiere a hacer el bien a los demás (Gá. 6:9-10; Col. 1:10; Ef. 2:10); y otras, se relaciona con lo que Pablo mismo ha realizado para Dios (1 Co. 9:1). En el caso presente, es probable que el término no tenga un referente específico, excepto que incluiría muy posiblemente los dos primeros elementos que acabamos de señalar.

La expresión más difícil es la segunda: "El trabajo motivado por su amor". En primer lugar, el vocablo "trabajo" en esta locución pone un poco más de énfasis sobre la idea del esfuerzo y la dificultad, aunque también se utiliza de manera más genérica para la "obra" de todo tipo, incluido el "trabajo en el Señor [por el evangelio]" (1 Co. 3:8; 15:58). En realidad, para la mayoría de los intérpretes, este es el único significado de la expresión.[56] Sin embargo, entenderla de este modo parece demasiado genérico y no un caso específico. Después de todo, al principio de la narrativa que sigue (2:9), Pablo les recuerda a los tesalonicenses que los misioneros mismos realizaron ambos tipos de "trabajos". Así, en la misma frase, les recuerda que él y Silas "trabaja[ron] (*ergazomenoi*) día y noche para no serles una carga", y lo hicieron "para proclamarles el evangelio de Dios".[57]

Por tanto, a la luz de 4:9-12 en esta misma carta —donde Pablo insta a estos creyentes "a ocuparse de sus propias responsabilidades y a trabajar con sus propias manos", un asunto al que regresa de pleno en 2 Tesalonicenses 3:6-15—, lo más probable es que esté anticipando aquí esa palabra correctiva con su nota laudatoria. Al darles las gracias por su "obra realizada por su fe" (probablemente el servicio cristiano) y el "trabajo motivado por el amor" (posiblemente el trabajo manual), Pablo está pues ofreciendo un agradecimiento genuino por aquellos que, entre ellos, están haciendo esto mismo, aunque para otros será una cuestión que precise corrección. Por ello, en lugar de dar gracias a Dios por ellos con tópicos cristianos, Pablo está en realidad agradecido por cosas que están obrando en medio de ellos y que, a la vez, necesitan corrección o cierto refuerzo. Esto también significa que el término "amor" alude, en este caso, al "amor por los demás" y no al amor por Cristo.

La expresión final, "constancia sostenida por su esperanza", es la menos ambigua de las tres. De entre todas las cosas que se podrían decir al respecto de estos primeros creyentes, sin duda aguardaban con ansias la gloria final que les

56. Las excepciones son escasas. Frame (76) observa ambas posibilidades, pero considera la opción que significa "trabajo manual necesario para sostener la propaganda misionera", en lugar del amor en el seno de la comunidad cristiana que hace que uno "trabaje con [sus] propias manos" y, así, no se apoya en la generosidad de los demás para comer. Sin embargo, al final deja la interpretación abierta (igual lo hace Best, 57). Witherington (59) insinúa la posibilidad que aquí se argumenta, pero sin hacer una aplicación específica.

57. De manera similar, en la primera de las siguientes series de cartas, Pablo también les recuerda a los corintios que "hasta el momento... con estas manos (kopiōmen) nos matamos trabajando (*ergazomenoi*)" (1 Co. 4:12).

pertenecería (a ellos y a nosotros) en la venida de Cristo. De hecho, es posible que lo esperaran con exagerada avidez. En cualquier caso, semejante expectativa forma parte de lo que significa ser un seguidor de Cristo. No solo el trabajo por la fe en Cristo y el esfuerzo con las manos propias por amor a los demás (con tal de no ser una carga para ellos), sino que todo esto se hace con la firme expectativa de que lo que Cristo comenzó en su resurrección sea llevado a su completitud suprema en su venida. La esperanza descansa segura en el Señor resucitado, el Mesías que un día fue crucificado, Jesús de Nazaret. Por tanto, en Pablo el término "esperanza" es de "satisfacción" y tiene que ver con su absoluta seguridad sobre el futuro basado en la resurrección de Cristo, no una palabra que indica un deseo al respecto de un mañana incierto.

Así, el principal empuje de la acción de gracias hasta este momento está, en general, en el resultado de que los creyentes tesalonicenses hayan venido a la fe en Cristo y lo demuestren en su forma de vivir por Cristo y preocuparse por los demás. Pero, por importante que esto sea, no es todo, de modo que Pablo pasa a continuación a recordarles la naturaleza dinámica de su conversión por derecho propio y lo explica en nuestro versículo 5.

Mucho es lo que se puede aprender al escuchar cuidadosamente los informes de acción de gracias de Pablo, en especial porque resulta fácil limitar el agradecimiento a "cosas" o "bendiciones" que las personas reciben. Sin embargo, en esta primera carta registrada destacan dos cosas: (1) que en realidad les indica a las personas por las que está orando que está agradecido por la relación constante que tienen con Cristo; y (2) que da gracias a Dios por las cosas mismas que también necesitarán alguna corrección. Y esto no es "darles una palmadita en la espalda", por así decirlo, para "pedirles" algo a continuación. Es gratitud a Dios por lo que Él ha hecho y está haciendo en ellos y en medio de ellos. Tal vez se debería recalcar también que, para el apóstol, la acción de gracias forma parte de la oración, y que está dispuesto a darle las gracias a Dios por sus amigos, aun sabiendo muy bien que necesitarán algunas de las correcciones que vendrán a continuación.

### *C. NARRATIVA. PRIMERA PARTE: CONVERSIÓN DE LOS TESALONICENSES Y SEGUIMIENTO (1:4-10)*

Sin apartarnos del tema y todavía en el contexto de ofrecer acción de gracias a Dios por los creyentes tesalonicenses, Pablo presenta un tercer participio ("sabemos")[58], que modifica el verbo principal, "damos gracias". Sin embargo, lo que comienza como un alivio tranquilizador basado en la elección divina, evoluciona de inmediato para convertirse en un recordatorio de la predicación de Pablo y de cómo

58. Para los dos primeros participios ("mencionamos" y "recordamos"), ver pp. 44-46 más arriba.

vinieron ellos a la fe (ambas cuestiones movilizadas por el poder del Espíritu). De modo que, si el participio anterior ofrecía la causa *inmediata* de la acción de gracias —su servicio y su amor por Cristo y por los demás—, este proporciona la causa *suprema*: que estén anclados en el llamamiento que Dios les hizo para incorporarlos a sus propósitos divinos. Y, al parecer, todo esto había sido referido en el informe de Timoteo: habían permanecido fieles en el contexto de su sufrimiento presente.

El resultado es que la confirmación que hace Pablo en cuanto a la fuente divina de su llamamiento y elección (v. 4) va seguida a continuación por un recordatorio: que tomaran conciencia de esa elección por medio de su eficaz ministerio entre ellos (v. 5), de su propia función en la difusión del evangelio en Tesalónica (v. 6) y, finalmente, del conocimiento generalizado de su conversión[59] y su radical naturaleza (vv. 7-10). En el proceso, la acción de gracias desaparece,[60] conforme fluye suavemente en una larga narrativa sobre su propio pasado y el de ellos, y su reciente relación. Como en 2:1 el relato comienza con una considerable rememoración de la conducta de Pablo (y sus compañeros) durante el tiempo que pasó en Tesalónica, la sección actual, que nos recuerda su propia conversión, podría considerarse con mayor propiedad como su introducción.

Las dos principales preocupaciones de la primera parte de la narrativa que sigue (1:7-2:12) se presentan, pues, en el versículo 5: (1) el hecho y la naturaleza de su conversión se reiteran a modo de recordatorio de que sus verdaderos orígenes como seguidores de Cristo eran una combinación del mensaje del evangelio y la obra poderosa del Espíritu Santo en sus vidas (esto se desarrolla en los versículos 6-10); y (2) la frase final del versículo 5 ("como bien saben, estuvimos entre ustedes

59. Han existido dos objeciones ocasionales al lenguaje de "conversión" para referir a las personas que se hubieran vuelto seguidoras de Cristo en las iglesias paulinas, ya que muchos de los "conversos" originales habrían asistido a la sinagoga judía de Tesalónica y se habrían vuelto seguidores de Cristo desde dicho contexto. Además, en nuestro idioma contemporáneo, la "conversión" suele relacionarse con una "experiencia" de cierta clase. Pero, en este caso, parece ser exactamente lo que Pablo está narrando: su "experiencia" de conversión fue acompañada por una poderosa obra del Espíritu Santo (vv. 4-6). Así, "conversión" parece ser el único lenguaje adecuado para lo que les sucedió a estos cristianos primitivos; ¡después de todo, la naturaleza experiencial misma del asunto es precisamente lo que Pablo expone aquí!

60. Al menos esto es lo que parece haber sucedido. Las dificultades que se tienen al aislar las "partes" de este pasaje inicial quedan demostradas tanto por la NA[27] como por UBS[4] Greek New Testaments, ambos con el mismo texto, pero en un formato un tanto distinto. La UBS[4] fue diseñada para los traductores y, por lo tanto, aparece con "títulos", como los que también se encuentran en la TNIV. Así, 1:3 tiene "título" ("La fe y el ejemplo de los tesalonicenses") y 2:1 también ("El ministerio de Pablo en Tesalónica"). Aunque estos tienden a captar la esencia de cada sección, los títulos mismos y la elección de no excluir el γάρ ("por") en 2:1 preparan al lector para una pausa mayor en 2:1, bastante injustificable a la luz del propio uso que Pablo hace y de cómo retoma las tres palabras clave de los vv. 9-10 (ver la introducción a 2:1-12 más abajo).

buscando su bien") explica mejor la declaración inicial ("porque nuestro evangelio les llegó") y, así, anticipa la larga exposición de 2:1-12.

### 1. Pablo recuerda a los tesalonicenses su experiencia de conversión (1:4-7)

4 *Hermanos amados de Dios, sabemos que él los ha escogido* 5 *porque nuestro*[61] *evangelio les llegó no solo con palabras, sino también con poder, es decir, con*[62] *el Espíritu Santo y con profunda convicción. Como bien saben, estuvimos entre*[63] *ustedes buscando su bien.* 6 *Ustedes se hicieron imitadores nuestros y del Señor cuando, a pesar de mucho sufrimiento, recibieron el mensaje con la alegría que infunde*[64] *el Espíritu Santo.* 7 *De esta manera se constituyeron en ejemplo*[65] *para todos los creyentes de Macedonia y de Acaya.*

Con el versículo 4, y todavía en modo de acción de gracias, Pablo presenta el amor divino y la elección como los fundamentos de la fe de los tesalonicenses que impulsan su agradecimiento. Es probable que la intención subyacente sea un refuerzo teológico de su fe, que apunte a una mayor fidelidad, que es donde encaja el versículo 5. La prueba de su elección tiene que encontrarse en su con-

61. Un escriba (¿piadoso?) (C) cambió el "nuestro" de Pablo a "de Dios", aunque el escriba original de ℵ se limitó a añadir el término θεοῦ (así, "el evangelio de nuestro Dios").

62. La TNIV sigue aquí (correctamente) ℵ B 33 r vg$^{mss}$ , que no lleva el ἐν delante de πληροφορίᾳ; ver la explicación más abajo; cp. el juicio de H. Koester, "The Text of First Thessalonians", en *The Living Text: Essays in Honor of Ernest W. Saunders* (ed. D. E. Groh y R. Jewett; Lanham, Md.: University Press of America, 1985), 219-27.

63. La TNIV refleja aquí el texto de UBS[4], que traduce ἐν ὑμῖν con B D F G Ψ 0278 𝔐; todos los compañeros cercanos de B (ℵ A C 33 1739) y otros (P 048 81 104 1881 pc) no llevan el ἐν y, por tanto, se traduce como "vinimos *a* ustedes". Lo más probable es que el error sea un caso de haplografía (así Best, 76) o de ditografía relacionado con el final del verbo inmediatamente precedente, ἐγενήθη<u>μεν</u>. Si el cambio fuera deliberado, entonces se podría dar una buena razón para cada interpretación. En *GEP* yo argumentó a favor de la interpretación más breve como la original, pero ahora estoy menos seguro. La cuestión es por qué un escriba (o escribas) habría/n cambiado deliberadamente una u otra interpretación, ya que ambas se comprenden a la perfección. Entonces, lo que habría que preguntar es si se les está recordando a los tesalonicenses la *relación* de Pablo y sus compañeros *hacia* (o, según Frame, *delante de*) ellos o el comportamiento de los apóstoles mientras estuvieron *entre ellos.* El argumento de 2:1-12, que enfatiza la *relación* de Pablo con los tesalonicenses durante su estancia con ellos, parecería decantarse por la primera interpretación (contra Koester, "Text", 223).

64. Codex Vaticanus (B) y algunos manuscritos de la Vulgata añaden un καί ("y") entre "gozo" y "Espíritu Santo", produciendo así un texto que se traduce "con gozo *y* el Espíritu Santo". Esto parece un error de comprensión al respecto de la visión que Pablo tenía de la relación de gozo con el Espíritu Santo.

65. El singular τύπον, traducido por los mejores manuscritos tanto de Egipto como de Occidente (B D 6 33 81 104 1739 1881 pc lat) es muy preferible al plural encontrado en el Texto Mayoritario (𝔐). Pablo está pensando en la iglesia de forma colectiva y no en creyentes individuales.

versión misma. Lo relevante de este recordatorio es la naturaleza experimentada y basada en pruebas de lo que se debe recordar. Su elección misma es una realidad *posicional*;[66] sin embargo, su apropiación de dicha realidad se produjo por medio de una combinación de factores *experienciales*: la poderosa predicación paulina del evangelio, inspirada por el Espíritu, que resultó en la gozosa experiencia de su conversión, todo ello orquestado por el Espíritu Santo. Al igual que más adelante, en su carta a los Gálatas,[67] Pablo no muestra aquí nada de la angustia de la iglesia occidental contemporánea al respecto de apelar a la experiencia como parte de la realidad general de la fe cristiana.

En este caso, la preocupación del apóstol parece clara. Basa la fe experimentada de ellos en el amor y la elección previos de Dios (v. 4). Y, como está apelando a la propia conversión de ellos como medio de estímulo en medio del sufrimiento presente,[68] el recordatorio es doble: de la naturaleza de la *proclamación* que Pablo hace del evangelio, acompañada del poder del Espíritu Santo (v. 5); y de su propia *experiencia* de recibir el evangelio ("el mensaje"), acompañada de un gozo ilimitado producido por el Espíritu Santo, a pesar de los sufrimientos que también tuvieron que experimentar (v. 6). El resultado nítido de todo esto fue que podían servir de ejemplo para los creyentes de toda Grecia.

4

El "por" con el que se inicia esta frase en la TNIV (cp. NRSV) es un intento de captar el sentido del participio "sabiendo" como causa o base de la acción de gracias del apóstol. El contenido de lo que se sabe refleja la comprensión de Pablo en cuanto a la inclusión de los gentiles en el plan divino, dado que su lenguaje se hace eco de manera deliberada del texto fundamental del entendimiento judío de la relación con Dios (Deuteronomio 7:7-8): "El Señor se encariñó contigo y *te eligió*, aunque no eras el pueblo más numeroso... Lo hizo porque *te ama*... y te sacó de la esclavitud con gran despliegue de fuerza".[69] La idea es, por supuesto, que Israel no hizo nada para merecer la redención de Dios de la esclavitud y la elección como pueblo suyo; todo fue obra de Dios. Dado que muchos de los primeros conversos gentiles a Cristo habían asistido con regularidad a la sinagoga

66. Es decir, su salvación es una realidad objetiva basada en su "posición" en Cristo.

67. Ver Gá. 3:1-6, donde la primera apelación de Pablo es a su experiencia del Espíritu, que a su vez está basada en la bendición de Abraham, donde la preocupación está en la inclusión de los gentiles en esa bendición y promesa. Ver, además, G. D. Fee, *Galatians: [A] Pentecostal Commentary* (Blandford Forum: Deo Publishing, 2007), 103-13.

68. Esta parece ser la razón suprema para este recuerdo, aunque se exprese como si fuera él (con Silas y Timoteo) quien recordara la conversión de ellos al dar gracias en oración.

69. Que las frases de Pablo τὴν ἐκλογὴν ὑμῶν / ἠγαπημένοι se hagan eco de las dos frases en cursiva (ἐξελέξατο ὑμάς / τὸ ἀγαπᾶν ὑμᾶς) parece seguro, ya que el lenguaje es a la vez relevante y exclusivo de estos dos pasajes.

judía de Tesalónica, parece muy probable que un considerable número de ellos hubiera entendido el uso que el apóstol hace aquí como traslado de privilegio a ellos como seguidores del Mesías judío.

Este parece ser el caso dado que el lenguaje de "amados de Dios" modifica el vocativo "hermanos". Este es el primero de catorce vocativos de este tipo en esta carta, lo que, junto con los ocho de 2 Tesalonicenses, son, por mucho, la más alta incidencia de este vocativo en las cartas paulinas existentes.[70] La naturaleza común y corriente de esta apelación no debería hacernos inmunes a su considerable relevancia en el corpus paulino, donde refleja el simbolismo de la iglesia como familia de Dios, en la que Cristo es el cabeza de familia y todos los que son suyos son su familia, relacionados entre sí como hermanos y hermanas. Esta metáfora familiar para la comunidad creyente puede rastrearse bíblicamente hasta Éxodo 2:11, donde Moisés sale a visitar a sus propios "hermanos" (= paisanos israelitas) y ve a un egipcio que golpeaba a uno de sus "hermanos", uso que se sigue conservando a lo largo del Antiguo Testamento.[71] Se puede encontrar su uso en los cristianos primitivos, sobre todo con la inclusión de los gentiles, y se remonta directamente hasta Jesús mismo, quien, en un contexto estrictamente orientado a la familia, lanza deliberadamente la red bien abierta para abarcar a todos los de la familia de Dios: aquellos que hacen su voluntad (Mr. 3:34-35 // Mt. 12:49-50 // Lc. 8:20).[72]

El mismo sustantivo "elección" solo se encuentra en otro lugar de las cartas de Pablo, en Romanos 9-11, y siempre tiene que ver con Israel.[73] En otros sitios, el apóstol usa el verbo (Ef. 1:4) o el adjetivo "escogido".[74] Aunque este lenguaje no figura con frecuencia en sus epístolas, el hecho de que aparezca en un pasaje como este indica que es una presuposición para él. Debería observarse que, en el caso presente, Pablo está pensando en todo el cuerpo de creyentes tesalonicenses como elegidos, no en creyentes individuales. De hecho, aunque se refiere solo una vez a un individuo como "escogido" (Ro. 16:13), su comprensión de semejante elección es presuposicional y está relacionada con la incorporación de una persona

70. Es decir, proporcionalmente es el número más alto. El mayor número real de apariciones está en las 20 de 1 Corintios, pero esta carta es cuatro veces más extensa que 1 Tesalonicenses, y dos veces y media más que 1 y 2 Tesalonicenses juntas.

71. Ver, por ej., Sal. 22:23 (LXX 21:23); Zac. 7:9; et al. El hecho de que muchas de nuestras versiones modernas traduzcan como "mi pueblo", sin duda recupera el significado de la frase, pero carece del gancho de la metáfora original.

72. Así, Marcos 3:34: "Aquí tienen a mi madre y a mis hermanos (ἀδελφοί μου); ... Cualquiera que hace la voluntad de Dios es mi hermano, mi hermana y mi madre".

73. Gr. ἐκλογὴν; ver Romanos 9:11; 11:5, 7, 28. Pablo usa más a menudo el adjetivo (sinónimo) ἐκλεκτός.

74. Solo cuatro veces, en alusión a personas como "escogidas": Ro. 16:13 (el único caso donde alude a un individuo solo); Col. 3:12 (de nuevo refiriéndose a los gentiles); Tit. 1:1 y 2 T. 2:10 (estos últimos dos en relación a los creyentes cristianos).

a la comunidad de creyentes. Además, para Pablo, "elección" siempre es algo referente a los creyentes y, por tanto, refleja una realidad tras el hecho, no previo a él; y, como aquí, siempre se ve como una acción del amor de Dios y se convierte en una fuerza dinámica en la vida de la comunidad creyente.[75]

Casi con toda seguridad, todo el lenguaje de esta cláusula de apertura ("escogido", "hermanos", "amados de Dios") como primera confirmación de lo que Pablo "sabe" de ellos está en respuesta directa al padecimiento que estaban sufriendo de manos de sus paisanos.[76] Los creyentes tesalonicenses podían ser desdeñados y perseguidos por sus vecinos paganos, pero desde el principio Pablo les asegura que Dios los ama y, de ese modo, son sus "escogidos" en Tesalónica y los "hermanos [y hermanas]" de Pablo y sus compañeros y de todos los demás que pertenecen al pueblo recién formado de Dios.

### 5

Con estas dos frases siguientes, en lo que se convierte en una declaración incluso más larga, Pablo ofrece el *contenido*[77] de lo que él sabe. Al respecto de cómo se produjo su elección, les recuerda en primer lugar a los tesalonicenses la naturaleza experiencial y, por tanto, evidente de la misma. En segundo lugar, usa esto como punto de partida para traer a la memoria de estos creyentes su ministerio (así como el de Silas y Timoteo) en medio de ellos, cuestión explicada en una extensión como 2:1-12, que nos lleva a creer que este problema ha sido suscitado por otros (probablemente sus detractores) para cuestionar la existencia misma de los tesalonicenses como creyentes.

La razón para esta cláusula en su contexto presente parece, pues, bastante clara. Algunos detalles son menos seguros, sobre todo en la expresión "no solo con palabras"[78] y las frases gemelas "con poder" y "con el Espíritu Santo y con profunda

75. Se debería quizás observar finalmente que los que están fuera de Cristo no son elegidos por extensión lógica ni por confirmación paulina. La idea de la "doble predestinación" pertenece a la lógica occidental, no a la revelación bíblica.

76. Así también K. P. Donfried, *Paul, Thessalonica, and Early Christianity* (Grand Rapids: Eerdmans, 2002), 29, n. 80, 129-30.

77. Esto adquiere la combinación εἰδότες… ὅτι en su sentido normal (como la construcción casi idéntica en 2:1, más abajo; cp. 1 Co. 16:15; Ro. 13:11), "bien saben", en contra de la mayoría de los eruditos y traductores que consideran causal el ὅτι, en este caso. Sin embargo, se diría que la única razón para esto es la distancia entre ὅτι y el verbo, ocasionada por el largo vocativo. Parece tener mucho más sentido la frase de Pablo (ahora sin el vocativo): "Sabemos que él los ha escogido, como nuestro evangelio, etc.", en lugar de "sabemos que él los ha escogido, porque…". Así también Lightfoot (12), Milligan (8), Best (73), Malherbe (110).

78. Gr. ἐν λόγῳ μόνον, que se ha puesto en plural en TNIV, REB, NJB, NET, et al. La última tiene una observación ("O 'discurso' o 'acto de habla'") para aclarar —o justificar— el plural.

convicción".[79] En cuanto al primer asunto, el uso de "palabra" en singular es más probable para un efecto retórico, ya que va seguida de dos sustantivos más en singular: "Poder" y "Espíritu Santo". El énfasis de Pablo está en el adverbio "solo". Su predicación fue, en realidad, una cuestión de "palabras", una comunicación oral de la verdad del evangelio; su idea es que no *solo* fue eso, ya que su conversión habría sido entonces únicamente un asunto de consentimiento o persuasión. En cualquier caso, la expresión "no solo con palabras" no es un intento de oponer al Espíritu y la Palabra.[80] En su lugar, Pablo parece estar haciendo dos cosas con este contraste. Primero, está preparando el argumento en 2:1-12: su predicación y la respuesta de los tesalonicenses tienen poco que ver con la clase de "palabra" que uno encuentra entre los charlatanes religiosos y filosóficos. Como bien saben y como argumentará en 2:1-12, su estilo de vida entre ellos como proclamador del evangelio estaba en las antípodas de quienes solo hablaban palabras vacías, los que usaban "adulaciones y excusas para obtener dinero" (2:5). Las "palabras" de Pablo iban acompañadas por el poder del Espíritu Santo y conllevaban una profunda convicción.

En segundo lugar, Pablo quiere recordarles, como hará con los corintios en otro contexto (1 Co. 2:1-5), que el mensaje del evangelio es la verdad acompañada por la realidad experimentada. Ciertamente llegó "con palabras", lo que significa en forma de verdad proclamada, como mensaje de Dios mismo (ver 2:4 y 13). Pero, para este llamamiento, la prueba está en el comer. Así, Dios verificó la veracidad del mensaje mediante un despliegue de su poder a través del ministerio del Espíritu Santo.

El énfasis presente del apóstol no está, por tanto, en la *verdad* persuasora del evangelio mismo, aunque ese habría sido desde luego el punto principal de contención por parte de sus detractores. De hecho, lo que impresiona de la expresión "nuestro evangelio" es su naturaleza de presuposición; es decir, Pablo usa el término como algo ya bien conocido para sus lectores, de modo que no necesita rellenar contenido. Pero podríamos conjeturar que su uso de "el evangelio de Cristo" en 3:2 y del "evangelio de nuestro Señor Jesús" en 2 Tesalonicenses 1:8 —ambos con seguridad genitivos objetivos— indica que la "buena nueva" que predicaba tenía como contenido principal a Cristo, crucificado y ahora Señor resucitado. Y

79. Sobre este pasaje como "frases gemelas" y no como "tríada", ver la explicación más abajo (incluida la n. 24).

80. Sobre esta idea, la crítica de Kemmler a gran parte de la exégesis de este texto está bien realizada. Sin embargo, su propia solución, que ve expresiones de "sino con" como "testimonios adicionales" a la efectividad de la "palabra" de Pablo, parece perder de vista la preocupación del apóstol y su argumento (ver D. W. Kemmler, *Faith and Human Reason: A Study of Paul's Method of Preaching as Illustrated by 1-2 Thessalonians and Acts 17, 2-4* [NovTSup 40; Leiden: Brill, 1975], 149-68).

la oposición pagana a los creyentes tesalonicenses habría considerado semejantes "buenas nuevas" como una suprema locura.

No obstante, por importante que ese contenido hubiera sido para lograr persuadirlos para seguir a Cristo, el énfasis presente de Pablo está en la propia *experiencia* de entrada de los tesalonicenses al pueblo de Dios en el momento en que dieron su conformidad a dicho contenido. Así, su hincapié actual no está —por el bien de ellos— en recordarles el evangelio en sí, sino en su propia experiencia con el mismo; y puede hacer su llamado, como lo hace más tarde en Gálatas 3:1-6, por la experiencia manifiesta del Espíritu Santo que acompañó su "conversión".

Todo esto parece seguro, pero la naturaleza específica de aquello a lo que Pablo está apelando no queda clara de inmediato, ya que existe una considerable variación textual que indica que los primeros escribas tuvieron alguna dificultad con la frase también. Lo que está sobre el tapete es si la intención de Pablo alude a una triple realidad acompañante (*con* poder, *con* el Espíritu Santo y *con* profunda convicción [NVI]) o a una realidad simple, en la que el segundo punto es un doblete que se contrapone a "con poder" ("*con* poder [incluso] *con* el Espíritu Santo y profunda convicción" [TNIV]). La diferencia en este caso es una cuestión de elección textual, en la que el principal criterio para hacer tales elecciones respalda lo segundo como texto original de Pablo.[81]

Sin embargo, esa elección textual no resuelve el problema principal, a saber: *cómo* modifica la frase "nuestro evangelio les llegó". ¿Se refiere a la predicación del evangelio actual por parte de Pablo,[82] a "señales y prodigios" que acompañaron dicha predicación (como en el pasaje similar de Ro. 15:19)[83] o, como es práctica-

81. Para algunos, esto se habría dicho de un modo un tanto fuerte, pero la falta de ἐν delante de πληροφορίᾳ con ℵ B 33 lat (la prueba más temprana y mejor) es casi con seguridad el texto original, ya que no se puede ofrecer explicación razonable para esta omisión por parte de los escribas (en esp. a la luz de su presencia cierta delante de los dos sustantivos precedentes, "poder" y "Espíritu Santo"), mientras que ese mismo hecho explica fácilmente por qué los escribas posteriores habrían añadido un ἐν también delante de πληροφορίᾳ para hacer que los tres sustantivos se coordinen (así también Rigaux, 374, seguido por Koester, "Text", 220). Por consiguiente, esto significa que no tenemos aquí una "tríada" (R. F. Collins, *Studies in the First Letter to the Thessalonians* [BETL 66; Leuven: Leuven University Press, 1984], 192, n. 95; Thomas, 244), sino una epexegesis, en la que la segunda frase (compuesta) califica adicionalmente a la primera (cp. Moffatt, 24).

82. Como la mayoría de los comentarios.

83. Como, por ej., C. H. Giblin, *The Threat to Faith: An Exegetical-Theological Reexamination of 2 Thessalonians 2* (AnBib 31; Rome: Pontifical Biblical Institute, 1967), 45: "La enseñanza de Pablo fue impartida en el poder del Espíritu por cuanto fue acompañada de milagros (1 Ts. 1:5...)". Cp. Marshall, 53-54; Wanamaker, 79; Grundmann, *TDNT* 2.311.

mente el caso en el pasaje similar de 1 Corintios 2:4-5,[84] a la conversión real de los tesalonicenses?[85] ¿O será que dos o tres de estas cosas se fusionan en esta frase?

Lo más probable es que la respuesta se halle en esta última sugerencia, de modo que están a la vista al menos las dos realidades de la predicación paulina empoderada por el Espíritu y su conversión experimentada en el Espíritu, siendo esta última la consecuencia de la primera (o, en este caso, una representación de ambos lados de una misma realidad). No obstante, aunque en el contexto (esp. vv. 2-4 y 6-10) el énfasis global está en que se han convertido y son creyentes cristianos, el hincapié *primordial* del versículo 5 cae en la predicación paulina del evangelio empoderada por el Espíritu que produjo su conversión. Esto parece cierto tanto en la expresión contrastante "no solo con palabras" como en la cláusula concluyente "como bien saben, estuvimos entre ustedes buscando su bien". Esto último, en particular, se centra en la predicación y la conducta de Pablo y sus colaboradores, y anticipa así 2:1-12.

Esto significa, pues, que las frases gemelas —"con poder" y "con el Espíritu Santo y con profunda convicción"— aluden principalmente a la predicación de Pablo, pero no tanto a la *manera*[86] (o el estilo) de la predicación como a su *efectividad* empoderada por el Espíritu. Esta parece ser la mejor forma de dar sentido a lo que podría parecer, a primera vista, una mera composición de palabras. Contrariamente a algunos,[87] la referencia difícilmente señala al *sentido mismo* de Pablo al respecto de que su ministerio iba acompañado de poder. Esta frase insiste en que su evangelio "*les* llegó"[88] en cierta manera. La frase inicial del lado positivo no está, pues, en "con poder... con el Espíritu Santo",[89] sino simplemente en "con poder", precisamente porque este es para Pablo el contraste adecuado para venir meramente "con palabras" (cp. 1 Co. 2:1-5; 4:19). Sin embargo, para evitar que "poder" no se entendiera plenamente, Pablo se apresura a calificarlo y añade

84. Sobre este asunto ver la explicación en mi comentario a 1 Corintios (NICNT, Grand Rapids: Eerdmans, 1987), 94-96.

85. Como, por ej., Whiteley, 36: "El *poder* asociado con el *evangelio* fue... el poder para obrar el 'milagro' de causar que los paganos creyeran".

86. Contra Frame, 81, entre otros.

87. Por ejemplo, P. T. O'Brien, *Introductory Thanksgivings in the Letters of Paul* (NovT 49; Leiden: Brill, 1977), 132, quien argumenta que "ἐν δυνάμει no alude tanto a las señales externas de la presencia del Espíritu Santo como a la sensación que tenían los predicadores de que su mensaje estaba dando en el blanco". Esto parece perder el propio énfasis de Pablo que encontramos extensamente: hacer que los tesalonicenses mismos recuerden que su conversión y la predicación de Pablo habían estado empoderadas por el Espíritu, y que esto era por tanto eficaz *para ellos*.

88. Gr. ἐγενήθημεν ἐν ὑμῖν. El modismo significa básicamente "llegar a alguien".

89. Como, por ej., en 1 Co. 2:4 ("con demostración del poder del Espíritu") y Ro. 15:19 ("con poder del Espíritu").

"[es decir], con el Espíritu Santo y con profunda convicción". Así, se designa al Espíritu Santo como la fuente de poder en su predicación del evangelio, cuya prueba era la total convicción que acompañaba a su predicación, lo que resultó en la conversión de ellos.[90]

Sin duda, el significado de la última expresión ("total convicción") no es del todo seguro. Algunos[91] han argumentado que el sustantivo griego[92] debería tener su sentido corriente de "plenitud" y, así, referirse a los grandes resultados de la obra del Espíritu. Otros[93] lo verían como una alusión a lo que les sucedió a los tesalonicenses cuando oyeron y recibieron el evangelio, y otros más,[94] en relación con la seguridad y la confianza con que los misioneros presentaban el mensaje. Lo más probable es que, como la primera frase, se refiera de algún modo a la forma de predicar de Pablo y a la respuesta de ellos a su mensaje. Su predicación iba acompañada por el poder del Espíritu Santo, de manera que conllevaba una gran convicción que acabaría manifestándose en su conversión.

Que este lenguaje dé también a entender que le acompañaban "señales y prodigios" es menos seguro. Muy probablemente, también sea así. Es decir, aunque el principal referente en la frase "con poder, [es decir], con el Espíritu Santo y con profunda convicción" sea la proclamación que Pablo hizo de Cristo, empoderada por el Espíritu, pasajes como 2 Corintios 12:12 y (esp.) Romanos 15:18-19 indican que su palabra fortalecida por el Espíritu iba regularmente acompañada por milagros. Y no solo esto, sino que las evidencias de Gálatas 3:1-5 muestran que la propia experiencia que sus conversos habían tenido con el Espíritu también había sido acompañada por fenómenos experienciales a los que Pablo puede apelar como pruebas de que se habían convertido en hijos de Dios por la fe. Así, aunque el

90. En uno de los momentos más idiosincráticos de la erudición del NT, H.-W. Kuhn ha argumentado que Pablo está reflejando aquí el lenguaje de un texto de Qumrán (ver "Die Bedeutung der Qumrantexte für Verstandnis des Ersten Thessalonicherbriefes. Vorstellung des Münchener Projekts: Qumran und das Neue Testament", en *The Madrid Qumran Congress: Proceedings of the International Congress on the Dead Sea Scrolls* [ed. J. T. Baretta y J. L. Montauer; Leiden: Brill, 1992], 1:339-53). Esto es idiosincrático, en parte, porque el propio uso de Pablo es tan distante del de Qumrán, y porque esta combinación es una perspectiva tan sumamente paulina que hasta el conocimiento de los textos de Qumrán sería irrelevante a esta altura.

91. Por ejemplo, Rigaux (377); para los demás, ver Collins, *Studies,* 59, n. 350.

92. Gr. ία, sustantivo que no aparece en los autores griegos clásicos. En realidad, aparte de P. Giess. 87 (ver MM), solo lo usan los autores cristianos. Deriva del verbo πληροφορέω ("llenar [por completo]" o "cumplir"), y significa "plenitud" o "plena seguridad, certeza".

93. Por ejemplo, Masson, Moore, Bruce, Findlay y Dunn (*Jesus and the Spirit* [Philadelphia: Westminster, 1975], 226; 417, n. 138), *Jesús y el Espíritu* [Viladecavalls: CLIE, 2014]; para su postura previa, ver la nota siguiente.

94. Esta es la opinión mayoritaria sostenida, entre otros, por Ellicott, Lightfoot, Frame, Moffatt, Whiteley, Hendriksen, Best, Morris, Hiebert, Marshall, O'Brien (*Introductory Thanksgivings*) y Dunn (*Baptism in the Holy Spirit* [SBY 2 (15; Londres: SCM, 1970], 105).

primer referente en el lenguaje actual es la predicación paulina de Cristo, ungida por el Espíritu, la presencia misma del "poder del Espíritu" implica también, con mayor probabilidad, estos otros fenómenos adjuntos. Y, en cualquier caso, sin dudas los tesalonicenses experimentaron semejantes fenómenos, de manera que el recordatorio de la predicación de Pablo y su conversión, como situaciones acompañadas por el "poder del Espíritu", habrían sido recordados como parte de un complejo fenómeno empoderado por el Espíritu.[95]

En resumen, esta frase apunta principalmente a la predicación paulina empoderada por el Espíritu que llevó directamente a la propia recepción del Espíritu por parte de los tesalonicenses en la conversión, que es lo que Pablo seguirá recordándoles en el versículo 6. Lo relevante, por supuesto, es que en ambos casos —la predicación de él y la conversión de ellos— el Espíritu es la clave; y hubo una expresión evidente de la obra del Espíritu, a la que Pablo refiere como "poder", a la que también apela para que su idea quede clara. Lo que sigue —hasta 3:10— nos proporciona todas las claves necesarias al respecto de las razones de este énfasis. La preocupación es doble: que ellos pertenezcan a los elegidos de Dios y que sea en virtud de la obra de Cristo y del Espíritu.

Pero esta referencia no es del todo suficiente, por lo que Pablo cambia de dirección y deja de recordarles la predicación inspirada por el Espíritu, que llevó a la conversión de los tesalonicenses, para hacer un llamamiento a la memoria misma de estos creyentes, al respecto de qué clase de persona habían sido los tres predicadores durante su estancia en Tesalónica. Esto es una clara anticipación de la defensa de los apóstoles, en especial del carácter propio de Pablo, que se retomará en 2:1-12. "Bien saben" qué tipo de hombres fueron "entre ustedes[96] buscando su bien". Esta llamada para que los tesalonicenses recuerden lo que "saben" es una de las cuestiones que se repiten en particular en estas dos cartas; aparece como mínimo unas nueve veces.[97] Las apariciones finales del tema "ustedes saben" sugieren que Pablo ya se está adelantando en su énfasis al traer a la memoria de ellos la experiencia propia de su ministerio. Como asegura 2:1-12, Pablo actúa así a la luz de ciertas acusaciones difamatorias contra él, que forman parte del "sufrimiento" presente de los tesalonicenses por causa de Cristo. El apóstol regresará a este padecimiento a continuación (v. 6), junto con un recordatorio sustancial de lo conocida que ha sido la noticia de su conversión a Cristo (vv. 7-10). Todo esto, en conjunto, sugiere que las calumnias contra Pablo y el sufrimiento de los

95. En un momento idiosincrático de la erudición del NT, N. Turner, seguido por Best (75), argumenta que la falta de artículo definido con πνεύματι ἁγίῳ indica que Pablo solo tenía en vista al "espíritu divino" (*Grammatical Insights into the New Testament* [Edimburgo: T&T Clark, 1965], 17-22). Para constatar que esto es del todo erróneo, ver Fee, *GEP*, 15-16.

96. Sobre la elección textual de "entre ustedes", ver p. 53.

97. Ver 2:1, 2, 5, 11; 3:4; 4:1-2; 5:2; 2 Ts. 2:5-6 y 3:7; cp. "me son testigos" en 1 Ts. 2:10.

tesalonicenses se fusionan en lo que han estado experimentando a manos de sus detractores en Tesalónica.

**6**

Esta frase contiene la clase de vínculo más estrecha a lo inmediatamente anterior. En realidad, aunque la mayoría de las traducciones siguen a los editores griegos y ponen un punto final al acabar el versículo 5, parece más probable que el "y" con el que comienza la oración actual (omitida en la TNIV) deba entenderse como una conjunción coordinante.[98] Esto se vería con mayor claridad si no hubiera incluido la cláusula un tanto parentética "es decir" (en nuestro versículo 5). Así, la frase completa parece tener la estructura siguiente (abreviada con el fin de ver sus partes esenciales):

Sabemos que él los ha escogido,
*porque* nuestro evangelio les llegó (*egenēthē*)... con poder,
(es decir... como bien saben estuvimos entre ustedes),
*y* ustedes se hicieron (*egenēthēmēn*) imitadores nuestros y del Señor...

Por tanto, aunque la acción de gracias está empezando a quedar un tanto atrás,[99] esta cláusula sigue formando parte de ella y explica las dos preocupaciones de los versículos 4-5: la realidad de la elección de los tesalonicenses y su relación con el ministerio de Pablo. Empieza con lo segundo, pero concluye, y así enfatiza, lo primero. El apóstol acaba de afirmar: "Como bien saben, *estuvimos* entre ustedes buscando su bien"; y ahora añade: "*Ustedes*[100] se hicieron[101] imitadores nuestros y del Señor". El contenido de la "imitación" de ellos se detalla a continuación en términos de haber recibido la palabra[102] en medio de gran aflicción, pero acompañados por el gozo del Espíritu Santo.[103] Cada uno de estos elementos necesita un comentario adicional.

98. La parataxis (frases que comienzan por καί [y], a la manera semítica) es inusual en Pablo; en la mayoría de los casos puede demostrarse que es intencional para vincular frases que, de algún modo, están coordinadas.

99. Tanto es así que, en 2:13, *retoma* la acción de gracias ("y por esta razón *también* damos gracias") que en 2:12 ya ha desaparecido por completo; de manera relevante, una vez más da gracias a Dios porque ellos recibieran su predicación como palabra de Dios mismo.

100. Cp. Rigaux, 380, "vous de votre côté" (pero ustedes, por su parte).

101. Collins (*Studies*, 204, n. 142) crearía un problema por la forma pasiva de este verbo; pero lo inherente al significado de un verbo tan común apenas tendría fuerza.

102. Gr. λόγος, es decir, el mensaje del evangelio que se define más aún en el v. 8 como λόγος τοῦ Κυρίου ("la palabra sobre el Señor").

103. En este caso, lo más probable es que el genitivo se entienda como un ablativo de origen. El gozo ha venido *del* Espíritu a quien ellos habían recibido. R. Jewett (*The Thessalonian*

En primer lugar, habría que observar que aquello que "recibieron" es "la palabra",[104] retomando así la dimensión de la proclamación del versículo 5, y verificando que "no solo de palabra" no resta importancia al mensaje en sí, sino que más bien enfatiza que lo acompañaba el poder del Espíritu. Esto queda corroborado en el versículo 8, donde "la palabra del [=que viene del] Señor" ha sido difundida por toda Macedonia y Acaya al informar de que los tesalonicenses han depositado su fe en Dios.

En segundo lugar, para Pablo, el concepto de convertirse en "imitadores" significa por lo general mucho más que lo que se afirma en este caso.[105] De hecho, que el apóstol inste a sus conversos en otro lugar a "imitarle" a él como él "imitaba" a Cristo es la clave de las instrucciones éticas impartidas en sus iglesias, donde no tenían "libro" alguno que seguir. En 1 Corintios 11:1 se proporciona el punto de partida: Pablo se consideraba seguidor del ejemplo y la enseñanza de Cristo; que el siguiera a Cristo servía, a continuación, de "modelo" para sus iglesias que, a su vez, como aclara el versículo 7 de nuestro pasaje, se convirtieron en "modelos" para las demás.

Su preocupación actual, sin embargo, es que lo imitaran y, así, mantuvieran la fe en medio del *sufrimiento*.[106] Para Pablo, el padecimiento era un hecho concomitante esperado en el discipulado (ver 3:2-3 más abajo); en realidad es algo de lo que los creyentes "se glorían" (Ro. 5:3), no porque les guste sufrir, sino porque para Pablo es la marca del discipulado genuino. De ahí que les recuerde que, en este asunto —sufrir como creyentes— tienen su propio ejemplo (cp.

---

*Correspondence: Pauline Rhetoric and Millenarian Piety* [Philadelphia: Fortress, 1986], 100), como respaldo parcial para su reconstrucción histórica, asevera que este gozo es, pues, "de una fuerza sobrenatural que se manifiesta de forma extática". Puede que sea así, pero este texto ni lo dice ni lo implica, y la exhortación a "regocijarse siempre" en 5:16 sugiere que es necesario recordarles que mantengan vivo en la adoración aquello que habían experimentado en la conversión.

104. Se ha señalado que, aquí, el lenguaje de Pablo tanto en δεξάμενοι τὸν λόγον ("recibido la palabra") como en μετὰ χαρᾶς ("con gozo") se usa también en la versión lucana de la parábola del sembrador; ver G. P. Benson, "Note on 1 Thessalonians 1.6", *ExpTim* 107 (1996), 143-44. Aunque esta es una colocación singular del lenguaje, no se puede estar seguro de que exista algún tipo de "intertextualidad" o no. No obstante, es especialmente digno de mención que cada alusión cierta de los materiales del Evangelio en Pablo refleja la versión que se encuentra más tarde en el Evangelio de Lucas.

105. Sobre este asunto, ver Fee, *1 Corinthians*, 187-88, 490 (sobre 4:16 y 11:1) y la bibliografía allí indicada. Cp. Adele Reinhartz, "On the Meaning of the Pauline Exhortation: '*mimētai mou ginesthe*, become imitators of me'", *SR* 16 (1987), 393-403; y W. Martin, "'Example' and 'Imitation' in the Thessalonian Correspondence", *SwJT* 42 (1999), 39-49.

106. Gr. Θλίψει, un término que aparece al menos una vez en cada carta, en el corpus de la iglesia, excepto en Filemón (24 veces en total), siempre con el sentido de sufrimiento gravoso, como "tribulación" o "aflicción".

2:1-2, 15; 3:8) y, en especial, el de su Señor en común, Jesucristo.[107] Esto era una realidad tan grande para él que más de una década después escribiría a sus paisanos macedonios de Filipos: "Porque a ustedes se les ha concedido no solo creer en Cristo, sino también sufrir por él" (Fil. 1:29). Es muy probable que semejante sufrimiento, como dimensión esperada de vida en Cristo, también tuviera una dimensión escatológica; se esperaba que los discípulos se unieran en los padecimientos del Mesías, lo que marcaría el comienzo del Escatón.

Lo que impresiona aquí es que les recuerda la prueba de su conversión genuina: su experiencia de *gozo,* resultado de la invasión en sus vidas por parte del Espíritu Santo. La breve expresión "con el gozo del Espíritu Santo" nos indica probablemente mucho sobre el paganismo del que procedían y la vida del Espíritu a la que habían entrado. Por una parte, la vida como pagano podría haber tenido sus momentos de felicidad, como ocurre en el caso de la humanidad, pero en general para ellos era una vida de pesadumbre y esfuerzo, árido en religión y vacío en cuanto a la realización personal, en especial para los esclavos y los pobres libertos que constituían un gran sector de la típica congregación cristiana primitiva (cp. 1 Co. 1:26).[108] Pero al venir a Cristo y, así, recibir el Espíritu Santo, habían sido llenos de un gozo tan incomparable que incluso en medio de las dificultades genuinas relacionadas con el hecho de que ahora eran creyentes, esta era la característica de su vida en el Espíritu que Pablo les recuerda como clara prueba de su conversión. Esto sugiere, de la forma más firme posible, que para el apóstol el gozo es uno de los sellos seguros de la genuina espiritualidad (¿Espíritu-alidad?).

Por tanto, aquí descubrimos la extraordinaria ubicación del gozo y el sufrimiento a lo largo del Nuevo Testamento.[109] La iglesia primitiva entendía que padecer formaba parte de su destino y no era algo de lo que los creyentes debieran sorprenderse (1 Ts. 3:2-3); aun así, al haber experimentado una nueva vida como morada del Espíritu, también vivían con gran gozo. En medio del padecimiento momentáneo, su experiencia del Espíritu escatológico les había

107. Merece la pena observar que, en esta segunda referencia a Cristo en la carta, Pablo retoma el título/nombre que, según Fil. 2:9-10, adquirió Cristo en su exaltación. Es especialmente interesante, ya que este título que se convirtió en suyo por investidura divina se está usando aquí en referencia a su vida terrenal. Así, se convertirían en imitadores "del Señor", no de "Jesús, el Mesías [Cristo]", aunque esto se da por sentado. Pablo ya ha identificado al Señor como Jesús el Mesías en la salutación. Este llegará a ser el uso predominante a lo largo de la carta, tal vez de manera desenfadada, pero recordándoles al menos sin cesar que el Crucificado es ahora el Señor resucitado y exaltado.

108. A pesar de E. A. Judge ("The Decrees of Caesar at Thessalonica", *RTR* 30 [1971], 1-7) et al. que argumentan lo contrario; sobre este asunto, ver la explicación en Fee, *1 Corinthians,* 80-82.

109. Cp., por ej., 2 Co. 8:2; Ro. 5:3-5; Hch. 5:41; Stg. 1:2; 1 P. 1:6.

proporcionado un anticipo de la vida venidera.[110] Precisamente por la presencia del Espíritu, Pablo describirá más adelante en esta carta la "voluntad de Dios" en forma de tres imperativos, el primero de los cuales es "regocíjense siempre" (5:16-18). También se debería observar que, aunque no se expresa en ningún otro lugar de esta forma, Pablo retomará el tema del gozo con regularidad en sus cartas y en Gálatas 5:22 colocará esta cualidad de vida en el Espíritu en segundo lugar en la lista del "fruto" del Espíritu.

7

Si nuestra conjetura de que el "y" con el que comienza el versículo 6 (en algunas versiones) funciona gramaticalmente para conectar la segunda parte de una frase compuesta (ahora muy larga), entonces la cláusula resultante (v. 7) sirve de conclusión para todo lo demás. En cualquier caso, pone fin a la frase que comenzó en el versículo 6. Como palabra adicional para tranquilizar a los creyentes tesalonicenses, Pablo les informa que su "imitación" de Pablo, Silas y Timoteo, y por tanto del Señor que ahora reina (ver n. 48 más arriba), ha servido a su vez de "modelo"[111] para "todos los creyentes de Macedonia y [en] Acaya".[112]

Hasta aquí todo está claro. Las dificultades surgen con la relación de esta frase con lo que sigue inmediatamente (como nuestro v. 8), que desarrolla mediante la explicación de "cómo" se habían convertido en semejante modelo. "Todos los creyentes" alude a los que habían venido a la fe[113] —casi con toda seguridad a través del ministerio de los tres itinerantes— en las dos provincias que

110. Como demuestra Ro. 14:17, los creyentes en Cristo ya se han convertido en súbditos de un nuevo reino, cuya consumación esperan con ansiedad, pero cuya manifestación presente es el gozo en el Espíritu Santo. Wanamaker (82) está por tanto en lo cierto al respecto de que esta experiencia de gozo está, en parte, relacionada con su confianza en su inminente salvación mediante el regreso de Cristo, al que Pablo alude de forma explícita en los vv. 9-10.

111. Gr. τύπον, un término que Pablo usa de forma similar en otros lugares para expresar la idea de alguien que sirve de "ejemplo" o "modelo" para que los demás lo sigan; ver esp. 2 Ts. 3:9 más abajo; cp. Fil. 3:17; 1 T. 4:12; Tit. 2:7. La clara diferencia en este caso, indicada por τύπον, es que Pablo tiene a toda la comunidad en mente, y no a cierto individuo como tal.

112. La frase de Pablo repite en realidad el "en" (ἐν) delante de "Acaya", para incluir así a ambas provincias como pensando en ellas de forma individual y, por tanto, en toda Grecia.

113. Esta es la primera aparición del verbo "creer" (πιστεύω) o, con mayor propiedad, en la mayoría de los casos en sus cartas, "depositar la propia confianza en". El modo repentino en que aparece aquí es de algún modo la prueba de que se había convertido en un tema principal para él cuando proclamó a Cristo entre los gentiles, mucho antes de que las luchas que surgieron entre los gálatas, en particular, hubieran comenzado. Aquí y en otros lugares de estas dos cartas (ver esp. 2 Ts. 2:11-12), el término tiene su principal sentido de "creer" algo en vez de su uso más frecuente y posterior de "confiar" (poner plena confianza en alguien o algo). Esto mismo es cierto al respecto del sustantivo πίστις, que en estas dos misivas apunta a "creer en" con la misma frecuencia que "confiar en" (ver explicación de 3:1-10 más abajo). En realidad, en estas primeras cartas, "creyentes" es básicamente un nombre para los cristianos; cp. 2:10, 13; 2 Ts. 1:10; 1 Co. 14:22. Más adelante,

constituían el conjunto de la antigua Grecia, que incluiría toda la Grecia moderna y, al menos, la parte sur de la actual Macedonia. Aunque con toda probabilidad su senda y la de Silas tuvieron límites más estrechos, Pablo es bien consciente de que se había corrido la voz sobre el evangelio, y sus efectos en Tesalónica se habían extendido como un reguero de pólvora entre las sinagogas judías de Grecia y, por consiguiente, de manera especial entre los gentiles que asistían a ellas. A medida que la palabra se extendió, los tesalonicenses sirvieron de "modelo" de "fe en medio del sufrimiento", mientras el evangelio seguía hacia el oeste y hacia el sur. Así, Pablo los ve como una piedra lanzada al agua, algo que encaja en un círculo siempre creciente de "modelos" a "imitar": Cristo → Pablo → Tesalónica → Macedonia y Acaya.

Este pasaje tiene una relevancia considerable, tanto en lo que a teología se refiere como en términos de conversión cristiana; va mucho más allá de su primer propósito (alentar a los tesalonicenses recordándoles el hecho y la naturaleza de su conversión). De hecho, es de resaltar el que Pablo haya plasmado su primera acción de gracias registrada con tanta información al respecto de cómo entendía él la "conversión". Por cierto, si la mayoría de las personas que formaban la comunidad creyente de Tesalónica hubiera sido de origen judío, esta "acción de gracias" se habría expresado de un modo bastante distinto. Sin embargo, tal como está, representa el primer recordatorio —gráfico— de que la conversión cristiana primitiva entre los gentiles fue una realidad experimentada y que tanto la "fe", aquí expresada como "convicción profunda", como el don del Espíritu Santo fueron sus ingredientes fundamentales. Aun así, no era su "conversión" en sí misma la que debía servir como modelo para los demás, sino su forma de recibir el evangelio en el contexto de "grave sufrimiento", algo que sigue siendo así cuando la "conversión" se produce fuera de aquellas culturas hondamente influenciadas por la "cristiandad".

### 2. Se había corrido la noticia de que los tesalonicenses seguían a Cristo (1:8-10)

*8 Partiendo de ustedes, el mensaje del Señor se ha proclamado no solo en Macedonia y en Acaya,*[114] *sino en todo lugar; a tal punto se ha divulgado su fe en Dios que ya*

---

se fue dejando de usar como forma de designar a los seguidores de Jesús debido a la cuestión de la fe y las obras de la ley surgida en Gálatas y Romanos.

114. En una variación textual que solo podría traducirse torpemente, varios MSS repiten el segundo ἐν τῇ antes de Ἀχαΐᾳ, conservando así las provincias separadas en este segundo caso, mientras que Pablo las pone juntas de manera intencionada en su ampliación del alcance geográfico de los rumores. El texto decididamente original (hallado en B K 6 33 365 614 630 1505 1739 *al* r vg[mss]) sería muy difícil de justificar como una omisión intencionada.

*no es necesario que nosotros digamos nada.* 9 *Ellos mismos cuentan*[115] *de lo bien que ustedes nos recibieron, y de cómo se convirtieron a Dios dejando los ídolos para servir al Dios vivo y verdadero,* 10 *y esperar del cielo a Jesús, su Hijo a quien resucitó,*[116] *que nos libra del castigo venidero.*

Nuestros versículos 8 y 9-10 son dos frases explicativas separadas en el griego de Pablo, que la TNIV ha dividido con acierto en tres, de manera que las diversas conexiones sean de inmediato accesibles para el lector. Su primera frase (v. 8) describe el *contenido* del versículo 7 mediante el desarrollo; la segunda frase (vv. 9-10) empieza señalando (v. 9a) *cómo* Pablo y sus compañeros llegaron a saber sobre los tesalonicenses, algo que se indica en el versículo 8, haciendo de nuevo hincapié en su papel en la conversión de ellos. El resto de la frase (vv. 9b-10) pasa a recordarles *el contenido del informe* al respecto de cómo llegaron a ser ellos mismos seguidores de Cristo. Dos cosas se mantienen vivas en esta larga explicación: la doble preocupación por la propia fe (ampliamente conocida) de los tesalonicenses en Cristo y la función de Pablo y sus compañeros en la misma.

**8**

Pablo empieza a desarrollar el contenido del versículo 7, pero su objetivo no es especificar cómo los creyentes tesalonicenses habían llegado a ser un ejemplo para aquellos que habían llegado a creer en el resto de Macedonia y en Acaya. En su lugar, observa la naturaleza considerablemente extensa del informe en sí. Su hincapié es, por tanto, doble: sobre el hecho de que era *partiendo de [ellos]* —la primera cosa indicada en la frase—, "el mensaje del Señor" se había proclamado; y en la naturaleza verdaderamente expansiva de lo que se había "oído de ellos", no solo en Macedonia y Acaya, sino en todas partes. El problema está en el "qué" y el "cómo" de este informe, que se expresa en una oración cuya gramática funciona técnicamente, pero cuyo sentido global no queda de inmediato en claro (de ahí, el guion en la TNIV).

115. La TNIV ha escogido (con razón) derrumbar la frase preposicional de Pablo περὶ ἡμῶν ("sobre nosotros") en el verbo con el "nosotros" al final de la oración. Varios MSS (B 81 323 614 629 630 945 a d al) dicen περὶ ὑμῶν ("sobre ustedes"), creando así un texto traducido (literalmente): "Ellos mismos informan *sobre ustedes,* de qué manera *nos* recibieron". Esto parece ser secundario desde todo punto de vista, en especial dado que la preposición es, de otro modo, totalmente redundante, y considerando que, en este punto, el texto original cambia momentáneamente el énfasis de nuevo a Pablo y a sus compañeros.

116. En una variación textual que no hace diferencia para la traducción, la tradición de MSS se divide entre ἐκ νεκρῶν ($P^{46vid}$ A C K 33 629 945 1881* 2464 *al*) y ἐκ τῶν νεκρῶν (א B D F G I Ψ 0278 33 1739 1881 MajT). En cartas posteriores, Pablo usa con regularidad ἐκ νεκρῶν (1 Co. 15:12, 20; Gá. 1:1; Ef. 1:20; Fil. 3:11; 2 T. 2:8), no así en Ef. 5:14 y Col. 1:18.

Empezamos por la estructura de la frase en sí, que sería (de manera un tanto literal):

De ustedes se ha escuchado el mensaje del Señor,
no solo en Macedonia y Acaya,
sino en todas partes
donde ha llegado su fe hacia Dios.

La (aparente) dificultad gramatical está relacionada con el uso paulino de "no solo" en la primera oración, que por lo general iría seguida de "sino también". En este caso, sin embargo, no le preocupan los detalles de la dimensión geográfica de lo que "se ha proclamado/se ha divulgado", sino con el mensaje que se ha expandido con tanta amplitud. Así, en lugar del esperado "también",[117] la frase presente repite básicamente su preocupación, por no decir el contenido real de la primera oración.[118] Por tanto, esto significa que (al parecer) son dos las frases que deberían considerarse en cercana aposición la una de la otra. Esto queda respaldado por los dos verbos mismos, donde el primero[119] es una metáfora para algo "de lo que se han oído rumores fuera de allí", mientras que el segundo es literalmente más descriptivo ("se ha divulgado"). Si este es el caso, y todo parece apuntar en esa dirección, entenderíamos la segunda oración como una explicación adicional de la primera. Comprender así esta difícil estructura de la frase de Pablo significaría además que la expresión "de ustedes" no debe tomarse como una forma de "intermediación" —como si los creyentes tesalonicenses hubieran precedido a Pablo en la proclamación de Cristo en todas partes—,[120] sino en su sentido corriente de "el punto desde el que algo se inicia".[121]

117. Típicamente, los escribas posteriores (0278 𝔐) "ayudan a Pablo" gramaticalmente al suministrar el esperado καί ("también", que puede encontrarse tanto en la KJV como, curiosamente, en la NASU "literal", cuyos traductores usaban un texto crítico sin él).

118. En realidad, cabría entender perfectamente las preocupaciones de Pablo si la frase se leyera como dos oraciones con un punto después de "proclamado": "*Partiendo de ustedes, el mensaje del Señor se ha proclamado. No solo en Macedonia y en Acaya, sino en todo lugar, a tal punto se ha divulgado su fe en Dios*". Sin embargo, esto parece menos probable que la sugerencia de Milligan (12) al respecto de que es "otro ejemplo del impetuoso estilo de San Pablo".

119. Gr. ἐξήχηται, que significa literalmente "sonar", como una campana, pero, a modo de metáfora, como aquí, implica sencillamente que "se rumorea algo fuera de allí". El término "eco" es una palabra tomada prestada de su sustantivo cognado.

120. Esta es una opinión común; ver, por ej., J. Ware, "The Thessalonians as a Missionary Congregation: 1 Thessalonians 1:5-8", *ZNW* 83 (1992), 126-31; cp. Bruce (16), Richard (72), Green (101), Beale (60-61). Sin embargo, este punto de vista impone una presión gramatical considerable sobre la frase ἀφ' ὑμῶν, y no encaja bien con las circunstancias históricas tal como las conocemos en otros lugares.

121. Así BDAG ἀπό, 2a.

Lo que ha "part[ido] de ustedes", confirma Pablo, es "el mensaje del Señor", una expresión que, en la mayoría de los casos, como lo es sin duda 4:17 más abajo,[122] sería un genitivo subjetivo que alude a una palabra dada por el Señor[123] o al mensaje del evangelio que tiene sus orígenes en Él.[124] Pero en este primer caso, la expresión se entiende mejor como un genitivo objetivo, en alusión al mensaje *sobre* el Señor. También es probable, por consiguiente, que la frase no se refiera directamente al contenido del evangelio,[125] como si el mensaje sobre Jesús en sí hubiera precedido a los misioneros dondequiera que fueran en Grecia. En su lugar, lo que se ha "escuchado" de Tesalónica es un informe sobre lo que el Señor ha hecho en y en medio de ellos, una palabra que se ha extendido (posiblemente) como la pólvora de un lugar a otro, de manera que las sinagogas de Berea y Corinto, para mencionar las dos de las que sabemos algo con seguridad, supieran lo ocurrido en Tesalónica antes de que Pablo y Silas (y después Timoteo) fueran allí. Sin duda, un mensaje semejante habría contenido cierta medida del evangelio, o lo que se comunicó habría tenido poco sentido. El *contenido* de lo que se había rumoreado fuera es lo que Pablo retomará en los versículos 9-10; y eso contiene ciertamente algo de evangelio. No obstante, sirve principalmente para describir lo que les ha sucedido a los tesalonicenses mismos, y lo hace en términos de lo que significaría para los gentiles responder al mensaje del evangelio.

Así, por mucho que algunos quisieran pensar que los creyentes tesalonicenses se convirtieron en evangelizadores para el resto de Grecia antes de que Pablo y Silas llegaran allí, las pruebas de esta carta (y de 2 Tesalonicenses) sugieren otra cosa. Se convirtieron en una minoría sufriente en Tesalónica que, en su mayor parte, se quedaron en su localidad y afrontaron allí la masacre pagana.[126] De hecho, cuando Pablo mismo explica lo que quiere decir, observa que "a tal punto se ha divulgado su fe en Dios que ya[127] no es necesario que nosotros digamos nada". Así, "el mensaje del Señor" que ha "partido" de ellos es el informe de rápida divulgación sobre "su fe, una fe (dirigida) a Dios", que se explica más en el

122. Ver la explicación de estas dos frases en mi *Pauline Christology*, 45. "El mensaje del Señor" en la TNIV es demasiado ambiguo para el lector promedio, cuando tendería a significar "el mensaje que ha venido del Señor".

123. Para esta opinión, ver Lightfoot, 15; Findlay ("definitivamente"), 26.

124. Así, por ej., Morris (51, n. 45); Wanamaker (83).

125. Como Ellicott, 11; Milligan, 12; Best, 80 ("sinónimo para el evangelio"); Bruce, 17; Marshall, 55; Malherbe, 117; y la mayoría de los intérpretes.

126. Según Hechos 17, la comunidad judía en Tesalónica fue la fuente del sufrimiento, una realidad que se observa de forma secundaria en 1 Ts. 2:14-15. Pero el lenguaje de Pablo en "defensa" de su predicación en 2:2-5 insinúa una oposición con origen en los gentiles, relacionada con los indeseables itinerantes bien conocidos en el mundo griego.

127. Gr. ὥστε, que introduce una oración de resultado, como al principio del v. 7.

versículo 9: "Se convirtieron a Dios dejando los ídolos".[128] Por tanto, Pablo prevé aquí lo que dirá a continuación en los versículos 9 y 10.

Aunque hasta aquí todo parece claro tanto a partir del contenido como de la gramática forzada en la frase paulina, lo que desconocemos es *cómo* sucedió todo esto. Lo que podemos imaginar, con cierto grado de confianza, está relacionado con la relevancia de la ciudad misma. A diferencia de Filipos, que sirvió de puesto romano de avanzada en el extremo oriental de la planicie macedonia, Tesalónica era una próspera ciudad grecorromana, situada sobre un puerto marítimo espléndido y ubicada a horcajadas sobre la muy importante Vía Egnatia, que conectaba Roma con todos los puntos orientales y, en especial, con Bizancio (más tarde Constantinopla y Estambul). Desde allí, las noticias se difundían de forma natural y con rapidez a las demás partes de las dos provincias, por barco y por las principales carreteras que enlazaban Tesalónica con Atenas y Corinto, al sur. Y dado que, según Hechos 17 y 18, esta es la ruta que Pablo y Silas mismos tomaron, habría resultado fácil que las nuevas sobre las cosas impresionantes sucedidas entre estos gentiles —que antes asistían a la sinagoga de Tesalónica— llegaran rápidamente al oeste y al sur. Que los mismos creyentes tesalonicenses supieran de su "fama" es discutible —probablemente no—, pero, en cualquier caso, que Pablo les hable de ello (o se los recuerde) es aquí un medio de estímulo intencionado en medio de su presente sufrimiento.

**9-10**

Con esta frase explicativa, Pablo concluye ahora su considerable narrativa de la notoriedad de la fe de los tesalonicenses y del papel que él y sus compañeros han jugado en ella. La estructura de la declaración lo indica todo. Lo que "ellos mismos" (las personas en Macedonia y Acaya) informan es doble: el tipo de acogida que tuvimos entre ustedes, y cómo dejaron a los ídolos para servir al Dios vivo y verdadero. Al mismo tiempo, acaba con una nota sobre la "ira venidera", que será el destino de aquellos que les estaban haciendo la vida imposible a los creyentes tesalonicenses. Pablo se dirige ahora a estos detractores suyos y a sus tergiversaciones.

Dada la considerable *apología* que sigue de inmediato en 2:1-12, relacionada con la narrativa presente que explica el porqué, no deberíamos sorprendernos demasiado por la forma en que comienza la frase actual, con la siguiente explicación: "Ellos mismos cuentan[129] de lo bien que ustedes *nos* recibieron". En realidad, esto es bastante acorde con la forma en que concluye la primera frase larga de la

128. Así, el uso poco habitual que Pablo hace de ἡ πρὸς τὸν Θεὸν ("que es hacia Dios") no es una forma sustitutiva de hablar sobre depositar la propia confianza *en* Dios; más bien, la expresión aquí anticipa el contraste en el v. 9: "Se convirtieron a Dios dejando los ídolos para servir al Dios vivo y verdadero".

129. Para la variante textual "sobre ustedes", ver la n. 58 más arriba.

acción de gracias (v. 5b), donde Pablo quiere que ellos recuerden que "estuvimos entre ustedes buscando su bien". Aunque el énfasis a lo largo de este informe de agradecimiento convertido en narrativa es sobre los tesalonicenses mismos, estas dos cláusulas juntas (v. 5b y v. 9a) recuerdan al lector que la fuerza de la oposición en Tesalónica tiene dos vertientes: cuestiona la fe de los tesalonicenses y, por extensión, pone en tela de juicio el ministerio paulino. De modo que comienza esta frase explicativa final centrándose en su propio ministerio en Tesalónica, que es el primer asunto que se trata en la extensa narrativa que sigue (2:1-12).

No obstante, el impulso de esta frase final no se concentra en Pablo y sus compañeros, sino en la naturaleza de la propia historia de conversión de los tesalonicenses; el énfasis está en dos aspectos de la misma: que al convertirse en seguidores de Cristo habían abandonado a los ídolos carentes de vida con el fin de servir al Dios vivo y verdadero y que ahora esperaban la consumación de su salvación (en cuyo momento sus enemigos experimentarían la ira de Dios). Como ocurre en tantos momentos parecidos de las cartas de Pablo, algunos sectores de la erudición neotestamentaria están fascinados con la posibilidad de que el contenido de esta frase tuviera preexistencia como algún tipo de credo, sobre todo porque gran parte de lo que se declara aquí no aparece en ningún otro lugar de sus epístolas.[130] En cualquier caso, todo lo que se afirma aquí parece cuidadosamente personalizado para tratar la propia situación de los tesalonicenses, ya anticipada en el versículo 8; la cuestión de las fuentes parece en última instancia irrelevante.[131]

Pero una cuestión que suscita este pasaje, que tampoco es fácil de responder por completo, tiene que ver con la etnicidad de la comunidad creyente a la que Pablo le está escribiendo. El texto presupone con claridad una congregación compuesta principalmente por gentiles paganos, ya que Pablo raramente usaría este lenguaje al dirigirse a judíos étnicos, y desde luego lo descartaría al tratar con gentiles "temerosos de Dios". Su alusión a ellos como habiéndose "conv[ertido] a Dios dejando los ídolos para servir al Dios vivo y verdadero", algo que a primera vista parece englobarlo todo, en este caso debe entenderse como dirigido a esa

130. Para una confirmación de esta perspectiva ver, por ej., Collins, "Paul's Early Christology" en *Studies,* 253-84, quien declara con total naturalidad: "El carácter prepaulino de la fórmula de credo encontrada [aquí]... se reconoce ahora de forma casi universal". Aunque algunos están preparados para hacer un gran problema de esta posibilidad, el simple hecho es que lo que aquí vemos ha sido dictado por Pablo como frase final en esta narrativa inicial y, por tanto, se ha convertido en algo de su propiedad, por ciertos que puedan ser otros aspectos.

131. Para un sentimiento similar, ver J. Munck, "I Thess. 1:9-10 and the Missionary Preaching of Paul: Textual Exegesis and Hermeneutical Reflections", *NTS* 9 (1963), 95-110. Se ha gastado una enorme cantidad de energía en aislar e interpretar la alegada "fuente" paulina para este momento de credo, gran parte de lo cual ha sido hecho sin la debida precaución ni los controles adecuados. Solo cabe preguntarse cómo podrían haber reconstruido los eruditos Is. 45:23 basándose en la "declaración de credo" de Fil. 2:10, de no haber contado con la fuente en este caso.

mayoría que antes había sido pagana. A este respecto, incluso quienes temían a Dios de entre ellos, los que se habían apegado a la sinagoga, habrían pertenecido con anterioridad a la población gentil, que es la única que se puede describir de este modo. Al final, por tanto, al respecto de la composición de la comunidad creyente en Tesalónica, esta frase solo nos indica que constaba principalmente de gentiles; el énfasis paulino en esta descripción radica, por tanto, en la conversión al evangelio cristiano por parte de los gentiles, no de los judíos.[132]

Pablo explica tres ideas en esta frase final: (1) el contraste entre los tesalonicenses de "antes" y los de "ahora", con la burla judía apenas escondida por la idolatría y una designación típicamente judía de Dios como "Dios vivo y verdadero"; (2) que se encuentran en la actualidad en "tiempos intermedios" y están aguardando la conclusión de su salvación, que incluye escapar de la ira venidera (que sus persecutores experimentarán sin lugar a dudas); y (3) que el responsable de la salvación de ellos es el Jesús resucitado, designado aquí como "el Hijo de Dios".

Se debería observar, en primer lugar, que el pasaje insinúa la perspectiva del monoteísmo judío. Ambos epítetos —"el Dios vivo" y "el Dios verdadero"— reflejan el lenguaje de dicho monoteísmo en la larga lucha de Israel contra la idolatría. Sin la menor duda, ambos términos aparecen juntos solamente en Jeremías 10:10 ("Pero el Señor es el Dios verdadero, el Dios viviente, el Rey eterno");[133] no obstante, aparecen separados en una diversidad de contextos polémicos.[134] Más que cualquier otra cosa cierta al respecto del Dios de los judíos, Él es "el Dios *vivo*", frente a los ídolos *carentes de vida* del mundo pagano; y precisamente por ser Él el único Dios vivo, es por consiguiente "el [único] Dios *verdadero*", contra los *falsos* dioses de la idolatría. Además, el Dios vivo y verdadero se identifica adicionalmente aquí, por primera vez en el corpus, como el Dios que "resucitó [a su Hijo]". Esta extraordinaria forma de identificar al Dios de Israel aparece con bastante frecuencia en Pablo, tanto como para que Hans Küng resalte que aquel

132. C. Blumenthal ("Was sagt 1 Thess 1.9b-10 über die Adressaten des 1 Thess? Literarische und historische Erwägungen", 51 [2005], 96-105 suscita la pregunta, que parecería innecesaria, al respecto de si incluso los "temerosos de Dios" habían seguido siendo politeístas. Esto parece ser algo contrario a su motivación misma para apegarse a la sinagoga judía.

133. Pero ver también *Jos. Asen.* 11:9-10.

134. Para "el Dios vivo", ver, entre otras cosas, la fórmula de juramento en Nm. 14:21, 28 ("juro por mí mismo"); cp. Os. 2:1 (citado por Pablo en Ro. 9:26). Se convirtió en una fórmula estándar en la polémica del judaísmo del Segundo Templo (Dn. 5:23 [LXX]; Bel. 5 [Theod]; Sir. 18:1; *Jub.* 21:3-4; *Jos. Asen.* 11:9-10). En el NT, ver esp. Hechos 14:15, donde el lenguaje de la conversión es justo como aparece aquí; cp. 1 T. 4:10; He. 3:12; 9:14; 10:31; 1 P. 1:23; Ap. 7:2; 15:7. Para "el Dios verdadero", ver Sab. 12:27; Josefo, *Ant.* 11:55; y en el NT, esp. en la literatura juanina (por ej., Juan 7:18; 8:26).

"'que resucitó a Jesús de los muertos' se convierte prácticamente en la designación del Dios cristiano".[135]

Pensándolo bien, lo llamativo es la designación de Cristo como "*su Hijo* [del cielo, a Jesús], a quien resucitó, que nos libra del castigo venidero". Es decir, que el "Dios vivo y verdadero" tiene un Hijo que ahora está "en el cielo"[136] en virtud de que el Padre lo resucitó de los muertos;[137] y este Hijo no es otro que el Jesús terrenal, aquel que también nos rescata[138] de la ira de Dios que se derramará sobre todos los que no le obedecen (cp. 2 Ts. 1:6-10). Se debería observar que esta es la referencia más temprana conocida en la literatura cristiana a la resurrección de Cristo, el acontecimiento más crucial de la fe cristiana primitiva y de toda ella. Lo que es más relevante en esta referencia es la forma absolutamente presuposicional en que se menciona,[139] del mismo modo en que se da por sentada la exaltación presente del Hijo en el cielo a lo largo de la carta. Esta suposición primaria del cristianismo subyace, pues, de forma especial tras varios elementos que siguen: la oración dirigida a Él en 3:12-13; la mención de su parusía en 3:13; y todo el argumento sobre la resurrección de los creyentes en 4:13-18 (esp. v. 16).

Con la designación "Hijo [de Dios]", lo que se da por entendido en 1:1 sobre Dios como Padre se hace ahora explícito. Aunque la designación "Hijo" no es especialmente frecuente en Pablo, y solo aparece aquí en la correspondencia

135. *On Being a Christian* (Garden City, N.Y.: Doubleday, 1976), 361; aparte del texto presente, ver 1 Co. 6:14; 2 Co. 4:4; Gá. 1:1; Ro. 4:24; (6:4); 8:11 (2x); 10:9; Col. 2:12; Ef. 1:20; cp. 1 P. 1:21. Wanamaker (87) parece bastante equivocado, por tanto, para aludir a esta expresión como un "pensamiento tardío".

136. Una considerable literatura ha sugerido que el "antecedente" de este uso es el "hijo de hombre" (Dn. 7:13). Por comprensible que esto pueda ser —dado (1) el lenguaje de Pablo de "esperar de los cielos", y (2) el hecho de que Jesús usó, casi con toda certeza, este "título" daniélico al respecto de sí mismo—, no obstante, apenas existe indicio alguno en el corpus paulino de que Pablo haya estado influenciado por este lenguaje. Lo que se puede demostrar es que asociaba "Hijo de Dios" con la condición davídica de rey (ver Fee, *Pauline Christology,* cap. 14).

137. Para una explicación completa de la relevancia y la exclusividad absoluta de esta realidad para los cristianos primitivos, ver N. T. Wright, *The Resurrection of the Son of God* (Minneapolis: Fortress, 2003), cuyo título refleja esta temprana mención de la resurrección en los documentos del NT.

138. Gr. τὸν ῥυόμενον; no es probable que el tiempo presente aquí intente especialmente afirmar algo sobre el "momento" del rescate —que, en 5:9-10, se expresa en tiempo pasado para referirse al acontecimiento salvador en sí mismo—, sino que pone énfasis en el Hijo ahora exaltado como el "Rescatador".

139. Este es el caso en toda mención de la resurrección en el NT fuera de los Evangelios; además, subyace a la oración conocida más antigua entre los primeros cristianos, el *Maranatha* arameo ("Señor, ven") usado por Pablo en 1 Co. 16:22.

tesalonicense,[140] se expresa de una forma tan presupuesta que Pablo entiende que sus lectores se identifican con ella. Esta designación del Cristo *resucitado* como "Hijo" aparece de nuevo en 1 Corintios 15:28; sin embargo, figura más a menudo en las epístolas de Pablo con referencia a que el Hijo "se entregó" por nosotros (2 Co. 1:19; Gá. 2:20; 4:4-5; Ro. 8:3, 32; Col. 1:13). Pablo también designa a Cristo como "Hijo" cuando piensa en la salvación como la realización de la nueva creación en la que estamos siendo transformados de nuevo a imagen divina, cuya expresión perfecta ha de hallarse en el Hijo de Dios (Ro. 8:29-30).

Varios pasajes de Pablo indican que el punto de comienzo que se presupone para este título es el mesianismo judío, a saber: 1 Corintios 15:23-28; Romanos 1:3-4 (y 8:32 indirectamente); y Colosenses 1:12-15.[141] Aunque no podemos estar seguros de cuánta instrucción habían recibido los tesalonicenses sobre este uso, es probable que la referencia que Pablo hace aquí al Hijo, como estando *en el cielo con el Padre,* conlleve (hipotéticamente) el doble sentido de que *(a)* el Hijo reina ahora como *el Mesías judío,* sentado a la diestra de Dios (Sal. 110:1), y *(b)* por medio de su resurrección y exaltación ha llegado a ser reconocido como *el Hijo eterno* , enviado por el Padre para redimir.[142]

Que este doble sentido hubiera estado disponible para los tesalonicenses es quizás discutible. Sin embargo, tanto la prueba interna hallada en otros lugares de estas cartas (el uso intertextual que Pablo hace de la Septuaginta) como la externa en Hechos 17:1-6 nos conducirían a pensarlo. El pasaje de Hechos indica que muchos de estos antiguos idólatras se habían apegado ya a la sinagoga judía y, por tanto, formaban el núcleo de la comunidad cristiana neófita.[143] Por tanto,

140. Y solo 17 veces en total, 11 de las cuales figuran en Gálatas (4x) y Romanos (7x). En esta última carta, aparece como lo primero (1:3-4) y tiene a la vez implicaciones mesiánicas y eternas; cp. Col. 1:13-17. Ver las explicaciones en Fee, *Pauline Christology,* 240-44 y 293-303.

141. Uno de los rasgos decepcionantes del estudio (de otro modo útil) de M. Hengel sobre este título (*The Son of God: The Origin of Christology and the History of Jewish-Hellenistic Religion* [Philadelphia: Fortress, 1976] es su casi completa indiferencia hacia el uso de este título para el rey davídico de Israel, al que todas las pruebas del NT apuntan como fuente básica de la comprensión del cristianismo primitivo. Ver en especial la explicación en *Pauline Christology,* cap. 14.

142. Ver especialmente la explicación de 1 Co. 15:23-28; Gá. 4:4; y Ro. 8:3 en mi *Pauline Christology.* Ver también D. Juel, *Messianic Exegesis: Christological Interpretation of the Old Testament in Early Christianity* (Philadelphia: Fortress, 1988), 174-75.

143. Merece la pena observar aquí que Hechos 17 narra cuando Pablo entró a la sinagoga y durante tres días de reposo razonó con ellos "*por medio de las Escrituras, que era necesario que el Cristo padeciese y resucitase de los muertos; y que Jesús, a quien yo os anuncio, decía él, es el Cristo*". El contenido de este "razonamiento" había sido presentado con anterioridad en Hechos 13:16-47. No existe razón *histórica* justificable para dudar de la exactitud básica de estas imágenes. Las propias cartas de Pablo, incluida esta, están llenas de verificaciones de que estos primeros conversos estaban bien familiarizados con los argumentos de que el Jesús crucificado y resucitado es, en realidad, el Mesías judío prometido, el Hijo de Dios exaltado.

se podría suponer también que ya habían sido instruidos en este doble sentido de Jesús como Hijo de Dios.

Que esta única referencia al "Hijo" en esta carta aparezca en conexión con el nombre terrenal "Jesús", mientras se hace más énfasis en su función como conclusión escatológica de las cosas, tiene un interés adicional. Parece ser, sobre todo, la anticipación de 4:13-18.[144] La relevancia de esto es que, en el segundo pasaje, Pablo cambia en el versículo 14 —tras la referencia explícita a la resurrección de Jesús— el nombre "Jesús" por el título "el Señor". Esta combinación indica que los dos "títulos" mesiánicos más relevantes, Señor e Hijo, que aparecerán juntos un poco más adelante (en 1 Corintios 15:23-28), ya estaban en marcha cuando Pablo escribió esta epístola.

Deberíamos observar, asimismo, que en el pasaje presente el énfasis no está en que los creyentes están presentes con el Hijo en su venida, sino en que el Jesús ahora resucitado nos "libra[145] del castigo venidero". Es curioso que la palabra "castigo" (en el sentido de ira, N. T.) se usa únicamente en el Nuevo Testamento en alusión al juicio final de Dios sobre los impíos y, por tanto, no se utiliza nunca al respecto de los creyentes, cuyo destino presente es "tribulación/sufrimiento".[146] Así, el enfoque no está aquí en la gloria final de los creyentes tesalonicenses, sino en la destrucción final de sus oponentes, un hincapié que encaja de forma general en la perspectiva global de la narrativa presente.[147] El estímulo no está, pues, en este caso, en su propio futuro —que viene después—, sino en que quienes les están haciendo la vida imposible en Tesalónica, aquellos que adoran a los ídolos carentes de vida y, por tanto, sordos y mudos, están destinados al juicio final.

Finalmente, deberíamos señalar que el que este pasaje tuviera o no una existencia anterior en forma similar a un credo, no solo es discutible, sino en última

144. Aquí digo "especialmente" porque el énfasis sobre la "Venida" se encuentra en la carta de principio a fin (1:3; 2:12, 19-20; 3:13; 5:1-11, 23).

145. Este cambio perceptible desde la segunda persona del plural a la primera persona del plural es el primero de muchos, en las epístolas paulinas, cuando, al hablar de lo que Dios había hecho —o tenía guardado— para los receptores de su carta, cambia los pronombres de "ustedes" a "nosotros" para incluirse con ellos en la actividad de Dios en favor de ellos; ver, por ej., Gá. 3:14; Ef. 1:18-19.

146. No distinguir entre estas dos palabras —ὀργή (ira) y θλῖψις (tribulación, aflicción, sufrimiento), la primera siempre relacionada exclusivamente con el juicio de Dios sobre los impíos y la segunda, con las pruebas presentes (de los creyentes mismos)— fue uno de los grandes errores del dispensacionalismo histórico, en el que esos dos términos se intercambiaban en ocasiones con bastante indiferencia en la presentación del sistema.

147. Cp. J. H. Roberts, "The Eschatological Transitions to the Pauline Letter Body", *NovT* 20 (1986), 29-35, quien explica esto en conjunción con 1 Co. 1:7-8; Fil. 1:10 y 2 Ts. 1:6-10, donde, en cada caso, la acción de gracias concluye con una nota escatológica similar. Sin embargo, se puede preguntar con razón si esta pone fin a la "acción de gracias" paulina, ya que va inmediatamente seguida de γάρ, sugiriendo así una continuación del relato que comenzó en el v. 5.

instancia irrelevante, ya que la idea se aplica con precisión a la situación presente en Tesalónica. Los creyentes tesalonicenses mismos han abandonado a los "dioses muertos" por el "Dios vivo y verdadero"; por tanto, pueden aguardar confiados al Hijo de Dios del cielo, quien verterá "ira" divina sobre sus enemigos. Y todo esto funciona especialmente bien si se presupone que la cuestión que se está tratando —de manera un tanto indirecta— es la oposición desde el seno de la comunidad pagana de Tesalónica. Dado que la naturaleza de esta es lo que Pablo toca a continuación, es muy probable que sea la forma deliberada del apóstol de internarlos en este punto del relato como aquellos destinados a experimentar la ira de Dios.

Dos asuntos de esta primera descripción recogida de los resultados de la "conversión" cristiana parecerían tener una relevancia constante. Primeramente, Pablo era consciente de que las *nuevas* se habían difundido con rapidez a otros centros de población. Se puede suponer, sin miedo a equivocarse, que esto sucedió por medio de los gentiles que con anterioridad habían estado asociados a las sinagogas judías, pero que se habían convertido luego en seguidores del Crucificado. Las buenas noticias tienen que compartirse; y estos creyentes primitivos solo estaban haciendo lo que se esperaba de ellos. No obstante, en segundo lugar, el propio énfasis de Pablo está en el *contenido* teológico/experiencial de su conversión, centrada aquí en el "antes" y el "después" de ella. Los que un día fueron paganos, quienes habían sido adoradores de ídolos ("dioses muertos"), se habían entregado a "ser[vir] al Dios vivo y verdadero". El resultado final de semejante conversión era una nueva orientación, una escatológica, donde esperaban ya la consumación final. Después de todo, para el apóstol la conversión no era un cambio de creencias religiosas, sino que, por medio del don del Espíritu, la persona ha pasado de muerte a vida, ahora y para siempre.

### D. NARRATIVA. SEGUNDA PARTE: CONDUCTA DE PABLO EN TESALÓNICA (2:1-12)

Por el desafortunado añadido de divisiones de capítulos y números de versículos en nuestras Biblias,[148] se tiene la impresión de que aquí comienza algo nuevo, una postura que la erudición ha incitado durante las tres últimas décadas del siglo anterior. Sin embargo, varios rasgos de este pasaje indican en realidad que Pablo solo está retomando y desarrollando la preocupación expresada con anterioridad al final del versículo 5 ("Como bien saben, estuvimos *entre ustedes* buscando su bien").

148. Aunque son ayudas para "encontrar" cosas, son desafortunadas porque provocan que las personas lean la Biblia de manera distinta a como leerían cualquier otra cosa; aquí, con frecuencia, crean falsas divisiones de pensamiento. Incluso, el lenguaje de "capítulo y versículo" defiende involuntariamente una clase de acercamiento gnómico a las Escrituras que se interpone en el camino de la buena interpretación. Al retirar los números, se puede ver fácilmente que a Pablo le preocupa esto.

En primer lugar, el pasaje empieza con un "como"[149] explicativo que vincula este material con lo que acaba de escribir. En segundo lugar, hay tres lazos lingüísticos relevantes con la frase inmediatamente precedente (vv. 9-10), que comenzaba por "ellos mismos (*autoi gar*) cuentan de lo bien que ustedes nos (*pros hymōn*) recibieron (*eisodon*)".[150] Sin la división de capítulos, esto quedaría claro para todos. En tercer lugar, apenas se puede pasar por alto el repetido "como saben" que impregna el pasaje (vv. 1, 2, 5, 11), así como las expresiones acompañantes, "recordarán" en el versículo 9 y "me son testigos" en el versículo 10. Con estos recordatorios, Pablo insta una y otra vez a los creyentes tesalonicenses a que recuerden cómo fueron realmente las cosas cuando él y sus compañeros fueron a ellos y vivieron entre ellos. Este fenómeno, exclusivo del corpus paulino, también sigue adelante con las preocupaciones que comenzaron en el versículo 5.

Esto significa, por tanto, que 1:5-10 sirve de introducción al relato que empieza en serio aquí. Lo que está en juego es la predicación de Pablo (1:5) y la conversión de los tesalonicenses (v. 6) —algo que había adquirido cierto renombre (vv. 7-8)—. A continuación, concluye (vv. 9-10) describiendo los resultados de "su visita" a ellos en términos de *sus efectos sobre los tesalonicenses.* El apóstol retoma ahora la narrativa sobre "su visita" en términos de la *naturaleza de su propia predicación* —incluida su conducta durante su estancia con ellos— y, al actuar así, desarrolla ambas partes de 1:5 (la conversión experimentada por los tesalonicenses y la conducta de Pablo). El pasaje presente contrasta, pues, a Pablo y sus compañeros con la clase de filósofos itinerantes y proveedores de "nuevas religiones" con los que algunos forasteros compararon, al parecer, a Pablo mismo.

Con excepción de la pausa en el versículo 10, nuestros comentarios seguirán el estilo de párrafo de la TNIV, que reconoce mediante el *contenido* las dos partes básicas del relato. En primer lugar, en los versículos 1-6, todo está relacionado con el ministerio de Pablo y sus compañeros ya que está en nítido contraste con la consabida hipocresía de otras clases de itinerantes, proveedores de religión o filosofía con deseos de congraciarse con sus oyentes. La transición tiene lugar en el versículo 7a, donde el apóstol les recuerda a los tesalonicenses cómo eran él y sus compañeros en realidad: inocentes "bebés" en medio de ellos. En segundo lugar, en los versículos 7b-12 y con un cambio repentino y extraordinario de imágenes, Pablo les recuerda también cómo habían sido él, Silas y Timoteo en medio de ellos, primero (vv. 7b-8) cuidándolos como una madre que amamanta a su propio hijo y, en segundo lugar (vv. 9-12), ocupándose de ellos como un padre preocupado.

149. Gr. γάρ, omitido lamentablemente en la TNIV y otras traducciones (por ej., NEB, GNB, NRSV).

150. Gr. εἴσοδον, literalmente "entrada"; así "nuestra venida" a ustedes o "nuestra visita/tiempo" con ustedes. Para la relevancia de esta palabra y las ideas cognadas, ver S. Kim, "Paul's Entry (εἴσοδον) and the Thessalonians' Faith (1 Thessalonians 1-3)", *NTS* 51 (2005), 37-47.

Al mismo tiempo, el pasaje hace un segundo tipo de envoltorio, señalado por una serie de "*saben*" explicativos (vv. 1-2, 3-4, 5-8, 9-12).[151] Los versículos 1-2 introducen la defensa presente recordándoles a los tesalonicenses que, a pesar del maltrato público que él y Silas sufrieron en Filipos, fueron no obstante alentados por Dios para predicar el evangelio en Tesalónica. Los versículos 3-4 explican cómo esa valentía contaba con la aprobación divina, de manera que no podía haber surgido del "error o del engaño". Los versículos 5-8 explican esto, además, de dos maneras: primero, aplicando la declaración más general de los versículos 3-4 directamente a su "visita"; en segundo lugar, recordándoles que, aunque podría haber ejercido la autoridad apostólica, su conducta fue "inocente" (v. 7b), similar a la de una madre que amamanta con esmero a sus hijos (v. 8). En los versículos 9-12, con otro cambio de metáfora más (de "padre e hijos"), Pablo concluye esta parte del relato contrastando su ministerio y conducta entre ellos con lo que describió de manera negativa en los versículos 3-6.

Todo esto hace que la narrativa tenga perfecto sentido, si nuestra reconstrucción sugerida de la situación histórica se aproxima a la realidad de manera bastante estrecha. Es decir, con el regreso de Timoteo (3:6), Pablo se ha enterado de que parte del sufrimiento presente de los tesalonicenses (pasado y en curso) de manos de sus conciudadanos (paganos) había incluido una considerable campaña de calumnias contra el apóstol, como si fuera cualquier otro charlatán religioso que buscaba su favor y después se marchaba a toda prisa bajo circunstancias sospechosas. Mediante el recordatorio, esta es la "defensa" de Pablo contra el aluvión de insidiosas indirectas de los enemigos de los tesalonicenses (y, por tanto, suyos).

En el proceso, Pablo invoca a Dios como testigo (vv. 4, 5, 10) y les recuerda lo que ellos mismos saben (vv. 1, 2, 5, 9, 10, 11). En el núcleo central de todo esto hay una serie de negativas (vv. 3-6), como si el apóstol estuviera respondiendo a acusaciones contrarrestadas por recordatorios de aquello en lo que se ocupaban él y sus compañeros: el evangelio (vv. 2, 4, 8, 9), procedente de Dios, que había llamado a los tesalonicenses a su propio reino y gloria (v. 12). Resulta difícil imaginar cómo se podría entender gran parte de esto al margen del informe de Timoteo: esa misma gente de Tesalónica estaba haciéndoles la vida imposible a los creyentes, centrándose en parte en Pablo como líder que estaba promulgando la nueva religión. Al parecer, la acusación era triple: *(a)* lo que Pablo enseñaba estaba lleno de errores; *(b)* él mismo era menos que honesto (lleno de engaño, adulación, motivos impuros); *(c)* la motivación era la avaricia. Pablo responde a continuación a estos asuntos en orden inverso: *(c)* él y sus compañeros trabajaron con sus propias manos para no ser una carga para ellos (en el versículo 8); *(b)* su

151. Esta es la división básica en párrafos de la NA[27], excepto que los vv. 1-4 forman un solo párrafo.

conducta fue santa y justa (en los versículos 10-11); *(a)* su evangelio es la palabra misma de Dios (en el versículo 13).

Finalmente, debería señalarse el carácter minuciosamente teocéntrico de todo el pasaje. Solo se menciona a Cristo una vez (v. 7, "los apóstoles de Cristo"), mientras que se pronuncia el nombre de Dios nueve veces. El único otro lugar en el corpus paulino donde figura algo parecido a esto es en el largo relato de la caída humana en Romanos 1:18-3:20, donde, como aquí, solo se menciona una vez a Cristo de pasada (2:16).[152] La razón para esto en el caso presente no es difícil de encontrar. El mensaje *per se* no es lo primero en juego aquí, sino el mensajero; y comoquiera que sea, Pablo entiende que su llamado y su apostolado son obra de Dios Padre en su vida. De ahí que el pasaje entero trate de algo que Dios ha hecho; Pablo está dispuesto a recordarles esto mismo a los tesalonicenses.

## 1. Lo que Pablo NO fue entre los tesalonicenses (2:1-7b)

*1 [Porque][153] hermanos, bien saben que nuestra visita a ustedes no fue un fracaso. 2 Y saben también que, a pesar de las aflicciones e insultos que antes sufrimos en Filipos, cobramos confianza en nuestro Dios y nos atrevimos a comunicarles el evangelio en medio de una gran lucha. 3 Nuestra exhortación no se origina en el error ni en malas intenciones, ni procura engañar a nadie. 4 Al contrario, hablamos como hombres a quienes Dios aprobó y les confió el evangelio: no tratamos de agradar a la gente, sino a Dios, que examina nuestro corazón. 5 Como saben, nunca hemos recurrido a las adulaciones ni a las excusas para obtener dinero; Dios es testigo. 6 Tampoco hemos buscado honores de nadie; ni de ustedes ni de otros. 7 Aunque[154] como apóstoles de Cristo hubiéramos podido ser exigentes con ustedes, los tratamos con delicadeza. Como una madre que amamanta y cuida a sus hijos,[155] así nosotros.*

152. Esto también justifica que estas dos cartas (1 Tesalonicenses y Romanos) tengan en común la mención a Dios de forma explícita con mayor frecuencia que a Cristo (lo que sucede en un único lugar adicional del corpus de la iglesia, 2 Corintios); ver los datos en mi *Pauline Christology: An Exegetical-Theological Study* (Peabody, Mass.; Hendrickson, 2007), 26.

153. Por el bien del comentario que sigue, he retenido el "porque" (γάρ) de Pablo entre paréntesis aquí y en el v. 5.

154. En algún momento del proceso de transmisión de la TNIV, ya sea en la traducción, edición o impresión, este número de versículo se trasladó (lógicamente) al principio de la frase siguiente. Pensando en quien use el texto griego —y en cualquier otra traducción—, he escogido seguir con la numeración encontrada en todas las demás fuentes, y me he tomado la libertad de cambiar la TNIV en consecuencia.

155. Aquí, la TNIV traduce (correctamente) el νήπιοι del texto griego de la UBS$^{4}$/NA$^{24}$, que es la interpretación adecuada de toda evidencia temprana y más difundida, excepto la del siglo V A (P$^{65}$ * B C* F G *ℵ I Ψ 104* 326$^{c}$ 2495 pc it vg$^{ww}$ sa$^{mss}$ bo Clemente, Orígenes); ἤπιοι ("buena") pertenece aprox. al siglo V (su principal apoyo) y a los Textos Mayoritarios (𝔐), así como los correctores posteriores de C D ℵ Ψ y algunos MSS sahidicos. Históricamente, esta

Este párrafo empieza con una palabra de recordatorio (ver el "bien saben" repetido, vv. 1, 3, 5) al respecto de la "visita" que les hicieron Pablo y sus compañeros. El recordatorio, en este caso, tiene que ver tanto con el *cuándo* como con la *forma* en que llegaron a Tesalónica: a pesar de las aflicciones e insultos que sufrieron en Filipos, se atrevieron a compartir el evangelio con ellos, aunque con gran lucha. El núcleo de esta primera sección está dominado por dos conjuntos de contrastes "no/sino" (vv. 3-4 y 5-7), en los que cada una de las partes "no" de los mismos se expresa como un triplete, y donde el "sino" que sigue expresa su opuesto radical. En el lado del "no", Pablo retoma el lenguaje de lo que al parecer era un *topos* (forma de lenguaje) común usado por los filósofos griegos, en el que se comparaba al verdadero filósofo (uno mismo) con aquellos que adulan a los demás para beneficio propio o para tener un seguimiento. Este fenómeno, a su vez, ayuda a explicar el difícil —y rápido— cambio de imágenes en los versículos 7 y 8.

Aquí, pues, se encuentra el corazón de esta sección, reducido a sus elementos más básicos:

Nuestro llamado *no* se basó en el error
*ni* en motivos impuros
*ni* en engaños;
*sino* como hombres a quienes Dios aprobó
*no* hablamos como tratando de agradar a la gente
*sino* a Dios.

Porque *no* recurrimos a las adulaciones
*ni* excusas para obtener dinero
*ni* buscamos honores de nadie;
*sino que* fuimos delicados [como bebés] entre ustedes.

El lenguaje de Pablo del lado del "no" en estos contrastes tiene mucho en común con una forma de "defensa" reconocida y usada por algunos de los filósofos cínicos, para los cuales, la "defensa" era solo un asunto formal, no una cuestión de realidad. Así, se hizo popular leer a Pablo a la luz de estos filósofos, sugiriendo que al "tomar prestados" estos *topos,* en realidad no se está "defendiendo", sino que está presentando su ministerio de forma similar, de forma ejemplar, como

---

ha demostrado ser una elección textual muy difícil. Habría que señalar que las pruebas externas respaldan de forma abrumadora el νήπιοι, traducido en todas las pruebas tempranas relevantes, tanto en Oriente como en Occidente (y, así lo reconoce al menos la nota de la ASV: "La mayoría de las autoridades antiguas traducen *bebés*", algo que la NRSV diluyó como "otras autoridades antiguas interpretan *niños*"). El problema en la transcripción es, en primer lugar, si la variante fue el resultado de un accidente de copiado o si fue intencionado; en segundo lugar, qué variante explica mejor cómo se produjo la otra. Para un argumento completo en favor de νήπιοι como interpretación original, ver el comentario más abajo.

un modelo que los tesalonicenses pueden seguir.[156] Pero esta opinión parece sacar la conclusión equivocada del uso que el apóstol hace de este lenguaje.[157] Aunque los filósofos no estuvieran en medio de una batalla real, Pablo sí lo estaba; en este caso, estaba en juego la vida de la comunidad creyente de Tesalónica. Así, comprenderemos mejor al apóstol si entendemos que de verdad usó el lenguaje de los filósofos; sin embargo, como ocurre con muchas otras cosas, lo está adaptando aquí para expresar sus preocupaciones en una situación histórica muy real, en la que algunos de entre la población pagana estaban utilizando la "ciudad de huida" de Pablo con mucha rapidez contra la comunidad creyente. De ahí que el énfasis de todo el pasaje esté simultáneamente en la veracidad del mensaje y en la integridad del mensajero. En este caso, ambas preocupaciones van entretejidas de manera plena.

**1**

El "bien saben" explicativo con el que comienza esta frase indica estrechos lazos con lo precedente, elemento que se refuerza con la mención de Pablo a la palabra "visita" (*eisodon*)[158] de 1:9. Allí, lo que le importaba principalmente eran los resultados de su "visita" en términos de que *los tesalonicenses* hubieran "dej[ado] los ídolos para servir al Dios vivo y verdadero"; el hincapié estaba en lo famoso que esto era en todas las provincias griegas. Aquí se preocupa por recordarles de forma similar la naturaleza de *su propia* dimensión en dicha "visita", que "no fue un fracaso".[159] Al hacerlo, regresa a lo que ya había dicho en 1:5 ("Como bien saben, estuvimos entre ustedes buscando su bien"), iniciando así una larga apologética al respecto de qué tipo de hombres habían sido ellos tres durante su estancia en Tesalónica.

156. Ver esp. A. J. Malherbe, "'Gentle as a Nurse': The Cynic Background to 1 Thes. ii", *NovT* 12 (1980), 203-17; reed. en *Paul and the Popular Philosophers* (Minneapolis: Fortress, 1989), 35-48. Este es un artículo particularmente útil; el problema es que Malherbe da por sentado y, por tanto, se pone en contra de quienes consideran esto como una "defensa" dirigida a algunas personas disgustadas dentro de la comunidad misma de creyentes. Pero la totalidad de 1 y 2 Tesalonicenses indica que el problema venía de *fuera*, donde los creyentes habían sido avergonzados por seguir a un "charlatán" como Pablo. Aunque en su comentario Malherbe modera este último punto de alguna manera, sigue viendo el conjunto de 2:1-12 como intencionalmente ejemplar.

157. Así también J. A. D. Weima, "An Apology for the Apologetic Function of 1 Thessalonians 2:1-12", *JSNT* 68 (1997), 73-99; y Kim, "Paul's Entry".

158. La frase completa de Pablo dice así: τὴν εἴσοδον ἡμῶν τὴν πρὸς ὑμᾶς ("nuestra 'entrada' a ustedes"). Malherbe (135) cita a un único filósofo (Luciano) que usa este verbo "como entrada a la filosofía". Al poder encontrar gran parte del lenguaje de los vv. 3-5 en la tradición filosófica, ofrece a continuación una lista de los filósofos que usan una expresión distinta, εἰσιέαι πρός... para hablar de dicha entrada. Sin embargo, parece dudoso en extremo que Pablo intentara semejante alusión o que los tesalonicenses lo hubieran entendido así; después de todo, es algo que se retoma del v. 9 anterior, un relato puro y simple.

159. Gr. κενὴ = "vacío" o "en vano". Ver además nn. 16 y 17 más abajo.

Al mismo tiempo, Pablo repite el vocativo "hermanos" que usó por primera vez en 1:4, más arriba (q.v.), y que se retomará de nuevo y de forma más relevante aún en el versículo 9, en el presente relato. La razón para observarlo de nuevo aquí es que aparece al principio de una larga "defensa" del ministerio del trío apostólico, cuando visitaron Tesalónica por vez primera, a lo largo de la cual Pablo usará una serie de metáforas familiares, únicas en todo el corpus paulino.

La frase empieza con un enfático "[ustedes] bien[160] saben", que retoma el "como ustedes saben" del versículo 5 e inaugura una serie de no menos de seis recordatorios de este tipo en los versículos 1-12.[161] Un posicionamiento tan enfático de sí mismo al respecto de su visita fundadora parece dar a entender de manera especial que este pasaje funciona como elemento retórico epidíctico. Pablo está simplemente instándolos a recordar cómo fueron las cosas en un principio por su propio beneficio y, al mismo tiempo, contrarrestando las aparentes calumnias contra su persona que se estaban usando como parte de la campaña contra estos nuevos creyentes. Por tanto, así como Pablo "[sabe] que él los ha escogido" (v. 4), ellos mismos, los creyentes tesalonicenses, "saben" que la "visita" del apóstol "no fue un fracaso".

Así comienza esta *apología*, recordándoles de nuevo que su visita "no fue en vano" (literalmente, no fue vacía ni hueca). Este es el primero de muchos momentos en las cartas de Pablo donde aparece este lenguaje, con frecuencia en compañía del verbo "trabajar" o "correr" en vano,[162] en cuyos casos (casi con toda seguridad) podemos oír un eco del lenguaje de Isaías 65:23 en la Septuaginta.[163] De ser así, y existen buenas razones para creerlo,[164] Pablo habría estado pensando desde el principio en su actividad misionera en términos de esta "promesa" escatológica de Dios. Su idea con estas lítotes es, por supuesto, recordarles su respuesta que transformó sus vidas en respuesta a "la palabra de Dios" (v. 13).

160. Esta es la primera aparición de cinco, en estas dos cartas, de αὐτοὶ con un segundo sujeto plural (ver 1 Ts. 3:3; 4:9; 5:2; 2 Ts. 3:7), un fenómeno exclusivo de estas cartas en el corpus paulino.

161. Además de este, ver vv. 2, 5, 11 ("[ustedes] saben"), 9 ("recordarán") y 10 ("me son testigos").

162. Ver 1 Co. 15:58; Gá. 2:2; Fil. 2:16.

163. Que se lee οἰδέκλεκτοί μου οὐ κοπιάσουσιν εἰς κενόν ("no trabajarán en vano"). Dado que este lenguaje preciso (οὐ κοπιάσουσιν εἰς κενόν) aparece en Fil. 2:16 y el sustantivo equivalente κόπος aparece en 1 Co. 15:58, parece probable que para Pablo esta haya sido una expresión bíblica que retomó y usó en varias ocasiones.

164. En especial, cuando se observa el contexto escatológico del oráculo isaiánico, la gran visión de los "nuevos cielos y la nueva tierra" (Is. 65:17-25) que es, a su vez, la respuesta escatológica al oráculo en 49:4, cuando el Siervo siente como si "hubiera trabajado en balde" (κενῶς ἐκοπίασα).

**2**
Lo que Pablo contrasta ahora al hecho de que su visita "no ha sido un fracaso" es, en primer lugar, *la forma* en la que él y sus compañeros llegaron a ellos habiendo sufrido "aflicciones e insultos" en Filipos. Aquí tenemos una prueba que corrobora de forma independiente los elementos básicos del relato de Hechos 16, pero sin los detalles. Al mismo tiempo, nuestro conocimiento de la narrativa de Lucas nos proporciona cierta percepción del propio uso paulino del lenguaje del "sufrimiento", ya que en este caso significaba que un ciudadano romano había sido tratado de manera ultrajante en Filipos al haber sido azotado y encarcelado sin ser juzgado.

Al repetir el "saben", Pablo les recuerda que, cuando él y sus compañeros habían llegado a Tesalónica, las circunstancias habían sido poco propicias: los habían "invitado" a abandonar una colonia romana en el extremo oriental de la planicie de Macedonia. Al llegar a Tesalónica, otra ciudad especialmente favorecida por el primer emperador romano, tenían la seguridad de que las nuevas de su "desventura" en Filipos los habrían seguido hasta allí. En realidad, es muy probable que Pablo mismo los hubiera informado de ello. En cualquier caso, las noticias del anterior sufrimiento suyo y de Silas, incluido el hecho de que hubieran sido tratados de una forma insolente y malintencionada[165] en Filipos, habían llegado a oídos de quienes formaban la comunidad de fe tesalonicense.

Sin embargo, Pablo seguía al Crucificado y no estaba dispuesto a permitir que el maltrato en un lugar le impidiera hablar de Cristo a los habitantes de otro. De modo que la cláusula principal de lo que ahora es una larga frase suya lo pone todo en perspectiva gracias al recordatorio. A pesar de lo ocurrido en Filipos, Pablo y sus compañeros se atrevieron[166] —con la ayuda de "nuestro" Dios— para hablar[167] del evangelio.

Es necesario observar la sorprendente y redundante repetición de "Dios" en esta frase. En primer lugar, el énfasis está en que Dios es "*nuestro* Dios", lo que no significa que lo poseamos, sino que somos sus siervos y, por tanto, sus mensajeros (lo que en un tiempo anterior se identificaría como "mensajero del rey"). Porque somos mensajeros de Dios, les recuerda Pablo, hemos osado "proclamar" en su

165. Así BDAG para este término (ὑβρίζω) que solo aparece aquí en todo el corpus paulino, pero figura cuatro veces en los Evangelios y en Hechos (Mt. 22:6; Lc. 11:45; 18:32; Hch. 14:5).

166. Gr. ἐπαρρησιασάμεθα, un verbo relacionado con "hablar abiertamente o sin temor", que cuando va seguido de un infinitivo, como aquí, = "tener el valor de" o "atreverse a". El verbo aparece en otro lugar de los escritos de Pablo (Ef. 6:20), pero con mayor frecuencia en la narrativa de Hechos, donde todas las veces se usa en relación a Pablo (9:27-28; 13:46; 14:3; 19:8; 26:26), excepto una (18:26, hablando de Apolo).

167. Gr. λαλῆσαι; para este uso de λαλέω, ver BDAG 2b, que en este tipo de casos significa "*hablar* y, por este medio *aseverar, proclamar, decir...* algo". En este caso, bordea el concepto de "hacer un llamamiento" al respecto del evangelio.

nombre las "buenas nuevas" de Dios a ustedes; Pablo no pone aquí el énfasis en la *naturaleza* de la presentación, sino en la veracidad de su contenido.

En segundo lugar, el evangelio mencionado en 1:5 como "nuestro evangelio", que significa el evangelio que se nos ha encomendado proclamar, se denomina a lo largo de la narrativa presente como "el evangelio de *Dios*" (vv. 8, 9), que equivale a las buenas nuevas que tienen sus orígenes en el Dios vivo y verdadero.[168] Más adelante, en la narrativa (3:2), Pablo aludirá a esto con la designación más común ("el evangelio de Cristo"); en este caso, es un genitivo objetivo, cuyo significado es "el evangelio que trata sobre Cristo y lo que Él ha hecho". Sin embargo, a lo largo de la sección presente (2:1-12), el énfasis está sobre el hecho de que Pablo y sus compañeros eran representantes genuinos del "Dios vivo y verdadero"[169], a quien los tesalonicenses se habían convertido al rechazar a sus ídolos carentes de vida (1:9-10).

Finalmente, como si fuera renuente a dejar el hilo con el que comenzó la frase, Pablo les recuerda una vez más a los tesalonicenses, al final, que él (y Silas, al menos) predicaron "en medio de una gran lucha".[170] La metáfora subyacente a esta palabra sugiere una gran lucha por parte de Pablo y sus compañeros[171] al predicar a Cristo en Tesalónica. Lo más probable es que el apóstol regrese a este tema de esta forma, por lo que estaban experimentando los tesalonicenses de parte de las mismas personas. Así, la idea suprema de Pablo con esta frase de apertura parece ser: no importa lo que sus oponentes puedan estar hablando de nosotros, ustedes saben bien por su experiencia personal de nuestra estancia en medio de ustedes, como también lo saben por su propia experiencia en el evangelio (1:5-6).

168. Este es, casi sin la menor duda, el sentido gramatical del genitivo; ver, entre otros, Ellicott, 16; Lightfoot, 20; Rigaux, 404; Best, 91; Bruce, 25; Wanamaker, 93; Richard, 78; Malherbe, 137; Green, 117.

169. En realidad, este pasaje (vv. 1-12) está dominado por las referencias a Dios (9x en total); observado también por Malherbe, 137; cp. n. 5 más arriba.

170. Gr. ἐν πολλῷ ἀγῶνι (lit., "en medio de gran lucha"), que algunos (Rigaux, Malherbe; Ellicott y Frame son ambivalentes) considerarían como una referencia a la angustia interna de Pablo (como en Col. 2:1). Sin embargo, a pesar de que Malherbe afirma lo contrario, nada en el contexto apoya esta comprensión de la palabra ἀγῶνι (vv. 3-6 no se ocupan de las preocupaciones internas de Pablo, sino del maltrato público; cp. la crítica en Witherington, 72 y T. D. Still, *Conflict at Thessalonica: A Pauline Church and Its Neighbors* (JSNTSS 183; Sheffield: Sheffield Academic Press, 1999, 128-30). Usado en el NT solo de forma figurada, al respecto de "la lucha" en la que los creyentes se encuentran (ver Fil. 1:30); cp. Lightfoot (2), "sostienen la misma lucha". Para el uso de esta palabra en Pablo, ver V. C. Pfitzner, *Paul and the Agon Motif* (NovTSup 16; Leiden: Brill, 1962).

171. Esta expresión debería, pues, entenderse a la luz de 1:6, donde Pablo habla de la conversión de los tesalonicenses ἐν θλίψει πολλῇ ("a pesar de mucho sufrimiento", tal vez en alusión especial al maltrato verbal); la sugerencia de Richard (79) señala que involucraba "una competición pública donde uno se disputa la atención y la adhesión de las multitudes urbanas".

**3**

Retomando la frase precedente ("en medio de una gran lucha"), Pablo empieza a recordarles a los tesalonicenses cuál *no* era su "llamado"[172], ni en forma ni en contenido, con énfasis en su carácter. El recordatorio se expresa con una frase nominal,[173] cuyo énfasis expresado de forma negativa está en su fuente, en su motivo y en su manera.

En primer lugar, mediante un lenguaje común a los filósofos,[174] Pablo presenta su ministerio como algo que no tiene su fuente en el "error" ni en el mero "engaño".[175] Expresado de forma positiva, el énfasis está en la veracidad del evangelio, lenguaje que el apóstol usa en otras partes cuando defiende el evangelio de sus detractores.[176] Sea lo que fuere, el evangelio es la buena nueva de Dios y, por tanto, no puede originarse en el error.

En segundo lugar, su predicación no se basaba en "motivos impuros". En todas estas apariciones en las cartas de Pablo, esta palabra alude a la "impureza sexual".[177] Así lo entienden aquí algunos comentaristas,[178] que sugieren que el grupo apostólico debía distinguirse de la sensualidad asociada a algunas religiones

172. Gr. παράκλησι, un término que implica el llamamiento a las emociones y al intelecto de los oyentes. La idea de semejante lenguaje, mediante el recordatorio, es que estos creyentes no habían sido persuadidos meramente por una argumentación como tal, sino por un "llamamiento" que, al mismo tiempo, alcanzó el lado emocional de su ser. Sobre este uso, ver Kemmler, "1 Th 2,2f" en *Faith and Human Reason,* 168-77.

173. Significa una cláusula que consiste principalmente de sustantivos, con el verbo "fue" insinuado, lo que, por οὐκ/οὐδὲ ἐκ, debería comprenderse en este caso como "proceder de" (Ellicott, 17; Lightfoot, 20; Findlay, 36; Milligan, 17; Frame, 95; Rigaux, 406; Best, 93; Marshall, 64; Morris, 61; Wanamaker, 94; Richard, 79; Green, 118; Beale, 67; Witherington, 78). De ahí que el "no surge de" de la TNIV, que la KJV tradujo literalmente ("no *fue* [en cursivas porque no está en el griego] de"), y que la NASU tradujo también con cursivas "no *procede* de". La alternativa consiste en verla como la base de su proclamación, como GNB ("no se origina en").

174. A este respecto, ver W. Horbury ("1 Thessalonians ii.3 as Rebutting the Charge of False Profecy", *JTS* 33 [1982], 492-508), quien considera que el lenguaje rebate las acusaciones de falsa profecía.

175. Gr. ἐκ πλάνης. Algunos (por ej., Bruce, 26) argumenta en favor de las "malas intenciones", haciéndolo a la vez algo activo y pasivo (no engañado ni engañando). Sin embargo, dado que "verdad y error" eran parte de los antecedentes filosóficos y dado que la "veracidad" del evangelio se repite en el v. 13 más abajo, "error" parece más probable aquí.

176. Ver, por ej., Gá. 2:5, 14 (cp. 4:16); Col. 1:5; cp. Ef. 1:13; 4:21. Expresado en Romanos como "la verdad de Dios" (1:25; 3:7; 15:8).

177. Gr. ἐξ ἀκαθαρσίας; ver su uso posterior en 4:7; cp. Ro. 1:24; 6:19; 2 Co. 12:21; Gá. 5:19; Ef. 4:19; 5:3; Col. 3:5.

178. Esto fue especialmente cierto en muchos de los intérpretes tempranos (por ej., Lightfoot, 20-21; Milligan, 19; Frame, 95; Rigaux, 407; Bruce, 26; Morris, 71; pero no Ellicott, 17); sin embargo, esta opinión ha sido abandonada en general (Beale, 66, es una excepción) desde la demostración de Malherbe (ver n. 9 más arriba) de la relación de este pasaje con retóricas antiguas.

paganas. Sin embargo, tres cosas parecen militar en contra de este sentido en este caso: *(a)* los filósofos, de quienes Pablo parece hacerse eco aquí, no lo usan con matices sexuales;[179] *(b)* este tipo de comprensión no encaja bien con el "error" y el "engaño"; y *(c)* cuando Pablo amplía estos motivos en lo que viene de inmediato, la inmoralidad sexual no forma parte de la imagen. Pero si los "motivos impuros" es aquello a lo que Pablo está aludiendo, lo que sigue cuestionándose es "¿De qué tipo?", algo que se comprende mejor a la luz de la acusación de "avaricia" en los versículos 5 y 6. Es decir: tras la proclamación paulina de Cristo como salvador no subyacía un factor oculto de "avaricia", que esperaba sacar dinero de aquellos que, por gratitud, respondieron de forma positiva a la predicación de Pablo, un error del que existen demasiados ejemplos vivos, sobre todo en la historia de la iglesia norteamericana de finales del siglo XX y principios del siglo XXI.

En tercer lugar, la predicación paulina no fue un intento oculto de engañarlos para que creyeran. Con esta expresión, el apóstol alberga una nueva idea, en alusión a la "manera" de su predicación y no a su "motivo". Según los filósofos, "el engaño" era un rasgo común de aquellos cuyos motivos eran "impuros".[180] De manera relevante, esta es la característica que se refutará, en particular en los versículos 5-7. Lo más probable es que esta acusación se hiciera a la luz de los acontecimientos milagrosos que acompañaron a la predicación de Pablo, aludidos en 1:5. Pero en el caso del apóstol, había una enorme diferencia; los sucesos "milagrosos" les ocurrieron a los tesalonicenses mismos, no fueron fenómenos extraordinarios externos. Esto también justifica el "como saben" con el que comienza 1:5 y que conduce hasta esta sección de una forma minuciosa. La propia experiencia que ellos tuvieron del poder del Espíritu Santo servía de prueba principal de Pablo contra estas diversas acusaciones.

**4**

Dada la naturaleza de los cargos en la parte del "no" de esta frase, la cláusula del "sino" llega como una especie de sorpresa. Es decir, dado el fuerte énfasis en la supuesta falta de verdad y sinceridad de las acusaciones, cabría haber esperado alguna prueba directa de lo contrario. Pero lo que Pablo hace es entregar su causa a Dios. De modo que, con una cláusula comparativa ("como... a quienes"), presenta su ministerio como algo que *Dios* aprueba y, por tanto, no tiene necesidad de aprobación humana. Las palabras clave "aprobó" y "examina" aparecen al principio y al final de la frase y, en cada caso, "Dios" es el sujeto (gramatical).[181]

179. Ver, por ej., Demóstenes 21, 119.

180. En realidad, esta forma de entenderlo puede rastrearse hasta Crisóstomo, *Homily 2 on 1 Thessalonians.*

181. Por tanto, tiene cierto interés que ambos significados principales figuren en esta primera aparición del verbo δοκιμάζω en el corpus paulino, que a veces alude al procedimiento

El hecho de que Pablo y sus compañeros habían sido examinados y aprobados por Dios es antes que nada evidencia de que se les había confiado el evangelio, por eso hablaban.

El contenido de su discurso adopta la forma de otro contraste "no/sino". La negación, en este caso, es lo que retoma la cláusula y la lleva donde comienza la frase, a los tres negativos que acaban de preceder. Al haber sido examinados y aprobados por Dios, Pablo sostiene que su discurso público y el de sus compañeros no se pronunció para tratar "de agradar a la gente". Aunque el verbo mismo ("agradar") solo aparece en la primera mitad de esta cláusula (el lado del "no"), se supone en la referencia inmediatamente seguida a Dios, pero con un significado ligeramente matizado. Es decir, en el lado negativo hay algo erróneo en la forma misma de hacerlo ("intentar agradar *a la gente*"), ya que la implicación es la de "adular" a alguien para conseguir su aprobación (cp. Gá. 1:10).[182] Sin embargo, "agradar a Dios", que significa vivir de tal manera que se complazca a Dios, siempre es el objetivo adecuado del creyente. Así, en 4:1 Pablo insta a los tesalonicenses a vivir de tal manera que agraden a Dios, mientras que en 2:15 algunos son condenados por una actividad que *no* estaba complaciendo a Dios.

El *por qué* puede Pablo expresar semejante confianza al respecto de agradarle a Dios resulta ser algo que no pueden ver los demás y conlleva más relevancia por esa misma razón. Sabemos que Pablo sostiene: nuestro "discurso" complace a Dios, porque —usando ahora lenguaje de Jeremías 11:20— Dios es el único que "examina nuestro corazón".[183] Para Pablo, este es el último examen, porque el Dios que todo lo ve y todo lo sabe le ha puesto a él y a sus compañeros a prueba, por así decirlo, y lo ha hecho en el lugar que cuenta —el corazón—; por consiguiente, tienen la aprobación divina. Semejante declaración caería, por supuesto, en oídos sordos en sus detractores, los enemigos de los creyentes tesalonicenses, pero no pretende ser para estos, sino para los creyentes mismos. Y así, sin decir tanto, la clara implicación es que los tesalonicenses mismos sirven de principal prueba de que el apóstol y sus compañeros han sido aprobados por Dios.

---

en sí (como en 5:21 más abajo) y en otras ocasiones al resultado del examen (como, por ej., en 1 Co. 16:3).

182. Sin embargo, incluso aquí existe alguna diferencia de opinión al respecto de si es positivo o negativo; ver mi comentario sobre Gálatas por las razones de considerarlo negativo allí (*Galatians* [Blandford Forum: Deo Publishing, 2008], 32-34).

183. Ver Jer. 11:20 LXX (κύριε κρίνων <u>δοκιμάζων</u> νεφρούς καὶ <u>καρδίας</u> ["*Señor,* tú juzgas con justicia, *pruebas* los sentimientos y la *mente*"]); cp. 20:12. En cuanto a la expresión en sí, el "nuestro" sigue siendo plural aquí, no es un "singular literal"; y "sentimientos", en una frase así, tiene que ver con el "centro y la fuente de toda la vida interior, con sus pensamientos, sentimientos y volición" (BDAG 1 b a).

**5**
Mediante una tercera explicación,[184] Pablo toma ahora las declaraciones más generales sobre su ministerio de los versículos 3 y 4 y las aplica de manera específica a la situación de Tesalónica, poniéndolos a ellos y a Dios como testigos. Junto con los negativos en los versículos 6 y 7a, sirven como una segunda negación triple en cuanto al ministerio de Pablo (en términos de aquello que *no* es). Al mismo tiempo, estos dos (v. 5) funcionan como doblete. De modo que, al respecto de la forma, la segunda frase repite a la primera excepto en el caso del verbo y del adverbio "nunca" (o "en ningún momento"[185]), que sirve para ambas cláusulas. Además, las dos cláusulas van seguidas de una verificación parentética de su fiabilidad. Por tanto, de un modo más "literal" que la TNIV, Pablo afirma:

Como saben,
nunca hemos recurrido a las adulaciones[186]
ni a las excusas para obtener dinero;
Dios es testigo.

Ambas expresiones apuntan a un pretexto similar, común entre los charlatanes itinerantes. "Adulación"[187] tiene que ver con que el orador lisonjee a sus oyentes, "acariciándoles el lomo", por así decirlo, con el fin de conseguir que le presten oído. Esta es la única aparición en el Nuevo Testamento del término usado aquí, pero era muy conocido en la antigüedad griega. De hecho, según Dion Crisóstomo, era uno de los medios principales de la ganancia personal de un itinerante.[188] Sin

184. Gr. γάρ; ver la explicación introductoria de esta sección y los comentarios sobre los vv. 1 y 3 más arriba. Ellicott (16) observó perceptiblemente que el γάρ del v. 3 presenta "una referencia a la costumbre regular de Pablo", mientras que el de aquí alude "al hábito que se evidencia de forma especial entre los tesalonicenses". Por el bien de la fluidez, se ha omitido en la TNIV, como se implica en la lógica de la frase en sí.

185. Este término (el enclítico τοτε) se supone en el "nunca" de la TNIV, en comparación con su "no" para la conjunción οὔδε en sí misma en el v. 3. Esto sencillamente pone en una palabra lo que Pablo dice en dos. Un modismo nuestro equivalente podría ser "ni una vez"; por lo tanto, "nunca".

186. Gr. ἐγενήθημεν; este verbo es el más flexible en griego. Su significado básico es "llegar a ser", que aquí significa algo parecido a "estuvimos entre ustedes", de ahí "vivimos entre ustedes" (cp. NAB, "tampoco parecimos jamás"; de forma similar NET). Curiosamente, la KJV abandona su postura "literal" aquí y vierte "usó" (cp. REB: "recurrió a"), poniendo así el énfasis (correctamente) solo en las expresiones preposicionales. Versiones más recientes (N/RSV, TNIV, NASU, ESV) han traducido "vinimos", que parece hacer mayor hincapié en "dejarse ver" en Tesalónica que en la forma en que se "comportó" mientras estuvo con ellos.

187. Gr. κολακείας, término que, según Lightfoot (23), es "adulación no solo por complacer a los demás, sino con el fin de sacar un interés propio", una expresión verdaderamente desagradable de humanidad.

188. Ver Dio Crisóstomo, *Orat.* 4.33, 35; 49.10.

embargo, esas adulaciones no eran más que "excusas para obtener dinero". Este es el elemento que se tratará de nuevo en el versículo 9, en el que Pablo les recuerda a los creyentes tesalonicenses que, en lugar de este tipo de búsqueda de congraciarse con las personas con el fin de sacarles el dinero, él y sus compañeros se esforzaron "para proclamarles el evangelio de Dios" y trabajaron "día y noche para no serles una carga". En realidad, es discutible que la adulación sea siempre la tapadera de un motivo ulterior; en este caso, la acusación había sido que Pablo estaba usando a estos creyentes para conseguir una ganancia personal.

Finalmente, deberíamos observar lo bien que encajan las dos expresiones parentéticas ("como saben"/"Dios es testigo"). Quien esté atento puede detectar fácilmente la "adulación"; pero solo el Dios que puede probar los corazones sabe si la avaricia es el motivo real.

**6-7a**

Con otra negación ("tampoco"), pero con un ligero cambio en la gramática, Pablo añade un tercer elemento desmentido al verbo del versículo 5. No solo no había adulación ni avaricia que asociar con su ministerio y el de sus compañeros en Tesalónica, sino que tampoco habían "buscado honores de nadie".[189] Es decir, no estaban intentando conseguir *alabanza* humana de ninguna manera. De un modo un poco diferente, esto repite la frase "no tratamos de agradar a la gente" del versículo 4. Así, las negaciones han pasado de la avaricia a otra cuestión igualmente peligrosa: *buscar* honores de los demás. Después de todo, la adulación tiene su propia forma de seducir a la persona que la recibe, de tal manera que pronto empieza a "buscarla". Pablo es tan sensible a este fallo común que añade la doble negación: "Ni de ustedes ni de otros". No podemos saber quiénes serían esos otros, pero es muy posible que sea a otros creyentes de otros lugares, ya sea Filipos o Jerusalén.

Aunque la frase presente de Pablo no ha acabado, con este "ni/ni" final sus largos desmentidos (que empezaron en el versículo 3) llegan a una terminación abrupta. Lo hace con una cláusula final de participio, que solo puede ser concesiva en relación con el verbo principal "recurrido" del versículo 5, aunque señala que "como apóstoles de Cristo[190] hubiéramos podido ser exigentes". Al menos, parece

189. Gr. δόξα, por lo general, "gloria", pero en este contexto significa "honra como mejora o reconocimiento de estatus o actuación" (BDAG 3).

190. Este uso un tanto raro del "posesivo vernacular"; en el griego, el posesivo *precede* aquello que se posee (la forma normal de expresar posesión) y pone deliberadamente el énfasis en el poseedor, "Cristo" en este caso. Por ello, el texto afirma que "como los apóstoles de *Cristo*" podríamos haber ejercido la autoridad que procede de Él. Para este uso en otros lugares (donde un "posesivo vernacular" hace hincapié en el posesivo), ver 1 Co. 1:24, donde al Mesías crucificado se le llama "visión *de Dios*, poder *de Dios*"; cp. 1 Co. 3:9 (colaboradores *de Dios*, campo *de Dios*, edificio *de Dios*).

ser una representación justa de la difícil cláusula griega paulina, que se traduce (literalmente): "Aunque como apóstoles de Cristo podríamos haber tenido 'peso suficiente'". Como ocurre con el modismo "hacer fuerza", Pablo y Silas podrían haber hecho uso de su autoridad apostólica. Pero escogieron no actuar así, precisamente para que nadie pudiera acusarlos de presentarse entre los tesalonicenses de la forma negada por las dos frases precedentes. Así, de esta forma un tanto indirecta, Pablo asevera por fin su autoridad apostólica[191] —algo que no incluyó ni en el saludo— solo para aclarar que no se sirvió de ella.

Debería observarse también que esta es la primera vez que aparece el término "apóstol" en el Nuevo Testamento, y aunque puede ser discutible si también abarca a Timoteo en este caso,[192] no caben dudas de que el plural incluye de forma deliberada a Silas. Las pruebas de las cartas de Pablo apuntan a que no sabía nada de "los Doce Apóstoles", como un título en sí mismo. En otros lugares, alude a "los Doce" como formando parte de ellos, pero no de modo exclusivo, entre los que son designados como "apóstoles" (1 Co. 15:5, 7-8). Por ello, menciona la aparición de Cristo a "los Doce" (v. 5, un título obvio ya que, en realidad, eran solo once) y después sigue hablando de una aparición "a Jacobo [y] más tarde a todos los apóstoles" (v. 7); la gramática parece incluir a Jacobo de manera intencional. En el versículo 8 se autoincluye como "apóstol" que había "nacido fuera de tiempo", pero cuyo apostolado quedaba legitimado porque había "visto a Jesús [resucitado]" (9:1).

Aunque en algunos otros lugares Pablo también usa el término "apóstol" en su sentido no técnico (2 Co. 8:23; Fil. 2:25), su propio criterio aparente para el apostolado como término técnico es doble: haber visto al Señor resucitado y haber recibido de Él "el sello del apostolado" (1 Co. 9:1). El resultado nítido es que Pablo usa la designación para referirse a varias personas más allá de los Doce y de sí mismo.[193] Sin embargo, aquí claramente parece aludir a su propia autoridad

191. Bruce (31) piensa de otro modo, y extrañamente, dada la forma en que aparece en el contexto; "sugiere" en su lugar que el término "se usa de un modo bastante general" y, por tanto, lo traduce "como mensajeros de Cristo". Su razón aparente para seguir esta dirección es el plural que aquí incluiría a Timoteo. Pero la idea misma que aquí se expone es la de la "autoridad que no se está usando", de manera que el contexto parece exigir un uso más "técnico" del término.

192. La razón para pensar que probablemente no incluya a Timoteo es el modo en que Pablo le excluye con regularidad de este título en los comienzos de cartas posteriores, empezando por 2 Corintios ("Pablo, apóstol... y Timoteo, nuestro hermano"); ver también Col. 1:1; Flm. 1 y Fil. 1:1.

193. Ver Ro. 16:7 (Andrónico y Junías); Gá. 1:19 (Santiago). Además, la idea de que solo había doce apóstoles surge de los Evangelios de Mateo y Lucas, donde se indica que Jesús mismo designó a "los Doce" como apóstoles (Mt. 10:1-2; Lc. 6:13), pero en ningún caso usa ninguno de ellos el título "los Doce Apóstoles".

apostólica (y quizás a la de Silas), a la que decide deliberadamente no usar, ni con ellos ni en esta carta.

### 7b

Una vez expuesta la idea de que había apóstoles que se negaron a "ejercer su fuerza", Pablo concluye ahora su frase con un simbolismo tan inesperado que ni los escribas del siglo V ni los eruditos modernos han querido alterar, de manera que la propia frase paulina y su redacción se han reelaborado para acomodarse mejor a los gustos posteriores, modernos incluso. El problema es principalmente textual: si Pablo escribió *ēpioi* ("delicado") o *nēpioi* ("niños"). La traducción textual preferida ("niños") se ha descartado, por lo general, por parecer una metáfora demasiado discordante para el contexto. Pero uno se pregunta cómo es esto, ya que va seguido de inmediato por otra metáfora igual de asombrosa —y abrupta—, "madre que amamanta y cuida".

Por otra parte, dado que esto último en general se considera (al parecer) menos discordante, los eruditos han tenido poco problema para pasar de la metáfora a su intención: que Pablo y sus compañeros mostraron el mismo tipo de cuidado amoroso hacia los tesalonicenses que una madre que amamanta a su hijo. No obstante, en realidad es una analogía extraordinaria, diferente de cualquier otra cosa en el corpus paulino; cabe preguntarse por qué los eruditos no se han sobresaltado, sobre todo porque Pablo mismo está bastante dispuesto en el versículo 11 a cambiar la analogía por una más cómoda: "Padre/hijo". Por otra parte, la metáfora de la "madre que amamanta" tiene perfecto sentido dentro del contexto, ya que Pablo solo ha usado la metáfora de los "niños", cuya idea enfatiza en este contexto la *inocencia* total de los misioneros itinerantes al respecto de todo lo que se ha sugerido sobre ellos.[194] Pero no todos lo ven de esta forma, y dado que el asunto textual exige una explicación considerable de propio derecho, observaremos primero las diferencias gramaticales subyacentes a esta elección textual.

Si en realidad Pablo escribió "delicado", como muchas traducciones y comentaristas prefieren,[195] entonces la primera parte del versículo 7 debe concluir con

194. Morris (69), quien también acepta "niños" como original paulino, lo vio al parecer como alusión tan solo a "bebés", aunque el uso que Pablo hace en 1 Co. 13:11 parece indicar con claridad otra cosa. A continuación, hace una sugerencia inusual al respecto de esta idea: que "los apóstoles hablaban con toda la simplicidad posible, de forma tan sencilla como los bebés. Es una expresión fuerte para la extrema extensión hasta la que llegaban para suplir las necesidades de sus oyentes". ¡Tal vez esta clase de comprensión errónea de la metáfora es la que ha llevado a tantos a adoptar la traducción secundaria!

195. Ver, entre otras, KJV, ASV, RSV, NASU, ESV, GNB, NAB, REB; solo NET, NJB ("sin pretensiones"), y TNIV van con la NA[27]/UBSGNT[4], cuyos editores consideraron ser el texto original (ver la explicación textual en la n. 8 más arriba). Para comentarios y estudios adicionales, ver la n. 53 más abajo.

la cláusula precedente —"Aunque como apóstoles de Cristo hubiéramos podido ser exigentes con ustedes"— y la nueva frase comenzaría a continuación con un "pero". Esto último no encierra dificultad alguna, pero crea una anomalía en la argumentación presente. Nuestro versículo 5 es el tercero de una serie de frases (largas, desde luego) que presentan el contraste "no/pero" como rasgo principal. En el primer caso (vv. 1-2), la cláusula del "no" es muy breve ("[nuestra visita] no fue un fracaso"). En el segundo caso (vv. 3-4), Pablo empieza con tres frases de "no", seguidas por su contraste lógico, "sino", que adopta la forma de una comparación "como/así"). De forma similar, en esta tercera frase (vv. 5-7a), comienza de nuevo con un triple "ni/ni") y concluye con un contraste impresionante, "sino". Así, las tres frases paulinas están estructuradas como sigue:

1. vv. 1-2 Bien saben que nuestra visita—
   *no* fue un fracaso,
   *sino* que cobramos confianza en nuestro Dios para comunicarles
   el evangelio.
2. vv. 3-4 Nuestra exhortación
   *no* se basa en un error,
   *ni* en malas intenciones,
   *ni* procura engañar a nadie,
   *al contrario,* hablamos como hombres
   a quienes Dios aprobó.
3. vv. 5-7b Nunca hemos recurrido
   *a* las adulaciones,
   *ni* a las excusas para obtener dinero,
   *tampoco* hemos buscado honores de nadie,
   *sino* que los tratamos con "delicadeza".

A esto le sigue otra frase paulina (típica) que empieza con un contraste "como/así" y concluye con otra cláusula "no solo/sino".

4. vv. 7c-8 *Como* una madre que amamanta y cuida a sus hijos
   *así* nosotros, por el cariño que les tenemos, nos deleitamos
   en compartir con ustedes
   *no solo* el evangelio de Dios,
   *sino* también nuestra vida
   *[porque] ¡tanto llegamos a quererlos!*

Al margen de la combinación inusual, aunque explicable, de *hōs ean... houtōs* ("como... así"), es preciso tomar nota de que todo en esta disposición es profundamente paulino. Lo que ha hecho que tantos eruditos abandonen estas claras estructuras en favor de la segunda interpretación en el versículo 7b es la naturaleza aparentemente abrupta de la metáfora "bebés/niños" en esta cláusula. Sin embargo, al actuar así, también deben cargar a Pablo con una nueva frase que contiene tres cláusulas incorrectas desde el punto de vista gramatical (al menos para Pablo): una (vv. 6-7a) no tiene conclusión;[196] la segunda (v. 7b) empieza con un "aunque" y concluye cortando la cláusula paulina "como/así", dejando caer la cláusula "porque" a la vez que convierte el "como si" de Pablo en un simple comparativo "como"; y una tercera cláusula (v. 8) que empieza con un "porque", que ahora debe volverse (algo gramaticalmente incorrecto para Pablo) en el adverbio intensivo ("tanto") en vez del correlativo natural ("así") al "como" precedente. Así, acaban con una disposición estructural y sintáctica de las frases de Pablo que quedaría más o menos así (cp. NRSV, NASB, MIV, ESV).

6 Tampoco hemos buscado honores de nadie;
ni de ustedes ni de otros.
7 *Aunque* como apóstoles de Cristo hubiéramos podido ser exigentes con ustedes,
los tratamos con delicadeza.
*Como* una madre que amamanta y cuida a sus hijos,
8 así nosotros, por el cariño que les tenemos,
nos deleitamos en compartir con ustedes
no solo el evangelio de Dios, sino también nuestra vida.
¡*Tanto* llegamos a quererlos!

La dificultad de esta disposición es que las tres palabras en cursiva se han retirado ahora de la secuencia paulina (aunque... como... tanto) y cada una de ellas se ha forzado para adquirir un significado inusual. Así, los traductores de la NRSV y los demás que siguen el mismo camino tienen varias dificultades gramaticales que vencer. En primer lugar, se hace que el "aunque" de Pablo (*alla*) *inicie* una frase y esté en contraste con la metáfora inmediatamente anterior ("haber impuesto la fuerza", que se convirtió en "ser exigentes con ustedes"), en lugar de los triples negativos de los versículos 5 y 6. En segundo lugar, su "como" (*hōs ean*) pasa a adquirir un significado que no se halla en ningún otro lugar no solo del Nuevo Testamento, sino también de la literatura griega;[197] y, tercero, el correlativo (*houtōs*)

196. Es decir, *comienza* con un triple "ni, ni, ni", con un participio concesivo añadido ("aunque"), pero sin verbo principal. Las traducciones han encontrado distintas formas de manejar *su* (ahora gramaticalmente incorrecta) frase: la NRSV y la ESV añaden el verbo "nosotros [nunca] llegamos" (cp. la NASU, ¡pero en este caso sin las cursivas que suelen usarse para las palabras añadidas!); cp. REB, "nunca recurrimos a]; NAB, "ni acudimos jamás"; NJB, "nunca actuamos".

197. El compuesto es tan raro que se debe tomar en serio, en lugar de actuar como si no existiera y, por lo tanto, ignorar sencillamente el ἐάν. Sin embargo, ni su rareza ni su dificultad justifican que se ignore. Las opciones parecen ser dos: (a) que sea una forma más larga de ὡς ἄν, y así sirve de "marcador que indica perspectiva o punto de vista", = "como" (BDAG, sobre ὡς ἄν); o (b) que se tome de forma bastante literal, con el significado de "como si", con un "nosotros"

se transforma en un adverbio intensivo ("tanto"), otra anomalía gramatical dentro del Nuevo Testamento.[198]

Sin embargo, la gramática de Pablo tiene mucho sentido si tomamos como original la traducción del texto de la United Bible Societies/Nestle-Aland, que sugiere que el verdadero problema con este pasaje es la resolución de la cuestión textual señalada en la nota 8 más arriba. Y aunque es cierto que se puede hacer un buen argumento *contextual* a favor de "delicadeza", en realidad no existen explicaciones puramente textuales que favorezcan esta interpretación. De hecho, las siguientes consideraciones prefieren, en general, "bebés/niños"[199] como el original paulino.[200]

---

implicado como punto de referencia máximo; así = "como una madre que amamanta y cuida a sus hijos, así nosotros, por el cariño que les tenemos...". Para el uso, cp. Texto Mayoritario de Marcos 4:26 οὕτως ἐστὶν ἡ βασιλεία τοῦ Θεοῦ, ὡς (ε) ἀν ἄνθρωπος βάλῃ τὸν σπόρον ἐπὶ τῆς γῆς ("Así es el reino de Dios, como si un hombre esparciera semilla en la tierra", KJV; cp. NKJV).

198. Los traductores de la ESV reconocieron, al menos, la extrema dificultad que hay en ello y lo convirtieron en un "tan" adverbial = "así" y, por lo tanto, regresaron a la KJV (cp. NASU).

199. Dado que esto es claramente una metáfora, así como "una madre que amamanta" se encuentra en la siguiente cláusula, lo más probable es que Pablo intente reforzar con la metáfora su total "inocencia" frente a todos los embustes que lo han desdeñado, una metáfora que S. Fowl considera "forzada", ya que incluso los niños más pequeños no están entre los "inocentes" (ver "A Metaphor in Distress: A Reading of ΝΗΠΙΟΙ in 1 Thessalonians 2.7", *NTS* 36 [1990], 469-73). Sin embargo, parece haber cierta objeción, ya que el contraste de Pablo aquí es con los charlatanes itinerantes. Deberíamos observar, además, que el propio uso que el apóstol hace de este término en su explicación de actuar como "niños pequeños" en 1 Co. 13:11 indica que el lenguaje de "bebés", al que la mayoría de los comentaristas se resiste, no es necesario para el contexto; así, la TNIV lo ha traducido aquí correctamente como "niños", como se reconoce que fue la intención de Pablo en el pasaje posterior de 1 Corintios.

200. Contra B. M. Metzger, *The Text of the New Testament* (ed. rev. con B. Ehrman; Nueva York: Oxford University Press, 2005), 328-30; cp. su dictamen minoritario en B. M. Metzger, *A Textual Commentary on the Greek New Testament* (2da ed.; Londres/Nueva York: United Bible Societies, 1994), 561-62. Así también Best, Bruce, Ellicott, Hendriksen, Holmes, Marshall, Moffatt, Richard, Rigaux, Thomas, Wanamaker, Witherington. Cp. Koester ("The Text of First Thessalonians", en *The Living Text* [Lanham, Md.: The University Press of America, 1985]), 225, característicamente atrevido: "No puede haber la menor duda de que *nēpioi* es incorrecto". Para un juicio similar, ver J. Delobel, "One Letter Too Many in Paul's First Letter? A Study of (ν)ηπιοι en 1 Thess 2:7", *LS* 20 (1995), 126-33.

En realidad, hay por supuesto toda clase de dudas, ya que *todos los argumentos puramente textuales* están bastante a su favor. También es el preferido, entre otros, de Westcott-Hort, Beale, Frame, Green, Lightfoot, Milligan y Morris. Así también J. Gribomont, "Facti sumus parvuli: La charge apostolique (1 Th 2,1-12)", en *Paul de Tarse: Apôtre de notre temps* (ed. A.-L. Descamps et al.; Série monographique de 'Benedictina'; Section Paulinienne 1; Rome: Abbaye de S. Paolo [1979]), 311-38; S. Fowl (nota 52 más arriba); F. J. J. van Rensberg, "An Argument for Reading νήπιοι en 1 Thessalonians 2:7", en *A South African Perspective on the New Testament: Essays by South African New Testament Scholars Presented to Bruce M. Metzger* (ed. J. H. Petzer y P. T. Hartin; Leiden: Brill, 1986), 252-59; B. Gaventa, "Apostles as Babes and Nurses in 1 Thessalonians 2:7",

1. La "razón" de crítica textual más común para escoger "delicadeza" sugiere que *nēpioi* ("bebés") es el resultado de una ditografía común, en la que un escriba (o escribas) repitió el *nu* final del verbo inmediatamente precedente.[201] Sin embargo, en realidad esto no es en absoluto un *argumento* textual, sino más bien una *explicación* en cuanto a cómo *nēpioi* podría haber surgido para aquellos que suponen que *ēpioi* (delicadeza") es la traducción original. En tal caso, sin embargo, la elección textual se hace en base a razones anteriores de lo que es más probable que Pablo escribiera en ese contexto, no en base a razones textuales *per se*. Después de todo, si alguien empieza con la suposición anterior opuesta, de que *nēpioi* es original, entonces se puede argumentar con la misma facilidad que *ēpioi* surgió como resultado de la haplografía, ya que las omisiones de letras en tales casos se producen con la misma frecuencia de la ditografía y, en este caso, no hay predilección de escriba hacia una u otra explicación. La idea es que la posibilidad de ditografía o haplografía es abierta. Cualquiera de las dos podría ser posible, y cada una podría explicarse con facilidad; pero ninguna de estas es un *argumento* a favor de una interpretación o la otra como original.[202]

El resultado es que los que favorecen (la indudable mayoría) "delicadeza", lo hacen de forma general a partir de razones internas y son bastante desdeñosos al respecto de las pruebas textuales mismas. Así, Malherbe (145) lo expresa claramente: "La mayoría de los intérpretes y de las traducciones han interpretado *ēpioi... principalmente basándose en que* nēpioi *sería demasiado incongruente*" (las cursivas son mías). En otras palabras, dado que todo gira en torno a no poder "hallarle sentido" al sustantivo, uno se decanta por el adjetivo. Sin embargo, esta es rara vez la forma de resolver preguntas *textuales*, en especial cuando se

---

en *Faith and History: Essays in Honor of Paul W. Meyer* (ed. J. T. Carroll, C. H. Cosgrove y E. E. Johnson; Atlanta: Scholars Press, 1991), 193-207; S. Cortozzi, "1 Thes 2:7 — A Review", *FilolNT* 12 (1999), 155-60; T. B. Sailors, "Wedding Textual and Rhetorical Criticism to Understand the Text of 1 Thessalonians 2.7", *JSNT* 80 (2000), 81-98; J. A. D. Weima, "But We Became Infants among You", *NTS* 46 (2000), 547-64; cp. G. D. Fee, "On Text and Commentary on 1 and 2 Thessalonians", en *SBL 1992 Seminar Papers* (ed. Eugene H. Lovering Jr.; Atlanta: Scholars Press, 1992), 165-83; reed. en *To What End Exegesis?*, 70-74 (gran parte de lo que sigue se ha extraído de ese estudio). Así también C. Crawford, "The 'Tiny' Problem of 1 Thessalonians 2,7: The Case of the Curious Vocative", *Bib*54 (1973), 69-72, que opta por la solución ofrecida por Daniel Whitby en 1727, de que νήπιοι debería interpretarse como un vocativo.

201. Ver, por ej. el argumento discordante de Metzger en su *Textual Commentary*.

202. En justicia, debemos señalar que Metzger, *Text*, 231, reconoce esta realidad, aunque no todos los comentaristas lo hacen.

pueden demostrar muy buenas razones para justificar la interpretación que en todos los aspectos es textualmente superior.

La pregunta textual debe responderse, por tanto, en base a otras razones. Y, en este punto, los problemas son dos —si el intercambio fue accidental o intencionado— y ambos favorecen a "bebés". Es decir, *(a)* si el *nu* añadido/omitido fuera *accidental,* se debería sin duda optar por *nēpioi* por su atestación superior (ver párrafo siguiente); *(b)* del mismo modo, si los añadidos/omisiones fueran *intencionados,* habría que decantarse por *nēpioi* por dos motivos: la traducción "más difícil" debe preferirse como la original y la lectura que explica mejor la procedencia de la otra es, con mayor probabilidad, la original. Unas cuantas palabras más sobre cada uno de estos asuntos.

2. Las pruebas externas están decisivamente a favor de *nēpioi,* y esto queda respaldado por la evidencia anterior en Occidente (todo el latín antiguo) y en Oriente ($P^{65}$), así como por la predominancia de lo que se considera más a menudo como mejor prueba (en este caso, todo, excepto el Códice A de los testigos egipcios). Parecería necesario que hubiera unos argumentos especialmente firmes para invalidar esta combinación de pruebas. En realidad, la evidencia que favorece *ēpioi* es mucho más débil que la que prefiere *nēpioi*; esto hace que, bajo las circunstancias actuales, ningún erudito acepte la primera interpretación como la original. Por eso, la nota de la NRSV es engañosa: "Otras autoridades antiguas interpretan *bebés*". Esta indicación nivela el terreno de una decisión textual que decididamente no es pareja, ni siquiera se acerca.

   Lo que rara vez se observa, no obstante, es un factor histórico relevante adicional. Dado que todas las pruebas tempranas conocidas —a lo largo del imperio— atestiguan a favor de *nēpioi,* quienes se decantan por *ēpioi* necesitan ofrecer buenas razones *históricas* al respecto de cómo la corrupción (accidental) que añadió el *un* sucedió tan pronto (y con tanta frecuencia) que llegó a ser el único texto conocido durante varios siglos, mientras que la traducción "original" escapó a todas las evidencias conocidas para emerger mucho más tarde en la evidencia monolítica, pero patentemente secundaria, de la tradición bizantina. Con esto no pretendemos negar que esto pudiera haber sucedido; pero cabe preguntarse por qué solo se conoce de forma universal el "accidente" en los cuatro primeros siglos cristianos.[203] Sobre este asunto,

203. Debemos observar que la inclusión de Clemente en el sistema de la UBS no ofrece en absoluto pruebas sustanciales, ya que la traducción ἤπιοι, en su caso, se debe casi con certeza a las corrupciones en la transmisión posterior de *su* texto.

quiero "defender la causa de la historia, y en nombre de esta abogar por los documentos".[204]

3. Esto mismo es cierto al respecto de los problemas de las probabilidades transcripcionales (que tienen que ver con las proclividades de los escribas). Resulta, en realidad, que lo *único* que favorece *ēpioi* es la evidencia interna, supeditada a lo que los eruditos estiman más probable en Pablo.[205] Sin embargo, los argumentos suscitados en favor de *ēpioi* y en contra de *nēpioi,* basados en razones de transcripción, en realidad solo refuerzan *nēpioi.* Es decir, para aliviar la dificultad que tuvieron los eruditos en relación a *nēpioi,* sin venir a cuento con el argumento, algunos escribas (no muy tempranos) lo cambiaron para que se leyera *ēpioi.* Esto queda ulteriormente corroborado por el hecho de que varios manuscritos han sido "corregidos" en este caso; la dirección de la modificación en todos los casos, menos uno (10c del Códice 326), se aparta de *nēpioi* y se inclina hacia *ēpioi.* Tales "alteraciones" son obviamente intencionadas y sugieren que la mayoría de las corrupciones posteriores de este texto también se dirigieron *de manera intencionada* en esta dirección; así, es del todo improbable que sea resultado de un puro accidente. Esto significa, pues, que todas las pruebas de la transcripción favorecen la traducción "bebés".
4. Cuando se pasa del problema de la transcripción a la cuestión del uso paulino, aquí se favorece de nuevo "bebés". Se debería observar que, en otros lugares del Nuevo Testamento, *ēpioi* solo se encuentra en 2 Timoteo 2:24,[206] mientras que *nēpioi* aparece como metáfora un tanto frecuente en Pablo. Este último hecho se ha usado a veces para condenar aquí el término "bebés", basándonos en que esta metáfora siempre es peyorativa en Pablo. Sin embargo, semejante comentario es puramente prejudicial y no acaba de asimilarse al uso paulino fluido

204. El lenguaje es de Jean Duplacy ("Histoire des manuscrits et histoire du texte du N.T.: Quelques réflexions méthodologiques", *NTS* 12 [1965/66], 125).

205. Todos señalan que ἤπιοι tiene perfectamente sentido aquí. Sin embargo, en lugar de favorecer ἤπιοι como traducción original (como Wanamaker [100] y Richard [82, de manera atrevida] argumentan), es una razón particularmente firme para rechazarla como secundaria. Después de todo, este es precisamente el caso con la inmensa mayoría de las interpretaciones secundarias que llenan los sistemas de nuestros testamentos griegos. Estas traducciones existen principalmente —y de forma precisa— ¡porque para los escribas tenían más sentido!

206. En ocasiones se ha argumentado que esto no hace de ἤπιοι la traducción "más difícil" en este caso. Pero esto implica, de forma bastante incorrecta en un caso como este, que un escriba era más consciente de las muchas veces que Pablo usó cada palabra que del sentido del contexto inmediato. Después de todo, los escribas no llevaban consigo concordancias y ἤπιος es un término bastante común, aunque solo se encuentre una vez en el NT.

> de las metáforas. Después de todo, solo en 1 Corintios, lo utiliza de forma despectiva en 3:1-2, en un sentido neutral en 13:11 y de forma positiva en 14:20.[207]
>
> Aunque pueda parecer un cambio un tanto abrupto de metáforas,[208] esto es así cuando uno piensa de forma principal que la cláusula de "madre" está relacionada con la de "bebés". Sin embargo, al tomarlas como frases separadas, se pueden explicar fácilmente en armonía con similares cambios repentinos de metáforas en otros lugares de los escritos de Pablo, en los que una metáfora desencadena otra en la mente del apóstol y, así, están relacionadas sobre todo mediante "palabras clave", no por la coherencia en la aplicación.
>
> Cuando añadimos los asuntos estructurales con los que comienza esta explicación, podemos concluir con un alto grado de certeza que Pablo mismo escribió "bebés" y más tarde los escribas, que tuvieron la misma dificultad con la metáfora que los intérpretes más modernos, se limitaron a eliminar la letra problemática (*un*) y crearon un texto más a su gusto.

A la luz del alto grado de certeza que se pueda tener con el texto griego subyacente a la TNIV, esto significa que Pablo está exponiendo aquí su argumento y usando el tipo más firme de metáfora para declarar su "inocencia" y la de sus compañeros en cuanto a la clase de engaños de los que al parecer se les acusaba. En lo tocante a nuestra relación con ustedes, protesta Pablo, aunque nuestra posición como apóstoles nos daba derecho a la fuerza, nos negamos a imponerla. Más bien, en términos de actitud, fuimos tan inocentes como bebés.[209]

Con este cambio de imágenes, Pablo pone fin al lado del "no" de este recordatorio de su ministerio y el de sus compañeros en Tesalónica. Solo se puede especular al respecto de las razones para todo esto. Pero para los líderes de la iglesia de épocas posteriores, este pasaje podría servir como una "lista de comprobación" útil para un constante inventario espiritual. Aunque esto podría ser verdad para todos los que profesan a Cristo, es especialmente así para quienes lo sirven en funciones más notorias. Obsérvense sobre todo los "no" que dominan la primera

207. Ver G. D. Fee, *The First Epistle to the Corinthians* (Grand Rapids: Eerdmans, 1987), 679, n. 15. Esta idea también la ha expuesto recientemente Gaventa, "Apostles as Babes and Nurses", p. 196.

208. Esto se cita, de hecho, como razón principal para adoptar la traducción secundaria (por ej., Wanamaker [100]: "Este hecho solo pesa contra νήπιοι"). Pero un siglo antes, Lightfoot (24-25) ya había destacado la debilidad de semejante argumentación, ya que Pablo es dado a cambios ocasionales repentinos de metáforas.

209. Me han sugerido a menudo que los "bebés" no siempre son tan "inocentes"; sin embargo, sin duda lo son en relación a la clase de embustes con los que Pablo está tratando aquí.

mitad de este pasaje: el error, los motivos impuros, el engaño, los que complacen a los demás, la adulación, la avaricia y los elogios humanos. Tristemente, todo esto no se limita al siglo I. Por otra parte, el objetivo de Pablo es ser aprobado por Dios y, así, agradar solo a Dios.

### *2. Lo que Pablo SÍ fue entre los tesalonicenses (2:7c-12)*

*Como una madre que amamanta y cuida a sus hijos, 8 así nosotros, por el cariño que les tenemos, nos deleitamos en compartir con ustedes no solo el evangelio de Dios, sino también nuestra vida. ¡Tanto llegamos a quererlos!*[210] *9 Recordarán, hermanos, nuestros esfuerzos y fatigas para proclamarles el evangelio*[211] *de Dios, y cómo trabajamos*[212] *día y noche para no serles una carga.*

*10 Dios y ustedes me son testigos de que nos comportamos con ustedes los creyentes en una forma santa, justa e irreprochable. 11 Saben también que a cada uno de ustedes lo hemos tratado como trata un padre a sus propios hijos. 12 Los hemos animado, consolado y exhortado a llevar una vida digna de Dios, que los llama*[213] *a su reino y a su gloria.*

La mención de la conducta de los apóstoles como lo opuesto a los demás itinerantes, de tal manera que estuvieron entre ellos como niños pequeños puros e "inocentes", por así decirlo, desencadena una serie de metáforas sobre el ministerio con las que algunos lectores han tenido dificultades: Pablo pasa de "niños" a "madre que amamanta" y a "padre". Aunque esto es un cambio rápido de metáforas, la naturaleza familiar de estas alegorías es la que, en realidad, hace que tengan sentido en conjunto: lo primero, "niños", desencadena de inmediato lo segundo, "madre que amamanta", que acaba desarrollándose en "padre", que es más habitual en Pablo. La sección presente, en su totalidad, se mantiene junta por tanto por esta serie de metáforas.

210. Gr. ἐγενήθημεν (aoristo pasivo), que se encuentra en todos los testimonios tempranos y en los mejores posteriores (A B C D F C L P 0278 33 81 104 365 1241 1739 1881 2464 א), que los MSS más tardíos cambiaron a lo que se percibió como más correcto en cuanto a gramática, el perfecto (γεγὲνησθε). Esta clase de "imprecisión" aparece a lo largo del período *koiné*; se ha traducido regularmente con el perfecto necesario (TNIV, NASB/U, N/RSV, ESV, etc.).

211. En la actualidad, la TNIV tiene un nuevo párrafo aquí, que retiene el estilo de la NIV; espero que esto pueda cambiar en una próxima edición.

212. Por razones que no quedan del todo claras, pero en armonía con lo que Pablo mismo hace en otros lugares (ver, por ej., Gá. 1:10-13), un escriba (o escribas) posterior añadió otro γάρ a esta cláusula, que acabó convirtiéndose en el Texto Mayoritario y, en consecuencia, se abrió camino a las principales versiones.

213. Varios testimonios tempranos cambiaron este inesperado tiempo presente por un esperado aoristo (א 945 326 A 104 1505 2464) y, aunque tal vez no en todos sus ejemplares, se tradujo así al latín, siriaco y copto. Se tradujo de esta forma también en la KJV, pero no en la mayoría de su progenie (ASV, NASB, N/RSV, ESV).

Al mismo tiempo y de acuerdo con lo anterior, la razón principal de Pablo para esta "defensa" de su ministerio consiste en recordarles a los creyentes tesalonicenses lo tremendamente diferente que era la realidad —cuando él, Silas y Timoteo estuvieron presentes— de las acusaciones huecas que desde entonces habían difamado a los apóstoles. Su máxima preocupación es, pues, expresar su cuidado genuino por sus amigos, ya que estar ausente de ellos sin una palabra de ningún tipo había sido una verdadera carga para él, como aclara en 3:1-5.

Por consiguiente, tras el cambio de metáforas del versículo 8 hacia una madre que amamanta, donde se expresa la inquietud paulina por sus amigos, el resto de la sección se aplica y pone punto final al argumento que empezó en el versículo 1. El pasaje acaba con tres recordatorios finales. En el versículo 9, se les invita a recordar la doble naturaleza de "nuestros esfuerzos y fatigas", del tiempo en que Pablo y sus compañeros trabajaron en medio de ellos. En el versículo 10, se les llama a dar testimonio de la conducta ejemplar de los apóstoles durante su estancia con ellos. Los versículos 11-12 terminan, pues, toda la sección resumiendo el argumento al respecto de su comportamiento personal mientras había estado con ellos y trayéndoles a la memoria que la razón de su preocupación personal fue el beneficio de ellos: que caminaran como era digno de su conversión en el presente y, de ese modo, participaran de la consumación.

**7b-8**

Con un repentino cambio de metáforas, que parece haber sido desencadenado por la comparación precedente "bebé = inocente",[214] Pablo cambia de golpe el énfasis de esta larga "defensa". Tras las frases que niegan las acusaciones que se han presentado contra él y sus colaboradores (vv. 3-4, 5-7a), inicia ahora una serie de recordatorios positivos de la forma en que las cosas fueron en realidad cuando estuvieron juntos en Tesalónica. Los sinsabores inmediatos están todos reunidos en la frase presente, lo que la hace también un tanto enrevesada. Contrariamente a las acusaciones vertidas contra ellos, el grupo apostólico no solo no "estafó a los creyentes", por así decirlo, sino que, más bien, en sus palabras, "nos deleitamos en compartir con ustedes no solo el evangelio de Dios, sino también nuestra vida". Ese deleite se recoge ahora en una nueva metáfora, "la familia de Dios", expresada en términos de cuidar de ellos como habría hecho una "madre que amamanta" a sus propios hijos.

La complejidad de la frase surge porque, al final, Pablo elige repetir en griego simple lo que comenzó con una metáfora. La frase está, pues, "encerrada" en esta repetición que, junto con su énfasis singular (en cursivas más abajo), puede mostrarse así:

214. Cp. Frame (100): "El cambio de νήπιοι a τροφός se debe a una asociación natural de ideas".

*Como una madre que amamanta* a sus propios hijos,
nosotros, en nuestro anhelo por ustedes, nos complacimos en compartir
no solo el evangelio de Dios,
sino también *nuestra propia vida,*
*tan amados* llegaron a ser para nosotros.

En esta realidad central, "compartir con ustedes... nuestras propias vidas", que conduce al recordatorio explicativo del versículo 9, tiene que ver con su doble "esfuerzo" de *(a)* trabajar día y noche para no serles una carga, mientras *(b)* les proclamaban el evangelio de Dios.

Así, Pablo inicia esta frase (comparativa) contrastando su relación y la de sus compañeros con los creyentes de Tesalónica con la de una madre que amamanta a su hijo.[215] Una vez más, como con la primera metáfora, se debe comprender la intención de Pablo y no forzar los detalles ni los datos.[216] Hay un constante recordatorio en cuestión a través del contraste entre lo que la oposición está sugiriendo sobre el apóstol y la realidad que los tesalonicenses mismos conocen. En vez de usar a estos nuevos creyentes para sus propios fines egoístas, cuando el grupo apostólico estuvo en Tesalónica solo tuvo en mente el bien de los conversos. El hincapié de Pablo en la metáfora está en los "propios"[217] hijos de la madre que amamanta, lo que pone su relación con los tesalonicenses en un plano totalmente distinto de aquel en que lo situaban los charlatanes que los acusaron. Como con la metáfora inmediatamente precedente (niños inocentes), Pablo está resaltando lo absurdas que eran las acusaciones contra él y recordándoles a los creyentes cómo habían sido las cosas en realidad: como niños en términos de motivación; como una madre en cuanto al cuidado.

215. Gr. τροφός, un *hápax legomenon* del NT (palabra que aparece una sola vez), cuyo significado aquí no es tan seguro como las traducciones sugieren. Al menos, alude a alguien que amamanta; pero existe una forma masculina del término que Pablo no usa aquí. Aunque sería una metáfora para una madre que amamanta a sus bebés, también aludiría a un ama de cría que hace lo mismo. Si fuera lo segundo, entonces ἑαυτῆς ("sus propios") sería una metáfora de la nodriza que trata al niño como "suyo propio". En realidad, Crisóstomo pregunta de forma retórica: "¿Acaso no están ellas [las nodrizas] más amablemente a disposición de ellos que las madres?". Best (101), por otra parte, expresa una cosmovisión más moderna: "Apenas se podía esperar que una nodriza mostrara el mismo cuidado por los niños a su cargo que su madre". Pero, en cualquier caso, la madre que amamanta o el ama de cría es una metáfora llamativa para ir seguida de "bebés".

216. Aunque probablemente no sea algo intencionado por parte de Pablo, esta afirmación está en marcado contraste con la queja de Moisés a Yahvé en Nm. 11:12, al respecto de que *no* debía esperar que él llevara al pueblo de Dios en su "regazo, como si fuera su nodriza".

217. Gr. τὰ ἑαυτῆς τέκνα, énfasis que disputa la mentira de los calumniadores de los vv. 3, 5-6. Este enfático pronombre reflexivo (mediante el orden de las palabras) fue lamentablemente moderado en la NIV (seguida por la TNIV) y convertido en un simple posesivo; así también otras versiones.

En la apódosis de esta frase comparativa (la cláusula "así nosotros", v. 8), Pablo empieza con un participio que mantiene la metáfora intacta, pero enseguida describe en griego sencillo cómo funcionó aquello en la realidad de su temprana relación (*in situ*). Señala que, porque tuvimos por ustedes la clase de anhelo[218] de una madre que amamanta, nos deleitamos[219] en compartir[220] el evangelio de Dios con ustedes. El énfasis de la frase del apóstol está finalmente, sin embargo, en el contraste "no solo/sino" que funciona como objeto doble del infinitivo "compartir". Y esto guarda ahora especial relación con el cambio de énfasis que ha tenido lugar en esta frase. En el párrafo anterior, el énfasis está en la *conducta* de los apóstoles, ya que "compar[tieron] el evangelio de Dios con [ellos]". Aquí se recalca, asimismo,[221] "sino también nuestra [propia] *vida*".[222] Al final esta dimensión personal de su relación con los tesalonicenses es lo que lo separa de

218. Gr. ὁμειρόμενοι, otro *hápax* del NT, que significa "anhelar" a alguien con profunda añoranza (cp. N. Baumert, "Ομειρόμενοι en 1 Thess 2,8", *Bib* 68 [1987], 552-63). Parece probable que tenga un doble sentido en este punto. En lo que a gramática se refiere, funciona como parte del recordatorio que Pablo les hace del pasado, pero en cuanto a relación es igualmente verdad en el presente. La implicación causal de la cláusula es inherente al participio en sí.

219. Gr. εὐδοκοῦμεν, un verbo cuyo principal significado es "tomar placer en algo", pero que en algunos contextos también puede significar "resolver" o "consentir". Es un tanto curioso que BDAG coloque el anterior significado en primera posición al explicar el sustantivo, pero en segundo lugar al respecto del verbo. Además, en lo que parece ser un análisis bastante arbitrario, basado en si el verbo va seguido o no por un infinitivo, solo proporcionan el significado de "resolver, consentir" para este modismo. Sin embargo, un examen cuidadoso de cada una de sus entradas indica que, en varios casos, incluido este, el significado de "complacerse en" encaja mejor que "determinar", que es más brusco (contra Green [128], "un acto de la voluntad"). En su forma, el verbo puede estar en presente o en imperfecto, pero en contexto solo puede ser imperfecto (ver el ἐγενήθητε [aoristo pasivo] en la cláusula final, adelantado en la TNIV para mayor claridad). En este punto alude, pues, a su visita pasada y no al anhelo de estar con ellos en el presente.

220. Gr. μεταδοῦναι, un término básicamente paulino en el NT (aquí; Ro. 1:11; 12:8; Ef. 4:28); en otros lugares, solo en Lucas 3:11. Aunque solo es una posibilidad remota que Pablo hubiera tenido en mente la abnegación, esta comprensión va más allá de lo que el apóstol parece estar afirmando aquí.

221. Gr. ψυχάς, que la KJV tradujo como "almas" en su propia forma concordante. Las traducciones contemporáneas supuestamente "literales" vierten "vidas" (NASU) o "ser" (NRSV, ESV); esto último aparece también en la REB y la NAB, mientras que la NJB y la NET usan "vidas" como en el texto que tenemos entre manos (cp. Best, "nuestro propio ser"). El término griego mismo cubre un gran terreno, desde "alma, vida, principio vital" hasta "vida terrenal", "persona" (BDAG); curiosamente, Baur había colocado este uso bajo el título "la vida humana interior [= alma]" y el subtítulo "de sentimientos y emociones", retenido por Danker. Pero esto parece dudoso aquí (a pesar de, por ej., Marshall, Morris, Bruce, Wanamaker): el énfasis está en toda la persona y no solo en los sentimientos interiores (así Richard [84], "*psychē* designa la totalidad de la persona y su conducta"; cp. Green, 129).

222. Ver J. Gillman, "Paul's Εἴσοδος: The Proclaimed and the Proclaimer (1 Thess 2,8)", en Collins, *Thessalonians Correspondence*, pp. 62-70.

un modo tan radical de los charlatanes, a quienes no les importaban en nada sus oyentes como personas.

La causa suprema de semejante anhelo —en términos de la presente frase— llega a su fin: "¡Tanto llegamos a quererlos!"[223]. Esta cláusula final reúne, pues, tanto la metáfora con la que comienza la frase como la realidad histórica que sigue. La razón por la que el trío misionero no podría haber sido algo como lo que afirmaban sus detractores era que el grupo apostólico "los amaba" como una madre que amamanta a sus propios hijos. Semejante amor rechaza por completo el tipo de simulación que los enemigos de Pablo y de sus compañeros difundían entre los tesalonicenses.

**9**

Pablo sigue ahora las afirmaciones de la frase anterior, y sus negaciones implícitas, con otra declaración que empieza con una explicación.[224] Lo que desarrolla, en este caso, vuelve a retomar las acusaciones contra él insinuadas en los versículos 5 y 6, en especial la cuestión de recurrir "a las adulaciones" y "a las excusas para obtener dinero". Lo único que necesita ahora es traer esto a la memoria de ellos. La cláusula principal, situada al final, repite básicamente lo que se decía en el versículo 8: "Les procla[mamos][225] el evangelio de Dios".[226] Pero esto va precedido por el asunto realmente importante, que se reduce a una negación profunda mediante pruebas directas de que hubiera predicado a Cristo pensando en su

223. En el griego de Pablo διότι ἀγαπητοὶ ἡμῖν ἐγενήθητε ("porque amados para nosotros se habían vuelto ustedes"); el dativo "para nosotros" tiene la equivalencia funcional de un posesivo.

224. El "porque" se omite por razones de estilo en la NVI/TNIV, NRSV, REB, NAB, NJB et al.; pero se mantiene en otras versiones. Best (103) piensa que tiene un "sentido debilitado" aquí y lo traduce "y", pero parece innecesario. Un γάρ explicativo sigue siendo una explicación, aunque tenga un sentido menos argumentativo.

225. Esta es la tercera vez en esta sección —y las únicas veces en las dos cartas— en que Pablo recuerda el "acontecimiento" de predicar/compartir el evangelio en Tesalónica; cada una de ellas se expresa de un modo distinto (en Gá. 1:8-12, la preocupación está en el *contenido* de lo que se predicó, no en el acto en sí). Así, en el v. 2 (cp. v. 4) es "hablamos" (λαλῆσαι) el evangelio; en el v. 8 es "compartir" (μεταδοῦναι) el evangelio; y aquí es "proclamar" (ἐκηρύξαμεν) el evangelio. En ningún otro caso, en ninguna de las dos cartas, se usa el verbo εὐαγγέλίζεσθαι mismo, que conlleva la actividad de predicar el evangelio. Esto empezará con su siguiente carta (1 Corintios) y seguirá durante el resto del corpus de la iglesia (salvo Colosenses y Filemón). Aparece en esta carta en 3:6 en el sentido no técnico de "llevar buenas nuevas".

226. Lo que no se puede saber mediante este simbolismo es el *lugar* de esta "predicación". R. F. Hock (*The Social Contexto f Paul's Ministry* [Philadelphia: Westminster, 1980], 32-42) ha señalado correctamente que gran parte de ella pudo haber tenido lugar en el contexto de la "fabricación de tiendas", según una dimensión de la tradición filosófica. Sin embargo, el verbo "proclamar" (ἐκηρύξαμεν) es sencillamente demasiado fuerte para la forma de evangelización posible en una "conversación de tienda".

ganancia personal (en oposición a la acusación de "avaricia" [v. 5]). De cualquier manera, no lo hacía por el dinero.

Lo que los creyentes tesalonicenses debían recordar eran dos cosas: la dificultad en sí y el hecho de que trabajaron "de día y de noche".[227] Pablo empieza por la dureza,[228] que se expresa en el doblete "esfuerzos y fatigas".[229] El primer término se usa en ocasiones como sinónimo muy cercano a la palabra usual para "trabajo"; el énfasis está en la dimensión del "afán" de dicha labor.[230] Ya se había usado en la acción de gracias al respecto de los tesalonicenses mismos. La segunda palabra[231] hace todo el énfasis en el esfuerzo y la dificultad de la tarea.

Cuando Pablo desarrolla el punto a partir de esta primera frase, con una cláusula de propósito, resulta que en este caso no se está refiriendo directamente a su "obra en el evangelio", sino al trabajo manual propiamente dicho; descubrimos en Hechos 18:3 que hacía tiendas. De hecho, y según ese relato, Pablo estuvo una vez más ejerciendo su profesión en Corinto, más o menos durante el tiempo de escritura de esta carta. Lo que queda claro en la frase es que él y sus compañeros no se mantenían gracias a la generosidad de aquellos a los que ministraban, sino en parte a través (al menos)[232] del trabajo manual de Pablo. Da la casualidad de que esta necesidad también demostró ser beneficiosa de otra manera, ya que el apóstol señalaría que "trabajó con sus propias manos", en parte debido a la necesidad, pero también porque esto le brindaba la oportunidad de "darles buen ejemplo" (2 Ts. 3:9). En una carta muy posterior (Fil. 4:13-19), nos enteramos además de que él y sus compañeros se mantenían en Tesalónica con los donativos recurrentes de

227. Gr. νυκτὸς καὶ ἡμέρας, genitivo de tiempo = "durante la noche como durante el día", en lugar de "toda la noche y todo el día".

228. Cp. R. F. Hock, "Paul's Tentmaking and the Problem of His Social Class", *JBL* 97 (1978), 555-64.

229. Gr. τὸν κόπον ἡμῶν καὶ τὸν μόχθον. El mismo doblete aparece de nuevo en 2 Ts. 3:8 y 2 Co. 11:27. Este es el único caso en Pablo en que el verbo μνημονευ- toma el acusativo en lugar del genitivo normal; es dudoso que conlleve un significado sutil. Cuando Pablo retoma este tema más tarde, de pasada, en 1 Co. 4:12, añade ταῖς ἰδίαις χερσίν ("con nuestras propias manos", que es la constatación de que su "trabajo" era en realidad "manual").

230. Ver, por ej., 1:3 más arriba, al respecto de los tesalonicenses mismos, y 3:3 más abajo, sobre sí mismo; cp. 1 Co. 3:8; 15:58, entre otros.

231. Gr. μόχθον, usada solo por Pablo en el NT y solo en esta combinación; ver n. 82 más arriba.

232. En puntos como estos, el "nosotros" plural de Pablo y el contenido real de la frase son ambiguos para los lectores posteriores. ¿Trabajaban los tres en labores manuales? Solo conocemos la ocupación de Pablo y eso por el relato de Hechos. En aquellos momentos, por supuesto, los tesalonicenses no tenían necesidad de leer entre líneas.

los creyentes de Filipos, con los que habían establecido una relación de amistad aparentemente única entre sus congregaciones.[233]

Aunque nunca lo sabremos con certeza, francamente se diría que cuando Pablo, Silas y Timoteo llegaron a Tesalónica sintieron que no tenían que vivir de la generosidad de estos nuevos conversos. De hecho, expresa esa necesidad en términos de preocupación por ellos: "Para no serles una carga".[234] Y, aunque no se afirma como tal, todo el pasaje (2:1-12) indica que Pablo había sido guiado por el Espíritu en esa decisión, ya que, de otro modo, el hecho de aceptar "alojamiento y pensión completa" podría haberse usado en su contra.[235] Ahora, al final del argumento actual, Pablo les recuerda a los tesalonicenses mismos de esta realidad, con énfasis en la naturaleza laboriosa de su trabajo diario, que le había dado la libertad de "proclamarles el evangelio de Dios".

Que Pablo tuviera que hacerlo así es, probablemente, una reflexión sobre su formación rabínica ya que, según *Aboth* 2:2, "Rabbanh Gamaliel, el hijo de R. Judah el patriarca, declara: 'Es adecuado aprender la Torá junto con un oficio, porque el esfuerzo invertido en ambas cosas hace que uno olvide el pecado. Y todo el aprendizaje de la Torá que no vaya acompañado con trabajo está destinado a ser nulo y causa de pecado".[236] El presente pasaje da testimonio de la propia adhesión de Pablo al tipo de tradición rabínica en la que había sido educado.

**10**

Pablo concluye esta *apología* sostenida en favor de su conducta en Tesalónica con una frase final muy compleja, que incluye nuestros versículos 10-12. La naturaleza del llamado mismo, incluida su expresión enrevesada, es una prueba de que Pablo está en una situación verdadera de "vida o muerte" al respecto de los tesalonicenses mismos, no está usando solamente una "forma" estándar de conversación filosófica. La declaración, digna de mención en parte por carecer del conector habitual con

233. Ver Fil. 4:13-19; para esta comprensión de la relación entre Pablo y esta comunidad, ver Fee, *Paul's Letter to the Philippians* (NICNT; Grand Rapids: Eerdmans, 1995), 2-7, 436-48.

234. Así, la sugerencia de Hock (*Social Context*), de que Pablo hizo esta elección para que pudiera servir de ejemplo (imitando así a los filósofos) es una conjetura que se podría respaldar muy bien con las dobles razones proporcionadas en 2 Ts. 3:8-9: "Para no ser una carga a ninguno de ustedes" y "Para darles buen ejemplo". Solo la primera preocupación se expresa en este pasaje.

235. Sobre el asunto de cómo el mundo grecorromano mantenía a los itinerantes, ver esp. el estudio de Hock (nota precedente).

236. Traducido por J. Neusner, *The Mishnah: A New Translation* (New Haven: Yale University Press, 1988), 675. El "Gamaliel" citado es del siglo III, pero aquí se hace eco del Hillel del siglo I: "Así lo han aprendido: quien derive beneficio mundano de las enseñanzas de la Torá retira su vida del mundo" (*Aboth* 4:5).

el que empieza la mayoría de frases en griego,[237] aparece en dos partes claras, con su único verbo al final de esta primera cláusula (v. 10). Y dado que el verbo efectúa una doble función (para esta primera oración y la segunda [vv. 11-12]),[238] las consideraremos como dos frases, que es la forma en que casi todas las traducciones gestionan esta dificultad. En ambas cláusulas debería observarse que Pablo, una vez más, insta a los creyentes mismos a recordar cómo fueron las cosas, primero (v. 10) al respecto de su *carácter* y el de sus compañeros en términos de sus relaciones con los tesalonicenses y, en segundo lugar (vv. 11-12), cambiando el simbolismo paternal en cuanto a su *conducta* hacia ellos (apelando, consolando, implorando). Todo esto tiene el único objetivo de que los creyentes tesalonicenses caminen de una forma digna del Dios que los llamó para sí mismo.

Esta primera cláusula continúa con el motivo de "hacer memoria" que encontramos durante todo el pasaje. Esta vez, sin embargo, se usa el lenguaje del tribunal. Al necesitar dos o más testigos, Pablo le pide a Dios ese testimonio de su carácter ejemplar mientras estuvo en Tesalónica.[239] Después de todo, invocó a Dios a lo largo de toda la narrativa presente. Cuando estaba allí, sacó su valor "de Dios", cuyas "buenas nuevas" él proclamó (v. 2); así fue aprobado por Él, que prueba los corazones y es el único a quien Pablo buscaba agradar (v. 4). Todo esto es lo que se vuelve a retomar al final del relato.

Con tres adverbios (que tienden a funcionar mejor como adjetivos),[240] el apóstol pone una vez más todo el énfasis en su conducta observable. El primer término (*hosiōs*), que solo aparece aquí en el Nuevo Testamento, hace hincapié en

237. Al ser nuestra lengua tan distinta del griego a este respecto, rara vez se suele notar el asíndeton en los comentarios. Sin embargo, Malherbe (149) indica, y es probable que esté en lo cierto, que el asíndeton "tiene efecto retórico". Esto también podría explicar en parte por qué los traductores de la NVI escogieron comenzar un nuevo párrafo aquí.

238. De forma distinta Lightfoot (28-29) y otros (Malherbe, Witherington), que ven la frase como dividida; para la opinión por la que aquí se opta, cp. Best (109); Green (133) lo reconoce al menos como una opción. Wanamaker (105), sin embargo, identifica erróneamente "ustedes me son testigos" como verbo principal que, a su vez, significa que la "doble función" está fuera de la cuestión. Cp. también Richard (86), que sugiere que el acusativo (ἕνα ἕκαστον ὑμῶν) también "parece descartarlo"; pero con esto se pierde la fuerza del acusativo. Pablo lo presenta como objeto directo de los participios que siguen. También crea cierta dificultad en su interpretación del v. 11.

239. Lightfoot (27) considera que esta apelación se refiere a lo externo y observable por parte de los tesalonicenses, y lo que es interno y, por tanto, observable solo por parte de Dios. Pero esto parece dudoso, ya que el motivo no se enfatiza aquí de ninguna manera. Una generación después de Pablo, Josefo (*War* 1.595) informa que la esposa de Feroras, uno de los que conspiró para asesinar a Herodes, apeló en su defensa: "Oh rey, y que Dios me escuche también, como testigo de la veracidad de mis palabras, porque a Él no se le puede engañar" (Cornfield edition, 115).

240. Así, la mayoría de las traducciones han hecho como la TNIV; ver la nota siguiente.

vivir de un modo que complazca a Dios, y vuelve así a poner a Dios por testigo.[241] La segunda palabra (*dikaiōs*) enfatiza el vivir de un modo que sea recto delante de los demás. En este punto, Pablo está reflejando el lenguaje sobre la integridad personal, común en el mundo antiguo, tanto griego como judío. Así, Josefo habla de Samuel como de un hombre que "gobernó la nación *hosiōs kai dikaiōs* (de una forma santa y justa)",[242] aunque mucho antes Platón había aludido al valor de cómo vivía una persona "sus días en *dikaiōs kai hosiōs* (justicia y piedad)".[243]

El tercer adverbio (*amemptōs*) pone énfasis en la conducta observable sin fallos y, por tanto, "irreprochable".[244] Que el énfasis sigue estando en la conducta visible queda claro en este caso por la recurrencia en esta carta (3:13[245] y 5:23) en los contextos que se refieren al comportamiento de los creyentes tesalonicenses, pero con orientación hacia estar delante de Dios en la parusía. En el caso presente, todo el énfasis está en la conducta de Pablo y sus compañeros "con ustedes[246] los creyentes", que significa "en nuestra relación con ustedes, mientras estuvimos con ustedes". Esta última expresión "ustedes los creyentes",[247] no implica sencillamente un nivel distinto de conducta hacia los incrédulos; por el contrario, es otro momento del pasaje en el que Pablo reafirma a los tesalonicenses en términos de su relación con Dios. Simplemente, no son los que "han creído" sino, en realidad, como ha sabido por Timoteo para gran alivio suyo (3:5-8), "los que siguen creyendo". Sin embargo, la preocupación presente radica en el recuerdo que ellos tienen de él, de cuando el grupo apostólico estuvo allí. Por tanto, como al principio del pasaje (v. 5), su invocación apunta a la memoria de ellos al respecto de cómo fueron las

241. La dificultad con la traducción de los adverbios a un segundo idioma es que el abanico de significados es bastante amplio, por lo que estas traducciones tienden a cubrir una gama de posibilidades. Aquí encontramos "santa", "justa" e "irreprochable"; este último resulta de los dos primeros adverbios juntos.

242. *Ant.* 6.87 (LCL 5.310).

243. *Ver República* 1, p. 331ª (LCL 5.18).

244. En realidad, estas dos formas de expresarlo (irreprensible, sin falta) aparecen en la mayoría de las traducciones.

245. En este caso, aparece como adjetivo, algo que en algunos de los MSS griegos (B L 0278 33 81 1241 et al.) se cambió por un adverbio.

246. El griego de Pablo es directamente dativo, algo que Rigaux interpreta como alusión a su comportamiento cuando estuvo "en medio de ellos", una visión reflejada en la TNIV. Sin embargo, como Best destaca (105), esa opinión se podría haber expresado más fácilmente con una preposición, como en 2:13 más abajo.

247. Para este uso, ver la n. 56 sobre 1:7, más arriba; por razones que no quedan del todo claras, los traductores de la NIV (no cambió en la TNIV) convirtieron este participio en tiempo presente en pasado. Aunque se puede admitir que la perspectiva general de la narrativa alude al pasado, este participio trae la creencia de ellos al presente (cp. el siguiente participio en el v. 12).

cosas en realidad, a pesar de la (aparente) barrera de información errónea a la que habían sido sometidos por parte de sus conciudadanos de Tesalónica.

**11-12**

Con un "saben" final, Pablo toca una vez más los temas del párrafo, pero ahora con el doble énfasis con el que inició la acción de gracias en 1:4-5: su conducta en medio de ellos y su propia conversión. Pero, en contraste con la frase precedente (v. 10), que enfatizó su propia conducta personal —y, así, concluyó la "apología" de la sección entera—, esta vez Pablo dirige todo el énfasis de manera específica hacia ellos. Los tranquiliza indicándoles que su conducta mientras estuvo en Tesalónica fue por el bien de ellos, sobre todo teniendo en mente su salvación escatológica.

Recordándoles a los tesalonicenses su relación con ellos después de su conversión, con el "nos comportamos"[248] inmediatamente anterior, que continúa siendo el verbo que controla todo el conjunto, ahora al final da contenido a lo que quiere que ellos rememoren. Así, trae a la memoria de ellos, como también lo había hecho al estar en Tesalónica, el llamado a vivir de tal manera que consiguieran el objetivo escatológico. Por tanto, el enfoque es doble. Primero, empieza con los asuntos importantes, con los tesalonicenses mismos: "Saben", repite por cuarta vez, "que a cada uno de ustedes los hemos tratado", lo que enfatiza (de una forma extraordinaria) la naturaleza individual y no la colectiva de su preocupación. Esto va de inmediato seguido por el simbolismo comparativo, "como trata un padre a *sus propios* hijos",[249] en el que el énfasis del pronombre radica en la dimensión personal de la relación.[250] Así, el motivo del cuidado pastoral que se tocó en los versículos 7 y 8 mediante la metáfora maternal pasa a ser ahora paternal. La diferencia básica entre ambas metáforas ha de encontrarse, en este caso, en los tres participios que, juntos, describen aquello que los antiguos griegos y romanos habrían reconocido como el deber de un padre, en especial en el tema de la formación moral de sus hijos.[251]

248. Gr. ἐγενήθημεν, que implica más que solo "ser", pero conlleva el sentido de "demostrar ser" o "resultar ser" (ver BDAG 7). Para quienes piensan de otro modo, que aquí "falta" un verbo, ver n. 91.

249. Sobre el uso del simbolismo paternal de Pablo en esta carta, ver T. J. Burke, "Pauline Paternity in 1 Thessalonians", *TynB* 51 (2000), 59-80.

250. Gr. ἑαυτοῦ, en lugar del simple posesivo αὐτοῦ (cp. v. 8 más arriba). Aunque en algunos contextos los pronombres reflexivos y posesivos puede usarse de manera intercambiable, este difícilmente sea el caso aquí. Es un recordatorio deliberado de que ellos son sus propios conversos, comoquiera que sea.

251. Los lectores modernos deberían hacer gala de la debida precaución a la hora de interpretar sus propios valores culturales a la luz del mundo del siglo I. Pero las evidencias de la literatura griega indican al menos un criterio de "corrección": "Un padre no debería usar los golpes,

Por razones comprensibles, este es el simbolismo al que Pablo regresará varias veces en las cartas a las iglesias que él había fundado. Por ello, piensa en una comunidad concreta, de forma colectiva, como un padre con sus "hijos", como en 1 Corintios 4:14; 2 Corintios 12:14 y Gálatas 4:19. Resulta interesante que, en cada uno de los casos, él también está insistiendo en su autoridad apostólica sobre estas dos comunidades. En todos los demás, utiliza el simbolismo para reflejar cómo entiende él su relación con Timoteo,[252] con quien obviamente había desarrollado un vínculo que solo esta imagen podría representar del modo adecuado.

Como en el caso de la composición de los tres adverbios del versículo 10, los tres participios en esta frase transmiten la idea de forma colectiva y no individual. Es decir, existe suficiente solapamiento semántico entre ellos y en ellos como para que la elección final de un equivalente en la traducción sea una cuestión de preferencia y no de precisión en el significado. El primero[253] es, por mucho, el más frecuente en sus cartas; que figure más a menudo en epístolas en las que él apela a los destinatarios (aquí, y en 1 y 2 Corintios)[254] sugiere que, en este caso, se inclina hacia "implorar" o "apelar" en lugar de "exhortar" o "alentar". El segundo participio[255] solo aparece aquí y en 5:14 de todo el corpus, aunque los dos sustantivos equivalentes figuran juntos en 1 Corintios 14:3 también, como objetivo adecuado del verdadero don verbal del Espíritu en la comunidad creyente. Este último pasaje sirve, por consiguiente, para verificar que el propósito de un lenguaje así es la edificación de las personas, que, en este caso, las confronta en momentos de dificultad,[256] lo que sigue en armonía con el simbolismo del "padre y sus propios hijos" con el que comenzó la frase.

---

sino más bien razonar, exhortar, aconsejar y elogiar la buena conducta para instruir a sus hijos sobre cómo seguir la virtud y apartarse de los vicios" (Green, 134, citando a Plutarco).

252. Ver 1 Co. 4:7; Fil. 2:22; 1 T. 1:2, 18; 2 T. 1:2; 2:1. Estos cuatro últimos casos sirven de callada evidencia de la naturaleza genuinamente paulina de las Epístolas Pastorales, quienquiera que pueda haber sido el "autor" verdadero.

253. Gr. παρακαλοῦντες; Pablo lo usará de nuevo en otras llamadas en esta carta (4:1, 10; 5:14), por no mencionar que los insta a hacer lo mismo los unos con los otros (4:18 y 5:11).

254. De hecho, el sesenta por ciento de las veces que aparece en sus cartas existentes (32 de 54), aparece en estas tres.

255. Gr. παραμυθούμενοι; su sustantivo cognado en 1 Co. 14:3 se vierte habitualmente como "consuelo".

256. Green (136) piensa de otro modo y ofrece pruebas extrabíblicas de que el verbo se usaba en esta clase de contextos con el criterio de persuadir a alguien para que tuviera un tipo de conducta.

El tercer participio ("exhortado")[257] se encuentra solo aquí y en Gálatas 5:3 y Efesios 4:17 en las cartas de Pablo, y solo dos veces más en el Nuevo Testamento (Hch. 20:26; 26:22); también es el término sobre el cual existe menor acuerdo preciso en las traducciones.[258] Las dos veces que aparece en Hechos, así como en Gálatas 5:3, conlleva su significado básico de "testificar, dar un testimonio solemne" de algo. Este sentido básico del verbo sugiere que algo como "implorar de manera formal" es el sentido más probable del contexto presente.

Como ya hemos observado, no es probable que los tesalonicenses mismos hubieran pensado detenidamente cada una de estas palabras, ya que la fuerza de la llamada está en su énfasis compuesto al respecto de lo que los padres hacen con sus hijos para alentarlos a tomar la senda correcta. Sin embargo, la preocupación de Pablo está menos en lo que hace como padre que en el *objetivo* suyo de instar concretamente a que anden (= vivan, se comporten)[259] de una forma digna, no de su "padre" terrenal, sino del Dios eterno "que los llama a su reino y a su gloria". Es decir, que Él los está llamando a vivir bajo sus normas ahora, de manera que puedan conseguir la plenitud de ese reino, incluida la propia gloria de Dios en el futuro.[260] Y, con esto, Pablo toca una vez más la nota escatológica con la que concluyeron tanto la apertura de la acción de gracias como la primera parte de la narrativa (1:3, 10), aunque en este caso, su preocupación está en animarlos a

257. Gr. μαρτυρόμενοι, para el cual BDAG ofrece dos opciones básicas: "Confirmar algo con solemnidad" o "instar a algo como un asunto de gran importancia". Se sitúa el uso actual bajo la segunda opción.

258. Incluyen "instar", "acusar", "defender", "implorar", "insistir" y "apelar".

259. Pablo está retomando aquí una metáfora deuteronómica común para vivir de un modo recto (es decir, según la Torá); ver, entre otros, Dt. 5:33 ("Sigan por el camino que el Señor su Dios les ha trazado"). Es interesante que los traductores de la LXX tendieran a traducir la metáfora y la sustituyeran por un simple "caminar (πορεύεσθαι) en las sendas del Señor", pero la metáfora es una alegoría obviamente viva para Pablo, que la usa unas 17 veces en sus cartas. La expresión presente aparece de nuevo en Col. 1:10, excepto que aquí sustituye a "Dios" por "el Señor" (= Cristo).

En el momento de escribir este comentario, hay una metáfora en transición, de una viva a una muerta. La comunidad de color de los Estados Unidos puede afirmar: "Camina según tus palabras" (algo así como "Del dicho al hecho"), por las raíces profundamente religiosas (bíblicas) de su cultura. Pero estoy seguro de que la mayoría de los jóvenes norteamericanos no la entenderían como metáfora; es posible que esto indique algo acerca de la carencia de raíces bíblicas en la generación presente.

260. Es el primero de diez casos en los que Pablo usa el lenguaje del "reino de Dios", común en los Evangelios como algo que caracteriza el ministerio/enseñanza de Jesús mismo. No todos ven el caso presente como reflejo del aspecto "ya/todavía no" del reino que definió la propia proclamación de Jesús, pero tanto el contexto en conjunto como la forma en que la frase encaja en la cláusula presente, sobre todo el tiempo presente del verbo, así lo sugieren. Sobre el uso que Pablo hace de la frase, ver K. Donfried, "The Kingdom of God in Paul", en *The Kingdom of God in 20th-Century Interpretation* (ed. W. L. Willis; Peabody, Mass.; Hendrickson, 1987), 175-90.

vivir de una forma "digna" del Dios que los llama. No podemos estar seguros de lo que se debe hacer con el tiempo presente de la frase "[el Dios que] los llama", ya que Pablo usa de manera corriente este verbo en el tiempo (pasado) aoristo al aludir a la conversión de las personas, como en 4:7 más abajo y, más adelante, en 2 Tesalonicenses 2:14. Es probable que aquí tenga la misma intención, excepto que el tiempo presente enfatiza la naturaleza constante de ese llamado. En cualquier caso, se centra una vez más en su relación presente con Dios en vez de, como antes, en lo que sucedió en el pasado cuando Pablo estaba con ellos.[261]

Esto es motivo suficiente para la perseverancia: vivir de un modo que sea "digno de Dios". Esta clase de lenguaje en Pablo coloca la perseverancia y la conducta cristiana en su contexto supremo. Aunque el apóstol les "sirva" como "padre" subrogado, su verdadera preocupación era que aprendieran a vivir de tal manera que pudieran reflejar el propio carácter de Dios, que fueran dignos hijos de su Padre celestial.[262] No es perfeccionismo, sino realidad, ya que para Pablo la meta de la salvación es la restauración del Edén y la remodelación del pueblo de Dios para que regrese a su propia imagen, realidad que se ha manifestado plenamente en la encarnación del Hijo (Ro. 8:29-30).[263] Así, el énfasis presente no está en el futuro como tal, sino en la vida en el presente, bajo el gobierno actual de Dios, con la gloria futura como meta del llamamiento.

Insinuada, aunque no desarrollada —ni aquí ni en ningún otro lugar en Pablo— está la temible posibilidad de que, quienes no consigan perseverar, *no* alcanzarán la meta escatológica. No es una amenaza oculta ni una tranquilización excesivamente optimista. La pronuncia alguien que conoce bien la historia de su propia gente. Y esta es la nota que se volverá a pulsar, de un modo ligeramente distinto, al final de la sección siguiente de la narrativa (2:19). No es que Pablo tenga dudas sobre si perseverarán o no, sino que ellos, con la ayuda del Espíritu, deben perseverar para conseguir la gloria final. Y, en este tono, su larga *apología* en favor de su relación con los creyentes tesalonicenses llega a su fin, aunque sigue siendo necesario contar la historia de su relación "mientras tanto"; esto es lo que retoma de nuevo en el versículo 17 tras una breve palabra sobre cómo habían permanecido hasta ese momento a pesar de su sufrimiento presente (vv. 13-16).

Aunque escapa a las propias razones de Pablo para recordar la integridad de su ministerio mientras estuvo en Tesalónica, este pasaje tiene un valor

261. Cp. Best (108) "…denota el llamamiento continuo y efectivo de Dios... que puede tranquilizar a sus lectores de que alcanzarán el reino y la gloria, aunque su caminar no siempre sea digno de Dios".

262. Rigaux (432-33) y Marshall (74) han señalado que esta idea también puede encontrarse en algunas expresiones de la religión griega. Ya que uno acaba siendo como el Dios que adora, las diferencias entre Pablo y los filósofos sobre esta idea son realmente inmensas.

263. Sobre este asunto ver mi *Pauline Christology*, 249-51.

propedéutico para quienes son responsables del liderazgo en la iglesia de todos los tiempos y épocas, ya sea un pastor, anciano, diácono o maestro (en un seminario o en la escuela dominical). Lo que Pablo reconoce claramente —con bastante contraste en relación a muchos de los charlatanes religiosos de su tiempo— es que la relación entre el *contenido* del evangelio y la *conducta* de quienes lo predican/enseñan/confiesan debe mantenerse estrechamente unida para que el contenido no pierda integridad. Tristemente, los Elmer Gantrys de la ficción han existido con demasiada frecuencia en la vida real de la iglesia. El pasaje puede servir muy bien como lista de comprobación regular (¿mensual?, ¿diaria?) para todos los que quieran ser maestros/predicadores del evangelio, para no mencionar también al resto del pueblo de Dios.

## *E. RENOVACIÓN DE LA ACCIÓN DE GRACIAS (2:13)*

13 *Así*[264] *que no dejamos de dar gracias a Dios, porque al oír ustedes la palabra de Dios que les predicamos, la aceptaron no como palabra humana, sino como lo que realmente es, palabra de Dios, la cual actúa en ustedes los creyentes.*

Estas palabras de renovada acción de gracias ofrecen pruebas adicionales que respaldan el análisis de la carta defendido en este comentario.[265] Sin lugar a dudas, a primera vista uno podría preguntarse, y con razón, si Pablo se ha perdido y está regresando a los agradecimientos de 1:2-3, que habían ido en disminución hasta integrarse en el largo informe de la conversión de los tesalonicenses (1:5-10) y de la propia conducta de Pablo en medio de ellos (2:1-12). El primer compendio de su gratitud a Dios pone, sin embargo, todo el énfasis en la *continuada fidelidad* de los creyentes en Tesalónica. Esta acción de gracias renovada hace hincapié en *la forma* en la que aceptaron el evangelio la primera vez, una preocupación que fluye directamente de la narrativa que figura justo antes. Así, Pablo se centra por completo en la conversión de ellos como tal, con un énfasis singular en la manera en la que recibieron el mensaje de los apóstoles como la palabra misma de Dios para ellos. Al mismo tiempo, por supuesto, se confirma el ministerio apostólico en medio de ellos.

264. El καί representado por este "y" se encuentra en lo primero y mejor de la tradición de los MS: ℵ A B P Ψ 6 81 1739 1881 pc m sy[h]. Está ausente de D F G H 0278 33 𝔐, casi con toda seguridad omitido por razones de estilo. La frase de Pablo afirma καὶ διὰ τοῦτο καὶ ἡμεῖς ("y por esta razón también"), que puede resultar extraño tanto en griego como en nuestro idioma; resulta difícil imaginar que alguien *añadiera* este καὶ a la oración de Pablo, a pesar de H. Koester ("The Text of First Thessalonians", en *The Living Text* [Lanham, Md.: University Press of America, 1985]), que piensa que esto es discutible.

265. Ver pp. 30-31 más arriba.

Cuando Pablo regresa a la narrativa del versículo 14,[266] empieza recordándoles que el tipo de persecución que habían tenido que soportar durante los muchos meses pasados contaba ya con una larga historia en la comunidad creyente, comenzando por cómo "mataron" a Jesús mismo y a sus profetas (vv. 15-16). Con este recordatorio de la naturaleza universal del padecimiento cristiano, Pablo retoma a continuación (v. 17) el hilo de la narrativa que había abandonado antes. Pero ahora el enfoque ya no está en los tesalonicenses, sino en cómo les había ido a los apóstoles mientras tanto, sobre todo en lo relacionado con su angustia por la continua fidelidad de estos creyentes.

**13**

En el párrafo precedente, Pablo les había recordado la verdadera naturaleza del ministerio de los apóstoles mientras estuvieron entre ellos. Al hacerlo, regresó una y otra vez al hecho de que "les proclamó el evangelio" (vv. 2, 4, 8, 9). Este es el tema que ahora se retoma y se desarrolla en esta segunda acción de gracias. Las primeras palabras, sin embargo, conllevan cierto grado de torpeza y ambigüedad, y requieren explicación; todo ello tiene sentido cuando se reconoce el pasaje tal como se ve: la renovación de los agradecimientos que comenzaron en 1:2-3, que afirma "literalmente": "Por esta razón[267] damos gracias continuamente, es decir..."[268], donde "y... también"[269] conecta lo que sigue con lo anterior y, junto con "por esta razón", anticipa al mismo tiempo el contenido de la acción de gracias presente. Aunque este es un uso no muy habitual de la expresión "por esta razón", también

266. Sobre la cuestión de la autenticidad de los vv. 14-16, donde algunos querrían incluir también este versículo, ver n. 21 más abajo.

267. Gr. διὰ τοῦτο, una frase que funciona de varias formas en las cartas de Pablo. Con frecuencia es pura transición (= a la luz de todo esto; por ej., 2 Co. 4:1); en ocasiones (como aquí, discutiblemente) tiende a señalar a lo que sigue (siempre a la luz de lo que se ha dicho), como en 1 Co. 4:17; 2 Co. 13:10; Ro. 4:16; Flm. 15. Aquí, la dificultad para hacer que se retome algo anterior se puede ver en la diversidad de sugerencias que se han presentado, de las cuales la más lógica parecería ser la referencia inmediatamente precedente: "Que los llama a su reino y a su gloria". Sin embargo, esto no parece ofrecer una razón adecuada para los agradecimientos actuales, que enfatizan la escucha y recepción de los tesalonicenses a la predicación de Pablo como la palabra misma de Dios.

268. Para este significado del ὅτι, cp. Best (110); Bruce (44, que también indica respaldo de BDG 442.12); Marshall (77); Morris (80); y P. T. O'Brien (*Introductory Thanksgivings in the Letters of Paul* [NovTSup 49; Leiden: Brill, 1977], 154). Se debería destacar que la TNIV ha ayudado al lector al eliminar las causas de la confusión; además, aclara que lo que sigue es la razón del agradecimiento.

269. Así también O'Brien (nota precedente); según Wanamaker (110), esto también apunta al ὅτι (pero como causal más que ofrecimiento del contenido de los agradecimientos). Frame (106) traduce esto como "*nosotros* igual que *ustedes*", que parece más improbable, dado el uso paulino en otros lugares.

se ha visto que a los eruditos les resulta especialmente difícil hallar el "motivo" de la acción de gracias en el texto anterior,[270] y sobre todo vincularla con el contenido presente de los agradecimientos que vienen a continuación.

Dos asuntos merecen ser destacados desde el principio. En primer lugar, la perspectiva escatológica con la que concluyó el relato precedente, que se hace eco a su vez de una "conclusión" escatológica similar en la acción de gracias primera y en la primera parte de esta narrativa (1:3 y 10). Pero aquí el enfoque ha cambiado por completo: de su "fidelidad" incesante al recordatorio de su conversión misma y su relación con el ministerio de Pablo que acaba de traer a la memoria de ellos. Así, aunque la frase adopte la forma de una acción de gracias renovada, también es la forma paulina de hacer un cambio en el relato, que pasa de su propio ministerio al enfoque sobre lo que había sucedido a los tesalonicenses como resultado del mismo. También es un aspecto renovado de los agradecimientos que explica el "así que" con el que se inicia la frase de Pablo, que sirve de enlace con los versículos 9-12 e indica lo que está a punto de decir al respecto de cómo recibieron el mensaje apostólico.

En segundo lugar, aunque la acción de gracias anterior anticipó los asuntos que necesitarán cierto grado de corrección en el cuerpo de la carta (caps. 4-5), Pablo agradece ahora lo que cronológicamente se produjo primero: su conversión. Pablo acaba de defenderse contra sus antagonistas, que acosaban a los creyentes tesalonicenses acusando, en parte, a su (literal) apóstol y maestro de "dudosa credibilidad". De modo que, lo que hace ahora —mediante el agradecimiento— es recordarles sus orígenes como creyentes; no remite tanto a la obra del Espíritu (como, por ej., en Gálatas), sino a su propia manera de acoger la proclamación paulina de Cristo. Así, enfatiza dos veces que lo que recibieron fue, en realidad, el propio mensaje de Dios.

Así, un rasgo principal de la acción de gracias es la redundancia al respecto de su respuesta al mensaje de Dios, primero mediante un doble énfasis en la fuente divina y humana de su manera de escuchar el mensaje, y después a través del contraste entre el hecho de que fuera la propia palabra de Dios para ellos y no un mero mensaje humano. El primer énfasis llega por medio de un inusual orden "codificado" de palabras de su cláusula introductoria ("habiendo recibido el mensaje de escucharnos hablar de Dios"), que por lo general sería "habiendo recibido el mensaje de Dios que oyeron de nosotros". Con este orden de palabras, Pablo hace hincapié en ambas realidades simultáneamente.

270. Algunos sugieren una conclusión escatológica al v. 12, pero esto no tendría sentido, ya que, en este punto Pablo no está ya confirmando a los tesalonicenses, sino poniendo fin al recordatorio de sus exhortaciones anteriores.

Primero, el mensaje que escucharon y aceptaron[271] era una palabra que procedía del Dios eterno y no de un mero ser humano. Pero, en segundo lugar, ese mensaje fue algo que, en realidad, habían "oído de los apóstoles"; el énfasis está en el sustantivo verbal "audición" (*akoē*) y está relacionado tanto con la acción de escuchar en sí como con su contenido.[272] A pesar de la gramática inesperada, el doble énfasis de Pablo parece bastante claro: el mensaje del evangelio que habían recibido, que les fue comunicado por la intermediación de los apóstoles, procedía en última instancia de Dios.

En la cláusula principal, Pablo refuerza sencillamente las dimensiones de la cláusula introductoria. Lo hace en primer lugar al resaltar la frase "al oír ustedes la palabra de Dios que les predicamos". Así retoma el primer verbo ("oír", que da a entender "recibir" [N.T.]) y lo desarrolla con el verbo principal "aceptar"[273] (la palabra). Pero, al hacerlo, empieza calificando la frase "que les predicamos". Por verdadero e importante que esto fuera, el contexto precedente exige un énfasis en el origen *divino* de su proclamación de Cristo. Así, comienza señalando que la palabra que recibieron de nosotros (meros hombres como somos) *no* tenía un simple origen humano, a pesar de lo que los detractores estuvieran comentando. Más bien, prosigue, y ahora con un enfático y parentético "como lo que realmente es", lo que "aceptaron" era un mensaje que procedía del Dios vivo.[274] El adjetivo "vivo" no está, por supuesto, en el texto en sí, sino que se insinúa en la frase final calificativa de la presente acción de gracias: "La cual actúa [ahora mismo][275] en ustedes los creyentes". Por sutil que pueda parecerle al lector moderno, esta última frase es el lugar donde se produce el cambio en la narrativa misma: de su pasada relación al punto en el que están las cosas en el presente.

271. Gr. παραλαβόντες, que en su época se había convertido en un lenguaje semitécnico en la iglesia para una "enseñanza que se había impartido"; de ahí, "tradición" en su sentido adecuado. Esto se vuelve especialmente claro en dos pasajes de 1 Corintios, primero al respecto de la Santa Cena: "Yo recibí [παρέλαβον]") , y segundo, en relación con el evangelio mismo, especialmente el rol de la resurrección en ese evangelio (15:3). En estos dos casos, Pablo se preocupa a fin de que los corintios reconozcan la naturaleza "tradicional" de lo que les había "encomendado". En este primer caso, el énfasis está únicamente en que los tesalonicenses "habían recibido" la palabra.

272. BDAG solo lo enumera bajo la rúbrica "aquello que se escucha" y vierte el pasaje presente como "la palabra de proclamación que sale de nosotros". Esto parece pasar por alto el énfasis en la construcción genitiva "codificada" en sí.

273. Como con el verbo precedente (ver n. 8), este (ἐδέξασθε [δέχομαι]) también se acerca a un término semitécnico para "recibir mediante aprobación" lo que fue "entregado" (cp. BDAG 5, "indicar aprobación o convicción mediante la aceptación").

274. En la frase λόγον Θεοῦ el genitivo solo puede ser subjetivo (= funciona como sujeto de la idea verbal en el sustantivo cualificado), no objetivo (= "el mensaje sobre Dios").

275. Los traductores de la TNIV escogen hacer este καί intensivo en lugar de progresivo; tristemente, se había omitido por completo en la NIV. El concepto de "actualmente" para este uso adverbial de καί se expresa en NAB como "operativo en el presente".

Desde nuestra distancia, esta clase de confianza —en que las palabras pronunciadas por un ser humano funcionan como mensaje de Dios— puede parecer realmente osada. Para Pablo, ese atrevimiento se explica mejor sobre la base de su propio encuentro con el Cristo resucitado. El origen divino del evangelio no es, pues, para Pablo, algo que hubiera meditado en profundidad, por así decirlo, sino que había fluido de su propio ser "apartado... me llamó [Dios] por su gracia... para que yo lo predicara entre los gentiles" (Gá. 1:15-16). El llamado al apostolado resultó de su propio encuentro con "Jesús nuestro Señor" (1 Co. 9:1).

Dos asuntos precisan mayor atención. En primer lugar, la referencia a "la cual" contiene cierta ambigüedad en griego; su antecedente podría ser la cláusula precedente "palabra" o "Dios", dado que gramaticalmente ambas son posibles. Aunque algunos han argumentado aquí en favor de "Dios",[276] esto parece contradecir la gramática misma, ya que, como indica BDAG, la "voz media" de este verbo aparece en otros lugares del Nuevo Testamento, solo que con un sujeto impersonal. De ahí que toda la gama de traducciones reconozca correctamente que es "la palabra" la que está activa en/en medio de ellos.

En segundo lugar, y mucho más difícil de decidir, es si la frase preposicional vertida como "en ustedes" en la TNIV implica una individualización o quiere decir "entre ustedes" (como cuerpo de creyentes),[277] lo que también insinuaría que "en ustedes" (entendido de forma individual) también funciona como "en medio de ustedes" (como pueblo).[278] Aun si es decididamente una opinión minoritaria, tanto el uso paulino en otros lugares como en el contexto presente parecen tener mucho más que ver con el poder del evangelio que está operando en medio de ellos (como comunidad creyente) que con la vida de los creyentes individuales; por supuesto, esto supone que esta última está incluida automáticamente en la primera. En cualquier caso, la dimensión corporativa de su vida como creyentes es lo que se enfatiza en lo que sigue, aun cuando lo estén experimentando como individuos. Se han convertido en "imitadores" de las *iglesias* en Judea, no de los *creyentes* de Judea.

En resumen, la preocupación de Pablo en esta segunda acción de gracias consiste en recordarles que su respuesta a su predicación fue, en realidad, la contestación a un mensaje sobre Cristo que Pablo y sus colegas habían proclamado cuando estuvieron presentes en Tesalónica; de hecho, lo habían recibido y con

276. Ver por ej., Richard, 113-25.

277. Para esta forma temprana de designar a los cristianos, ver n. 56 sobre 1:7 más arriba (cp. 2:10).

278. En este caso, la tradición se ha visto muy influenciada por la KJV y ha traducido de forma predominante "en ustedes", como la mayoría de los comentaristas, que no hacen énfasis en este asunto en absoluto. De manera más reciente, otras versiones lo han vertido como "entre ustedes", probablemente porque es lo que esta frase significa con mayor frecuencia en Pablo, más que algo que está en funcionamiento dentro de los creyentes individuales; cp. Col. 3:16, donde la TNIV (corrigiendo la NIV) tiene "pueda el mensaje de Cristo morar entre ustedes".

razón como el mensaje de Dios: un mensaje que seguía obrando de forma activa en medio de ellos.

Este es un pasaje que se trae con facilidad al mundo contemporáneo, algo que no es posible con el siguiente. Sin embargo, al hacerlo, se debería mostrar precaución al respecto del referente paulino, "la palabra de Dios". Aquí tenemos un lugar donde la expresión "palabra de Dios" necesita ser "traducida" para no ser confundida con las Escrituras como tal. La gratitud del apóstol está relacionada con el hecho de que los tesalonicenses escucharan su predicación como lo que pretendía ser: el propio mensaje de redención y esperanza de Dios para un pueblo que había estado sin Dios y sin esperanza en el mundo.

## F. NARRATIVA. TERCERA PARTE: EL MALTRATO RECIBIDO POR LOS TESALONICENSES [Y PABLO] (2:14-16)

**14** *Ustedes, hermanos, siguieron el ejemplo de las iglesias de Dios en Cristo Jesús que*
*están en Judea, ya que sufrieron a manos de sus compatriotas lo mismo que sufrie-*
*ron aquellas iglesias a manos de los judíos.*[279] **15** *Estos mataron al Señor Jesús y a los*
*profetas,*[280] *y a nosotros nos expulsaron. No agradan a Dios y son hostiles a todos,* **16**
*pues procuran impedir que prediquemos a los gentiles para que sean salvos. Así en*
*todo lo que hacen llegan al colmo de su pecado. Pero el castigo de Dios*[281] *vendrá sobre*
*ellos con toda severidad.*[a]

[a] 16 O *sobre ellos plenamente.*

Este pasaje, en su mayor parte una sola frase larga en el texto griego,[282] también ha sido un importante problema tanto para los que simplemente leen la carta

279. La TNIV junto con la mayoría de las traducciones pone aquí una coma no restrictiva. Pero existen buenas razones para hacer una pausa sobre este asunto; ver esp. F. D. Gilliard, "The Problem of the Antisemitic Comma between 1 Thessalonians 2.14 and 15", *NTS* 36 (1989), 481-502; y, de forma más reciente, C. B. Amphoux, "1 Th 2, 14-16: Quels Juifs sont-ils mis en cause para Paul?", *FilolNT* 16 (2003), 85-101. La frase entera, en realidad, tiene mucho más sentido si se entiende el "quién" de manera restrictiva, a pesar del rechazo de E. Verhoef, "Die Bedeutung des Artikels τῶν en 1 Thess 2.15", *Biblische Notizen* 80 (1995), 41-46. Ver la explicación más abajo.

280. En relación con la coma no restrictiva (ver la nota precedente), la mayoría de los testigos posteriores ($D^1$ Ψ 𝔐 sy) añadieron un ἰδίους interpretativo ("sus propios") para distinguir a estos como los profetas del AT y no a los primeros cristianos; así, la RVR1960: "Y a sus propios profetas". Sin embargo, es altamente dudoso que esta temprana interpretación sea la correcta. Ver la explicación más abajo.

281. Las palabras "de Dios" no están en el texto griego, pero para la mayoría de los eruditos, parecen estar insinuadas en él. Ciertamente, varios testigos de la tradición textual occidental (D F G 629 latt) así lo pensaron o no habrían añadido estas palabras a sus textos. Ver la explicación más abajo (p. 130).

282. La primera frase va hasta la cláusula "llegan al colmo de su pecado" (v. 16b). La frase final en griego es tal como traduce la TNIV.

como para la erudición neotestamentaria misma.[283] Tan abrupto es este pasaje que comienza con el *hoti* ("ya que", transmitido como un colon en la TNIV) hacia el final del versículo 14 —algo, por tanto, inesperado por el lector—, que no es de sorprender que más de un erudito del Nuevo Testamento haya estado dispuesto a eliminarlo como un añadido posterior al texto por parte de una facción "antijudía" del cristianismo primitivo.[284] No obstante, este es un intento desesperado que trata de "rescatar" a Pablo del temprano antisemitismo cristiano. Pero el pasaje es sencillamente demasiado paulino para rendirse a semejante desesperación; quienes adoptaron esta postura jamás respondieron a la pregunta histórica real: ¿por qué

283. La bibliografía es especialmente amplia y en su mayoría trata de la polémica "antijudaica"; en orden cronológico, ver O. Michel, "Fragen zu 1 Thessalonicher 2,14-16; Antigüdische Polemik bei Paulus", en *Antijüdaismus im Neuen Testament? Exegetische und systematische Beitrage* (ed. W. P. Eckert, N. P. Levison y Martin Stöhr; Munich: Chr. Kaiser, 1967), 50-59; P. Richardson, *Israel in the Apostolic Church* (Londres: Cambridge University Press, 1969), 102-11; N. Hyldahl, "Jesus og joderne ifolge 1 Thess 2, 14-16", *SEÅ* 37/38 (1972/73), 238-54; J. Coppens, "Une diatribe antijuive dans I Thess. II, 13-16", *ETL* 51 (1975), 90-95; K. L. Donfried, "Paul and Judaism: I Thessalonians 2:13-16 as a Test Case", *Int* 38 (1984), 242-53; G. Geiger, "1 Thess 2,13-16: Der Initiationstext des christlichen Antisemitismus?", *BL* 59 (1986), 154-60; J. C. Hurd, "Paul ahead of His Time: 1 Thess. 2:13-16", en *Anti-Judaism in Early christianity,* vol. 1: *Paul and the Gospels* (ed. P. Richardson y D. Granskou; Waterloo, Ont.: Wilfrid Laurier University Press, 1986), 21-36; K. Haacker, "Elemente des heidnischen Antijudaismus im Neuen Testament", *Evangelische Theologie* 48 (1988), 404-18; P.-G. Müller, "The Human Paul of the New Testament: Anti-Judaism in I Thess 2:14-16", *BK* 44 (1989), 58-65; T. Holtz, "The Judgement on the Jews and the Salvation of All Israel: 1 Thes 2,15-16 and Rom 11,25-26" en *The Thessalonians Correspondence* (ed. R. F. Collins, 1990), 284-94; J. W. Simpson Jr., "The Problems Posed by 1 Thessalonians 2:15-16 and a solution", *HBT* 12 (1990), 42-72; N. S. Murrell, "The Human Paul of the New Testament: Anti-Judaism in I Thess 2:14-16", *PEGLMBS* 14 (1994), 169-86; r. a. Wortham, "The Problem of Anti-Judaism in 1 Thess 2:14-16 and Related Pauline Texts", *BTB* 25 (1995), 37-44; S. Légasse, "Paul et les Juifs d'après 1 Thessaloniciens 2,13-16", *RB* 104 (1997), 527-91.

284. Esto fue argumentado por primera vez por B. A. Pearson, "1 Thessalonians 2;13.16; A Deutero-Pauline Interpolation", *HTR* 64 (1971), 79-94; fue posteriormente secundado por H. Boers, "The Form-Critical Study of Paul's Letters: 1 Thessalonians as a Case Study", *NTS* 22 (1976), 140-58; N. A. Beck, "Anti-Jewish Polemic in the Epistles of Paul", en *Mature Christianity The Recognition and Repudiation of the Anti-Jewish Polemic in the New Testament* (Londres: Associated University Press, 1981), 39-50; D. D. Schmidt, "1 Thess 2:13-16 Linguistic Evidence for an Interpolation", *JBL* 102 (1983), 269-79; y L. E. Keck, "Images of Paul in the New Testament", *Int* 43 (1989), 341-51. El único *comentarista* en inglés que adopta esta postura es Richard, 119-27; pero la dificultad misma que tiene para presentar un comentario sobre una opinión así debería hablar por sí misma. El artículo de Pearson también ofrece una serie de respuestas que argumentan en favor de la autenticidad: ver esp. Carol J. Schlueter, *Filling Up the Measure: Polemical Hyperbole in 1 Thessalonians 2.14-16* (JSNTSS 98: Sheffield: JSOT Press, 1994), quien también explica respuestas anteriores a Pearson; cp. ahora M. Bockmuehl, "1 Thessalonians 2:14-16 and the Church in Jerusalem", *TynB* 52 (2001), 1-31, quien ofrece pruebas históricas sólidas para colocar estas referencias en acontecimientos conocidos en la última parte de la quinta década del primer siglo cristiano, y J. A. Weatherly, "The Authenticity of 1 Thessalonians 2.13-16: Additional Evidence", 42 (1991), 79-98.

se ha insertado *aquí* y no en un lugar más "lógico" en otras cartas? En cualquier caso, esta opinión no tiene una base histórica lógica y sólida sobre la que asentarse y solo pudo haber surgido en un momento de la historia en el que alguien temió (justificadamente) que pudiera tomarse como una expresión antisemita.[285] Sin embargo, esto sería malinterpretar a Pablo, quien podría haber sido acusado de una actitud así hacia su propio pueblo, no solo aquí, sino también en otros lugares. Así, la integridad de la erudición exige que se llegue a aceptar que el pasaje fue escrito por alguien a quien el contexto inmediato le había tocado una fibra profunda al respecto del trato recibido por sus paisanos, miembros de la comunidad judía, aunque no creyentes.[286] Tristemente y bastante más allá del propio contexto de Pablo, también ha servido para inflamar un sentimiento antijudío entre algunos que se creen cristianos, pero que en esos momentos actúan como si no lo fueran.

El flujo de la frase es lo suficientemente fácil como para rastrearlo. Con un "ya que"[287] explicativo, Pablo les recuerda a los creyentes tesalonicenses algo que les servirá de prueba principal de la realidad de haber "oído la palabra" (v. 13), a saber, que al actuar así se convirtieron en seguidores genuinos de los creyentes en el seno de la comunidad judía de Judea. La razón de este ejemplo no es difícil de descubrir, aunque tampoco queda explícita en el texto mismo; más bien nos llega mediante la prueba dada en el relato abreviado (¿y telescopado?) de Lucas en Hechos 17:1-10. Una revuelta incitada por la comunidad judía, pero al parecer realizada por gentiles,[288] había tomado un cariz desagradable al respecto de Pablo y Silas, y había provocado que tuvieran que salir a toda prisa de la ciudad, de noche. De modo que aquí el apóstol les recuerda que la fuente suprema de la agitación inicial procedía de los judíos incrédulos; y, por tanto, los creyentes tesalonicenses experimentaron el mismo tipo de persecución por parte de sus "propios conciudadanos" que la comunidad judía creyente en Judea.

Al menos hasta aquí, todo parece claro y comprensible; nuestras dificultades surgen con el desarrollo de la persecución de los creyentes en Judea (irónicamente, llevada a cabo, en parte, al principio, ¡por Pablo mismo!), con la cual el apóstol lanza una red bien amplia para abarcar a Jesús primero, a continuación

285. En realidad, uno se pregunta si alguna parte de esta desacertada interpretación del texto podría haberse producido antes del holocausto.

286. Otra dificultad inherente al pasaje, en opinión de algunos, es poder cuadrarlo con la actitud de Pablo hacia su propio pueblo expresada en Romanos 11. Para un análisis y una solución convincentes de esta cuestión, ver R. Hoppe, "Der Topos der Prophetenverfolgung", *NTS* 50 (2004), 535-49.

287. Gr. γάρ, aquí un "marcador de clarificación" (BDAG 2).

288. La idea de Lucas parece bastante clara: los judíos tesalonicenses fueron los que iniciaron la agitación porque al parecer los angustiaba el éxito de Pablo en su sinagoga. Pero la verdadera instigación adoptó un carácter decididamente gentil, una vez que el alboroto se puso seriamente en marcha.

(probablemente) a los profetas cristianos y, finalmente, a sí mismo y sus compañeros. Todo esto sin perder de vista a aquellos que les prohibirían proclamar a Cristo entre los gentiles. Sin embargo, el recuerdo de aquella persecución seguía siendo tan punzante para Pablo que acabó anunciando proféticamente el juicio divino final sobre ellos. Y, en este punto, la narrativa se vuelve mucho más indirecta para quienes la consideramos desde la distancia histórica.

**14**

Con su cuarto vocativo en la carta, y con otro "ya que" explicativo, Pablo empieza a vincular la segunda acción de gracias a la cruda realidad de la vida como creyentes en la pagana Tesalónica. Al actuar así, retoma el motivo de la "imitación" que fluyó del primer agradecimiento (1:6) y, de nuevo, como antes, lo hace en el contexto del propio sufrimiento de los tesalonicenses como seguidores de Cristo. Pero con la comparación en sí, "las iglesias de Dios en Cristo Jesús que están en Judea", todo el relato cambia de enfoque. Con esta cláusula bien expresada, Pablo consigue al menos dos cosas. Primero, identificar a las iglesias entre los judíos creyentes de Judea como también pertenecientes a Dios; son las "iglesias *de Dios en Judea*".[289] Es un localizador geográfico. En segundo lugar, aunque pertenecen a Dios como todas las iglesias, ahora y siempre existen "en Cristo Jesús"; esa es la "ubicación" suprema de su existencia. Como en 1:1 más arriba, en este segundo uso del término *ekklēsia* en la carta (y, por tanto, en el corpus), Pablo piensa claramente en las personas reunidas en cualquier escenario concreto como "la iglesia en esa ciudad/localidad".

Cabría preguntarse, con razón, ¿por qué escoge situar "en Judea" a las "iglesias" que son "imitadas"? ¿Por qué no mencionar, por ejemplo, a los creyentes *gentiles* de Asia Menor? La respuesta más verosímil[290] parecería estar en la comprensión paulina de la iglesia como el pueblo escatológico de Dios en el que se está cumpliendo al fin el pacto abrahámico: "¡Por medio de ti serán bendecidas todas las familias de la tierra!" (Gn. 12:3). Aunque esto se describe en detalle en Romanos, ya está funcionando y se articula con claridad en Gálatas. Es el entusiasmo indomable de Pablo por la realización final y plena del pacto de Dios con Abraham lo que lo lleva a pensar con regularidad en términos de "los judíos,

289. En una carta posterior (Gá. 1:22), Pablo afirma que en esas iglesias no lo conocen de forma personal; por tanto, estos dos pasajes juntos dan fe de que se habían extendido las noticias sobre otros creyentes de un modo bastante amplio entre aquellas comunidades cristianas primitivas.

290. Aunque una opinión sugerida por Calvino (348) y segundada por Frame (109) merece muchos elogios: que Pablo está respondiendo a un "pensamiento que podría haber tomado forma en la mente de ellos: 'Si esta es la religión verdadera, ¿por qué los judíos que son el pueblo santo de Dios se oponen a ella con semejante hostilidad?'". Best (113) ofrece otras cinco opciones sin escoger ninguna.

primeramente, pero también de los gentiles" (Ro. 1:16). Aunque esto podría verse como una sobre-interpretación en el contexto presente, resulta difícil imaginar que Pablo no hubiese instruido de un modo completo a esos conversos gentiles para que entendieran cuál era su lugar en el esquema divino de todas las cosas (asumiendo en especial la fiabilidad histórica básica del relato de Hechos 17).

En este caso, la comparación funciona de lo mejor, porque lo que los creyentes judíos y gentiles tienen en común es su "sufrimiento" de manos de "sus compatriotas".[291] Aunque algunos han considerado que esta frase alude a la instigación judía del problema en Tesalónica,[292] sería un sentido inusual para el término "propios", ya que los creyentes tesalonicenses eran predominantemente gentiles.[293] En cuanto a los creyentes judíos de Judea, queda afirmado con contundencia por el añadido de Pablo de que eran "los judíos" quienes perpetraban la persecución, aludiendo en este caso en primer lugar al significado original del término griego "los judeanos" (=el pueblo judío de Judea).[294] No hay nada inherentemente peyorativo en esta designación; en su lugar, para Pablo era una sencilla realidad histórica —después de todo, ¡él mismo fue uno de ellos!—[295] que la muerte de Jesús y la persecución de sus seguidores fue llevada a cabo por su propio pueblo que había rechazado con energía (¡y religiosamente!) sus afirmaciones y a aquellos que las seguían. Es a la luz del rechazo histórico a su Mesías que Pablo habla con tanta firmeza al respecto de los oponentes judíos de Cristo.[296] Por tanto, la persecución

291. Gr. τῶν ἰδίων συμφυλετῶν, un *hápax legomenon* del NT, que se refiere a "miembros de la misma tribu o grupo de personas" (BDAG, quien ofrece "compatriota" como significado básico)

292. Por ej., Marshall (78-79), basándose en el estallido contra la oposición judía que sigue (vv. 15-16); según sugiere, es "bastante tangencial e inadvertida"; cp. N. H. Taylor, "Who Persecuted the Thessalonian Christians?", *Hervormde Teologiese Studies* 58 (2002), 784-801. Pero Lightfoot (32) parece entender bien que "la oposición al evangelio instigada por los judíos fue secundada por la población nativa, sin cuya colaboración los judíos no habrían tenido poder alguno". Así, esta frase está en marcada oposición al ὑπὸ τῶν Ἰουδαίων que sigue, reforzada además como está por el ἰδίων ("sus *propios* compatriotas"). Después de todo, lo importante no es quién instigó la persecución *original*, sino quién la estaba llevando a cabo *en ese momento* en Tesalónica. Y que los judíos estuvieran acosando de ese modo a la que ya era una comunidad predominantemente gentil (1:9), parece ser altamente improbable. Para un análisis especialmente útil de la posible fuente y naturaleza de este acoso, ver J. M. G. Barclay, "Conflict in Thessalonica", *CBQ* 55 (1993), 512-30.

293. Como asegura 1:9: "Ustedes nos recibieron, y de cómo se convirtieron a Dios dejando los ídolos para servir al Dios vivo y verdadero". Ver Introducción, pp. 28-29.

294. Ver, además, la explicación sobre el v. 15 más abajo.

295. No como un judeano nativo, por supuesto, sino como alguien que había emigrado a Jerusalén para ser formado como rabino.

296. Este pasaje suele considerarse "antisemita"; sin embargo, con coma o sin ella (ver la n. 1), una opinión así refleja un malentendido radical tanto de Pablo como de este pasaje.

que estos creyentes gentiles de Tesalónica habían experimentado estaba en armonía con lo que la comunidad creyente judía había estado padeciendo en Judea.

**15-16a**

Lo que viene a continuación es una larga letanía contra los pecados de un sector de la comunidad judía hacia Jesús y sus seguidores, presentada en tres partes básicas, aunque desiguales. Pablo enumera primero sus "pecados" (vv. 15-16a); a continuación, añade una cláusula de resultado que expresa el efecto acumulativo de esas fechorías (v. 16b); y concluye con un anuncio de la ira de Dios = juicio contra ellos (v. 16c). Apenas se puede pasar por alto la dimensión personal de la enumeración, que no solo incluye el trato hacia Pablo, sino que también enlaza estrechamente la persecución con el maltrato de Su Señor y el propio llamado del apóstol a la misión gentil. De hecho, la letanía acaba con la razón para todo. El rechazo de los judíos judeanos hacia Jesús como su Mesías había implicado un desprecio de la inclusión de los gentiles (sobre todo los incircuncisos) en el pueblo escatológico de Dios que se estaba formando por medio de Cristo y del Espíritu.

Pero, aunque todo esto se discierne con un tanto de facilidad, no ocurre lo mismo con los detalles. La razón para esto es, en parte, el resultado del extenso aluvión de malas acciones judías, tan intenso y, por tanto, emocional para él que se ha convertido en uno de los muchos lugares del Nuevo Testamento en que la precisión en la comprensión es muy difícil para lectores posteriores. No solo no estamos preparados para ello aquí, sino que también estamos demasiado lejos de algunos de los detalles como para tener un grado muy alto de certeza. De algunas maneras, nuestra forma de entender se ha visto afectada por asuntos con los que Pablo no tenía nada que ver: la inserción de los números de versículos y la puntuación del texto. Por una parte, solo podemos preguntarnos cómo se habría puntuado la frase de no haber llevado un número adelante; por la otra, la inclusión de la coma ha sido un factor importante en la interpretación histórica (casi con toda seguridad incorrecta) de toda la cláusula.

En última instancia, dos asuntos relacionados están en cuestión: (a) si uno considera al modificador del participio de "los judíos" como restrictivo o no restrictivo;[297] y (b) si la letanía que sigue debe entenderse de un modo amplio, general, para incluir a los judíos de la Diáspora, o si es un caso específico que refiere a los miembros de la comunidad judía palestina. Aunque estos dos temas están

297. Es decir, ¿significa "los judíos, que mataron al Señor Jesús y a los profetas" (no restrictivo), o "los judíos que mataron al Señor Jesús y a los profetas" (restrictivo)? Lo primero significaría, como lo entienden muchos, que "los judíos" en general son responsables de los terribles hechos que siguen; lo segundo alude de manera específica solo a los judíos realmente responsables de estos actos.

íntimamente relacionados, el primero es el crucial, y debería acabar resolviéndose a la luz del uso paulino en otros lugares. Deberíamos señalar que el problema para el lector en nuestra lengua es que *no hay pronombre relativo* en el texto griego; en su lugar, lo que sigue a "los judíos" es una construcción de participio, donde el artículo definido que precede al participio (lit. = "*los* que también mataron a Jesús") funciona como pronombre relativo. Se debe indicar, además, que esta construcción gramatical particular es rara vez (si es que alguna) no restrictiva en las cartas de Pablo. De hecho, hasta el momento, en la carta presente hemos encontrado seis de estos modificadores y todos son restrictivos.[298]

Si nos tomamos esta realidad gramatical en serio, cabría esperar que el modificador de Pablo sea restrictivo en este caso.[299] No tiene en mente a todos los judíos, sino a los que fueron responsables en particular de la muerte de Jesús y de los profetas. Y, si esto es así, entonces los primeros instintos interpretativos deberían considerar si podemos encontrar el sentido de todo el pasaje a la luz de este uso. En cualquier caso, esta es la perspectiva desde la que se interpretará el resto de la larga frase de Pablo en los comentarios que siguen. Así, no es la comunidad judía como tal, en su conjunto, la que se señala aquí, sino de manera especial esa parte del sector judeano de la comunidad, cuyos líderes se opusieron con violencia a Cristo y a sus primeros seguidores.

La enumeración en sí es cuádruple[300], pero consta de seis partes que se pueden presentar así (conservando tanto como sea posible el orden de las palabras de Pablo con el fin de mantener sus énfasis):

298. Ver 1:7 (πᾶσιν τοῖς πιστεύουσιν ἐν ["todos los que creen, (que viven) en…"]); 1:10 (Ἰησοῦν τὸν ῥυόμενον ἡμᾶς ["Jesús... que nos libra"]); 2:12 (Θεῷ τῷ δοκιμάζοντι ["Dios, que examina"]); 2:10 (ὑμῖν τοῖς πιστεύουσιν ἐγενήθημεν ["ustedes los creyentes"]); 2:12 (τοῦ Θεοῦ τοῦ καλοῦντος ὑμᾶς ["Dios, que los llama"]); 2:14 (τῶν ἐκκλησιῶν τοῦ Θεοῦ τῶν οὐσῶν ἐν τῇ Ἰουδαίᾳ ["las iglesias de Dios en Cristo Jesús que están en Judea"]). El segundo caso en la carta (4:5) es mucho más ambiguo y se trata de diversas formas en las traducciones. ¿Son "los gentiles que no conocen a Dios" (NASU) o "los paganos, que no conocen a Dios" (TNIV)? A la luz del uso corriente de Pablo, es probablemente lo primero (ver explicación ad loc.). Esto va seguido en 4:8 por τὸν Θεὸν τὸν καὶ διδόντα τὸ Πνεῦμα αὐτοῦ τὸ ἅγιον ("Dios, quien les da a ustedes su Espíritu Santo"); cp. 4:15 y 17 ("Los que estemos vivos, los que hayamos quedado"). Todo esto se entiende mejor como restrictivo. Convertirlo en no restrictivo lo hace "huérfano" en términos del uso paulino en esta carta. De hecho, uno se pregunta si esta coma hubiera existido alguna vez de no ser por los (desafortunados) números de versículos que se han insertado en el texto.

299. Para esta sugerencia y sus defensores, ver n. 1 más arriba.

300. Es decir, la frase de Pablo contiene cuatro modificadores distintos de la frase ὑπὸ τῶν Ἰουδαίων ("a manos de los judíos"), mientras que la primera tiene un objeto compuesto del verbo "mataron" y la última un modificador del participio que explica *cómo* son "hostiles a todos".

(*a*) estos tanto[301] al Señor Jesús mataron[302]

(*a'*) como a los profetas,

(*b*) y a nosotros nos expulsaron,

(*c*) y no agradan a Dios,

(*d*) y son hostiles a todos,

(*d'*) procuran impedir que prediquemos a los gentiles para que sean salvos.

Finalmente, en términos de interpretación general, están en cuestión los puntos (*a'*) y las dos cláusulas *d.* Además, parece bastante claro que todo se acaba centrando en el elemento final, el punto sensible tanto para Pablo como para los tesalonicenses. Es necesario expresar unas pocas palabras sobre cada uno de estos componentes, algunos de los cuales son especialmente difíciles de precisar en términos de detalles históricos.

(a) Es de cierto interés que, en la primera referencia a la muerte de Jesús en sus cartas, Pablo afirma simplemente que "los judíos [judeanos] *mataron* a Jesús", en lugar de "lo crucificaron". Es probable que se deba a que los judíos mismos no crucificaron a nadie; en cualquier caso, la preocupación de Pablo no está aquí en la dimensión salvífica de la muerte de Cristo "por nosotros", sino sencillamente en el hecho de que la comunidad judía misma era, en última instancia, responsable de la muerte de su Mesías. El propio Hijo de Dios había sido asesinado por su propio pueblo, un hecho que, en lo que sigue, Pablo considera parte de un patrón de rechazo hacia su (único) Dios.

*(a')* De todos modos, el añadido "y a los profetas" ha sido en esta enumeración, para los lectores posteriores, la cuestión más difícil de discernir. Históricamente, esto se ha interpretado como una especie de pensamiento tardío y una referencia a la tradición sobre la que alude Jesús mismo en Mateo 23:33-36 ("Así recaerá sobre ustedes la culpa de toda la sangre justa que ha sido derramada sobre la tierra, desde la sangre del justo Abel hasta la de Zacarías, hijo de Berequías, a quien ustedes asesinaron entre el santuario y el altar de los sacrificios"). La idea del apóstol sería, pues, que la misma comunidad que había matado a Jesús y había

301. La tendencia (bastante consecuente) de tratar este καί como un adverbio, parece errar demasiado al respecto de la estructura de la propia frase de Pablo. Su cláusula dice: τῶν καὶ τὸν Κύριον ἀποκτεινάντων Ἰησοῦν καὶ τοὺς προφήτας... (quienes tanto al Señor Jesús mataron como a los profetas...). En circunstancias normales —y estas parecen serlo— esta debería ser la única forma en que cualquiera leyera esta cláusula griega. Esta nota gramatical en sí, por no mencionar este "despliegue" visual de la cláusula, debería ayudar a entender quiénes son "los judíos" en esta cláusula.

302. Por el orden inusual de palabras τῶν καὶ τὸν Κύριον ἀποκτεινάντων Ἰησοῦν καὶ τοὺς προφήτας ("que tanto al Señor mataron, Jesús, y a los profetas"), algunos han argumentado que "y a los profetas" debería ir con lo que sigue (= "que mataron al Señor Jesús, y quienes persiguieron a los profetas y a nosotros"); ver, en esp., Milligan (30). Pero esto ha sido rechazado, con razón, por los intérpretes posteriores.

perseguido a sus primeros seguidores se estaba limitando a continuar con lo que sus antepasados habían hecho;[303] en este caso, "los judíos" sería una designación mucho más genérica que un caso específico. Es decir, pertenecen al mismo *linaje* que quienes antes que ellos habían matado a los profetas.

Sin embargo, existen dificultades considerables con esta opinión. En primer lugar, no parece tomar lo bastante en serio la propia redacción de Pablo, en la que "y a los profetas" *no* es un pensamiento tardío, sino la segunda parte de un objeto compuesto que, en la frase paulina, se expresa como uno solo ("tanto a Jesús como a los profetas"). Solo la separación de este objeto obviamente compuesto de "los judíos mataron" permite hacer que toda la cláusula no sea restrictiva. Pero, en segundo lugar, esta opinión apenas encaja con lo demás que se señala sobre los "judíos", que son el sujeto gramatical de la larga cláusula. Fueron los "judíos judeanos", de manera específica, quienes mataron a Jesús y quienes "nos persiguieron", quienes junto a los demás no están agradando a Dios y son hostiles a todas las personas. Después de todo, estos no asesinaron a los profetas de un tiempo anterior; fueron sus antepasados. Por consiguiente, hacer que esta frase aluda a una tradición más temprana de "matar a los profetas" convierte a Pablo en un autor muy desordenado en este punto, ya que podría haber dicho muy fácilmente "quienes mataron al Señor Jesús, como sus padres habían matado antes a los profetas". Además, el mismo pasaje mateano indicado más arriba continúa con las palabras: "Yo [Jesús] les voy a enviar profetas… a algunos de ellos ustedes *los matarán*" (v. 34), mientras que, en el lamento del versículo 37, Jesús habla a Jerusalén y lamenta: "Tú que matas a los profetas". Casi todos reconocen que al "citar" a Jesús de esta forma particular, Mateo era muy consciente de lo que ya había sucedido entre los seguidores de Jesús. Si esta es la forma correcta de entender la frase, Pablo tiene en mente a personas como Esteban y Santiago, y los considera

303. Esta es, fácilmente, la opinión de la mayoría; ver, entre otros, Ellicott, Lightfoot, Milligan, Frame, Best y Bruce. Parece haber dos razones para seguir esta ruta: *(a)* una tendencia de larga data por parte de la erudición del NT para dejar de lado las pruebas del NT a favor de la profecía y los profetas en la iglesia primitiva (a pesar de la propia confirmación paulina de que "Dios ha puesto en la iglesia primero apóstoles, después profetas" (1Co 12:28); *(b)* una tendencia también de larga data de pensar de inmediato en el AT cuando alguien usa el término "profetas". Pero como ha señalado Rigaux (447), este orden de palabras particular ya ha aparecido dos veces en esta carta (1:6, ὑμεῖς μιμηταὶ ἡμῶν ἐγενήθητε καὶ τοῦ Κυρίου ["Ustedes se hicieron imitadores nuestros y del Señor"]; 2:10, ὑμεῖς μάρτυρες καὶ ὁ Θεός ["Dios y ustedes me son testigos"]). Así, aparte de que está reflejando una cosmovisión profundamente paulina, esta opinión tiene mucho más sentido en el pasaje presente mismo. Para una argumentación adicional en favor de su entendimiento, ver F. D. Gilliard, "Paul and the Killing of the Prophets in Thess. 2:15", *NovT* 36 (1994), 259-70, quien también expone un firme argumento para traducir el artículo definido como "sus profetas". Señala a Kirsopp Lake *(The Early Epistles of St. Paul* [Londres: Rivingtons, 1911], 87) y John Koenig *(Jews and Christians in Dialogue: New Testament Foundations* [Philadelphia: Westminster, 1979], 47), quienes también respaldan esta opinión.

verdaderos profetas cristianos. Así, aunque la opinión predominante es posible en cuanto a gramática, la visión adoptada aquí parece mucho más probable, a pesar de ser decididamente minoritaria, ya que encaja en la gramática y el contexto presente de una forma en la que el criterio mayoritario no lo hace.[304]

*(b)* La segunda frase es incluso más difícil de precisar en términos de un movimiento histórico real. El verbo en sí mismo puede significar "[quienes] nos persiguieron" o "[quienes] nos expulsaron". Lo primero parecería más probable si tuviéramos que entender todo el pasaje como algo genérico; así, aludiría a cualquier número de casos semejantes en lugar de ser una referencia a un caso específico de un único acontecimiento. Por otra parte, este añadido inmediato del trato que la comunidad judía le daba a Pablo tiene considerable sentido si en este momento tomamos otros dos asuntos en serio: *(i)* que en realidad tenemos acceso limitado a la propia historia personal de Pablo, y *(ii)* que entre los temas sobre los que casi no tenemos información se encuentra el catálogo de aflicciones de 2 Corintios 11:22-29. Aquí, solo unos pocos años después, hace una lista de cosas entre las que resaltan: "Cinco veces recibí de los judíos los treinta y nueve azotes" (v. 24), y además "peligros a manos de mis compatriotas" (v. 26). No cuesta reconocer que el último elemento (v. 26) se podría extender fácilmente a lo que le sucedió a Pablo en la Diáspora,[305] pero es casi imposible imaginar que pudiera ser lo primero (v. 24), ya que parece más improbable que los judíos de la Diáspora pudieran haber maltratado así a un *ciudadano romano* —¡y cinco veces!—, mientras que esto sí podía ocurrir sin problema en Judea, donde los romanos tendían a hacer la vista gorda (como parecen haberlo hecho en lo tocante al apedreamiento de Esteban) ante este tipo de asuntos "religiosos". Por tanto, sea que Pablo quisiera decir "nos persiguieron" o "nos expulsaron", la cláusula tiene perfecto sentido en alusión al trato que los judíos judeanos dispensaron a Pablo.[306]

*(c-d)* La tercera y la cuarta frase de esta enumeración han de entenderse probablemente juntas, como términos generalizadores que reflexionan sobre la relación de estos persecutores judíos tanto con Dios como con la humanidad.

304. Morris (84, n. 76) es uno de los pocos comentaristas que incluso reconocen esta opción, pero la descartan por "no tener suficientes razones". Pero me da la sensación de que el criterio opuesto debería ser aquel que se desafíe, ya que tomar "y a los profetas" como indicativo del pasado no solo interrumpe la secuencia cronológica de la frase de Pablo; además, no ofrece un entendimiento adecuado del sujeto "los judíos", que entonces pasa a ser una designación sencillamente genérica.

305. Como T. D. Still, por ej., argumenta (*Conflict at Thessalonica* [JSNTSS; Sheffield: Sheffield Academic Press, 1999], 64-66).

306. La opinión de Still (nota precedente) de que aquí Pablo está aludiendo a algunos judíos de Tesalónica como responsables de esta acción parece insostenible en última instancia, tanto por su improbabilidad histórica como por ser innecesaria.

Anticipándose a la cláusula final, que pone toda esta letanía en perspectiva (prohibiéndonos hablar a los gentiles con su salvación en mente), Pablo alude a ellos como personas que "no agradan a Dios"[307] y, de manera simultánea, como "hostiles a todas las personas".[308] Es decir, por una parte lo que han estado haciendo, y siguen haciendo, está en oposición diametral a lo que Dios está realizando en el mundo, mientras que, por otra parte, el que desagraden a Dios halla su expresión máxima en su hostilidad hacia la humanidad. Esto es, por supuesto, una hipérbole. Descubrimos por el momento que tanta hostilidad adopta la forma de intento de negarles el evangelio a los gentiles. Podemos entender muy bien, por tanto, cómo Pablo considera que esto no es más que "celos" por parte de ellos.

*(d')* El propósito de esta larga e impresionante denuncia contra los "judíos" —quienes antes habían sido responsables de la persecución de "las iglesias de Dios en Judea, que son de Cristo Jesús"— se alcanza finalmente con este modificador concluyente de la frase "por los judíos" (mencionada al final de nuestro versículo 15). La motivación de aquellos que fueron responsables de matar al Señor Jesús y a los profetas, y que también "nos persiguieron a nosotros" era "[su esfuerzo por][309] impedir que prediquemos a los gentiles" con su salvación eterna en mente.

Con esta cláusula, toda la frase, desde el versículo 14, empieza a encajar en su lugar. La máxima preocupación de Pablo ha sido por los tesalonicenses, en su mayoría gentiles. En su respuesta positiva a la proclamación que los apóstoles hacen de Cristo como salvador de judíos y gentiles por igual —juntos como pueblo de Dios—, han experimentado el mismo tipo de sufrimiento que vivieron los creyentes judíos de Judea antes que ellos, y a través de una fuente similar. Es decir: los creyentes tesalonicenses han estado padeciendo a manos de sus compatriotas gentiles como los creyentes judíos —y Pablo también, como añadirá— sufrieron a manos de sus paisanos judíos. Y cuando esa realidad se describe con algún detalle, como remontándose a cuando mataron a Jesús mismo, por no mencionar a algunos profetas cristianos tempranos, esta cláusula final alcanza la idea de toda la enumeración, que tiene que ver con la salvación de los tesalonicenses mismos. Así, esta frase final completa el vínculo.

307. Best (114) señala que la dimensión positiva de esta frase es una de las expresiones favoritas de Pablo; ver 2:4 y 4:1 en esta carta, y 1 Co. 7:32; Gá. 1:10; Col. 1:10; 2 T. 2:4.

308. Este último contraste se difumina lamentablemente con el "hostil a todos" de la TNIV. Aunque esto es algo parecido a un tópico, pasa por alto el impresionante contraste θεός/ἀνθρώπους (Dios y los seres humanos) implicado aquí.

309. Estas palabras no están en el texto griego mismo, sino que han sido proporcionadas por los traductores con el fin de conseguir una frase más suave y comprensible de inmediato (cp. NLT, "al intentar impedir que").

a) Siguieron el ejemplo de las iglesias... en Judea

b) ya que sufrieron a manos de sus compatriotas

b') lo mismo que sufrieron aquellas iglesias a manos de los judíos [la misma gente responsable de la muerte de Cristo y de los primeros mártires cristianos...],

a') gente que también les habrían prohibido convertirse en seguidores de Cristo.

Así, la meta suprema de esta enumeración consiste en recordarles a los tesalonicenses que sus propios sufrimientos están bastante en armonía tanto con la crucifixión misma como con los sufrimientos que los creyentes judíos étnicos ya han experimentado antes que ellos. Tristemente, este objetivo puede verse desviado por la forma en la que Pablo mismo lleva todo el conjunto a su conclusión final, que puede fácilmente distraer al lector para reflexionar en otras cuestiones.

Pero los elementos concluyentes que tienden a distraer al lector posterior tienen perfectamente sentido en el contexto original de Pablo. Como bien saben los tesalonicenses mismos, el acoso contra los apóstoles en Tesalónica había sido instigado por los compatriotas judíos, que estaban celosos de un "evangelio" que permitía a los gentiles convertirse en miembros plenos del pueblo de Dios sin adherirse a los requisitos mínimos de la Torá que seguían en la Diáspora (circuncisión, leyes alimentarias, observar el Sabbat). De esta forma, persiguiendo a Pablo (¿y a Silas?), es como habían intentado detener el mensaje cristiano para que no alcanzara a los gentiles de Tesalónica. Lo que Pablo hace en este pasaje es básicamente igualar el padecimiento presente de los Tesalonicenses (1:6) con lo que él, Silas y otros creyentes judíos habían experimentado de manos de *su* propio pueblo.

**16b**

El resultado inmediato de este antagonismo judío en torno a que los gentiles recibieran las buenas nuevas sin adherirse a la Torá se encuentra en la cláusula final de la (ahora muy larga) frase de Pablo: "Así en todo lo que hacen llegan al colmo de su pecado". Aunque la cláusula griega misma es un tanto torpe, al pasarla a nuestra lengua, la idea parece suficientemente clara. De hecho, el orden de las palabras de Pablo logra un doble énfasis: "Llegan al colmo" de sus pecados "en todo".[310] Esto parece significar que, mediante su antagonismo hacia el evangelio

310. Gr. εἰς τὸ ἀναπληρῶσαι αὐτῶν τὰς ἁμαρτίας πάντοτε. La ambigüedad procede del aoristo infinitivo (habitualmente un tiempo puntual), acompañado de "en todo" (o sea siempre). Para un lenguaje similar, pero sin el "en todo", cp. Gn. 15:16 LXX, οὔπω γὰρ ἀναπεπλήρωνται αἱ ἁμαρτίαι τῶν Αμορραίων ἕως τοῦ νῦν ("pues aún no se llenan los pecados de los amorreos hasta el día de hoy"); en Dn. 8:23 y 2 Mac. 6:14-15 hay un eco más distante. Sea deliberado o no, Pablo está usando el lenguaje del pasaje de Génesis para sugerir que lo opuesto es ahora verdad al respecto de "los judíos".

como buenas nuevas de Dios para los gentiles en pie de igualdad con los judíos, estos miembros de la comunidad judía habían estado "acumulando" con regularidad (siempre)[311] sus pecados hasta el colmo. El "en todo" al final de la cláusula parece insinuar que "el colmo" no estaba aún completo. En cualquier caso, esta forma de antagonismo hacia la posibilidad de que otras personas se conviertan en seguidores del "Señor Jesús" (v. 15a) es lo que conduce a la palabra de juicio que cierra el pasaje.

**16c**

Si el resultado inmediato del antagonismo judío contemporáneo (de Pablo) hacia Cristo fue prohibir que los gentiles se salvaran, el resultado final sería el juicio de Dios sobre ellos (seguimos el orden de palabras de Pablo y su énfasis): "El castigo de Dios vendrá sobre ellos *eis telos*".[312] Por una buena razón, esta frase final ha demostrado ser uno de los pasajes más problemáticos en todo el corpus paulino. Las dificultades básicas están en el verbo "*vendrá* sobre ellos" y la construcción adverbial concluyente *eis telos*, ya que ambos elementos están en considerable tensión entre sí. Y estos, a su vez, crean cierto grado de dificultad para el término "castigo", que es como Pablo suele referirse al juicio escatológico de Dios (como en 1:10 y 5:9 en la presente carta).

Empezamos por el verbo, ya que parece más seguro que el significado de "castigo" y de los modificadores preposicionales. Aunque el mismo verbo aparece de nuevo en 4:15 en esta carta ("no *precederemos* a los que duermen"), su uso allí es único en todo el Nuevo Testamento. Aquí su significado es comparable al uso

311. Marshall (80) sugiere que aquí Pablo está "usando una idea corriente en el pensamiento apocalíptico y en el cristianismo primitivo", un criterio avanzado primero por E. Bammel, "Judenverfolgung und Naherwartung: Zur Eschatologie des Ersten Thessalonicherbriefs", *XTK* 56 (1959), 294-315. Sin embargo, los paralelos aludidos en Marshall (Ap. 6:11; 2 Esd. 2:41; 4:36-37) tienen que ver con el "número completo" de mártires, una idea solo lejanamente relacionada con este pasaje, en cualquier caso.

312. Cp. *T. Levi* 6:11, ἔφθασε δὲ ἐπ' αὐτοὺς ἡ ὀργὴ τοῦ θεοῦ εἰς τέλος, un lenguaje idéntico al de Pablo, excepto τοῦ θεοῦ (que acabó añadiéndose al texto de Pablo también). Resulta difícil saber qué hacer con este fenómeno. Es del todo improbable que Pablo conociera esta obra; además, existen buenas pruebas de algunas interpolaciones cristianas en los Testamentos. Y, dado que nuestros MSS más tempranos de esta obra solo datan del siglo X cristiano, es más verosímil que sea una interpolación de Pablo al *Testamento de Leví* y no que ambos autores hubieran aterrizado de forma independiente en este lenguaje idéntico, en especial dado que el "de Dios" en el *Testamento de Leví* refleja el añadido posterior de un escriba dentro de la comunidad cristiana, ya disponible para el interpolador de los Testamentos.

Sobre la pregunta más amplia sobre este pasaje y el supuesto antisemitismo de Pablo, ver J. S. Lamp, "Is Paul Anti-Jewish? *Testament of Levi* 6 in the Interpretation of 1 Thessalonians 2:13-16", *CBQ* 65 (2003), 408-27, que demuestra de manera bastante convincente, a la luz del pasaje en el *Testamento de Leví*, que Pablo está haciendo aquí una valoración razonable —aunque apasionada— de la respuesta generalmente negativa de los judíos a la obra de Dios en Cristo Jesús.

en 2 Corintios 10:14 ("lo cierto es que fuimos los primeros en llevarlos [= los alcanzamos] al evangelio"). La idea es que el verbo, en su forma de aoristo (tiempo pasado), difícilmente puede aludir a otra cosa que no sea un acontecimiento ya "sucedido" para aquellos que se han convertido en enemigos de Cristo. Esta comprensión queda corroborada, además, por la frase preposicional *eis telos,* que significa de manera literal "en/al final", pero también puede conllevar un sentido adverbial ("finalmente"). Bajo circunstancias normales, todos verían que este es su significado aquí.

Pero nuestro problema en este caso es que las circunstancias son de todo menos normales. La tensión entre el verbo y su modificador adverbial descansa finalmente en el sujeto de la frase, literalmente "el castigo", que es lo bastante indirecto como para echar toda la declaración a un mar de confusión. Los escribas en Occidente (asociados también a la traducción del griego al latín) hicieron exactamente lo que la TNIV y otras muchas versiones: lo convirtieron de manera específica en "la ira [o castigo] *de Dios*". Sin embargo, aunque pueda haber pocas preguntas al respecto de que "el castigo" que aquí aparece tiene que ver con Dios, el hecho de que Pablo mismo no haga la calificación debería llevarnos a hacer una pausa antes de practicar nosotros ese añadido específico al texto, ya que en Pablo esa combinación alude de manera invariable al lado negativo del juicio final de Dios en el mundo.[313] Se cuestiona lo que esta forma abreviada puede significar al respecto de algo que ya ha sucedido a los oponentes judíos del apóstol y su evangelio. Y es precisamente en ese punto donde, desde esta distancia, podemos especular (algo que no me parece útil en absoluto) o simplemente admitir que desconocemos a qué se refería Pablo de forma específica.[314] La sugerencia más probable es que tengamos aquí una palabra profética por parte del apóstol.[315] Así, Pablo está tan seguro del inminente juicio divino sobre su antiguo pueblo que habla de ello —por mucho que siga en el futuro— como un acontecimiento que ya ha tenido lugar.

¿Es, pues, antisemita el Pablo judío, como se ha sugerido en ocasiones?[316] Difícilmente. Con regularidad, pulsa su nota de entusiasmo por "el judío

313. El término completo ("ira [castigo] de Dios") aparece solo tres veces (ver Ro. 1:18; Col. 3:6; Ef. 5:6) y, en cada caso señala al juicio escatológico divino sobre los impíos.

314. En realidad, si esta frase hubiese aparecido en 2 Tesalonicenses en lugar de aquí, se habría usado de manera bastante universal para condenar esta carta como posterior al 70 d.C. y, por tanto, no perteneciente a Pablo. Ver, además, la Introducción, pp. 26-27.

315. Cp. Findlay (57) y Frame (114), "proléptico".

316. Ver, por ej., Best (122): "Se debe permitir que 1 Ts. 2:16c muestre que Pablo está sosteniendo una postura antisemita inaceptable". ¡Esto parece similar a la sugerencia de que la franca desaprobación pública de un presidente estadounidense en funciones convierta a esa persona en antiestadounidense!

primeramente". Pero su propio llamado es a llevar las buenas nuevas a los gentiles; su frustración se da con sus paisanos, que querían frustrar ese llamamiento y misión. Por tanto, apenas puede sorprender que use este factor contra quienes habían intentado hacer esto con regularidad.

No es un pasaje que se pueda traer fácilmente a una iglesia cristiana contemporánea, en parte porque uno teme hacer algo que pudiera sonar antisemita, aunque desde luego no pretenda serlo. No obstante, es necesario que se oiga en sus propios términos, al respecto de la oposición por parte de los "religiosos" que piensan que cualquier desvío de su propia ortodoxia debería ser presa fácil para un maltrato público de algún tipo. Y, en especial, este pasaje no permite que siga adelante la extensa historia del antisemitismo que ha plagado a la iglesia cristiana durante siglos. Después de todo, Pablo es aquí apasionadamente pro-Dios y pro-pueblo de Dios, no anti-pueblo como tal.

## *G. NARRATIVA. CUARTA PARTE: MIENTRAS TANTO (2:17-3:10)*

Empezando por el versículo 17, la narrativa de la relación de Pablo con los tesalonicenses da un giro decidido. Hasta este punto, todo ha tratado sobre la relación en el pasado reciente: su llegada a ellos, la conversión de ellos, la naturaleza de su ministerio en medio de ellos, el constante sufrimiento de ellos a manos de sus conciudadanos. Ahora, Pablo empieza a narrar cómo han gestionado él y sus compañeros la ausencia desde su apresurada retirada de la ciudad unos meses antes.

La narrativa, que Malherbe (179) titula correctamente como "Reestablecer el contacto", se presenta en tres partes claras y es plenamente cronológica. Comienza en 2:17-20 con una declaración paulina sobre el hecho de que se siente despojado de ellos y sobre sus repetidos intentos de regresar. La imposibilidad de hacerlo se atribuye en última instancia a la intervención de Satanás; pero después concluye explicando por qué anhelaba tanto verlos. El siguiente párrafo (3:1-5) sigue exponiendo lo que hizo, ya que no podía ir personalmente: envió a Timoteo en su lugar. Al mismo tiempo, ahora se nos proporcionan las razones por las que quiere visitarlos: tiene que ver con la "fe"[317] de ellos. A la luz de sus padecimientos, él deseaba dos cosas, expresadas en orden inverso: *(a)* fortalecerlos y alentarlos al respecto de su "fe" (v. 2), y *(b)* saber de su "fe", si de verdad se estaban aferrando a ella (v. 5). El párrafo final (3:6-10) es principalmente una expresión de gran alivio. Timoteo había regresado lleno de buenas nuevas sobre la "fe" de ellos. De modo que Pablo concluye, con acción de gracias, gozo y oración, de nuevo en

317. Ver la explicación de este término en 3:2, más abajo, donde se proporciona la razón por la que lo ponemos entre comillas.

relación a su "fe". Todo esto se cierra con un informe de oración (3:11-13) que fluye directamente de las preocupaciones de la narrativa presente.[318]

## 1. El regreso de Pablo se había visto obstaculizado (2:17-20)

*[17] Nosotros, hermanos, luego de estar separados de ustedes por algún tiempo, en lo físico, pero no en lo espiritual, con ferviente anhelo hicimos todo lo humanamente posible por ir a verlos. [18] Sí, deseábamos visitarlos —yo mismo, Pablo, más de una vez intenté ir—, pero Satanás nos lo impidió. [19] En resumidas cuentas, ¿cuál es nuestra esperanza, alegría o motivo de orgullo delante de nuestro Señor Jesús para cuando él venga? ¿Quién más sino ustedes? [20] Sí, ustedes son nuestro orgullo y alegría.*

Es difícil pasar por alto la sensación de angustia que respira este párrafo, incluso si se escribió tras la vuelta de Timoteo con las buenas nuevas (3:6-8). De muchas maneras, 3:8 lo dice todo: "¡Ahora sí que vivimos al saber que están firmes en el Señor!". De modo que, aunque el conjunto presente de frases se escribió desde esa perspectiva, el recuerdo de su angustia sigue punzante y aquí encuentra su expresión repetida.[319] Esta ansiedad tenía que ver con los tesalonicenses mismos; y aunque no se expresó como tal en ese momento —eso vendría a continuación—, todo tenía que ver con la "fe" de ellos. Las diversas declaraciones tienden, por tanto, a tropezar unas con otras, ya que Pablo relaciona de forma simultánea su preocupación por ellos y su propia ansiedad, esa que solo un largo período de silencio puede provocar. El párrafo mismo se divide en cuatro partes discernibles. Empieza *(a)* con una frase de participios (v. 17a), que declara enfáticamente su sensación de haber sido despojado de ellos, en términos de presencia, no en realidad. A esto le sigue *(b)* la cláusula principal (vv. 17b-18), que declara sus repetidos esfuerzos por volver. Sigue *(c)* atribuyendo esta imposibilidad a Satanás en última instancia (v. 18b), y concluye *(d)* explicando *por qué* anhelaba verlos (vv. 19-20), que adopta un giro inesperado hacia la escatología. El versículo 19 expresa la preocupación de Pablo mediante una pregunta, a la que el versículo 20 ofrece una respuesta afirmativa.

318. R. W. Funk incluye este pasaje en su explicación de la "presencia" de Pablo sentida a través de sus cartas (ver "The Apostolic Presence: Paul", en *Parables and Presence: Forms of the New Testament Tradition* [Philadelphia: Fortress, 1982], 81-102), una edición ligeramente revisada del estudio que apareció por primera vez en John Knox, *Festschrift (Christian History and Interpretation* [ed. W. R. Farmer, J. Knox y C. F. D. Moule; Cambridge: Cambridge University Press, 1967], 249-68).

319. De hecho, Gaventa (40) sugiere que "quizás el rasgo más destacado del texto sea la forma en que entreteje un relato directo de acontecimientos con observaciones y apartados altamente emotivos".

**17**
Con un enfático "[pero] nosotros"[320], en inmediato y firme contraste con los judíos judeanos de los versículos 14-16,[321] y con otro vocativo más ("hermanos") —el quinto desde 1:4—, Pablo retoma el hilo del relato que soltó en el versículo 12, al que había regresado por un instante en el versículo 14. En la anterior narrativa, Pablo les recordó a los tesalonicenses cómo habían sido él y sus compañeros mientras habían estado *presentes* con ellos (como una aparente defensa contra sus detractores en Tesalónica); esta frase está en general relacionada con su "relación" con ellos durante su *ausencia*. Así, Pablo se siente obligado a explicarles por qué él y Silas no habían regresado allí jamás, sino que habían enviado a Timoteo en su lugar.

Para exponer su idea, Pablo usa una de las metáforas más extraordinarias de todas sus cartas: él y sus compañeros habían quedado "huérfanos"[322] (TNIV, "desgajados") al estar ausentes de estos nuevos creyentes. Al hacerlo, retoma la primera de las tres metáforas que aparecieron en rápida sucesión en el relato precedente (vv. 1-12), donde primero había sido como "un niño" entre ellos (v. 7), después una "madre que amamanta" (v. 8) y, finalmente, un "padre" preocupado (v. 11). Regresando a la primera metáfora, piensa en sí mismo y en Silas como "huérfanos". Aunque este término se refiere a niños que han perdido a sus padres, en griego también se usaba, como aquí, en alusión a padres a los que les arrebatan a sus niños. La metáfora funciona en este caso porque ambas partes son las que están "lejos de casa", por así decirlo, en términos de su relación con los creyentes tesalonicenses.

Una vez expuesta su idea, Pablo la califica de inmediato mediante dos expresiones adverbiales que enfatizan el tiempo y el espacio. Al respecto del

320. Los traductores están divididos en cuanto a la fuerza de este δέ. Aparece con tanta frecuencia en griego como simple conector que, a menudo, no se traduce (esp. en la NIV; algunos se han recuperado en la TNIV). En el caso presente, muchas traducciones lo han percibido como un adversativo de lo que precede. Sin embargo, dado que la narrativa que sigue no tiene una relación adversativa con los vv. 14-16, la RVR1960 ha captado mejor el sentido de la relación entre ambos párrafos mediante su "Pero nosotros".

321. Ver también Morris (86); muchos piensan de otro modo, intentando ver que simplemente retoma el relato sin contraste especial con lo inmediatamente precedente (por ej., Rigaux, 457; Best, 124; Wanamaker, 129).

322. Gr. ἀπορφανίζω, un compuesto de (ἀπό + ὀρφανίζω) que significa "hacer un huérfano de", una metáfora rara, aunque comprensible. Aunque algunos han dudado de esto como metáfora intencionada, entenderla como tal se remonta tan lejos como Crisóstomo (*Homilies on 1 Thessalonians,* 334), que la contrasta con otras cuatro palabras que Pablo podría haber usado en lugar de esta.

*tiempo,* la separación solo ha sido "por algún tiempo",[323] ¡un término relativo como pocos! Todo depende de la perspectiva. No obstante, en términos de tiempo real, él y Silas solo habían estado alejados de ellos por un tiempo relativamente corto (es posible que todavía no hiciera un año); sin embargo, en un momento de la historia en el que la comunicación a la distancia era lenta e irregular, no tener noticias no significaba necesariamente que las cosas fueran bien.[324] Al respecto del *espacio* y las cartas típicas de amistad, Pablo califica rápidamente la ausencia, aunque real en forma de contacto personal, como algo que no lo era en absoluto en términos de memoria y de afecto (lit. = "de rostro, no de corazón"). En el mundo grecorromano, como en el nuestro, los verdaderos amigos nunca se consideraban ausentes en última instancia.

La intensidad de los sentimientos de Pablo en cuanto a esta separación puede verse en el orden de las palabras en griego, que sería insólito en nuestra lengua: "Con la mayor impaciencia hicimos todos los esfuerzos sus rostros por ver con gran anhelo". Así, en la frase de Pablo, todo está delimitado por los dos modificadores adverbiales —"con la mayor impaciencia"[325] y "con gran anhelo"[326]— que tienen un valor considerable para los lectores. Lo que ansía es "ver sus rostros", una vez más, un modismo que en griego funciona precisamente como en nuestro idioma: "Ver a alguien cara a cara" significa verle "en persona". Su fuerza como modismo radica en el énfasis de la presencia corporal.

**18**

La intensidad de los sentimientos de Pablo en cuanto a esta separación va seguida por su siguiente frase, que comienza con un "Sí",[327] mientras sigue explicando la oración inicial de dos formas. Primero desarrolla la idea con la siguiente cláusula "deseábamos visitarlos... más de una vez"; a continuación, ofrece una razón abrupta

323. Gr. πρὸς καιρὸν ὥρας una combinación de πρὸς καιρὸν ("por un tiempo") y πρὸς ὥρας ("por una hora"), que funciona como nuestro modismo "durante un breve espacio de tiempo".

324. En realidad, uno se pregunta si un texto así puede entenderse en la cultura norteamericana actual, donde el correo electrónico o el teléfono móvil han llegado a servir de cordón umbilical para muchos estudiantes universitarios al respecto de sus amigos y familia. La generación universitaria actual (algunos de nuestros propios nietos al momento de escribir esto) han perdido casi todo sentido de tiempo y distancia en lo relativo a la comunicación con los demás. ¿Será posible que tengan, aquí, algún "sentimiento" genuino por la angustia de Pablo?

325. Gr. περισσοτέρως, que aquí tiene fuerza elativa (que implica intensidad) en lugar de comparativa.

326. Gr. ἐπιθυμίᾳ, que se usa en este sentido positivo en Pablo solo aquí y en Fil. 1:23; de otro modo, el uso es totalmente negativo y Pablo lo ve en Romanos 7 como pecado principal que desestima el criterio de que alguien pueda cumplir la ley sin pecar.

327. En este caso, sin embargo, se expresa con un διότι (forma combinada de διά + ὅτι; lit. "por causa de esto" = "por esta razón").

por la que no lo hizo ("pero[328] Satanás nos lo impidió"[329]). El modismo griego para el "vez tras vez" de la TNIV es (literalmente) "una y otra vez" (cp. Fil 4:16); significa varias veces, pero sin contarlas en realidad.[330]

El momento más impresionante llega con la interrupción parentética ("yo mismo, Pablo"); por primera vez en la carta se nos hace tomar consciencia de lo que podríamos haber imaginado sin esta especificación: que, aunque los tres enviaban la carta, en realidad la escribe Pablo mismo, en términos de iniciación y dictado.[331] De modo que, en este punto crucial, momentáneamente Pablo da un paso adelante y sale de detrás de la cortina, por así decirlo, para enfatizar su propio deseo personal[332] profundo —y sus intentos— de regresar a Tesalónica para "ver cómo se encontraban", bien consciente de que los recientes disturbios que los expulsaron a él y a Silas de la ciudad habrían salpicado, sin dudas, a quienes hubieran elegido convertirse en discípulos.

La razón real para no volver es uno de los misterios del corpus paulino, ya que nuestro conocimiento es deficiente en varios ámbitos. Para empezar, desconocemos las ubicaciones de estos intentos (¿Berea? ¿Atenas? ¿Corinto?). Además, quedamos en total oscuridad al respecto de la naturaleza real de los intentos, así como de lo que sucedió para obstaculizarlos (ya que Pablo los atribuye a Satanás). Y, finalmente, solo nos queda especular sobre los acontecimientos específicos o las circunstancias que él adjudica a Satanás mismo[333] como responsables de frustrar su deseo de volver.[334] En cualquier caso, está en marcado contraste con otra

328. Gr. καί; algunos intérpretes tempranos (por ej. Ellicot [34], Findlay [59] rechazaron cualquier fuerza adversativa aquí; ver BDAG 1bη.

329. Gr. ἐνέκοψεν, término que, como implica la combinación ἐν + κόπτω, se origina al parecer en un término militar para "cortar" una carretera y hacerla intransitable; ver 3:11 más abajo para la respuesta de Pablo a esto en oración.

330. Sobre este uso, ver L. Morris, "ΚΑΙ ΑΠΑΞ ΚΑΙ ΔΙΣ", *NovT* 1 (1956), 205-8; cp. la explicación en Rigaux (461). En la LXX, ver Dt. 9:13; 1 S. 17:39; Neh. 13:20; 1 Mac. 3:30. Los intérpretes tempranos entendieron que esta locución significa "no solo una vez, sino dos" (por ej. Ellicott, 34; Milligan, 34).

331. El "yo" singular aparece cuatro veces más en las dos cartas (1 Ts. 3:5; 5:27; 2 Ts. 2:5; 3:17); este fenómeno singular es un argumento que tiene un peso especial en favor de la autenticidad de 2 Tesalonicenses. ¿Cómo podría haber hecho esto un falsificador?, cabe preguntarse.

332. Es decir, que el énfasis no está en Pablo en *contraste* con los demás (así Ellicott, 34), sino en Pablo mismo como aquel que siente especialmente este deseo.

333. Pablo no tiene ninguna de las proclividades modernas al respecto de un Enemigo personal de Dios y de su obra. Después de todo, estaba bien familiarizado con los datos bíblicos y, como Jesús, era un hombre de su época que se tomó una realidad como esta con total seriedad; ver más en 3:5.

334. Lo más plausible parecería lo que opina Marshall (86), seguido por Wanamaker (122), quien lo enlaza al "aguijón en la carne" de 2 Co. 12:7, que él atribuye del mismo modo a Satanás. Para una lista de especulaciones adicionales, ver Frame, 121.

situación de "imposibilidad de regresar", 1 Corintios 16:12 (en este caso, Apolo), que Pablo atribuye a una prohibición de Dios. En esta situación presente, es obvio que el apóstol vio la mano del enemigo de algún modo involucrada en sus planes frustrados. En cuanto a los detalles, jamás los conoceremos y especular es inútil; de hecho, es posible (¿probable?) que los tesalonicenses tampoco estuvieran al tanto.

**19**

Mediante el "En resumidas cuentas" con el que comienza esta nueva frase, Pablo no actúa como muchos de nosotros que, desde la distancia histórica, hubiéramos deseado que explicara las razones que le impidieron regresar a Tesalónica.[335] Más bien, su interés es personal y relacional, de manera que explica lo que le había obligado a intentarlo varias veces. Tenía que ver con el futuro escatológico de los tesalonicenses. Esta es la cuarta referencia al respecto en la carta (ver 1:3, 10; y 2:12 más arriba) y hay más por venir (ver 3:13; 4:13-18; 5:1-11; y 5:23 más abajo). En contraste con la mayoría de los demás pasajes, aquí el énfasis es doble: primero, sobre los *tesalonicenses mismos* como presentes en la llegada del Señor, con especial énfasis mediante el parentético "¿Quién más sino ustedes?"[336] y, en segundo lugar, en que estarán realmente en la *presencia del Señor Jesús* en su venida. Al mismo tiempo, la propia función de Pablo en que ellos estuvieran "presentes en la presencia" es lo primero que aparece en la frase. Todo esto está preparando, con toda certeza, el escenario para su respuesta a una de las preocupaciones principales que Timoteo le llevó al apóstol desde Tesalónica, a la que contestará con algunos detalles en 4:13-18 y 5:1-11.

El asunto de primer énfasis en ambas frases (vv. 19 y 20) es el propio gozo esperado del apóstol y el honor de que los tesalonicenses estuvieran presentes en la venida del Señor. Esta anticipación de su presencia con Pablo en la llegada de Cristo es, en primer lugar, "nuestra esperanza". Frente al sentido suavizado que el término "esperanza" tiene en nuestra lengua,[337] para Pablo es la principal forma

335. Que, en sí mismo, es un extraordinario momento, dada nuestra tendencia humana a desarrollar nuestras "imposibilidades" para asegurarnos de que la otra parte entienda por completo por qué y cómo sucedieron las cosas.

336. La frase griega se rompe en este punto y su intensidad justifica probablemente la falta de verbo (que en griego está justificada); sin embargo, su significado parece claro. Poniendo la frase en nuestro idioma, pero manteniendo su orden de palabras, leemos: "Porque ¿quién [es] nuestra esperanza o gozo o nuestra corona de vencedor —o ni siquiera [son] ustedes— en la presencia de nuestro Señor Jesús en su venida?". La puntuación es mía, por supuesto. Frame (122), seguido por Best (129), hace la inverosímil sugerencia de que καὶ ὑμεῖς implica "usted, así como los demás". Sin duda, esto es crear una cortina de humo en medio de la expresión perfectamente comprensible de Pablo.

337. Como se encuentra, por ej., en el "eso espero" que se usa con tanta frecuencia y que significa que algo puede ocurrir o no.

de hablar sobre la *certeza* del futuro. Independientemente de lo demás, para Pablo la "esperanza permanece" (1 Co. 13:13), en el sentido de que uno vive en absoluta confianza de un futuro seguro garantizado por la propia resurrección de Cristo de entre los muertos (ver sobre 1:3 más arriba).

Sin embargo, en esta frase, la palabra está en cierta tensión con ese uso corriente, ya que se utiliza para las personas y no para Cristo, el garante. Además, ahora se expresa del lado del regreso de Timoteo, de modo que parece adoptar un sentido inusual (para Pablo): como "fundamento de su expectativa" en cuanto al futuro o "algo que se espera".[338] En ambos casos parece quedarse un poco corto en cuanto a una realidad garantizada. Que estén presentes con Pablo en la venida de Cristo es su deseo, y sin duda también su expectativa. Pero la naturaleza misma de la frase parece alejarla un paso de la certeza sobre el futuro que, por lo general, da a entender con sus palabras. Así, desde la perspectiva de haber visto a Timoteo, los creyentes tesalonicenses habrían sido la "esperanza" de Pablo en términos de su ferviente deseo y confianza en la obra de Cristo en medio de ellos. Pero ahora, desde el lado de la vuelta de Timoteo con buenas nuevas sobre ellos, forma parte de su "esperanza" genuina en relación a la venida de Cristo.

De manera similar, la esperada presencia en el advenimiento de Cristo será el propio "gozo" de Pablo. De haber sucedido que ellos no hubieran dado la talla en resistencia, ese gozo habría disminuido con toda seguridad. Pero el apóstol no se está refiriendo a los buenos sentimientos, como suele ser el caso con este término. En su lugar, para Pablo, el "gozo" no tiene que ver con sentimientos, sino con verbalizar, ya que el término halla su verdadero significado en su verbo correspondiente, "regocijarse". Trata menos de lo que uno "siente" y más de lo que uno hace en la presencia de Dios; uno "se regocija en el Señor", que sería la forma en que los tesalonicenses serían la alegría de Pablo "delante de nuestro Señor Jesús para cuando él venga".

El elemento final en esta tríada se entiende de un modo bastante pobre cuando se le da su traducción tradicional de "corona de orgullo",[339] dado que ambas palabras de esta expresión en nuestra lengua, por no mencionar su locución inusual, conducen a pasar por alto toda la idea de Pablo. El primer problema aparece con

338. Son las entradas 2 y 3 respectivamente de BDAG, que sitúa nuestro pasaje bajo el número 2 junto con Col. 1:27 (Cristo Jesús, nuestra esperanza de gloria). Aunque esto tiene sentido al respecto de lo último, que casi ciertamente significa "Cristo Jesús, quien por medio de su muerte y resurrección ha asegurado para nosotros la esperanza [= certeza] sobre nuestra gloria futura", parece ser mucho menos probable aquí.

339. Como en RSV, NRSV y ESV. La frase misma aparece en la LXX en Pr. 16:31, donde se afirma que "Las canas [o el cabello blanco] son una honrosa corona στέφανος καυχήσεως [corona de honor]"; cp. Ez. 16:12. Wanamaker (124) sugiere que estos textos del AT no tienen interés aquí, y eso puede ser verdad al respecto de la intención de Pablo, pero desde luego no en la elección de las palabras.

la palabra "corona" misma, cuyo primer significado suele referir a la diadema de metal que porta un rey u otro miembro de la realeza; resulta difícil imaginar esta palabra en un contexto como este. Por el contrario, la "corona" que Pablo espera recibir cuando Cristo venga no tiene nada que ver con la realeza; su principal referente es la guirnalda (habitualmente de laurel) concedida al vencedor de una de las competiciones de los juegos, el premio máximo al ganador, por así decirlo. No es símbolo de realeza, sino de victoria o de logro.

El segundo problema aparece con el término "orgullo", que en algunos contextos es lo que este término griego puede significar, y de hecho significa, sobre todo en su uso frecuentemente peyorativo por parte de Pablo en 1 y 2 Corintios. En realidad, para la mayoría de los lectores, rara vez existe un caso en el que esta palabra no registre en primer lugar connotaciones negativas, aunque su intención sea positiva. La clave del uso del vocablo griego por parte del apóstol ha de encontrarse en su aparición inmediatamente posterior en sus cartas, en 1 Corintios 1:29-31, donde tiene que ver con depositar la confianza de uno en algo, y así "gloriarse" en ello. Allí, Pablo concluye citando a Jeremías 9:23-24 (LXX), donde Dios por medio de su profeta reconviene a su pueblo: "Que no se *gloríe* el sabio de su sabiduría, ni el poderoso de su poder, ni el rico de su riqueza. Si alguien ha de *gloriarse*, que se *gloríe* de conocerme y de comprender que yo soy el Señor, que actúo en la tierra con amor, con derecho y justicia, pues es lo que a mí me agrada, afirma el Señor". Casi con toda seguridad, este es el origen del doble uso que el apóstol hace de esta palabra que, en su sentido negativo, significa sentir un orgullo equivocado y, por tanto, una falsa seguridad en algo, y en su vertiente positiva, quiere decir depositar toda la esperanza y la seguridad propias en el Dios vivo. Del mismo modo aquí, con el simbolismo de los juegos, Pablo se retrata a sí mismo como compareciendo ante la propia presencia del Señor en su venida, llevando la guirnalda del vencedor. Sin embargo, en este caso, la "diadema" no es otra que los creyentes tesalonicenses mismos, en quienes se gloriará porque están con él en la presencia del Señor en su parusía.

Es necesario observar un par de cosas más sobre la frase final, "delante de nuestro Señor Jesús para cuando él venga". En primer lugar, el término griego *parousia* tuvo una larga historia en el mundo de habla griega como "término oficial para la visita de una persona de alto rango, en especial reyes y emperadores que visitaban una provincia" (BDAG 2bα). Dado el propio orgullo de Tesalónica por su enclave en el imperio es, por tanto, de cierto interés que —con excepción de su posterior aparición en 1 Corintios 15:23— el vocablo se utilice de forma exclusiva por Pablo en nuestras dos cartas presentes, y en cada caso (menos en uno: 2 Ts. 2:9, del "malvado"), alude a la "venida" de Cristo.[340] En el propio uso del apóstol,

340. Ver 1 Ts. 3:13; 4:15; 5:23; 2 Ts. 2:1, 8 (2:9); cp. 1 Co. 11:26 ("hasta que él venga"). En otros lugares del NT, se usa en los Evangelios, exclusivamente en Mateo, y solo en el cap. 24

sin embargo, difícilmente funciona como el término técnico que posteriormente llegó a representar en la tradición cristiana, ya que lo usa varias veces al respecto de sí mismo y de otros.[341]

En segundo lugar, y en relación con la primera observación, la combinación ("el Señor Jesús") aparece tantas veces en estas dos cartas (nueve en total) como en el resto del corpus entero.[342] Esta frecuente identificación de Jesús como "el Señor" está más probablemente relacionada con el hecho de que estuviera escribiendo a creyentes de una ciudad que disfrutó de manera especial de privilegios romanos; en Tesalónica, la "venida" del "Señor César" se habría considerado el más alto honor. La intención de estas palabras, "para cuando él [el Señor Jesús] venga" es, sin duda, alentar a los acosados creyentes de Tesalónica y señalarles que la venida "del (verdadero) Señor" sucedería en su propio futuro.

**20**

Pablo ahora sigue su pregunta retórica con la respuesta ya implícita en la retórica misma. "Sí, ustedes —confirma ahora— son nuestro orgullo y alegría". Merece la pena resaltar cuatro asuntos sobre esta respuesta positiva a su propia pregunta. Primero, la repetición carece de la dimensión escatológica de la pregunta anterior. Lo que él afirma aquí no es sobre lo que le ocurrirá a él cuando el Señor venga, sino lo que ellos significan para él ahora mismo. Y por ello, probablemente y, en segundo lugar, el término "esperanza" no se repite. Ese vocablo tenía que ver en general con estar presentes con él en la venida de Cristo; aquí se está centrando en lo que ellos significan para él en el presente. Y esto conduce, a su vez, al tercer punto, a la razón probable para que "gloria" se sustituya por "'corona' de orgullo", dado que la "corona" que se tiene en vista es la del vencedor al *final* de la carrera. De ahí que solo le interese lo que ellos significan en ese momento para él. Ellos también son "su gloria", probablemente en el sentido de lo que él ya ha dicho sobre ellos en 1:8: que lo que el Señor había hecho en Tesalónica por ellos había resonado por todas las provincias griegas. Por consiguiente, se alegrará de "llevarlos" como su "gloria". Y esto conduce al cuarto elemento, a la palabra repetida de la enumeración que precede: por encima de todo lo demás, "ustedes

---

(vv. 3, 27, 37, 39)); Stg. 5:7, 8; y 2 P. 3:4. Sobre la parusía en sí, ver además A. L. Moore, *The Parousia in the New Testament* (NovTSup 13; Leiden: Brill, 1966); y C. Brown, "The Parousia and Eschatology in the NT", *NIDNTT* 2:901-35. En otros lugares, Pablo habla de este acontecimiento como la ἀποκάλυψις ("revelación") del Señor (2 Ts. 1:7; 1 Co. 1:7); la "ἐπιφαείας ('manifestación') del Señor" (1 T. 6:14; cp. 2 T. 4:8; Tit. 2:13); o "el día del Señor" (1 Co. 1:8; 5:5; 2 Co. 1:14; Fil. 1:6, 10; 2:16 [las últimas dos "de Cristo"]).

341. Con el significado de "venir" (como frente a "presencia"), ver 1 Co. 16:17 (Estéfanas y Fortunato); 2 Co. 7:6 (Tito); Fil. 1:26 (Pablo).

342. Para los datos estadísticos más plenos, ver G. D. Fee, *Pauline Christology* (Peabody, Mass.: Hendrickson, 2007), 26.

son nuestra... alegría". Esto es muy parecido a cómo los nuevos padres sonríen de deleite ante su hijo recién nacido; no se puede estar mucho tiempo con estos padres sin experimentar también su gozo.[343] Pablo y Silas podrían haberse sentido "huérfanos" por los muchos meses que llevaban alejados de sus "recién nacidos" tesalonicenses (v. 17); pero la realidad es que los creyentes de Tesalónica eran sus "hijos" en el Señor y por consiguiente también eran su alegría presente.

De algunas maneras, este párrafo es extraordinario, y es también profundamente paulino. La preocupación del apóstol es por la amistad corriente: decirles cuánto los había echado de menos y cómo se sentía por la ausencia. Sin embargo, algo típico del apóstol es que todo lo que su mano/pluma toca se convierte en palabras sobre Cristo y el evangelio. En este caso, (apenas) oculta su preocupación por la perseverancia de ellos en Cristo. Al escribir desde la perspectiva del regreso de Timoteo, rebosa de gozo al ver que seguían siendo fieles, un desbordamiento que se expresa, en última instancia, en términos escatológicos: su intenso anhelo de estar junto con ellos en la presencia del Señor cuando Él venga. Ese deseo de su parte es, pues, apenas una sutil insistencia de que siguieran constantes. Para Pablo, todo tiene que ver con la "salvación", y esto involucra tanto realidades presentes como futuras.

## 2. Timoteo es enviado (3:1-5)

[1] *Por tanto, cuando ya no pudimos soportarlo más, pensamos que era mejor quedarnos solos en Atenas.* [2] *Así que les enviamos a Timoteo, hermano nuestro y colaborador*[a] *de Dios*[344] *en el evangelio de Cristo, con el fin de afianzarlos y*

343. Esta ilustración me vino a la mente porque tres semanas antes de ponerme a escribir, dos parejas de padres del grupo de nuestra iglesia en la casa tuvieron niñas. Es difícil pasar por alto el puro deleite que semejante acontecimiento ha sido para ellos y para aquellos de nosotros que hemos estado cada semana con ellos, durante los meses de embarazo, desde el anuncio inicial al nacimiento. Y ese deleite es lo que también capacita a las madres para soportar los primeros meses de cansancio, visible para todos, pero que parece mínimo en comparación con el gozo.

344. Aquí, la TNIV refleja lo que es casi con seguridad el texto original de Pablo (τὸν ἀδελφὸν ἡμῶν καὶ συνεργὸν τοῦ Θεοῦ [D* 33 b Ambrosiaster, también encontrado en B, pero sin el τοῦ Θεοῦ]), dado que es el único que puede explicar de un modo adecuado la gran diversidad en la tradición. El problema, por supuesto, incluso para los escribas antiguos, es que parece como si Pablo hubiera dicho "nuestro hermano y colaborador de Dios" (¡lo que, en realidad, usan algunas versiones!), que bordea el sinsentido en términos del uso y la teología paulinos. La opción más temprana y principal fue sustituir διάκονον por συνεργόν ("nuestro hermano y siervo de Dios"; así ℵ A P Ψ 0278 6 81 629* 1241 1739 pc lat co; Basilio). Aunque esta traducción es la preferida por algunos (RSV, Morris [94-95]), si fuera original sería casi imposible explicar cómo se produjeron las demás variaciones (como Marshall, 90, reconoce correctamente). El segundo texto (Mayoritario) combinó los dos textos primitivos y tradujo τὸν ἀδελφὸν ἡμῶν καὶ διάκονον τοῦ Θεοῦ καὶ συνεργὸν ἡμῶν ("nuestro hermano y ministro de Dios y colaborador nuestro"; KJV, NKJV).

*animarlos*[345] *en la fe* [3] *para que nadie fuera perturbado por estos sufrimientos.*
*Ustedes mismos saben que se nos destinó para esto,* [4] *pues cuando estábamos con ustedes les advertimos que íbamos a padecer sufrimientos. Y así sucedió.* [5] *Por eso, cuando ya no pude soportarlo más, mandé a Timoteo a indagar acerca de su fe, no fuera que el tentador los hubiera inducido a hacer lo malo y que nuestro trabajo hubiera sido en vano.*

[a] En algunos manuscritos *hermano y colaborador;* otros manuscritos *hermano y siervo de Dios.*

Con este párrafo, la narrativa de Pablo prosigue a buen ritmo, y ofrece todo tipo de cosas que encajan en su lugar al respecto de las razones de la carta misma. De lo que nos enteramos es que ya sabían que, en lugar de que Pablo mismo regresara a Tesalónica (lo que se explica en el párrafo precedente), Timoteo había ido a verlos en vez de él. Pablo está ansioso de que ellos sepan de su parte *por qué* fue Timoteo, no "por qué Timoteo en lugar de Pablo o Silas", sino por qué Timoteo y punto. La estructura sugiere eso. El párrafo está encerrado entre las dos frases; comienza "cuando ya no pudimos soportarlo más", lo que enlaza con 2:17-20. En ambos casos, el haber enviado a Timoteo va seguido de una cláusula de propósito que tiene que ver con la "fe" de ellos (vv. 3b y 5b), cada una de las cuales concluye con otra cláusula de propósito que proporciona la razón para la primera.

El propósito de que Timoteo hubiera regresado resulta ser doble: en primer lugar, por el bien de *su fe,* de manera que no fueran sacudidos por las inevitables aflicciones; y, en segundo lugar, *por el propio bien de Pablo,* no fuera que, al probarlos, el Tentador hubiera triunfado y la labor del apóstol quedara así invalidada. Entre estas dos cláusulas existe una explicación en tres partes al respecto de sus dificultades presentes (que nos lleva así de regreso a 2:14): los tesalonicenses saben que "se nos destinó para esto"; eso se les había dicho una y otra vez con anterioridad. Por tanto, se unen la dificultad en sí misma y el saber al respecto ("les advertimos... y así sucedió"). El único asunto adicional es la recomendación de Timoteo en el versículo 2a.

El párrafo nos llega, pues, en cuatro frases desiguales (vv. 1-3a, 3b, 4, 5), que comentaremos según sus agrupaciones lógicas (vv. 1-2a, el envío y la recomendación de Timoteo; vv. 2b-3a, la razón por la que fue enviado; vv. 3b-4, el sufrimiento como destino cristiano; v. 5, se repiten el envío y su propósito).

345. La frase de Pablo en griego tiene ὑμᾶς ("ustedes") inmediatamente después de στηρίαξι ("fortalecer"), que la TNIV ha elegido poner con el segundo término, "alentar", para atribuirle así un doble deber. Los escribas posteriores escogieron repetir ὑμᾶς después del segundo infinitivo; de ahí que algunas versiones recuperen "establecerlos y consolarlos". Aunque es un poco ambigua para traducirla y que suene bien, la propia frase del apóstol parece pretender que el ὑμᾶς sea solo el objeto del primer verbo (στηρίαξι), con la frase "acerca de su fe" como objeto del verbo "alentar". Así: "Fortalecerlos y alentarlos al respecto de su fe".

**1-2a**

La explicación de la visita de Timoteo empieza con la conjunción inferencial "por tanto"[346] (= "por esa razón"), vertida sencillamente como "así" en la TNIV. Lo que se está a punto de ofrecer es una explicación de por qué les envió a Timoteo; la razón está en las frases precedentes: ellos mismos formaban parte de la esperanza escatológica de Pablo. Por ello, y con la preocupación de que ya no fuera así, empieza a detallar tanto el hecho como las razones del envío de Timoteo. Lo enviaron porque "ya no pudimos soportarlo más",[347] un "nosotros" que se convierte en un "yo" en el versículo 5. Lo que Pablo ya no podía resistir no era sencillamente la separación en sí, sino, como el versículo 3 aclara, la necesidad de conocer el estado de la "fe" de ellos.

Así, retomando la emoción de 2:17 (quedamos "huérfanos" de ustedes), ahora admite estar dispuesto a ser "abandonado" *solo*[348] en Atenas con tal de saber cuál es el estado actual de la fe de ellos. Al actuar así, Pablo nos deja con otra dificultad al respecto de personas, geografía y cronología. Por una parte, no menciona ubicación geográfica de ningún tipo en ninguna de estas dos cartas, por lo que no nos proporciona certeza alguna sobre el enclave desde donde escribe las cartas. La presencia de Silas y Timoteo (1:1) ha llevado a la mayoría de los eruditos ( y probablemente con razón) a suponer que el lugar fue Corinto,[349] donde los tres estuvieron juntos durante un período de tiempo más extenso del que pareciera que Pablo permaneció en Atenas; esto daría tiempo para que Timoteo pudiese ir y volver. Por otra parte, según el relato actual, Timoteo había sido enviado primeramente desde Atenas; y, aunque es posible que hubieran acordado volverse a reunir en Corinto, lo que se narra sobre estos acontecimientos en Hechos 17 y 18 es, no obstante, un tanto difícil de cuadrar con precisión en la narrativa que

346. Gr. διό, que aparece de nuevo en 5:11 y con frecuencia en 2 Corintios.

347. Gr. στέγω, un verbo que aparece de nuevo en el v. 5 y, en otros lugares en Pablo, solo dos veces más (1 Co. 9:12 y 13:7 [El amor todo lo "soporta"].

348. Sobre la cuestión de "solo" y si se refiere solo a Pablo o a Pablo y Silas, ver K. P. Donfried, "Was Timothy in Athens? Some Exegetical Reflections on 1 Thess. 3:1-3", en *Paul, Thessalonica, and Early Christianity* (Londres: T&T Clark, 2002), 209-19 (que apareció por primera vez en alemán en el Knoch *Festschrift* [Stuttgart: Katholisches Bibelwerk, 1991], 189-96), que argumenta en favor de "Pablo solo"; cp. Malherbe, 190. Ver también A. Wainwright, "Where Did Silas Go? (And What Was His Connection with *Galatians*)", *JSNT* 8 (1980), 66-70, que conjetura que Silas también había sido enviado a algún lugar (quizás a Galacia). Sobre el uso mismo, ver C. F. D. Moule, *An Idiom Book of New Testament Greek* (2ª ed.; Cambridge: Cambridge University Press, 1963), 119.

349. Richard (152) es una excepción. Rechaza la autoría paulina de 2 Tesalonicenses y da por sentado que la mención de Atenas significa aquí que Pablo estaba allí en el momento de la escritura, algo que sencillamente no podemos saber.

tenemos por delante.[350] Además, al usar Pablo aquí "nosotros", pero recurrir al "yo" en el versículo 5, no podemos estar seguros de la presencia o ausencia de Silas en Atenas. Según Hechos, Pablo estaba solo en la ciudad griega, porque había sido expulsado de Berea, y debía reunirse allí con Silas y Timoteo; pero, en su lugar, fue a Corinto, donde los otros dos acabaron por encontrarse con él. Este relato deja en claro, sin embargo, que los tres habían estado juntos en Atenas y que Timoteo fue enviado a Tesalónica desde allí. Aunque no hay nada relevante en juego, es probable que Lucas nos haya proporcionado una vez más la información básica para explicar la reunión de los tres en Corinto, ya que, para ambos escritores, Atenas no parece haber sido un centro de actividad misionera paulina importante (esta nota de pasada es la única mención en el corpus paulino).

Lo que sucede a continuación le llega al lector moderno con un poco de sorpresa, ya que Pablo "recomienda" a Timoteo como "hermano nuestro[351] y colaborador de Dios"; y Timoteo mismo acaba de regresar de allí, como aclara el versículo 6. En realidad, si no tuviéramos el párrafo siguiente (vv. 6-10), la frase presente se entendería de forma universal como el primer envío de Timoteo como viaje de investigación.[352] En efecto, al ser esta una recomendación *a posteriori* (¡!), ¿por qué hacerla? La respuesta en este caso es sencilla. Pablo va a enviar a Timoteo de regreso a Tesalónica, como portador de esta carta; la recomendación es sencillamente proforma: en el mundo grecorromano se "recomienda" al portador de una carta, aun siendo conocido por los destinatarios. Se autentifica la carta y se hace lo mismo con quien la lleva.

Pero en este caso, lo que Pablo afirma sobre Timoteo ha tenido un historial extenso de alteraciones por parte de los copistas posteriores, ya que, a primera vista, existe un grado considerable de ambigüedad en el encomio. Lo que Pablo dictó fue "nuestro hermano y colaborador"; sin embargo, cuando añade a continuación el posesivo ("de Dios") a su cláusula, le dejó un legado de dificultades a

350. Con esto no pretendemos afirmar que no pueda hacerse (cp. la nota precedente), sino que, más bien, nos quedamos solamente con posibilidades y conjeturas.

351. Como con el vocativo plural recurrente, "hermanos", esta designación incluye al menos a Timoteo como un miembro más de la comunidad cristiana; sin embargo, el "nuestro" en este caso pretende probablemente enfatizar el vínculo más cercano y casi familiar que tiene con Timoteo. Por otra parte, cuando el nombre de este se une al de Pablo en salutaciones posteriores, esta es la forma habitual de aludir a él (2 Co. 1:1; Col. 1:1; Flm. 1). E. E. Ellis ("Paul and His Co-Workers", *NTS* 17 [1971], 437-52) desea incluir esto como un "título" para los colaboradores de Pablo, pero esto parece un poco forzado; la mayoría de los eruditos del NT lo rechazan, aunque Wanamaker (12) está dispuesto a reconocer que se "designa claramente a Timoteo como colaborador de Pablo en este pasaje". Quizás, aunque no necesariamente, porque es la intención del término siguiente.

352. Y esto a pesar del aoristo ἐπέμψαμεν, que se habría entendido entonces como un "aoristo epistolar", que significa algo que se conjuga en tiempo pasado, no partiendo de la perspectiva del escritor, sino de la de los destinatarios al recibir la carta.

los lectores posteriores. El problema ahora está en que la palabra "colaborador" va seguida por el genitivo posesivo "de Dios". Como ocurre con la misma combinación en 1 Corintios 3:9, donde Pablo habla de sí mismo y de Apolos como colaboradores, pertenecientes a Dios,[353] cualquier genitivo que venga inmediatamente a continuación de este término particular *no* se entenderá de un modo instintivo, sino como aquel *de quien* uno es colaborador. Así, si Pablo hubiera usado "nuestro colaborador", todos (en griego y en nuestra lengua) habríamos entendido correctamente que significaba "uno que trabaja con nosotros". Dado que Pablo difícilmente hubiera dicho "colaborador de Dios" en ese sentido,[354] los escribas primitivos hicieron lo posible por echarle una mano a Pablo; de ahí la considerable serie de opciones secundarias al texto original de Pablo indicado más arriba (n. 28). Pero lo que Pablo pretendía decir, con toda certeza, es lo que se encuentra en la TNIV: que se está recomendando a Timoteo en primer lugar como "hermano" de Pablo y Silas, quien en última instancia le pertenece a Dios, y en segundo lugar como su colaborador "en el evangelio de Cristo". Al mismo tiempo, él es una persona *de Dios* en toda esta actividad misionera. Aunque la frase paulina para esta actividad pueda significar, como recoge la TNIV, "*expandir* el evangelio de Cristo" (que, como modismo, significa evangelizar), es mucho más probable que se refiriera "a la obra *continua* del evangelio de Cristo", que incluiría su visita pasada y presente a Tesalónica.

### 2b-3a

Con esta cláusula ("con el fin de afianzarlos y animarlos en la fe para que nadie fuera perturbado por estos sufrimientos"), Pablo ofrece las razones específicas

353. Aunque este pasaje (1 Co. 3:9) se ha utilizado en ocasiones para justificar aquí un significado erróneo (por ej., Frame, 127; Bruce, 61), esto pasa totalmente por alto la gramática paulina en este caso, donde se usa el posesivo vernacular (el posesivo se pone delante) tres veces para enfatizar que todos (Pablo, Apolos, los corintios) pertenecen a Dios y no son meros seres humanos. Ver todo el argumento en G. D. Fee, *The First Epistle to the Corinthians* (Grand Rapids: Eerdmans, 1987), 134. Este claro pasaje de 1 Corintios es el que dicta cómo debería entenderse la combinación en esta porción anterior.

354. Este malentendido se plasma con valentía en algunas versiones ("nuestro hermano y colaborador de Dios"); así lo entendió Ellicott (37), Lightfoot (41), Milligan (37), Frame (127) y ahora Wanamaker (128), Richard (150), Holmes (97), Malherbe (191), Witherington (92) y W.-H. Ollrog, *Paulus und seine Mitarbeiter* (Neukirchen: Neukirchener Verlag, 1979), 68-71. Green (159-60) y Beale (96) lo rechazan adecuadamente. Ver la explicación en B. M. Metzger, *The Text of the New Testament* (ed. rev. con Vart Ehrman; Nueva York: Oxford University Press, 2005), 240-42; y G. D. Fee y M. L. Strauss, *How to Choose a Translation for All Its Worth* (Grand Rapids: Zondervan, 2007), 79-80. Quienes se asombran de que los seres humanos trabajen con Dios ¡están involucrados en una obstinación moderna, no en una exposición de Pablo! De hecho, es precisamente la posibilidad de semejante malentendido la que principalmente causó que los primeros escribas retocaran el texto.

por las que envió a Timoteo la primera vez, que deben encontrarse en los tres elementos de la cláusula. La principal razón se expresa en los dos verbos, "afianzar y animar"; el primero aparece cuatro veces en estas dos cartas[355] y está relacionado con "establecerlos" en Cristo. El segundo no es una redundancia, sino que más bien retoma lo que ya ha señalado en 2:11-12 sobre su relación anterior con ellos; allí aludió a su preocupación paternal por "animarlos". Ahora, lo que quiere es estimularlos "en la fe".

Esta última expresión nos conduce al objeto real de la inquietud de Pablo. Estaba, y está totalmente relacionada con "su fe", una nota que se tocará no menos de cinco veces en el pasaje presente (vv. 2, 5, 6, 7, 10). Sin más desarrollo, se podría tender a comprender esta palabra a la luz de su uso común en Gálatas y Romanos, que tiene que ver con confiar en Cristo frente a depositar la confianza en "cumplir la ley". Pero este significado más estrecho no sirve aquí, como se aclarará al retomar el término en el versículo 5. La preocupación obvia de Pablo no es si están confiando en Cristo para su salvación o no; más bien es si quienes ya lo han hecho permanecen "fieles" en esa "fe".[356] Después de todo, como clarifica el versículo 5, en esto ha consistido su preocupación y, por tanto, es la razón por la que envió a Timoteo la primera vez. Este pasaje parece dejar en claro que la "fe" inicial cuenta muy poco si no resiste contra viento y marea. Así, en el versículo 10, anticipa el contenido de nuestros capítulos 4 y 5, indicando que su "fe" necesitaba instrucción adicional y aliento.

El tercer elemento de la frase ofrece la razón suprema de su deseo de fortalecerlos y alentarlos al respecto de su fe. Como ya había sucedido cuando él estaba allí, y como él sabía que sería el caso una vez que él y Silas hubieran salido de allí a toda prisa, por un asunto un tanto turbio, los creyentes tesalonicenses experimentarían una porción mayor de "pruebas".[357] Pablo ya había aludido a esto en 1:6 (TNIV, "graves sufrimientos") como algo que ya estaban experimentando. Su preocupación ahora es si ellos se sentirían "*perturbados* por *estos* sufrimientos [presentes]". Aunque algunos han sugerido que esta es la razón secundaria para

355. Gr. στηρίζεσθαι; ver además 3:13; 2 Ts. 2:17; 3:3, de los cuales, los dos siguientes (3:12; 2 Ts. 2:17) aparecen en sus dos principales informes de oración de estas dos cartas, y el último (2 Ts. 3:3) como pagaré de lo que el Señor hará por ellos.

356. Cp. Best (137, sobre el v. 5): "...la fe es un concepto polifacético y complejo".

357. Gr. θλίψεσιν (θλῖψις); cp. 1:6, donde la T/NVI tradujo "[grave] sufrimiento". Este es uno de los términos más difíciles de representar con una palabra adecuada en nuestro idioma; en realidad, de las 45 veces que aparece en el NT, la NIV lo traduce de 15 formas distintas; no obstante, "pruebas" es único de esta versión (como lo es el profundamente inadecuado "sufrimiento" de 2 Ts. 1:6), dado que la palabra "pruebas" rara vez toma el sentido de "opresión, aflicción, tribulación" (BDAG ["problema que inflige angustia"]), inherente al término griego. Una persona podría acarrearse "pruebas"; este vocablo implica "aflicción", que no procede de nuestro propio hacer, sino de una/s fuente/s externa/s.

enviar a Timoteo,[358] parece pasar por alto y de lejos la profunda preocupación del pasaje.

El uso que Pablo hace del verbo "perturbado"[359] se cuestiona en el pasaje. Su significado "literal", si nos remontamos hasta Homero, tenía que ver con la forma en que los perros mueven la cola. De ahí que numerosos intérpretes (aunque no traductores) lo hayan entendido en alusión a los persuasivos engaños de sus oponentes, que los estaban adulando para ganarse su favor y deseando que dieran la espalda a Cristo.[360] Pero este significado encaja bastante mal en el contexto presente, para no mencionar el más amplio de la carta, en la que el problema no está en que los tesalonicenses estén siendo engañados por los incrédulos, sino en que estén sujetos con regularidad a diversas formas de aflicción[361] de manos de ellos. De hecho, este verbo tiene perfecto sentido ya que está en contraste directo con el "animarlos" de la cláusula precedente.[362] Esto es así sobre todo así a la luz del

358. Ver, por ej., Frame (127) y Hiebert (133-35).

359. Gr. σαίνω, un *hápax legomenon* del NT y, por lo demás, un verbo raro en griego, del que ha habido pocas pruebas externas hasta el descubrimiento, en 1941, de un papiro que contenía el vocablo con este significado; ver H. Chadwick, "1 Thess. 3:3: σαίνεσθαι", *JTS* 1 (1950), 156-58; y ahora Malherbe, 192-93.

360. Entre los comentarios, ver Lightfoot (42), Milligan (38), Frame (128), Morris (96), Richard (141-42) e Hiebert (133-35), ¡una opinión que ha conducido a numerosas conjeturas interesantes al respecto de cómo podría funcionar en este punto, en el argumento de Pablo! La implicación es la "del perro que mueve la cola", que está "intentando ganarse el favor mediante un modo de congraciarse, *adular, halagar*" (BDAG 1), un criterio que también fue defendido por N. Baumert, "'Wir lassen uns nicht beirren': Semantische Fragen in 1 Thess 3,2f", *FiloNT* 5 (1992), 45-60; cp. J. A. Heikel, "1. Thess. 3,2", *TSK* 106 (1935), 316 ("engañado"). Para los que están a favor de la interpretación de la TNIV, ver Malherbe (192-93), Green (161), H. Chadwick (nota anterior) y E. Bammel, "Preparation for the Perils of the Last Days: 1 Thessalonians 3:3", en *Suffering and Martyrdom in the New Testament: Studies Presented to G. M. Styler by the Cambridge New Testament Seminar* (ed. W. Horbury y B. McNeil; Cambridge: Cambridge University Press, 1981), 91-100. Otros han elegido enmendar el texto: R. Perdelwitz, "Zu σαίνεσθαι ἐν ταῖς θλίψεσιν ταύταις, 1 Thess. 3,3", *TSK* 86 (1913), 613-15 [δειλαίνεσθαι, "no siendo cobardes"]; A. D. Knox, "Τὸ μηδένα σαίνεσθαι ἐν ταῖς θλίψεσιν ταύταις (1 Thess. iii.3)", *JTS* 25 (1924), 290-91 (παθαίνεσθαι, "sed llenos de emoción"); y E. Nestle, "I Thess. iii.3", *ExpTim* 18 (1907), 361-62, y St. John R. Parry, "σαίνεσθαι, I Thess. iii.3", 361-62, y St. John R. Parry, "σαίνεσθαι, I Thess. iii 3", *JTS* 25 (1923/24), 405, ambos optan por σαίνεσθαι ("estar desanimado"), una opinión que después retomaron Louw y Nida (1:374), Richard (141-42), y Beale (97), aunque las pruebas léxicas de este criterio son especialmente débiles. Rigaux hace una explicación de dos páginas completas sobre estas alternativas (470-71) antes de rechazarlas a todas.

361. Gr. θλῖψις (cp. n. 49 sobre 1:6); ver, además, BDAG 1, cuyo primer significado es "problema que inflige aflicción", de ahí *opresión, aflicción, tribulación*. Parece no existir razón adecuada para entender este término, siempre usado en este sentido en Pablo, en este caso en relación con ser engañados mediante una actitud halagadora hacia ellos.

362. El contraste es, pues, entre στηρίξαι (afianzarlos) y σαίνεσθαι (animarlos); cp. Findlay, 66.

uso anterior de esta palabra en 1:6, donde su *thlipsis* se compara con la de Pablo y la de Cristo mismo. Además, que el apóstol especifique que está preocupado por "*estas* pruebas", aunque tales cosas les habían sucedido a ellos mientras estuvieron en aquella ciudad, sugiere que lo que ahora tiene en mente son sus dificultades constantes, problemas que conocería mejor con el regreso de Timoteo.

### 3b-4

Sin embargo, en lugar de pasar de inmediato a acabar la narrativa sobre el encargo a Timoteo, Pablo interrumpe el hilo para repetir una respuesta pastoral previamente proporcionada a estas cosas. Lo hace recordándoles primero que las pruebas son meramente una parte integrante de la vida cristiana y, en segundo lugar, desarrollando cómo es que lo saben. De modo que empieza, "[Porque] ustedes mismos[363] saben que se nos destinó[364] para esto [las pruebas]". Y así comienza una secuencia de lo más interesante. Pablo mismo está profundamente preocupado por saber si están aguantando, dado que él sabía que padecerían persecución. Además, como llegamos a saber a continuación, él les había indicado una y otra vez que esto ocurriría. Y ahora que Timoteo ha regresado, es consciente de que, en efecto, así ha sido; según 2 Tesalonicenses 2:1, volverá a suceder. ¿Cómo los consuela? Recordándoles: "Ya les avisé",[365] empieza diciendo; "cuando estábamos con ustedes les advertimos[366] que íbamos a padecer sufrimientos". Como Best (135) expresa con acierto: "La normalidad *es* la persecución" (el énfasis es mío). Y, así, Pablo concluye este pequeño interludio regresando a su propia realidad presente, con un objetivo "y así sucedió".[367]

Pero esta realidad no es algo que debamos desestimar. Después de todo, la fe cristiana que empieza por nuestro Señor mismo está en absoluta contradicción con la principal cosmovisión y los valores de nuestro mundo caído y estropeado. Por tanto, no debería sorprendernos que quienes están en oposición a un mundo así y a sus valores primordiales —aunque no sea en forma verbal, sino por estilos de vida contrarios— deberían experimentar con regularidad la burla y el odio

363. Para este énfasis, ver n. 13 sobre 2:1 más arriba.

364. Gr. κείμεθα, cuyo principal significado es "yacer" o "reclinarse", pero ha adquirido un número considerable de significados extendidos como este que, junto a διὰ τοῦτο (por esta razón), significa "estar ahí para esta causa", "estar destinado" para algo.

365. Esto representa perfectamente el καὶ γάρ de Pablo, una combinación que en casos como este significa algo cercano a "porque incluso/también".

366. Gr. προελέγομεν, que en el imperfecto añade la dimensión "no dejamos de decirles" al verbo.

367. Gr. καθὼς καὶ ἐγένετο καὶ οἴδατε, (lit.) "tal como ocurrió, y ustedes lo saben". La TNIV ha gestionado bien esta ambigüedad. Aunque otras versiones ("así resultó") se han apartado del lenguaje de la tradición del "como ha acontecido" (RVR60 y otras), todavía se puede encontrar en algunas traducciones, aunque ya no tenga ese significado.

de quienes prefieren los principios de Satanás a los de Cristo. Quizá el resultado más desafortunado de la cristiandad como realidad cultural haya sido que el revestimiento de una cosmovisión menos que radical permita que el pueblo de Dios se "haga el vago" en lugar de experimentar la clase de discipulado esperado del que Pablo habla aquí.

**5**

El "por eso" con el que comienza esta frase concluyente[368] es la forma en la que Pablo enlaza el momento parentético precedente (vv. 3b-4) con el modo en que empezó esta parte de la narrativa. Así, el apóstol repite aquí la esencia de su primera frase (vv. 1-3a), y lo hace vinculando sus dificultades presentes a la actividad satánica, como ya había hecho antes al respecto de su propia incapacidad para regresar (2:18). Haciéndolo así —y este es el rasgo más impresionante de esta frase resumen—, él también vuelve a la primera persona del singular de aquella oración anterior. No obstante, en toda la repetición de los versículos 1-3a, el enfoque al respecto de enviar a Timoteo ha cambiado por completo. En el versículo 2 menciona la visita de Timoteo desde la perspectiva tesalonicense (por qué había ido a *ellos*); ahora habla de ello desde su propio punto de vista. De hecho, todo lo que podríamos (o habríamos) adivinado hasta el momento se describe ahora con detalles explícitos.

Así, "cuando ya no pude soportarlo más",[369] Pablo envía a Timoteo para "afianzarlos y animarlos en la fe". Es decir, Timoteo fue a una misión específica de reconocimiento, en cuyo caso también los alentaría al respecto de su "fe" (v. 2). Esta es la clave para Pablo, la "fe" de ellos, si habían permanecido "fieles" en la persecución; esta "fidelidad" dependía, por supuesto, de la permanencia de su "fe = confianza" en Dios.

El resto de la frase detalla las razones de su preocupación, que se presenta en dos partes. Primero, Satanás mismo frustró el regreso de Pablo a Tesalónica (2:18) y también estaba obrando en medio de ellos como "el gran Tentador". En nuestro mundo occidental actual, existe una tendencia dual al respecto de la obra de Satanás: o no reconocerle en absoluto o darle demasiado crédito como directamente responsable de todo el mal que sobreviene. La opinión de Pablo está en un punto entre ambas cosas. En efecto, rara vez atribuye la caída humana a la

368. Los traductores de algunas versiones han elegido hacer que esta frase inicie un nuevo párrafo. Así, en lugar de verlo formar una *inclusio* con el v. 1, como en la tradición griega, al parecer consideran que Pablo empieza de nuevo. En estas traducciones parece encajar de forma bastante torpe, como una "introducción" a lo que sigue.

369. Esta es la segunda de las cinco apariciones de la primera persona del singular en estas cartas; ver n. 15 más arriba (sobre 2:18).

obra de Satanás;[370] por otra parte, está bastante dispuesto a verle obrar en la clase de persecución que frustraría el avance del evangelio.[371] La clara realidad, que Pablo conocía bien, era que los creyentes tesalonicenses estaban siendo acosados constantemente por sus "conciudadanos" (2:14); desde su perspectiva, este acoso estaba siendo dirigido por Satanás mismo, aunque quienes lo llevaban a cabo ni siquiera lo habrían pensado. Para Pablo, lo que estaba en juego era si ya había llegado la "última gota que colma el vaso" del sufrimiento de ellos, lo que hubiera provocado que los creyentes se vinieran abajo. La buena noticia es, por supuesto, que ese no era el caso.

Sin embargo, como existía la posibilidad, y dado que le importaban profundamente a Pablo, acabó expresando esta preocupación con el lenguaje de Isaías 65:23, pero de un modo negativo. Aunque el pueblo escatológico de Yahvé "no trabajará en vano", la inquietud de Pablo era que el Tentador hubiese podido hacer que esto sucediera en el caso de los tesalonicenses. Así, este segundo párrafo de la narrativa actual concluye de un modo similar al primero: preocupación por la conclusión escatológica propiamente dicha de la fe de los tesalonicenses (aunque no haya una palabra escatológica directa). Al respecto del problema tan debatido de si esto *podía* suceder o no, el apóstol mismo parecía pensarlo ciertamente, ya que su inquietud vuelve a aflorar en cartas posteriores.[372]

### 3. *El regreso de Timoteo (3:6-10)*

*6 Ahora Timoteo acaba de volver de Tesalónica con buenas noticias de la fe y del amor de ustedes. Nos dice que conservan gratos recuerdos de nosotros y que tienen muchas ganas de vernos, tanto como nosotros a ustedes. 7 Por eso, hermanos, en medio de todas nuestras angustias y sufrimientos ustedes nos han dado ánimo por su fe. 8 ¡Ahora sí que vivimos al saber que están firmes en el Señor! 9 ¿Cómo podemos agradecer bastante a nuestro Dios*[373] *por ustedes y por toda la alegría que nos han proporcionado delante de él? 10 Día y noche le suplicamos que nos permita verlos de nuevo para suplir lo que le falta a su fe.*

370. Pero ver 2 Co. 4:4, que es la notable excepción ("El dios de este mundo ha cegado la mente de estos incrédulos, para que no vean la luz del glorioso evangelio").

371. Aparte de 2 Co. 4:4 (ver la nota previa), ver, por ej., 1 Co. 7:5 y 2 Co. 2:11.

372. Ver además mi explicación sobre este tema al respecto de Fil. 2:16 en *Paul's Letter to the Pilippians* (NICNT; Grand Rapids: Eerdmans, 1995), 250: "La respuesta [de Pablo] parece doble. Por una parte, una expresión así solo tiene sentido si existe dicha posibilidad; por otra parte, Pablo tiene tanta confianza en Dios al respecto de sus conversos que para él sería impensable que esa posibilidad se llegara a concretar".

373. En lugar de θεῷ ("Dios"), varios manuscritos tempranos tienen κυρίῳ (א * D* F G a b vg[mss]), probablemente bajo la influencia del κυρίῳ que concluye la frase precedente (nuestro v. 8). El escriba de א repite el mismo fenómeno la siguiente vez que aparece "Dios" en esta frase.

¡Por fin llega el momento del gran alivio! El fracaso de la comunidad cristiana naciente bien podría haberse producido bajo las circunstancias del momento, si es que no había ya ocurrido; y este párrafo sencillamente expresa gratitud, de principio a fin, de esa que por fin halla su expresión en el versículo 9. Por tanto, las cláusulas de Pablo caen sobre sí mismas mientras él intenta volver a comunicarles a los tesalonicenses su agradecido alivio. Todo esto es más extraordinario aún cuando se considera que toda la carta se ha escrito desde esta perspectiva.

Una de las razones de este desbordamiento de gratitud surge con una claridad considerable en este párrafo, a saber: la convergencia de varios motivos de amistad,[374] en especial la cláusula final en nuestro versículo 6 y el contenido de los versículos 8 y 9. Aquí también todo el simbolismo familiar precedente encaja en su lugar. Solo en el momento de pasada de 2:7 les recuerda que, después de todo, él es un apóstol. En otros lugares abunda este mismo simbolismo: comoquiera que sea, ellos son sus "hermanos" (repetido aquí en el v. 7), de modo que su preocupación por ellos es como la de una madre que amamanta (2:7) o un padre que se preocupa (2:11), y su larga ausencia ha hecho sentir a Pablo como "huérfano" sin ellos (2:18).

El párrafo mismo se presenta en dos largas frases —versículos 6-8 y 9-10—; casi cada palabra remite a ellos y él; a Cristo solo se lo menciona una vez (v. 8), mientras que a Dios se lo nombra dos veces en oración en el versículo 9. La primera frase expresa el gran alivio de Pablo por la continuada fidelidad a Cristo y su afecto por él. No obstante, la cláusula al final de la acción de gracias/oración nos lleva finalmente al "por qué" de esta carta y, por tanto, al motivo del regreso de Timoteo a ellos: algo le falta a la fe de ellos y él lo suplirá cuando vuelva a verlos. Pero, mientras tanto, tienen que conformarse con esta carta.[375]

**6**

La larga frase de Pablo empieza con el adverbio "ahora", que, al contrario de la TNIV, no pretende modificar el verbo "acaba de volver",[376] sino que, más bien, anticipa el verbo principal de la frase del versículo 7 "nos han dado ánimos".

374. Ver mi comentario sobre Filipenses en esta serie (pp. 2-7) para una explicación más amplia de la amistad en el mundo grecorromano.

375. Ver, además, M. M. Mitchell, "New Testament Envoys in the Context of Greco-Roman Diplomatic and Epistolary Convention: The Example of Timothy and Titus", *JBL* 111 (1992), 641-62.

376. Así también BDAG, que ni siquiera ofrece la alternativa de comprensión de este pasaje; es por una buena razón, dado que no hay analogía en Pablo para ella y las dos analogías que existen con claridad en este pasaje tienen por intención un "ahora" temporal (Gá. 1:10; 1 Co. 13:12b). La opinión adoptada por la NIV (y mantenida en la TNIV; cp. otras versiones) puede rastrearse hasta Lightfoot (44); luego la retomó Findlay (70), Milligan (40), Frame (131), Bruce (66) y Richard (158); pero en este caso, tiende a pasar demasiado por alto lo que Pablo está haciendo.

Sin embargo, para llegar aquí, Pablo comienza con un genitivo absoluto,[377] cuyo principal propósito no se limita a retomar la vuelta de Timoteo (del v. 5), sino que pone por delante el énfasis correcto: la *buena nueva* que Timoteo ha traído consigo, "de ustedes".[378] Y, con esta mención, Timoteo desaparece por completo de la narrativa para no volver a aparecer hasta el saludo de la siguiente carta (2 Ts. 1:1).

Lo que Timoteo ha hecho a su regreso es traer "buenas noticias de la fe... de ustedes"[379] de dos maneras: primero "de la fe y del amor", mientras que la segunda, la última, se desarrolla en términos de conservar un grato recuerdo de Pablo. La primera palabra, "fe", retoma pues la preocupación del párrafo precedente como la razón primera de haber enviado a Timoteo para "indagar acerca de su fe" (v. 5), y este ha regresado ahora con la buena nueva de que su fe (en Cristo) está intacta. Este es obviamente el asunto de mayor importancia, como se evidencia en el desarrollo adicional del versículo 7 y la preocupación de "suplir lo que le falta a su fe" del versículo 10.

No obstante, y no es de sorprender, dado el miedo ya expresado, lo que capta la atención inmediata es el "amor" de ellos. Aunque en algunas circunstancias la combinación de "fe y amor" podría verse como dirigida hacia Cristo, la explicación que sigue de inmediato sugiere que, en este caso, está relacionada con los apóstoles mismos.[380] Por tanto, las dos palabras retoman las dos principales inquietudes de la narrativa anterior: el efecto de la persecución que están soportando

377. Una construcción en griego que no tiene equivalente en nuestra lengua. En realidad, es una cláusula adverbial (que depende del verbo principal, v. 7), cuyo sujeto y verbo son diferentes de los de la cláusula principal, en la que aparece en una relación normalmente temporal (como aquí). Así, "ahora Timoteo acaba de volver... nos han dado ánimo...".

378. Richard (157) ve esta doble frase preposicional como enfatizando tanto "a nosotros" como "de ustedes", sugiriendo así que el regreso de Timoteo tenía también un aspecto semi-misionero. Ahora es el envío de *ellos* de vuelta a Pablo. Pero esto parece un tanto exagerado, ya que no hay nada más en el pasaje que refleje o haga hincapié en semejante perspectiva.

379. Gr. εὐαγγελισαμένου, que solo aparece en estas dos cartas, y el único lugar del corpus donde no trata de "predicar el evangelio"; aquí, Pablo está reflejando el uso de la LXX (por ej., 2 S. 18:19; Is. 60:6). Aparte de las dos veces que figura en Efesios, su posterior uso se limita a las cuatro cartas principales del tercer viaje misionero (1, 2 Corintios, Gálatas, Romanos). A algunos les gustaría hacer que el uso presente también aluda a una forma de "proclamar el evangelio" (por ej., Masson [41], Best [139-40], Marshall [94], Beale [103]), pero esto parece ir bastante más allá de las preocupaciones presentes, aunque Wanamaker (133) supone que puede ser una especie de juego de palabras sobre las buenas nuevas supremas del evangelio.

380. Así también Gaventa, 44. Algunos ven esto como algo interno de la comunidad tesalonicense de creyentes (Ellicott, 41; Wanamaker, 134), otros como "amor" en general (Findlay, 70; Best, 140 [aunque sugiere que esto incluye, por tanto, el amor por Pablo], Morris, 101). Green (167) lo ve como algo doble ("el amor mutuo" y "el amor hacia Dios"). Tiene cierto interés que muy pocos vean el término relacionado con la situación inmediata, como si Pablo estuviera de repente "espiritualizando" de alguna manera. Ya que "fe" en esta frase no es "en general", sino que es un caso específico, cabe preguntarse por qué el "amor" pierde de repente esta misma especificidad.

sobre su "fe", y lo que los calumniadores de Pablo (2:1-2) podían haberle hecho a su "amor". Su preocupación ha tenido que ver, todo el tiempo, con si la persecución y la calumnia podría haber sacudido la fe de ellos y disminuido su amor.

La agradecida respuesta a ambas cosas es "no". Pablo retomará la fe de ellos, su mayor preocupación, en la cláusula principal (vv. 7-8); por ahora, acaba la cláusula presente exponiendo sobre el amor de ellos por él. La "buena nueva" que Timoteo ha traído consigo es "que conservan gratos recuerdos de nosotros". Aunque "gratos recuerdos de nosotros" de la NVI (que no se ha cambiado en la TNIV) es un modismo contemporáneo bien conocido, también es probable que desvíe ligeramente al lector aquí. "Gratos recuerdos" tiene que ver con buenas amistades, reuniones familiares, buen tiempo compartido y cosas por el estilo; este término tiene que ver con el hecho de que guardan un buen recuerdo de Pablo, no uno empañado de dudas y recelos, algo que también ha formado parte de la preocupación todo el tiempo. Los tesalonicenses recuerdan ciertamente "nuestra visita a ustedes" (2:1), y "estuvimos entre ustedes buscando su bien" (1:5). Por tanto, lo que pretende decir es algo parecido a "sus buenos recuerdos de nosotros permanecen intactos".

Además, Timoteo había informado que Pablo anhelaba verlos, algo que ha hallado una intensa expresión a lo largo de la narrativa inmediatamente precedente, y que tiene su reciprocidad por parte de ellos —"que tienen muchas ganas[381] de vernos, tanto como nosotros a ustedes"—. Esto tiene que ver sencillamente con el ser humano —y la familia—; las cartas son hermosas, pero no es lo mismo que la presencia real. Así, con estas palabras, Pablo los lleva de vuelta adonde empezó esta narrativa, en 2:17: "Con ferviente anhelo hicimos todo lo humanamente posible por ir a verlos". Al mismo tiempo, no se debe perder la naturaleza recíproca de esta añoranza. Después de todo, Pablo empieza su cláusula en este tono: que ellos también anhelaban verle a él. Por consiguiente, saber que la nostalgia era recíproca debe de haber sido un deleite especial para él.

7

Con un firme "por eso",[382] y otro vocativo familiar (el sexto), "hermanos", Pablo llega ahora a la cláusula principal de su frase. Retomando el lenguaje que había usado sobre la razón de enviar a Timoteo (v. 2b), ahora informa que ese motivo

381. Gr. ἐπιποθοῦντες, la primera vez de siete que aparece en las cartas paulinas, una vez al respecto del estado corporal futuro (2 Co. 5:2); de otro modo, sencillamente como el "anhelo por" alguien (Fil. 2:8; 2:26; cp. 2 Co. 9;14 entre creyentes); pero también como aquí, "ver" a alguien (cp. Ro. 1:11; 2 T. 1:4). Ver, además, C. Spicq, "Επιποθεῖν, Désirer ou chérir?" *RB* 64 (1957), 184-95.

382. Gr. διὰ τοῦτο (lit. "a causa de esto" = "por esta razón", en alusión al contenido del v. 6), que es ligeramente más fuerte que el οὖν corriente.

había sido correspondido con el regreso del apóstol. Lo enviamos, les dijo, "con el fin de afianzarlos y animarlos *en* la fe".[383] Es decir, la fe de ellos no era la "causa" de aliento, sino "el medio eficaz" del mismo. Como antes, el énfasis en la "fe" de ellos está en su cualidad perdurable de "fidelidad".

De la forma típica, y bastante en consonancia con la narrativa presente en conjunto, entre las dos frases "sobre ustedes" y "por medio de su fe", Pablo inserta un recordatorio final de sus circunstancias en ese momento. Este estímulo al respecto de ustedes y su fe llegó en medio de "todas nuestras angustias y sufrimientos". Estas son palabras para las que difícilmente estamos preparados, sobre todo si nuestro entendimiento de la época de Pablo en Corinto se basa únicamente en el breve relato de Lucas, en Hechos 18:1-18 (de una estancia de 18 meses), de la que solo tenemos dos insinuaciones de persecución (vv. 6 y 12-13). Además, aunque al escribir nuestra 1 Corintios, Pablo se centró tan firmemente en los problemas de la iglesia de Corinto, que de la persecución solo encontramos unas cuantas insinuaciones de maltrato en dicha carta (por ej., 2:1-3), y aunque hay más en 2 Corintios, esta última es lo bastante ambigua como para dejarnos con incertidumbre al respecto de la ubicación de gran parte del sufrimiento del que se habla aquí. Pero Pablo está en ese momento en Corinto, probablemente al principio de su estancia allí, y captamos aquí con claridad que está sufriendo alguna "angustia y sufrimiento" actual. No obstante, la razón de mencionarlo aquí no es que "le guste sufrir", sino casi con seguridad como forma de vincular su propia circunstancia de ese momento con la de ellos en el versículo 3, a través del término común *thlipsis* ("pruebas").

**8**

Por última vez y todavía en la misma frase, Pablo enlaza su propia palabra de aliento a la "fidelidad" de ellos. Pero en este caso, lo hace con el lenguaje más firme. Para el apóstol, que ellos estén "firmes"[384] en el Señor es un asunto de vida o muerte. Que lo exprese con tanta fuerza es otra indicación de amistad, ya que los amigos en el mundo grecorromano "vivían y morían" juntos, por así decirlo. Por el contrario, si la "fe" de los tesalonicenses hubiera fracasado de alguna manera, la "angustia y sufrimiento" de Pablo habrían sido como la "muerte" para él. Y, como siempre, lo que le preocupa a Pablo no es la lealtad de ellos hacia él, sino su

383. Gr. διὰ τῆς ὑμῶν πίστεως, donde διὰ expresa con el genitivo "una causa eficaz" no la base de algo, como con el más acusativo διὰ. El ὑμῶν adjunto, bastante raro en Pablo como para captar siempre la atención, pone el énfasis a su propio modo en que los tesalonicenses seguían siendo fieles a su fe.

384. Aquí, el griego de Pablo adopta la forma inusual de ἐάν, con el indicativo, en lugar del subjuntivo normal, como todos los estudiantes de primer año de griego estudian debidamente. Para su uso aquí, ver los comentarios más abajo.

fidelidad constante a Cristo. Esto explica este momento de griego inusual, donde una conjunción que por lo común adopta el modo subjuntivo y expresa "suposición" ("*que* estén"), aquí está en indicativo y, por tanto, en la NVI es correcta: expresa confirmación ("al saber que están").[385] De modo que, con esta palabra final de afirmación en esta larga frase, Pablo lleva la presente narrativa (desde 2:17) a su conclusión adecuada y la convierte así en una acción de gracias a Dios (v. 9) que, a su vez, evoluciona en una oración más por los tesalonicenses (v. 10).

**9**

La compleja frase que tenemos por delante (vv. 9-10) es básicamente una pregunta retórica que responde directamente a la buena noticia que se encuentra en la declaración igualmente complicada que antecede. Parte de su complejidad está relacionada, primero, con la propia respuesta emocional de Pablo a la buena nueva traída por Timoteo, que Pablo acaba de mencionar. Pero su dificultad también tiene que ver con el hecho de que, al llegar al final de este largo relato sobre las relaciones pasadas del apóstol con los tesalonicenses, también está anticipando lo que vendrá en la carta a continuación. Así, de alguna manera, todas las preocupaciones de esta carta se mezclan en esta acción de gracias/oración: lo que le preocupa es su "fe" después de su apresurada retirada con Silas; su gratitud porque la "fe" de ellos sigue perdurando, incluso en medio de las dificultades; y su necesidad de "suplir" algunas cosas de las que la "fe" de ellos carece.

La frase empieza, pues, con una pregunta retórica; el gozo incontenible de Pablo por el buen informe de Timoteo (tras meses de angustia por ellos) estalla en un expansivo "¿Cómo podemos agradecer bastante a nuestro Dios[386] por ustedes?". Esto va seguido (v. 10), todavía en la misma frase —y de forma razonable— por un informe de oración que expresa su más sincero anhelo delante de Dios de volver a verlos. Pero el conjunto concluye con una nota muy "con los pies sobre la tierra" y ofrece una razón básica para querer reunirse de nuevo con ellos: para suplir aquello de lo que la fe de ellos carece. Por extraño que pueda parecer este momento concluyente desde nuestra distancia, fluye, no obstante, de forma muy natural en el entorno de Pablo, ya que presenta la razón básica para el inmediato regreso de Timoteo desde Tesalónica con esta carta.

Pero no debemos apresurarnos demasiado para llegar a esa cláusula final de nuestro versículo 10, ya que nos perderíamos demasiado en el camino, y

385. Cp. Marshall (96): "... enfatiza sus hechos varios y, al mismo tiempo, contiene una amonestación implícita dirigida a ellos de seguir manteniéndose firmes y que sus aflicciones no los cambien".

386. Cuando el verbo "dar gracias" se convierte en un sustantivo, como aquí, parecería ser la única palabra adecuada. Como Morris observa con razón, no se trata de "gracias", sino de la expresión de ese agradecimiento.

sugeriríamos un motivo menos sincero en la carta presente. En efecto, esta es la clase de "añadido" a su acción de gracias por la perseverancia de ellos; su anhelo de volver a verlos queda claro porque deja de orar por ellos (vv. 11-13) antes de retomar los asuntos que precisan de una atención inmediata.

Fuera esta o no su intención, la acción de gracias en sí misma trata indirectamente sobre ellos. Más bien, es una expresión del derramamiento del corazón de Pablo al expresar que lo que hasta ese momento había sido una larga angustia al respecto de "su fe", había quedado básicamente aliviada. Todas sus diversas partes así lo indican. La pregunta empieza, pues, con un "porque" (no traducido) que conecta con la frase precedente, pero la relación exacta con lo que ha precedido no queda del todo clara. Probablemente sea tan solo un elemento retórico que sirve de forma adecuada para introducir la pregunta retórica misma. A la luz de lo que acaba de narrar, y en especial de que ahora es capaz de "vivir" por la continuada fidelidad de ellos, sencillamente pregunta de forma retórica: "¿Cómo podemos agradecer bastante a nuestro Dios[387] por ustedes y por toda la alegría...?". El lenguaje de un "pago a cambio" pertenece en realidad al ámbito de la amistad antigua, en la que los amigos se "devuelven" con regularidad cosas unos a otros en términos de su acordada reciprocidad. El elemento sorpresa es que esto aparece en la escena presente no como algo entre él y ellos, sino entre él mismo y Dios. La idea de la razón de esta retórica es aquí, por supuesto, que no es en absoluto posible "darle algo a cambio" a Dios. Pero es la forma más eficaz de expresar su más puro deleite por las buenas nuevas de Timoteo sobre ellos.

Al expresar esta idea (de un modo un tanto torpe), Pablo se repite tres veces, lo que en cierto modo lo dice todo. Primero, pregunta cómo puede *pagarle a Dios* por su gozo presente en la *presencia de Dios.* El informe de Timoteo lo ha llevado de nuevo a la presencia divina con un derramamiento de gratitud y por eso está dispuesto a preguntar, de forma retórica, "¿Cómo puedo pagarle a Dios por este gozo que siento gracias a ustedes?". En segundo lugar, su gozo es tan expansivo que alude a él como "toda la alegría que nos han proporcionado". Ellos difícilmente habrían podido pasar por alto semejante redundancia. En tercer lugar, su acción de gracias es "por ustedes" y se ofrece "por causa de ustedes". Juntas, estas repeticiones son efectivas en sí mismas y revelan su profunda preocupación por ellos.

**10**

Sin embargo, aunque Pablo está en la presencia de Dios, con sobreabundante gozo y agradecimiento a Él por ellos, también ora por/sobre ellos; aquí es donde la frase de Pablo empieza a estar un poco sobrecargada con las inquietudes presentes. Les

387. Gr. ἀνταποδοῦνα, un verbo que puede ser positivo o negativo según las circunstancias. Cuando se usa de nuevo en 2 Ts. 1:6 está relacionado con la justa retribución divina para con los rebeldes.

señala que la oración es regular (a lo largo del "día y [de la] noche";[388] cp. 2:9), y que es intensa ("suplicamos").[389] El principal objeto de la oración es de lo más natural, dadas las circunstancias y la naturaleza de la carta hasta este momento: "Verlos de nuevo" (que, en el modismo griego, significa "ver sus rostros").

Sin embargo, la cláusula final es la que menos se espera en términos de la oración presente y de lo que se ha dicho hasta este momento. Su razón suprema para querer verlos es "suplir lo que le falta a su fe". Esta última frase en particular nos recuerda que su "fe" en este pasaje no tiene que ver con su forma de entrar a la vida cristiana, sino con cómo viven esa fe en las circunstancias prácticas de cada día. De ahí su "fidelidad". Nuestra dificultad, desde nuestro amplio punto de ventaja, está en el verbo que la TNIV ha traducido "suplir" y en su objeto, "las deficiencias". Aunque la idea principal parece discernirse con suficiente facilidad, y su referente histórico particular apunta casi con toda seguridad a la instrucción de Pablo en 4:1-5:11 que sigue, el significado del verbo y de su objeto no es nada seguro.[390] El sentido primordial del verbo es "provocar que [algo] esté en condiciones de funcionar bien" (BDAG) y, por tanto, "restaurarlo" a su condición de operatividad o sencillamente "prepararlo" para dicho uso. Al ser "lo que falta a su fe" el objeto del verbo, lo más probable en este caso es que signifique simplemente "ponerlo en su condición adecuada". En cualquier caso, lo que sigue es corrección (4:3-8; 4.9-12), "poniendo su fe en la condición adecuada" y la instrucción donde la "fe" de ellos haya sido deficiente (4:13-18), aunque 5:1-11 es un poco de ambas cosas. De alguna manera, "el remedio para las deficiencias de su fe"[391] que proponen algunas versiones, parecería abarcar las dos dimensiones de la metáfora, aunque también podría sonar un poco más peyorativo de lo que se habría pretendido en griego.

Pero esta no suele ser en absoluto la forma en la que Pablo acabaría este párrafo que, a estas alturas, rebosa sencillamente tanto de alivio como de gozo. De modo que, en lugar de pasar directamente a las "deficiencias", el apóstol escoge acabar ahora la extensa narrativa con un informe de oración que toca todas las bases previas y anticipa lo que viene a continuación.

De este pasaje (vv. 1-10) podemos saber mucho sobre Pablo como persona y como "pastor". En el lado personal, esta sección está llena de motivos de "amistad", tal como se entendía según los principios antiguos. Así, aun cuando

388. Aparece aquí en caso genitivo (= "el tiempo durante el cual"); así, en la cláusula presente, significa probablemente algo así como "cada vez que oramos durante la noche y el día".

389. Gr. ὑπερεκπερισσοῦ, que volverá a aparecer en 5:13 (cp. Ef. 3:20).

390. Cp., por ej., de qué forma se gestiona esta cláusula en las diversas traducciones: "Restaurar cualquier cosa que falte", "remediar las deficiencias", "reformar cualquier cosa que falte", "corregir cualquier defecto".

391. Cp. Best, 144-45.

son sus "discípulos", por así decirlo, los trata en esta carta de forma general como sus amigos. Aquí, en particular, los que tienen funciones de liderazgo en la iglesia pueden aprender mucho de la verdadera naturaleza de una relación de este tipo. No vemos al apóstol que ejerce "autoridad" sobre alguien, sino a un amigo que se pone "a su misma altura" y muestra una preocupación genuina por el bienestar de ellos en Cristo. Al mismo tiempo, demuestra que los "sentimientos" al respecto de los amigos son una parte genuina de tales relaciones. Pablo no manifiesta aquí la actitud distante que a menudo ha caracterizado lo que ha venido a denominarse como "ministerio cristiano", algo que parece no dar la talla apostólica con demasiada frecuencia.

## *H. INFORME DE ORACIÓN (3:11-13)*

*11 Que el Dios y Padre nuestro, y nuestro Señor Jesús,*[392] *nos preparen el camino para ir a verlos. 12 Que el Señor*[393] *los haga crecer para que se amen más y más unos a otros, y a todos, tal como nosotros los amamos a ustedes. 13 Que los fortalezca interiormente para que, cuando nuestro Señor Jesús*[394] *venga con todos sus santos,*[395] *la santidad de ustedes sea intachable delante de nuestro Dios y Padre.*

Con estas palabras, la larga narrativa con la que comienza esta carta (en 1:5) llega ahora a su fin. Aquí tenemos por fin el informe de oración,[396] que cuando aparece

392. Varios MSS griegos (D G 6 81 104 326 1175 pc) y versiones tempranas (Vulgata, Boháirica), añadieron Χριστός aquí, de manera que se abrió camino en las versiones más conocidas. Ver también las dos notas siguientes. Al existir pocos testimonios de esto, ni siquiera fue incluido en el sistema del texto griego Nestle-Alan.

393. Unos cuantos MSS (D* [pero no d] G syr] añaden Ἰησοῦς, pero no Χριστός, conformándolo así al v. 11 (y, en una fase más temprana, el añadido de Χριστός a la última frase, pero no aquí).

394. Como en el v. 1, varios MSS añaden Χριστός aquí también (G Ψ 16 104 319 321 1912 1738 *al*). H. Koester, "The Text of the New Testament", en *The Living Text* (Lanham, Md.: University Press of America, 1985) está dispuesto a argumentar en su favor como original, pero esto parece altamente improbable aquí.

395. Muchos manuscritos han añadido un ἀμήν a esta oración (א* A D² 33 MajT); está ausente en א² B D* F G Ψ 0278 6 104 365 1175 1505 1739 1881 *pc* syʰ. Resulta difícil imaginar las circunstancias en las que tantos y tan excelentes testimonios lo habrían omitido de haber sido original.

396. Dado que todos los verbos en esta y en la siguiente oración están en modo optativo, G. P. Wiles los denomina "oraciones-deseos" para distinguirlas de plegarias más directas (*Paul's Intercessory Prayers: The Significance of the Intercessory Prayer Passages in the Letters of Paul* [SNTSMS 24; Cambridge: Cambridge University Press, 1974]). Define la "oración-deseo" como "la expresión de un deseo de que Dios emprenda acción al respecto de la(s) persona(s) mencionada(s) en el deseo" (22). Sin embargo, como señala Bruce (70-71), es una distinción un tanto artificial, ya que existe poca diferencia entre el imperativo ("Levántate, Señor") en Nm. 10:35 y el "Levántese

en las cartas posteriores de Pablo lo hace justo después de la acción de gracias.[397] Pero se ha de tener cuidado de no juzgar esta carta a la luz de lo que Pablo hace más tarde. En esta, la primera de sus cartas conservadas, Pablo recoge una oración por ellos que parece tener dos propósitos. Primero, concluye la narrativa de su relación pasada y presente con los tesalonicenses en una nota similar y, por tanto, forma una especie de *inclusio* con la oración de acción de gracias con la que comienza la carta (1:2-3). Al mismo tiempo y, en segundo lugar, anticipa los asuntos que trata en el resto de la carta,[398] donde se ocupa de las "deficiencias" (mencionadas al final de la frase precedente, v. 10).

La oración en sí consta de dos partes. El versículo 11, dirigido tanto al Padre como al Hijo, retoma la principal preocupación de la narrativa anterior: su larga ausencia entre los creyentes tesalonicenses y su deseo de verlos de nuevo. Los versículos 11-12 se dirigen solo a Cristo y adelantan las inquietudes del resto de la carta: *(a)* el Señor, Jesús, haría que el amor por el que Pablo da gracias a Dios en 1:3 aumente y abunde tanto entre ellos (retomado en 4:9-12) como para todos los demás (incluidos los que los están haciendo sufrir); y *(b)* el Señor hará que sean *(i)* "intachables" en cuanto a la "santidad", *(ii)* en la parusía de Cristo (cuya primera parte se retoma en 4:3-8, y la segunda en 4:13-18).[399]

**11**

La primera preocupación al orar por los tesalonicenses tiene que ver con la relación entre él y ellos, considerada desde su lado: esto es lo que oramos por nosotros mismos; en lo tocante a ustedes (v. 12), expresamos inquietudes distintas. El contenido presente es básicamente por el cumplimiento de la primera parte del informe de oración precedente en el versículo 10: "Día y noche le suplicamos [a Dios] que nos permita verlos de nuevo para suplir lo que le falta a su fe". La oración

---

Dios" en Sal. 68:1. El estudio de Wile también tiene el desacierto de limitar las "cartas de Pablo" a las siete aceptadas por todos (excluyendo por tanto 2 Tesalonicenses) y lamentablemente rebaja en general la función de Cristo en la oración (como perteneciente al "lenguaje convencional"). Pero cómo puede ser, cabe preguntarse, que este fenómeno solo exista en 1 y 2 Tesalonicenses de todo el NT, aunque tales "oraciones-deseos" sigan encontrándose en las epístolas de Pablo. En realidad, es un lapsus tan increíble, en especial a la luz de los vv. 12-13 que siguen, que uno puede solo preguntarse cómo se les pasó a los editores.

397. Esto empieza en 2 Ts. 1:11-12; cp. Col. 1:9-11; Ef. 1:17-23; Fil. 1:9-11. El número relativamente breve de ellos y las formas bastante distintas en las que hallan expresión deberían probablemente hacer que los eruditos del NT fueran más prudentes en su manera de hacer pronunciamientos sobre "lo que Pablo hace de manera corriente".

398. Así, el lenguaje "bendición" parece ser un nombre poco adecuado para esta oración, como en R. Jewet, "The Form and Function of the Homiletic Benediction", *ATR* 51 (1969), 18-34.

399. De manera que la oración de 3:12-13 y los dos primeros elementos en el cap. 4, donde "suple lo que falta", acaban de un modo quiástico (AB BA). El énfasis en ambos casos (el que viene al final y después al principio) está en la santidad de ellos.

comienza con un enfático "que el Dios y Padre nuestro".[400] El contenido real de la oración, que Dios y Cristo "nos *preparen el camino*[401] para ir a verlos", parece ser la respuesta directa al hecho de que hasta ahora "Satanás nos lo impidió" (2:18).

La oración en sí empieza, sin embargo, de un modo que captaría la atención de todos. Tenemos aquí a un judío, nacido y criado, y profundamente comprometido con un monoteísmo en el que la persona repetía con regularidad el "credo" tradicional de todo el judaísmo, la *Shemá* de Deuteronomio 6:4: "Escucha, Israel: El SEÑOR nuestro Dios es el *único* SEÑOR". Sin embargo, desde un par de siglos antes de Pablo, el sagrado nombre de Yahvé ya no se pronunciaba en voz alta, al parecer para que nadie lo tomara "en vano" y así quebrantara el tercer mandamiento. De modo que, en la lectura oral del texto hebreo, *Adonai* ("Señor") acabó siendo el sustituto de *Yahvé.* Esto, a su vez, fue recogido en la Septuaginta, donde *kyrios* ("Señor")[402] reemplazó sistemáticamente a *Yahvé,* lo que llevó la sustitución de lo oral a la palabra escrita. De manera que, finalmente, la *Shemá* oral adoptó la forma: "Escucha, Israel, *kyrios* tu *theos, kyrios* es uno". Lo que Pablo mismo hizo con esta tradición tan sagrada —y mucho antes de escribir esta carta—[403] es realmente extraordinario. Ahora está orando al *único theos* como "nuestro Dios y Padre" y al *único kyrios* como "Jesús", a quien había identificado con anterioridad como el "Hijo de Dios" (1:10).[404]

La clave para esta extraordinaria división de la *Shemá* y la clara prueba de que esto no es una conjetura por nuestra parte ha de hallarse en la carta escrita poco después de esta (1 Co. 8:6), donde Pablo hace lo mismo de manera explícita. Al contrario que los "dioses" (*theoi*) —muchos en el panteón griego— y los

400. El orden de palabras mismo de Pablo es αὐτὸς δὲ ὁ θεὸς καὶ π ατὴρ ἡμῶν, que otras versiones tradujeron de un modo más bien rígido como "ahora Dios mismo y nuestro Padre", que podría haber funcionado de no haberse tratado el καὶ de forma ascensiva: "Que Dios mismo, nuestro mismo Padre". Pero aquí el orden de las palabras es típico de estas dos cartas, donde un modificador (αὐτὸς y ἡμῶν en este caso) se ubica a cada lado de los nombres compuestos, y ambos modificadores pretenden ir con el compuesto. Lock (136) consideraba que αὐτὸς va con Padre e Hijo, pero el v. 12 sugiere otra cosa. Lightfoot (50) duda de que αὐτὸς sea enfático, ya que es un patrón de estilo en estas dos cartas tempranas (5:23; 2 Ts. 2:16; 3:16 y en otros lugares como 2 Co. 10:1). Pero cuando Pablo lo usa al respecto de sí mismo en el último pasaje, lleva todas las distinciones del énfasis.

401. Gr. κατευθύναι τὴν ὁδὸν ἡμῶ, aoristo optativo, por lo general usado en una oración-deseo. El verbo tiene que ver con "hacer/crear una senda recta" para que alguien camine por ella.

402. También se tradujo de forma bastante sistemática κύριος sin el artículo, probablemente como forma de distinguirlo de la traducción de *Adonai* mismo como ὁ κύριος ("el Señor").

403. Esto queda aclarado por el hecho de que Pablo da por sentados estos asuntos sin explicación alguna y sin siquiera incluir un recordatorio de lo que se les había enseñado.

404. La relevancia cristológica de este pasaje ha tenido una larga historia en la Iglesia; apareció tan pronto como Atanasio (*Contra Arian* 3.11).

"señores" (*kyrioi*) —muchos en los cultos de misterio—, él afirma: para *nosotros* hay *un theos,* al que identifica como "el Padre", y *un kyrios,* al que llama Jesús. Esta oración es la prueba segura de que lo que Pablo afirma en esta siguiente carta ya está bien asentado en la época en que él escribe estas primeras cartas a los creyentes tesalonicenses. Que lo haga de esta forma tan prosaica, sin explicación ni argumentación, es al mismo tiempo una evidencia certera de que debió de haberles dado instrucciones con anterioridad no solo sobre la obra salvífica de Cristo, sino también sobre *quién* era en realidad el divino Salvador. De modo que, aunque su oración de apertura (v. 11) va dirigida principalmente a Dios Padre, como clarifica el enfático "el [Dios]", la extraordinaria inclusión del Hijo como sujeto compuesto del verbo singular[405] parece existir como anticipación al resto de la oración, dirigida exclusivamente a Cristo.

Es necesario observar otros dos asuntos, ambos cristológicos. En primer lugar, se debería observar: *(a)* que Pablo puede orar a Dios el Padre y al Señor Jesús juntos como una sola persona (v. 11); *(b)* que puede orar a los dos juntos, pero destacar a uno como objeto (sujeto gramatical) de las preocupaciones de la oración en un momento dado (vv. 12-13); y *(c)* que en estas dos primeras cartas puede orar a los dos por separado (para el Padre, ver 1 Ts. 1:2-3; 5:23; para Cristo, ver 2 Ts. 3:5 y 16).

En segundo lugar, aunque el primer énfasis en este caso está en Dios el Padre, el enfoque final de la oración está totalmente en el Señor Jesús, que hace que el verbo singular y el sujeto compuesto del versículo 11 parezcan indicar que Pablo está haciendo más que retomar el "lenguaje litúrgico convencional al que [él] y sus lectores estaban acostumbrados".[406] En realidad, este mismo fenómeno sucede a la inversa en 2 Tesalonicenses 2:16-17, donde se menciona primero a Cristo (incluido con el *autos* ["el [Dios]"], mientras que lo que se retoma, exactamente como en el caso presente, es la oración dirigida a la segunda persona divina mencionada al principio (a saber, Dios Padre). Por tanto, uno no puede ser sencillamente despectivo al respecto de la función de Cristo en la oración presente.[407]

405. Algunos han intentado dar la vuelta a las claras implicaciones de esta idea gramatical, pero esto apenas funcionaría. Dado que el αὐτὸς enfático pretende ir solo con el Padre y, por tanto, el verbo debe incluirlo, el verbo en singular rara vez puede pensarse como referido solo a Cristo (la segunda "persona" divina mencionada).

406. Este es el lenguaje de Wiles, *Prayers,* 30.

407. Como hace Wiles mediante una implicación en su explicación de esta oración (*Prayers,* 54-55). En realidad, solo reconoce un lugar para Cristo, a regañadientes, en la oración en general, a pesar de que se le invoca de manera explícita en los vv. 12-13. De hecho, la función de Cristo se limita a una simple nota en la que se sugiere que "quizás se consideraba a Jesús como el agente divino para la acción requerida, como el versículo siguiente [¡v. 12!]" (55, n. 3). Esto apenas toma en serio lo que Pablo mismo declara. Cp. Calvino (356): "Cuando... [Pablo] habla

Juntas, estas realidades indican el lugar sumamente alto que Cristo tenía en el entendimiento de Pablo sobre la identidad de Dios. Aquí tenemos a un monoteísta estricto que ora con comodidad al Padre y al Hijo, que se centra primero en uno y después en el otro, y sin la sensación de que su monoteísmo se estuviera exagerando ni que estuviera en peligro. Solo podemos conjeturar por qué Pablo dirige la continuación de la oración a Cristo y no al Padre. Lo más probable es que esto esté relacionado con una diferencia inherente para él entre los dos amores. En la última oración de 2 Tesalonicenses 2:16-17, el enfoque está en el amor del Padre hacia ellos, que resultó en que experimentaran, por su gracia, "consuelo eterno y una buena esperanza". Aquí, el hincapié tendería hacia aquel cuyo amor se expresó históricamente en su muerte "por nosotros" (ver sobre 2 Ts. 2:13 más abajo; cp. Gá. 2:20). Pablo quiere que el Señor que tanto los amó hiciera abundar el amor de los unos por los otros.

**12**

Con un enfático "que el Señor los",[408] la oración deja de momento los deseos al respecto de los apóstoles y se centra en los tesalonicenses mismos. Con Cristo únicamente como aquel a quien Pablo dirige ahora la oración, en su primera preocupación (expresada en este versículo) hallamos: "El Señor los haga crecer para que se amen más y más unos a otros, y a todos". Así, Pablo retoma la recomendación del versículo 6, en cuanto a que el informe de Timoteo había mencionado "el amor" de ellos. Ahora pide a Dios que este amor "crezca" para que "salpique a otros" o "abunde".[409] Pablo volverá a usar este último verbo en 4:10, lo que parece demostrar la naturaleza anticipativa de la oración que tenemos aquí.

Pero mientras que el versículo 6 más arriba nos dejó con una educada suposición al respecto de la dirección del amor del que se le informó a Pablo, aquí se indica con claridad en qué sentido debe dirigirse: de "unos a otros y a todos". El primero de estos parece anticipar deliberadamente lo que viene a continuación, en especial 4:3-8 y 9-12. Que debería dirigirse hacia "todos" es, al mismo tiempo, abarcativo y ambiguo en términos de preocupaciones inmediatas. Puede ser un añadido natural sobre el amor cristiano que no debe comunicarse tan solo a los hermanos, sino que también debe extenderse más allá de ellos mismos. De ser así,

---

de ambas cosas en los mismos términos, nos enseña que Cristo posee divinidad y poder en común con el Padre".

408. Gr. ὑμᾶς δὲ ("que el Señor los"), casi imposible de traducir bien, como demuestran las más rígidas de las traducciones "literales".

409. Los dos verbos están caracterizados por la asonancia (πλεονάσαι/ περισσεύσαι) y son sinónimos cercanos ("haga aumentar"/"haga abundar"). El modificador dativo, en este caso (τῇ ἀγάπῃ, "con amor") expresa probablemente "manera", es decir: la forma en que quiere que esto abunde en ellos. Cp. Fil. 1:9.

podría incluir también a sus enemigos de Tesalónica. Pero es probable que estas generalidades no debieran obligarse para volverlas más específicas a un contexto como este. En cualquier caso, el añadido final "tal como nosotros los amamos a ustedes" pone de nuevo el amor en el centro, como si lo que le preocupara más fueran sus relaciones internas.

**13**

En esta frase final de la oración, Pablo pasa del amor de ellos, los unos por los otros (que se retomará en 4:3-12), a lo que parece ser la principal preocupación de la carta: que algunos malentienden la naturaleza de la parusía (esto se retomará en 4:13-5:11). Pero el contenido de esta cláusula es más cierto que su relación inmediata con lo inmediatamente precedente.[410] Con una cláusula que suele expresar "resultado" y que pretende, sin lugar a duda, hacerlo también aquí, Pablo desea en oración que el Señor haga que el amor de ellos crezca y sobreabunde, de manera que Cristo también fortalezca así sus corazones en santidad, en preparación de su parusía. En realidad, si Pablo hubiera usado una forma del verbo "ser" o "convertirse en", toda la oración habría tenido sentido de inmediato: "De manera que sus corazones puedan ser intachables...", como resultado de su abundancia en amor. Tal vez la mejor forma de considerar el asunto es ver el conjunto tal como él pretendía que fuera en última instancia: orar por las cosas mismas de las que necesita hablar, que siguen de inmediato en nuestros capítulos 4 y 5. De ser así, la intención de la gramática de "resultado" es que no se la vea como la consecuencia inmediata de su amor aumentado los unos por los otros, sino como una cosa secundaria que (en la oración de Pablo) Dios hará por ellos *en el contexto de* su amor aumentado entre ellos mismos.

Pablo sigue dirigiendo su oración a Cristo y pide primero que el Señor resucitado (1:10) "fortalezca[411] el corazón de ellos". Como aclara el resto de la carta, a la manera típica judía, el apóstol está en última instancia preocupado por la conducta de ellos: que "la santidad de ustedes sea intachable". Sin embargo, hasta

410. La cláusula indica (lit.): "Para que Él puedA fortalecer sus corazones de un modo intachable en santidad, en la presencia de nuestro Dios y Padre en la parusía de nuestro Señor, Jesús, con sus santos". El problema está, en última instancia, en que el verbo "fortalecer" es un verbo fuertemente transitivo y, por tanto, no parece encajar bien en la frase, como "resultado" de lo que él ora en el v. 12. Por otra parte, aquello por lo que ruega Pablo solo ocurrirá si el "corazón" ha sido "fortalecido".

411. Gr. στηρίξαι (tercer singular optativo de στηρίζω); ver n. 30 sobre v. 2 más arriba. Quizás merezca la pena observar aquí que Pablo se referirá dos veces más a esta necesidad de los tesalonicenses de ser "reforzados" en 2 Tesalonicenses (en la oración de 2:17 y como palabra de estímulo en 3:3). La primera va dirigida a Dios Padre, la segunda es con respecto a Cristo, el Hijo, y por tanto refleja el fácil intercambio que Pablo puede hacer entre el Padre y el Hijo en términos tanto de oración como de expectativas de cumplimiento.

llegar allí, ruega por el fortalecimiento de sus corazones, otra expresión judía.[412] Es preciso que el corazón sea reforzado, ya que el "centro y la fuente de toda la vida interior, con sus pensamientos, sus sentimientos y su volición" (BDAG 1b) es el manantial de toda conducta llena de propósito. En este caso, el verbo es el mismo que había usado con anterioridad en cuanto a la razón por la que envió a Timoteo a visitarlos (v. 2). Ahora, sin embargo, eleva su plegaria al único que puede hacer que esto suceda. Por tanto, Timoteo podría ayudar a reforzarlos y alentarlos en su constante "fidelidad". Pero solo el Señor mismo puede hacer esa obra en ellos, en su ser interior, de las dos formas necesarias, para que puedan estar preparados para su venida: "intachable" al respecto de su conducta externa, visible, los unos hacia los otros y ante el mundo;[413] y "en santidad" al respecto de su relación con Dios y con Cristo.

En otros contextos, se consideraría que una oración así pone énfasis en su conducta diaria presente. Y, aunque esta es, sin duda, la primera preocupación de Pablo aquí, resulta que su enfoque está en que ellos sean así cuando acaben en la presencia de Dios, en la parusía de Cristo. El resultado es que la frase paulina concluye con cuatro expresiones preposicionales una detrás de otra: "en santidad", "en la presencia de nuestro Dios y Padre", "en la venida de nuestro Señor, Jesús" y "con sus santos" (aunque las dos últimas van juntas como una sola unidad). Comentaremos sobre estas tres últimas por orden de aparición, empezando por "en la presencia de nuestro Dios y Padre".

La locución presente en la oración se hace eco de lo que Pablo había afirmado con anterioridad en 2:18, sobre ser hallados juntos en la venida del Señor. Pero esta cláusula anterior se centra por completo en que él y ellos estén juntos en *la propia* presencia *de Cristo* en su Venida. Aquí, en el contexto de la santidad, y anticipándose a las correcciones que seguirán de inmediato, les recuerda que la meta suprema es que todos lleguen *juntos* "en la presencia de nuestro Dios y Padre". Al hacerlo, sea o no intencionado por parte de Pablo, no solo se hace eco de cómo comienza la carta en 1:3, sino que también crea de este modo una *inclusio* mediante la cual queda encuadrada la totalidad de la narrativa de los capítulos 1-3 en esta realidad. Al principio, su preocupación consistía en recordarles a los tesalonicenses que se los recordaba constantemente "en la presencia de nuestro Dios y Padre", ya que los apóstoles oraban por ellos. Ahora, su inquietud es que Cristo los fortalezca en santidad, como preparación para estar en la presencia de Dios cuando Cristo venga.

412. Para esta combinación ("reforzar sus corazones"), ver Sal. 104:14 (LXX 103:15) y Sir. 6:37 (cp. Stg. 5:8).

413. Ver sobre 2:10 más arriba al respecto de la propia conducta de Pablo y sus compañeros entre estos creyentes.

Lo más relevante de esta expresión preposicional final—el primero de muchos ejemplos en el corpus— es que Pablo apela directamente al lenguaje de Cristo de la Septuaginta, donde el Señor (*Kyrios*) es un sustituto del nombre de Yahvé. Por tanto, con el lenguaje de *la venida de nuestro Señor, Jesús, con todos sus santos,* la apropiación paulina intertextual de Zacarías 14:5 parece clara, ya que el lenguaje es demasiado cercano como para ser un mero accidente.[414] Los dos textos se leen:

*Pablo:* Cuando **nuestro Señor Jesús** venga **con todos sus santos.**
*Zacarías:* Entonces vendrá **el Señor** mi Dios, acompañado de **todos sus fieles.**[415]

La trascendencia cristológica de esta frase radica en el hecho de que el *Kyrios* de la Septuaginta es "Yahvé *mi* Dios", quien irá Él mismo al monte de los Olivos y llevará a cabo su victoria escatológica sobre las naciones. En la teología de Pablo, la futura venida del *Señor* siempre se ve como el regreso del Señor que reina actualmente, Jesucristo. Lo que Pablo ha hecho parece suficientemente claro: la futura venida de Yahvé debe entenderse ahora como el regreso de "*nuestro* Señor Jesús", solo Él es el *Kyrios* del nuevo entendimiento de Pablo, que resulta de su propio encuentro con el Señor resucitado (ver 1 Co. 9:1). Apenas puede pasarse por alto la facilidad con la que el apóstol interpreta ahora el *Kyrios* (= Yahvé) de Zacarías en alusión a Cristo, el Señor. Tanto es así que en 2 Tesalonicenses 1:7-10, la venida del Señor Jesucristo ha asumido por completo la función de juzgar también a los enemigos de Dios (ver p. 291 más abajo).

Deberíamos observar al final que el claro uso intertextual de Zacarías 14:5 debería resolver el asunto final en la frase, que ha tenido una larga historia de debate al respecto de si "los santos" se refiere a los ángeles o a los "santos" cristianos.[416] La segunda sugerencia deriva de lo que Pablo afirma más adelante en su

414. Las principales diferencias son las palabras "todos" y "santos" y el orden del caso. Pero es un eco, después de todo, no una cita; así, Pablo ha adaptado su propia frase a ella. La adaptación incluye el artículo con κυρίου, en este caso provocado por su añadido del pronombre posesivo "nuestro".

415. Esto se puede ver con mayor facilidad en el texto griego mismo:
Pablo — ἐν τῇ παρουσίᾳ **τοῦ κυρίου** ἡμῶν Ἰησοῦ **μετὰ πάντων τῶν ἁγίων αὐτοῦ.**
Zac. — καὶ ἥξει **κύριος** ὁ θεός μου καὶ **πάντες οἱ ἅγιοι μετ' αὐτοῦ**
Para una explicación adicional, ver Fee, *Pauline Christology,* 43-44.

416. Para este uso en referencia a los creyentes, pero sin tomar el uso intertextual de Zacarías con seriedad, ver, entre otros, Calvino (357), Ellicott (47), Findlay (77); para quienes lo entienden como expuesto aquí, ver Best (152-53), Marshall (102-3), Wanamaker (145), Richard (177-78), Malherbe (214), Green (181), Witherington (104); cp. J. M. Ross, "1 Thessalonians 3:13", *BT* 26 (1975), 444, y R. L. Omanson, "Comings and Goings in the Bible", *BT* 46 (1995), 112-19. Lightfoot (50), Milligan (45), Bruce (73-74), Morris (111-12) y Holmes (116) sugieren que podría incluir tanto a los ángeles como al pueblo de Dios. Beale (110-11) permanece ambivalente.

carta (4:16), donde "los vivos" se encontrarán en el aire con los que han muerto, ya que acompañan a Cristo en su venida. Pero cuatro asuntos parecerían resolver esta pregunta de manera decisiva a favor de "los ángeles". En primero lugar, el uso que el apóstol hace del texto de Zacarías (que solo puede aludir a "los ángeles") debería considerarse como determinativo, sobre todo considerando que este préstamo intertextual es la única razón contextual para que figure la expresión preposicional ("con sus santos"). Como tal, Pablo se hace eco de las palabras de Jesús que se hallan, por ejemplo, en Marcos 8:38 (cp. Mt. 25:31). En segundo lugar, cuando este mismo lenguaje aparece de nuevo en 2 Tesalonicenses 1:10, que lo haga como un doblete con "todos los que quieren" apunta en ese contexto una vez más a la hueste angelical. En tercer lugar, en el contexto similar de 2 Tesalonicenses 1:7, pero ahora con la referencia a la "revelación del Señor" para juicio contra sus enemigos, Pablo identifica de forma específica a "los santos" como "sus poderosos ángeles". En cuarto lugar, dado que el término *hoy hagioi* ("los santos") no figura en ningún otro lugar de esta carta ni de la siguiente como designación para el recién formado pueblo de Dios,[417] resulta difícil imaginar cómo podrían haberlo comprendido los tesalonicenses mismos de esta forma.[418] Así, a pesar de algunas formas de expectativa escatológica entre ciertos creyentes evangélicos, este texto apenas sirve de respaldo de su expresión única de la escatología paulina de que eran "santos" pre-arrebatados o "santos" que habían muerto y están ahora "con el Señor", que regresarán a la tierra con Cristo. En realidad, Pablo afirma casi con exactitud lo opuesto más adelante en esta carta, en 4:16, que es el pasaje a través de cuya lente se debe entender también 4:14.

Aunque la primera petición de esta oración puede, a primera vista, parecernos menos adecuada que otras al traerla al presente, existen ciertamente muchas clases de ejemplos donde, en realidad, encaja por completo, sobre todo en circunstancias distintas a esta, en que las personas han tenido malentendidos entre sí. Pero el resto de la oración parece apropiada para todos los tiempos y los períodos, tanto para los pastores en cuanto al pueblo del Señor bajo su cuidado,

417. Sobre el uso en 2 Ts. 1:10, ver la explicación *ad loc.*

418. Esta fuerte declaración tiende a suscitar con regularidad la pregunta de si los tesalonicenses mismos habrían captado la referencia. Pero esto surge en personas que conocen sus Biblias mucho menos que aquellos creyentes primitivos. Después de todo, dado que la inmensa mayoría de ellos no sabían leer (solo entre el 15 o el 20% tenían educación), sino que se les leía, en líneas generales ¡sus recuerdos de la palabra escrita habrían sido infinitamente mejores que los de una generación criada con la televisión! La mejor analogía sería la de los padres (o abuelos) que leen un libro favorito en voz alta (por enésima vez) a un niño de tres años que conoce el cuento casi de memoria. Cuando por accidente o de forma deliberada se cambia algunas de las palabras, la respuesta universal y a menudo indignada de los niños "iletrados" es: "¡Abuelo, la historia no es así!". Lo que quiero decir es que personas como los primeros creyentes tesalonicenses, que no sabían leer, sino a los que se leía con regularidad, habrían conocido estos textos bíblicos mucho mejor que los cristianos contemporáneos.

como para los padres con sus hijos. Resulta difícil imaginar una oración más adecuada para todo tiempo y circunstancia que el versículo 12; y el versículo 13, elevado en voz alta sobre los niños o la congregación, quizás puede ayudar a aquellos por quienes se ora para que lleguen a ser más conscientes de que la vida presente es la preparación de la que está por venir.

## II. PROPORCIONAR AQUELLO DE LO QUE SE CARECE (4:1-5:11)

Con la conclusión de sus pasadas relaciones mediante el informe de oración precedente, Pablo pasa ahora a "suplir lo que le falta a su fe" (3:10), por medio de la carta, ya que no está seguro de cuándo "Dios… nos prepar[ará] el camino para ir a verlos" (3:11). Al hacerlo, deja de usar las características comunes a las cartas de amistad para utilizar las de las misivas de exhortación moral. Pablo está tratando ahora, prácticamente sin duda, aquellos asuntos de los que Timoteo le había informado a su vuelta. Las instrucciones se presentan en cuatro partes claras. Las dos primeras (3:3-8 y 9-12) son básicamente temas de conducta: cómo deben vivir los creyentes en Cristo en el mundo y en su relación unos con otros. La tercera, que trata de la cuestión de los creyentes fallecidos antes de la venida de Cristo (4:13-18), es la única instrucción nueva de la carta; va seguida por la pregunta final, estrechamente relacionada, del día del Señor (5:1-11), en la que los tres primeros elementos vienen juntos.

Así, empezando por el versículo 3, Pablo inicia una serie de exhortaciones que, aparte de 4:13-18, son básicamente recordatorios que refuerzan: *(a)* lo que se les había dicho con anterioridad; y *(b)* lo que la mayoría de ellos estaban haciendo en realidad. A lo largo del pasaje encontramos, pues, diversos recordatorios, empezando por la introducción en 4:1-2.[419]

4:1 *(a)* Tal como lo aprendieron de nosotros<br>
*(b)* que sigan progresando<br>
*(b)* como ya lo están haciendo<br>
4:2 *(a)* Ustedes saben cuáles son las instrucciones que les dimos<br>
4:6 *(a)* Como ya les hemos dicho y advertido<br>
4:9 *(a)* No necesitan que les escribamos<br>
*(a)* Dios mismo les ha enseñado<br>
4:10 *(b)* Ustedes aman a todos los hermanos<br>
*(b)* los animamos a amarse aún más<br>
*(a)* Así les he mandado

419. En aras de ver esos datos con mayor claridad, he escogido una traducción más concordante de los diversos pasajes.

[[4:13-18 "No queremos que *ignoren*"]]
5:1 *(a)* Ustedes no necesitan que se les escriba
5:2 *(a)* porque ya saben
5:11 *(b)* como lo vienen haciendo

Por consiguiente, en ciertos puntos sobre los que ya habían recibido instrucción, Pablo siente al parecer un grado de fluctuación (4:3-8; 4:9-12); sobre otro tema, necesitan instrucción como tal (4:13-18), casi con seguridad porque había surgido en el ínterin; y en otra cuestión (5:1-11) necesitan que se vuelva a hacer hincapié en directrices que ya se les habían dado, pero de una forma nueva. A continuación, da por acabada la carta con una paraenesis más "general" (5:12-24), que empieza (vv. 12 y 14) con los mismos verbos que en 4:1.

La diferencia más notable entre lo que ha precedido (caps. 1-3) y estas secciones finales puede encontrarse en nuestro propio nivel de certeza/incertidumbre al respecto de "lo que está pasando". Es decir, aunque en los capítulos 1-3 Pablo también les recuerda lo que "ya saben", el conjunto se mantiene unido por una narrativa que también nos permite entrar en lo que ellos conocen. Pero aquí, la oscuridad es mucho mayor. El primer asunto que se trata (4:3-8) es especialmente opaco en términos de detalles, como lo es 4:9-12; y las dos secciones escatológicas, que tienen un grado de relación, no son en absoluto fáciles de entender en lo que se refiere a la cantidad de datos concretos. Nuestro problema consiste en que, en la medida en que un autor y sus lectores comparten mayor conocimiento en común, nuestro grado de certeza es menor, ya que el escritor no suele detallar esos pormenores que ambas partes dominan. El resultado final es que tenemos muchas más incógnitas y, por tanto, más conjeturas históricas (¿especulaciones?).

## A. INTRODUCCIÓN (4:1-2)

*1 Por lo demás,*[420] *hermanos, les pedimos encarecidamente en el nombre del Señor Jesús que sigan progresando en el modo de vivir*[421] *que agrada a Dios, tal como lo*

420. Al parecer, dada la complejidad de esta frase, los traductores de la NVI escogieron no representar explícitamente el οὖν de Pablo. Al actuar así, siguieron una tradición que puede rastrearse hasta el Codex Vaticanus (B), que se reflejó más adelante en las minúsculas vagamente relacionadas 33 629 630 1175 1739, y en partes de varias versiones (latín [la Vulgata], siríaca [Peshitta], copta [bohírica]).

421. Al reorganizar la frase de Pablo para que tenga sentido en nuestra lengua contemporánea, los traductores de la NVI se vieron obligados a omitir el redundante ἵνα con el que empieza esta cláusula. Esto se anticipó a lo largo de gran parte de la tradición del copiado y traducción (א A D[2] Ψ 1739 1881 𝔐 sy[h]). Para mantener el ἵνα se ha de recurrir a un lenguaje muy engorroso, como el de la RVR1960 ("os roguemos y exhortemos en el Señor Jesús, que [ἵνα] de la manera que fuisteis *enseñados* de nosotros de cómo os conviene andar, y agradar a Dios, [ἵνα] así vayáis creciendo").

*aprendieron de nosotros.*[422] *De hecho, ya lo están practicando.* ² *Ustedes saben cuáles son las instrucciones que les dimos de parte del Señor Jesús.*

Varias características de estas dos frases indican que sirven para introducir todo el conjunto de esta sección más amplia, no solo los versículos 3-8. En primer lugar, la complejidad misma de la primera frase de Pablo (todo el v. 1) se explica mejor como su propio intento (un tanto enrevesado) de efectuar la transición de las cuestiones de la amistad a las exhortaciones morales. En segundo lugar, el plural "instruccion*es*", en el versículo 2, más bien exige que anticipe más de la instrucción en singular —ahora repetida— que se proporcionó con anterioridad al respecto de la moralidad sexual dentro del matrimonio. En tercer lugar y, con especial contundencia, está el hecho de que gran parte del lenguaje de estas dos frases (en griego) no se reitera en los versículos 3-8, sino en los versículos 9-10, lo que indica que la preocupación aquí expresada continúa incluso en el material posterior.

En beneficio del comentario y con el fin de ayudar al lector a ver lo que Pablo mismo estaba haciendo, los comentarios sobre este versículo se basarán en la siguiente traducción "literal" del griego de Pablo a nuestra lengua (aunque no suene bien y teniendo en cuenta que la corrección del lenguaje debe ser siempre el objetivo de toda buena traducción):[423] "Hermanos, en cuanto a los asuntos restantes, les rogamos y les instamos en el Señor Jesús que, así como recibieron de nosotros cómo deberían andar y agradar a Dios, como ya lo están haciendo, que puedan abundar más en ello".

**1**

Pablo inicia esta nueva sección con la combinación de otro vocativo (el séptimo) y el adverbio *loipon.* Las versiones más modernas traducen este adverbio como "finalmente" y son, pues, la fuente de un número incalculable de bromas en los sermones al respecto del uso que el apóstol hace de un término semejante tan lejos del final de su carta. Pero sigue siendo un misterio singular en cuanto a por

422. Una tercera forma en que los escribas intentaron aligerar esta frase fue mediante la omisión de (por nosotros, así como por ellos) la torpe repetición de καθὼς καὶ περιπατεῖτε ("exactamente como están andando"); las traducciones modernas "literales" recurren a paréntesis para que funcione en nuestra lengua, y algunas añaden comas. La omisión fue un movimiento muy posterior ($D^2$ Ψ 𝔐) que, no obstante, se abrió camino en los Textos Mayoritarios que subyacen tras las versiones más conocidas.

423. Sobre toda esta cuestión, ver G. D. Fee y M. L. Strauss, *How to Choose a Translation for All Its Worth* (Grand Rapids: Zondervan, 2007). En este caso, la TNIV ha hecho que el texto sea más legible y entendible mediante una ligera reorganización en el orden de las palabras de Pablo. El objetivo de una buena traducción es, después de todo, el *sentido,* no una rígida reproducción del griego a un español poco natural.

qué tantas traducciones posteriores han elegido este camino,[424] cuando habría sido más adecuado el "además" de las KJV protestante (1611) y el "en cuanto al resto" de la versión católica romana Rheims (1610). Pablo vuelve a usarlo de esta misma forma de nuevo en 2 Tesalonicenses 3:1 y en Filipenses 3:1 y 4:8; en cada caso, significa sencillamente "en cuanto a lo que queda por añadir". El adverbio "finalmente", tan lejos del final de la carta, no connota la intención del apóstol. No está "redondeando" nada aquí; más bien, este adverbio es su forma de pasar a lo que necesita decir a continuación en su epístola.[425]

No obstante, Pablo muestra al mismo tiempo una considerable renuencia a llegar a "lo que queda por decir", que sirve de prueba adicional de que la amistad sigue siendo el principal impulso de la carta. Básicamente, su apelación es que "estamos a punto de repetir instrucciones que ya recibieron de nosotros"; su reluctancia, por expresarlo de este modo, surge probablemente del informe de Timoteo al respecto de que, en su mayoría, los creyentes tesalonicenses están viviendo de forma adecuada. Sin embargo, como no suele ser el caso universal, Pablo pasa de los motivos de amistad a momentos de exhortación, asegurándose de que ellos entiendan que él sabe que no todos están involucrados en los errores que precisan corrección. Por consiguiente, lo que sigue será una exhortación, sin duda, pero dirigida a tan pocos de ellos que siente la necesidad de hacerlo más fácil y hablar a una marcada minoría en el contexto del pueblo reunido de Dios.

Mediante una combinación de verbos que tienen cierta aceptación en el mundo antiguo,[426] Pablo empieza suavemente: "Les pedimos encarecidamente en el nombre del Señor Jesús". El verbo "rogar (pedir)"[427] es raro en las exhortaciones paulinas, y solo aparece en las cartas de amistad (aquí; 5:12; 2 Ts. 2:1; Fil. 4:3). Pero como "rogar" podría no entenderse como el imperativo apostólico necesario, y en consonancia confundirse con un modismo aparentemente conocido, añade el más común "rogamos/apelamos".[428] La base del llamamiento es su vínculo

424. En especial las supuestas traducciones "literales", ya que dar a entender que este adverbio significa "finalmente" en el contexto presente es un falso concepto del término "literal". Lo más sorprendente es que el mismo adverbio aparezca en las traducciones "equivalentes dinámicas", incluida la NIV, que ha sido corregida adecuadamente en la TNIV, como "En cuanto a otros asuntos".

425. Cp. Bruce (78): "Por lo demás". Otros reconocen esta intención, pero les satisface dejar "finalmente" en su texto e interpretarlo de forma más amplia (por ej., Green, 182).

426. Por ej., P. Oxy. 744 (ἐρωτῶ σε καὶ παρακαλῶ σε); P. Oxy. 294 (ἐρωτῶ δέ σε καὶ παρακαλῶ); para otros, ver la lista en Rigaux (497).

427. Gr. ἐρωτῶμεν, el verbo corriente para "pedir", pero que en contextos como este pretende probablemente adoptar un sentido un poco más fuerte que el término (más suave) "pedir".

428. Gr. παρακαλοῦμεν, el verbo más común de Pablo para la exhortación o la apelación al respecto de la conducta adecuada. Ver más arriba sobre 2:12 y 3:12; cp. 4:10, 18; 5:11, 14 más abajo. El verbo aparece unas 55 veces en el corpus, habitualmente con este sentido, pero ver

común "en el Señor Jesús".[429] Es decir, los apóstoles hacen su apelación sabiendo que su esfera de existencia está "en el Señor Jesús", el mismo Señor (que ahora reina) que se ha mencionado en la oración precedente, que vendrá en gran gloria con todas las huestes celestiales. Aunque no se indica aquí, este uso conlleva del mismo modo la suposición de que también es la esfera de existencia presente de los tesalonicenses. Al mismo tiempo, de modo inherente, parece que esta es una apelación a la autoridad del Señor al respecto del contenido de la exhortación.[430]

Pero habiendo llegado tan lejos en esta frase introductoria, Pablo elige respaldarla momentáneamente y elogiar a estos creyentes por su conducta cristiana fundamental y obviamente predominante. Así, una frase que podría haber sido sencillamente —"les rogamos... que sigan viviendo de un modo que agrade a Dios"— acaba expresándose de un modo casi apologético. Al hacerlo, Pablo enfatiza tres realidades entrelazadas: *(a)* su conducta, que *(b)* tiene que ver con "agradar a Dios" y *(c)* la fuente apostólica de la que lo han aprendido.

En este caso, Pablo afronta el hecho de que él y sus compañeros fueron la fuente por la que los tesalonicenses llegaron a saber cómo deben vivir los creyentes en el mundo. Mediante la repetición del verbo que había usado a este respecto en la acción de gracias, en 3:13, les recuerda que deben vivir ("andar"[431]) en conformidad con esa instrucción previa. Este es evidentemente el propósito principal de todo: la predicación paulina en medio de ellos no solo era sobre su "fe",[432] y por tanto su relación con Dios, sino que esa "fe" incluía vivir/comportarse de manera coherente. Solo haciéndolo así estarían creyendo de manera que su "fe" agradara "a Dios". Esta última frase también retoma el lenguaje del principio de la carta —positivamente en 2:4, al respecto de cómo había predicado la compañía apostólica mientras habían estado en medio de ellos en Tesalónica, y negativamente en 2:15, en cuanto a cómo la comunidad judía judeana había tratado a Pablo—. Pasajes como este deberían recordarnos que el eslogan *sola fide* ("por fe solamente"),

3:7 más arriba, donde en la forma pasiva adopta el significado extendido de ser "confortado". El "insta" de la TNIV funciona bien aquí.

429. Cp. Best (156): "[La frase] conecta a los escritores y los lectores; ambos están relacionados con Cristo; ambos están en el seno de la iglesia; es solo por esta razón por lo que Pablo puede pedirles y requerirles, y ellos aceptarán su instrucción".

430. Algunas versiones traducen "en *el nombre del* Señor Jesús", lo que añade un elemento (la *autoridad* del *nombre*) no pretendido por Pablo, cuyo énfasis está en su *existencia* común en Cristo. Hay versiones que fuerzan un poco el significado con "como hermanos cristianos". Quizás deberíamos observar que la frase va con ambos verbos, "pedir" y "apelar" (así también Frame, 142).

431. Gr. περιπατεῖν, el verbo para "andar"; para el uso paulino, ver n. 112 sobre 2:12 más arriba.

432. Sobre las razones para poner "fe" entre comillas, ver comentarios más arriba sobre 3:2b-3a.

relacionado con la forma en que estamos *relacionados* con Dios, cuando no va acompañado por "vivir" según esa "fe" se convierte en algo que no es paulino y en una burla al evangelio que él proclamó.

Que la conducta cristiana se rija por el evangelio es la principal preocupación presente de Pablo, y así lo confirma lo que parece ser una especie de adenda semiapologética:[433] "Sigan progresando". Así, lo que sigue no es primordialmente una nueva instrucción; en su lugar, es la instrucción anterior, pero repetida ahora con el objetivo supremo de que lo que la (con toda probabilidad) amplia mayoría de ellos ya estaba haciendo, el resto también lo practicara. Por consiguiente, con este lenguaje, Pablo alaba a la mayoría e introduce los recordatorios tan necesarios para los pocos desobedientes.

**2**

Sin embargo, Pablo —que está a punto de identificar una cuestión de moralidad que no se tomaba como inmoral en gran parte del mundo grecorromano— concluye estos momentos introductorios recordando que la fuente suprema de sus instrucciones éticas (mandamientos) no es otra que "el Señor Jesús" mismo. De modo que ofrece un resumen final que sirve como una suerte de *inclusio* con la forma en que comenzó la frase anterior. Allí fue "les pedimos encarecidamente en el nombre del Señor" —donde el Señor Jesús era la esfera común de la nueva existencia escatológica de los apóstoles y los tesalonicenses—; aquí concluye recordándoles "las instrucciones que les dimos *de parte* del Señor Jesús", donde el énfasis está en la fuente de las mismas.

Las "instrucciones" que siguen son básicamente dos, y tienen que ver con la "inmoralidad sexual" y con algunos que están viviendo como "holgazanes" y desestabilizan a los demás.[434] El primero de estos era un vicio pagano que no se consideraba como tal; el segundo es más tenue al respecto de su fuente y de cómo se expresaba entre ellos, pero lo bastante relevante como para prestarle una atención especial en la carta siguiente (2 Ts. 3:6-13).[435]

433. Cp. Frame (143), "segundo recordatorio diplomático".

434. Para este lenguaje, ver la TNIV sobre 5:14 y los comentarios en p. 241 más abajo.

435. Sobre la cuestión más amplia de la relación de este pasaje con la ética paulina en general, ver cap. 7 en B. Rosner, *Understanding Paul's Ethics* (Grand Rapids: Eerdmans, 1995), 351-60, titulado "Seven Questions for Paul's Ethics: 1 Thessalonians 4:1-12 as a Case Study". Para otros estudios sobre este pasaje, ver J. A. D. Weima, "'How You Must Walk to Please God': Holiness and Discipleship in 1 Thessalonians 4:1-12", en *Patterns of Discipleship in the New Testament* (ed. R. N. Longenecker; Grand Rapids: Eerdmans, 1996), 98-119; y O. L. Yarbrough, "The Precepts of Marriage and Sexual Morality in 1 Thess 4:3-8", en *Not like the Gentiles: Marriage Rules in the Letters of Paul* (SBLDS 80; Atlanta: Scholars Press, 1986), 65-87.

## B. EVITAR LA INMORALIDAD SEXUAL (4:3-8)

*³ La voluntad de Dios es que sean santificados; que se aparten[436] de la inmoralidad sexual; ⁴ que cada uno aprenda a controlar su propio cuerpo[a] de una manera santa y honrosa, ⁵ sin dejarse llevar por los malos deseos como hacen los paganos, que no conocen a Dios; ⁶ y que nadie perjudique a su hermano ni se aproveche de él en este asunto. El Señor castiga todo esto, como ya les hemos dicho y advertido. ⁷ Dios no nos llamó a la impureza, sino a la santidad; ⁸ por tanto, el que rechaza estas instrucciones no rechaza a un hombre, sino a Dios,[437] quien les[438] da[439] a ustedes su Espíritu Santo.*

[a] 4 O *aprendan a vivir con su propia esposa; o aprenda a tener una esposa.*

Pablo pasa ahora al primero de los dos asuntos en los que su "fe" era "deficiente" (3:10), sobre el cual ya les había instruido y sobre el que acaba de orar para que fueran "intachables" cuando viniera el Señor (3:12-13). Su oración era que "fueran intachables *en santidad*" cuando volviera Cristo. Ahora retoma lo que esto significaba para ellos en términos de relaciones sexuales. Con el fin de apreciar por qué la "inmoralidad sexual" es el primer tema que se toca, es necesario recordar que

436. La TNIV ha traducido de forma adecuada el griego de Pablo, que se presenta con un verbo y una expresión preposicional: ἀπέχεσθαι ὑμᾶς ἀπὸ τῆς πορνεία ("que se mantengan lejos de la inmoralidad sexual"). Algunos escribas posteriores convirtieron el τῆς de Pablo en πάσης ("todos" [ℵ² Ψ 104 365 1149 syᵖ]) o sencillamente lo añadieron (F G), de ahí "que se mantengan lejos de todo tipo de inmoralidad sexual".

437. Esta es la forma en que la TNIV incluye el καί, entre corchetes en la NA[27], pero casi con seguridad es el texto paulino original (con ℵ D* F G MajT lat. Clemente). Aunque su ausencia queda respaldada por buenos manuscritos (A B I 33 1739* b pc), en el análisis final parece mucho más probable que los escribas lo hayan omitido (por parecerles innecesario) a que lo añadieran (precisamente porque resulta difícil imaginar *por qué* lo habrían hecho); cp. la expresión similar en 2:12, donde no existe un "añadido" así en la evidencia textual. La presencia de este καί es especialmente contundente en contra de los diversos comentaristas que creen que el énfasis aquí está en la idea completiva de "Dios el dador" y no en el verbo ("aquel que da"). Ver la discusión más abajo.

438. Gr. διδόντα (ℵ* B D F G I 365 2464 pc); testimonios posteriores (A J 𝔐 sy co) lo cambiaron al aoristo δόντα, según el patrón de uso paulino en otros lugares (Ro. 5:5; 2 Co. 1:22; 5:5; cp. Gá. 3:2; 4:6; Ro. 8:15). Rigaux (514) lo adopta según el patrón del οὐ ἐκάλεσεν precedente (v. 7; cp. H. Koester, "The Text of the New Testament", en *The Living Text* [Lanham, Md.: University Press of America, 1985], 263), pero, como Frame (156) había indicado muchos años antes, esto no es más que otra razón para que los escribas hicieran el cambio. En cuanto a si el tiempo presente es relevante, ver la discusión más abajo.

439. El ἡμᾶς ("nosotros" hallado en A 6 365 1739 1881 a f m t pc) es probablemente una conformación secundaria al ἡμᾶς del v. 7. Una generación anterior de eruditos católicos adoptó esta interpretación y la usó como respaldo de la sucesión apostólica; es decir, rechazar la enseñanza de Pablo equivale a rechazar a Dios, quien le dio su Espíritu al apóstol para que enseñara con autoridad. Pero, aunque el ἡμᾶς fuera la traducción original, significaría "nosotros los cristianos de forma colectiva" (Frame), como en otros lugares de Pablo, donde, en fórmulas con forma de semicredo, pasa de la segunda persona del plural a la primera del plural inclusivo (por ej., Gá. 4:6).

lo que la comunidad judía, y su descendencia cristiana, consideraban inmoral no solía verse de este modo entre los gentiles paganos. De hecho, "los paganos que no conocen a Dios" habrían pensado que el séptimo mandamiento era absurdo; uno de sus filósofos afirmó: "A las amantes las mantenemos por placer, a las concubinas para el cuidado diario de nuestras personas, pero a las esposas para darnos hijos legítimos".[440] Precisamente por esas razones, la cuestión de la "inmoralidad sexual" tiene un lugar sistemático en la ética paulina. Para las personas para las que la actividad sexual fuera del matrimonio no solo no se consideraba "inmoral", sino que era en realidad una norma cultural, el hecho de que Pablo regresara con regularidad a este tema en sus cartas tenía un gran sentido histórico. Es, asimismo, una clara prueba de que nunca se le habría ocurrido ni a él ni a ninguno de sus compañeros itinerantes dentro de la comunidad creyente hacer otra cosa que seguir la moralidad básica de la Torá y, por tanto, la de Jesús mismo.

Sin embargo, aunque la principal preocupación se declara con claridad explícita, al menos dos de los detalles no son tan nítidos y precisan de una investigación más cuidadosa, a saber: *(a)* el significado del término griego *skeuos* (literalmente, "vaso") en el versículo 4; y *(b)* cómo la desobediencia en este asunto es una forma de "perjudicar" o de "aprovecharse del hermano" en el versículo 6. De manera relevante, este tema en particular se presenta bajo la rúbrica de la "santidad" (vv. 3 y 7-8) y se expresa frente a "los *ethnoi* ['pueblos/gentiles'] que no conocen a Dios" (v. 5).

El párrafo se compone de tres frases en griego: una extremadamente compleja (vv. 3-6) en que la instrucción previa sobre la moralidad sexual se describe con algunos detalles, seguida por dos breves, una explicativa (v. 7) de la primera, en términos de la voluntad de Dios, y otra concluyente (v. 8), que indica cómo la desobediencia en este asunto está relacionada con esa voluntad. La primera frase es, en realidad, una serie de aposiciones a "la voluntad de Dios" en el versículo 3, expresada en términos de santidad que, en este caso, se define como abstenerse de "la inmoralidad sexual". Esto, a su vez, se detalla de dos formas: primero, en términos de un hombre que "mantiene su 'vaso' en santidad", en contraste con los paganos que no conocen a Dios; y, por fin, en términos de no "perjudicar" al hermano en esta cuestión, ya que semejante pecado resultará en el castigo del Señor. Así, la serie de cinco expresiones apositivas se mueve de un modo sucesivo —es inevitable pensar que Pablo tiene un propósito— desde una amonestación muy general, pasando por una clase más específica de pecado (la inmoralidad sexual), hasta un ejemplo específico de la misma. Así,

(*a*) Esta es la voluntad de Dios:
(*b*) Que sean santos

440. Ps.-Demóstenes, *Against Neaera* 122 (LCL), 444-47.

(*c*) = Absteniéndose de la inmoralidad sexual
(*d*) = Cada uno sabiendo cómo poseer su propia "vaso" en santidad, no en lujuria
(*e*) = Sin que nadie sobrepase los límites y engañe a su hermano [o hermana] en ese asunto;
*(concl.)* Porque el Señor es el vengador al respecto de todas estas cosas.

Lo que Pablo parece haber hecho, por tanto, es usar un caso específico de pecado sexual contra un hermano dentro de la comunidad creyente[441] para tocar una vez más la cuestión más amplia de la inmoralidad sexual, ya que esa enseñanza era totalmente ajena a estos antiguos paganos, ahora recientes conversos a Cristo.[442]

**3**

Esta cláusula primera sirve de "título" para el resto del párrafo. Por tanto, Pablo comienza diciendo: "La[443] voluntad de Dios es", y a continuación, la define mediante una serie de expresiones apositivas, cada una de las cuales se convierte en un caso cada vez más específico a medida que se desarrolla la extensa frase. La primera definición de "la voluntad de Dios" se declara en términos amplios como "santidad/santificación".[444] Este grupo de palabras, con sus tonos indudablemente morales, pertenece de manera exclusiva al judaísmo de la diáspora y al cristianismo primitivo. En ningún lugar de la literatura pagana se preocupa nadie por la santidad ni por un estilo de vida santo.[445] El sustantivo mismo deriva del adjetivo "santo" y toma su significado de la revelación bíblica en el pronunciamiento de Dios en Levítico 19:2, "Sean santos, porque yo, el Señor su Dios, soy santo", que

441. Por la naturaleza misma del argumento y la forma en que funciona en todo el párrafo, deberíamos suponer probablemente que había un grado de consentimiento por parte de la mujer involucrada. C. C. Caragounis ("Parainesis on ἁγιασμός (1 Th 4:3-8)", *FilolNT* 15 [2002], 133-51) ha argumentado que todo este pasaje debería entenderse como una paraenesis general, sin caso específico como referente. Pero esto parece especialmente difícil de mantener a la luz del presente versículo.

442. G. P. Carras ("Jewish Ethics and Gentiles Converts: Remarks on 1 Thes 4.3-8", en R. F. Collins, *The Thessalonians Correspondence* [BETL, 87; Leuven: Leuven University Press, 1990], 306-14 pone énfasis en el carácter judío de estas instrucciones; sin embargo, para Pablo se han vuelto especialmente cristianas, como indica todo el argumento del pasaje.

443. La frase de Pablo se lee sin este artículo definido (θέλημα τοῦ Θεοῦ) que, al parecer, fue absorbido por el οὗτος con el que empezó la cláusula (cp. Bruce, 82). Frame (146) sugiere que la presente construcción puede reflejar que Pablo no pretende dar a entender que *toda* la voluntad de Dios ha de hallarse en lo que sigue; es su voluntad, desde luego, pero no la totalidad de ella.

444. Gr. ἁγιασμός, una palabra que aparece tres veces en este pasaje y solo cinco veces en todo el corpus paulino (2 Ts. 2:13; 1 Co. 1:30; Ro. 6:19, 22; 1 T. 2:15); figura solo diez veces en la LXX.

445. Con esto no pretendo afirmar que a los filósofos moralistas no les preocupara la conducta moral, pero nunca lo expresaban con el lenguaje de "santidad". Pablo está totalmente en deuda con sus raíces judías y con el uso de la LXX en las sinagogas de la diáspora al respecto de este lenguaje.

en ese capítulo halla su expresión en toda una variedad de formas, incluidos los diez mandamientos. Así, aunque los objetos apartados para las funciones sagradas también se podían definir como "santos", el principal sentido de la palabra dentro de la tradición bíblica tiene que ver con la rectitud moral, la conducta que es según el propio carácter de Dios.

En el caso presente, la santidad[446] como "voluntad de Dios" se expresa de forma negativa —y estricta—, como la abstención de la "inmoralidad sexual".[447] Esta amplia palabra, que en el uso bíblico cubre todo tipo de pecado sexual,[448] la que crea la primera ambigüedad para nosotros en los detalles. Si solo tuviéramos la cláusula que forman nuestros versículos 4 y 5, esto se entendería universalmente como el pecado sexual en general. Pero la expresión del versículo 6 nos da un motivo para hacer una pausa y pensar que tal vez exista una manera muy específica de expresión de este caso de inmoralidad sexual.

**4-5**

La siguiente cláusula está en aposición con el versículo 3 y, por tanto, describe la naturaleza específica de la "inmoralidad sexual" que se debe evitar. Al mismo tiempo, es el lugar donde radica la mayoría de nuestras dificultades. La cláusula parece empezar de un modo sencillamente fácil: "Que cada uno aprenda". Pero parte de nuestra dificultad presente consiste en determinar el sentido de "aprender" en este contexto: si significa "comprender cómo" (BDAG 3) o algo cercano a "aprender cómo" (BDAG 4) al respecto del objeto del verbo.[449] En cualquier caso, para algunos eruditos ha resultado demasiado fácil actuar como si este verbo no existiera en absoluto al seguir tratando el difícil modismo que sigue. Cualesquiera que fueren las preocupaciones de Pablo, la primera parece ser que alguien estaba metido en una relación sexual ilícita; si no fuera así, el contraste que se ha establecido tiene muy poco sentido.

La inquietud del apóstol se expresa, pues, de forma positiva primero (v. 4) y negativa después (v. 5); y, comoquiera que sea, las dos frases que contrastan ("en santidad y honor" y "sin dejarse llevar por los malos deseos") deben mantenerse en mente cuando las decisiones se toman al respecto del sujeto y el verbo de la

446. Gr. ὁ κτώμενος γυναῖκα, una combinación que solo se encuentra aquí del NT.

447. Gr. πορνεία que, en el mundo griego tiene que ver con la prostitución, pero sin matices peyorativos.

448. Esto fue impugnado por B. Malina ("Does *Porneia* Mean Fornication?" *NovT* 14 [1972], 10-17), que fue refutado adecuadamente por J. Jensen ("Does *Porneia* Mean Fornication? A Critique of Bruce Malina", *NovT* 20 [1978], 161-84).

449. Frame (147-48) prefirió retomar el significado del verbo en 5:12 (TNIV, "reconocer"), y quiso extenderlo hasta la idea del "respeto". Pero lo hizo solo porque dio por sentado que τὸ ἑαυτοῦ σκεῦος alude a la "propia esposa" del hombre, lo que es más dudoso aún. Ver la discusión más abajo.

cláusula, ya que ambas expresiones han sido la causa histórica de una dificultad considerable a la hora de entender el pasaje. Además, no existe opinión, incluida aquella por la que se opta aquí, que esté exenta de dificultad. De modo que, al final, la decisión se reduce con la mayor frecuencia a escoger la opción con cuyo conjunto de conflictos pueda llevarse mejor un erudito.

Las dificultades a las que se enfrenta el lector/intérprete son el resultado de dos asuntos: *(a)* el uso paulino del término "vaso" como objeto directo de *(b)* un verbo que por lo general significa "adquirir". Así (literalmente): "Esta es la voluntad de Dios... que cada uno de ustedes sepa/aprenda a adquirir su propio vaso en santidad y honor, no en las pasiones de lujuria". Para los traductores, las soluciones han variado. Algunas han mantenido la ambigüedad de la metáfora, pero han escogido traducir el verbo "poseer", un sentido posible en el tiempo perfecto, pero por lo general no en el presente.

Con mayor frecuencia, las traducciones han dado por sentado que el uso que Pablo hace de "vaso" pretendía ser una *metáfora* para "cuerpo" o "esposa", y estas suposiciones pueden rastrearse hasta el siglo II. Pero, como destacó Lightfoot hace más de un siglo, la elección entre estas dos opciones es complicada, "no porque ambas sean igualmente adecuadas, sino porque ninguna de ella está exenta de graves dificultades" (54). Aunque cada una de ellas está plagada de su propio conjunto de conflictos, el principal problema que tienen en común es que cualquiera de las dos sería una expresión directa, a la manera de Pablo en otros lugares y sin necesidad de una metáfora obtusa que no se puede rastrear ni en Pablo ni en ningún otro sitio en el mundo antiguo. Después de todo, el apóstol mismo habla abierta y directamente en otras cartas sobre las "esposas" y los "cuerpos"; por tanto, ninguna de esas opciones parecería exigir tan extraña metáfora, sobre todo si él hubiera pretendido decir "esposa". Por tanto, el uso de "vaso" mismo es el que ha creado la mayoría de nuestros problemas y ha llevado a algunos eruditos a encontrar una solución diferente: que Pablo no está usando una *metáfora*[450] (por otra parte desconocida), sino que utiliza "vaso" como *eufemismo* para referirse al órgano sexual masculino; sin embargo, incluso esta "solución" tiene sus polémicas. Por tanto, es necesario que consideremos los dos argumentos a favor y las dificultades de cada una de las tres opciones sugeridas.[451]

450. Algunos objetarían aquí que Pedro usa esta metáfora en 1 P. 3:7 para referirse a la esposa de uno. Pero ese uso es de muy poca ayuda en el caso presente, ya que "vaso" no se utiliza como *sustituto* de "esposa", como aquí, sino como contraste entre la "esposa" como "vaso" más frágil y el esposo, que se entendería como "vaso" más fuerte; en tal caso, es sin lugar a duda una alusión indirecta a ella físicamente. De modo que, al final, ¡la referencia de Pedro podría ser un argumento a favor de "cuerpo" y no de "esposa"!

451. Se han ofrecido otras tres opciones. (1) Para una opinión diferente al respecto de la opción de σκεῦος = esposa, ver H. Baltensweiler, "Erwägungen zu 1 Thess 4.3-8", *TZ* 19 (1963), 1-13, quien argumenta que esto está relacionado con una costumbre griega peculiar, vinculada

Los que piensan que Pablo puso "vaso" como metáfora de "esposa" se basan principalmente en tres razones: primero, esta opción se entiende en especial por el significado básico del verbo en sí, "adquirir" o "procurar para sí" (BDAG); en segundo lugar, de esta forma también le dan cierto sentido al versículo 6, que entonces se comprende como "adquieran su propia esposa y no se anden enredando con la mujer de un hermano"; y en tercer lugar, en 1 Pedro 3:7, a la esposa de un hombre se la denomina "*vaso*[452] más frágil". También se indica con frecuencia que Sirac 36:24 usa efectivamente este verbo con "esposa" como objeto, así: "Aquel que adquiere una esposa".[453]

Pero esta opinión está plagada de tantas dificultades que ahora se ha convertido en la opción minoritaria.[454] En primer lugar, la que es para mí la prueba más concluyente, está el hecho de que semejante metáfora es improbable en otras cartas de Pablo y parece por completo innecesaria en este contexto. Si Pablo hubiera querido decir "esposa", por qué no lo hubiera hecho, en lugar de usar esta metáfora

---

a los derechos de una hija que hubiera heredado la propiedad de su padre al no haber un hijo vivo. Pero esto no solo parece ajeno al contexto presente, sino que hace la suposición (del todo improbable) de que el párrafo está respondiendo a un interrogante de ellos en lugar de un asunto comunicado por Timoteo. Ver la refutación en Best, 163-64 quien, de este modo, también le dedica mucho más tiempo del que parecería merecer en términos de ser una opción viva. (2) J. M. Bassler sugirió que Pablo está defendiendo los "matrimonios espirituales", un criterio que no ha hallado seguidores ni detractores (ver "Σκεῦος: A Modest Proposal for Illuminating Paul's Use of Metaphor in 1 Thessalonians 4:4", en *The Social World of the First Christians: Essays in Honor of Wayne A. Meeks* [ed. L. M. White y O. L. Yarbrough; Minneapolis: Fortress, 1995], 53-66). (3) D. Fredrickson argumentó que Pablo está fomentando aquí "el sexo sin pasión" (ver "Passionless Sex in 1 Thessalonians 4:4-5", *Word & World* 23 [2003], 23-30).

452. En su artículo relevante e influyente en *TDNT* (7:358-67), C. Maurer ha planteado la prueba para este uso en la LXX, una opinión que ha sido defendida más recientemente en la erudición alemana por M. Konradt ("Εἰδέναι ἕκαστον ὑμῶν τὸ ἑαυτοῦ σκεῦος κτᾶσθαι...: Zu Paulus' sexualethischer Weisung in 1 Thess 4,4s.", *ZNW* 92 [2001], 128-35); cp. también R. F. Collins, *Studies in the First Letter to the Thessalonians* (BETL 66; Leuven: Leuven University Press, 1984), 299-325. Sin embargo, esto representa un uso altamente cuestionable de la evidencia que ha de reconocerse tal como es.

453. Esto es una prueba ambigua, en el mejor de los casos, ya que Sirac no tuvo dificultad alguna con usar "esposa" con este verbo sin recurrir a una metáfora. Parecería ser un mundo de diferencia entre decir, como declara Pablo, τὸ ἑαυτοῦ σκεῦος κτᾶσθα ("'adquirir' su propio vaso") y ὁ κτώμενος γυναῖκα ("aquel que adquiere una esposa").

454. Solo se encuentra en pocas traducciones contemporáneas. Entre los comentarios más antiguos, ver Ellicott (52); Lightfoot (54-55); Findlay (81, quien lo señaló como la opinión mayoritaria de su época); Frame (149). Entre otras más recientes, ver Best (163-64), Malherbe (226-28) y Witherington (114). C. Maurer proporciona el argumento más relevante para esta opinión (*TDNT* 7:365-67); ver también R. F. Collins, "This Is the Will of God: Your Sanctification (1 Thess 4:3)", *LTP* 39 (1983), 27-53; y O. L. Yarbrough, *Not like the Gentiles: Marriage Rules in the Letters of Paul* (SBLDS 80; Atlanta: Scholars, 1985), 65-87. Ver la refutación a Collins y Yarbrough de M. McGehee, "A Rejoinder to Two Recent Studies Dealing with 1 Thess 4:4", *CBQ* 51 (1989), 82-89.

por otra parte desconocida.[455] En segundo lugar, el requisito se dirige a "cada uno de ustedes", que bajo todo uso normal del lenguaje significaría que todos los hombres deben casarse. En tercer lugar, el posesivo "su propio" es especialmente extraño, a menos que sea una salvaguarda contra acostarse con la esposa de otro hombre; sin embargo, el pasaje empieza de un modo demasiado general para una opinión así, que en cualquier caso podría haberse expresado clara y sencillamente. En cuarto lugar, el pasaje de 1 Pedro no es de ayuda real, ya que por implicación el hombre también es un "vaso", solo que uno más fuerte. En realidad, "vaso" en este caso no es en verdad una metáfora para "esposa" como tal, sino que habla de su existencia global en la cultura del siglo I (al menos físicamente). Pero la dificultad mucho mayor se encuentra, en quinto lugar, en el verbo del versículo 5. ¿Qué significaría para quien hace mal "adquirir una esposa en lujuria apasionada", de tal manera que al creyente se le ordene no hacerlo?[456] Esto podría funcionar en el siglo XXI, pero no en el hogar tradicional del entorno del siglo I, donde las esposas no solían "adquirirse" basándose en el "amor", sino en su capacidad de administrar una casa y dar a luz hijos legítimos.[457] Finalmente, en sexto lugar, el versículo 6 presenta una dificultad aún mayor para esta opinión; uno se pregunta cómo se evita engañar a un hermano adquiriendo su propia esposa, sin hacerlo con lujuria apasionada.

Por estas muchas razones, un gran número de intérpretes y la mayoría de los traductores han optado por "cuerpo" como intención de la supuesta metáfora de "vaso",[458] aplicado a la propia esposa; además, Pablo se refiere al "cuerpo" como un "vaso de barro" en 2 Corintios 4:7. Pero este criterio también tiene su propio conjunto de dificultades. Primero, para que funcione se debe tomar el verbo griego *ktaomai,* que significa "adquirir" o "poseer [= ser dueño]" para dar a entender algo como "ganar control sobre", para lo cual no hay prueba léxica sólida. Además,

455. Algunos intérpretes objetarían esto a partir de 1 P. 3:7; pero, como se ha indicado, el alegado "paralelo" es inexacto. Por tanto, el problema sigue siendo que, como metáfora del matrimonio, este uso es desconocido en el mundo antiguo. Las apelaciones a los usos rabínicos muy posteriores, como el que se encuentra en Maurer, son sencillamente demasiado tardíos para utilizarlos al respecto de los escritos paulinos, ¡por no mencionar que (como Wanamaker destaca, 152) esto implicaría que que los tesalonicenses conocieran Hebreos!

456. Best (162) elude a este problema tomando el verbo en el mismo sentido durativo necesario para las dos opciones siguientes.

457. Las pruebas de los papiros de Egipto indican que la edad media del hombre para llegar al matrimonio era a comienzos de la treintena, mientras que, para su esposa, era la mitad o el final de la adolescencia; así, ella pasaba directamente de la casa de su padre a la del marido, que había estado sexualmente activo durante muchos años.

458. Entre algunas traducciones aparte de las más conocidas. Los comentaristas incluyen a Milligan (49), Rigaux (504-5), Morris (121), Richard (198), Holmes (126), Green (193-94) y Beale (119).

en segundo lugar, no queda del todo claro cómo opera esto en contraste con los paganos; ¿acaso está sugiriendo Pablo que los paganos eran los únicos que siempre usaban su cuerpo en un contexto de lujuria apasionada? En realidad, es la frase negativa al respecto de los gentiles la que hace que esta opinión sea tan difícil de sostener en el argumento presente. Y, en tercer lugar, tampoco queda claro cómo funciona el versículo 6 a la luz de semejante entendimiento.

Sin embargo, para estos dos pareceres, sigue permaneciendo la dificultad principal: ¿por qué usar una metáfora desconocida para lo que se podría haber dicho con claridad, de haber sido este el caso?[459] Sin lugar a duda, de haber tenido solo estas dos opciones, las pruebas pesarían en favor de "cuerpo". Sin embargo, esta misma evidencia funciona también a favor del criterio que afirma que Pablo usa el sustantivo "vaso", no como metáfora, sino como eufemismo del órgano sexual masculino.[460] Las justificaciones para semejante uso pueden encontrarse en la Septuaginta de 1 Samuel 21:5-6, donde se les exigió a los hombres de David que "no tuvieran contacto con las mujeres" si querían participar del pan consagrado. La respuesta de David fue: "No hemos tenido contacto con mujeres", como de costumbre cuando salían en misión. Pero al explicar esto en detalle, le recuerda al sacerdote: "Además, mis hombres se consagran incluso en expediciones ordinarias". El término hebreo *kᵉli* se traducía (correctamente) en este caso como *skeuos* ("vaso") en la Septuaginta, y se ha entendido de forma bastante universal como alusión al pene. Si esto es lo que Pablo quiere decir aquí, entonces también es la opinión que da mayor sentido a los modificadores "en santidad y *honor*". Pablo indica, a continuación, que la santidad que le preocupa tiene que ver con que un hombre mantenga santo y "con honor" su órgano sexual. El foco parece estar aquí, en esta palabra, cuando Pablo completa su frase en el versículo 6.

Sin embargo, como en el caso de "vaso = cuerpo", la dificultad sigue radicando en el significado del verbo, ya que el sentido básico de "adquirir" es difícilmente posible para cualquiera de estas opciones. La respuesta más probable a este problema es, en ambos casos, que Pablo estaba usando el tiempo presente

459. Richard (198) sugiere que "Pablo emplea un término metafórico para subrayar la función del ser humano como criatura destinada a reflejar la santidad del Creador". Pero esto es sin duda demasiado sofisticado para que los tesalonicenses mismos lo hubieran entendido.

460. J. Whitton ("A Neglected Meaning for σκεῦος in 1 Thessalonians 4:4", *NTS* 28 [1982], 142-43) y, al parecer, favorecido por Bruce (83). Argumenté firmemente en favor de ello en *GEP, 51,* n. 59*;* cp. T. Elgvin, "'To Master His Own Vessel': 1 Thess 4:4 en Light of New Qumran Evidence", *NTS* 43 (1997), 604-19; S. Légasse, "Vas suum possidere (1 Th 4,4)", *FiloNT* (1997), 105-15; R. W. Yarborough, "Sexual Gratification in 1 Thess 4:1-8", *TrinJ* 20 (1999), 215-32; J. E. Smith, "1 Thess 4:4 —Breaking the Impasse", *BBR* 11 (2001), 65-105; idem, "Another Look at 4Q416 2 ii.21: A Critical Parallel to First Thessalonians 4:4", *CBQ* 63 (2001), 499-504. También lo adopta Wanamaker (152); Marshall (108-9) también se inclina en esta dirección y sugiere "el cuerpo en sus aspectos sexuales".

del verbo cuando la acepción común era en tiempo perfecto: "Poseer" en el sentido de "ganar dominio sobre".[461] La diferencia entre esta última opción y la de "cuerpo" es que parece ser mucho más posible que Pablo use este lenguaje más obtuso como eufemismo y no como simple metáfora de algo que podría haberse expresado directamente, sin recurrir al lenguaje metafórico.

Pero antes de seguir con la principal preocupación del pasaje, "que nadie perjudique a su hermano ni se aproveche de él en este asunto", Pablo presenta esa "santidad" en llamativo contraste con la inmoralidad de "los paganos", descritos de una forma doble: "Sin dejarse llevar por los malos deseos" porque al mismo tiempo "no conocen a Dios". Esta discordancia tiene perfectamente sentido si nuestra forma de entender el uso que Pablo hace de "vaso = órgano sexual masculino" es correcto. Como indicamos con anterioridad (sobre el v. 3), el mundo pagano sencillamente no piensa en la promiscuidad o la permisividad como "maldad". Así, la inmoralidad sexual no era "inmoral" para ellos. Por tanto, pensar como ellos en este asunto, por no mencionar vivir como ellos, significa vivir "en malos deseos" en lugar de "en santidad delante de Dios". Y la razón para una opinión semejante sobre la inmoralidad sexual radica en el hecho de que sencillamente "no conocen a Dios".[462] El conocimiento de Dios desde el punto de vista bíblico de Pablo da por sentado el conocimiento automático de lo que significa ser creado a la propia imagen del Creador, originalmente diseñado y ahora redimido para llevar la semejanza de Dios en un mundo que no conoce a Dios. Por consiguiente, significa mantener el órgano sexual propio dentro de los límites del matrimonio y, así, de una forma santa delante de Dios.

**6**

Sin embargo, en el caso específico al que Pablo está respondiendo, el pecado sexual no parece ser tan solo una cuestión, por ejemplo, de un hombre que va donde las prostitutas. En su lugar, la gramática de Pablo y la cláusula presente indican que están directamente relacionadas con lo que se ha afirmado hasta ahora.[463] A este respecto, se puede estar bastante seguro;[464] pero en las cuestiones del *qué* y el

461. Tiene cierto interés que esta compresión haya existido desde hacía unos cuatro siglos y aparezca en la KJV y la Rheims como "cómo poseer".

462. Este es un término del AT usado como forma de distinguir a los gentiles de los judíos (por ej., Sal. 79:6; Jer. 10:25). Es posible, dado el argumento posterior de Pablo en Ro. 1:24-27, que "no conocer a Dios" implicaba también idolatría.

463. Lightfoot (56) vio esto como cláusula de resultado, pero muy pocos le han seguido en esto.

464. Al menos uno pensaría así; pero, en realidad, aquellos que ven el v. 4 como una referencia a la propia esposa se ven muy presionados a la hora de encontrarle sentido a esta cláusula. De hecho, algunos han argumentado en favor de un cambio de tema aquí; ver, por ej., R. Beauvery, "Πλεονεκτεῖν in 1 Thess 4.6a", *VD* 33 (1955), 78-85, una opinión adoptada en los comentarios

*cómo*, se nos deja más en la oscuridad. Es decir, a partir de esta breve amonestación no podemos estar seguros de lo que ha estado haciendo con exactitud el ofensor para que Pablo describa su transgresión en términos de "que nadie perjudique a *su* hermano ni se aproveche de él en este asunto"; tampoco podemos saber, pues, "cómo" puede describirse así su acto en términos de su explícita relación tanto con la prohibición que ha precedido como con la advertencia que sigue. La mejor respuesta general es que, al menos un caso de pecado sexual había incluido una situación adúltera con la esposa de otro hombre o, quizás, con una esclava de la familia. Esto parecería justificar al menos la duplicidad del verbo: que nadie "sobrepase los límites"[465] y, así, "se aproveche de (= engañe)"[466] a su hermano cristiano[467] en este asunto.[468]

Sin embargo, si no estamos del todo seguros sobre los detalles del caso, objeto de esta larga amonestación, podemos tener la certeza de que Pablo no creía que fuera un asunto para tomárselo a la ligera. Por tanto, inspirándose en el lenguaje que se hace eco del Salmo 94:1 en la Septuaginta, el apóstol le recuerda al ofensor —y, de ese modo, a toda la comunidad también— que la justicia divina se aplicará a tales ofensores de la moralidad divina. Pero, mientras el salmista dice "el Dios (*elohim*) de la venganza [es] el Señor *(Yahvé)*", en Pablo es "el Señor = Jesús" quien realizará la justicia divina en eseo y todos los casos parecidos.[469]

No caben dudas de que algunos están dispuestos a ver esta aparición de *kyrios* como alusión a Dios Padre.[470] Pero esto no solo deja de lado las claras

---

únicamente por Holtzmann y Richard. Aun menos probable es la sugerencia de H. Baltensweiler ("Erwägungen zu 1 Thess 4.3-8", *TZ* 19 [1963], 1-13) de que se refiere a la ley griega de la herencia, en la que una hija única tendría que casarse con un pariente cercano con el fin de conservar el linaje familiar (ver la refutación en Best, 163-64). Para una impugnación, ver Collins, *Studies*, 299-325.

465. Gr. ὑπερβαίνειν, un *hapax legomenon* del NT, que significa "transgredir" al "sobrepasar los límites propios en la conducta" (BDAG), "traspasando los límites".

466. Gr. πλεονεκτεῖν, de otro modo en Pablo solo en 2 Corintios, donde define a Satanás de esta forma (2:11) o se defiende contra esas acusaciones desde dentro de la comunidad (7:2; 12:17, 18).

467. Lightfoot (57) expandiría esto para que significara "su prójimo", pero el propio uso que Pablo hace del lenguaje familiar parece excluir esta opinión. Su preocupación es similar a la expresada por el filósofo moral Musonius Rufus (frag. 12): "Pero de todas las relaciones sexuales, las que involucran el adulterio son las más ilícitas".

468. Gr. ἐν τῷ πράγματι, que Calvino (359-60) y otros, retomando el verbo πλεονεκτεῖν, ven como avaricia. Pero la explicación adicional del versículo 7 parece excluir un entendimiento así. Marshall (111) lo ve, quizás con acierto, como otro eufemismo para las relaciones sexuales.

469. Pablo concluye su cláusula con περὶ πάντων τούτων = "al respecto de todas estas cosas", donde uno supone que él se refiere a "asuntos como este".

470. Ver, por ej., Morris, 124; Richard, 204; Malherbe, 233, aunque el último admite que Pablo ve a Cristo como "juez" (185-86, 212, sobre 1 Ts. 2:19). La mayoría de los demás ven, correctamente, que el uso, por lo demás exclusivo, de κύριος en alusión a Cristo debería deter-

distinciones paulinas (tal como se observó en 1:1 más arriba), sino que también falla al no tomarse en serio la facilidad con la que Pablo puede sustituir a Cristo como "Señor" al hablar de prerrogativas que, a menos que se indique lo contrario, pertenecen solo a Dios. Después de todo, en Romanos 14:10, como referencia a los creyentes y en un contexto donde "el Señor = Jesucristo" domina la explicación, Pablo habla del "tribunal de Dios", mientras que, en un contexto similar, en 2 Corintios 5:10, aludiendo de nuevo a los creyentes, afirma que "todos debemos comparecer ante el tribunal de Cristo". En el texto presente, único en el Nuevo Testamento, el uso que Pablo hace de "vengador" aparece en un contexto en el que el Señor Jesús mismo se pondrá del lado de la persona perjudicada.

Pablo lleva ahora esta larga frase a su conclusión retomando el motivo del "recordatorio de las instrucciones previas" de la introducción en los versículos 1 y 2; así: "Como ya les hemos dicho y advertido". El nuevo elemento aquí es el segundo verbo, "les hemos advertido", que en realidad es la palabra final de la propia frase del apóstol. Aunque este verbo aparecerá tres veces en 1 y 2 Timoteo, es la única aparición en el corpus de la iglesia. A pesar de que Bauer-Danker le da el significado de "hacer una declaración solemne sobre la verdad de algo", parece mucho más probable en este uso singular paulino en las cartas a sus iglesias que el apóstol le de su segunda acepción: "Exhortar con autoridad en asuntos de extrema importancia". Lo que no queda nada claro es por qué y bajo qué tipo de circunstancias les habría advertido Pablo con anterioridad que Cristo sería el "vengador" contra quienes no respetaran las instrucciones sobre la conducta sexual. Aquí debemos limitarnos a aceptar el "sentido literal" sin conocer más detalles.

## 7

Pero Pablo no es alguien que deje a medias un tema actual en este punto, con una palabra de advertencia contra quien persiste en un pecado sexual contra un hermano en Cristo. Por tanto, en lo que se convertirá en algo típico en él, remonta su advertencia al asunto principal: al llamarlos Dios a formar parte de su propio pueblo, no había dejado lugar para "la impureza", sino que les exigía que vivieran en "santidad". Al actuar así, Pablo retoma el lenguaje que había usado antes en la carta, en 2:12, donde les había recordado cómo había "tratado" con ellos antes,

---

minar aquí su significado, en especial (según resaltan Frame, 158; Best, 166; y Marshall, 112) a la luz del enfático ὁ Θεὸς que sigue en el v. 7. Así también E. S. Steele, "Jewish Scripture in 1 Thessalonians", *BTB* 14 (1984), 15. Marshall, 112; Wanamaker, 156; y Beale, 122 (siguiendo a Marshall) son los pocos que observan que Pablo está usando aquí el lenguaje de Sal. 94:1 (LXX). Richard (204) hace el extraordinario comentario de que debe referirse a Dios porque Pablo está usando aquí el lenguaje del AT, un comentario que parece insensible a la aplicación regular que el apóstol hace del lenguaje del κύριος del AT (LXX) al respecto de Cristo; sobre esta pregunta más amplia, ver mi *Pauline Christology* (Peabody, Mass.: Hendrickson, 2007).

como padre que los había instado a "llevar una vida" de un modo digno "de Dios, que los llama a su reino y a su gloria".

En el caso presente, "el llamado" se define por dos frases preposicionales contrastantes. De forma negativa, la llamada de Dios excluía "la impureza", donde la preposición[471] indica que el propósito divino al llamarlos no tenía pecado sexual alguno como objetivo. En su lugar, Pablo sigue, y ahora con una preposición diferente: Dios llamó a los tesalonicenses para que fueran a él con el propósito de que vivieran "en santidad", en el sentido de que esa "santidad" debía ser el contexto que enmarcara toda la vida, tanto dentro como fuera de la comunidad de fe.[472] Tenían que vivir en *santidad:* por tanto, con esta palabra, Pablo también "encuadra" todo el asunto que inició en el versículo 3.

**8**

Con una conjunción inferencial muy fuerte,[473] que solo se usa aquí entre todas sus cartas, Pablo concluye este "recordatorio/advertencia" mediante la indicación de que la negativa a conformarse equivale a rechazar a Dios mismo, quien "les da" el Espíritu Santo para capacitar la obediencia en este punto. Así, Pablo hace dos cosas en esta frase concluyente. En primer lugar, les recuerda que la prohibición precedente no es mera enseñanza humana; rechazarlo es impugnar al mismo Dios eterno.[474] En segundo lugar, el don del Espíritu, a cuya presencia apela el apóstol como lo más importante al recordarles su conversión real (1:6), ahora se convierte en la corte final de apelación paulina como la propia capacitación personal que Dios les da para que se abstengan de la inmoralidad sexual. Así, la secuencia es: rechazar la enseñanza de Pablo es rechazar a Dios mismo, el Dios cuyo don constante del Espíritu es lo que faculta la obediencia en este momento.

Este argumento tiene varias características que precisan una explicación adicional, no solo porque contiene implicaciones cruciales al respecto del entendimiento que Pablo tiene del Espíritu, sino también porque supone mucho más de lo que afirma en realidad.[475] En primer lugar, el propio orden de palabras del

471. Gr. ἐπί que, con el dativo (como aquí), es un "marcador de objeto o de propósito".

472. Sobre las distinciones entre las preposiciones aquí, ver N. Turner, *Grammatical Insights into the New Testament* (Edimburgo: T&T Clark, 1965), 121, aunque sus conclusiones se exageran probablemente un poco.

473. Gr. τοιγαροῦν, una combinación de τοί (que enfatiza la fiabilidad de lo que sigue), γάρ (por lo general un indicador de "causa") y οὖν (la conjunción inferencial corriente).

474. Algunos han visto una correspondencia verbal (a través del uso de ἀθετῶν) entre esta frase y el dicho de Jesús en Lucas 10:16 (observado en el margen de NA[27]); ver, por ej., A. W. Argyle, "Parallels between the Pauline Epistles and Q", *ExpTim* 60 (1948/49), 318-20. Pero esto parece mucho más una coincidencia que un propósito por parte de Pablo.

475. Lo que sigue es una versión condensada de la explicación que apareció primero en *GEP,* 50-53.

apóstol pone un énfasis especial sobre el Espíritu como el Espíritu *Santo*.[476] Por tanto, la designación plena "Espíritu Santo" no es sencillamente el nombre del Espíritu, aunque eso también sea verdad. Pero así como "nuestro *Señor* Jesucristo" es tanto un nombre como una realidad,[477] también el Espíritu, a quien se designa el Antiguo Testamento con mayor frecuencia como "el Espíritu de Dios", se denomina en el Nuevo Testamento como "Espíritu *Santo*", como nombre y como realidad; el Espíritu no es otro que el Espíritu de Diosm quien es también "santo".[478] El Espíritu que se enfatiza en el orden de palabras paulino como "el *Santo*" tiene que distinguirse de todos los demás "espíritus". Por consiguiente, aquí, en el análisis final, estamos tratando con el carácter de Dios y con la forma en que Pablo entiende la ética cristiana como la reproducción que hace el Espíritu de ese carácter en su pueblo. Así, en un contexto en el que la voluntad divina se define en términos de que los tesalonicenses vivan en *santidad* (v. 3), para que "cada uno aprenda a controlar su propio cuerpo" en *santidad* (v. 4), porque Dios no los ha llamado a la inmundicia, sino a *santidad* (v. 7), apenas sorprende que Pablo enfatice aquí al Espíritu como "el Santo", que es por tanto la fuente de esa "santidad" en la comunidad tesalonicense.[479]

Se debería observar, además, que en esta primera mención en el corpus paulino del "*don* [real] del Espíritu", se designa al Espíritu como lo que se les ha dado "a ustedes". Lo más probable es que este uso inusual sea un eco intencionado por parte del apóstol de la Septuaginta de Ezequiel 37:6 y 14 ("Yo daré mi Espíritu en ustedes") que, probablemente, signifique algo como "Yo *pondré* mi Espíritu en ustedes".[480] Este uso refleja la comprensión paulina del don del Espíritu como el cumplimiento de las promesas veterotestamentarias al respecto de que el propio Espíritu de Dios vendrá a morar en su pueblo "y vivirán" (Ez. 37:14; cp. 11:19). En cartas posteriores, Pablo expondrá esta misma idea al referirse al Espíritu como "dado (enviado) a vuestros corazones".[481]

476. Así, Pablo expresa τὸν Θεὸν τὸν καὶ διδόντα τὸ πνεῦμα αὐτοῦ τὸ ἅγιον εἰς ὑμᾶς ("el Dios que también da el Espíritu de él, el Santo, a ustedes").

477. Jesús de Nazaret no es otro que el Señor (= la designación para Dios mismo de la LXX) y el Mesías (= el cumplimiento de las esperanzas escatológicas judías).

478. Esto se enfatiza de esta manera mediante el orden de palabras, τὸ πνεῦμα αὐτοῦ τὸ ἅγιον ("el Espíritu de él, el Santo"), donde no solo se hace hincapié en el hecho de que Dios les dé *su* Espíritu, sino que a ese Espíritu también se le designe como *santo.*

479. Aunque también expone esta idea, Collins (*Studies,* 292) considera el añadido de "Santo" como la forma en que Pablo "aclara que el profeta [Ezequiel] se estaba refiriendo al Espíritu Santo de la fe cristiana".

480. Cp. Frame (156), "el εις es para el dativo o para ἐν; 'dado para estar en', 'puesto en'".

481. Ver 2 Co. 1:22; Gá. 4:6; cp. la enfática afirmación en 1 Co. 6:19, "el templo del Espíritu Santo en ustedes".

Aunque en esto existe cierto debate, el uso del participio presente, "quien también da" (ver n. 20 más arriba), parece querer reforzar la obra constante del Espíritu en sus vidas.[482] Aunque su conversación anterior mediante el Espíritu es la presuposición obvia de este uso, de haber pretendido Pablo aludir a su conversión como tal (como en 1:5-6),[483] habría utilizado el aoristo simple, como en el versículo 7 y como hace en otros lugares al respecto del Espíritu.[484] Esto es muy similar al uso del tiempo presente con "llamadas" en 2:12 y 5:24 y, en especial, al mismo tiempo verbal con el "otorgamiento" o la "provisión" del Espíritu en Gálatas 3:5 (cp. Fil. 1:19). Todo esto para afirmar que la preocupación de Pablo aquí no tiene que ver con la conversión de ellos, sino con su experiencia presente del Espíritu *Santo* de Dios, recibido precisamente de Dios, para que pudieran caminar en santidad. Así, se entiende que el Espíritu es el compañero divino constante, por cuyo poder se vive la santidad, es decir, la ética verdaderamente cristiana.

Finalmente, tanto la naturaleza de este argumento (que introduce la presencia del Espíritu en sus vidas como factor decisivo) como el énfasis en la naturaleza de "estar presente" y de "morar o habitar en" el Espíritu como "regalo" apuntan al Espíritu como empoderamiento *efectivo* de Dios en la lucha contra el pecado. Esto no significa que el Espíritu garantice la perfección —difícilmente—, pero sí quiere decir que uno se queda sin argumentos para la indefensión. Como afirma Plummer (con razón): "Este [don del Espíritu] transformó toda su vida, y puso fin al pretexto [de las personas] de no tener poder para resistirse a los deseos impuros" (63). Para Pablo, la presencia del Espíritu no era simplemente un don de Dios como *opción* contra el pecado; tampoco habría entendido que el Espíritu estuviera presente, pero fuera ineficaz. Al contrario, la dinámica que hace posible el argumento paulino contra la impureza sexual es la realidad experimentada del Espíritu. Por tanto, para el apóstol, el Espíritu no solo es la clave para convertirse en creyentes (1:6), sino que es poder para la conducta verdaderamente cristiana y, por tanto, hace que la desobediencia sea difícil de defender por parte de ellos.

482. Quienes piensan de otro modo (por ej., Marshall, Wanamaker, Green) lo ven como una "referencia atemporal, pero al menos algunos escribas pensaron de otra forma y lo cambiaron al aoristo (ver n. 20 más arriba), en parte quizás para no permitir la interpretación aquí ofrecida; ver además n. 66 más abajo.

483. Como Hiebert (176), por ej., afirma de manera explícita.

484. Al parecer, para evitar la implicación del participio presente, algunos sugieren que el énfasis es completivo: "Dios, el Dador del Espíritu Santo" (por ej., Moffatt [35]; Findlay [90]; Hiebert [176]; J. D. G. Dunn, *Baptism in the Holy Spirit* [SBT 2ª ser. 15; Londres: SCM, 1970], 106) y, por tanto, como mínimo en alusión a la conversión. Aquí, la inquietud que se expresa busca evitar el concepto de "impartición continua o sucesiva" (Moffatt). Pero esto es evitar "la teología de la segunda bendición" mediante un recurso innecesario. La preocupación de Pablo no apunta a "dones sucesivos" del Espíritu, sino a la obra continua del Espíritu en sus vidas.

Este pasaje ha tenido una accidentada (pero comprensible) historia de aplicación desafortunada en la iglesia. Es un pasaje fundamental para todos los supuestos grupos de "santidad", basados en la "santidad" como la "voluntad de Dios". Y aunque esto tiene obviamente mucho a su favor, la preocupación de Pablo es más un caso específico. En un mundo que se ha vuelto cada vez más patentemente activo en lo que al sexo fuera del vínculo del matrimonio se refiere —muy al estilo del mundo pagano en el que Pablo mismo vivió—, esta porción debería ser un recordatorio constante de que la "santidad" y la "pureza sexual" van de la mano, en lo que respecta de manera exclusiva a la "pureza sexual", aunque la "santidad" en sí misma sea una inquietud mucho mayor para el apóstol. Por tanto, "pureza sexual" no es la totalidad de lo que significa ser "santo", pero es una parte relevante de esa santidad. Es casi ofensivo, en nuestra época, recordarles a las personas que la primera razón para la relación sexual no es el placer, sino la procreación; y Dios lo hizo placentero para que la procreación se produjera. Así, en una carta posterior (nuestra 1 Corintios), Pablo dedicará una energía considerable a este asunto.

### *C. AMAR A LOS DEMÁS TRABAJANDO CON LAS PROPIAS MANOS (4:9-12)*

*9 En cuanto al amor fraternal, no necesitan que les escribamos,*[485] *porque Dios mismo*
*les ha enseñado a amarse unos a otros. 10 En efecto, ustedes aman a todos los hermanos*[486]
*que viven en Macedonia. No obstante, hermanos, los animamos a amarse aún más,*
*11 a procurar vivir en paz con todos, a ocuparse de sus propias responsabilidades y a*

485. No podemos estar seguros de que aquí la TNIV estuviera siguiendo el texto crítico de la NA$^{26/27}$ y que tradujera según el sentido o conforme a la interpretación hallada en el sistema. El hecho mismo de que pudiera ser una de estas posibilidades indica la naturaleza —y la dificultad— del problema textual. El texto original es casi con certeza ἔχετε γράφειν ὑμῖν ("no tienen necesidad de que les escribamos"), ya que una traducción así apenas habría sido deliberada por parte de un copista (es sencillamente demasiado rígida), y es igualmente difícil de ver cómo podría haber sido accidental. Más bien, en algún momento, los copistas "corrigieron" sencillamente a Pablo y escribieron lo que él pretendía decir casi con toda seguridad como "no tenemos necesidad de escribirles" (ἔχομεν γράφειν ὑμῖν [א$^{c}$ D* Ψ G Y 88 104 142 216 927 1311 1611 1739 2005 it$^{d.g}$ vg goth]) o "no tienen necesidad de que se les escriba" (ἔχετε γράφεσθαι ὑμῖν [H 81 257 424* 1319 1518 1837 2127]). Lo que falta en el original es el pronombre ἡμᾶς ("que nosotros"), que en todas las versiones que siguen el original paulino deben insertar en el texto, ya sea como sujeto de la cláusula (como la TNIV) o como frase preposicional ("que les", aunque la mayoría de las traducciones que siguen este camino tienen "que nadie").

486. En lugar del algo redundante εἰς πάντας τοὺς ἀδελφοὺς τοὺς ἐν ("todos los hermanos y hermanas *que* están en"), interpretado por la mayoría de los MSS, algunos manuscritos tempranos no tienen el τοὺς, ya sea por el resultado de la haplografía [φους, τους] (א A) o bajo la influencia del latín, que no lo necesitaría (D* F G 629 lat).

*trabajar con sus propias manos.*[487] *Así les he mandado,* [12]*para que por su modo de vivir se ganen el respeto de los que no son creyentes, y no tengan que depender de nadie.*

Pablo pasa ahora al segundo elemento que necesita ser tratado de una forma correctiva de los que Timoteo le informó a él y a Silas. Como en el asunto anterior, este también se anticipó en su oración en 3:12-13: que "el Señor los haga crecer para que se amen más y más unos a otros". Esta preocupación se retoma ahora en términos de que "Dios mismo les ha[bía] enseñado a amarse unos a otros". Aunque este asunto se trata aquí de una forma que parece casual, en realidad es una cuestión a la que Pablo regresará de forma específica en los "imperativos en *staccato*" al final de esta carta (5:14); y dado que la carta presente parece no haber logrado su fin, lo retomará con mayor energía en la siguiente (2 Ts. 3:6-15).

Sin embargo, la naturaleza precisa del problema no es nada cierta y, como con todos estos asuntos, ha habido mucha conjetura.[488] Mínimamente, y a la luz de todas las pruebas en las dos cartas, podemos suponer que algunas personas (hombres presumiblemente) que podían trabajar para ganarse la vida, por alguna razón habían elegido no hacerlo. Por tanto (al parecer) estaban viviendo de la generosidad de los demás en la comunidad cristiana recién formada, familias que tendrían los medios para ayudarles. *Por qué* los vagos podrían estar actuando así, sencillamente lo desconocemos, aunque se ha debatido mucho al respecto.[489] Sin

487. No resulta fácil decidir textualmente aquí si Pablo escribió ταῖς ἰδίαις χερσίν ὑμῶν ("sus propias manos" [ℵ* A D² 33 𝔐]) o sencillamente ταῖς χερσίν ὑμῶν ("sus manos" [ℵ² B D* F G Ψ 0278 6 104 365 1175 1505 1739 1881 *pc*]). Esta cuestión es complicada por tres factores: (a) la posibilidad de haplografía, de que se omitiera un ἰδίαις, por el ταῖς precedente; sin embargo, (b) la mejor prueba en manuscrito se inclina hacia el texto sin este artículo definido; y (c) que aparte de estos dos primeros asuntos, se puede explicar fácilmente cómo surgió cualquiera de las dos interpretaciones: o lo podría haber añadido un escriba en beneficio del énfasis, o se habría omitido por considerarlo innecesario. En general, la TNIV (y la mayoría de las demás traducciones) tiene probablemente lo mejor aquí, al no incluir lo que no es necesario en ningún caso. Así también H. Koester, "The Text of the New Testament", en *The Living Text* (Lanham, Md.; University Press of America, 1985), 221.

488. Incluida la sugerencia de J. Kloppenborg al respecto de que los tesalonicenses estaban muy familiarizados con los Dioscuros (hermanos divinos bien conocidos por el afecto familiar y el amor abnegado), a quien Pablo está indicando aquí que era correcto imitar ("ΦΙΛΑΔΕΔΦΙΑ, ΘΕΟΔΔΚΤΟΣ and the Dioscuri: Rhetorical Engagement in 1 Thessalonians 4.9-12", *NTS* 39 [1993]. 265-89). Parte de la dificultad para determinar lo que subyace a este asunto en Tesalónica tiene que ver con determinar desde nuestra distancia cómo o cuánto están relacionados los vv. 9-10a y 10b-12. Ver más abajo.

489. Las opiniones más comunes tienen que ver con lo siguiente: *(a)* que sentían una expectación tan ávida por la venida del Señor, muy al estilo de los adventistas del siglo XIX, que sencillamente esperaban el regreso de Cristo; *(b)* que habían absorbido la aversión griega (desde luego no universal) por el trabajo manual, de manera que, porque eran miembros de "la nueva familia de Dios", el trabajo era algo demasiado inferior para ellos. La primera de estas cosas es

embargo, Pablo, que hacía tiendas, se negó a ser una carga para estos nuevos creyentes y a vivir de su bondad (2:9), reconoce que el asunto principal aquí no es el "trabajo" *per se*, sino el significado del amor en el seno del pueblo recién formado de Dios como *familia* creada por Él, por no mencionar su preocupación adicional de que no acarrearan vergüenza sobre el evangelio a los ojos de los incrédulos.

En este caso es interesante que, muy de acuerdo con el asunto precedente, Pablo no empieza ocupándose de los vagos de inmediato. En su lugar, Pablo comienza, lo que se conoce como una *captatio benevolentiae*, con una palabra de elogio para todos ellos, de manera de poder pasar con facilidad a las palabras de corrección para la pequeña minoría que las necesitaba. Que tuviera que regresar a esta cuestión de una forma mucho más firme en la siguiente carta es prueba de que la cosa no funcionó en el caso presente.

Sin lugar a duda, para algunos eruditos el párrafo en su totalidad ha resultado difícil de manejar como un solo tema; se ha planteado que el apóstol está tratando aquí dos cuestiones diferentes.[490] Pero la gramática y la estructura de las dos frases parecen desaprobar de manera concluyente una opción así. Por tanto, Pablo empieza con un elogio a la mayoría (vv. 9-10a), en la que todo el asunto se centra en el contexto de que los creyentes sientan un amor familiar los unos por los otros. Esto va seguido por una frase que comienza con una exhortación a hacerlo más aún (v. 10b), antes de pasar a tratar directamente con los que no estaban trabajando por su propio sustento (v. 11). La razón final para esta palabra correctiva es doble: para no acarrear vergüenza sobre la iglesia ante los de afuera, y para que las personas involucradas no vivieran a esas alturas a costa de los demás (v. 12). Dada la necesidad que Pablo tiene de volver a este problema con cierto detenimiento en la próxima carta (2 Ts. 3:6-15), parece claro que estos dos últimos elementos eran para Pablo un mismo problema.

---

especialmente común, dada la instrucción que sigue de inmediato (así Ellicott [58], Lightfoot [60], Findlay [92, con vacilación], Miligan [53], Best [175-76], Marshall [117], Bruce [91], Morris [130], Beale [128]; pero es más probable que esto sea una ubicación conjunta fortuita, ya que Pablo mismo *no* establece una conexión explícita de este tipo. Esto es especialmente así a la luz de 2 Ts. 3:6-14, donde Pablo regresa a este problema en considerable detalle, pero no da el más mínimo indicio de la causa *per se*. De modo que la precaución parece lo más sabio en este asunto. Soy de la opinión de que las razones eran mucho más sociológicas que escatológicas, pero en cuanto a qué matiz de la sociología griega, estoy menos seguro que algunos. Sobre toda la cuestión, ver el excurso especialmente útil en Witherington, 122-24.

490. Ver, por ej., Calvino (39); Frame (157-63); Morris (130). Frame, por ej., piensa que el primer asunto tiene que ver con "el amor fraternal" (vv. 9-10a), y el otro con algunos vagos que necesitan "trabajar con sus propias manos" (vv. 10b-12). Esta opinión fue fomentada por la NVI, que no solo lo dividió en dos párrafos, ¡sino que hizo que el segundo empezara en medio de la propia frase de Pablo (así, vv. 9-10 y 11-12)! El verdadero problema con este criterio es que los vv. 9-10a tienen poco sentido sin los vv. 10b-12, al igual que lo segundo sin lo primero.

Finalmente, también es necesario observar que, en este primer intento, Pablo no llama en ningún momento a quienes no trabajaban para vivir por el nombre que usa más tarde, *ataktoi* (= algo parecido a "holgazanes"). Aquí se limita a amonestarlos dentro del contexto más amplio del amor cristiano; si no tuviéramos el "amonestar a los *ataktous*" abreviado en 5:14 y su reprensión adicional, mucho menos suave, en 2 Tesalonicenses, estaríamos básicamente en la oscuridad al respecto del párrafo presente, lo que a su vez llevaría a mayores conjeturas de las que ya se han hecho.[491]

**9-10a**

Esta primera frase de apertura, que empezó con un "en cuanto a",[492] detalla la preocupación básica del párrafo sin mencionar ninguno de los detalles. Desde la perspectiva de Pablo, en cuestión está *philadelphia* (TNIV, "el amor mutuo"), un término que se usaba por todo el mundo grecorromano para el amor entre hermanos verdaderos. Pero en esta, su primera aparición en el Nuevo Testamento[493] ya ha asumido la relación familiar que en el pueblo recién formado de Dios tenían los unos con los otros, por su relación común con Dios, por medio de Cristo. Lo interesante es que Pablo debería usar esta palabra como lo primero que evolucionará en un llamado a los que estaban hechos unos holgazanes por no trabajar y por

491. Una de las "conjeturas" más inusuales a este respecto es la de A. J. Malherbe (primero en "Exhortation in First Thessalonians", *NovT* 25 [1983], 484-502, y más recientemente en su comentario, 246-50), quien ve a Pablo aquí como respondiendo a la posibilidad de que sus conversos volvieran a las andanzas, al epicureísmo. Pero con todos los conocimientos que Malherbe ha aportado a esta explicación, por buenas razones no ha encontrado muchos adeptos, si es que ha hallado alguno.

Una sugerencia más plausible, pero no necesariamente mas convincente es la de Green (206-12): que Pablo está tratando con ambos lados de la reacción patrón-cliente. Sin embargo, para llegar ahí debe tratar el v. 11 como no relacionado gramáticamente con el v. 10b, sugiriendo que es "un segundo punto de su exhortación" (209). Pero esto es especialmente difícil de sostener gramaticalmente, ya que la estructura de la frase misma parece exigir que las tres frases infinitivas del v. 11 estén en aposición a la primera al final del v. 10, que a su vez se refiera en retrospectiva a lo que Dios les ha enseñado sobre la necesidad de "amarse unos a otros".

492. Gr. περὶ δέ; como la expresión se retoma de nuevo en 5:1, y a la luz de las repetidas veces que aparece, algunos podrían argumentar que Pablo está respondiendo aquí también a una carta (o pregunta oral) de Tesalónica que le había sido enviada a través de Timoteo (ver, entre otros, Milligan [126], Frame [140], Green [202], J. R. Harris, "A Study in Letter-Writing", *Expositor* 5, núm. 8 [1898], 161-90], y esp. C. E. Faw, "On the Writing of First Thessalonians", *JBL* 71 [1952], 217-32). Aunque esto podría haber funcionado bien en 5:1, aquí es sumamente dudoso. Uno se pregunta, al respecto de φλαδελφία, qué podría haber preguntado la mayoría a Pablo (cp. Bruce, 89); aunque tiene perfecto sentido como elección de palabras paulina para confrontarlos al respecto de esta cuestión.

493. Aparece en otros lugares de Pablo, en Ro. 12:10, y además en el NT en He. 13:1; 1 P. 1:22, y 2 P. 1:7 (2x), siempre en alusión a los de la comunidad de fe, porque a través de Cristo, el Hijo, tienen un *Abba* común en el cielo (en Pablo, ver esp. Gá. 4:4-7)

tanto vivían del beneficio de los demás. Esta relación de familia recién formada en Cristo servirá así de contexto para la amonestación de Pablo —en este caso muy ligera— a los que vivían así. Que hubieran apelado o no a esta nueva relación en Cristo como la base de su falta de actividad, lo desconocemos; lo que se puede saber es que Pablo está dispuesto a usar esta palabra como marco para que ellos escuchen la amonestación[494] que sigue.

No obstante, en esta primera frase está en juego el determinar a quién va dirigida. Por otra parte, no puede haber dudas de que la totalidad de la iglesia está ahora en su mente. Las cláusulas explicativas que siguen van dirigidas a "ustedes" (plural); ambas están expresadas como realidades normales que Pablo se siente obligado a recordarles, pero que en realidad "no necesita escribirles" sobre este asunto. Por otra parte, cuando regresa al vocativo "hermanos" en el versículo 10b para instarles a abundar en ello, ha estrechado el enfoque de forma tan considerable que solo se puede suponer que está destacando a los vagos como objetivo principal de todo el párrafo. Lo interesante, desde nuestra distancia actual es que no se dice nada en esta frase que hiciera saber a los holgazanes que se estaba dirigiendo a ellos (ni siquiera de forma indirecta).

La primera cláusula explicativa en cuanto a por qué Pablo no debería necesitar escribir es suficientemente clara: "Porque Dios mismo les[495] ha enseñado a amarse unos a otros". Tampoco se dice nada aquí que nos prepare en lo más mínimo para la frase concluyente, donde detalla de qué trata toda esta primera frase. Al llegar ahí usa una expresión por otra parte desconocida, "enseñados por Dios".[496] Que Pablo esté aludiendo a Isaías 54:13 es posible, pero discutible.[497] Lo sorprendente a estas alturas es su llamado a ser enseñado por Dios Padre en lugar de por Cristo el Hijo o por mediación humana. Lo más probable es que sea un llamamiento indirecto al supuesto conocimiento de las Escrituras por parte de ellos, que Pablo manifiesta a lo largo de estas dos cartas,[498] de modo que aquí

494. Sobre el uso que Pablo hace de παρακαλοῦμεν ("exhortar, instar, apelar a"), ver sobre v. 10b más abajo.

495. Este es el tercero (de cuatro) ejemplos de este pronombre enfático en 1 Tesalonicenses (ver también 2 Ts. 3:3), un uso único de estas dos cartas en el corpus; cp. n. 13 sobre 2:1 más arriba.

496. Gr. θεοδίδακτοί, un término por otra parte desconocido antes de esta ocasión, su primera aparición en los escritos griegos; tampoco es, ni debería esperarse que sea, una palabra que figure en las inscripciones. Si Pablo la acuñó o no, es algo que no podemos saber; en cualquier caso, su significado es tan claro que apenas importa. Juan 6:45, citando la LXX de Is. 54:13, tiene πάντες δίδακτοὶ θεοῦ ("todos [son] enseñados por Dios"). Para una explicación reciente, ver S. E. Witmer, "Θεοδίδακτοί en 1 Thessalonians 4:9: A Pauline Theologism", *NTS* 52 (2006), 239-50.

497. "Todos tus 'hijos' [serán] enseñados por Dios" (καὶ πάντας τοὺ υἱούς σου δίδακτοὺς θεοῦ). Aunque el concepto está ahí, sin duda, el lenguaje mismo es bastante distinto.

498. Sobre este asunto, ver cap. 2 en mi *Pauline Christology* (Peabody, Mass.: Hendrickson, 2007); cp. también pp. 20-25 en el cap. 1 de la Introducción.

se ha apropiado del segundo de los "grandes mandamientos" dados por Jesús: "Amarás a tu prójimo como a ti mismo" (que refleja Lv. 19:18).[499] Por tanto, su idea no es que esta sea una enseñanza particular de los seguidores de Cristo; más bien es lo que habría sabido cualquiera que hubiese venido a la fe desde el contexto de la sinagoga, judío o gentil por igual. Así, al final, el énfasis sobre amarse "unos a otros" no está tanto en su *necesidad* de hacerlo, sino en el *modo* en que deberían hacerlo.[500] Debería observarse, además, que el "amor" en este caso no se va a describir de la forma amplia en que Pablo lo hace en otros lugares (por ej., 1 Corintios 13); aquí, el énfasis estará en aquello que el amor por los demás *no* le permitirá hacer a una persona.

En este contexto, Pablo está a punto de poner a los holgazanes en el contexto de la comunidad más amplia de fe. Por tanto, no solo son "enseñados por Dios" a amarse unos a otros, sino que en realidad es lo que la mayoría de la comunidad ya está haciendo. Después de todo, nada en esta afirmación habría sido necesario, de no haber algunos entre ellos que *no* estuvieran viviendo dentro de este marco de referencia. El elemento sorprendente de la frase, por no decir todo el párrafo, es su recordatorio de la extensa naturaleza de su amor actual: "A *todos* los hermanos que viven en [*toda*] Macedonia". Solo cabe preguntarse cómo se había expresado un amor así, ya que "toda Macedonia" en esa época llegaba por el este hasta Filipos, en la planicie macedonia, y al oeste hasta el mar Adriático y, por tanto, incluía a Berea en medio. No es necesario especular sobre lo que no se puede saber, pero podemos indicar que en comparación con las demás ciudades de Macedonia donde había creyentes conocidos, Tesalónica misma era una metrópolis floreciente según los estándares antiguos. Las opciones de trabajo eran, pues, probablemente mucho mayores allí que en otros lugares, además de ser un centro que otros podrían haber tenido ocasión de visitar. Y, en cualquier caso, era una preocupación constante en Pablo que sus comunidades fueran conscientes las unas de las otras.

En resumen, la idea de Pablo es sencilla. Estos creyentes ya habían sido enseñados por Dios a amarse unos a otros, una instrucción que había hallado una expresión obvia entre ellos y más allá de ellos. A este contexto es al que Pablo pasa ahora para tratar el abuso de este amor por parte de una minoría muy pequeña.

### 10b-11a

Aún en armonía con la estructura de la *captatio benevolentiae* de apertura, Pablo inicia la última frase de su breve palabra de amonestación, instándoles simplemente

499. Contra Best (173), quien le resta del todo importancia a su conocimiento de la LXX, algo que parece extraño dadas las pruebas que en Hechos indican que el núcleo original de los creyentes venía de entre los gentiles que formaban parte de la sinagoga judía.

500. Sobre este asunto, cp. Marshall, 115.

a mantener la buena obra, por así decirlo. Retomando el verbo "les pedimos" del versículo 1, y con un vocativo más, "hermanos [y hermanas]",[501] ahora apela a ellos para que abunden más aún[502] en lo que ya están haciendo. Sin embargo, dado todo lo se ha dicho hasta este momento, uno no está preparado para la exhortación que sigue. Al mismo tiempo, lo que viene a continuación como parte principal de la frase actual indica que todo se ha ido moviendo hacia esa dirección. Lo que está en juego no es una amonestación a toda la comunidad para que haga más de lo que ya está haciendo, sino a algunos en el seno de esta, que no se están comportando en absoluto así. De hecho, están haciendo exactamente lo contrario, y por ello se están aprovechando del amor de los demás.

Así, Pablo afloja un poco en su reprensión de un modo extraordinario, como si supiera que necesita decirlo, pero como si vacilara al mismo tiempo. Tanto el verbo que usa aquí como la sucesión gradual de los verbos en la amonestación misma cuentan la historia. Por tanto, empieza con el imperativo[503] "a procurar vivir", en el sentido de que "consideren qué es lo más honorable que pueden hacer". Pero ahora, en consonancia con la naturaleza de la forma en que comienza toda la amonestación, usa una serie de verbos que tienen por efecto el "acercarse sigilosamente" a los que necesitan leerla, algo que la TNIV ha intentado mostrar al colocar dos puntos tras el primero, cuya preocupación se detalla en los dos siguientes.

De este modo, con un espléndido oxímoron,[504] Pablo insta a que "tengan la ambición de llevar una vida tranquila". Este último verbo, sin embargo, es especialmente difícil de traducir de manera que no confunda, ya que el adjetivo "tranquilo" suele conservar el matiz de "no hablar" o de "estar descansando". Pero la inquietud presente del apóstol está en la relación de estos creyentes entre sí, en el sentido de no interrumpir sus vidas convirtiéndose en una especie de carga para ellos. Por tanto, "tranquilo" en este caso tiene que ver con no perturbar las vidas de los demás, y lo deja claro en las dos explicaciones que siguen.

En primer lugar, tienen que "ocuparse de sus propias cosas", que en un sentido es tan idiomático en nuestra lengua como en griego, y que también se suele decir como "métete en tus asuntos". Pero, como ocurre con muchos modismos de

501. Este es ahora el octavo de esos vocativos. Algunos podrían objetar "y hermanas" en este caso, pero a estas alturas de su frase, Pablo no ha estrechado aún su enfoque; eso viene en la cláusula siguiente, unida a esta por un καί (y).

502. Gr. περισσεύειν μᾶλλον, una redundancia en griego, "abundar más" = "hasta grados aún mayores".

503. Gr. φιλοτιμεῖσθαι, el infinitivo medio presente (el verbo es deponente, pasivo en forma y activo en significado), es decir: un discurso indirecto que sigue al verbo παρακαλοῦμεν, que funciona a modo de imperativo. El verbo mismo está formado por las palabras "amor" y "honor" y, así, tiene el sentido de "considerar y honrar", por tanto, "conviértanlo en su ambición".

504. Observado por la mayoría de los intérpretes; esto es así, ya sea algo intencional o no. Gr. φιλοτιμεῖσθαι ἡσυχάζειν (lit. "esforzarse duro para vivir en paz").

este tipo, fuera del contexto inmediato sonaría mucho más peyorativo de lo que el propio griego de Pablo pretende.[505] Su intención es que estén "ocupados en sí mismos, con sus propios trabajos", para que no tengan necesidad de depender de otros para su sostén. Así, en segundo lugar, deben "trabajar con sus manos",[506] algo que, basado en la cláusula anterior, significa "con sus *propias* manos, de manera de ocuparse de su *propio* trabajo, y así proveer para sus *propias* necesidades".[507] Al actuar así, otros en la comunidad creyente no tendrían que mantenerlos. Y, todo esto, concluye, es "tal como ya les dijimos" (en algunas versiones), frase un tanto débil para el "les instruimos/los dirigimos/les he mandado", verbo del sustantivo cognado del versículo 2 ("las instrucciones que les dimos de parte del Señor Jesús"). Este verbo sirve, pues, para formar una especie de *inclusio* con los versículos 1 y 2, que tiene por resultado final vincular los dos asuntos en los versículos 3-12.

**12**

La cláusula final (de esto que ya se ha convertido en una extensa frase), que es la principal manera de expresar propósito en griego, ofrece en este caso lo que es al mismo tiempo propósito y resultado; y dado que el "resultado" es el principal impulso de la cláusula, es el enfoque principal de la mayoría de las traducciones. El resultado es doble, y solo al final habla directamente de la cuestión implicada en la cláusula precedente (v. 11): que la carga de cuidar de ellos ya no la llevarán otros.

Retomando el modismo del Antiguo Testamento de "andar en los caminos del Señor", Pablo presenta una preocupación misional como lo primero en términos de cómo "andan", que significa cómo viven su "vida diaria" de una manera "adecuada" para los creyentes. Convertirse en seguidores de Cristo no significa que puedan vivir de un modo totalmente inadecuado en lo que concierne

505. En realidad, solo cabe preguntarse lo que una persona podría pensar, ya que, en una frase como esta, "los asuntos" suelen entenderse usualmente como la propia ocupación. El significado presente aparece en el *Random House Collegiate Dictionary* como núm. 6.

506. Uno de los aspectos menos convincentes de la erudición sobre este pasaje es la tendencia a verlo como relacionado con el trabajo manual frente a otros tipos de trabajo. Parece mucho más probable que Pablo, inspirándose en su propia tarea manual (2:9), lo haya usado como modismo para trabajo de cualquier tipo. Es más cuestionable la sugerencia de Richard (212), quien lo ve en relación con el "modismo bíblico de 'trabajar con las propias manos', no como alusión al trabajo manual, sino a profesiones estimadas adecuadas por los de afuera". Que la expresión de Pablo se relacione o no con el AT es discutible en el mejor de los casos, pero que no se refiriera al trabajo con las manos es sencillamente incorrecto, ya que el uso veterotestamentario alude de manera específica al trabajo manual en cada uno de sus usos positivos (Dt. 2:7; Job 1:10; Sal. 90:17) y al resultado de dicha "labor", a saber, la creación de ídolos, cuando se usa de forma negativa (Is. 2:8-9; Jer. 1:16).

507. Así, los últimos escribas, que añadieron "sus propias" a la cláusula de Pablo (ver n. 3 más arriba), movieron probablemente la frase de Pablo en la dirección correcta en términos de comprensión.

a los de "afuera". Estos últimos tendrán razones suficientes, a la luz de su propia cosmovisión, para pensar que la comunidad creyente está descentrada al respecto de los principios de conducta —incluido el asunto de la pureza sexual que acaba de tratar (vv. 3-8)—, de forma que los creyentes tesalonicenses no necesitan algo tan inútil como esto para parecer locos a los ojos de sus vecinos.

Sin embargo, de muchas formas, esta primera razón dada en esta exhortación es, en última instancia, la menos importante; el verdadero problema, como ha aclarado todo el pasaje, tiene que ver con relaciones dentro de la comunidad creyente misma. Así, concluye de una forma que pone el peso sobre los holgazanes, pero se concentra principalmente en aquellos para quienes están resultando ser "una carga": para que no "tengan que depender de nadie". Al menos así es como ha entendido el pronombre la mayoría de los intérpretes, incluida la entrada en el léxico Bauer-Danker; pero el pronombre también podría ser neutral, y los traductores de algunas versiones lo entendieron así (= "y al mismo tiempo no carecer nunca de nada"). En este caso, el contexto (incluida la forma tan cuidadosa en que Pablo ha estructurado todo el argumento) parece favorecer aquí a la mayoría de manera abrumadora. No se cuestionan las "necesidades" de los holgazanes mismos, sino la imposición bastante innecesaria sobre la generosidad de los demás.

Este es un pasaje que plantea varias dificultades para los creyentes en el mundo más rico de Occidente. Por una parte, la idea de "las vidas privadas" es un valor más básico en nuestras culturas que en la de Pablo y los tesalonicenses. Por tanto, si alguien no está haciendo su parte, por así decirlo, o vive de la generosidad de otros (que pueden permitírselo con facilidad), muchos en una congregación dada podrían no saber nada al respecto. Por otra parte, por diversos motivos, y no todos ellos atribuidos a la indigencia, es como si muchos en las congregaciones cristianas se encontraran "viviendo al límite" y necesitaran la ayuda frecuente de los demás. Pero la idea en este pasaje tiene menos que ver con los detalles de tales circunstancias y mucho más con la actitud propia hacia el trabajo y su disponibilidad, por una parte, y la propia capacidad, por la otra. La tarea de la iglesia en estas circunstancias podría consistir en ayudar a las personas a encontrar trabajo y cualquier otra cosa que asegure que no carezcan de nada mientras lo buscan.

## D. SOBRE LOS CREYENTES YA FALLECIDOS (4:13-18)

*13 Hermanos, no queremos*[508] *que ignoren lo que va a pasar con los que ya han muerto,*[509] *para que no se entristezcan como esos otros que no tienen esperanza. 14 ¿Acaso no*

508. Unos manuscritos posteriores (104 614 630 1505 *l*846), además de la tradición siriaca, cambiaron el plural de Pablo θέλομεν por el singular θέλω. Es de interés pasajero observar que esto ha sucedido solo en este momento particular, donde se proporciona una nueva instrucción.

509. Toda la mejor tradición textual temprana toma el participio (κοιμωμένων) en tiempo presente (ℵ A B 0278 33 81 326 1175 1739 *l*846 PC; Orígenes); el perfecto κεκοικημένων solo

*creemos que Jesús murió y resucitó? Así también Dios resucitará con Jesús a los que han muerto en unión con él.* [15] *Conforme a lo dicho por el Señor, afirmamos que nosotros, los que estemos vivos y hayamos quedado hasta la venida del Señor,*[510] *de ninguna manera nos adelantaremos a los que hayan muerto.* [16] *El Señor mismo descenderá del cielo con voz de mando, con voz de arcángel y con trompeta de Dios, y los muertos en Cristo resucitarán primero.* [17] *Luego los que estemos vivos, los que hayamos quedado,*[511] *seremos arrebatados junto con ellos en las nubes para encontrarnos con el Señor en el aire. Y así estaremos con el Señor para siempre.* [18] *Por lo tanto, anímense unos a otros con estas palabras.*

Así llegamos finalmente al primer (y único asunto) de esta carta sobre el cual los tesalonicenses recibieron instrucción por primera vez. Esto se clarifica de tres maneras relacionadas: *(a)* es la segura implicación de la cláusula del comienzo, "no queremos que ignoren"; *(b)* es el único material de la carta que no contiene lenguaje "recordatorio"; *(c)* Pablo vuelve a este lenguaje cuando pasa a otros asuntos escatológicos en 5:1-11 ("ustedes no necesitan que se les escriba acerca").[512] Esto también significa que, aunque está claramente relacionado, el actual material no es sino un aspecto de la imagen panorámica escatológica que se dispone a tratar (¿retomar?) en 5:1.

Por tanto, podemos suponer y con razón que este problema procede de los creyentes tesalonicenses mismos y le llegó al apóstol a través de Timoteo.[513]

---

aparece en Occidente (en los bilingües D F G) y, finalmente, en la mayoría de la tradición bizantina posterior. Entre las traducciones solo alguna versión rígida hace aquí la distinción ("aquellos que duermen"), donde otras tienen sencillamente "los que están dormidos". La versión Douai-Rheims (primera traducción católico-romana basada en el latín) tiene "los que han dormido", lectura especialmente extraña para la frase.

510. En uno de sus raros momentos idiosincráticos, Codex Vaticanus (B) interpreta IY ("Jesús") aquí en lugar de KY ("Señor").

511. Varios testimonios de la tradición en latín (F G ar b Tert Ambst Spec) omiten el οἱ περιλειπόμενοι en esta segunda instancia. Esta eliminación de una redundancia aparentemente innecesaria es probablemente más un fenómeno de traducción que de transcripción; pero ver Metzger, *Textual Commentary* (565), quien sugiere "algún descuido accidental".

512. Si este pasaje está también relacionado con la cuestión inmediatamente precedente, como algunos piensan (por ej., Lightfoot, 62) es posible, aunque debatible. Pablo mismo no establece una relación explícita entre ellos (cp. Best, 180). Lo claro es que algunos están "entristecidos como los que no tienen esperanza". Que algunos no estuvieran trabajando por la "febril expectativa" es discutible y, en cualquier caso, resulta de la propia interpretación del texto, no de algo que Pablo mismo afirme. De hecho, todo el pasaje tiene un aire de consuelo mediante la información, no la corrección de semejante conducta.

513. Lightfoot (62) piensa de otro modo: que "la forma indirecta en que se introduce el tema [sugiere que] no parece habérsele planteado de un modo formal por parte de los tesalonicenses". Tal vez sea así, pero esta opinión asigna por completo la responsabilidad a Timoteo. Green (213) piensa que esto es una respuesta a una segunda pregunta de los tesalonicenses (vv. 9-12 es

Al parecer, lo que se cuestiona es:[514] "¿Qué ha sucedido con algunos de entre nosotros que han muerto[515] antes de la venida del Señor?". Las *razones* de esta preocupación se desconocen y, por tanto, están abiertas a una gran especulación. La razón más probable parecería ser una en la que los tesalonicenses entendían que sus sufrimientos actuales estaban relacionados con los lamentos mesiánicos que se esperaban antes de la venida del Señor; y ahora algunos (o uno) han (ha) muerto mientras tanto, y esto ha creado una aflicción considerable entre ellos, tanto por "los muertos" como por la venida misma. En cualquier caso, la respuesta de Pablo es en realidad relativamente clara y sencilla:[516] los creyentes que han muerto serán resucitados para unirse a los vivos en la venida de Cristo. Pero por varias razones,

---

la respuesta a la primera). Sin embargo, esto es fiarnos demasiado del uso paulino de περὶ δὲ en 4:9 y 5:1, que no solo se encuentra aquí, sino que también el conjunto de este pasaje tiene mayor sentido como respuesta de Pablo a algo de lo que se le ha informado que como una contestación a una pregunta de ellos.

514. Digo "al parecer lo que se cuestiona" porque ha existido una extraordinaria diversidad en la literatura sobre este pasaje. Calvino (362), por ej., sugirió: "Lo principal es que no debemos entristecernos de forma desordenada por los muertos, porque resucitarán de nuevo"; aunque la "febril angustia" de Ellicott (60) y las "febriles anticipaciones de la inmediata venida de Cristo" de Lightfoot (62) parecen superar cualquier cosa que Pablo haya afirmado aquí de manera explícita. Su lenguaje es de "dolor", relacionado con el tema de la "esperanza". Se puede encontrar "febril expectativa" aquí solo por parte de otros, no por algo que el apóstol mismo afirme sobre ellos. Para una visión general de opiniones más recientes, ver Wanamaker (164-66) y, en especial, Green (213-15). Gran parte de esta conversación implica una especulación considerable sobre lo que Pablo enseñó o no de antemano, así como sugerir a menudo cambios en el propio pensamiento de Pablo entre este pasaje y 1 Co. 15. Pero, en realidad, es preciso esforzarse en "buscar a conciencia" en el texto para hallar "el problema" a cuya existencia se alude, ¡sobre todo uno que pueda reconstruirse de tantas formas distintas! Este es, sin duda, un caso en el que el muy alto nivel de información compartida entre Pablo y los tesalonicenses nos deja muy afuera.

515. No se nos indica cómo habrían muerto; por tanto, la especulación parece bastante inútil en este caso. K. Donfried ("The Imperial Cults and Political Conflict in 1 Thessalonians", en *Paul and Empire: Religion and Power in Roma Imperial Eschatology* [ed. R. A. Horsley; Harrisburg: Trinity, 1997], 158-66) ha suscitado la interesante posibilidad de que las muertes fueran el resultado de las persecuciones a las que parece hacerse referencia en otros lugares de la carta, pero no se sugiere nada de esto de forma expresa en la carta misma. Que este pasaje sea la respuesta al culto imperial en Tesalónica es algo que J. R. Harrison ha defendido, "Paul and the Imperial Cult at Thessaloniki", *JSNT* 25 (2002), 71-96.

516. "Relativamente" porque se pueden conseguir dos imágenes mentales distintas a partir de este pasaje. En el v. 14, Dios traerá a "los que duermen" *con Jesús* cuando Él venga; así, el simbolismo los sitúa "en el cielo" con Él. Pero en el v. 16, el lenguaje es completamente el de la resurrección de la tumba; por tanto, el simbolismo los sitúa en sus cuerpos, al menos, en la tierra. Esto se complica aún más mediante declaraciones en otros lugares con el sentido de que "estar ausente del cuerpo" significa "estar presente con el Señor" (2 Co. 5:8). Lo más posible es que este último pasaje, junto con el nuestro del v. 14, signifique que los creyentes que han muerto están en la salvaguarda de Dios, por así decirlo; pero su destino final aguarda la resurrección del cuerpo. De ahí que la imagen panorámica ponga en última instancia su ser con el Señor todavía en el futuro.

esto le ha parecido demasiado simple a muchos lectores. Este pasaje ha suscitado una considerable literatura, por no mencionar una gran cantidad de especulación escatológica, mucha de la cual parece hallarse muy lejos de la propia preocupación de Pablo: tranquilizar a estos creyentes en Cristo relativamente nuevos, al respecto de una muerte (¿muertes?) reciente en medio de ellos. La otra cosa que parece segura como suposición por parte de ellos, relacionada con la parusía (la venida), es su relativa "proximidad"; de otro modo su preocupación parece tener muy poco sentido.[517]

La preocupación no es, pues, por las personas que han muerto en general, sino tan solo por los que formaban parte de la comunidad creyente de Tesalónica y han muerto (al parecer de forma inesperada) antes de la venida de Cristo. Y aunque Pablo, en la cláusula explicativa de los versículos 16-17b, desarrolla al respecto de la naturaleza de la venida, su interés está todo el tiempo en esta cuestión singular, en especial en esta cláusula particular de explicación.[518] Así, la máxima inquietud del apóstol es doble, y su forma de expresarla sirve para encerrar todo el pasaje: que los creyentes de Tesalónica "no se entristezcan como esos otros que no tienen esperanza" (v. 13), y que por tanto se animen "unos a otros con estas palabras" de esperanza cristiana (v. 18).[519] Al mismo tiempo, lo que subyace a todo el pasaje es la convicción de Pablo, compartida con el resto de los primeros creyentes y basada en la propia resurrección de Cristo: que existe una resurrección *corporal* en el futuro escatológico de quienes creen en Cristo.

El flujo de pensamientos parece lo suficientemente claro. El asunto se presenta en el versículo 13: la tristeza de los tesalonicenses al respecto de los creyentes que han muerto y la preocupación del apóstol a fin de que el resto viva en *esperanza*. El versículo 14 ofrece a continuación la razón básica para no entristecerse como si *no* hubiera esperanza. Creer en la propia *resurrección* de Jesús conlleva creer en la resurrección de aquellos que han dormido "en Él". Esta cláusula también aclara que el problema no está en los creyentes que estarán vivos en la época de la parusía, sino en los que han *muerto* antes. Así, en la frase siguiente (vv. 16-17a) describe con algunos detalles la naturaleza de lo que ha afirmado en las dos frases precedentes, cuya preocupación permanece la misma a pesar de todo: los muertos se reunirán

517. Así también Best (183), aunque él no usaría el calificativo "relativo".

518. Como suele suceder con pasajes de Pablo en los que hace declaraciones sin mayor desarrollo, existe una larga historia de eruditos del NT que consideran que el apóstol cambió de perspectiva sobre el asunto de la parusía en cartas posteriores. Para una visión general conveniente de esta discusión, por parte de alguien que argumenta a favor de una postura minimalista, ver B. F. Meyer, "Did Paul's View of the Resurrection of the Dead Undergo Development?", *TS* 47 (1986), 363-87.

519. Para una interpretación de este pasaje en el contexto de las prácticas al respecto de los muertos en otras asociaciones, ver R. S. Ascough, "A Question of Death: Paul's Community-Building Language in 1 Thessalonians 4:13-18", *JBL* 123 (2004), 509-30.

con los vivos en la parusía, de manera que (v. 17b) los dos grupos estarán juntos por toda la eternidad. Después concluye (v. 18) diciéndoles lo que deberían hacer a la luz de todo esto: alentarse los unos a los otros. Todo esto parece expresado con tanta sencillez que cabe preguntarse por qué hubo una especulación sin fin al respecto de esta porción, cuando no debería existir, de no ser por el insaciable deseo de tantos cristianos posteriores de saber más de lo que Pablo les comunicó aquí a los tesalonicenses.[520]

**13**

Con un vocativo más ("hermanos"), el noveno, Pablo se dirige a la comunidad en un asunto sobre el que ya poseen gran información (ver 5:1-6), pero en el que se diría que frente a esa información se habían hecho presuposiciones que ahora tenían que tratarse. El "día del Señor" mismo llegará de repente y de forma inesperada (5:2-3), algo que ellos habían entendido como "bastante pronto", una comprensión que los había desestabilizado al respecto de lo inesperado de la muerte de un (o algunos) miembro(s) de su comunidad. Lo que está en juego es la necesidad que tenían de estar informados "sobre los que duermen" —que, en aras de una mejor comprensión, algunos traductores aclaran como "el sueño de la muerte".[521] Aunque este eufemismo para la muerte se puede hallar de forma diversa en el mundo antiguo, la triple repetición que Pablo hace en este pasaje parece aportar un grado de énfasis en el carácter definitivo de la muerte de aquellos a los que acabará llamando "los muertos en Cristo".

Pablo inicia su explicación con lo que será para él una especie de frase hecha, "no queremos que ignoren [lit. 'sin conocimiento']", una fórmula que aparecerá cinco veces más en el corpus paulino.[522] Al cubrir un amplio abanico de preocupaciones, la frase ofrece poca ayuda al respecto del uso de Pablo aquí. Lo más probable, en este caso, es que comience con esta fórmula para introducir

520. Para una útil visión general de este pasaje en el contexto más amplio de la propia resurrección de Cristo, ver N. T. Wright, *The Resurrection of the Son of God* (Minneapolis: Fortress, 2003), 213-19.

521. Que es una mejora considerable ante "los que duermen" de algunas versiones, frase no solo imprecisa (es decir, tiene que ver con "los que *ya* están 'durmiendo'"), sino también engañosa, ya que Pablo no está tratando aquí con todos y cada uno de los que han muerto, como da a entender la NVI (aunque esto, en última instancia, también sea verdad). Algunas versiones han escogido otro camino: dar un sentido claro al eufemismo ("que han muerto") y poner el propio lenguaje de Pablo en una nota. El eufemismo en sí es uno recurrente en la Biblia (2 S. 7:12; 1 R. 2:10; 11:43; 22:50; Job 14:12; Sal. 13:3; Mt. 9:24; Hch. 7:60; 1 Co. 15:51).

522. Ver 1 Co. 10:1; 12:1; 2 Co. 1:8; Ro. 1:3; 11:25. Esto cubre una amplia gama: corregir una falsa impresión (Ro. 1:13); resolver preguntas difíciles (1 Co. 12:1; Ro. 11:25); un título para una corrección muy necesaria (1 Co. 10:1); e instrucción sobre asuntos personales (2 Co. 1:8).

una información que hasta el momento no había tenido motivos para dar, o tal vez para corregir un falso entendimiento del momento y la relevancia de la parusía.[523]

En cualquier caso, la cláusula de propósito que sigue, "para que no se entristezcan como esos otros[524] que no tienen esperanza"[525], ofrece la razón para la "información" que seguirá en los versículos 14-17. Tristemente, también es una cláusula que ha sufrido su cuota de maltrato en la historia de la iglesia, ya que a primera vista puede interpretarse de dos maneras, aunque lo más posible es que Pablo pretendiera solo una de las dos. Su preocupación no consiste en que no deberían entristecerse en absoluto, como se ha sugerido a veces, como si la esperanza cristiana hubiera eliminado todas las expresiones de dolor como tal.[526] Más bien, su idea es que los creyentes que tienen esperanza en la resurrección no se afligen *del mismo modo* que las personas que carecen de ella. Y, sobre esta idea, la prueba de que en la antigüedad pagana la muerte se entendía como definitiva y completa[527] es contundente, de manera que, cuando alguien moría de forma temprana, solía suscitar un indecible dolor y lamento. De hecho, en la muerte sin esperanza de la resurrección hay una sensación de lastimoso final, que Pablo expresa dolorosamente en términos de "como esos otros que no tienen esperanza". El resto del pasaje seguirá detallando la razón de que los tesalonicenses vivan con esperanza al respecto de aquellos que han muerto.

523. Ha existido una cantidad poco corriente de especulación al respecto de *por qué* los tesalonicenses no estaban al corriente de lo que Pablo les iba a explicar aquí; sin embargo, al final, todo es especulativo y añade muy poco a la verdadera comprensión del pasaje. Para las opiniones principales, ver Marshall, 120-22.

524. Holmes (149) objeta a esta coma restrictiva, pero parece necesaria, ya que de otro modo el dolor se limitaría solo a los que no tienen esperanza. Parece mucho más probable que esto sea una cobertura típica sobre todo el mundo gentil. Aquí, después de todo, el término definido es "esperanza", y para Pablo esto está relacionado tan solo con la esperanza cristiana al respecto del futuro garantizado por Cristo y su resurrección.

525. Con esto no se pretende afirmar, como señala, por ej., Best (185-86), que no hubiera quien pensara en algún tipo de vida después de la muerte; pero, como indica Marshall (119), "carecían de certeza en una vida después de la muerte que fuera digna de ser llamada así, y de ahí la reunión entre los vivos y los muertos". Para un estudio completo del mundo antiguo en el que no se encuentra nada ni remotamente parecido a la creencia cristiana en una resurrección corporal futura, ver Wright, *Resurrection,* 32-206.

526. Por ej., Frame, 167. Después de todo, la misericordia de Dios en la restauración de Epafrodito, quien según todos los principios antiguos estaba próximo a morir, permitió que Pablo mismo no "añadiera tristeza a su tristeza" (Fil. 2:27).

527. Sobre esta pregunta, ver la larga explicación de Wright, *Resurrection* (n. 13 más arriba). Para una expresión cristiana del siglo II de esta carencia de esperanza entre los paganos, ver Arístides (*ANF* 10:272-78).

**14**

Pablo empieza allí donde radica toda esperanza cristiana de una resurrección corporal futura: la resurrección de Jesús. Esta es su clara preocupación en esta frase de "así como/también". Por tanto, la prótasis lo declara con toda claridad, "ya que[528] creemos que Jesús murió y resucitó". Lo que es único al respecto de esta cláusula es el verbo para la resurrección que, en la mayoría de los ejemplos del Nuevo Testamento es pasiva ("fue resucitado"), con Dios Padre como sujeto asumido de la acción. Pero aquí el énfasis no está en lo que le sucedió a Jesús, sino en lo que era cierto sobre Él: murió y resucitó. El pasivo ordinario aparecerá por implicación en la apódosis. Además, por la función de Cristo en lo que sigue, Dios Padre, a quien se le menciona solo esta vez en el párrafo, se ve aquí como agente activo de la resurrección futura de los creyentes.

Dada su creencia en la resurrección de Jesús, sin repetir el verbo en sí, Pablo sigue describiendo lo que "[nosotros] creemos". Pero también, dado lo que se afirma en la prótasis, estamos equipados para esperar: "También creemos que los que murieron en Cristo resucitarán". Pero esto no es lo que se nos dice, de manera que una interpretación directa de esta cláusula en el texto griego de Pablo nos proporciona varias razones para hacer una pausa. Nuestras dificultades son dos y surgen en parte de la cosmovisión profundamente cristocéntrica del apóstol, de manera que se menciona a Cristo dos veces en la cláusula en dos funciones distintas: primero (al parecer) como agente activo de la resurrección futura de los creyentes y, en segundo lugar, como Aquel que los acompañará. Así, todas las inquietudes de Pablo de ese momento se han abierto camino hasta la frase.

Nuestra primera dificultad es conceptual (visual), creada por la tensión inherente entre la expresión en esta frase —"Dios traerá a los que han dormido *en él [Jesús]*"— y la descripción en el versículo 17 —de que estos mismos creyentes, como primer elemento en la agenda escatológica de Dios, se levantarán de la tumba al recibir la orden—. Por consiguiente, el "consuelo" expresado en el versículo 18 tiene que ver con la certeza de su *resurrección* en la venida de Cristo. Aquí, sin embargo, parecen ya representados con Jesús, y bajo circunstancias normales cabría esperar que este fuera el punto de consuelo. Pero no es así; eso debe hallarse en su resurrección. ¿Cómo, pues, cabría uno inclinarse a preguntar, están los muertos ya presentes con el Señor, pero todavía deben resucitar en la parusía? La respuesta parecería radicar principalmente en el hecho de que Pablo mismo no veía tensión aquí, Y dado que en otros lugares habla de la muerte en términos de estar "ausente del cuerpo", pero "presente en el Señor", lo más probable es que entendiera que

528. Gr. εἰ, que por lo común empieza con una frase condicional, pero en este caso expresa una condición actual y no hipotética; por consiguiente, el sentido es "dado que creemos" y no "si creemos". La TNIV aclara esto eliminando la prótasis como tal e iniciando la apódosis con "así también".

los creyentes que ya habían muerto estaban ya presentes con el Señor, aunque nunca se indica si de manera consciente o no. Sin embargo, para Pablo, este estar presente con el Señor no es, por así decirlo, lo real; esto solo sucederá en el Escatón, que está marcado por la venida de Cristo mismo y la resurrección (es decir, la re-corporización) de los creyentes que han muerto entretanto.[529]

Nuestra segunda dificultad tiene que ver con la expresión "por medio de Jesús", que la TNIV ha traducido como "en él", una expresión que, en sí misma, señala la mayoría de las dificultades. Aquí, el problema está relacionado con la colocación de esta expresión en la frase de Pablo, que en una traducción palabra por palabra[530] dice: "Así también Dios resucitará con Jesús a los que han muerto en unión con él". Lo más probable es que su intención fuera: "Así también Dios, por medio de Jesús, traerá a los que duermen en él (Jesús)",[531] donde Él es a la vez quien acompaña a los muertos que han de ser resucitados y el agente de su resurrección. Pero dado que esto es una opinión minoritaria, lo que hace que esto nos resulte "lo más probable" necesita explicación.

El asunto exegético crucial es observar que esta frase no está intentando describir el "cómo" de nuestra resurrección corporal futura, sino solo el "hecho" de la misma. Nuestras dificultades surgen del orden de palabras de Pablo; uno espera por lo general una expresión preposicional como esta ("a través de Jesús") para modificar lo que la precede de inmediato. Así, la mayoría de las traducciones, incluso las que se jactan de ser "literales", la vierten comprensiblemente de un modo similar a la TNIV: "Los que durmieron en él".[532] Pero la dificultad con esta

529. Para una resolución distinta de esta tensión percibida, ver P. Ellingworth, "Which Way Are We Going? A Verb of Movement, Especially in 1 Thess 4:14b", *BT* 25 (1974), 426-31, quien sugiere "tomará a sí" como posible traducción del ἄξει de Pablo.

530. Uno no se atreve a usar el término "traducción" para lo que sigue, ya que, por definición, este término tiene que ver con transferir no solo palabras, sino *significado,* desde el lenguaje original al lenguaje receptor. La presente traducción debería ilustrar la necedad de imaginar que se puede mantener el propio orden de palabras de Pablo y que pueden expresar algo que tenga sentido.

531. Cp. J. Plevnik, "The Destination of the Apostle and of the Faithful: Second Corinthians 4:13b-14 and First Thessalonians 4:14", *CBQ* 62 (2000), 83-95.

532. Ver Calvino (363), quien está entre los muchos que han convertido el διὰ τοῦ Ἰησοῦ en un ἐν Ἰησοῦ, y después los comentarios sobre la frase como si fuera en realidad la última, una opinión que Witherington (131) asevera, sin pruebas, como una opción legítima; cp. también otras versiones ("dormir en Jesús"). Incluso otras versiones cambian la dirección de las cosas: "Dios traerá a aquellos que murieron para que estén con Jesús". Findlay (97), al menos, intenta tomarse en serio el διά, aunque me parece poco convincente (que han dormido por medio de Jesús significa que a la muerte se le han robado sus terrores). P. Nepper-Christensen adopta un acercamiento diferente, e interpreta la expresión como relacionada con los mártires que murieron por su lealtad a Cristo ("Das verborgene Herrnwort: Eine Untersuchung über 1. Thess 4, 13-18", *ST* 19 [1965], 136-54). Pero, a pesar de las dificultades para darle un sentido a la preposición (que no se sabe si de hecho tiene), esta es fácilmente la opinión mayoritaria; ver Rigaux (535-37), Bruce (97), Morris (139 [que extrañamente define la otra visión como tautológica]), Wanamaker (169), Gaventa (64) y

opinión común es que no se puede encontrar paralelo alguno en Pablo en que la preposición *dia,* que por lo general expresa una intermediación secundaria (es decir, Dios hace algo "a través" de Jesús),[533] se use en sentido locativo ("en" él).

Nuestros problemas a estas alturas han surgido principalmente de tres factores: *(a)* que el sujeto de la frase es "Dios", a quien solo se menciona esta única vez en todo el párrafo; *(b)* el orden de palabras mismo, donde Pablo "pone delante" al objeto directo, "los que están durmiendo", dado que es la sola preocupación de principio a fin; y *(c)* lo que ya se ha observado: que la expresión "por medio de Jesús" sigue de inmediato a "los que duermen" en la frase de Pablo, y en la inmensa mayoría de esos ejemplos se entendería, por tanto, como modificador de lo inmediatamente anterior.

(a) Empezamos a notar que, si se pone aparte, momentáneamente, la frase problemática "por medio de Jesús", la inquietud de Pablo se declara con claridad. "Dios traerá con él [Jesús] a los que ahora están 'durmiendo'". Esta singular mención de "Dios" en el párrafo revela la comprensión teológica propia que Pablo tiene de las cosas, ya que, para él, Dios Padre siempre es quien hace el primer movimiento, y la *causa activa* de todo. Este cambio de sujeto, sin embargo, también justifica en parte algunas dificultades. Del mismo modo, Cristo el Hijo es, con regularidad, el *agente* principal de todo lo que Dios hace.[534] Así, dada la comprensión global que el apóstol tiene de las cosas, esta cláusula solo puede significar que cuando Jesús vuelva, Dios traerá con *Él* a aquellos que hayan muerto; el pronombre "él" al final de la frase alude en retrospectiva a su antecedente inmediato, "Jesús".

*(b)* Si tuviéramos que reorganizar el orden de las palabras y convertirlas en algo más "normal" para nosotros, la frase se leería: "Dios traerá a los que están durmiendo", en lugar de "Dios a los que están durmiendo traerá". El obtuso

---

Green (221), quien apela a C. F. D. Moule, *An Idiom-Book of New Testament Greek* (Cambridge: Cambridge University Press, 1971), 57.

533. Nótese, por ej., el claro y relevante uso que Pablo hace de las preposiciones en un texto clave como 1 Co. 8:6, donde Dios Padre es el origen y la meta suprema de todas las cosas, de las cuales Cristo el Hijo es el agente activo: todas las cosas son *de* y *para* el único Dios, Padre; del mismo modo, todas las cosas, tanto la creación como la redención, son *por medio* de Cristo el Hijo. Es de considerable interés que BDAG no tenga un simple título o subtítulo bajo διά que pueda remotamente conllevar este significado que se supone/asevera con frecuencia, aunque sobre la base de lo que *es* variable (el orden de palabras en griego), muchos se aferran a este significado de otro modo desconocido para la preposición.

534. Sobre este rasgo de la teología paulina, ver en especial lo que hace en 1 Co. 8:6 con la "confesión" judía básica expresada en la *Shemá* de Dt. 6:4, "Escucha, Israel, Yahvé tu Dios, Yahvé Uno es", que en la LXX se convirtió en "el Señor tu Dios, el Señor es Uno". Por medio de esta traducción griega, Pablo puede incluir a Cristo como "Señor" en la identidad divina sin usar jamás el término θεός como tal (sobre este asunto, ver mi *Pauline Christology* [Peabody, Mass.: Hendrickson, 2007], 88-94).

orden de palabras de Pablo, que en nuestro lenguaje solo se podría encontrar en la poesía, es perfectamente aceptable en un lenguaje altamente declinado como el griego, ya que el caso se determina por la formación de palabras y no por el orden de las mismas. Sin embargo, lo que esto significa además es que al "poner" Pablo en primer lugar el objeto directo de este modo, la primera de las dos expresiones preposicionales que sigue ya no se encuentra en su sitio "normal", ni siquiera en griego.

*(c)* Juntas, estas dos observaciones nos conducen a una resolución de la frase que tiene sentido tanto en términos del uso paulino como del significado y de su teología, una "solución" que parece bastante sencilla. Lo que Pablo pretendía con mayor probabilidad, en un buen orden de palabra en nuestra lengua, no sería que "Dios traerá a los que duermen por medio de Jesús con él", sino que "por medio de Jesús Dios traerá con él a los que estén en ese momento durmiendo en la muerte".[535] Así, y siempre para Pablo, Dios es quien hace el primer movimiento y Jesús es el agente de lo que Dios hará.

Finalmente, también deberíamos tomar nota de que se alude dos veces a Cristo en esta frase por su nombre terrenal, "Jesús", sin ninguno de los identificadores adicionales como "Señor" o "Cristo". Aquí hay dos temas de interés. Primero, y hablando de forma general, el uso de "Jesús" solo es un raro fenómeno en las cartas de Pablo, que solo aparece dieciocho veces en total, tres de ellas en esta carta (ver sobre 1:10) y siete más en 2 Corintios 4:5-14.[536] Esto es básicamente una indicación de que, por razones comprensibles, en las cartas de Pablo su principal interés al respecto de Cristo no está en su vida terrenal *per se*, sino en su muerte "por nosotros" y en la función celestial actual de Cristo en la vida constante de

535. Debería notarse, pues, que esta comprensión involucra tan solo una sencilla inversión del orden de palabras, y dado que esto no es predecible en griego, también significa que todas las palabras y expresiones de Pablo mantienen su significado corriente. Esta "solución" se vio tan temprano como Crisóstomo y Teodoro de Mopsuestia, dos de los mejores exégetas de la iglesia primitiva; entre los comentaristas, ver Best (con renuencia), 189; Richard, 226; y Malherbe, 266, quien expone la idea, con razón, de que todas las demás interpretaciones son traducciones forzadas de lo que, de otro modo, sería una afirmación directa. También se puede encontrar en otras versiones. Lo que asombra es la frecuencia con que se ha rechazado, solo a partir del orden de palabras (¡!), donde el orden de Pablo ya no es "normal" a través de la colocación en primer lugar del objeto directo antes del verbo. Tal rechazo es de lo más impresionante cuando se considera que la mayoría de los que siguen este camino tienden a "expresarlo torpemente" con la preposición de Pablo y dar un *significado que de otro modo sería desconocido,* para mantener aquello que *no* es necesario: el orden de Pablo como teniendo un sentido "normal", esperado. Por consiguiente, es interesante que Ellicott (62; cp. Lightfoot [64]) argumente que entender la preposición como compañía de "a los que duermen" es "la conexión sencilla y lógica" (tal vez para la preposición, ¡pero no para esta frase ni para la teología paulina en conjunto!). Para comentaristas que han seguido este camino tradicional, ver n. 25 más arriba.

536. Para estos datos, ver el conveniente gráfico sobre el uso en mi *Pauline Christology*, p. 26.

la iglesia. Por esta razón, en segundo lugar, la mención adicional de "Jesús" en este pasaje es a primera vista un tanto inusual, ya que se está refiriendo a Él como en el cielo en estos momentos, en cuyo caso "Señor" es la forma más común de Pablo para hacer esta referencia. Este fenómeno aparentemente inusual se explica mejor a la luz del contexto presente, donde el énfasis no está en la función celestial presente y el reinado del Hijo, sino en que es el *Jesús* resucitado quien regresará por los suyos en la parusía.

**15**

Con un "por"[537] explicativo, Pablo procede a describir en cierto detalle el contenido de la precedente frase de "tesis". La explicación en sí sigue adelante hasta la mitad de nuestro versículo 17, y llega hasta nosotros como una larga frase en griego, o como dos o tres más breves, dependiendo de cómo se lea el "y" al principio del versículo 16b y el "luego" —TNIV: "después de eso"— al comienzo del versículo 17. En cualquier caso, casi todos[538] consideran que todos los versículos de 15b a 17b son un recital de lo que Pablo denomina aquí "la palabra del Señor". Así, comienza: "Conforme a *lo* dicho por/mediante el Señor, afirmamos *que*...". Las barras indican ámbitos de considerable debate en términos de entender aquello a lo que el apóstol se está refiriendo.

Nuestras dificultades surgen de los inusuales sustantivos sin artículo (es decir, sin artículo definido), que podría traducirse —aunque nadie pensaría en hacerlo— como una palabra del Señor. No obstante, algunos lo han tomado con el sentido de "*una* palabra *del* Señor". Pero el uso que Pablo hace aquí es casi ciertamente un reflejo de su uso de la Septuaginta, en la que, cuando "el Señor" alude a Yahvé, los traductores lo aclaran con regularidad con un uso anartro sistemático. Dado que Pablo está haciendo aquí un eco deliberado del Antiguo Testamento, las dificultades para nosotros son dobles en el presente pasaje: ¿a quien alude "el Señor" y "qué" o "a qué tipo de" palabra se está refiriendo?

El primer asunto queda, de hecho, fácilmente resuelto, ya que Pablo usa siempre y de forma sistemática "el Señor" (*kyrios*) en alusión a Cristo, y "Dios" (*theos*), para referirse al Padre, un uso que surge de su división de la *Shemá* tradicional de Deuteronomio 6:4 (ver n. 27 más arriba).[539] Así, ya que para Pablo solo

537. Omitido en la NVI por innecesario, ya que la frase misma tiene el sentido de "explicación".

538. Una excepción es J. R. Michaels, quien argumenta que se limita a "nosotros, los que estemos vivos... no precederemos a los que duermen" (en "Everything That Rises Must Converge: Paul's Word from the Lord", en *To Tell the Mystery: Essays on New Testament Eschatology in Honor of Robert H. Gundry* (ed. T. F. Schmidt y M. Silva; JSNTSS 100; Sheffield: JSOT Press, 1994), 182-95.

539. Las únicas excepciones son doce citas de la LXX (1 Co. 3:20; 14:21; 2 Co. 6:17, 18; Ro. 4:8; 9:28, 29; 10:16; 11:3, 34; 12:19; 15:11), en las que el referente divino es irrelevante para la cita paulina del pasaje (para esta explicación, ver 87, n. 7, en *Pauline Christology*). Para los

hay "un Señor", a saber, Jesucristo, esta frase tiene que ver por consiguiente con una palabra que Cristo mismo ha pronunciado.[540] Pero el "cuándo" y el "cómo" de verbalizar esa palabra es algo que no se puede saber desde esta distancia.[541] Lo más probable es que el apóstol se esté refiriendo aquí a la tradición de Jesús que había llegado hasta él; pero también es posible que aluda a una palabra profética que Pablo recibió de Cristo.[542] En cualquier caso, esta expresión conocida de Yahvé ahora se usa de forma adecuada en referencia a Cristo, quien es la fuente de la información que se halla en el resto de la frase (a través del v. 17b). Así, la idea de Pablo es sencilla: el Señor Jesús mismo, resucitado, es la fuente de lo que sigue. La alta cristología implicada, dada por sentada por este lenguaje, no debería pasarse por alto, cuando el *kyrios* de la Septuaginta = Yahvé es ahora *kyrios* = el Jesús resucitado.[543]

El verdadero contenido de esta "palabra del Señor" empieza por una especie de frase de "tesis", que el resto de la larga frase explicará a continuación en cierto detalle. La cuestión que tenemos entre manos está relacionada con "la parusía (= la Venida) del Señor". El *contraste* está entre "los que duermen'" y "nosotros los que

---

dos casos en los que muchos eruditos evangélicos piensan que Pablo usó θεός en alusión a Cristo (Ro. 9:5; Tit. 2:13), ver *Pauline Christology*, 272-77 y 442-46.

540. De este modo en la mayoría de los comentaristas: Calvino (364); Ellicott (62); Lightfoot (65); Findlay (98); Milligan (58); Rigaux (538-39); Marshall (125-26); Morris (141); Wanamaker (171); Holmes (150); Green (222); Beale (136); cp. J. Jeremias, *Unknown Sayings of Jesus* (Londres: SPCK, 1964), 80-83, aunque haya habido un debate reciente en cuanto a que esto sea un dicho de otro modo desconocido o una expresión "de la midrash" de dichos conocidos para nosotros por medio de los Evangelios.

541. Que, no obstante, es la clase de material que tiene gran interés para algunos eruditos. Para una visión general útil de esta cuestión en 1 Tesalonicenses, ver C. M. Tuckett, "Synoptic Tradition in 1 Thessalonians?" en Collins (ed.), *The Thessalonians Correspondence*, 160-82.

542. Cp. la explicación en L. W. Hurtado, *Lord Jesus Christ: Devotion to Jesus in Earliest Christianity* (Grand Rapids: Eerdmans, 2003), 150-51. K. P. Donfried (*The Theology of the Shorter Pauline Letters* [Cambridge y Nueva York: Cambridge University Press, 1993], 39-40) piensa que es lo segundo; así también Lightfoot, 65; Milligan, 58; Best, 191-93; Bruce, 98-99; Richard, 226. Este criterio ha sido especialmente popular entre los eruditos alemanes (ver Marshall, 267). Witherington (135) lo expresa de las dos formas: "Tal vez la solución menos problemática... [sea] que Pablo se veía a sí mismo como un intérprete profético de los dichos del Jesús histórico del AT y también como aquel que recibió mensajes directos del Señor resucitado mismo". La visión general reciente más útil de las dos (a veces consideradas como tres) opciones es Malherbe (267-70), quien piensa que "Pablo habló como un profeta" (270). Para un análisis útil de los materiales "paralelos" en el Evangelio de Mateo, ver G. H. Waterman ("The Sources of Paul's Teaching on the 2nd Coming of Christ in 1 and 2 Thessalonians", *JETS* 18 [1975], 105-13), quien argumenta en favor de una fuente escrita anterior a nuestros Evangelios.

543. Sobre este pasaje en sí, ver mi *Pauline Christology*, 45.

estemos vivos[544] y 'hayamos quedado'[545] hasta la venida del Señor", un contraste que se repetirá en el versículo 17; la *preocupación* es por el destino de los que ya han muerto. La declaración de "tesis" de Pablo pretende tranquilizar a los vivos, "los que hayamos quedado hasta la venida del Señor", al respecto de que los muertos no están en *des*ventaja por haber fallecido *antes* de la venida. Su idea es que la muerte no los ha perjudicado; más bien, como primer orden de cosas en la Venida, ellos (los que estaban "en Cristo" cuando murieron) resucitarán de los muertos y se unirán a los vivos y, así, juntos, nos encontraremos "con el Señor en el aire".

Dos asuntos adicionales necesitan explicación, ya que ha habido muchísimo malentendido aquí. En primer lugar, Pablo *no* está afirmando que espera estar vivo en la parusía.[546] En vez de ello, él se encuentra entre "los vivos" que están en contraste con "los que duermen". Su preocupación no tiene nada que ver en realidad con *quiénes* estarán vivos, sino con el simple hecho de que no tienen preferencia sobre los muertos al respecto de la parusía. O, por expresarlo de otro modo, estar vivo o muerto no tiene consecuencia alguna al respecto de la venida de Cristo. En otros lugares, incluido más adelante en esta carta (5:10), Pablo cuenta con cualquiera de las posibilidades. De manera similar, unos cuando años más tarde, puede reflexionar sobre "si estamos 'mejor [en el cuerpo]' o 'fuera del cuerpo'" (2 Co. 5:6-9) al respecto de estar vivo o muerto cuando regrese Cristo. En cualquier caso, que Pablo (o ellos, o nosotros) esté entre los vivos o los muertos en la venida de Cristo es, en última instancia, irrelevante; después de todo, esta es la idea que se expresa en el conjunto del pasaje.

En segundo lugar, en el texto no hay nada que implique que los tesalonicenses tengan algún tipo de "expectativas febriles" al respecto de la parusía.[547] Están sencillamente preocupados por los que han muerto antes; y cuando Pablo mismo sigue hablando del "cuándo" en 5:1-11, deja en claro que no tienen

544. La TNIV escoge "todavía vivos" aquí, que es tendencioso; puede funcionar bien para las generaciones posteriores, pero es dudoso que Pablo hubiera pensado de esta forma.

545. Gr. περιλειπόμενοι, un verbo que solo aparece seis veces en la LXX (con alguna variación textual, de manera que algunos MSS solo lo tienen cuatro o cinco). Solo en dos casos alude a los que "habían quedado" en Israel tras el exilio (2 Cr. 34:21; Hag. 2:3); sin embargo, en ningún caso ha significado jamás "dejados atrás". Después de todo, "los que quedan" siguen viviendo en la Tierra Prometida, ya que son el "remanente" que no había sido llevado al exilio.

546. Una cantidad tristemente desproporcionada de atención en la literatura se ha centrado en las "expectativas" de Pablo a la luz de lo que afirma unos cuantos años más tarde, en 1 y 2 Corintios. Para una útil visión general y una resolución satisfactoria de la cuestión, ver R. H. Stein, "Did Paul's Theology Develop? (1 Thess. 4:13-18)", en *Difficult Passages in the Epistles* (Grand Rapids: Baker, 1988), 82-88. C. L. Mearns ("Early Eschatological Development in Paul: The Evidence of I and II Thessalonians", *NTS* 27 [1980/81], 137-57), adopta una postura especialmente extrema y argumenta que el verdadero desarrollo tiene lugar en estas cartas, desde una "escatología realizada" a la "escatología futura" que aquí es evidente.

547. Como lo habían entendido muchos intérpretes tempranos; ver 165, n. 7, más arriba.

necesidad de instrucción, ya que la venida es totalmente "inesperada" en términos de hora precisa. Así, su inquietud a lo largo de este pasaje es singular: tranquilizar a los vivos al respecto de que los que han muerto estarán presentes en la venida.

**16**

Con esta cláusula Pablo sigue ofreciendo una explicación de lo que acaba de confirmar. Lo hace mediante una breve descripción de la naturaleza de la parusía en sí, cuyo principal rasgo, "el Señor mismo descenderá del cielo", puede perderse fácilmente entre las vistas y sonidos del entorno. "Vistas" en el sentido de que la "venida de Cristo desde el cielo" se supone visible para aquellos que le aguardan. La descripción en sí es un *collage* interesante de elementos de las Escrituras y la apocalíptica judía, por una parte, y de la "venida" de reyes/emperadores, por la otra. En primer lugar, y comoquiera que sea, lo que se está describiendo es una "fanfarria", el bullicioso despliegue que los tesalonicenses reconocerían como lo que acompañaba a la "venida" (= visita) del emperador a su ciudad.[548] Pero Pablo lo hace, en parte, usando el lenguaje de dos textos clave del Antiguo Testamento: *(a)* la principal teofanía de Éxodo 19:16,[549] donde el "descenso" de Yahvé (v. 18) va acompañado por una "espesa nube" y "un fuerte sonido de trompeta"; y *(b)* Salmo 47:5 (46:6 LXX), donde la "venida" se repite en los cánticos, pero ahora al respecto de la "entronización" de Yahvé sobre el monte del templo en Jerusalén, cuya realeza es celebrada por su pueblo. El propio lenguaje de Pablo es un eco de esto último (expresado "literalmente"): "Ascendió Dios *con un grito,* el Señor *con la 'voz' de una trompeta"*.[550]

Que los tesalonicenses hubieran entendido esto es debatible; la idea es que el apóstol mismo empieza a describir la *parusía* del *Señor* Jesús mediante un lenguaje de este salmo bien conocido al respecto de la "venida" del Señor, Yahvé, *al* monte de Sion. Lo que Pablo parece haber hecho es aplicar el lenguaje al "Salmo de Ascenso" para describir la venida desde el cielo del Gran Rey verdadero, el Señor

548. Pero ver las objeciones en M. R. Cosby: "Hellenistic Formal Receptions and Paul's Use of ΑΠΑΝΤΗΣΙΣ in 1 Thessalonians 4:17", *BBR* 4 (1994), 15-34. Mi idea, sin embargo, es que no todo este lenguaje puede hallarse en dichas "venidas", pero hay suficiente trasfondo de una "venida" como para reconocer lo que Pablo está haciendo aquí.

549. Es asombroso que esto rara vez se observe en los comentarios; pero ver J. Dupont, "'Avec le Seigneur' à la Parousie", en *ΣΥΝ ΧΡΙΣΤΟΥ: L'union avec le Christ suivant Saint Paul* (Paris: Desclée de Brouwer, 1952), 39-79.

550. Aunque este eco rara vez se observa en la literatura, en la iglesia primitiva era muy conocido. Para detalles sobre este asunto, ver *Pauline Christology,* 44-45; cp. C. A. Evans, "Ascending and Descending with a Shout: Psalm 47.6 and J. A. Sanders"; *JSNTSS* 83; Sheffield: Sheffield Academic Press, 1993), 238-53. C. F. D. Moule (*The Origin of Christology* [Cambridge: Cambridge University Press, 1977], 42) reconoció el uso del Salmo 47 de esta forma, pero ninguno de los comentaristas en inglés lo adoptó.

Jesucristo resucitado, que ahora se ve como "descendiendo", de un modo similar al "descenso" de Yahvé en el Sinaí. Al celebrar el "ascenso" de Yahvé al monte de Sion, después de "haber subyugado a las naciones", el salmista retoma los motivos del Éxodo para la entronización de Yahvé, que fue celebrado con "gritos de júbilo" y la "voz de la trompeta". La versión paulina produce un "ajuste" adicional al lenguaje, ya que ahora hay menos "fanfarria" al respecto de la venida de Cristo y es más un lenguaje de "invitación"; de ahí el poderoso simbolismo de "despertar a los que están dormidos" que, después de todo, es la idea singular que el apóstol está exponiendo en este contexto. "El Señor mismo" de Pablo es especialmente digno de observar en este sentido, ya que en realidad el Señor (Jesús) es quien había ascendido con anterioridad a lo alto y quien regresará al sonido de la trompeta.

Se debería señalar, además, que hay un "y" solo entre el segundo y el tercer miembro de esta descripción; así, como lo expresa la NVI: "Con voz de mando, con voz de arcángel y con trompeta de Dios". En lenguaje corriente esto significaría que la venida va acompañada de tres formas: una orden, la voz de un arcángel y la trompeta de Dios. Sin embargo, lo que sería para nosotros una práctica estándar para una lista, casi nunca era igual para un escritor griego, que por lo general tendría dos "y" entre las tres expresiones. Lo que esto indica es, como viene en el texto griego publicado, que el segundo y el tercer elemento pretenden estar en aposición a "voz de mando (= convocación)".[551] Así, "con voz de arcángel y con trompeta de Dios" describe *cómo* se producirán la "convocatoria" o "la voz de mando" en la venida. Que Pablo hubiera entendido que este lenguaje estaba tomado de forma literal es, en sí mismo, debatible, ya que su única razón para incluirlo es expresar la convocatoria celestial que pretende, de forma figurada, "despertar a los muertos".

Debería observarse que en todo el Antiguo Testamento no se mencionan en absoluto a los "arcángeles". En su lugar, este es el lenguaje del judaísmo intertestamentario. La propia frase paulina es anartra y, con "la palabra del Señor" precedente (v. 15) debe entenderse probablemente tal como aparece en la TNIV: "Con *la* voz de *un* arcángel". De ser así, lo más posible es que Pablo tuviera en mente al arcángel llamado "Miguel", también mencionado en Judas 9 y Apocalipsis 12:7, así como en el (un tanto anterior) *Libro de Enoc* 20:5,[552] cuyos orígenes pueden remontarse hasta la Septuaginta de Daniel 12:1.

551. Así también Findlay (100), "el detalle segundo y tercero explican, al parecer, el primero"; cp. Milligan, 59; Bruce, 101; Richard, 229; Wanamaker, 173 (como alternativa); Malherbe, 274; L. Schmid, *TDNT* 3:658.

552. Esta es también la opinión de BDAG ("probablemente"). Está basado en Dn. 12:1 que, en la LXX, interpreta Μιχαηλ ὁ ἄγγελς ὁ μέγας (cp. Theod. Μιχαηλ ὁ ἄργων ὁ μέγας, que refleja de un modo más estrecho el arameo de Daniel).

El segundo elemento de la "convocatoria", la "llamada de trompeta de Dios" es algo mucho más común en la tradición escatológica judía.[553] Como se ha observado, el tema pertenece primero que nada a la teofanía principal sobre el Sinaí (Ex. 19:16) que, a su turno, se abrió camino en la escatología judía (en esp., la apocalíptica) de diversas formas. En Isaías 27:13, los sonidos de trompeta llaman a los exiliados desde Asiria y Egipto a adorar en Sion; de manera similar, en Zacarías 9:14: "¡El SEÑOR omnipotente tocará la trompeta!" cuando "en aquel día salvará… a su pueblo" (v. 16).[554] Pero más cercano a la propia idea de Pablo está el discurso escatológico de Mateo 24, donde Jesús mismo alude a la venida "del Hijo del Hombre... sobre las nubes del cielo", cuando "al sonido de la gran trompeta mandará a sus ángeles" y "reunirán de los cuatro vientos a los elegidos" (vv. 30-31). Por tanto, es el simbolismo perfecto para incluir en una carta a "los elegidos de Dios" en Tesalónica, para quienes esas llamadas de trompeta acompañarían las visitas de estado de Roma.

Finalmente, debería volverse a observar que todo en esta descripción va dirigido a la cláusula final, "y los muertos en Cristo resucitarán primero", una expresión que también ha tenido una triste historia de malas interpretaciones. La propia idea de Pablo viene en la siguiente frase. Su "primero" no significa que vayan a ser los primeros en llegar al cielo ni que sean los primeros en resucitar, antes que los demás, para el juicio final. En su lugar, como clarifica la frase siguiente, resucitarán como "primer orden del día", por así decirlo, de manera que todos los creyentes, los que hayan muerto y los que estén vivos en ese momento, estarán juntos para encontrarse con el Señor en los aires. Así, no deberíamos darle demasiadas vueltas a la expresión "los muertos en Cristo", que son aquí la única preocupación de Pablo. Solo se los describe de este modo para distinguirlos de los demás que han muerto; a estas alturas, Pablo ya no tiene el más mínimo interés en los demás.

**17**

Esta cláusula final[555] en la extensa frase de Pablo coloca de nuevo a "los vivos" en la imagen, para unirse con los "muertos" ahora resucitados, para la gran "reunión" con el Señor "en el aire". Lamentablemente, también ha sido la fuente de

553. Sobre este asunto, ver M. H. A. Bockmuehl, "'The Trumpet Shall Sound': *Shofar* Symbolism and Its Reception in Early Christianity", en *Templum Amicitiae: Essays on the Second Temple Presented to Ernst Bammel* (ed. W. Horbury; JSNTSS 48; Sheffield: JSOT Press, 1991), 199-225.

554. Habría que destacar que la trompeta también puede funcionar como señal de inminente desastre, como en Jer. 6:1, 17.

555. Que muchos creen ser también el final del "dicho" de Jesús mencionado en el v. 15, que Pablo ha estado "citando" (o "reformulando") o que se le ha dado mediante revelación. Como con tantas cosas, no hay conclusiones definidas disponibles, ya que se desconoce que el

una gran especulación escatológica poco relacionada con los intereses propios de Pablo. Por tanto, él empieza repitiendo con deliberación la descripción de los vivos desde el principio del versículo 16: "Los que estemos vivos, los que hayamos quedado". Como antes, esto no tiene nada que ver con haber sido "dejado atrás"; más bien, describe sencillamente la vida desde la perspectiva de aquellos que han muerto, que son después de todo la principal razón del pasaje. Habiendo sido precedidos por aquellos que ahora están muertos, que resucitarán como primer elemento de la agenda escatológica, los que vivan en el momento de la parusía son sencillamente "el resto" *de los que creen,* que se unirán así a los que son resucitados de entre los muertos para "encontrarse con el Señor en el aire".

Esta última frase ("literalmente"), "para encontrarse con el Señor en el aire", es la idea de todo, como aclara la tranquilizadora cláusula final: "Y así estaremos con el Señor para siempre". Pero la descripción en sí (de nuevo "literal" y en el orden de palabras de Pablo), "seremos arrebatados junto con ellos en las nubes para encontrarnos con el Señor en el aire" es otra hermosa mezcla de apocalíptica judía y de las expectativas que tienen su origen en Jesús mismo. Consideremos brevemente cada uno de los cinco elementos de la cláusula, poniéndolos en el propio orden de Pablo.

Primero, la frase "junto con ellos",[556] que se encuentra al principio de la frase paulina, es, en realidad, la preocupación suprema de todo el pasaje. Los tesalonicenses no deben entristecerse como los que no tienen esperanza, porque en la venida de Cristo estarán una vez más "junto con" aquellos de entre ellos que han muerto. Así, esto es mucho menos parte del lenguaje "visual" del pasaje que una palabra de consuelo, lo primero en el orden del día para Pablo.

En segundo lugar, el verbo "seremos arrebatados", que especialmente podría ser un fuerte simbolismo para este acontecimiento,[557] es poco probable que lo sea en este caso, a la luz del otro uso que el apóstol hace de este lenguaje en 2 Corintios 12:2 y 4. Así, la mayoría de las traducciones vierte simplemente

---

"dicho" mismo exista en algún otro lugar. Dado que reaparecen elementos clave del mismo en 1 Co. 15:51-52, no cabe duda de que pertenece al propio entendimiento escatológico de Pablo.

556. Gr. ἅμα σὺν αὐτοῖς, una expresión que en este caso debe tomarse como un componente gramatical único.

557. Así, por ej., Best (198); Bruce (102); Morris (145); Wanamaker (175, "implica… una fuerza externa al individuo"); Gaventa (66-67); cp. Jud. 23 ("a otros, sálvenlos 'arrebatándolos' del fuego"), o Mt. 11:12 ("[el reino de los cielos] ha venido 'avanzando' contra viento y marea"; cp. 12:29; 13:19). Pero sus tres usos en Pablo carecen tanto de la fuerza como de la violencia que con frecuencia acompaña al término. Cp. de manera similar, Hch. 8:39; 23:10; y, probablemente, Ap. 12:5. Así también Rigaux (545). Malherbe (276) ha señalado que este verbo es común en la "tradición griega de la consolación" al respecto de la muerte, que Pablo está usando ahora "en un ingenioso giro".

"arrebatados", sin matiz alguno de fuerza o violencia.[558] Aunque algunos han considerado que este verbo se refiere a un "arrebatamiento secreto de la iglesia", Pablo difícilmente podría haber pretendido darle ese sentido aquí. Después de todo, para que los tesalonicenses mismos lo hubieran entendido tendrían que haber recibido necesariamente una instrucción *anterior;* pero de este pasaje queda claro, en conjunto, que Pablo está informándolos *por primera vez* sobre la relación de los "vivos" con los "muertos" en la parusía, de modo que ¿cómo habrían podido saber de un "acontecimiento", de otro modo desconocido para la iglesia hasta mitad del siglo diecinueve?

En tercer lugar, ser arrebatado en "las nubes" es el elemento apocalíptico seguro en la descripción. En esta, la única vez que aparece en las cartas de Pablo, lo más probable es que esté relacionado con el hecho de que este suceso tiene totalmente que ver con "encontrarse con el Señor *en el aire*" —según la primera cláusula de la frase: "Está descendiendo del cielo"—. Aquí, de manera especial, el uso de Pablo puede rastrearse hasta la aparición de uno como "hijo de hombre" de Daniel 7:13, a quien se describe como viniendo "con las nubes del cielo". Según los registros de los sinópticos, Jesús mismo estableció la conexión entre su venida como Hijo del Hombre en la gloria final y el "hijo del hombre" de Daniel, cuya venida se describe de esta forma (por ej., Mr. 13:26). Además, Lucas describe la *ascensión* de Jesús en términos de "una nube lo ocultó de su vista" (Hch. 1:9). Estos datos diversos sugieren que sería bastante natural que Pablo describiera la "ascensión", tanto de los vivos como de los muertos, en términos de ser arrebatados "en las nubes" para su encuentro con el Señor en el aire, cuyo *descenso* había llegado a entenderse de este modo.

En cuarto lugar, el *objetivo* de este ascenso por parte de los seguidores de Cristo, tanto de los muertos como de los que están vivos en ese momento, es "encontrarse con el Señor" en el aire. El infinitivo ("encontrarse") en la TNIV —y casi en todas las demás traducciones— es, en realidad, un sustantivo en el griego de Pablo, que se interpreta (cuando se lee de forma literal) como "para el encuentro con el Señor en el aire". Esta palabra, a su vez, ha tenido una considerable historia de interpretación en el sentido de que era un término técnico para la recepción ceremonial de la que se hacía objeto a las personas distinguidas en su "visita" a una ciudad o provincia concreta. Sin embargo, una investigación reciente del vocablo

558. La Biblia NET es una notable excepción; su nota sugiere que Pablo es intencionalmente más enérgico aquí, y que ellos se encontrarán "atrapados de repente". Pero como esto no se encuentra en 2 Corintios, su sugerencia tiene aquí todas las señales de ser nada más que un posicionamiento teológico que se metió en el medio de la traducción.

ha demostrado que esto es improbable, y que todos los demás complementos de dichas recepciones ceremoniales están totalmente ausentes de este pasaje.[559]

De hecho, todo lo demás que pueda afirmarse más allá de lo que Pablo afirma es en realidad el resultado de reunir diversos materiales, ya que muchos cristianos tienden a no estar satisfechos con dejarlos "en el aire", por así decirlo. En realidad, aunque Pablo habla con frecuencia, y de formas varias, sobre *la gloria final* que aguarda a los creyentes, solo son dos los pasajes en los que "sitúa" de un modo explícito el destino final de los creyentes "en el cielo": 2 Corintios 5:1 (ciertamente) y Colosenses 1:5 (probablemente).[560] Y la razón es sencilla: Pablo ya casi no tiene interés en cuál sea nuestra "geografía" escatológica final; su interés es más bien totalmente personal y tiene que ver con que estén "con el Señor", cuya "morada" se expresa con regularidad como "en el cielo". Para aquel cuyo lema de vida era "para mí el vivir es Cristo y el morir es ganancia [ganar a Cristo]", el lugar como tal es básicamente irrelevante, y solo se menciona de pasada cuando trata de otros asuntos. Tal vez las personas posicionadas en todos los lados del espectro teológico tengan algo que aprender de esto: no dar demasiada importancia a las pocas referencias paulinas a nuestro lugar futuro ni tampoco restársela, como si el destino final fuera algo irrelevante para él. Su propia preocupación es lo que se retoma en realidad al final de esta extensa frase: "Y así estaremos con el Señor para siempre".

En quinto lugar, el elemento más sorprendente de esta descripción es la expresión final "en el aire". Aunque para los que están familiarizados con el pasaje, afirmar esto parece algo natural, la realidad es que esta es la única vez en que esto aparece en las cartas paulinas en su primera acepción adecuada, en referencia a "la atmósfera inmediatamente por encima de la superficie de la tierra" (BDAG), aunque también se usa en sentido negativo para aludir a la morada de los poderes presentes de oscuridad (Ef. 2:2). Pero esto es "sorprendente" para nosotros solo

559. Esta opinión común tuvo su origen en un artículo de E. Petersen ("Die Einholung des Kyrios", *ZST* 7 [1930], 682-702), pero J. Dupont lo cuestionó seriamente ("'Avec le Seigneur' à la Parousie", en *ΣΥΝ ΧΡΙΣΤΩΙ,* 39-79), y de forma más reciente por M. Cosby ("Hellenistic Formal Receptions", *BBR* 4 [1994], 15-34), quien ha demostrado que no es en absoluto un término técnico y que todos los elementos "formales" de tales recepciones helenísticas faltan del presente pasaje, aunque debería notarse que no todos están convencidos por la idea de Cosby; ver esp. R. Gundry ("A Brief Note on 'Hellenistic Formal Receptions and Paul's Use of *ΑΠΑΝΤΗΣΙΣ* in 1 Thessalonians 4:17'", *BBR* 6 [1996], 39-41), quien sugiere que otros asuntos contextuales siguen respaldando su opinión, previamente propugnados en "The Hellenization of Dominical Tradition and Christianization of Jewish Tradition in the Eschatology of 1-2 Thessalonians", *NTS* 33 (1987), 161-78.

560. Se podría insinuar que un entendimiento de localización a partir de otros pasajes, como Fil. 3:20 ("nuestra ciudadanía está en el cielo"), o la promesa de estar "con Él" (quien según sabemos está en el cielo), pero estas son las dos únicas formas en que se expresa esta comprensión de forma explícita.

porque Pablo no halla razón en ningún otro lugar para hablar de este "espacio". Su motivo para hacerlo aquí está totalmente relacionado con el simbolismo de este momento. El Señor mismo desciende "del cielo", y los que son arrebatados para encontrarse con Él proceden "de la tierra". De ahí que su lugar de reunión esté "en el aire", es decir, en "el espacio" entre el cielo y la tierra. Y con esto, la descripción llega simplemente a su fin; cualquier cosa que se añadiera a esto debería derivarse de reunir todas las piezas de lo que Pablo afirma escatológicamente sobre la relación de los creyentes con la venida.

Finalmente, el apóstol concluye su explicación con el único asunto realmente importante en su entendimiento escatológico de las cosas, ya observado en el punto cuatro más arriba. Aquí no vemos "regreso" alguno a la tierra con los que se reúnen con Él en el aire, y tampoco existe interés alguno en el cielo como lugar de destino final. Su principal y singular preocupación en toda esta descripción es la conclusión: "Y así estaremos con el Señor para siempre". Aquí en particular debería observarse la ausencia total de lenguaje "geográfico" de ubicación. La única ubicación que le interesa a Pablo es estar "con el Señor para siempre" —que, al estar el Señor mismo en el cielo, también significa que este es nuestro destino final—. Pero esto, junto con casi todo lo demás, es secundario hasta el punto de ser irrelevante para esta realidad singular. Es probable (y lamentable) que este también haya sido el motivo de tanta especulación por parte de creyentes posteriores, para quienes la "ubicación" es demasiado a menudo la forma principal de pensar en el futuro.

**18**

Con una cláusula de resultado final, Pablo lleva toda esta explicación a su final adecuado en términos de la situación existencial en Tesalónica misma: "Por lo tanto, anímense unos a otros con estas palabras". Que la palabra para "alentarse" unos a otros sea el mismo término griego cuyo principal significado (en el sentido de mayor frecuencia) en las cartas paulinas es "exhortar" o "apelar" es de cierto interés. Sobre su sentido en esta carta, ver la explicación de 2:12 más arriba. Aunque es probable que su significado sea siempre cercano a "exhortar", en este caso se acerca claramente al sentido del "estímulo". Así, cualquiera sea la verdad de las "palabras" de Pablo en este pasaje, su razón de ser no consiste en satisfacer la curiosidad escatológica de ellos ni tampoco la nuestra; en su lugar, el objetivo de todo es alentar a las personas que han perdido recientemente a sus seres queridos, cuyo entendimiento de ciertos aspectos de la escatología cristiana era deficiente, para conducirlos por tanto a no entristecerse "como los otros que no tienen esperanza". Este estímulo no disminuirá el sentido de pérdida, ni debería hacerlo; pero con suerte, para Pablo, añadirá la dimensión necesaria de esperanza segura para el dolor de ellos y, por tanto, lo cualificará de manera inmensa.

Parece algo vergonzoso que los creyentes posteriores hayan acudido a este texto por las razones equivocadas, en términos de su propia razón de ser. Por tanto, ha sido la fuente de especulaciones indecibles y, con frecuencia, mal dirigidas al respecto del tiempo, cuando su única razón de existir fue consolar a los creyentes de Tesalónica frente a la pérdida. Por consiguiente, es del todo adecuado que se lea en los cultos de funerales cristianos, ya que tendría el mismo propósito que en su entorno original. Es igualmente inadecuado que se convierta en la base del tipo de falsas enseñanzas que se encuentran, por ejemplo, en la serie de libros y películas "Left Behind" [conocida en Hispanoamérica como *Dejados atrás*; N.T.], que se hizo popular en la última década del siglo pasado. Trata de esperanza, no es una amenaza y así debería seguir tratándose en la iglesia.

## *E. AL RESPECTO DEL DÍA DEL SEÑOR (5:1-11)*

Pablo pasa ahora de la preocupación de los tesalonicenses al respecto de los creyentes que habían muerto antes del regreso del Señor (la parusía) al asunto relacionado del "día del Señor". La razón para tratar este tema aquí no queda, sin embargo, clara de inmediato. Por otra parte, está relacionada de forma bastante estrecha con lo que ha precedido. El contenido general es totalmente escatológico y en él se entremezcla algún lenguaje del Antiguo Testamento con parte de la enseñanza de Jesús tal como nos llega en los Evangelios.[561] Además, el versículo 10 repite, con distintas palabras, desde luego, las ideas clave de 4:13-18. Así, "ya sea que velemos o que durmamos" corresponde a "los vivos" y "los que duermen" del capítulo anterior, mientras que "vivamos juntos con él" está vinculado con "estaremos con el Señor para siempre" de 4:17. El versículo 11 repite básicamente la conclusión de 4:18: "Anímense unos a otros con estas palabras".

Por otra parte, queda claro que el presente material no está tratando el mismo problema en absoluto. Lo que viene inmediatamente antes habla de "los muertos" (= los creyentes que han muerto), mientras que el pasaje actual trata de "los vivos" (= cómo tienen que vivir los creyentes en el presente). Así, Pablo regresa aquí al lenguaje "recordatorio" que domina una gran parte de la carta desde 4:12.[562] Lo que es más digno de mención es que la parusía ("la venida") no se mencione en absoluto; más bien, la sección presente tiene que ver con vivir a la luz del inminente "día del Señor". El lenguaje de presentación es sobre "los tiempos

561. Sobre este asunto, ver S. Kim, "The Jesus Tradition in 1 Thess 4.13-5.11", *NTS* 48 (2002), 225-42, quien argumenta que ambos pasajes surgieron de que los tesalonicenses no entendieron correctamente los dichos escatológicos de Jesús que Pablo les había transmitido. Esto, por supuesto, no se puede probar ni refutar; pero lo que Kim ha demostrado es que Pablo poseía de alguna manera el conocimiento de la enseñanza de Jesús.

562. A este respecto, ver v. 1 ("no necesitan que se les escriba"), v. 2 ("ya saben") y el v. 11 ("tal como lo vienen haciendo").

y las fechas", con claros contrastes entre los designados para recibir la salvación (eterna) y los consignados para "la ira". Pero la principal preocupación[563] radica por completo en cómo deben vivir los creyentes tesalonicenses en el presente, mientras aguardan el regreso del Señor.[564]

Lo que parece justificar este material, al menos en parte, es el intento de Pablo —a la luz de la angustia presente por algunos de los que habían muerto *antes* de la parusía— de recordarles la naturaleza de la instrucción escatológica que habían recibido con anterioridad[565] y usar este recordatorio como forma de grabar en ellos la necesidad de una vida genuinamente piadosa. Lo hace de un modo fascinante. Mediante la expresión bíblica "día del Señor" (v. 2), que tiene que ver con el juicio de Dios sobre los malvados (en este caso, implícitamente los oponentes de los tesalonicenses), Pablo pasa con rapidez de una metáfora a otra (día/noche; despierto/duermen; sobrio/ebrio) como modo de alentar y de advertir a los tesalonicenses en su existencia presente "entre los tiempos" y tranquilizarlos al respecto del justo juicio de Dios sobre sus enemigos.

El nítido resultado es una exhortación cuyas preocupaciones y elementos principales son lo bastante fáciles de discernir, pero cuyo rápido movimiento de una metáfora a otra proporciona la razón para hacer una pausa —y sorprenderse (¿admirarse?)— a la luz de la celeridad de la mente del apóstol. La exhortación en sí se presenta en dos claras partes (vv. 1-3 y 4:11 [como la TNIV]), la primera relacionada con los incrédulos y la segunda con los creyentes.[566] Finalmente,

563. Tiene cierto interés que los intérpretes tiendan a mostrar bastantes puntos coincidentes en su forma global de entender el texto y sus partes, mientras que al mismo tiempo revelan una considerable diversidad en su forma de percibir el asunto en cuestión, los orígenes y la *naturaleza* de la respuesta de Pablo. Así, por ej., Holmes (165) alude a "temor y preocupación sobre el destino de los creyentes vivos en el momento de la parusía"; Best (203) habla de que los tesalonicenses están "preocupados sobre [la parusía] no solo al respecto de la posición de los muertos, sino también, al parecer, sobre el momento en que esto tendría lugar"; Malherbe (287) piensa en ello como un "tema que requiere atención [por causa de] las promesas de algunos profetas cristianos de paz y seguridad en Tesalónica"; Green (229), por su parte, lo considera como "la tercera pregunta que los tesalonicenses le dirigieron... ¿Cuándo llegaría el día del Señor?". Todo esto debería recordarnos que todavía sigue habiendo un grado considerable de conjeturas en la producción académica.

564. Muchos consideran que esto trata de un problema de angustia por parte de los tesalonicenses (por ej., Findlay, 166-67; Milligan, 63; Frame, 178; Best, 203). Sin embargo, apenas hay un indicio de esto en el pasaje en sí; y sin dudas, se debe colocar demasiado peso sobre un simple adverbio (ἀκριβῶς en el v. 2). Ver la explicación más abajo.

565. Como con tantas otras cosas, algunos consideran esto como una interpolación posterior a la carta, negando así la autoría paulina; pero, en este caso, es un consejo desesperado. Ver la refutación de J. Plevnik, "1 Thess 5, 1-11: Its Authenticity, Intention, and Message", *Bib* 60 (1979), 71-90.

566. Sin lugar a dudas, lo "claro" está con frecuencia en los ojos de quien mira. El texto griego de la NA[27] (solo, al parecer) lo divide en dos partes (vv. 1-6, 7-11); algunos intérpretes (por ej., Beale, Witherington) prefieren tres partes (vv. 1-3, 4-7, 8-10/11).

debería observarse que las afirmaciones concluyentes (vv. 9-10) y la exhortación (v. 11) parecen servir también como una especie de "introducción" a la serie de exhortaciones con las que acaba la carta (5:12-24).

## 1. El Día del Señor y los incrédulos (5:1-3)

[1] *Ahora bien, hermanos, ustedes no necesitan que se les escriba acerca de tiempos y fechas,* [2] *porque ya saben que el*[567] *día del Señor llegará como ladrón en la noche.*
[3] *Cuando*[568] *estén diciendo: «Paz y seguridad», vendrá*[569] *de improviso sobre ellos la destrucción, como le llegan a la mujer encinta los dolores de parto. De ninguna manera podrán escapar.*

Lo que es inmediatamente observable en estas frases de apertura es el regreso de Pablo al intento de recordarles a los tesalonicenses algunas de las cosas sobre las que ya habían recibido instrucción (ver la introducción a 4:1-5:11, pp. 166-67 más arriba). El rasgo sorprendente es el contenido en sí, ya que la perspectiva tiene que ver con el día del Señor en relación con los incrédulos y no con los creyentes. Pero es precisamente esta perspectiva la que dicta cómo procederán las amonestaciones que siguen. Comoquiera que sea, la venida del día del Señor, que solo supone una amenaza para los incrédulos, servirá, no obstante —en especial la metáfora del "ladrón en la noche" con la que se expresa—, como base para dichas exhortaciones.

**1**

Con un segundo "ahora bien" (ver 4:9) y su décimo vocativo ("hermanos"), Pablo pasa ahora de la preocupación completamente nueva de 4:13-18 y vuelve al lenguaje recordatorio tan característico a estas alturas de la carta. Como sea que tengamos que entender el uso paulino del "ahora bien" en la carta presente,[570] aquí funciona

567. La expresión de Pablo aquí es anartra (ἡμέρα κυρίου), como la mayoría de las veces en la LXX (por ej., Jl. 1:15; 2:1; 2:31 [LXX 3:4]; 3:14 [LXX 4:14]). Esta es la prueba segura de que Pablo está usando esta expresión familiar de los profetas, pero ahora "el Señor" = YHWH es "el Señor" = el Cristo resucitado. Ver la explicación sobre el v. 2 más abajo. Algunos escribas cristianos posteriores (A Ψ 0278 𝔐) tenían, al parecer, un grado de dificultad con este uso anartra y añadieron el artículo.

568. El propio texto de Pablo —hallado en ℵ* A F G 33 it vg Tert— carece de la señal conjuntiva esperada y fue "corregida" de formas diversas por los escribas tempranos (+ δε ℵ² B D 0226 6 104 1505 1739 1881 pc; + γαρ Ψ 0278 𝔐). La naturaleza dividida de la "corrección" sirve de prueba bastante certera de una frase sin la conjunción. Si algunos de estos fueran originales, uno se vería muy obligado a justificar la omisión o el cambio a la conjunción alternativa.

569. Algunos testimonios "occidentales" (F G) tienen φανήσεται ("se manifestará"); dado que también es la interpretación de b d Aug$^{pt}$, cabe preguntarse si deriva de una traducción mediocre al latín.

570. Gr. περὶ δὲ; ver la explicación sobre 4:9 más arriba (pp. 188-89, n. 8).

al menos como una forma de avanzar al punto siguiente por tratar. Lo que no podemos saber desde esta distancia es lo que subyace al tratamiento que Pablo da a esta cuestión. Podría ser algo de lo que se enteró, al respecto de los tesalonicenses, por medio de Timoteo,[571] en cuyo caso respondería a las preguntas o inquietudes que ellos mismos hubieran suscitado. O podría ser una cuestión de la que Timoteo hubiera informado al apóstol, al respecto de la comunidad tesalonicense, o sencillamente un asunto que Pablo mismo sintió que necesitaba recordarles, dado su dolor por algunos que habían muerto antes de la venida del Señor. A la luz de su uso del adverbio "exactamente" en la siguiente cláusula ("muy bien" en algunas versiones; en otras se expresa con un "ya" [N.T.]), lo más probable es que sea lo primero (algo que Timoteo le comentó al apóstol). Pero, en cualquier caso, a la luz del desconcierto de ellos, Pablo elige hacer dos cosas de manera simultánea: recordarles la naturaleza del regreso del Señor y su efecto en los incrédulos, y reforzar así la necesidad de los creyentes mismos de estar preparados.

La expresión "tiempos y fechas"[572] parece ser una frase hecha común entre los cristianos primitivos, relacionada con los sucesos del fin, dado que es el contexto de sus diversas apariciones en la Biblia griega. Casi con toda seguridad, debe entenderse como una endíadis, en la que, como implica este término griego mismo, ambas palabras funcionan para expresar una sola idea.[573] Que las cuatro veces que figura en la Biblia griega, incluida Sabiduría 8:8, sean todas referencias escatológicas sugiere que es una frase ambigua que alude a acontecimientos que pertenecen a la "conclusión" escatológica final de Dios, pero son sucesos cuya naturaleza precisa pertenece a la sabiduría y al conocimiento de Dios solamente. Esto queda claro en el caso presente al desarrollar Pablo aquello a lo que se está refiriendo en términos del día (escatológico) del Señor.

También es importante notar que la primera idea que expone sobre "el día del Señor" es que lo que está a punto de afirmar es algo que ellos ya saben; de ahí que sobre este asunto "no necesitan que se les escriba". Pero escribe igualmente,

571. Esta es la opinión más común, aunque Green (230) piensa que viene por medio de una carta que ellos le escribieron.

572. Gr. τῶν χρόνων καὶ τῶν καιρῶν; solo aparece en otro lugar del NT, en Hechos 1:7, en la respuesta de nuestro Señor a la pregunta de los discípulos sobre "restaurar el reino a Israel". Para el uso en el AT, ver Dn. 2:21 (LXX); cp. Sab. 8:8 (como una de las cosas personificadas, la Sabiduría sabe "el resultado de los tiempos y las ocasiones"). Dado que al parecer se retoma claramente este lenguaje de Daniel (NVI, "las épocas y los tiempos"), la elección de los traductores de "tiempos y fechas" aquí parece especialmente una desafortunada modernización del texto. E. Lucchesi piensa que deberíamos buscar fuera de las Escrituras para encontrar esta expresión, y se decide por Filón (ver "Précédents non bibliques à l'expression néotestamentaire: 'Les temps et les moments'", *JTS* 28 [1977], 537-40), pero esto es altamente improbable.

573. Uno se sorprende, por tanto, al ver cuánto tiempo dedicaron los intérpretes tempranos a afinar las dos palabras; ver, por ej., Ellicott (67), Lightfoot (70-71), Milligan (63); entre los intérpretes más recientes, solo Morris (149) sigue este camino.

de manera que esta primera frase funciona principalmente para hacerles saber a los tesalonicenses que lo que sigue es información que ellos ya habían recibido antes. Su aparente inquietud consiste en reiterar la relevancia de lo que saben, que no tiene nada que ver con "enfriar su entusiasmo", como algunos han sugerido,[574] sino con recordarles cómo deberían vivir a la luz de esta certeza.

**2**
Con un "porque" aclaratorio, Pablo ofrece ahora la explicación inmediata en cuanto a por qué no tiene necesidad de escribir en cuanto a "tiempos y fechas". Ellos "ya saben" del "día del Señor", una cláusula que lleva todas las características del lenguaje parental: no es la primera vez que un padre está a punto de decirles algo a sus hijos que *deberían* saber muy bien, pero es necesario recordarlo de todos modos. La frase empieza, pues, con otro enfático "porque ya saben",[575] el cuarto en esta carta. El adverbio traducido como "muy bien" en la TNIV,[576] colocado en la primera posición de la frase de Pablo, sugiere tal vez que la cuestión suscitada aquí le llegó a Pablo desde Tesalónica.[577] Así, con lo que puede ser un toque de ironía, la idea del apóstol es que lo que ellos quieren saber "con exactitud" no es algo que se pueda saber en absoluto.[578] En cualquier caso, el *contenido* de lo que ya saben se convierte en la metáfora de la que el resto del pasaje es una consecuencia indirecta.

Es la primera vez que aparece la expresión "día del Señor" en el corpus paulino y es evidente, por la forma en que figura aquí, que es algo que los tesalonicenses mismos saben muy bien. La expresión aparecerá de nuevo en la siguiente carta (2 Ts. 2:2) como principal punto de contención en el seno de una comunidad en la que algunos habían afirmado (probablemente en una pronunciación profética) que el día del Señor ya había llegado de alguna forma. Después de esto, figura con poca frecuencia y solo de pasada, no como un asunto de discusión.[579] El lenguaje en sí

574. Ver, por ej., Findlay (166-67), Milligan (63).

575. Gr. αὐτοὶ γὰρ ἀκριβῶς οἴδατε (lit. "porque ustedes saben con exactitud"); el adverbio se coloca en la enfática primera posición. Este es el cuarto uso del pronombre intensivo en esta carta; ver sobre 2:1 más arriba (n. 13).

576. Gr. ἀκριβῶς, que solo aparece esta vez en el corpus paulino; su uso aquí es, quizás, el reflejo de un adjetivo cognado que recurre en Daniel, empezando en 2:45. Richard (250) lo consideraría "irónico", basándose en lo que percibe como "especulaciones temporales" por su parte. El problema de esta opinión es que la dimensión positiva del pasaje (5:4-11) no enfatiza el estar preparados, sino una forma de vivir cristiana y sobria en un contexto de seguridad de cara al futuro.

577. Así también Findlay, 108; Best, 205; Marshall, 132; Richard, 249; Holmes, 165; Green, 229. Malherbe (289) lo admite como una opción posible.

578. Cp. Malherbe (290): "Lo que sabes con exactitud es que no puedes saber lo que procuras saber".

579. Ver 1 Co. 1:8 (cp. 3:13); 5:5; 2 Co. 1:14; cp. Ro. 2:5; 13:12, donde "el Día" aparece sin el calificador genitivo. En una carta posterior, la expresión se convierte en "el día de Cristo"

procede de la tradición profética, en la que ya poseía un grado de ambigüedad. Al parecer, en un período temprano, era en sí un día de expectación, en el que Yahvé llegaría y restauraría el destino de Israel. Esta es, sobre todo, la perspectiva expresada en su primera aparición en el Antiguo Testamento, en Amós 5:18, donde el profeta da por completo la vuelta a las expectativas de privilegio de las personas y anuncia que debería verse como un día temible por el inminente juicio de Dios (5:20; 8:3, 9). Y esta es la perspectiva que se sigue en la mayor parte de la tradición profética, aunque el aspecto positivo se puede encontrar también sobre todo en Isaías (2:2-4; 11:10; 19:18-25; 25:6-9), pero como "ese día", sin el calificativo explícito "del Señor".[580] El aspecto sentencioso del esperado "día del Señor" es lo que Pablo retoma en este pasaje; pero también le dará la vuelta conforme va llegando a los versículos 4-8, en un juego de palabras en torno al lenguaje "día/noche" en esta cláusula de apertura. En cualquier caso, la inmediata preocupación de Pablo es meramente descriptiva, les recuerda a los tesalonicenses lo que ya saben bien: que (literalmente) "el día del Señor, como ladrón en la noche, así viene".

Junto con asuntos del pasaje precedente, este simbolismo particular es una prueba más de que Pablo está muy familiarizado con la tradición de Jesús como se encuentra en la versión de Lucas. Después de todo, la imagen del "ladrón en la noche" no aparece en absoluto en los profetas, pero sí en la enseñanza de Jesús: "Pero entiendan esto: Si un dueño de casa supiera a qué hora va a llegar el ladrón, estaría pendiente para no dejarlo forzar la entrada" (Lc. 12:39), un pasaje que va inmediatamente seguido de un llamamiento a estar preparado, por la naturaleza inesperada de dicho robo.[581] La idea del simbolismo, tanto en el Evangelio como aquí en Pablo es que la venida de Cristo será repentina y sin aviso.[582]

Se debería observar también que "el Señor" en esta expresión es ahora Cristo y no Dios Padre. La relevancia cristológica de esta transferencia de lenguaje no debería pasarse por alto. La redacción real de esta frase en el Antiguo Testamento es "el día de Yahvé", algo que, en la lectura oral de la comunidad judía, se había convertido en "el día de *Adonai* [el Señor]". Esto, a su vez, es lo que los traductores de la Septuaginta convirtieron en "el día de *Kyrios* [griego para 'Señor']". Como en la oración dirigida a Cristo en 3:11-12, este es otro momento que demuestra que para el apóstol ya existía una alta cristología establecida, en la época cuando

---

(Fil. 1:6, 10; 2:16).

580. Cp. además Jl. 2:32; 3:18; Abd. 15-17; Za.14.

581. El entendimiento de los orígenes de este motivo queda respaldado por su uso adicional en el NT; ver 2 P. 3:10 y Ap. 3:3 y 16:5.

582. Marshall (133) sugiere que "probablemente" también tenía "un elemento de incertidumbre", pero esto parece sobrepasar la preocupación de Pablo con el simbolismo aquí.

escribió esta, su primera carta,[583] dado que "el Señor" siempre alude en su expresión a Cristo, no a Dios Padre.

**3**

Aunque existen varias direcciones que Pablo podría seguir con el simbolismo precedente, su preocupación inmediata consiste en tranquilizar a los tesalonicenses al respecto de que el día del Señor no supone una amenaza para ellos.[584] En realidad, todo el pasaje carece por completo del tipo de lenguaje de "tened cuidado" que con tanta frecuencia acompaña a este tema tanto en las Escrituras como en posteriores aplicaciones del mismo en la iglesia. En su lugar, y bastante en consonancia con la preocupación del pasaje en conjunto —tranquilizar a los tesalonicenses al respecto de la venida del Señor— las cláusulas del versículo presente son la única mención en este pasaje de la "desventaja" de la parusía; aquí sirven como tranquilidad en cuanto al hecho de que este aspecto de la venida existe estrictamente para los que *no* son seguidores de Cristo. Esto también es lo que ellos "saben con exactitud".

Pablo expone su idea sobre el destino de los incrédulos frente al inminente día del Señor con una breve descripción sacada del simbolismo precedente. Al hacerlo, abandona el contraste día/noche como tal. En su lugar, es la naturaleza *inesperada* del "ladrón en la noche" por la que se decanta. Como un préstamo de la tradición profética, en especial de Jeremías 6:14,[585] Pablo reafirma el constante peligro en la vida de los incrédulos.[586] Viven como si todo fuera "paz y seguridad", en especial en una ciudad que le debía su estatus presente al Imperio romano,

583. Para la explicación completa de este fenómeno en Pablo, ver mi *Pauline Christology* (Peabody, Mass.: Hendrickson, 2007), esta expresión se explica en las pp. 68-69.

584. Como se observó en la n. 8 más arriba, la frase empieza sin la señal conjuntiva habitual. No se puede estar seguro de qué hacer en el caso presente. De los escribas que proporcionaron una conjunción, los que añadieron γάρ ("porque") tenían mayor probabilidad de estar en la pista correcta (contra Malherbe [291], quien piensa que es más un contraste que una explicación).

585. Beale, 142 n., señala otras posibles alusiones a este capítulo de Jeremías en el contexto actual; nótese esp. Jer 6:24 ("como si tuviéramos dolores de parto"); 6:26 ("nos cae por sorpresa el que viene a destruirnos"), donde el enemigo planea: "¡Vamos, ataquémosla de noche!".

586. Malherbe (293) propone una sugerencia intrigante al respecto de que el (inexpresivo) "ellos" en esta frase alude a los falsos profetas en el seno de la comunidad tesalonicense. Esto, por supuesto, no puede saberse, pero ayudaría a explicar las amonestaciones (de otro modo inesperadas) de 5:19-22. La dificultad con esta opinión es que las "personas" que afirman "Paz y seguridad" parecen estar completamente fuera de la comunidad, ya que están destinadas a la destrucción. Además, cuando lo (aparentemente) opuesto a esto surge poco después (ver 2 Ts. 2:1-2), Pablo expresa inseguridad al respecto de su fuente, aunque "pronunciamiento profético" es una de las opciones claras. Lo que, en última instancia, parece levantarse contra esta opinión es la firme confirmación de Pablo al respecto de la destrucción eterna de quienes están diciendo "Paz y seguridad". Todo esto permite observar de nuevo que, como en muchos otros asuntos en las cartas paulinas, estamos afuera, mirando hacia adentro, por así decirlo, y carecemos de la certeza que nos gustaría tener.

llevándolos así bajo la *Pax* romana.[587] Sin embargo, al vivir así, y confirmarlo como "paz y seguridad", no han tenido en cuenta la mayor realidad de los juicios justos de Dios. La idea de Pablo es que un pensamiento así es ilusorio. Más bien, inspirándose ahora en la tradición de Jesús —sobre todo como se encuentra en Lucas 12:39—, Pablo tranquiliza a los tesalonicenses en cuanto a que "la destrucción caerá sobre ellos [sus vecinos incrédulos] de forma repentina".[588] Aunque usa un lenguaje distinto al de Lucas 12:39 y, así, expone una idea ligeramente distinta,[589] la inquietud de Pablo sigue siendo en gran parte la del Señor mismo: la naturaleza repentina e inesperada de su "destrucción".[590]

Esto parece más cierto cuando se considera que esta aplicación recorre una distancia considerable desde el simbolismo del "ladrón en la noche" de la frase precedente. La "destrucción" parece visualizarse como algo que le sucede al individuo como tal, mientras que su "carácter repentino" se enfatiza mediante la analogía concluyente: el principio de los dolores de parto.[591] En muchos sentidos, este segundo simbolismo es más adecuado, ya que enfatiza lo repentino de la venida del Señor y la realidad concluyente: que "ellos [los incrédulos] no escaparán".

Se debería indicar, para terminar, que el argumento de este pasaje podría haberse expresado sin la frase que compone nuestro versículo 3, en especial dado que Pablo mismo regresa al versículo 2, cuando aplica realmente el simbolismo a los creyentes tesalonicenses en el versículo 4. Por consiguiente, en el caso presente, existe casi con toda seguridad mediante el contraste y no por medio de la advertencia. Es decir, como Pablo seguirá afirmando, los creyentes *no* estarán entre aquellos señalados en esta frase. Por tanto, la pregunta permanece: ¿para qué hablar de ellos? La respuesta parecería ser que esto le da otra oportunidad a Pablo para establecer un contraste entre los creyentes de Tesalónica y el resto

587. Ver, por ej., Green (234): "La población tesalonicense disfrutaba de estas cosas [paz y seguridad] durante la mitad del primer siglo a. C.".

588. El lenguaje de esta cláusula (αἰφνίδιος ἐπίσταται ὄλεθρος αὐτοῖς) parece ser propio de Pablo, ya que no aparece en ningún otro lugar de la tradición bíblica, excepto este αἰφνίδιος ("repentino"), en común con Lucas 21:34.

589. Es decir, Jesús está instando a sus discípulos a estar vigilantes; así, el simbolismo se expresa de tal forma para advertirles: "Si un dueño de casa supiera a qué hora de la noche va a llegar el ladrón, se mantendría despierto para no dejarlo forzar la entrada". Es la única naturaleza del simbolismo en el contexto de la "venida" del Señor, que sugiere que Pablo conoce y alude a esta tradición.

590. Findlay (109), siguiendo la sugerencia de Lightfoot (72), piensa que Pablo está usando aquí un dicho de Jesús, de otro modo desconocido; esto, por supuesto, no se puede confirmar.

591. En un mundo en el que se da a luz en hospitales desinfectados, la prueba muda de las inscripciones antiguas nos recuerda que en el mundo grecorromano muchas mujeres morían durante el parto. De modo que esta podría haber sido una nota sutilmente inquietante, que los intérpretes más modernos ni siquiera sospecharon (cp. G. Bertram, *TDNT* 9:668, "el término denota un proceso físico, algo demoledor que puede llevar cerca de la muerte o provocarla").

de habitantes de la ciudad, quienes les causaban dolor.[592] En cualquier caso, en el versículo 2 Pablo enfatiza la naturaleza *inesperada* de la venida del Señor en términos de "horario", algo que los creyentes tesalonicenses mismos "saben bien", mientras que en el versículo 3 pasa a enfatizar la naturaleza *sorprendente y repentina* de esa venida para aquellos que no la estén esperando en absoluto.

Como indica el resto del pasaje que sigue, y como se indica más arriba, esta realidad pretende tranquilizar a los creyentes tesalonicenses, no amenazarlos. Lo que les sucederá a los demás, como "ladrón en la noche", no es causa de angustia para aquellos que creen; más bien, les sirve de tranquilidad ya que sus enemigos, fuente de sus aflicciones presentes, acabarán "padeciendo las suyas". Aun así, una vez expuesta esta idea, Pablo seguirá usando esta palabra tranquilizadora para "estimularlos" a la justicia.

Uno de los aspectos lamentables del énfasis en algunas comunidades cristianas norteamericanas sobre el regreso del Señor es que este pasaje (que pretendía ser una palabra de tranquilidad y esperanza para aquellos creyentes acosados) ha sido usado a menudo por los predicadores como una *amenaza* para espolear a los creyentes a comportarse con rectitud o para asustarlos con el fin de que esta sea su conducta. Pero el consuelo paulino que sigue deja en claro que *no* deben tomar esto como una amenaza, sino como aliento para vivir la vida cristiana frente a sus dificultades del momento. En lo que viene después, su propósito es sin duda tranquilizarlos sobre su propio futuro, pero incluso aquí refuerza su singular preocupación de que *vivan* como pueblo de Cristo

en medio de su adversidad. El mayor problema para muchos creyentes en el contexto contemporáneo de abundancia y riqueza es vivir en este contexto *como pueblo de Cristo* y, así, como una alternativa al mundo presente y sus valores.

## 2. El día del Señor y los creyentes tesalonicenses (5:4-11)

*4 Ustedes, en cambio, hermanos, no están en la oscuridad para que ese día los sorpren-*
*da como un ladrón.*[593] *5 Todos ustedes son hijos de la luz y del día. No somos*[594] *de*

592. Ver esp. 2:14-16 y 3:3-4 más arriba.

593. Algunos testimonios tempranos (A B bo$^{pt}$) han convertido el singular de Pablo aquí en plural, resultando, como Metzger señala (*Textual Commentary,* 565), "en prácticamente un sinsentido". No obstante, Westcott-Hort lo prefería, al igual que Lightfoot (73) y Frame (184); Best (209) lo permitía. Cp. G. Förster ("1 Thessalonicher 5,1-10", *ZNW* 17 [1916], 169-77). Lightfoot sugirió la idea improbable de que Pablo pretendía decir "como si ustedes fueran ladrones".

594. Toda la tradición occidental (D* F G it vg$^{mss}$ sy$^{p}$ Ambrosiaster [pero no la Vulgata Douay-Reims]) cambia este ἐσμὲν por ἔστε ("ustedes son"), conformándolo según los segundos plurales precedentes.

*la noche ni de la oscuridad. 6 No debemos, pues, dormirnos como los demás,*[595] *sino mantenernos alerta y en nuestro sano juicio. 7 Los que duermen, de noche duermen, y los que se emborrachan, de noche se emborrachan. 8 Nosotros que somos del día, por el contrario, estemos siempre en nuestro sano juicio, protegidos por la coraza de la fe y del amor, y por el casco de la esperanza de salvación; 9 pues Dios no nos destinó a sufrir el castigo, sino a recibir la salvación por medio de nuestro Señor Jesucristo.*[596]
*10 Él murió por nosotros para que, en la vida o en la muerte, vivamos junto con él.*
*11 Por eso, anímense y edifíquense unos a otros, tal como lo vienen haciendo.*

Pablo llega ahora a la preocupación principal de esta sección: cómo deben vivir los tesalonicenses a la luz de la *certeza* del día del Señor.[597] Todo el pasaje está basado en el lenguaje del "día" y la "noche" del versículo 2, que mediante la aplicación también se convierten en "luz" y "oscuridad"; esto, a su vez, se extiende a las *actividades* del "día" y de la "noche", tanto "durmiendo" como "estando despierto", y la "sobriedad" o la "ebriedad". Aunque el último simbolismo (sobrio/ebrio) parece alejarse mucho de donde empezó Pablo en el versículo 1, lo más probable es que lo traiga en este momento a colación por la tensión inherente que existe en el simbolismo día/noche, despierto/durmiendo. Es decir, estar despierto durante el día y dormir por la noche habría sido lo normal; lo que chocaría en su cultura en general sería dormir de día y estar en vela de noche. Así, para mantener el simbolismo vivo, Pablo pasa a una actividad nocturna que siempre es peyorativa: la ebriedad.

El flujo de pensamiento puede rastrearse con facilidad. Pablo comienza con una confirmación sobre los creyentes tesalonicenses que los pone en firme contraste con el futuro (negativo) seguro que, según se acaba de indicar, aguarda a quienes se oponen a ellos. "El día [del juicio]" con su simbolismo del "ladrón en la noche" no sorprenderá a los creyentes con la guardia baja, porque en realidad son "hijos de la luz y del día" (vv. 4-5). Siendo esto así, Pablo sigue adelante con

595. En aras de un lenguaje claro, los traductores de la NVI eligieron reorganizar un poco el orden de Pablo aquí, pero, al mismo tiempo, escogieron traducir su οἱ λοιποί (= el resto [de la humanidad]) sencillamente como "los demás". Pero el contraste de Pablo no es con *algunos* de los demás, como da a entender esta traducción, sino con *todos* los demás.

596. Unos cuantos testimonios ($P^{30vid}$ B b sa m $vg^{mss}$), algunos de ellos tempranos, omiten aquí Χριστοῦ, casi con seguridad como resultado del homeotéleuton (ΣΟΥ/ΤΟΥ).

597. Las cursivas aquí enfatizan lo que parece ser la perspectiva de todo el pasaje, un vis-à-vis que considera el conjunto como instando a "estar preparados" para el regreso del Señor (por ej., Richard, 249-66). Esto último parece poner demasiado énfasis sobre el v. 6 y no el suficiente en el pasaje en su totalidad. Como suele ocurrir con regularidad en Pablo, los indicativos (vv. 4-5) van seguidos por imperativos (vv. 6-8); sin embargo, los imperativos en primera persona, que incluyen también al apóstol (ver sobre el v. 5b) parecen formar parte de esta instrucción renovada frente a la sugerencia de que les está advirtiendo que estén preparados para la venida de Cristo.

una breve exhortación a ser "hijos del día" (v. 6) en contraste con los "hijos de la noche", a lo que añade una segunda actividad nocturna: "La ebriedad" (v. 7). Estar "sobrios" (y en alerta) conduce, a su vez y de forma típica, a otra metáfora más —sobre la preparación militar (v. 8)—, donde combina la tríada cristiana de 1:3 con el simbolismo de la armadura del soldado de Isaías 59:17. Esto lleva finalmente, en rápida sucesión, a una confirmación de la salvación (v. 9) con su objetivo final (v. 10) y una exhortación concluyente (v. 11).

**4-5**

Con la combinación de un "ustedes en cambio" y otro vocativo más, "hermanos" (el número 11), Pablo lleva a los creyentes tesalonicenses de regreso a la imagen panorámica, ahora en claro contraste con aquellos a los que se retrató en los versículos 2b y 3, destinados a la destrucción. Lo que ellos "saben muy bien" como creyentes (v. 2) es el inminente destino de los incrédulos —sobre todo los que se oponen a ellos en Tesalónica—, porque la llegada del día del Señor es del todo inesperada. A diferencia de ellos, los creyentes tesalonicenses no viven "en oscuridad"; pero sus oponentes sí, y por tanto el *día* del Señor los tomará desprevenidos, como el ladrón sorprende al cabeza de familia que no se lo espera. Para el pueblo de Dios no hay sorpresas.

La segunda frase de Pablo (v. 5a) se introduce mediante un "porque"[598] explicativo, y en ella sigue describiendo en griego simple las implicaciones de la frase de apertura. Los tesalonicenses no viven "en oscuridad" porque, en realidad, son "hijos de la luz" y, por tanto, "hijos del día".[599] Así, el contraste es completo y perfectamente equilibrado. El "*día* del Señor" con su inminente juicio no será para los "hijos del *día*" y por consiguiente "de la luz". Con una destreza considerable,[600] Pablo retoma aquí el contraste inherente al versículo 2, del "*día* que llega como un ladrón en la *noche*", que tomará por sorpresa a la oposición

598. Este es uno de los muchos γάρs que se omiten en las traducciones funcionalmente equivalentes de algunas versiones, por considerarlo innecesario, ya que el sentido explicativo de la conjunción es inherente al contraste mismo.

599. Como se señala a menudo, Pablo está usando aquí un modismo hebreo común, "hijos [= niños] de", como forma de identificar a las personas; ver, por ej., Mt. 8:12; 9:15; 13:38; Lc. 5:34 et al. Al ser esta la única aparición de este hebraísmo en el corpus paulino, algunos eruditos lo han usado para negar aquí la autoría paulina, pero eso es quitar a Pablo de su propia herencia.

600. Cp., por ej., Gá. 3:22-25, donde Pablo pasa fácilmente de que los creyentes estén retenidos "bajo la custodia de la ley" (una metáfora de la prisión) a que la ley sirva como "pedagoga" hasta alcanzar la "mayoría de edad". Como aquí, este cambio de metáforas permite que el apóstol modifique los énfasis y, así, siga tratando su verdadera preocupación por los gálatas.

tesalonicense. Los creyentes, sin embargo, son personas "del día" y, por tanto, gente que vive en "la luz".[601]

Lo que sucede a continuación también es algo típicamente paulino, y no porque no esté dispuesto a soltar el simbolismo, por así decirlo. Más bien, con una nueva frase, ahora concluyente, la declaración cierra la comparación al aplicarla a los creyentes tesalonicenses. Lo hace a través de una comparación con sus oponentes en Tesalónica, que son personas "de la noche" y por tanto viven "en la oscuridad". Al mismo tiempo, y de nuevo esto es algo típico de Pablo,[602] cambia los pronombres de "ustedes" a "nosotros", para incluirse a sí mismo, a Silas y a Timoteo en esta realidad. Así, *ustedes* son hijos del día y, por tanto, hijos de la luz, porque *nosotros* no somos gente "de la noche" que, como tal, mora en la "oscuridad".

**6-7**

Con un fuerte "pues"[603], Pablo procede a ofrecer una serie de aplicaciones del simbolismo día/noche, luz/oscuridad, en la que básicamente lo mantiene intacto, pero al mismo tiempo añade una nueva noción al hecho de que sean "gente del día". El nuevo contraste, iniciado en el versículo 6 y explicado en el versículo 7, se mueve entre la sobriedad y la ebriedad, siendo esta última característica de las personas de la noche. Así, la nueva versión del simbolismo está relacionada con las *actividades* asociadas con el día o la noche. La primera aplicación de Pablo es directa. Dado que él y ellos no son personas de la noche, sino del día, "no debemos, pues, dormirnos como los demás, sino mantenernos alerta". Como, además, Pablo usará esta misma alegoría unos años después al escribir a los creyentes de Roma (Ro. 13:11-12), deberíamos reconocer esto como el simbolismo que Pablo pretende que sea y, así, no forzarlo más allá de sus preocupaciones presentes.

Todavía está en vista la distinción intencionada entre creyentes e incrédulos, en especial los que son responsables del sufrimiento actual de los tesalonicenses. Ahora, mediante la aplicación, Pablo insta a que, como "personas del día", estos creyentes no sean hallados durmiendo (durante el día, por supuesto). Dado el lugar presente en la exhortación, esto es simbolismo puro y simple, que no encierra un significado adicional inexpresado. La difícil situación que estaban experimentando los creyentes en Tesalónica, y no cualquier forma de "expectativa febril", es lo que impulsa la alegoría. Son "personas del día" a las que sencillamente se les recuerda

601. C. Foucant ("Les Fils du Jour [1 Thess 5,5]", en *The Thessalonians Correspondence* [ed. R. F. Collins], 348-55) argumenta que el sentido escatológico de "día" del v. 2 sigue funcionando aquí. Tal vez sea así, pero a estas alturas será algo tan distante como para pasar inadvertido.

602. Ver, por ej., Col. 1:10-13; 2:13; 3:3-4; Ef. 2:2-3, 13-14; 4:31-32.

603. Gr. ἄρα οὖν, donde "el ἄρα expresa la inferencia y οὖν la transición" (BDAG 2b [bajo ἄρα]); cp. 2 Ts. 2:15; Gá. 6:10; Ro. 7:3, 25; 8:12; 9:16, 18; 14:12, 19; Ef. 2:19.

que deben vivir como tales; la idea se retomará en el versículo 8, donde Pablo cambia todas las imágenes. Lo que provoca esta imagen simbólica y, en especial, el añadido de "ebriedad" como actividad de la noche es el contraste inherente entre ellos como creyentes y la oposición en Tesalónica. De modo que la idea del contraste es directa: vivan como creyentes en Cristo en su ciudad y háganlo en firme contraste con sus vecinos paganos que no lo conocen.

Sin duda, con esta aplicación del simbolismo, Pablo ha avanzado una distancia considerable desde la frase de presentación en el versículo 1 ("Ahora bien... acerca de tiempos y fechas"), pero no se ha alejado de sus propias preocupaciones al referirse a esta cuestión. La razón por la que no deberían angustiarse por "el día del Señor" es que llegará como juicio sobre "las personas de la noche", sus oponentes en Tesalónica. Estos últimos son "el resto", que ahora "duermen", pero despertarán a un día de juicio venidero. Así, la mayor parte de lo que se afirma en estos dos versículos tiene que ver con "el resto ["los otros", TNIV]", y aparece aquí como forma de urgir a los creyentes tesalonicenses a vivir de un modo que esté en firme contraste con el de los demás.[604]

Por tanto, las dos imágenes de la noche que caracterizan la oposición son "dormidos" y "ebrios". La aplicación paulina es para que los creyentes de Tesalónica sean lo opuesto a ellos: estar "despiertos" y no "dormidos", y estar "sobrios" en lugar de "ebrios"; todo tiene que ver con su forma de vivir en su ciudad pagana. Sobre todo, esto se refuerza en el versículo 7 mediante la caracterización enfática y, así, la reiteración, de sus oponentes como "gente de la noche", los que están "durmiendo", por una parte, y el hecho de "embriagarse" por la otra. Inherente a este contraste es la visión negativa distintiva de la ebriedad que recurre a lo largo de las Escrituras. Pero la borrachera como tal *no* es la idea del apóstol aquí; más bien, se trata de instar a la clase de "sobriedad" que hace que el pueblo de Dios viva de un modo sensato y recto en un mundo que, en su caída, rechaza a Dios y, por tanto, a su pueblo que está en total contradicción con su cosmovisión, incluido en especial el estilo de vida que procede de ella. Es este opuesto estilo de vida, el modo de los creyentes, al que Pablo pasa a continuación en la exhortación final del pasaje.

**8**

Con esta frase muy larga (vv. 8-10) Pablo lleva ahora esta exhortación a su conclusión adecuada. Comienza (v. 8) con una aplicación directa, perentoria, del simbolismo precedente; a continuación, de una manera típicamente paulina (v. 9), ofrece las bases teológicas/experienciales para la advertencia; y concluye (v. 10)

604. En cualquier caso, los lectores contemporáneos no deberían forzar la propia aplicación de Pablo más allá de su intención inmediata. O, si se hace, al menos reconocerlo y no achacarle a Pablo ideas que superan su inquietud inmediata de *confortar* a esos creyentes, no de amenazarlos.

con una cláusula final de propósito que les recuerda el objetivo escatológico de la obra de Cristo para los que creen. Todo esto conduce a una exhortación final y doble (v. 11), que pretende consolarlos y alentarlos; y tal vez pretende también servir de palabra concluyente para todo el recorrido de 4:1-5:10.

Por tanto, volviendo a la confirmación en nuestro versículo 5, Pablo se dirige a su conclusión con la reafirmación de que "pertenecemos al día". Al mismo tiempo, y por razones comprensibles, abandona el anterior conjunto de metáforas (día/noche, despiertos/dormidos) que no son inherentemente peyorativas, en favor del último (sobrios/ebrios) que sí lo es, e insta: "Estemos siempre en nuestro sano juicio". Sin embargo, justo en este momento también hace un cambio repentino de imágenes que exigirán que los tesalonicenses estén alertas asimismo a otro nivel. Lo que sucede a continuación es una textura bien entretejida de tres asuntos diferentes: se retoma el simbolismo de estar sobrios, se cambia a la alegoría militar y se regresa a la tríada de "fe, amor y esperanza" que era la sustancia de la acción de gracias con la que empezó en 1:3.[605]

La cláusula empieza, pues, con la repetición del segundo (y último) verbo del versículo 6: "Estemos en nuestro sano juicio". Sin embargo, el contraste con esta alegoría —entre creyentes e incrédulos, siendo estos últimos la "gente de la noche" y, por tanto, también los que se dan a la "ebriedad"— ahora se pierde de vista por completo conforme Pablo se centra únicamente en los creyentes tesalonicenses mismos. Lo hace mediante el cambio más inesperado de metáforas: desde la sobriedad cara a cara con la ebriedad a la del soldado preparado para el combate. Reflexionando así en el simbolismo militar de Isaías 59:17, donde Yahvé mismo se viste con armadura militar cuando se prepara a hacer justicia,[606] el apóstol toma la coraza y el yelmo que, como se suele señalar,[607] son para la defensa y no para atacar. Al actuar así, Pablo sustituye "fe y amor" por la "justicia" de Isaías y añade "esperanza" al "yelmo de salvación" del profeta. Así, se decanta por una imagen totalmente nueva: el yelmo del creyente tiene que ver con la *esperanza* de la salvación. Pero, como siempre en Pablo, la "esperanza" no es una especie de disposición aguada al respecto del futuro (como se usa en "así lo espero", pero sin certeza). Más bien, para el apóstol este es un mundo "satisfecho", lleno de seguridad sobre la absoluta certidumbre del futuro del creyente, basada en la muerte

605. Para su significado en Pablo, ver la explicación sobre las pp. 47-48 más arriba.

606. Gr. καὶ ἐνεδύσατο δικαιοσύνην ὡς θώρακα καὶ περιέθετο περικεφαλαίαν σωτηρίου ἐπὶ τῆς κεφαλῆς ("*Protegidos* por la *coraza* de la fe y del amor, y por el *casco* de la esperanza de *salvación*"). Pablo retoma de nuevo este simbolismo en Ef. 6:14 y 17. Este eco del pasaje de Isaías parece tan cierto que uno se sorprende de la facilidad con la que se pasó por alto en comentarios anteriores (por ej., Calvino, Ellicott). Aunque Bruce (112) es prudente aquí, su certeza se indica de forma adicional, como Best (214) indica, mediante el hecho de que Pablo se limita a dos piezas de la armadura para la tríada de "fe, amor y esperanza".

607. Ver, por ej., Milligan, 68; Best, 215; Malherbe, 297.

y la resurrección de Cristo. Así, la expresión "esperanza de salvación" no alude a una "esperanza" vaga *de* la salvación en el futuro; en su lugar, esta expresión está relacionada con el futuro seguro de la persona *basado en* la obra salvadora divina efectuada por Cristo.

Aunque es verdad que con estas palabras Pablo ha recorrido un largo camino desde el versículo 1 en lo que a su uso del simbolismo se refiere, no obstante, su deseo en cuanto a los tesalonicenses permanece constante todo el tiempo: en contraste con sus oponentes, destinados a la destrucción, los creyentes de Tesalónica deben estar en constante alerta (= vivir en justicia) mientras aguardan su salvación final cuando el Señor venga. El apóstol regresa, por tanto, a estos asuntos mientras lleva esta extensa exhortación a su conclusión, primero (vv. 9-10a) por medio de una cláusula que ofrece la razón teológica del constante estado de alerta de ellos y, en segundo lugar (v. 10b), con la cláusula final de propósito que vincula todo el pasaje entre sí. Y, algo que también es típico de Pablo, dado que es el término que ahora presenta para desarrollar, "esperanza de *salvación*" es un recordatorio y es, a la vez, la base de su esperanza.

**9-10a**

Con esta cláusula causal, Pablo hace dos cosas a la vez. Primero, vuelve a basar a los creyentes tesalonicenses en Dios y en Cristo, y segundo, de esta forma les recuerda de nuevo la razón suprema de vivir en esperanza. Esta se expresa con un típico (para Pablo) contraste de "no/sino" en el que el último fin de todas las personas se describe en términos de "ira" y "salvación". Por tanto, con estas palabras, Pablo cambia instintivamente (en base a la palabra "esperanza") de la vida en el presente a la vida del futuro, que florece en la cláusula final de propósito al final de la frase (v. 10b). Todo está fundamentado en que el Dios eterno, que ha ofrecido la redención por medio de Cristo, el Hijo, "nos destina [o 'consigna']"[608] para un destino o el otro.

El destino para el cual el pueblo de Dios *no* está reservado se expresa en términos de "ira".[609] Este término bíblico no alude a una respuesta emocional por parte de Dios hacia quienes lo rechazan, sino a la justicia retributiva que es la consecuencia (necesaria) de su refutación de la gracia y la misericordia de Dios. Por

608. Gr. ἔθετο, el aoristo medio de τίθημι, uno de los verbos más flexibles en términos de significado (cp. BDAG 1b, bajo el cual ofrece una amplia gama de ocho "sentidos" distintos, pero no incluye el presente pasaje). Como con "poner" o "colocar", su significado queda finalmente determinado por el contexto, que aquí adopta el de "consignar a alguien a algo" (5b).

609. Gr. εἰς ὀργήν (cp. 1:10 y 2:16), término usado por Pablo y los demás escritores del NT en referencia principalmente al juicio retributivo final sobre aquellos que rechazan a Dios y su amor por ellos; ver la explicación sobre 2:16 más arriba. Best (216) escoge "enojo" para esta palabra, pero en nuestra lengua esto apunta a una emoción que no parece estar presente en la opinión que Pablo tiene de Dios.

consiguiente, al usar este lenguaje, Pablo refleja una vez más su profunda deuda con el Antiguo Testamento, donde este término se utiliza con regularidad en la Septuaginta en alusión a la dimensión de la justicia retributiva divina.[610] La buena noticia para los tesalonicenses y para Pablo (nótese el "nosotros" continuado) —y para todos los que creen— es que *no* es el destino de quienes por gracia son los propios hijos de Dios.

El destino contrastante, aquel para el que *son* señalados los hijos de Dios, se expresa en términos de "recibir la salvación por medio de nuestro Señor Jesucristo", en el que la expresión "recibir la salvación" está en contraste inmediato y directo con "castigo".[611] El rasgo llamativo es el añadido de "recibir", una palabra cuya otra aparición en este sentido verbal en el corpus paulino se encuentra en la carta siguiente (2 Ts. 2:14).[612] Lo "sorprendente" al respecto de ello es que, a primera vista, parece bastante innecesario. Es decir, Pablo podría fácilmente haber mantenido el contraste afirmando "no para castigo, sino para salvación", que es en realidad la idea de la cláusula. El añadido de "recibir" no pone, por tanto, el énfasis en la meta (la salvación como tal), sino en que los creyentes tesalonicenses lo crean de verdad. El verdadero destino es "recibir/tomar conciencia de" la salvación que Dios ha provisto para ellos (y nosotros) a través de Cristo, y los (nos) ha *designado* para que la obtengan (obtengamos).

Dicho esto, Pablo no ha acabado con su frase,[613] ya que, de forma típica, la mención de "nuestro Señor Jesucristo" en un contexto como este requiere el modificador adicional "quien murió por nosotros". En cualquier caso,[614] esta es la

610. Una de las dimensiones históricas desafortunadas del dispensacionalismo fue no distinguir entre la "ira" de Dios (siempre punitiva) y la experiencia constante de la "tribulación" (gr. θλῖψις) como tal, en especial dado que Pablo y otros dejan en claro que el pueblo de Dios está designado/destinado para lo segundo, pero no para lo primero.

611. Es decir, la frase de Pablo está dispuesta de forma que estas dos expresiones estén en inmediato contraste entre sí (εἰς ὀργὴν ἀλλὰ εἰς περιποίησιν), algo que la mayoría de las traducciones han sido capaces de mantener juntas con éxito.

612. Gr. περιποίησιν, que figura en otros lugares de las cartas solo en Ef. 1:14. Lighfoot (76) deseaba que este sustantivo verbal funcionara en la otra dirección "para la adopción (por Dios) para salvación". Pero esto parece ser mucho más sutil y estar mucho más dirigido por la teología de lo que los tesalonicenses habrían sido probablemente capaces de entender.

613. La NVI dividió, con acierto, la larga frase de Pablo en tres partes (vv. 8, 9 y 10). Después de todo, la traducción consiste en poner en *nuestra* lengua lo que Pablo escribe en griego. La conexión causal entre los vv. 8 y 9, y la intención deliberada del v. 10 quedan claras en la TNIV, sin la innecesaria (y densa) y extensa frase que funciona bien en el griego de Pablo. Ver además G. D. Fee y M. L. Strauss, *How to Choose a Translation for All Its Worth* (Grand Rapids: Zondervan, 2007).

614. Es decir, ya sea que uno crea que esta o Gálatas es la primera carta que se conserva de Pablo, es la primera vez que aparece este lenguaje, "murió por nosotros/nuestros pecados", que, de otro modo, figura rara vez en las epístolas paulinas, cosa que sorprende dado lo fundamental

primera vez que aparece este lenguaje específico en las cartas de Pablo.[615] La preposición "pues" apunta aquí a "en lugar de", lo que refiere a la muerte de Cristo como algo que sucedió específicamente "por nuestro bien". Como tal, esta expresión final de participio sirve para enmarcar la cláusula presente (vv. 9b-10a en griego) con la frase de apertura "a recibir la salvación", que sirve a su vez de explicación derivada de la expresión precedente, "el casco de la esperanza de salvación". Por tanto, esta cláusula nos presenta todos los datos esenciales para entender la "salvación en Cristo" paulina. En su propio orden de palabras, el *objetivo*: "Recibir la salvación"; el *agente:* "Por medio de nuestro Señor Jesucristo"; y el *medio:* "Quien murió por nosotros". Tiene cierto interés que sea el único pasaje de la carta en describir las principales preocupaciones teológicas del apóstol. Es, asimismo, la prueba clara de que dicha teología ya estaba en vigor desde antes de que se escribiera esta epístola. De muchas maneras, esto es Pablo por antonomasia, que inicia su exhortación con el simbolismo de la guerra tomado de Isaías 59:17, y cuya frase final, "el casco de la esperanza de la salvación" es lo que se está desarrollando aquí.

**10b**

Sin embargo, la frase de Pablo, y por tanto su inquietud en esos momentos por los tesalonicenses, no se completa. El toque final llega mediante una cláusula de propósito que, de manera simultánea, da por terminada la presente frase, así como todo el párrafo iniciado en el versículo 1. El propósito de la muerte de Cristo "por nosotros", que se acaba de indicar en la cláusula precedente, es "que vivamos junto con él" eternamente, palabras que también son un eco de la conclusión del pasaje anterior ("así estaremos con el Señor para siempre"). Pero esta realidad teológica y experiencial se expresa aquí, precisamente, para presentar la explicación convertida en exhortación actual a su conclusión adecuada. Así, la cláusula se abre retomando el lenguaje de preocupación por las exhortaciones precedentes. La idea de Pablo se encuentra en las cláusulas duplicadas "ya sea", con las que comienza, en las que retoma los dos verbos contrastantes del versículo 6: "Ya sea que durmamos" o "que estemos alerta". Pero, aquí, y a la manera típica del apóstol, las usa de un modo bastante distinto. Así, ya sea que los creyentes estén vivos en el momento de la parusía o que hayan *muerto* antes,[616] su destino es el mismo.

---

que es para su entendimiento de la salvación. Este es un claro ejemplo de que la "calidad" de las diversas veces que aparece es mucho más relevante que su cantidad.

615. Cp. en otros lugares 1 Co. 15:3; 2 Co. 5:14, 15; Ro. 5:6, 8; 14:15; ver la explicación de H. J. de Jonge, "The Original Setting of the Χριστὸς ἀπέθανεν ὑπέρ Formula", en Collins, ed., *Thessalonians Correspondence,* 229-35.

616. En años recientes, ha habido diversos (y variados) intentos de hacer que la metáfora "durmiendo" aluda a los creyentes tesalonicenses que están "durmiendo" realmente en el momento de la parusía (Edgar) o que viven por debajo de las expectativas paulinas de santidad a las que se les insta en 4:1-8 (Lautenschlager y Heil). Ver T. R. Edgar, "The Meaning of 'Sleep' in 1 Thessalonians

Al mismo tiempo, por supuesto, esta cláusula también sirve para poner fin a la cuestión anterior tratada en 4:13-18. La preocupación allí había estado relacionada con los creyentes que ahora "duermen"; aquí, se trata de los que viven ahora o, al menos, los que estén vivos en el momento de la venida de Cristo. Esta inquietud se aborda en parte mediante el orden de palabras mismo: "para que... vivamos junto con él". El énfasis de Pablo está en el "junto", por medio del cual enlaza ambas secciones. Allí se ocupó de quienes "dormían" en ese momento, es decir, los creyentes muertos antes de la parusía; aquí les ha tocado el turno a los que "están despiertos", es decir, a creyentes como los tesalonicenses quienes, desde la perspectiva de Pablo, podrían muy bien estar vivos en el momento de la venida. Lo más notable al respecto de esta cláusula final de propósito es su naturaleza completamente afirmativa, que no solo lleva el argumento presente a su conclusión adecuada, sino que una vez más confirma la idea de la sección inmediatamente precedente (4:13-18): que los muertos en Cristo vivirán de nuevo. Así, para Pablo, todo el pasaje no tiene que ver con una amenaza, a menos que no se enmienden, sino con alentarlos en medio de las dificultades presentes.

**11**
Con un firme "por eso"[617] (= "por esta razón") y dos imperativos, seguidos por una declaración, Pablo concluye ahora esta serie de afirmaciones y advertencias. El primer imperativo, "anímense... unos a otros", es la palabra de otro modo ambigua observada con anterioridad en 2:12 (ver n. 106), que ya ha utilizado para poner fin a su conclusión (4:18). Como en el caso precedente, apenas hay lugar a equívoco aquí, ya que "apelar" o "exhortar" es poco probable en este contexto. Por tanto, como antes, se les insta a "alentarse unos a otros". A esto le sigue de inmediato "edifíquense unos a otros",[618] un verbo que aparecerá con menos frecuencia en las

5:10", *JETS* 22 (1979), 345-49 ("dormir" es literal, no metafórico; a lo que respondió T. L. Howard, "The Meaning of 'Sleep' in 1 Thessalonians 5:10 — A Reappraisal", *GTJ* 6 [1985], 337-48); M. Lautenschlager, "εἴτε γρηγορῶμεν εἴτε καθεύδωμεν: Zum Verhältnis von Heiligung und Heil in 1 Thess 5, 10", *ZNW* 81 (1990), 39-59; J. H. Heil, "Those Now 'Asleep' (Not Dead) Must be 'Awakened' for the Day of the Lord in 1 Thess 5:9-10", *NTS* 46 (2000), 464-71. El problema inherente a esta perspectiva es que no se toma en serio el enfoque escatológico que empieza en el v. 9 y concluye con "vivamos junto con él", por no mencionar que la misma metáfora ya se había usado en alusión a la "muerte" en 4:14-15 (y aparecerá de nuevo en 1 Co. 15:20).

617. Gr. διὸ, usado con anterioridad en esta carta en 3:1, y 25 veces en otros lugares del corpus, nueve de ellas en 2 Corintios.

618. Existe, asimismo, un cambio de objeto directo con este segundo verbo; el primero es el pronombre recíproco común ἀλλήλους; el segundo, el menos frecuente εἷς τὸν ἕνα (lit. "una cosa o la otra"), solo aparece aquí en el NT (cp. *T. Job* 27:3). Esto es, casi con seguridad, un ejemplo de "variación elegante" en la que no hay diferencia de significado en absoluto.

cartas posteriores de Pablo, pero cuyo sentido metafórico se ha convertido en una frase hecha basada en el uso que Pablo hace de ella en 1 Corintios.[619]

En este caso, lo sorprendente es la afirmación concluyente de Pablo: "Tal como lo vienen haciendo". Esta declaración indica también la considerable diferencia entre aquello que se ha tratado en este pasaje y la nueva información que han recibido en el anterior. Ambas porciones pretenden estimular; sin embargo, en la primera, los creyentes mismos tienen que alentarse con las palabras del apóstol que preceden (en 4:13-17). Aquí tienen que seguir haciendo lo que, según confirma el apóstol, es su costumbre habitual. Y aunque sin duda su intención es que sus propias palabras formen parte de ello, su preocupación inmediata es que sigan haciendo los unos por los otros lo que ha sido su incesante hábito. Las palabras anteriores de Pablo solo servirán como parte del conjunto, con la intención principal de eliminar cualquier malentendido o angustia al respecto del "día del Señor".

En la iglesia posterior, las preocupaciones que Pablo trata aquí han quedado con frecuencia a los lados del camino, por así decirlo, excepto en los ocasionales grupos enfocados en la escatología, cuya pasión singular está relacionada con la llegada del fin. Las inquietudes del apóstol residen en otra parte. Ni siquiera la metáfora del "ladrón en la noche" está relacionada con los creyentes, sino con los incrédulos. Sus desvelos evidentes al respecto de los primeros no pretenden asustarlos para que estén vigilantes, sino recordarles la necesidad de vivir de tal manera que estén constantemente "preparados" para ese día. Así, la parte principal del pasaje no es la explicación ni la exhortación, sino la afirmación. El aliento que sí aparece apela a la preparación constante, que no tiene que ver con vivir "en tensión", sino con rectitud, "llevando" siempre la armadura de la "fe, la esperanza y el amor". No obstante, la preocupación más importante es la confirmación de que ellos (como nosotros) han sido "designados" para "recibir la salvación" y por tanto deben vivir constantemente con esperanza, como también viven en fe y amor. Y la "esperanza" no es melancolía al respecto del futuro; es certeza basada en la resurrección de Cristo ("para que vivamos junto con él").

## III. ASUNTOS FINALES (5:12-28)

La sustancia básica de la carta de Pablo ha llegado a su conclusión. No obstante, la carta no ha acabado aún. Lo que ocurre a continuación es, de alguna manera, exclusivo del corpus paulino; al mismo tiempo, revela algo sobre el apóstol que encontramos de principio a fin: ¡su renuencia a concluir las cosas! La "despedida" entre amigos tiene una larga historia, hasta el día de hoy. De modo que la extensión misma de este material debería considerarse en términos de una relación

619. Ver 1 Co. 8:1, 10; 10:23; 14:4 (2x), 17.

entre "amigos" más que una entre "mentor" y "estudiante". Cualquier padre que haya enviado a su primer hijo a la universidad entenderá muy bien esta renuencia a dejarlo ir, por una parte, y la necesidad percibida de cubrir todas las bases, por la otra.

Así, tras la larga narrativa de las relaciones pasadas y presentes (caps. 1-3) y las diversas formas en que Pablo ha estado "supliendo aquello que falta", mediante la corrección o la información (4:1-5:11), concluye con una serie de imperativos bastante distintos a cualquier otra cosa en sus cartas posteriores, al menos en términos de extensión. Cabe observar que solo en los versículos 25-28 llegamos a las partes más claramente formales del final de la carta que, por sí mismas, manifiestan las pruebas de amistad. Pero antes de eso, el apóstol ofrece una serie de "exhortaciones sumarias" (vv. 12-22), que al parecer cubren grandes bases necesarias, e imparte una bendición final que retoma las principales preocupaciones de la carta (vv. 23-24), un asunto común que, en sus manos, también ha sido transformado por el evangelio y la amistad.

## *A. RESUMEN DE LAS EXHORTACIONES (5:12-22)*

Aunque los imperativos de esta serie son, en su mayoría, muy breves para que puedan ser al estilo *staccato*, no por ello carecen de orden o sustancia en términos de la situación de esos momentos en Tesalónica. En realidad, no resulta fácil decidir si (o cuántas de) estas exhortaciones forman simplemente parte de la conclusión más formal de la carta o si están cargadas de intención al respecto de su situación presente. Por ejemplo, momentos hortatorios más breves, como estos, preceden los saludos finales en varias de las cartas de Pablo.[620] No obstante, están sensiblemente ausentes —por completo— de su siguiente carta a esta iglesia.[621] Además, parte de este material, sobre todo el versículo 14, refleja asuntos de la carta misma. Es muy probable, por tanto, aunque algo de este material pueda ser de alcance más general, que en su mayoría también está relacionado con la situación de ese momento en Tesalónica. En cualquier caso, toda la sección ha quedado establecida por la exhortación concluyente del versículo 11: "Aliéntense y edifíquense los unos a los otros", que es lo que Pablo mismo empieza a hacer ahora por ellos.

Se discierne un patrón estructural general. Los versículos 12-13, con el verbo "les pedimos", proporcionan básicamente instrucciones sobre las actitudes hacia los líderes, mientras que los versículos 14-22, que retoman el verbo "animar" del versículo 11, componen una serie cuádruple de imperativos relacionados en su mayoría con su vida en el seno de la comunidad creyente. Las dos primeras series

620. Ver, por ej., 1 Co. 16:13-14 (¿15-18?), 2 Co. 13:11 y Ro. 16:17-19.

621. Ver la explicación de 2 Ts. 3:17-18 más abajo (pp. 341-42).

(vv. 14-15) se ocupan de las relaciones dentro de la comunidad; aquí, mediante los imperativos colocados en su posición primera normal, Pablo resume básicamente la sección anterior de la carta (4:1-5:11), donde ha "suplido lo que falta" (3:10). Las dos últimas series (vv. 16:18 y 19-22) se ocupan, a continuación, de la comunidad en la adoración; aquí los imperativos se encuentran todos en el último lugar. Los versículos 16-18 los alientan a seguir con la piedad básica cristiana que también refleja las raíces judías de Pablo; y los versículos 19-22 presentan una preocupación totalmente nueva que tiene que ver con la profecía cristiana. El conjunto concluye en ese momento con una oración por su santificación (vv. 23-24).

Como ya hemos observado, para algunos intérpretes lo que está en juego es la cuestión de cuánto de esto, aparte del versículo 14, refleja asuntos específicos en la comunidad tesalonicense, y hasta qué punto está relacionado con un cuidado más pastoral en general. El enfoque más común a esta pregunta es minimalista, y en él se hace una comparación con Romanos 12, de manera que todo esto se entiende como representación de una "parénesis general". Otros adoptan la visión maximalista: que todo ello responde a problemas de la iglesia; así, se considera que los versículos 12-14 se enfrentan a "una crítica al liderazgo paulino", mientras que los versículos 19-22 responden a un "conflicto sobre las manifestaciones extáticas".[622]

La perspectiva desde la que se escribe este comentario está un poco a mitad de camino. Así, dada la naturaleza aparentemente más general de los versículos 16-18, que reaparece bajo una forma distinta más de una década después, al final de Filipenses,[623] se debería ejercer la debida precaución aquí a la hora de encontrarlos como correspondientes a "cuestiones" específicas. No obstante, dado que el versículo 14 está tan específicamente hecho a medida para la situación de ese momento, y dado que 2 Tesalonicenses 2:1-2 podría estar relacionado con el tema de la "profecía" en los versículos 19-22, es muy probable que este pasaje y los versículos 12-13 sean también un caso específico. Pero la extensión en la que se pueden recrear las situaciones involucradas es mucho menos segura, y se debería usar probablemente un cuidado discrecional en cualquier intento de volver a crear el entorno histórico como tal.

### 1. Actitudes hacia los líderes (5:12-13)

*[12] Hermanos, les pedimos que sean considerados con los que trabajan arduamente entre ustedes, y los guían y amonestan en el Señor. [13] Ténganlos en alta estima, y ámenlos por el trabajo que hacen. Vivan en paz unos con otros.*

622. Ver, por ej., R. Jewett, *The Thessalonian Correspondence* (Philadelphia: Fortress, 1986).

623. Ver 4:4 ("alégrense") y 4:6 (con "oración" y "acción de gracias"). Aunque no son paralelos precisos, estos tres "imperativos" aparecen en el mismo punto de ambas cartas.

Este primer conjunto de imperativos nos pilla un poco por sorpresa; pero quizás no debería. El factor sorpresa no es que la comunidad creyente tuviera líderes —deberíamos suponer que esto era así—, sino que Pablo tuviera que dirigirse a toda la comunidad de esta manera. Nada de lo que ha precedido nos prepara para este momento; no se insta a los líderes al respecto de los asuntos precedentes ni existe indicio alguno de que estén presentes. Pero este conjunto de amonestaciones sugiere que estos dirigentes son responsables, en última instancia, de ver que las correcciones y las amonestaciones se lleven a cabo. O, al menos, cabría suponer que tal es la naturaleza de esta petición.

Además, nada en el contenido de esta petición indica que este sea un ámbito problemático en la iglesia, a menos que se desee entrever algún tipo de problema en el imperativo final, "vivan en paz unos con otros". Pero quizás un tema más concreto sea que este asunto no vuelve a suscitarse de nuevo en la carta que se escribió poco después de esta (nuestra 2 Tesalonicenses), donde Pablo sí vuelve a tocar otras cuestiones de las que habla en esta epístola. Y no solo esto, sino que la petición les llega como lo que es, una petición y no un imperativo rotundo que, en sí mismo, resulta sorprendente cuando se lee en el contexto de una larga serie de imperativos que empieza con el último en este párrafo ("vivan en paz unos con otros"). Por tanto, los dos verbos que controlan la extensa frase de nuestros versículos 12-13a —*eidenai* (= "reconocer, agradecer") y *heigeisthai* ("estimar")— están muy lejos de la clase de imperativos que exigen obediencia o sumisión al liderazgo.

De hecho, a este respecto, el rasgo más llamativo de esta solicitud es la falta de *sustantivos* de identificación. Es decir, aquellos a los que se menciona aquí no se especifican con un sustantivo que pudiera funcionar también como título (obispo, anciano, diacono, etc.). Lo que tenemos aquí es una serie de tres participios nominales que los identifica por sus actividades. La petición de Pablo llega mediante dos infinitivos; quiere que la comunidad creyente "reconozca" y "estime" a los que se esfuerzan mucho en medio de ellos. Dado que esta es su principal preocupación, la identidad de estos líderes —que será un problema de un tiempo muy posterior de la iglesia— no se proporciona en absoluto, sencillamente se supone.

Finalmente, es sin duda erróneo pensar que estos tres participios sugieren tres clases de líderes, cada uno con su propia responsabilidad, uno del primer tipo, otro del segundo, etc. Casi con toda seguridad, estos tres participios representan simplemente las tareas que supuestamente los líderes tienen que desempeñar; y se les debe "reconocer" por su liderazgo como tal, no de manera específica por llevar a cabo estas diversas responsabilidades. Es decir, estos participios los identifican por sus "trabajos", no por sus posiciones.

**12**

Con el participio conectivo *de* (que sirve para todo), traducido en algunas versiones como "ahora" (= "ahora para pasar a la[s] siguiente[s] cuestión[es]"), y otro vocativo más, "hermanos" (el número 12), Pablo se dirige a varios asuntos que pretenden, al mismo tiempo, concluir la carta.

La petición ("les pedimos") es que "consideren"[624] a los que son responsables de ellos en el Señor. Como en nuestra lengua, el verbo "considerar" tiene una gama amplia de significado. Aquí, lo más probable es que la intención del apóstol haya sido el matiz indicado por el "reconocimiento" de la TNIV. Es decir, los creyentes tienen que "considerarlos" en el sentido de que los reconocen o son conscientes de sus actividades de liderazgo entre ellos. Es posible que sencillamente sea la forma en que Pablo confirma el liderazgo de los responsables de llevar a cabo las diversas instrucciones de esta carta, ya que el correctivo real involucrado tiene que ver con los ociosos-rebeldes, primer tema que se toca en lo que sigue.

De especial interés para aquellos de nosotros que leemos estas palabras en un momento muy posterior de la historia son los tres participios que describen lo que estos líderes hacen. Que un artículo definido funcione para los tres participios indica que Pablo no se está refiriendo a tres clases distintas de líderes, sino a la diversidad de tareas que recae sobre los líderes. Y aunque el primero y el tercero de los participios son relativamente directos ("que trabajan arduamente entre ustedes"; "los amonestan"), el del medio lo es mucho menos y se traduce como "los guían", pero la mayoría de las demás versiones presentan algo parecido a "que están sobre ustedes en el Señor" ("que están a cargo/sobre ustedes"). Debería observarse que ambas opciones son legítimas al respecto del participio *proïstamenous* en términos de los significados *posibles* del término; y se puede argumentar en favor de ambos, en términos del contexto presente. De modo que la única cuestión real es el sentido que Pablo tenía en mente al dictar esta palabra; y nuestra mejor ayuda a estas alturas debe encontrarse en dos lugares: el uso paulino en otros lugares y su colocación en la cláusula presente.

Pero empecemos donde Pablo lo hace, con la frase "los que trabajan arduamente entre ustedes". Aunque esta es la única vez que aparece en estas dos cartas, este primer verbo es una de las palabras más frecuentes del apóstol para describir el "ministerio".[625] En realidad, el sustantivo cognado figura con anterioridad en esta epístola cuando él describe su propia "obra", junto con Silas y Timoteo, como "nuestros esfuerzos y fatigas" (2:9; 3:5); también es el término que usa en misivas

624. Gr. εἰδέναι, uno de los dos verbos griegos para "considerar". Este tiene mayor número de opciones en términos de amplitud de significado. Se tradujo como "considerar" en algunas versiones ¡y su derivación intencionadamente "literal" en otras se vertió como "apreciar"! En otras tenemos "respeto", que tiene todas las marcas de ser algo exclusivo de finales del siglo XX; después de todo, es lo que se indica de forma más específica en el v. 13a. Al parecer, la TNIV parece haber trazado una fina línea entre todos estos vocablos con el término menos cargado "reconocer", mientras que a la vez mantiene el lenguaje básico de "considerar" y el sentido del verbo intacto.

625. Gr. τοὺς κοπιῶντας, la única vez que aparece este verbo es en las dos cartas a los tesalonicenses; el sustantivo de unión en el v. 13 es ἔργον.

posteriores con regularidad para aludir a estos "esfuerzos", como en 1 Corintios 15:10 ("he trabajado con más tesón que todos ellos") y Gálatas 4:11 ("tal vez me haya estado esforzando en vano").[626] Pero también lo usa al respecto de los demás, como Estéfanas en 1 Corintios 16:16 y en Romanos 16 al respecto de diversos amigos que están involucrados en "tan arduo trabajo"[627] en el Señor. Este verbo pone, pues, el énfasis en el aspecto del "esfuerzo, arduo trabajo, agotamiento" del ministerio, sin indicio alguno en la mayoría de estos pasajes al respecto de lo que este "trabajo" podría entrañar de forma específica. Aquí, pues, en su primera aparición en las cartas de Pablo, los que son reconocidos y estimados como líderes se caracterizan primero por "trabajar arduamente" en ello.

Varias consideraciones sugieren que la TNIV está en lo correcto al traducir el segundo participio como "[los que] se preocupan por ustedes en el Señor",[628] mejorando así la NVI: los que "los guían". El asunto principal es el contexto mismo, y que los participios de cada lado de esto aluden a las *actividades* de estas personas, no a su estatus o su posición. Así, la mayoría de las traducciones tienen la anomalía de que el participio "posicional" esté rodeado por dos que describen "actividades" bastante diversas. Pero otras tres consideraciones conducen a la traducción elegida por la TNIV.

En primer lugar, el único uso para nada ambiguo de este verbo en el corpus paulino se encuentra en Tito 3:8 y 14, donde significa algo parecido a "ocupado (con algo)". Así, en 3:14, por ejemplo, la mayoría de las traducciones vierten "se dedican a las buenas obras".

En segundo lugar, su aparición con anterioridad en Romanos 12:8 se produce en una frase muy parecida a esta, donde figura entre dos participios relacionados con "dar" y "mostrar misericordia" y, como en el caso presente, se ha traducido de manera bastante universal como relacionada en cierto modo

626. Ver además Fil. 2:16; Col. 1:29; 1 T. 4:10; cp. 1 Co. 3:8; 2 Co. 10:15.

627. Ver v. 6 (María); v. 9 (Urbano); 12 (Trifena y Trifosa); v. 12 (Pérsida); curiosamente, cuatro personas de esa lista son mujeres.

628. Dado lo ilógico del orden, "trabajan, guían, amonestan", nos desconcierta un poco por el gran número de traducciones que han elegido seguir con esta tradición en la traducción; fuera de la TNIV, solo algunas versiones (como la GNB) siguen la forma propuesta aquí. Entre los comentaristas del siglo pasado, de quienes siguen esta línea, ver Milligan (71-72), Best (224), Bruce (118), Holmes (179), Malherbe (310), Witherington (160); pero desde luego no Beale (160). W. A. Meeks ofreció una perspectiva ligeramente distinta sobre esta segunda opción: "Que están delante de ustedes como protectores" (*The First Urban Christians: The Social World of the Apostle Paul* [New Haven: Yale University Press, 1983], 134), lo que indica que estos líderes servían de "patrones" de la comunidad; esta opinión fue adoptada por Wanamaker (193); cp. Richard (268), "quienes son sus benefactores". Esto es un afinamiento sociológico de la opción que se argumenta favorablemente aquí. Se debería señalar que no es una democratización moderna de la cultura del siglo I, sino un intento de entender el énfasis usado por Pablo, sobre "ser benefactores" de estas personas y no de "estar por encima de ellos" de alguna manera.

con el "liderazgo". Pero el contexto de Romanos 12, como aquí, parece exigir un significado cercano a "preocuparse" por los demás. Es decir, "dar", "*cuidar*" y "mostrar misericordia" tienen mucho más sentido contextualmente que el "dar", "gobernar" de otras versiones, y "mostrar misericordia;[629] una traducción así parece tener menos sentido contextual que la alternativa en la nota al pie de la TNIV ("proveer para los demás").

En tercer lugar, aparte de que aparezca en Tito 3 como se indica más arriba, el verbo *proistēmi* aparece cuatro veces en 1 Timoteo (3:3, 5, 12; 5:27). Aquí, la prueba parece mezclada. La primera vez que lo encontramos en 3:3 y 5, alude a la responsabilidad que un padre tiene por su propia familia. Pero, aunque "liderazgo" sea una presuposición asumida, el hincapié en estas dos apariciones está en la "gestión" de su casa con cuidado piadoso, como indica el sinónimo sustituido "cuidar" en 3:5. Los otros dos usos son lo bastante ambiguos, por lo que el verbo, en un sentido u otro, funcionaría igual de bien. Así, en 3:12, la TNIV tiene "debe *manejar* bien a sus hijos y su casa". Pero también se podría haber vertido fácilmente como "debe *cuidar de* sus hijos y de su familia bien", dado que el énfasis no está en "gobernar" la casa, sino en "cuidar" de ella de todas las formas, incluida la "gestión" de sus asuntos.[630]

Por tanto, aquí tampoco aparece el término en primer lugar, como habría cabido esperar si Pablo hubiera pretendido decir "que los dirigen", sino entre otros dos que describen el "trabajo" de esos líderes. Si el énfasis estuviera en realidad en su función de estar "sobre los demás" como tal, se habría esperado que estuviera en primer lugar de la lista, y los otros dos participios describirían sus tareas. Así, cabe argumentar con razón que, aquí, las pruebas se inclinan sustancialmente hacia describir su *tarea,* y no su posición.

Finalmente, aparte del "arduo trabajo" de sus líderes y de tener la responsabilidad de "cuidar" a la comunidad creyente, Pablo espera que esta "tarea" y "preocupación" adopte de vez en cuando la forma de amonestación[631] cuando surgiera la necesidad. Con esta palabra ahora anticipa el correctivo obvio que inicia la breve serie de imperativos en el versículo 14, "amonestar [TNIV 'advertir'] a los holgazanes". De hecho, este término es la indicación segura de que la instrucción presente sirve de introducción necesaria para las tareas que estos líderes tienen que llevar a cabo, o ayudar a los demás a que las hagan, en el conjunto de la

629. Ver, entre otras, "el que lidera", "el líder, ¡"si uno está sobre los demás"!, "si desempeñas un cargo".

630. A este respecto es de interés adicional que el sustantivo correspondiente προστάτις se use al respecto de Febe en Ro. 16:2, donde se concuerda de modo universal que significa algo como "patrón" o "benefactor".

631. Gr. νουθετέω, la primera de las tres veces que aparece esta palabra en las dos cartas (aquí, v. 14 y 2 Ts. 3:15, donde Pablo regresa a esta cuestión con mucho más vigor y detalle).

comunidad. Así, los creyentes deben "reconocer" a aquellos que tienen la responsabilidad principal de hacer un seguimiento de las amonestaciones que siguen en los versículos 14 y 15. La preocupación de Pablo es que la comunidad creyente en su totalidad "reconozca" y "agradezca" a sus líderes por su "labor" entre ellos.

**13**

A su vez, los creyentes deben acatar estas amonestaciones mientras los "tienen [a sus líderes] en alta estima" y los aman "por el trabajo que hacen". Aquí es donde los líderes sufren sus "infartos", por así decirlo. Y el orden de palabras de Pablo lleva su propio peso. Primero, los que trabajan entre ellos deben ser tenidos "en alta estima", lo que no significa, como ha sucedido con frecuencia en los años posteriores de la iglesia, "exaltarlos" de alguna forma. Los líderes están protegidos de cualquier forma de "adulación" al respecto de ellos mismos mediante el modificador "en amor", que elimina la opción de pensar más de ellos de lo que se debería cristianamente hacer. Esta frase operativa, "en amor", significa cuidarlos como a otros creyentes, en este caso como "hermanos" en el Señor. No hay lugar aquí para títulos ni para halagos; el amor elimina una conducta tan obsequiosa. Y la razón por la que deben respetarlos tanto no es su *posición,* sino "su *trabajo*". Después de todo, también serán aquellos que llevarán la iniciativa a la hora de intentar ayudar a los holgazanes del versículo 14 para que lleven su propio peso y trabajen por su sustento. Así, el término principal en la frase final de esta oración es un sinónimo general de "*trabajar* arduamente", que describe sus actividades.[632]

Tiene, asimismo, un considerable interés adicional el hecho de que esta mención temprana del liderazgo de la iglesia en el Nuevo Testamento llegue mediante la instrucción al conjunto de la comunidad. Lo que se nos indica sobre ellos es, por supuesto, muy poco, ya que solo contamos con estos participios que indican sus actividades y no sus "funciones" ni las "estructuras" dentro de las que trabajaban. Que eran líderes, es seguro; que dirigían a la comunidad en toda una diversidad de formas es algo que podemos suponer sin equivocarnos; pero desconocemos sus "posiciones" o "cargos" en concreto. Lo que señalan estas amonestaciones a la comunidad en su totalidad es que, en las primeras iglesias paulinas, sus líderes estaban dentro del círculo, de alguna forma, y no fuera del mismo (como, por ej., "clérigo"), y ciertamente no por encima de este.[633] En realidad, lo más probable es que estas amonestaciones existan porque estas eran las

632. La TNIV ha intentado captar la ligera distinción entre las dos palabras griegas para "trabajo" (el verbo κοπιάω y el sustantivo ἔργον), y las vierte como "arduo trabajo" y "trabajo".

633. Al respecto de esta preocupación, ver G. D. Fee, "*Laos* and Leadership under the New Covenant: Some Exegetical and Hermeneutical Observations on Church Order", en *Gospel and Spirit: Issues in New Testament Hermeneutics* (Peabody, Mass.: Hendrickson, 1991), 120-43.

realidades (los "líderes" estaban en el seno del círculo). En semejante caso, donde la razón es básicamente igual, los que son guiados necesitan un recordatorio ocasional de que deben "agradecer" o "reconocer" a sus líderes por la "labor" que desempeñan en medio de ellos.

Pablo acompaña esta amonestación con otra, "vivir en paz unos con otros", que, a primera vista, puede parecer no guardar relación. De hecho, para nosotros desde esta distancia la cuestión es si deberíamos interpretar algo en esta cláusula final. ¿Es, sencillamente, una especie de término general dirigido a los creyentes de Tesalónica, o es un caso específico, que sugiere una forma moderada de corrección? Esta amonestación es tan común en las cartas[634] posteriores de Pablo que tal vez no deberíamos darle demasiada importancia aquí, sobre todo ya que el deseo de *shalom* también era algo común en las salutaciones judías. Admitimos que, sin embargo, se debería observar además que esto no es en realidad un deseo de paz, sino un imperativo que los insta a "vivir en paz *unos con otros*". No obstante, habría que refrenarse al sugerir que este imperativo único apunta a alguna clase de tensión entre ellos, adjunto como está al final de una petición de que "reconozcan" a aquellos que trabajan en medio de ellos. Al mismo tiempo, esto puede muy bien servir como forma mediante la que Pablo pasa el manto del liderazgo a aquellos que hacen un "arduo trabajo" entre ellos.

Esta anotación, la más temprana en el Nuevo Testamento, al respecto del liderazgo de la iglesia puede resultar tentadora por su brevedad y, por otra parte, puede ser frustrante porque da por sentadas muchas cosas de las que los lectores posteriores apreciarían tener más información. Pero tal vez incluso esto podría ser un medio de instrucción. La forma en que Pablo habla de ellos, mediante participios en lugar de sustantivos, sitúa todo el énfasis en sus actividades y no en sus posiciones. Así, tenemos un poco de información sobre lo que *hacen,* pero casi nada sobre *quiénes* son o las "posiciones" que desempeñan. Esto encierra una especial dificultad para aquellos de nosotros que vivimos en una cultura amante de los títulos ¡como forma de distinguir a aquellos que son "importantes"! Al convertir estos verbos en sustantivos, uno empieza a centrarse más en la posición o en la función que en la persona. La preocupación de Pablo está sistemáticamente en el carácter y en la actividad, no en un "rol". Sin embargo, como apenas podemos volver atrás el tiempo en la iglesia contemporánea, todos los que están en el liderazgo de la iglesia deberían usar este pasaje como "lista de comprobación" válida a modo de inventario personal al respecto de cómo *se cuida* de aquellos a quienes se ha dado el privilegio de liderar.

634. A este respecto, ver 2 Co. 13:11; Gá. 6:6; Ro. 15:33; Ef. 6:23; Fil. 4:9. A uno lo pilla por sorpresa el hecho de que Beale quisiera hacer que este infinitivo sirviera como una especie de "título" para lo que sigue en los vv. 13-22. El intento de la mayoría parece especialmente forzado.

## 2. *Recapitulación de los imperativos de la carta (5:14-15)*

*[14] Hermanos, también les rogamos que amonesten a los holgazanes, estimulen a los desanimados, ayuden a los débiles y sean pacientes con todos. [15] Asegúrense de que nadie pague mal por mal; más bien, esfuércense siempre por hacer el bien, no solo entre ustedes, sino a todos.*

Este segundo conjunto de imperativos contiene muy pocas sorpresas, si es que tiene alguna. Pablo pone en forma de *staccato* las preocupaciones de la carta, una especie de resumen de todo lo que ha precedido. En vista de ello, se podría argumentar que estos imperativos van ahora dirigidos a los líderes mismos,[635] y esto queda respaldado por dos elementos en particular. En primer lugar, los diversos imperativos que siguen a estos (vv. 16-22) son asuntos en los que cabría esperar, de manera especial, que el liderazgo asumiera la iniciativa; y, en segundo lugar, estos primeros cinco son los únicos de todo un grupo de catorce (o quince) en los que el imperativo ocupa la primera posición normal. Pero, aunque lo natural sería esperar que los líderes llevaran la voz cantante en la supervisión de esos temas, aun así, Pablo no les habla a ellos directamente. Desde su perspectiva, estas preocupaciones pertenecen a toda la comunidad. Además, cabría suponer que los que aquí parecen objetos directos (gramaticalmente hablando) de todos estos imperativos (los holgazanes, los desanimados, y gente por el estilo) también estaban presentes cuando la carta se leyó a la comunidad. Así, sería justo esperar que sus líderes hicieran un seguimiento de las amonestaciones.

**14**

Que Pablo se está dirigiendo a toda la comunidad queda demostrado con el hecho de que empieza con otro vocativo familiar, "hermanos" (el número 13). A estas alturas de la carta, así como cuando aparece por última vez en el versículo 25, este vocativo se ha dirigido sistemáticamente al conjunto de la comunidad (ver sobre 1:4 más arriba). Así, aunque se espera que los líderes tomen la iniciativa, estas inquietudes son en realidad, como siempre, asuntos de Pablo en los que toda la comunidad debe comprometerse.

El primer tema ("amonesten a los holgazanes, estimulen a los desanimados") retoma el desvelo de 4:11-12.[636] En este caso, el verbo es el mismo que se traduce como "amonestar" en el versículo 12 más arriba. El objeto del mismo, *ataktoi* (TNIV, "los holgazanes y los desalentados") conllevaba un interesante

635. Esto fue en particular argumentado por Findlay, 124, que seguía a Crisóstomo y Teodoro de Mopsuestia; para una refutación considerable, ver Best, 228-29

636. Este parece ser tan claramente el caso, en especial a la luz de 2 Tesalonicenses, que sorprende el rechazo de Malherbe en favor de las tradiciones derivadas de los filósofos morales; ver "'Pastoral Care' in the Thessalonian Church", *NTS* 36 (1990), 375-91.

toque de historia de la traducción, sobre todo a la luz de que otras versiones lo vertieron como "los rebeldes".[637] De hecho, aunque la traducción "holgazanes" señala correctamente un aspecto de aquellos que están aquí en mente, no posee soporte léxico.[638] El término *ataktos* significaba literalmente estar "fuera de la línea"; al mismo tiempo, siempre conllevaba el sentido peyorativo de ser holgazán en algún sentido. A cierta altura de la historia de la traducción se dio por sentado, al parecer, que los creyentes que no trabajaban (¿se negaban a trabajar?) en Tesalónica estaban "fuera de la línea" en el sentido de ser "ociosos"; de modo que se convirtieron en "los holgazanes" en lugar de "los rebeldes", aun cuando no existe una sola pieza de prueba literaria que respalde un entendimiento así. Dado el resto de las pruebas de estas dos cartas, lo más probable es que no solo "estuvieran fuera de la línea" por no trabajar, sino también por depender de los demás para que cuidaran de ellos; y, en este sentido, también interrumpían el "shalom" de los demás que, de otro modo, existiría en la comunidad.

La segunda amonestación va dirigida a "los desalentados", que algunas versiones vertieron tristemente como "consolar a los de mente frágil". Es dudoso que, incluso en 1611, el término "débil de mente" señalara a personas que se habían visto tan profundamente vencidas por las circunstancias del momento que se sentían insalvables (o sencillamente estaban poco dispuestas) a seguir (en su servicio) dentro de la acosada comunidad cristiana. En cualquier caso, este tipo de personas parecía estar en la esfera paulina al instar al resto a "alentarlos".[639] Es bastante posible —ya que el imperativo precedente nos lleva de regreso a aquellos a quienes se les habla en 4:9-12— que este pueda muy bien tocar de nuevo la cuestión de 4:13-18. En dicho caso, es probable que se hubieran desalentado porque tuvieran expectativas incorrectas al respecto de la "pronta" venida del Señor.[640] Sin embargo, es igualmente posible que Pablo esté aludiendo sencillamente a aquellos que se habían desalentado por el constante aluvión de oposición de sus conciudadanos. En un caso u otro, algunos de entre la comunidad de creyentes necesitaban aliento, ser animados.

637. La traducción "holgazanes" fue al parecer la primera en aparecer; por razones difíciles de imaginar, este significado tendió a imponerse entre los eruditos del NT, a pesar de la falta de pruebas para ello.

638. Ver las dos entradas en BDAG (ἀτακτέω / ἀτάκτως), que, al respecto del verbo, observan que "la traducción *ser vago, holgazán* no tiene en cuenta la historia social grecorromana". En realidad, no hay prueba conocida de ninguna clase a su favor; cp. Gaventa, 81-82.

639. Gr. παραμυθεῖσθε; ver la explicación sobre 2:12 más arriba (p. 109). El uso presente tiende a modificar el argumento de Green indicado aquí (n. 108) al respecto de que es mucho más probable que el verbo signifique algo como "persuadir".

640. Esta opinión es la que se sugiere con mayor frecuencia; ver Ellicott, 77; Best, 230 (como una opción); cp. Marshall, 151; Wanamaker, 197.

La tercera amonestación, "ayudar a los débiles", es la que nos hace un poco más vacilantes al respecto de lo inmediatamente precedente como caso específico en términos de lo dicho en otra parte de la carta. Desde nuestra distancia, no podemos saber si los "débiles" lo son físicamente[641] y, por tanto, necesitan otra clase de "cuidado" distinto o si son "débiles" en cuanto a su "fe".[642] Ninguna otra cosa de lo que precede nos ayuda en realidad aquí. No importa quiénes hayan sido: necesitaban del respaldo o la ayuda del resto de la comunidad creyente. "La debilidad", debería observarse, ha sido desdeñada por los demás, quienes se consideran "fuertes"; sin embargo, Pablo ha capturado aquí una de las marcas de la verdadera fe cristiana, ya que ha sido manifestada en su totalidad por el Señor mismo en esta vida terrenal.[643]

Pablo concluye esta serie presente de exhortaciones en *staccato* al instarles a ser "pacientes con todos". Esto es también lo que parece proporcionar una base para considerar las tres exhortaciones precedentes como un caso específico y, así, como una amonestación general resumida al respecto de sus actitudes hacia aquellos a los que se dirige el apóstol en las tres primeras. Así, aunque no podamos saber con certeza cómo pretendía ser el "todos" global de Pablo, al menos abarcaba a "todos" dentro de la comunidad creyente,[644] y de forma especial a aquellos mencionados en los tres primeros imperativos. Al mismo tiempo, es el imperativo que proporciona un grado de creencia a la posibilidad de que estas cuatro directivas hayan estado dirigidas al liderazgo y no a la comunidad en su conjunto. Pero aquí no se indica nada que exija una visión así; y Pablo parece más bien seguir adelante con su preocupación de que la comunidad en su totalidad asuma la responsabilidad de todos estos asuntos.

641. La mayoría de los comentaristas descartan esta opción por completo (por ej., Ellicott, 77; Milligan, 73 ["solo pueden ser los espiritualmente débiles"]; pero desde hace poco, Beale (166) lo ha propuesto y Witherington (163) lo ha secundado.

642. Frame (198) los identifica como los "tentados a la inmoralidad sexual" (4:3-8); Best (231) sugiere que, "viniendo del paganismo", eran personas que sentían la necesidad de las normas. D. A. Black argumenta en favor de una conexión con los que son exhortados a estar alertas en 5:1-11 ("The Weak in Thessalonica: A Study in Pauline Lexicography", *JETS* 25 [1982], 307-21). Desde nuestra distancia, y contando solo con este breve imperativo para informarnos, la sabiduría sugeriría que nos limitáramos a admitir que no podemos saber quiénes son; cp. Morris (169). Para una explicación del concepto de "debilidad" como categoría filosófica, ver Malherbe (318-20), cuyo uso de "claramente" es, quizás, un poco fuerte en ese caso (¿nuestra forma de decir, como eruditos, "Grita fuerte porque el punto es débil"?).

643. Ver, además, los comentarios útiles de Green, que los considera como "aquellos que no tenían estatus social ni poder ya que eran esclavos o *liberati* (exesclavos) o por su situación económica" (254).

644. Ver Malherbe (320) para encontrar a alguien dispuesto a lanzar la red bien abierta como para incluir también a los que están fuera.

Debería notarse (de forma especial) que el verbo en este caso no es el habitual de Pablo cuando se ve involucrado el concepto de la "paciencia" como tal. En contraste con su *hypomonē* más habitual, que se traduce con regularidad como "paciencia", este término se originó al parecer como forma de describir a aquellos "más templados" frente a los de "menos paciencia". Así, en contraste con *hypomonē,* este verbo (*makrothymeite*) tiene el sentido de "sufrir largo tiempo" al respecto de otra persona. Es, por tanto, la palabra adecuada para usar al respecto de las relaciones humanas, mientras que *hypomonē* va en la dirección de soportar situaciones difíciles. Es decir, en las relaciones humanas se necesita más que ser sencillamente "pacientes" con los demás y el término de Pablo aquí insinúa ese "algo más", a saber, que deben "contenerse" frente a los demás y, así, "sufrir" al respecto de los demás de la comunidad creyente. Además, esta distinción entre las dos palabras vertidas con regularidad como "paciente/paciencia" es coherente con el propio uso paulino. "Paciencia" (*hypomonē*) es necesaria en situaciones de prueba; "paciencia [soportar el sufrimiento]" es lo que se exige en las relaciones interpersonales, "con todos".

**15**

Con un imperativo final, el apóstol pasa de las preocupaciones específicas —de las que, al parecer, Timoteo le había puesto al corriente— a una amonestación más general y, por tanto, concluyente, en la que se sumerge en la conocida tradición de Jesús hallada en nuestros Evangelios en Mateo 5:38-42. En su enseñanza, el Señor insistió en que no hubiera un "ojo por ojo", sino que sus discípulos "resistieran al mal" haciendo el bien. Esta es la tradición que, al parecer, Pablo está retomando y expresando en sus propias palabras aquí. Así, con dos cláusulas correspondientes, insiste primero (con un quiasmo perfecto en su propia frase y, por tanto, "de forma literal"): "Asegúrense[645] de que nadie pague mal por mal".[646] Que semejante "retribución" se deje en manos de Dios no es algo explícito aquí, pero desde luego se insinúa.

La verdadera dificultad que tiene la mayoría del pueblo de Dios con esta amonestación es que Dios puede no dar a este tipo de personas lo que merece, ¡quizás les muestre la misma misericordia que demostró tener con nosotros! Sin embargo, Pablo vio con claridad que, en un mundo en el que el pueblo de Dios está implicado en la misma caída que todos los demás, ni el mejor de ellos ve con nitidez el fin desde el principio; y la venganza no forma sencillamente parte del

645. Gr. ὁρᾶτε μή; solo aquí en Pablo. En otros lugares usa βλέπετε (1 Co. 8:9; Gá. 5:14). El coloquial "procurar" de nuestro lenguaje es lo que corresponde aquí a lo que Pablo dice.

646. Para este mismo tipo de amonestación en otros lugares, cp. Ro. 12:17-19 ("No paguen a nadie mal por mal… No tomen venganza, hermanos míos, sino dejen el castigo en las manos de Dios").

proceso de convertirnos en seguidores del Crucificado. Así, inicia esta amonestación final con la prohibición de no "pagar mal por mal".

El segundo imperativo ofrece, a continuación, la verdadera forma cristiana de "retribución": "Esfuércense siempre por hacer el bien,[647] no solo entre ustedes, sino a todos". Aquí, el propio orden de palabras de Pablo captura su énfasis. En contraste con devolver mal por mal, insiste en "siempre traten de hacer el bien". Debe ser "siempre" en lugar de algo "impredecible"; debe ser "lo que es bueno" en lugar de "mal por mal"; y se debe "procurar", no hacerlo de vez en cuando, a conveniencia.[648] El momento más llamativo llega al final; "hacer el bien" en lugar de buscar venganza tiene que ver en primer lugar con los demás creyentes, personas dentro de la propia comunidad de fe. Pero aquí Pablo insta a que extiendan ese "hacer el bien" más allá de la comunidad de fe como tal: "Esfuércense siempre por hacer el bien, no solo entre ustedes, sino a todos".[649] Así, sea que prefirieran pensar así o no, esto incluiría a las personas mismas que estaban haciendo todo lo posible por hacerles la vida imposible a ellos mismos, que habían escogido seguir a Cristo.

Al típico lector "estadounidense" de esta carta le resulta fácil leer más allá de estos imperativos en *staccato*, ya que suponen problemas especiales para quienes han sido criados en el "evangelio", que, según Ben Franklin, trae "la ventura a quien la procura". En vez de "ayudar" a los débiles, se les debería amonestar a "vivir con ello" y "llevar su propia carga". Pero, afortunadamente, el Dios de las Escrituras no es un "estadounidense típico"; más bien se ha autorrevelado, tanto en el Antiguo Testamento como, en especial, en la Encarnación, como el "Dios de los humildes", el Dios que defiende la causa de los pobres y de los indigentes. Así, en este punto, Pablo se ha colocado por el Espíritu en la larga línea de autores bíblicos que "defienden la causa de los necesitados". Dado que esto llega por medio del imperativo, es probable que se debiera tomar mucho más en serio de lo que muchos suelen hacer.

### 3. Exhortación a la piedad cristiana básica continua (5:16-18)

***16** Estén siempre alegres, **17** oren sin cesar, **18** den gracias a Dios en toda situación, porque esta es su voluntad para ustedes en Cristo Jesús.*

647. Aquí, la TNIV ha corregido una traducción menos afortunada en la NIV, "pero intenten siempre ser amables". Esto no es lo mismo que "hacer lo que es bueno" para los demás, y tiene un gusto terrible a edulcorante. Cp. la objeción de Holmes, 181, cuyo comentario se basó en la NVI.

648. Cp. Gaventa (83): "Lo que Pablo alienta excede las convenciones de 'hacer las paces' con esas personas; es un involucramiento activo que busca su bien porque es en beneficio de todo el cuerpo de Cristo".

649. Malherbe (321) limitaría este καὶ εἰς πάντας a los de la comunidad creyente, pero esto parece innecesario y crea una redundancia torpe ("unos a otros y a todos ustedes").

Con el énfasis precedente a mano, Pablo vuelve su atención ahora a cómo debe vivir la comunidad su vida *corporativa* frente a sus dificultades del momento. Una vez más, encontramos conjuntos de "imperativos en *staccato*", pero ahora con los verbos mismos en segundo lugar, un orden de palabras muy inusual para el imperativo, incluso en griego. En este primer conjunto, los verbos van precedidos por adverbios casi sinónimos, y en el siguiente grupo, por sustantivos o pronombres.[650] En ambos casos, de nuevo, no estamos demasiado preparados para entenderlo, lo que probablemente significa algo al respecto del factor de la distancia entre nosotros y aquellos primeros creyentes gentiles. No obstante, cualquier persona que haya pasado un poco de tiempo en las cartas de Pablo reconocerá enseguida lo graves que son estas amonestaciones paulinas.

A la luz del precedente versículo 14, y de los versículos 19-22 a continuación, este conjunto actual de imperativos se entiende mejor en el contexto de la comunidad reunida en adoración, donde, por cierto, la carta misma se leería.[651] Es decir, no van dirigidas principalmente a cómo vivían su fe los creyentes individuales de Tesalónica —aunque esto tampoco se excluye—, sino a la forma en que estos creyentes como comunidad reunida debían responder en medio de sus dificultades del momento. Además, este primer conjunto se enfoca alrededor de la adoración vocalizada dirigida a Dios, mientras que el siguiente grupo se centra en la adoración vocalizada hacia la edificación de la comunidad creyente.

De hecho, el conjunto de imperativos que sigue de inmediato (vv. 19-22) llega un poco de sopetón, en el sentido de que nada en la carta misma ni en su contexto inmediato nos prepara en modo alguno para lo que se expresa. Pero el elemento de sorpresa, su lugar en el contexto inmediato, se ve un tanto aliviado si uno recuerda que, para Pablo, las actividades de regocijarse y orar presuponen la actividad del Espíritu Santo en la comunidad.[652] En realidad, de alguna manera, lo que Pablo afirma en 1:6 nos prepara para este entendimiento; allí recuerda la experiencia de conversión que tuvieron como algo acompañado tanto por una

650. A excepción del caso final, donde "el mal" que está en contraste con "el bien" que lo precede va precedido, a su vez, por una expresión preposicional que el griego mismo exige con el verbo ἀπέχεσθε (es decir, ἀπέχεσθε ἀπό...). Gaventa (84) realiza la relevante observación de que cada uno de los imperativos, excepto los del v. 17, empiezan con la letra π, o esta letra se encuentra en la palabra inmediatamente posterior a la preposición o el artículo griego. Por tanto, πάντοτε, ἐν παντὶ, τό πνεῦμα, προφητείας, πάντα, ἀπὸ παντός. Y, en el adverbio del v. 17, la π se encuentra en el medio: ἀδιαλείπτως προσεύχεσθε.

651. Ver Malherbe (438) y la mayoría de los comentarios, contra Thomas (290), por ej., quien parece reflejar el individualismo occidental más que Pablo al titular estos versículos como "Responsibilities to Oneself" ("Responsabilidades para con uno mismo").

652. Así Ellicot (80); cp. Findlay (128): "La transición del *gozo, la oración* y *la acción de gracias* al *Espíritu* y la *profecía* es natural".

gran aflicción como por el gozo del Espíritu Santo.[653] La idea consiste en que Pablo, de un modo profundo, entendía el gozo, la oración y la alabanza (acción de gracias) como el resultado y, a la vez, la prueba de la presencia del Espíritu. Así, en Gálatas 5:22, el segundo elemento de la lista paulina del "fruto" del Espíritu es el gozo, y en Romanos 14:17, el gozo del Espíritu es la prueba de la presencia del reino de Dios. De un modo similar, 1 Corintios 14:15; Romanos 8:26-27 y Efesios 6:18, todos verifican que, para Pablo, la oración era especialmente una actividad del Espíritu.

**16**

Llama la atención, en cierto modo que la amonestación "estén siempre alegres" preceda a los imperativos "oren sin cesar" y "den gracias a Dios en toda situación". Lo más probable es que esto refleje la propia piedad de Pablo, ya que había sido condicionada por el libro de los Salmos. Así, es especialmente importante en el contexto del cristianismo más edulcorado de un tiempo posterior observar que el énfasis de Pablo aquí no esté tanto en la *experiencia* del gozo,[654] sino en la *expresión* activa del mismo. Tienen que "regocijarse siempre", algo que, como confirma Filipenses 4:4, no significa sencillamente expresar gozo en general, sino "regocijarse *en el Señor*". Esto no es un llamamiento azucarado a poner una cara feliz en medio de las dificultades. Esta es una iglesia que está experimentando graves dificultades por su fe en Cristo. La voluntad de Dios para una comunidad así, tanto de forma individual como cuando se reúnen para adorar, es que, como asunto de primera importancia, sigan exaltando a Cristo al regocijarse, poniéndolo a Él en el centro.

**17-18a**

En este contexto, deberían también "orar continuamente",[655] ofrecer de forma constante sus peticiones a Dios. Orar sin cesar es el constante recordatorio de que, como hijos de Dios, dependemos siempre y de forma total del Padre celestial para todas las cosas. También en este contexto es donde deben "dar gracias" en "toda circunstancia", incluida la de la suerte que corrían en esos momentos. Es especialmente importante observar que, en este caso, el modificador no dice "*por* todas las cosas", sino "*en* toda circunstancia". No es razonable ni bíblicamente piadoso imaginar que Dios desea que sus hijos sean agradecidos *por* todas las cosas

653. Cp. Wanamaker (199-200) y Richard (271), quien también expone esta idea.

654. Como, por ej., enfatiza Green (250), quien de hecho traduce el verbo como "estén gozosos" (¡!), y luego solo usa el sustantivo "gozo" en dos párrafos de comentario.

655. La traducción tradicional "sin cesar" se ha visto retada, y con acierto, por C. Smith ("Ἀδιαλείπτως Προσεύχεσθ: Is Paul Serious?" *Presbyterion* 22 [1996], 113-20), quien ofrece "persistentemente" o "constantemente" como opciones más viables en el entorno presente.

que les sobrevienen, buenas o malas. Más bien, un corazón agradecido debería ser sencillamente el modo de vida para aquellos a los que Dios ha redimido por medio de Cristo.

**18b**

El "esta" en la cláusula concluyente de Pablo —"porque esta es su voluntad para ustedes en Cristo Jesús"— pretende, casi con toda seguridad, modificar los tres imperativos, no solo el de dar gracias en toda situación.[656] Después de todo, ¡Pablo no escribió versículos numerados! Los tres imperativos son deliberadamente similares en estructura, los tres comienzan con un término sinónimo para instar a una actividad constante por su parte: "Siempre", "de manera continua", "en todo momento".[657]

Se debería observar al final que Pablo cumple su palabra. Ver en especial 3:9-10, donde ya había combinado la oración, el gozo y la acción de gracias en esta carta. Hará lo mismo en la muy posterior epístola a los Filipenses (Fil. 1:3-4), donde menciona el gozo y la acción de gracias como inherentes a su oración, ya por última vez, en el contexto de un encarcelamiento especialmente difícil. Así, a lo que descubrimos que se insta a los creyentes tesalonicenses es a algo que desde hacía tiempo marcaba la vida del apóstol mismo (y lo seguiría haciendo hasta el final).

## *4. Sobre la profecía cristiana (5:19-22)*

*19 No apaguen el Espíritu, 20 no desprecien las profecías, 21 sométanlo[658] todo a prueba, aférrense a lo bueno, 22 eviten toda clase de mal.[659]*

656. Contra Ellicott (821) y Malherbe (330), quien desafía esta opinión basándose en el singular "esta". Pero Pablo no está presentando tres cosas que deben seguir haciendo en la adoración, sino una triple expresión de su adoración que, en conjunto, constituye la "voluntad de Dios" en este caso.

657. Gr. πάντοτε ("siempre, en todo momento"), ἀδιαλείπτως ("constantemente, incesantemente"), ἐν παντί ("en toda [circunstancia]").

658. La omisión de este δέ en el *textus receptus* (respaldada por ℵ* A 33 81 104 614 629 630 945 pm), junto con el hecho de que cada uno de estos imperativos fue asignado a un número de versículo, ha tendido a destruir por completo el significado de esta serie de imperativos en conjunto y a hacer un daño indecible a las iglesias separatistas. El δέ en este caso fue casi con toda seguridad la omisión temprana de un escriba (en conformidad con toda la serie, que carece toda ella de conjunciones), en lugar de ser añadida con anterioridad y, con frecuencia, por una amplia gama de testimonios primitivos (incl. B D G K P J 181 326 436 1241 1739 pm it vg cop goth eth). Metzger (*Textual Commentary*, 633, siguiendo a Lightfoot, 84) sugiere que la omisión podría haber resultado de ser "absorbido por la sílaba siguiente", pero resulta difícil de ver cómo podría haber sucedido esto en este caso (dado que va seguido por el δοκ-, no el -τε, de δοκιμάζετε).

659. El genitivo πονηροῦ es ambiguo y puede ser un sustantivo ("toda forma de mal"), como lo entiende la mayoría, o un adjetivo, como en la TNIV (cp. Lightfoot [86], Frame [208],

A primera vista, se diría que este conjunto de imperativos aparece de manera abrupta en la carta, con muy poco precedente para preparar al lector para ellos. No obstante, dado que es un factor en el primer tema importante de los tratados en 2 Tesalonicenses (2:1-2), aquí también descubrimos lo poco que sabemos en realidad sobre estas comunidades cristianas primitivas del mundo grecorromano. Junto con 1 Corintios 12-14 y Romanos 12:6, debería indicarnos lo profundos que eran estos fenómenos en las primeras comunidades. Por tanto, es posible, pero desde luego no es seguro, que este conjunto final de imperativos se haya guardado para el final, porque "las profecías" podrían subyacer tras algunas de las dificultades precedentes, sobre todo la cuestión suscitada en 5:1-10.

Esta serie de imperativos es el registro más temprano del Nuevo Testamento sobre la naturaleza básicamente carismática[660] de estas primeras comunidades. La mayoría son sorprendentes, porque ninguna otra cosa de la carta nos ha preparado del todo para ellos y porque parecen referir más a un caso específico que las exhortaciones inmediatamente precedentes y más generales de los versículos 15 y 16-18.[661] Y no solo así, sino que son los únicos en toda la serie de exhortaciones (desde el v. 12) que se expresan como prohibiciones (vv. 19-20), cuyas contrapartidas positivas (vv. 21-22) son requisitos. Esto conduce a varias observaciones contextuales y estructurales antes de considerar cada uno de los imperativos de manera individual.

Primero, sobre la base de la naturaleza específica de los versículos 12-15, y de que la preocupación parece retomarse en 2 Tesalonicenses 2:2, este conjunto de imperativos se entiende probablemente mejor como alusión a un problema

---

J. D. G. Dunn, *Jesus and the Spirit* [Philadelphia: Westminster, 1975], 236). *Jesús y el Espíritu* [Viladecavalls: CLIE, 2014]. Para el argumento a favor de ir en contra de la mayoría, ver la explicación más abajo. Richard (272) opta por el sustantivo, pero lo interpreta en alusión a "la actividad carismática cuestionable".

660. Uso esta palabra de esta forma con ciertos recelos, porque existe una sensación de que todo lo que es del Espíritu es "carismático", no simplemente las manifestaciones más visibles de los fenómenos como la profecía. No obstante, una de las posibilidades actuales de significado es esta: aludir a las comunidades cristianas (o personas) abiertas a, y que experimentan, esta clase de actividad del Espíritu. Que el pasaje presente presupone esto es manifiesto, de ahí el uso del término "carismático" en este sentido para describirlos a ellos y al resto de la iglesia primitiva. Sobre este asunto, aunque un tanto exagerado, ver H. Gunkel, *The Influence of the Holy Spirit* (Philadelphia: Fortress, 1979 [original alemán, 1888]), 30-42.

661. Morris (175-79) considera, por tanto, que el conjunto de los vv. 19-22 no aluden a pronunciamientos proféticos, sino a prohibiciones generales, incluida una (v. 20) contra despreciar las profecías. Pero esto tampoco parece tomar lo bastante en serio: (1) que los tres precedentes sean un paquete de imperativos; (2) la estructura de esta serie particular; o (3) la aparición y la fuerza contrastiva del δέ en el v. 21, que está específicamente relacionado con las profecías.

específico en la iglesia de Tesalónica.[662] Si este es el caso, también suscita la cuestión del contexto histórico al que van dirigidos. Al ser una instrucción tan condensada, y dada la escasez del material relacionado con estas dos cartas, ¿cómo se debe entender el entorno histórico específico de la inquietud aquí expresada?[663] La mención al "Espíritu" (posiblemente en forma de profecía) como posible fuente de una enseñanza equivocada en 2 Tesalonicenses 2:2 (q.v.) abre la probabilidad de que la corrección fuera más necesaria de lo que parece a primera vista.

Aun así, la pregunta sigue permaneciendo: ¿qué situación está tratando Pablo? Algunas observaciones estructurales están, pues, en orden. Como con el conjunto precedente de tres (vv. 16-18), estos cinco imperativos pretenden ser leídos juntos. Se presentan en dos partes (vv. 19-20; 21-22): la primera es una forma de paralelismo en la que el segundo miembro detalla el primero; el segundo conjunto, que está en contraste con el primero, especifica lo que tienen que hacer en su lugar, esta vez en un grupo de tres, del que el primero proporciona la norma general y los dos finales proporcionan mayor detalle. Así:

No apaguen el Espíritu,
no desprecien las profecías,
*sino*
sométanlo todo a prueba,
aférrense a lo bueno,
eviten toda clase de mal.

Un problema exegético básico es si el énfasis está en los dos primeros imperativos (¿acaso algunos dentro de la comunidad no estaban tan complacidos con tales fenómenos en la congregación?), o en los tres finales (¿los dos primeros preparan los tres finales para que, al corregir los abusos, no se exagerara en la corrección?). También es posible, por supuesto, que dado que muchos de sus conversos gentiles ya estaban bien familiarizados con el "éxtasis" de su pasado pagano,[664] Pablo intentara simplemente ofrecer algunas directrices para unas manifestaciones perfectamente válidas —y normales— del Espíritu en sus propias reuniones para adorar.[665]

662. Como también suele ser el caso, por ej., en 1 Co. 16:13-18; 2 Co. 13:11; Ro. 16:17-19; cp. G. D. Fee, *The First Epistle to the Corinthians* (Grand Rapids: Eerdmans, 1987), 825-26.

663. Algunos intérpretes lo han convertido en la base de todos los problemas que Pablo trata en Tesalónica. Pero esto es probablemente leer demasiado a partir de muy poca evidencia. Ver, en esp., Jewett, *Correspondencia,* 161-78.

664. Ver Fee, *1 Corinthians,* 574-82 (sobre 1 Co. 12:1-3).

665. Cp. Wanamaker (201), quien sugiere que "Pablo deseaba alentar la actividad pneumática como señal de los tiempos escatológicos en los que se hallaban los tesalonicenses". Este pasaje parece insinuar que los fenómenos son más integrales a la iniciación y la experiencia

Algunos han argumentado[666] que el problema en Tesalónica resultó de cierto desencanto con estos fenómenos, en forma de demasiado "éxtasis" (por lo general la glosolalia, como en Corinto) o de "éxtasis" equivocado (ya fuera por parte de los ociosos-rebeldes que se servían de la profecía para justificar su conducta, o por parte de algunos cuyas predicciones erróneas sobre el día del Señor habían desprestigiado la profecía). Se podría afirmar esto por la gramática de las prohibiciones mismas.[667]

Sin embargo, parece más probable que Pablo esté ofreciendo aquí algo preventivo, tal vez relacionado con la anterior experiencia que ellos tenían con un "éxtasis" de un tipo más descontrolado. Las pruebas de 2 Tesalonicenses 2:1-2 podrían sugerir, al menos, que Timoteo ya había informado a Pablo de algunas tendencias en la adoración que necesitaban ser "ajustadas", aunque no eliminadas. Así, algunos meses después (2 Ts. 2:2), aunque Pablo parecía desconocer la fuente precisa de la tergiversación de su enseñanza, sí sabía que "el Espíritu" (= "un pronunciamiento profético") era una de las posibilidades. Esta es la razón probable por la que, en la misma carta (2:15; cp. 2:5), los instara a ceñirse a lo que ya les había enseñado durante su primera visita (fundadora) y en esta carta que tenemos entre manos.

En cualquier caso, en este, nuestro primer encuentro con el ministerio del Espíritu en una comunidad cristiana temprana, en lugar de instar a los tesalonicenses a "avivarse en llamas" o "desear con fervor" el Espíritu y sus manifestaciones en medio de ellos, como en algunas cartas posteriores,[668] Pablo los alienta a no apagar al Espíritu. Pero al indicarles que "no apaguen" o "no desprecien" el Espíritu, tampoco está sugiriendo que todo debía ser en el nombre del mismo. Deben "probar todas las cosas", aferrándose a lo bueno y evitando toda forma de mal, pero este poner a prueba no debe conducir a apagar el Espíritu ni sus dones.

---

cristiana de lo que Wanamaker permite. Pablo apenas necesita "alentar" lo que habría sido *presuposicional* en las iglesias paulinas.

666. Por ej., Green, 261, quien alude a ellas como "dos exhortaciones que arrestan los intentos por impedir el uso de este don en el seno de la iglesia".

667. El μή con el imperativo presente tiene a menudo la fuerza de "dejar de hacer algo", lo que insinúa la acción prohibida que ya ha tenido lugar. Esto lo arguyen, por ej., Hiebert (243) y Moore (83); pero ver Bruce (125), quien correctamente observa que, "como los imperativos positivos en los vv. 16-18 y 21-22, [estos imperativos negativos] indican lo que deben hacer de forma habitual (o aquello de lo que deben refrenarse)".

668. Para "avivar la llama", ver 2 T. 1:6-7; para "ambicionar", ver 1 Co. 14:1.

**19**

Pablo inicia esta serie de la forma más general:[669] "No apaguen el Espíritu".[670] De no ir esto seguido del versículo 20, se podría entender este término, y con razón, de una forma más general, incluida la vida ética y las manifestaciones carismáticas. Pero la siguiente cláusula y la estructura de todo lo que Pablo ya ha indicado apunta aquí a algo más específico.

Aunque el uso metafórico del verbo "apagar"[671] va más allá del sentido literal común de "sofocar [un fuego]",[672] la colocación frecuente del Espíritu con el fuego es la razón probable aquí para la metáfora.[673] No obstante, el énfasis no está en la dimensión de la metáfora del "fuego", sino en ahogar al Espíritu en medio de ellos;[674] y justo en 2 Tesalonicenses 2:2, la referencia de Pablo al "Espíritu" apunta con mayor probabilidad a las "manifestaciones carismáticas".[675] A pesar de que se pueda abusar de los ministerios del Espíritu en la comunidad cristiana, la profunda apreciación del apóstol por el papel central del Espíritu en la vida individual y corporativa no permitiría corregir ese problema ordenando que cesaran del todo la práctica.[676] Más bien, el antídoto para el mal uso es la

669. Pero ver Gunkel (*Influence,* 30-31), quien cree que la glosolalia es "la actividad característica y más impresionante del Espíritu" y, por tanto, considera que πνεῦμα en esta frase es "establecido junto a προφητία como la capacidad de hablar en lenguas". Otros verán esta primera prohibición como una alusión a un don del Espíritu en general (Ellicott [81], Frame [205], Best (238], Wanamaker [202]), pero, como observa Malherbe (331), "el contexto, así como el verbo usado, indican que Pablo ya se estaba refiriendo a la profecía".

670. Dado que τὸ πνεῦμα ocupa el primer lugar en la frase, cabría argumentar que el énfasis está aquí; sin embargo, el orden de palabras parece menos enfático que lo meramente formal, dado que, en cada caso, el verbo es el ultimo miembro de la frase (como también sucedió en el conjunto precedente de "imperativos en *staccato*", vv. 16-18). De forma más significativa, el artículo definido con πνεῦμα nos asegura que Pablo se está refiriendo aquí al Espíritu, es decir, el Espíritu del Dios vivo, a quien cada uno de ellos experimentó en la conversión (1:5-6).

671. Gr. σβέννυμι. Moulton-Milligan ofrece un uso metafórico similar en el siglo I ("apagaron la luz del sol en nosotros").

672. Pero solo aquí y en 2 T. 1:6-7 del corpus paulino ("avivar en llamas el don").

673. Sobre esto, ver esp. W. C. van Unnik, "'Den Geist Löschet nicht aus' (1 Thessaloniscehr v 19)", *NovT* 10 (1968), 255-69.

674. Como frente a la prohibición de que un individuo ahogue al Espíritu dentro de sí mismo (como, por ej., Ellicott, 82; Bruce, 125).

675. El lenguaje es de von Dboschütz (225); van Unnik lo cita favorablemente (ver n. 54 más arriba), aunque su distinción entre el v. 19 como aludiendo a uno mismo y el v. 20 como referencia a los demás es demasiado pulcra.

676. Esto se puede ver de forma más clara en 1 Corintios 12-14. Incluso después de algunas palabras fuertes de corrección sobre la actividad del Espíritu en medio de ellos, Pablo se niega a permitir que estos correctivos se conviertieran en una forma de "apagar el fuego del Espíritu". Por tanto, concluye todo el conjunto mediante la repetición del mandamiento: "[Sean]

utilización adecuada. De ahí que inicie estas exhortaciones con la advertencia general: "No apaguen el Espíritu".

**20**

Este imperativo siguiente describe, de una forma específica, la advertencia general del versículo 19. Y prosigue: "Con no 'apagar' el Espíritu quiero decir, en particular, 'No desprecien las profecías'". Es la mención más temprana de la "profecía" (o "pronunciamiento profético") en el Nuevo Testamento. Aunque no es un término frecuente en el corpus paulino, aparece en esta, su carta más temprana, y en una de las últimas (1 Timoteo), así como en 1 Corintios y Romanos.[677] La presuposición del pasaje siguiente, así como el argumento de 1 Corintios y la mención objetiva en Romanos 12:6 sugieren firmemente que esta fue una expresión normal para la actividad del Espíritu en las comunidades cristianas primitivas.

Pero lo que podría haber entrañado en realidad el término "profecía" es otro asunto. Las pruebas combinadas en Pablo, sobre todo en su posterior explicación en 1 Corintios 12 y 13, sugieren al menos el siguiente entendimiento. Primero, aunque la profecía fuera un fenómeno especialmente generalizado en las religiones de la antigüedad,[678] la forma en que Pablo la comprendía —así como los demás escritores del Nuevo Testamento— estaba profundamente condicionada por su propia historia en el judaísmo. El profeta era alguien que, bajo inspiración del Espíritu, hablaba al pueblo de Dios (por ej., Mi. 3:8). El "pronunciamiento inspirado" llegaba mediante revelación y juicio anunciado (por lo general) o salvación. Con frecuencia, la palabra hablada tuvo un elemento futurista, de manera que, en ese sentido, también llegaron a verse como "predictores"; pero ese fue solo un elemento, y no necesariamente el más crucial.

En segundo lugar, con el derramamiento del Espíritu al final de la era, los primeros creyentes entendieron que la profecía de Joel 2:28-30 se había cumplido, de manera que la "profecía" no solo se convirtió en un fenómeno renovado, sino que también estaba disponible potencialmente para todos, dado que todos habían recibido ahora el Espíritu en plenitud. Así, aunque algunos fueron llamados "profetas" (1 Co. 12:28-29), probablemente porque a menudo pronunciaban "profecías", la implicación de 1 Corintios 14 es que fue un don de amplia disposición —al menos de forma potencial— para todos.

---

celosos en cuanto a la profecía y no prohíban el hablar en lenguas". El correctivo debe hallarse en que lo hagan "decentemente y con orden".

677. Aparte de este pasaje, ver Ro. 12:6; 1 Co. 12:10; 13:2, 8; 14:6, 22; 1 T. 1:18; 4:14. El verbo, que habla de la actividad misma, aparece 11 veces más e incluye la participación de las mujeres en 1 Co. 11:5.

678. Ver D. Aune, *Prophecy in Early Christianity and the Ancient Mediterranean World* (Grand Rapids: Eerdmans, 1983), 23-88.

En tercer lugar, aunque la tradición profética veterotestamentaria subyace sin duda al entendimiento de Pablo, en ningún momento supone que el profeta hable otra cosa que una palaba *ad hoc*. Esto queda demostrado, de forma especial, por los versículos 21 y 22 del pasaje presente. Así, nunca existió un sentido en el que una palabra profética se elevara al nivel de "texto inspirado".

Dado que este tipo de pronunciamientos eran probablemente un medio para oír a Dios, tal vez en una forma en que impartiera dirección y estímulo a una comunidad perseguida, y dado que tales pronunciamientos procedían del Espíritu Santo, no debían ser "menospreciados".[679] Sin embargo, por llegar estas comunicaciones a través de meros vasos humanos, deben ser probadas, y esta es la idea que el apóstol pasa ahora a exponer. Que algo de esto aluda a los momentos previos en la carta —por ejemplo, al respecto del día del Señor en 5:2— es irrelevante;[680] pero la posibilidad de ello radica en lo que el apóstol afirma con posterioridad en 2 Tesalonicenses 2:2 (q.v.).

**21a**

El adversativo "pero", que en algunas versiones inicia esta frase, pone todo el asunto en perspectiva. Aun cuando no deben apagar el Espíritu mostrando desdén por los pronunciamientos proféticos, tampoco deben aceptar sencillamente cualquier comunicación de este tipo como si fuera del Espíritu. En su lugar, deben "probar[681] todas las cosas".[682] Con toda verosimilitud, esta es una forma primitiva de lo que Pablo denomina "discernimiento" o "sopesar" los "espíritus", en 1 Corintios 12:10 y 14:29, lo que significa en primer lugar "poner a prueba" las profecías. Y esto, a su vez, es la versión cristiana primitiva de "probar a los profetas" que encontramos en Deuteronomio 18:21-22.

Todo esto parece bastante sencillo; la dificultad para nosotros, que estamos a mucha distancia, radica en determinar *cómo* debían probarse dichas profecías. Es decir, ¿cómo entiende Pablo que se debe producir la prueba y según qué criterios?

679. Gr. ἐξουθενεῖτε que, aquí, como suele ocurrir en el NT, implica "rechazar con desdén" (BDAG; ver Hch. 4:11; Gá. 4:14).

680. Como, por ej., Best, 239.

681. Gr. δοκιμάζετε, que aquí significa "poner a prueba" en el sentido de "examinar" al respecto de su veracidad. Cp. Lucas 14:19, donde un hombre se excusa del banquete para poder ir y "analizar" la compra de un buey.

682. Desde muy temprano, este dicho se relacionó con una *ágrafa* de Jesús: "Sean cambistas aprobados". Cp. esp. la forma en que lo cita Clemente: "Sean cambistas de dinero aprobados, que rechazan lo mucho, pero retienen lo bueno". Como señala Jeremias, esta es probablemente la forma en que se debía entender originalmente la logia misma (J. Jeremias, *Unknown Sayings of Jesus* [Londres: SPCK, 1958], 89-93). Pero, a pesar de esta forma clementina, que tiene algunos matices lingüísticos con Pablo, no hay razón para creer que Pablo sabía o usaba el dicho; y, en cualquier caso, la preocupación de Pablo se mueve en una dirección considerablemente distinta.

En su mayor parte, nosotros estamos afuera, mirando hacia el interior, ya que en ningún lugar proporciona Pablo de forma específica criterio alguno. No obstante, dos pasajes nos dan algunas claves.

En primer lugar, en la explicación de 2 Tesalonicenses 2:2 se sugiere que 2 Tesalonicenses 2:15 podría ayudar. En un contexto en que algunos de ellos se habían sentido conmocionados por una tergiversación de la enseñanza sobre el día del Señor, Pablo los exhorta a "permanecer firmes y seguir bien aferrados a las *tradiciones* que les *enseñamos*, ya sea de *palabra* [= su predicación original del evangelio y de la doctrina que siguió a la llegada de ellos a la fe] o mediante *carta* [= en este caso, 1 Tesalonicenses]". Si eso es así, la primera prueba es la proclamación/enseñanza apostólica sobre Cristo. Esta es una prueba relacionada con el contenido teológico o doctrinal del pronunciamiento.

En segundo lugar, en 1 Corintios 14:3, Pablo afirma de forma específica que aquel que profetiza habla para edificación, aliento (o exhortación) y consuelo. Esta es la prueba del propósito, así como del contenido, y tiene que ver con su utilidad para la comunidad creyente.[683]

Los imperativos que vienen a continuación ofrecen ayuda en otra dirección más, pero sin especificación: que, de algún modo, presumiblemente por el contenido, deberían ser capaces de discernir el "bien" del "mal".

## 21b-22

Pablo concluye ahora este breve conjunto de imperativos sobre las profecías en su congregación, mediante la indicación de cuál debería ser su doble respuesta a la prueba. Por una parte, tienen que aferrarse a "lo bueno"; por la otra, tienen que mantenerse alejados de "toda clase de mal". Lo primero es bastante fácil. Según Pablo, en un pasaje posterior (1 Co. 14:1-19), la razón para desear con fervor la profecía en la comunidad es que "edifica" y es, por tanto, una expresión de amor; en 14:20-25 es también una señal de que Dios está verdaderamente en medio de ellos (por su efecto en los incrédulos). El criterio presente no es, por tanto, más que otra forma de afirmar lo que se repite en otros lugares de las instrucciones paulinas sobre estos asuntos: que el objetivo de esta actividad es el "bien común" (1 Co. 12:7), la edificación de los demás.

Nuestra dificultad con la instrucción presente se debe a la cláusula final (lit. "absténganse[684] de toda forma de mal"). Dado que esto llega como imperativo

683. Entre los pasajes de "criterios", cabría añadir 1 Co. 12:3, pero, tal como se observa en mi comentario (*1 Corinthians,* 581), "la idea de Pablo en el contexto no consiste en establecer un medio para 'probar los espíritus', sino recordarles que el 'pronunciamiento inspirado' como tal no es prueba de ser 'dirigido por el Espíritu'".

684. Gr. ἀπέχεσθε; cp. 4:3, ἀπέχεσθαι ὑμᾶς ἀπὸ τῆς πορνείας ("que se abstengan de la inmoralidad sexual"); y 1 T. 4:3 (donde los falsos maestros "no permiten comer ciertos alimentos", etc.).

final en la serie que comenzó en el versículo 12, y que el verbo se usa con anterioridad (4:3) en un contexto de "evitar el mal" en sentido ético, esta cláusula puede separarse con facilidad de su contexto y convertirse en una forma de instrucción general para la comunidad cristiana. Así como deben "abstenerse de la inmoralidad sexual", ahora les ordena que se "abstengan de toda forma de mal". Y así lo han entendido varias generaciones de lectores de la Biblia que se criaron con la RVR1960,[685] que tuvieron el infortunio de tener no solo los "versículos" numerados, sino también de tener publicada como su edición estándar una Biblia en la que cada versículo se convertía en su propio párrafo.[686]

Sin embargo, aquí tenemos un caso en el que tanto el uso paulino como el contexto deberían ser decisivos. Lo primero no es, por supuesto, el criterio final, sino que es sugestivo. El orden presente de *pas* ("todo") + sustantivo + adjetivo figura en otros lugares de las cartas de Pablo, en Efesios 1:3 y 4:29 y, en especial, con la expresión "toda buena obra", que aparece con frecuencia en las cartas de Pablo.[687] Su opuesto, "toda mala obra" (*pantos ergou ponērou*), figura en 2 Timoteo 4:18. Por otra parte, no hay ejemplo en el que este orden aparezca y el adjetivo tenga que entenderse como sustantivo, lo que hace que la ausencia del artículo con *ponērou* sea más expresiva aquí (cp. 2 Ts. 2:3); su presencia habría dado por seguro que Pablo pretendía un sustantivo. Esto, en sí mismo, sugiere firmemente que "toda forma de mal" es lo que él quería decir con esta expresión. Pero también lo hace el contexto mismo.

Además, Pablo parece estar aquí haciéndose eco de Job 1:8 según la Septuaginta, donde Dios afirma al respecto del patriarca que, como hombre recto, es "hombre intachable, veraz, temeroso de Dios, apartado de toda mala obra".[688] Por tanto, a pesar de algunas dificultades con el lenguaje,[689] Pablo pretendía casi con toda seguridad que "evitaran" o "se apartaran" de toda expresión de "profecía" que no fuera "buena", sino de un "tipo malo". La mayoría de los problemas de

685. Esta posibilidad también ha sido albergada por algunos comentaristas (por ej., Ellicott, Moore, Hiebert y Green), aunque este último considera que *incluye* la cuestión de la falsa profecía.

686. Un infortunio mayor aún es que esta práctica ha sido mantenida por algunas versiones recientes, cuya adherencia a esta tradición parece inexcusable.

687. Ver 2 Ts. 2:11; 2 Co. 9:8; Col. 1:10; 1 T. 5:10; Tit. 1:16; 3:1; 2 T. 2:21; 3:17.

688. El griego es bastante cercano:
Pablo: ἀπὸ παντὸς εἴδους πονηροῦ ἀπέχεσθε.
Job de la LXX: ἀπεχόμενος ἀπὸ παντὸς πονηροῦ πράγματος.

689. La elección de los verbos parece especialmente desconcertante para algunos, dado que Pablo tiene un amplio vocabulario para expresar el "rechazo". Más difícil aún es el modificador πονεροῦ, que no parece equilibrar el objeto simple, "lo bueno", en la cláusula precedente. Pero todo esto se puede explicar mediante la elección del lenguaje de Pablo a partir de la LXX, donde ha sustituido πράγματος por εἴδους.

lenguaje se pueden justificar. La elección del verbo "mantenerse alejado" (*apechesthe*) se explica mejor con el uso que el apóstol hace de "aférrense" (*katechete*) en la cláusula precedente, un antónimo natural que encaja en la rima. El uso de "todo" explica pues, además, las diferencias en la forma de expresar los objetos.[690] Así, la principal dificultad para los eruditos y los traductores ha sido el orden de las palabras, pues Pablo ha colocado los dos adjetivos modificadores a cada lado de la forma "sustantiva", de manera que "toda forma de mal" sigue el orden "toda forma que está mal".

Lo más complicado de explicar es la elección del sustantivo *eidous* ("forma") en lugar de decir sencillamente "lo que es malo", como en la cláusula precedente ("lo que es bueno"). El término *eidous,* en este sentido, aparece solo aquí en Pablo y significa algo parecido a "clase".[691] Por tanto, tienen que "apartarse de toda clase que sea mala". La mejor explicación aquí parecería ser una más antigua, que, en opinión de Pablo, "bueno" es singular, mientras que "el mal" adopta muchas formas. En cualquier caso, el contexto y los juegos verbales entre las dos cláusulas finales parecen exigir que esta cláusula final también aluda a los pronunciamientos proféticos.

También es altamente improbable que el apóstol permitiera que tales "clases" fueran verdaderamente del Espíritu. Lo que está instando, más bien, es a probar todos los pronunciamientos "inspirados", de manera que los creyentes tesalonicenses pudieran distinguir "lo bueno" (= aquellos que son del Espíritu) de toda clase que, al ser probada, demostrara tener carencias y, por tanto, no fuera del Espíritu. Aunque no podemos estar seguros de cómo habría entendido Pablo esto último, en términos de fuente o de contenido, es posible que considerara la tergiversación de su propia enseñanza sobre el día del Señor en 2 Tesalonicenses 2:2 como "una clase mala" de pronunciamiento del que debían apartarse.

Tal vez debería observarse en la conclusión que la primera mención a la profecía en el Nuevo Testamento incluye el imperativo de que todas estas profecías (y, por insinuación, todas las demás "pronunciaciones del Espíritu" en la comunidad) deben ser probadas. El sobrecogimiento con el que muchos carismáticos se aferran a la profecía y a los "profetas" que, en realidad, hace que nunca sean "probados", está en contradicción básica con este mandamiento paulino.

En resumen, en este pasaje Pablo está alentando y a la vez ofreciendo una respuesta adecuada a las palabras proféticas espontáneas en la comunidad reunida en Tesalónica. Al parecer algunos profetizaban de una forma que no era útil, por

690. En la voz media, que es la única forma de ἀπέχομαι que significa "evitar" o "mantenerse alejado de", adopta de forma natural la preposición ἀπό para completar su significado.

691. Según BDAG; ver, por ej., su uso en Sir. 23:16; 24:2; cp. Josefo, *Ant.* 10.07, quien usa una expresión similar: πᾶν εἴδους πονηρίας ("toda forma/clase de maldad"). Cabe preguntarse si ir más allá de este uso es una correlación entre "pecado" e "idolatría" en la mente judía.

lo que Pablo insta a que todos estos discursos sean "probados" para que lo bueno pueda edificar de verdad al pueblo de Dios.

Es curioso que algunos de estos imperativos en *staccato* hayan encontrado su lugar correcto en la vida o la instrucción de la iglesia posterior, excepto en el caso de este grupo final, relacionado con el discurso profético en la iglesia reunida. Y, sobre esta segunda preocupación, la iglesia contemporánea tiende a tener una doble opinión y ambas parecen no tener las bases hermenéuticas adecuadas sobre las que afirmarse. Por una parte, lo que carece de dicho cimiento para aquellos que están abiertos a tales ministerios del Espíritu es que las personas se sientan al parecer "sobrecogidas" ante la posibilidad de que el Espíritu esté indicando que se pase completamente por alto el imperativo de "probar todas las cosas". Así, con el fin de "no apagar" al Espíritu, se permite que una parte demasiado grande (que demostraría no pertenecer al Espíritu si fuera "probada" de la forma adecuada) reciba la aprobación de la comunidad por no "sopesarla" según las directrices ofrecidas en 1 Corintios 14:3 (fortalecimiento, aliento, consuelo). Por otra parte, aunque la prohibición del discurso profético inspirado en el Espíritu sea comprensible en términos de la historia y la constitución de la iglesia de nuestra época, apenas es justificable sobre una base hermenéutica solamente. Esta prohibición se puede entender, por supuesto, en contextos donde una palabra espontánea podría casi causarles un paro cardiaco a muchos. Pero el intento de justificarlo por cualquier otra razón —como parece ser tan a menudo el caso— parece basarse en una hermenéutica completamente defectuosa. En cualquier caso, considerar que el primer triplete (vv. 16-18) es adecuado para todos los tiempos y lugares, pero tomar este material final (vv. 19-22) como algo perteneciente tan solo a las iglesias paulinas parece ponernos ante un dilema hermenéutico, ya que Pablo mismo ofrece el medio para mantener tales discursos dentro de los límites adecuados.

### B. BENDICIÓN (5:23-24)

*23 Que Dios mismo, el Dios de paz, los santifique por completo, y conserve todo su ser —espíritu, alma y cuerpo— irreprochable para la venida de nuestro Señor Jesucristo.*
*24 El que los llama es fiel, y así lo hará.*

Con esta doble oración de bendición,[692] Pablo concluye su carta haciendo hincapié en sus dos principales preocupaciones al escribir: que los creyentes tesalonicenses

692. Esta es mi propia terminología; Pablo está orando por ellos en realidad, pero su forma y su colocación al final de la carta indica que sirve también como una especie de bendición. Cp. R. Jewett, quien lo diseña como una "bendición homilética" ("The Form and Function of the Pauline benediction", *ATR* 51 [1969], 18-34; *Paul's Anthropological Terms: A Study of Their Use in Conflict Settings* [Leiden: Brill, 1971], 175-83). Para el estudio más concienzudo de estos "finales" en las cartas de Pablo, ver J. A. D. Weima, *Neglected Endings: The Significance of the Pauline Letter*

siguieran un curso de vida santo y que lo hicieran hasta la parusía misma.[693] A continuación, a la manera típica, les confirma que el Dios de paz a quien dirigen su oración, aquel que los "llamó" a sí mismo en primer lugar, hará lo que Pablo le pide. Y, aunque el contenido de la oración parece a primera vista bastante manejable, es un pasaje de las cartas paulinas que ha recibido una cantidad de atención extraordinaria por la forma en que el apóstol expresa sus preocupaciones.

La petición misma consta de dos partes claras, unidas de un modo un tanto quiástico por el hecho de que el verbo aparezca en la primera posición de la primera petición y en el último lugar de la segunda y, por tanto, al final de toda la frase. Su razón para esto es, con mayor probabilidad, su colocación de los homófonos *homotelis* y *holoklēron* en medio de su frase (ver la explicación más abajo). Por la naturaleza misma de lo que se está afirmando, ambas peticiones parecen casi sinónimas, de manera que la primera ofrece el contenido básico de la oración, mientras que la segunda se desarrolla reuniendo las dos principales inquietudes de Pablo al escribir: que vivieran una vida santa en el presente para que fueran irreprochables cuando el Señor venga.

La oración en sí tiene varios rasgos dignos de mención que es preciso señalar. Tal vez lo más llamativo sea: (1) que tanto el lenguaje como la preocupación son casi una repetición de la petición final (v. 13) en el informe de oración de 3:11-13; y (2) que esta oración casi idéntica iba dirigida en su primera aparición a Cristo, mientras que aquí se eleva a Dios Padre solamente. Tiene gran interés, por tanto, que cuando esta misma plegaria básica figura al final de la segunda carta a esta iglesia, se eleva al "Señor [= Jesucristo] de paz" (2 Ts. 3:16). Pero, de muchas maneras, el momento más singular de todo es uno que la mayoría de los cristianos occidentales rara vez observan: que la segunda petición individualiza aquí lo que empezó con una preocupación por el cuerpo de creyentes en su totalidad, un momento singular porque rara vez el apóstol hace algo así.

**23**

Al hacer su oración al "Dios de paz", Pablo parece haber retomado uno de los momentos característicos de su herencia judía (en la que *shalom* era la salutación común de todos) y lo ha transformado en lenguaje de oración. Es decir, en lugar de concluir con el "la paz esté con ustedes" estándar, ruega que el Dios (que es el

---

*Closings* (Sheffield: Sheffield University Press, 1994), 174-86. Sobre el uso nada útil de Wiles del lenguaje de "deseo-oración" (*Paul's Intercessory Prayers* [SNTSMS; Cambridge: Cambridge University Press, 1974]), para esta y todas las oraciones en la optativa del corpus paulino, ver n. 5 sobre 3:11-13 más arriba.

693. Cp. P.-É. Langevin, "L'intervention de Dieu, selon 1 Thess 5,23-24: Déja le salut par grâce", en *The Thessalonians Correspondence* (ed. R. F. Collins), 236-56. Weima (nota precedente) lo ve como retomando también un tercer elemento ("consuelo frente a la persecución" [p. 181]), pero esto me queda menos claro.

único que establece la paz verdadera) pueda obrar en medio de ellos para producir su "completitud". Lo más probable es que Pablo tuviera una preocupación así en mente cuando empezó a dictar la oración. De modo que, aunque la plegaria supone la realidad de los creyentes individuales en Tesalónica, esa preocupación no se retomará de forma explícita hasta la segunda petición. La primera inquietud, como sucede a lo largo de toda la carta, es la iglesia como cuerpo de creyentes. Después de todo, en Pablo rara vez la "paz" se refiere al "corazón tranquilo", por así decirlo, sino a la vida de la comunidad, que los creyentes vivan juntos sin conflictos. Este entendimiento parece estar detrás del cambio en la TNIV de "por completo"[694] (en la primera cláusula) a "todo su ser" (en la segunda).

Por tanto, parece especialmente adecuado como forma de "terminar" esta carta. Aunque Pablo no pone en el contexto del conflicto interno ninguna de las cuestiones suscitadas en esta carta, en realidad son asuntos llenos de disputas potenciales, en especial los asuntos de "trabajar con las propias manos" y de la "inmoralidad sexual".

Pero, aunque la preocupación de Pablo a lo largo de la carta se haya dirigido al conjunto de la comunidad, en su segunda cláusula de elaboración parece dirigida sin rodeos al individuo, ya que se trata de que cada uno de ellos sea "irreprochable" en la parusía. Así, con un juego con el sonido de los dos términos griegos —*holoteleis* y *holoklēron*[695]—, Pablo pasa de la oración por la comunidad en su totalidad a un momento de individualización de su inquietud por cada uno de ellos. Para aclarar esto, expresa esa "completitud" con una alusión a algunas formas de entender las "partes" individuales que componen a la persona humana: "Espíritu, alma y cuerpo". Aunque lo más probable es que Pablo pretendiera tan solo lanzar una amplia red al respecto de lo que es el ser humano, ha generado

694. Gr. ὁλοτελεῖς (*hápax legomenon* del NT), un adjetivo en la posición del predicado que aquí funciona probablemente de forma adverbial; es un término cuantitativo (o "colectivo"; Milligan [78], Rigaux [596]), vocablo para el cual el BAGD ofreció "por completo" como una traducción posible, pero que el BDAG cambió a "completos de todas las maneras, algo bastante perfecto", para lo cual Danker ofrece "hacerles santos por completo, de todas las maneras" para este pasaje. Lightfoot (87) considera preferible el uso predicado ("como proléptico... 'que Él los santifique para que puedan ser completos'"). Cp. Jewett (*Terms,* 176), quien considera el uso adverbial como "indefendible" aquí, ya que Pablo podría haber usado el adverbio correspondiente ὁλοτελῶς. Sin embargo, el entendimiento adverbial, que parece exigido por el énfasis y el contexto, se remonta tan atrás como la Vulgata (*per Omnia*). Además, no queda del todo claro cómo el hecho de "ser completo" o "íntegro" (Jewett) da mayor sentido a la intención claramente ética de ἁγιάσαι.

695. Gr. ὁλόκληρον, según el BDAG, pertenece a "ser completo y cumplir con todas las expectativas", por tanto "con integridad, total, completo, sin desperfecto, intacto, intachable". Resulta difícil ver una gran diferencia esencial en el significado de ὁλοτελεῖς. La mejor solución parece ser la de Milligan y Rigaux (nota precedente) quien, sobre la base de la derivación, considera que ὁλοτελεῖς es colectivo y ὁλόκληρον, distributivo (es decir, "de forma completa" y "en cada una de sus partes").

tristemente una enorme cantidad de energía y literatura, por no mencionar agrupamientos teológicos.[696] Pero es posible que fuera un momento un tanto improvisado de Pablo. De hecho, es bastante dudoso que estuviera intentando ser preciso o incluso que él mismo pudiera distinguir con facilidad entre "espíritu" y "alma".[697] Su preocupación está en "por completo" y para establecer esta idea, incluye los términos que usa en otros lugares para hablar del ser humano.[698]

En ocasiones se ha sugerido que la referencia de Pablo al "espíritu" es, en este caso, una referencia indirecta o, en algunos casos, bastante directa, al Espíritu Santo que retoma el lenguaje en alusión a este del versículo 19.[699] Pero esta sugerencia simplemente no se sostiene. En realidad, la forma en la que se usan

696. De hecho, junto a los comentarios, la literatura sobre este pasaje es considerable. Para una revisión de gran parte de la literatura continental a lo largo de 1990, en varios lenguajes europeos, ver R. F. Collins, *Studies in the First Letter to the Thessalonians* (BETL 66; Leuven: Leuven University Press, 1984), 68-89.

697. Hasta una mirada casual a la literatura indica que la precisión es difícil de alcanzar; para un juicio similar al respecto de los tres términos, ver Green 268-69. Para la preocupación de una época anterior sobre estos asuntos, ver A. McCaig ("Thoughts on the Tripartite Theory of Human Nature", *EQ* 3 [1931], 121-38), quien presenta siete razones por las cuales la "tricotomía" no es una comprensión correcta de Pablo.

698. Sobre las posibles distinciones, ver BDAG bajo πνεῦμα (3 a). Aunque un tanto antiguas, ver también las dos entradas en *TDNT* (E. Schweizer, "πνεῦμα", 6:415-37; ídem., "ψυχή", 9:648-56). Lo que parece estar "claro" sobre este uso y las posibles distinciones es que no existe gran claridad en la literatura misma. Y, en cualquier caso, Pablo no está intentando ser preciso al respecto de la composición de la persona humana, sino inclusivo en términos de lo que Dios hará por su pueblo mediante el Espíritu. En realidad, esto parece ser la reformulación paulina de la familiar *Shema* de Dt. 6:4.

699. Ver, por ej., Frame (211-13), siguiendo a von Dobschütz. Esta opinión, que por lo general se ha rechazado (por ej., Hendriksen, 147) o no se ha respetado, ha sido recientemente revivida por Jewett (*Terms,* 175-83) como una parte importante de su comprensión de esta carta y del uso paulino de πνεῦμα en general. Según Jewett, la ocasión de 1 Tesalonicenses puede explicarse mejor en términos de un "milenarismo radical", en el que la ardiente expectativa del regreso de Cristo, combinada con un éxtasis desenfrenado, producían los diversos problemas en Tesalónica. El asunto en 4:3-8 habría sido, pues, una separación "espiritual" de cuerpo y espíritu, de manera que, en el "Espíritu", se podía hacer lo que uno quisiera con el cuerpo, incluida la sexualidad ilícita. Esto se debe a que, en su opinión, el Espíritu divino se había adueñado de ellos. De ahí que Pablo instara a que la actividad santificadora de Dios excluyera la noción de que solo el "Espíritu" será redimido (πνεῦμα = "el Espíritu distribuido", es decir, el Espíritu de Dios que se ha asignado en porciones a los creyentes individuales y, más o menos, asume la función del πνεῦμα humano), y que incluyera a "toda la persona, no solo al hombre interno pneumático" (181). Pero no queda del todo claro que el problema en Tesalónica fuera con los "oponentes" y no sencillamente con una falta de entendimiento y crecimiento por parte de los nuevos conversos gentiles procedentes del paganismo. Jewett probablemente sobreinterpreta a partir de unos cuantos fragmentos de material de estas dos cartas; en el caso de este versículo, adopta el paso adicional de considerar que Pablo está retomando y reformando el lenguaje de sus oponentes. Parece mucho pedirle a la oración, ya que se entiende perfectamente al tomarla de un modo más directo.

aquí los tres términos juntos hace que sea especialmente difícil imaginar que los tesalonicenses pudieran haber percibido el primer término de esta forma. Después de todo, el énfasis radica en que *ellos* fueran santificados (no en la presencia del Espíritu en sus vidas) y en la *totalidad* de la persona humana que necesita la obra santificadora de Dios (aunque se insinuaría "a través de su Espíritu").

De ser así, en segundo lugar, aun al ser gramaticalmente predicados, los dos adjetivos funcionarían en una especie de sentido adverbial y, de manera respectiva, también enfatizarían la naturaleza minuciosa de su santificación.[700] Vistas de este modo, las distinciones entre ellos significarían algo como "totalmente" (con énfasis en la completitud) y "en toda expresión posible de su humanidad". El adverbio final, "irreprochable" añade a continuación la dimensión ética/moral de esta obra profunda del Espíritu. Así como en 3:13, Pablo desea que la forma final de esta actividad se exprese en su condición "intachable" delante de Dios cuando venga nuestro Señor Jesucristo.[701] Así, antes de prestar más atención a los tres términos antropológicos paulinos, es necesario observar además que esta es ahora la octava referencia a la venida en esta carta.[702]

La mayor parte de la explicación sobre estos términos se ha centrado en determinar si la intención de Pablo era o no algún tipo de distinción entre los dos primeros —y, de ser así, ¿cuál?— o, la pregunta relacionada, si el apóstol era dicotomista o tricotomista. Sin embargo, esta explicación de Pablo, aun sin ser

700. Muchos ven también en las dos líneas una especie de quiasmo. En su forma más básica, la frase se lee: ἁγιάσαι ὑμᾶς ὁλοτελεῖς... ὁλόκληρον ὑμῶν τὸ πνεῦμα... τηρηθείη. Así, aquí tenemos un orden ABC CBA del (A) verbo, (B) el "ustedes" y "su espíritu, etc.", y (C) el modificador adjetivo predicado de "ustedes" y "su espíritu". Entendida de esta forma, la frase suele interpretarse a menudo: "Que el Dios de paz los santifique por completo; y que su espíritu, su alma y su cuerpo sean preservados completos [o 'sanos']".

Pero esto parece darle muy poco sentido a la frase de Pablo, en especial cuando se llega al adverbio "irreprochable", que suele convertirse en otro adjetivo, y resulta en (como la RVR1960): "Y el mismo Dios de paz os santifique por completo; y todo vuestro ser, espíritu, alma y cuerpo, sea guardado irreprensible para la venida de nuestro Señor Jesucristo". Aquí el problema es que al primer adjetivo (ὁλοτελεῖς) se lo trata como adverbio, pero al segundo (ὁλόκληρον) como adjetivo, aunque el único adverbio verdadero (ἀμέμπτως) en la oración se convierte en un adjetivo predicado. La preocupación de Pablo no parece ser la "completitud" o la "integridad" del espíritu, el alma y el cuerpo de la persona en la parusía, sino que la "totalidad" de la persona (es decir, el espíritu, el alma, el cuerpo y cualquier otra parte del ser) se conserve intachable para la venida.

701. Así, aun cuando no sea del todo precisa en cuanto al significado de ὁλόκληρον y el hecho de que sea gramaticalmente un adjetivo predicado, la TNIV parece tener el *sentido* paulino correcto al verter "santificar" como un verbo y el adjetivo "intachable". Richard (285) parece no entender demasiado a Pablo cuando sugiere que "Pablo no está hablando aquí de santidad como proceso ético ni como actividad de una comunidad social... En su lugar, alude a esa actividad soteriológica que Dios inició en el acontecimiento de Cristo". Hacer que estos términos sean mutuamente excluyentes parece algo bastante innecesario.

702. Ver 1:3, 10; 2:12, 19; 3:13; 4:13-17; y 5:1-10.

insignificante, no se ha entendido en absoluto.[703] Su uso del término "espíritu" puede haber sido ocasionado, en realidad, por su proximidad al versículo 19; no obstante, la preocupación paulina es singular: que fueran santificados por completo.[704] En el contexto de esta carta, y especialmente a la luz de los vínculos de la frase con 4:3-8, el énfasis presente radica en *su inclusión del cuerpo.* De manera muy parecida a 1 Corintios 6:12-20, aunque sin el lenguaje expreso del cuerpo como templo del Espíritu, Pablo está preocupado porque su congregación, casi completamente de ascendencia gentil (cp. 1:9-10), entiende que la salvación en Cristo incluye la santificación del cuerpo: ahora es el momento de ser santos y estar completamente dedicados a los propósitos de Dios. Por ello, quiere que sean irreprochables en santidad delante de Dios para la venida de Cristo, e insiste (ahora en oración) en que dicha santidad sea profunda en sus vidas, incluida la pureza del cuerpo.

¿Qué podríamos afirmar, entonces, de los dos primeros términos? En primer lugar, es muy probable, dada la forma en que Pablo se expresa, que pudiera pensar en el espíritu y el alma humanos como entidades distintas de alguna manera. Pero que ahora pueda entenderlos de este modo no queda del todo claro en el resto de sus cartas. Dado que tiende a usar tales términos de un modo amplio y un tanto intercambiable, uno se siente obligado a llegar a las conclusiones finales. Además, el énfasis sobre la totalidad sugiere que podría fácilmente haber incluido "mente" sin desviarse ni por un momento de su preocupación. Es decir, cualesquiera que fueran las distinciones que pudiera haber entendido, son bastante secundarias frente a la mayor inquietud de la completitud.

No obstante, es probable que Pablo entendiera alguna distinción entre "espíritu" y "alma"; pero no resulta fácil para nosotros, desde la distancia, discernir lo que podría haber sido. En realidad, no alude a menudo al espíritu humano.[705] Comoquiera que sea, se refiere al componente interior, no material, de la personalidad humana (ver esp. 1 Co. 2:11). Además, quienes consideran que este uso denota esa parte de la existencia humana que sirve de lugar de intersección entre lo humano y lo divino por medio del Espíritu Santo se dirigen, con mayor probabilidad, en la dirección correcta.[706] En cualquier caso, el hincapié está aquí

703. Cp. Malherbe (339), quien observa que "a pesar de las frecuentes afirmaciones de lo contrario, Pablo está escribiendo de forma retórica, y no es necesario referir a alguna tradición litúrgica... o a la psicología popular... como algo subyacente a sus palabras".

704. Cp. el uso en el mandamiento de amor expresado de manera similar en Marcos 12:30 (par.), donde "corazón, alma, mente y fuerza" funcionan del mismo modo.

705. Parece haber solo 14 casos seguros en los que πνεῦμα alude al espíritu humano; ver *GEP,* cap. 2, n. 7.

706. A pesar de Jewett, quien favorece lo contrario. Así, por ej., Findlay (133): "Porque el Espíritu Santo se asocia directamente con el espíritu del ser humano (Ro. Viii.16)".

en que el cuerpo, a la vez que el espíritu humano, sean conservados intachables hasta la venida de Cristo.[707]

Finalmente, no se debería permitir que la explicación anterior minimice la propia preocupación de que esta santificación sea algo que esté ahora en proceso y, en especial, que será así hasta el mismo día de la venida de Cristo.

**24**

Es de sumo interés que Pablo concluya su oración por ellos con una confirmación sobre el cumplimiento de su esperanza. No tiene tanto que ver con los esfuerzos de ellos —aunque sin duda esperaba que ellos hicieran su parte— como con la fidelidad de Dios. En resumidas cuentas, para Pablo todo este tipo de asuntos dependen de que Dios es completamente digno de confianza, no solo "digno" de nuestra "confianza", sino que se puede confiar en él para que lleve a cabo lo que ha prometido. Y, aquí, por primera vez en sus cartas, nos vemos frente a frente con el llamado de Dios a que ellos fueran su pueblo y la propia disposición de Dios de acabar lo que había comenzado por el Espíritu. Para los tesalonicenses, este era el recordatorio necesario de que ni su "santificación" ni el hecho de que se mantuvieran "intachables" hasta la parusía dependía de su propia lucha personal para lograrlo, sino de la confianza en el Dios que los había llamado para sí, el responsable de que en sus vidas sucediera aquello que Él había ya comenzado. Al final, todo depende de la simple realidad de que Dios es absolutamente fiel.

### C. *SALUDOS Y BENDICIÓN FINALES (5:25-28)*

**25** *Hermanos, oren*[708] *también por nosotros.* **26** *Saluden a todos los hermanos con un beso santo.* **27** *Les encargo delante del Señor que lean esta carta a todos los hermanos.*
**28** *Que la gracia de nuestro Señor Jesucristo sea con ustedes.*

Con estas palabras, Pablo lleva a su conclusión los "asuntos finales" con los que cierra su carta. Pero en contraste con todo lo que ha precedido, este es muy clara-

707. En otro frente más, la idea de Juel (250) es bien recibida: esta santificación no debe entenderse aquí como un progreso gradual hacia una meta, sino como un vivir el don que ya ha sido concedido por gracia. "El discipulado es la vida entre los tiempos, porque Dios todavía no ha acabado lo que comenzó. Pero la vida de la fe no es esforzarse por más; es vivir de un modo más pleno en lo que ya ha sido recibido, sabiendo que hasta los esfuerzos por vivir de un modo más adecuado como 'santos' (4:1-3) dependen del Dios que santifica".

708. La TNIV refleja aquí la interpretación de $P^{30}$ B D* 0278 6 33 81 104 326 1505 1739 1881 2462 *pc* b $sy^{h}$ sa Ambst; ℵ A $D^{1}$ F G $I^{vid}$ Ψ 𝔐 lat $sy^{p}$ bo tienen aquí un καί. Lo más probable es que sea un añadido secundario en respuesta a la oración por ellos que precede inmediatamente a esta petición. De hecho, resulta difícil imaginar las circunstancias en las que un escriba podría haberlo borrado, de haber sido original. No cabe sorprenderse, por tanto, de que Malherbe (340) parezca considerar que el "añadido" es original.

mente el momento de su "despedida" real. Como con todas las salutaciones finales en sus cartas posteriores, en las que los elementos estándares son muy parecidos, donde algunas tienen un momento singular o dos, esta consta de dos que aparecen en la mayoría de las cartas (vv. 26 y 28), además de otro que no aparece en ninguna de sus cartas posteriores. Solo la "gracia" final figura en todas las epístolas; el encargo de saludar a todo el pueblo de Dios (v. 26) aparece de nuevo en Romanos, Filipenses y 2 Corintios. Pero los otros dos elementos son exclusivos de esta carta.

**25**

Con su vocativo final "hermanos" (número 14) en esta carta, Pablo, que acaba de orar por ellos, pide a los creyentes tesalonicenses que sean recíprocos en esto. En realidad, es muy obvio que los escribas tempranos añadieron un *kai* ("incluso, también") para que el texto posterior dijera: "Hermanos, oren *también* por nosotros". Aunque no se puede dar demasiada importancia a un momento único como este, podrían sugerirse al menos dos asuntos. En primer lugar, sin intentar necesariamente hacerlo, Pablo refleja aquí el motivo de la amistad que hemos venido observando todo el tiempo. Pedirles que oren por él y por sus compañeros es una forma de expresar la deuda mutua entre amigos. En segundo lugar, también puede indicar algo sobre la situación presente de Pablo en Corinto, donde su relación con esa comunidad de creyentes resultó no tener ni por asomo el mismo nivel de camaradería que había entre él y sus iglesias macedonias.

**26**

El imperativo de saludar a todo el pueblo de Dios solo aparece de forma ocasional en las epístolas de Pablo,[709] y con el modificador "con beso santo" solo en un caso más (2 Co. 13:12). Sin embargo, es especialmente digno de observar que aparece en esta carta donde la amistad es lo que impulsa una parte tan extensa de lo que se dice, ya que en la cultura grecorromana un "beso"[710] era un saludo natural entre amigos, y sobre todo entre familiares, que es ahora la relación que se supone en el vocativo precedente, "hermanos". Así, este término es un recordatorio a toda la comunidad de que debían mantener viva su amistad interna, y demostrarla con regularidad mediante el beso que denota dicho sentimiento. Lo más extraordinario al respecto de esta expresión de amor cristiano mutuo, en el seno de la comunidad creyente, es el traspaso radical de las fronteras sociales involucradas, no solo entre judíos y gentiles, sino también entre ricos y pobres, esclavos y libres.[711]

709. Ver 2 Co. 13:12; Fil. 4:21; cp. Ro. 16:3-16.

710. El "beso" en este caso no habría sido en la boca, sino en ambas mejillas como se sigue haciendo en algunos países europeos del Este.

711. Ver además W. Klassen, "The Sacred Kiss in the New Testament: An *Example* of Social Boundary Lines", *NTS* 39 (1993), 122-35.

**27**

Tal vez desde nuestra distancia el asunto más relevante en el encargo de leer la carta a todos sea el cambio repentino de la primera persona del plural, que Pablo ha mantenido básicamente de principio a fin, a la primera persona del singular.[712] A estas alturas, Pablo mismo habrá tomado la pluma en su mano y habrá autentificado la carta con una última nota personal. También hay pruebas adicionales de que Pablo es el "autor" real de la carta, aun cuando empezó como si también fuera de Silas y Timoteo (1:1); la "autoría" plural se mantuvo básicamente a lo largo de la primera persona del plural, "nosotros". Como se señaló en 1:1, la epístola debe entenderse como procedente de los tres, pero Pablo es el único responsable de su redacción mediante el dictado.

Desde nuestra distancia, solo puede desconcertarnos el encargo singular de Pablo de que "lean esta carta a todos los hermanos". Además, no es una encomienda casual; se hace "delante del Señor [= Cristo]" y, por tanto, con la intención de que se vea como teniendo la aprobación divina. Lo más probable es que sea una última palabra en la carta y que tenga a los ociosos-rebeldes en mente. Es decir, Pablo no está sugiriendo que se los busque y se les lea esta carta; es más posible que sea su forma de hacerles saber que está autorizando una vez más al liderazgo a dirigirlos para que enmienden sus caminos. Solo nos conduce a pensar de este modo el hecho de que en su siguiente carta el apóstol deba retomar esta cuestión una vez más y allí con mayor contundencia.

**28**

El elemento recurrente en todas las cartas del corpus de la iglesia, así como de las Pastorales (1-2 Timoteo, Tito) es la "gracia" final. Aquí, la primera vez que aparece en el corpus, adopta la forma que se vuelve más o menos un estándar en todas. Aunque la "gracia" misma figura en todas las cartas,[713] el modificador "del Señor Jesucristo" aparece de alguna manera, por lo general de esta,[714] en todas (la excepción es Colosenses). Es digno de resaltar que el "adiós" habitual en las cartas antiguas era *errōso* (lit. "sed fuertes"), que figura en el Nuevo Testamento tan solo en la carta de Santiago, recogida en Hechos 15:29. Como en la salutación con la que comenzó la carta, esta conclusión estándar ha sido cristianizada. Fue la "gracia", el propio favor de Dios que es suyo por medio "del Señor Jesucristo" con la que los saludó al principio; ahora, a modo de conclusión esa misma "gracia" es lo que él desea para ellos. Es la palabra del vocabulario paulino que abarca todo lo que Dios ha hecho y lo que quiere hacer por sus amigos tesalonicenses por medio de Cristo Jesús.

712. Ver n. 15 sobre 2:18 para los cinco ejemplos de este fenómeno en las dos cartas.

713. Aunque en Efesios adopta la forma "Gracia a *todos los que aman* al Señor Jesucristo".

714. La designación "Cristo" falta en 1 Corintios y Romanos.

Dada la forma en que Pablo "cristianiza" el saludo común en las cartas contemporáneas, no es nada sorprendente que haga lo mismo con los asuntos finales. Aunque es cierto que, en muchos ejemplos de la antigüedad grecorromana, los escritores de cartas han demostrado ser un tanto renuentes a la hora de despedirse, no obstante, son pocos los ejemplos, si es que existe alguno, de lo que Pablo hace aquí: modifica a conciencia lo que es estándar, desarrollándolo y "cristianizándolo". Y lo que aquí comienza, lo sigue llevando a cabo a lo largo de su vida como escritor de cartas a sus iglesias (con la excepción de Efesios, algo que se explica mejor si se la entiende como una carta "circular", que se debía leer en muchas iglesias).

# SEGUNDA CARTA A LOS TESALONICENSES

# Introducción a 2 Tesalonicenses

Como señalé en la Introducción a 1 Tesalonicenses, he decidido escribir por separado una introducción a la segunda carta de manera que se le reconozca su propio "lugar bajo el sol" como documento paulino y no quede simplemente absorbida por la introducción a la primera carta. Sin embargo, en este caso, no mencionaré el material común a ambas cartas; me concentraré en los asuntos relativos únicamente a la segunda. Por tanto, solo me ocuparé aquí del primer y tercer apartados de la introducción anterior: autoría y fecha, y la ocasión para la que se escribió.

## I. AUTORÍA Y FECHA

Si tuviéramos que tomarnos esta carta al pie de la letra, como una "segunda"[1] misiva del trío apostólico a los creyentes en Tesalónica, esta sección de la introducción sería realmente muy breve. Y como el comentario se ha escrito realmente desde esa perspectiva —de la única manera que el mismo puede tener sentido—, será mucho más breve de lo que algunos podrían creer justo o razonable. No obstante, escribir un comentario sobre esta carta en sí y de por sí tiende a llevar hacia la autenticidad lo relativo a la autoría, de forma que solo ha existido un comentario importante en inglés[2] a lo largo del pasado siglo y medio que haya tratado de presentarla como una falsificación.[3]

Cuando leemos la literatura de quienes afirman que Pablo no es el autor de esta misiva, impacta lo "estrecha" que es su argumentación, especialmente desde el momento en que casi no existe ningún argumento que no adopte alguna forma de subjetividad por parte de su(s) proponente(s). Y al final del día, queda bastante en claro que si esta carta no hubiera contenido el material de 2:1-12, este punto de vista no habría surgido en absoluto. De hecho, el argumento más

1. Lo pongo entre comillas porque no pretendo que "segunda" indique una secuencia en este punto —aunque creo que también lo es—, sino únicamente un indicador numérico.

2. El de Earl Richard en las series Sacra Pagina (ver bibliografía para los detalles).

3. Los expertos en el NT suelen ofenderse con este término; pero uno se pregunta: ¿qué otro término es apropiado cuando alguien declara auténtica una carta escrita en el nombre de una persona sin su aprobación?

recurrente en contra de la autoría paulina es muy subjetivo: que la misma carece de la "cordialidad" de la primera. Podemos preguntarnos acertadamente cómo puede ser eso en absoluto objetivo. Y, en cualquier caso, ¿cómo no iba a dar la carta esta impresión, dado que: *(a)* se ha atribuido al propio Pablo alguna información errónea acerca del día del Señor; y que *(b)* él tuvo que ocuparse de una situación (el ocio perjudicial) por segunda vez y de manera extensa en esta ocasión?

No pretendo "reinventar" la rueda aquí, por así decirlo, al respecto de los argumentos en pro y en contra de la autoría paulina. Esto se ha realizado en varias ocasiones y creo que es especialmente saludable y útil el tratamiento imparcial de estos temas en el comentario de Marshall (28-45), así como el análisis detallado de los pros y contras de esta cuestión por parte de Malherbe (349-74). No obstante, resulta interesante que quienes ponen en duda con más vehemencia la autenticidad de esta carta raramente han escrito un comentario sobre la misma, con la única excepción (en inglés) del comentario de Richard mencionado anteriormente; pero incluso su intento de tratar de explicarla como una falsificación parece en sí empujar al lector de vuelta a considerarla como auténtica.

Mi propósito aquí no es examinar todo este asunto de nuevo, por lo que aconsejo al lector la consulta de los tres comentarios mencionados para los argumentos a favor y en contra.[4] He decidido más bien presentar simplemente el presente comentario y no involucrarme en más debate sobre este tema, excepto para señalar, con aprobación de la conclusión a la que Marshall llegó hace algunos años, que "es muy dudoso que una serie de argumentos débiles tengan sentido ante uno muy sólido" (34). Como realmente se puede entender que esta carta es una secuela de la primera y como los datos encontrados en ella guían básicamente a esa dirección, el presente comentario lo asumirá así.

Sin embargo, en defensa de la elección de esta vía, ofrezco aquí un muestrario (muy simple) de elementos encontrados en la segunda carta, en relación con los mismos fenómenos en la primera, los cuales parecen desterrar la falsificación más allá de los límites de la probabilidad histórica común. Y lo que convierte a este muestrario en más revelador, desde mi perspectiva, es la naturaleza "relacionada" de estos elementos, la clase de asuntos que parecerían exigir al "autor" de la segunda carta ponerse en la piel del autor de la primera, lo cual por supuesto sería el caso si la misma fuera auténtica.

**1**

En ambas misivas, la acción de gracias evoluciona hacia un elemento principal que Pablo siente que debe abordar, pero los dos temas en sí mismos ni siquiera

4. En cualquier caso, mi propia experiencia a lo largo de muchos años es que las únicas personas que leen estas "introducciones" son otros expertos o maestros, no los pastores y estudiantes, que son los principales receptores de esta serie de comentarios.

tienen una relación mínimamente remota entre sí (la relación pasada de Pablo con los tesalonicenses y el hecho de que sus perseguidores se dirijan al juicio divino). Me pregunto cómo podría un falsificador haber logrado esto y de una manera radicalmente diferente a la primera, la única carta paulina que conocía.

**2**
El uso del vocativo *adelphoi* ("hermanos [y hermanas]") se distribuye aproximadamente el mismo número de veces a lo largo de ambas misivas, con un índice de aparición extremadamente más elevado cuando se la compara con el resto del corpus. Además, aparece en ambas cartas hacia el principio de la alargada "acción de gracias", cuya extensión en ambos casos también es otro rasgo que no se ve en otras partes del corpus.

**3**
A este mismo respecto, estas son las únicas dos cartas en las que Pablo profundiza en el vocativo mismo en una ocasión en cada una; en 1 Tesalonicenses 1:4 como "*adelphoi* amados de Dios", y en 2 Tesalonicenses 2:13 como "*adelphoi* amados por el Señor". Un falsificador que conociera bien la primera misiva habría podido hacerlo, pero ¿podría haberlo realizado cambiando la segunda de manera que empleara el lenguaje de la bendición de Benjamín en Deuteronomio 33:12?[5]

**4**
Una de las características de las últimas cartas de Pablo es su amor por las palabras compuestas con ὑπέρ *(hyper)*, tanto que en el comentario sobre Filipenses (221) sugiero "que Pablo posee virtualmente los derechos" sobre ellas. Así pues, la acción de gracias del apóstol (1:3) por el hecho de que la fe de los tesalonicenses "se acrecienta cada vez más" *(hyperauxanei)* tiene todas las marcas de una autenticidad difícil de imitar por alguien que no conociera el resto del corpus.

**5**
Otro rasgo encontrado en estas dos cartas es el uso de *pistis* (comúnmente, "fe") por parte de Pablo para hacer referencia a la "fidelidad" de alguien. Es una característica especialmente impactante en la primera carta (ver 3:1 y 5); aparece de nuevo al principio de esta carta en 1:3 y 4. Así pues, aunque en el primer ejemplo (v. 3) se pueda argumentar que "su fe" es lo que está creciendo, eso es más difícil

5. En el comentario se señala que en el segundo ejemplo Pablo emplea el lenguaje exacto de la bendición de Benjamín de Dt. 33:12, el "blasón" de su propia familia, por así decirlo. ¿Cómo podría un falsificador conocer eso y hacerlo? Y la probabilidad de hacerlo por pura suerte sería una entre muchos miles de millones.

de hacer con su siguiente aparición en el versículo 4, donde Pablo los elogia (¡en este orden!) por "la perseverancia y la fe (plenitud) que muestran".

**6**

Aunque el fenómeno específico no aparece en otros pasajes, la inusual redundancia en 1:3 de "en cada uno de ustedes sigue abundando el amor hacia los otros" es un rasgo especialmente paulino.

7

Parecería solo remotamente posible, si habláramos de un falsificador, captar el notable uso de *kyrios* por parte de Pablo para referirse exclusivamente a Cristo y *theos* para referirse a Dios, un rasgo que se mantiene a lo largo de la segunda carta. Por otra parte, esta coherencia se explica fácilmente como paulina, ya que en su siguiente carta conservada (1 Co. 8:6), Pablo altera la familiar *Shema* de manera que la palabra *kyrios* ("Señor") se refiera exclusivamente a Cristo, el Hijo, mientras que *theos* ("Dios") se emplea de una forma igualmente exclusiva para referirse a Dios Padre.

**8**

El llamativo uso intertextual en 3:2 de lenguaje preciso de la Septuaginta de Isaías 25:4, donde difiere considerablemente del hebreo, es un rasgo tan totalmente paulino que apenas podemos imaginar que un falsificador sea capaz de llevarlo a cabo, especialmente alguien que solo conociera la primera carta.

**9**

Quizás el rasgo más asombroso de todos sea el uso sin artículo de "el Señor" en la frase *en kyriō*, que se encuentra abundantemente a lo largo del corpus y aparece tres veces en la primera carta (3:8; 4:1 [más "Jesús"]; 5:12), así como dos en la segunda (3:4 y 12 [más "Jesucristo"]). Parece que sería necesario estar familiarizado con todo el corpus paulino para poder duplicar este fenómeno; pero tiene todo el sentido que brotara del propio Pablo, reflejando así un uso ya establecido, que durará toda una vida.

Finalmente, lo que quizás sea el rasgo más significativo de todo lo relacionado con esta carta es el hecho de que su autor tenga una familiaridad absoluta con, y un uso de, el lenguaje y los términos de la primera carta, pero no supiera casi nada o nada[6] del Pablo de las últimas cartas. Como muchos han señalado

6. Todo lo que se necesita a este respecto es examinar las referencias cruzadas en los márgenes de Nestle-Aland[27] para ver cuán absoluto es realmente este fenómeno. Al final de tal examen, la única referencia cruzada que parecería tener algo de sustancia en términos de uso es la frase ἔργῳ καὶ λόγῳ ἀγαθῷ ("tanto en palabra como en obra") en 2:17, que el propio Pablo

anteriormente, este fenómeno en sí mismo lleva la teoría de la pseudoepigrafía a un grado de sospecha extremadamente elevado, mientras que al mismo tiempo hace casi imposible que alguien con conocimiento de la totalidad del corpus la escribiera en una época posterior.

La pregunta definitiva sobre este asunto es, por supuesto, "¿por qué?"; ¿por qué se preocuparía alguien de escribir tal carta simplemente para "endosar" como paulino el singular (incluso para Pablo) material escatológico de 2:1-12; sin duda, no se podría proponer ninguna otra razón significativa para una falsificación. Y permitir que ese material se encontrara en el centro de la carta en lugar del final parecería no tener sentido en absoluto.

Al final del día, por tanto, debemos reconocer nuestro conocimiento bastante limitado de Pablo —sobre la base de una producción literaria de alguna forma escasa— y destacar que todos esos momentos idiosincráticos como 2 Tesalonicenses 2:1-12 (cp. esp. Ro. 9-11) nos recuerdan cuánto desconocemos realmente acerca de Pablo sobre la base de esta colección limitada de cartas (aunque, por supuesto, nos dicen mucho y en líneas generales manifiestan una considerable coherencia en pensamiento y contenido).

Dada, por tanto, la sólida evidencia a favor de considerar esta carta como auténtica, la cuestión de la *fecha* está relacionada con la datación sugerida para la primera misiva: probablemente unos meses después de la misma, algún momento alrededor del año 50 e. c.

## II. OCASIÓN Y LUGAR DESDE DONDE SE ESCRIBIÓ

Las "razones" para la carta parecen ser dos, quizás haya una tercera revoloteando, por así decirlo. Lo que no resulta fácil de decidir desde nuestra distancia es si una de ellas es más importante que la otra, o si su orden se dictó en este caso simplemente por la norma de "las cosas nuevas primero". En cuanto a la "ocasión" en sí misma, lo más probable es que tuviera que ver con el regreso de Timoteo a Pablo y Silas en Corinto con "noticias dispares" acerca de la situación en Tesalónica. Por un lado, el tema del ocio perjudicial acabó siendo un problema de mayores consecuencias de lo que Pablo había aparentemente supuesto al escribir la primera carta; y si nuestra interpretación del orden y el tiempo de estas misivas es correcta, este problema se abordó por carta por primera vez en nuestra 1 Tesalonicenses, la carta que Timoteo llevó entonces consigo en su viaje a Tesalónica. Así pues, con el regreso de este, Pablo debía ocuparse de ello con más detalle y severidad de lo

repite en 2 Co. 9:8, εἰς πᾶν ἔργον ἀγαθόν ("toda buena obra"). Y este es precisamente el tipo de "eco" que refleja el propio uso de un autor, en lugar de otra persona que se esfuerza por parecerse a Pablo con un conocimiento muy limitado del resto del corpus.

que lo había hecho antes; y probablemente lo hizo al final de la segunda misiva con el fin de que aquellos a quienes iba dirigida lo "oyeran" mejor.

Por otra parte, el asunto del tiempo del "día del Señor" también se había convertido en un problema; la propia incertidumbre de Pablo en cuanto a cómo se había presentado esta información errónea como algo de alguna manera procedente de él (ver el comentario sobre 2:2 y 15) solo aumenta las complicaciones para los lectores posteriores de la carta. Sin embargo, gracias a ello, ahora tenemos conocimiento de una parte de la perspectiva escatológica de Pablo, que de lo contrario no habría tenido razón para incluir en ninguna de sus cartas.

No obstante, casi con total seguridad, detrás de las tensiones creadas por estos dos asuntos se encuentra la creciente dureza de la persecución exterior de la que Pablo habla en la "acción de gracias" en 1:5-10. Considerando que este material también incrementa nuestro entendimiento general de su escatología como tal, no debemos perder nunca de vista su propósito original: garantizar a estos creyentes atribulados que sus perseguidores tenían su propio destino decidido por Dios. Y, por tanto, aunque tal conocimiento no aligeraría necesariamente su presente dolor, tendría que haberles servido de consuelo saber que Dios no los había olvidado, mientras que al mismo tiempo les aseguraba la justicia suprema de Dios al respecto de sus perseguidores.

Todo esto quiere decir, por tanto, que, aunque esta no sea la carta paulina más importante en términos de nuestras perspectivas teológicas y éticas/conductuales generales de su evangelio, tampoco es tan irrelevante como para asignarle el estatus de "cenicienta" entre sus epístolas. Aquí tenemos otro momento paulino que nos ayuda en su totalidad a comprender mejor la naturaleza del resultado final del propio evangelio, mientras que al mismo tiempo nos provee de un entendimiento de la naturaleza "cotidiana" del Cristo viviente en una cultura muy pagana.

# Texto, exposición y notas

## I. ACCIÓN DE GRACIAS Y ORACIÓN (1:1-12)

La segunda epístola a los creyentes en Tesalónica parece seguir la senda marcada por la primera, ya que cada uno de los tres asuntos abordados aquí se toma de una forma u otra de esta. Además, los dos elementos principales en este caso —la venida del Señor y los ociosos-rebeldes— son expuestos ahora extensamente por un apóstol en cierto modo afligido (2:1-12; 3:6-13). El tercer elemento, tratado de manera más indirecta en la primera misiva, tiene que ver con la presente persecución de los creyentes por sus conciudadanos en Tesalónica. En esta carta es lo primero de lo que se habla como elemento principal de la acción de gracias inicial (1:6-10).

También parecida a la primera epístola es la manera en la que el primer asunto abordado por Pablo fluye directamente de la acción de gracias de manera en que desafía una asimilación clara por nuestra parte.[1] En ambas misivas, Pablo pasa así de una manera en cierto modo imperceptible de su acción de gracias a la primera área de preocupación que tiene por estos (aún nuevos) creyentes. La acción de gracias viene seguida, en lo que también será típico de sus epístolas posteriores, de un informe sobre cómo ora él por ellos (1:11-12), una oración que también anuncia las preocupaciones de la propia carta.[2]

### *A. SALUTACIÓN (1:1-2)*

1 *Pablo, Silvano*[a] *y Timoteo, a la iglesia de los tesalonicenses unida a Dios nuestro Padre y al Señor Jesucristo:* 2 *Que Dios el*[β] *Padre y el Señor Jesucristo les concedan gracia y paz.*

[a] *En griego Silvanus, variante de Silas*

1. Este es un rasgo en particular que parecería muy improbable que un falsificador hubiera podido imitar; para la cuestión más amplia de la autenticidad de esta carta, ver la Introducción, pp. 272-75.

2. Tal oración aparece en 1 Tesalonicenses, por supuesto (3:11-13), pero no al principio como en esta y en el resto.

3. En lo que parece ser uno de los peores momentos del comité de la UBSGNT, decidieron incluir el término redundante ἡμῶν ("nuestro" [KJV/NKJV]) entre paréntesis y darle una calificación [C]; de hecho, Metzger (*Textual Commentary*, 567) indica que se incluyó en el texto

Esta salutación es muy parecida a la de la primera epístola, un indicativo bastante bueno de que se escribió no mucho después. Al mismo tiempo, sus dos diferencias básicas —la adición de "nuestro" en el versículo 1 y la de la fuente de "gracia y paz"— señalan el camino hacia el futuro al respecto de las salutaciones paulinas, pero no todo el camino. Por tanto, el lenguaje de esta salutación representa una posición intermedia entre la de 1 Tesalonicenses y las del resto del corpus que sigue.

**1**

Para comentarios sobre los tres escritores, ver 1 Tesalonicenses 1:1. El hecho de que los tres sigan juntos y se consideren colectivamente responsables de la carta —aunque Pablo sea el "autor" real mientras Silas quizás sea el escriba— es un claro indicativo de que esta misiva se escribió poco después de la primera. También podemos suponer que ellos se encontraban en el mismo lugar geográfico que antes, y que Timoteo, tras entregar la primera carta, regresó a Pablo y Silas[4] con la información que llevó a la redacción inmediata de esta.

La primera diferencia con la salutación de 1 Tesalonicenses es la adición de "nuestro" a "Padre". Este es también el primer punto de crítica de quienes piensan que Pablo no escribió esta epístola. Pero extraer esta conclusión de esta ligera diferencia es bastante innecesario. Pablo ha repetido aquí el rasgo singular, encontrado en otras partes de 1 Tesalonicenses, de indicar que la iglesia existe simultáneamente en Dios Padre y el Señor Jesucristo. La adición de "nuestro" es el curso natural del hábito ya bien establecido en la primera carta, en la que, en las tres ocasiones que emplea esta denominación para Dios tras la salutación (1:3; 3:11, 13), Pablo ha ya iniciado su costumbre vitalicia de referirse a Dios como "nuestro Padre".[5]

---

entre paréntesis "con el fin de representar el equilibrio de probabilidades". La TNIV y la mayoría de las demás versiones modernas lo han omitido acertadamente. Tres elementos indican que esto es claramente secundario: *(a)* la evidencia externa está rotundamente a favor de la exclusión; no se encuentra en B D P 0111 33 1739 1881 1985 it[d e mon], una combinación de evidencias antiguas de Oriente y Occidente que habrían sido especialmente difíciles de justificar si fuera original; *(b)* la variante encontrada en el texto Mayoritario (incluidos ℵ A G y el antiguo latín posterior) no habría exigido pensamiento alguno por parte de un escriba, mientras que una omisión sí lo habría hecho; y queda claro que los escribas no eran "pensadores" que omitirían deliberadamente esta palabra por ser una redundancia; *(c)* era común entre los escribas conformarse en tales momentos tanto a lo que precede (v. 1) como a lo que se encuentra en otras partes de estas dos cartas (1 Ts. 1:3; 3:11, 13; 2 Ts. 1:12; 2:16). Para la inclusión del pronombre, que parece carecer de juicio crítico textual, ver Richard, 296.

4. Ver 1 Ts. 3:1-5 para estos detalles.

5. En este punto, pues, Pablo está simplemente haciendo lo que le resulta natural, mientras que esperaríamos que un falsificador que tratara de endosar esta carta como paulina hubiera seguido de manera más servil la salutación de la primera epístola.

**2**
La segunda diferencia con la salutación de la primera carta es la "adición" a la "gracia" de su fuente suprema: "De Dios *el* Padre y el Señor Jesucristo". Aquí tenemos la clase de redundancia típica de Pablo en sus epístolas posteriores.[6] Del mismo modo que se afirma que la iglesia existe en "Dios nuestro Padre y el Señor Jesucristo", Pablo añade ahora lo que encontraremos en todas sus siguientes cartas conservadas, concretamente la *fuente* de esta "gracia y paz": "Dios *el* Padre y el Señor Jesucristo".[7]

Todo esto resulta perfectamente explicable en el caso del propio Pablo. Por ejemplo, de principio a fin, la misiva manifiesta preocupación por la autoridad del apóstol, pero él mantiene aquí el "Pablo, Silvano y Timoteo" en la salutación, sin la aclaración "apóstol de nuestro Señor Jesucristo", como en sus cartas posteriores, aunque el contenido de la presente podría haberlo requerido fácilmente. Además, Pablo mantiene aquí el uso de la primera persona del plural a lo largo de la carta, excepto en 2:5 y en la rúbrica final. Juntos, estos elementos diversos defienden con solidez la autenticidad de la carta.

### *B. ACCIÓN DE GRACIAS, QUE INCLUYE EL PRIMER ASUNTO (1:3-10)*

En esta destacada acción de gracias —una única frase que abarca los versículos 3-10— Pablo hace dos cosas. En la primera parte (vv. 3-4), y de una manera muy típica, da gracias a Dios por la perseverancia de los tesalonicenses en medio de sus tribulaciones presentes. Pero en la segunda (vv. 6-9) se mete de lleno en una

6. Es decir, un falsificador que en principio solo conociera 1 Tesalonicenses traicionaría el conocimiento de las cartas posteriores de Pablo en este punto.

7. Resulta difícil imaginar que un pseudoepigrafista se hubiera permitido tal redundancia, especialmente dado que la única carta de Pablo demostrablemente conocida por él sería nuestra 1 Tesalonicenses. Se puede demostrar que este tipo de elemento es en cierto modo "típico" de Pablo, mientras que se trata precisamente de la clase de paso en falso que un falsificador querría evitar a toda costa. Quienes defienden la falsificación se ven atrapados en este dilema. Por un lado, argumentan que todo esto es demasiado parecido a 1 Tesalonicenses para ser auténtico ("no aparece semejante repetición en la norma de ninguna otra epístola paulina" (J. A. Bailey, "Who Wrote II Thessalonians?", *NTS* 25 [1979], 131-45); por otro lado, también se sostiene que esta repetición no es lo suficientemente parecida a las de las demás cartas de Pablo para ser auténtica. Pero esta opinión no señala que la combinación de "Dios nuestro Padre" y "el Señor Jesucristo" sea un rasgo común de estas dos epístolas de una forma que sea menor a las de todas las siguientes. De hecho, cómo podría haber logrado esto un falsificador crea enormes dificultades para la teoría, especialmente desde que la adición de la fuente en el v. 2 exige conocimiento de las demás cartas paulinas, pero no hay nada más en esta que indique que el escritor (¡ni siquiera el propio Pablo!) conociera el resto del corpus. La dificultad para la teoría de la "falsificación" salta especialmente a la palestra en la inclusión de la gracia y la paz por parte del autor, lo cual es casi imposible de justificar si este no hubiera tenido conocimiento de las demás epístolas paulinas, algo que en ninguna parte exhibe el "falsificador".

declaración de juicio venidero sobre los responsables de su sufrimiento, mientras que concluye (v. 10) con una palabra de esperanza escatológica para quienes creen. Las cláusulas que constituyen nuestro versículo 5 desempeñan una función transicional entre estos dos elementos distinguibles.

Así pues, de una manera en cierto modo parecida a la de 1 Tesalonicenses, pero diferente de la de sus cartas posteriores, Pablo emplea la propia acción de gracias (vv. 3-4) para abordar también su primera preocupación principal —la persecución y el sufrimiento continuos de los creyentes tesalonicenses a manos de sus conciudadanos gentiles (vv. 6-9)—. El resultado es la más excepcional de las acciones de gracias paulinas, por el hecho de que, comenzando en el versículo 6, se centra menos en los propios tesalonicenses y más en el juicio final de Dios sobre sus enemigos.[8] Esta acción de gracias inicial[9] evoluciona por tanto en la primera de las tres preocupaciones principales de la carta, concretamente para alentar a los creyentes tesalonicenses frente a las "persecuciones y sufrimientos" (v. 4) que se habían incrementado. La parte principal de la misma (vv. 6-10) tiene el propósito de demostrar la justicia de Dios[10] a la luz de esa persecución presente, aparentemente incrementada, y concluye con la garantía de su propio futuro escatológico. El resultado es una verdaderamente destacable "acción de gracias", ya que en última instancia no se centra en los propios creyentes, sino en el juicio final de Dios sobre sus enemigos; y es esta seguridad futura la que aparentemente tiene el propósito de alentar a los tesalonicenses y provocar por tanto que tengan esperanza en medio de sus tribulaciones presentes.

Aunque toda esta larga frase[11] tiene sus momentos enigmáticos, al menos podemos rastrear aparentemente cómo evolucionó. El versículo 3 ofrece la acción de gracias básica relativa a su "fe y "amor", de los que el grupo apostólico había alardeado ante otros (v. 4). Este material es directo y estándar. El versículo 5, por

8. Como ocurre con todos los argumentos contrarios a la autenticidad, este rasgo funciona en ambas direcciones. Algunos argumentan que esto es tan diferente de Pablo que él no pudo haberlo escrito. Por otra parte, podemos preguntarnos cómo podría haber salido airoso un falsificador con algo tan "diferente de Pablo". Tales argumentos en contra de la autenticidad solo convencen totalmente a los comprometidos anteriormente con ese punto de vista, ya que son básicamente insustanciales por sus propios méritos.

9. Para la segunda acción de gracias, ver 2:13-14 más adelante, pp. 335-40.

10. Al menos el contenido actual parece sugerir eso. Wanamaker (215), que considera todo esto en términos retóricos, indica que uno de sus propósitos es ("claramente") "presentar el tema del día del Señor y el hecho de que este sigue permaneciendo en el futuro". Quizás sea así, pero parece debatible el que contenido en sí lo demuestre realmente. Parece que sería necesaria mucha lectura con esta opinión en mente para percibirlo de esa manera, ya que en ningún momento se articula realmente ese énfasis.

11. Para un intento anterior de acortar las frases de Pablo hacia algo más manejable, lo cual anuncia de algunas maneras la puntuación de la TNIV, ver D. A. Dunham, "2 Thessalonians 1:3-10: A Study in Sentence Structure", *JETS* 24 (1981), 39-46.

medio de la desconcertante aposición *endeigma* ("evidencia" o "indicativo claro"), prosigue[12] recordándoles el justo juicio venidero de Dios sobre todos sus enemigos (vv. 6-9). La frase termina después (v. 10) con la garantía de que los propios creyentes serán contados como dignos del reino venidero.

### *1. Acción de gracias por la perseverancia en el sufrimiento (1:3-4)*

*3 Hermanos, siempre debemos dar gracias a Dios por ustedes, como es justo, porque su fe se acrecienta cada vez más, y en cada uno de ustedes sigue abundando el amor hacia los otros. 4 Así que nos sentimos orgullosos de ustedes ante las iglesias de Dios por la perseverancia y la fe que muestran al soportar toda clase de persecuciones y sufrimientos.*

Esta primera parte de la acción de gracias contiene lo que llegamos a esperar de Pablo en este punto. Él empieza con gratitud a Dios por los propios tesalonicenses a la luz de lo que ha aprendido de Timoteo al respecto de permanecer firmes en la presente situación de prueba (v. 3). De hecho, por medio de la exhortación les informa además que los apóstoles habían alardeado ante otros de su perseverancia (v. 4), cuyo resultado final es, prosigue, su propio futuro escatológico seguro (v. 5). Todo esto es material bastante estándar; la sorpresa llega con su larga elaboración del versículo 5 en el resto de la frase (vv. 6-10). Así pues, la propia acción de gracias (vv. 3-4) es típica de lo que aparecerá en las epístolas siguientes. Sin embargo, al mismo tiempo, tiene su parte de rasgos únicos (un fenómeno que también es acorde a todas las acciones de gracias siguientes). Estos se destacarán en la siguiente exposición.

**3**

Pablo comienza su acción de gracias en este caso con dos características singulares: un hincapié en su naturaleza obligatoria y la inclusión del vocativo "hermanos". El hincapié en su naturaleza obligatoria[13] puede entenderse de dos maneras diferentes:

12. Sin duda este "versículo" sirve como transición desde la propia acción de gracias a la garantía del juicio de Dios sobre sus persecutores. Para esos comentarios (por ej., Malherbe) y traducciones que prefieren párrafos más cortos, el emplazamiento de este versículo parece ser un tema de juicio personal. Quienes lo ven como una "conclusión" de la propia acción de gracias (por ej., NJB), lo incluyen con vv. 4-5; quienes lo ven como una "presentación" del resto de la frase empiezan un nuevo párrafo aquí (TNIV, NRSV, NAB; Malherbe). Mi preferencia personal es la primera, pero se trata de una opinión subjetiva, simple y llanamente.

13. Muchos utilizan esto para condenar la autoría paulina, un punto de vista desconcertante sin duda, ya que habríamos esperado que un falsificador hiciera exactamente lo contrario —concretamente, ceñirse absolutamente a 1 Tesalonicenses, ya que sería la única epístola paulina que conocía—. Por un lado, esto también ha engendrado un considerable debate entre quienes afirman la autoría paulina; cp. por ej., Best (249-50), quien sugiere que "Pablo se ve obligado… [en parte] por lo que ve en los tesalonicenses; ellos merecen su acción de gracias". Para una exposición

como un énfasis en su necesidad divina o en los propios tesalonicenses —pensar en ellos haría de la acción de gracias algo compulsivo—. La opción más probable es la segunda.[14] Al recibir las noticias de Timoteo, Pablo se vio embargado por un fuerte sentido de obligación divina por dar gracias a Dios por ellos, tanto por su crecimiento en la fe y el amor como especialmente por su perseverancia en medio de la persecución creciente.[15] Al mismo tiempo, la naturaleza de esta acción de gracias ofrece el modelo básico que se reflejará en todas las siguientes acciones de gracias de Pablo —una acción de gracias genuina, pero por las cosas que también necesitan fortalecimiento, y en ocasiones corrección—.[16]

Tal acción de gracias "hermanos, siempre... por ustedes"[17] es apropiado[18] debido[19] a lo que Pablo ha sabido de su fidelidad al evangelio en términos tanto de su *fidelidad* a Cristo como de su *amor* los unos por los otros.[20] De hecho, están siendo algo más que fieles; en cada caso están mostrando signos

---

sensata (y útil) de este lenguaje, ver R. D. Aus, "The Liturgical Background of the Necessity and Propriety of Giving Thanks according to 2 Thes 1:3", *JBL* 92 (1973), 432-38.

14. De hecho, si Pablo hubiera pretendido lo primero, la expresión más apropiada habría sido δεῖ (cp. Milligan, 86).

15. Cp. Marshall (170): "El pensamiento es... de la obligación impuesta por el gozo y el alivio"; y Holmes (211): "... [la obligación] no es impulsada por el deber, sino por la gratitud a Dios por el crecimiento inspirado por Él experimentado por los tesalonicenses".

16. Este rasgo es especialmente terminal para la teoría de la falsificación, ya que el supuesto autor aparentemente no conoce nada del resto del corpus, pero escribe con la clase de "instintos" que surgirán en cartas posteriores.

17. La aparición de este vocativo en la acción de gracias es exclusiva de esta carta en el corpus; el mismo aparecerá de nuevo en la acción de gracias de 2:13, en este último caso con el modificador "amados por el Señor". Aunque este es otro elemento utilizado para argumentar en contra de la autoría paulina, se trata igualmente de un rasgo que funciona en ambas direcciones. Después de todo, ¿por qué haría esto un imitador, mucho menos dos veces, si no tuviera ningún modelo para ello? En cambio, dada la frecuencia de este vocativo en estas dos cartas (ver en 1 Ts. 1:4), se trata de una característica que se esperaría que un falsificador imitara con más rigurosidad en conformidad con la primera carta y, por tanto, no la incluiría en ninguna de las dos acciones de gracias.

18. Gr. ἄξιόν, un adjetivo cuyo sentido básico es "digno", pero que también se emplea, como aquí, en el sentido impersonal de "lo que es adecuado o apropiado". "Como es justo" de la TNIV ha captado bien este significado. Lightfoot (97) observa que esta frase sirve para equilibrar la naturaleza obligatoria de la acción de gracias —la obligación divina en el "debemos"; lo humano con este "es apropiado"—. Pero Aus (n. 13) ha demostrado que este lenguaje tiene profundas raíces en las oraciones litúrgicas judías, especialmente en contextos de sufrimiento.

19. Gr. ὅτι, que en este caso puede ser causal o explicativo (= "que"); la causa es preferible aquí, como en la mayoría de las versiones y comentarios ingleses (cp. Best, 250).

20. Debería señalarse que estos dos nombres aparecieron dos veces juntos en la primera carta (1 Ts. 3:6; 5:8) y que también expresan las principales preocupaciones de esta. Pero debería destacarse además que en esta misiva solo se menciona explícitamente el tema de su "fe"; la única mención del "amor" tiene que ver con el amor de Dios (2:16; 3:5).

de "crecimiento".[21] Al mismo tiempo, debe señalarse que también existen dos virtudes cristianas que necesitan una mayor atención en esta comunidad. En realidad, las partes principales de esta carta abordan algunas deficiencias en estos dos aspectos de la vida cristiana, por los cuales también son alabados. Así pues, tanto el contenido como la naturaleza inusualmente larga de la presente "acción de gracias" parecen dirigidos directamente a su "fe" —como un medio para reafirmarla al garantizarles la segura justicia escatológica de Dios a pesar de las presentes circunstancias—. Reafirmar esta fe también parece la mayor preocupación de los recordatorios escatológicos de 2:1-12. El asunto del "amor" por todos se trata después en 3:6-16.

Así pues, el primer punto de acción de gracias de Pablo tiene que ver con su "fe", la cual sigue teniendo su sentido principal de 1 Tesalonicenses: la de "confianza fiel" en Dios. Después de todo, el problema para Pablo en estas cartas no es simplemente que ellos "tengan fe" (= poner su confianza en Cristo), sino su firmeza continua en esa confianza.[22] Y como Pablo había aludido anteriormente a algunas posibles "deficiencias" en su "fe" (1 Ts. 3:10), ahora da gracias a Dios[23] porque su "fe [fidelidad]" está mostrando signos de crecimiento abundante, quizás especialmente porque eso es algo por lo que oró en 1 Tesalonicenses 3:12. Aun así, esta es la preocupación que se reconocerá inmediatamente —tanto en el resto de la propia acción de gracias como especialmente en el asunto relativo al "día del Señor" en 2:1-12—.

Su segundo punto de la acción de gracias también es un asunto presente en la primera carta: que "en cada uno de ustedes sigue abundando el amor hacia los otros". Esta pizca de redundancia es especialmente paulina. La idea resulta fácil de discernir: que el amor los unos por los otros, dentro de la comunidad creyente,

21. Ambos verbos son casi sinónimos; el primero (ὑπεραυξάνει) solo aparece aquí en el NT, pero refleja el amor de Pablo por palabras compuestas con ὑπὲρ- (ver comentarios sobre Fil. 2:9 en mi obra *Philippians).* Sobre el segundo verbo, πλεονάζει, ver los comentarios que siguen.

22. Sobre esta cuestión, ver los comentarios sobre 1 Ts. 3:2 y 5 anteriores (pp. 145-46, 148). Téngase también en cuenta el título del estudio de C. H. Giblin de 2:1-12 (*The Threat to Faith: An Exegetical and Theological Re-examination of 2 Thessalonians 2* [AnBib 31; Roma: Instituto Bíblico Pontificio, 1967]. Morris (195; cp. P. T. O'Brien, *Introductory Thanksgivings in the Letters of Paul* NovTSup 49; Leiden: Brill, 1977], 175) ofrece una sólida excepción a este entendimiento, pero su preocupación parece impulsada por la teología. Debe destacarse, por ej., que en la carta impulsada de manera más singular por la "fe" entendida en estos términos, Pablo también emplea el nombre de esta forma "no paulina" para referirse a lo que se cree en común (Gá. 1:23: "El que antes nos perseguía ahora predica la *fe* que procuraba destruir"). Pablo no se encasilla a sí mismo tan fácilmente (como a algunos en la tradición protestante les gustaría).

23. Como es habitual para Pablo, ver 1 Ts. 1:2; 1 Co. 1:4; Ro. 1:8; Col. 1:3; Flm. 4; Fil. 1:3.

sigue siendo evidente, de hecho, lo es cada vez más.[24] Por tanto, nos gustaría creer que la amonestación de 1 Tesalonicenses 4:9-12 se ha arraigado así entre la mayoría de ellos. Pero la presente formulación también es algo complicada. Pablo se preocupa especialmente de señalar que todos en la comunidad están involucrados en este amor mutuo, de ahí que (literalmente) "el amor de cada uno de ustedes por los demás está creciendo". En el enfoque del apóstol de la vida cristiana, nada podía tener más importancia que esto. Y aunque desde nuestra distancia nos resulta muy fácil convertirlo en un cliché cristiano, en realidad tenemos aquí un lugar en el que Pablo no solo ha comprendido a Cristo mismo, sino que también ha mantenido esta virtud principal en primera fila al escribir a sus iglesias. Aun así, este es el asunto que se retomará —de manera menos explícita, sin duda— al final de la epístola porque los ociosos-rebeldes no cumplen especialmente los requisitos en el tema del amor.

4

El resultado neto de su fe creciente y amor abundante es que Pablo y sus compañeros (lit. "nosotros mismos"[25]) alardean de ellos con alegría en todas las iglesias de Dios. Sin embargo, con el contenido de esos elogios también empieza a moverse hacia el primer asunto a abordar en la carta: el sufrimiento de los tesalonicenses a causa de la implacable persecución de sus conciudadanos incrédulos. De ahí que el primer tema a tratar de la cláusula precedente haya sido su "fe".[26] Lo que los creyentes tesalonicenses necesitan oír ahora es el contenido de sus "elogios" hacia ellos en las otras iglesias. Al hacerlo, Pablo emplea las palabras clave "paciencia" y "fe [fidelidad]", con lo que refleja de nuevo el lenguaje y las preocupaciones de la primera epístola.

Sin embargo, al recordarles que él conoce bien el *contexto* de su fidelidad, Pablo cambia ahora la acción de gracias totalmente hacia ese contexto. Tanto él como sus compañeros alardean así presentemente de la "perseverancia y fe [fidelidad]" de los creyentes tesalonicenses en el contexto de "toda clase de

24. Como O'Brien (*Introductory Thanksgivings*, 174) ha señalado, este aumento es "difusivo en lugar de orgánico"; es decir, no significa que cada uno de ellos tenga "más" amor, sino que el amor que tienen es cada vez más evidente entre ellos.

25. Gr. αὐτοὺς ἡμᾶς; aunque el αὐτοὺς sería normalmente enfático, lo más probable es que aquí exprese simplemente contraste con el precedente "cada uno de ustedes" del v. 3. Para otras opciones, ver Best, 252.

26. A la luz de 3:6-15, el crecimiento de su amor continúa siendo un tema que necesitará una atención constante.

persecuciones[27] y sufrimientos[28]" que estaban soportando[29] en ese momento. A simple vista, esta palabra no parecería muy consoladora. Pero Pablo había enseñado regularmente en sus iglesias que la persecución sería la suerte esperada para aquellos que siguieran de buen grado a un Mesías crucificado por los romanos como criminal de estado. Y tales persecuciones vendrían acompañadas habitualmente de "aflicciones" o "dificultades" de todo tipo. Así que Pablo informa por medio de la acción de gracias a estos creyentes atribulados de que él "alardea" regularmente de ellos en las otras iglesias por su resistencia y fidelidad continua en medio de semejante persecución.

Tal como hizo en 1 Tesalonicenses —y como hará en casi todas sus cartas— Pablo da gracias por lo que Dios ya está haciendo entre estos creyentes al respecto de asuntos que también necesitan una mayor atención. Hay mucho que aprender de este hábito del apóstol. En primer lugar, él reconoce de forma más clara que muchos de los que ostentan el liderazgo en la iglesia de los tesalonicenses son el pueblo de Dios, después de todo, y Pablo es solamente el siervo del Señor a favor de ellos. Segundo, él expresa gratitud una vez más por lo que Dios ya está llevando a cabo, con lo que hace así hincapié donde debe, en lugar de centrarse inmediatamente en áreas que requieren corrección o mejora. ¡Que su tribu crezca!

## *2. Juicio de los persecutores y salvación para el pueblo de Dios (1:5-10)*

*5 Todo esto prueba que el juicio de Dios es justo, y por tanto él los considera dignos de su reino, por el cual están sufriendo.* **6** *Dios, que es justo, pagará con sufrimiento a quienes los hacen sufrir a ustedes.* **7** *Y a ustedes que sufren, les dará descanso, lo mismo que a nosotros. Esto sucederá cuando el Señor Jesús se manifieste desde el cielo entre llamas de fuego*[30]*, con sus poderosos ángeles,* **8** *para castigar a los que no reconocen a Dios ni obedecen el evangelio de nuestro Señor Jesús.* **9** *Ellos sufrirán el castigo de la destrucción eterna, lejos de la presencia del Señor y de la majestad de su poder,* **10** *el día*

27. Gr. διωγμοῖς, una palabra que aparece cinco veces en Pablo (2 Co. 12:10; Ro. 8:35; 2 T. 3:11 [2x]), de las diez en que lo hace en el NT. Es un término que se refiere específicamente a la persecución externa infligida por otros.

28. Gr. τοῖς θλίψεσιν; ver el comentario sobre esta palabra en la nota 41 sobre 1 Ts. 3:3. La traducción "trials" [sufrimientos] es exclusiva de la TNIV entre las versiones inglesas. El término tiene que ver con la opresión o las aflicciones de diversos tipos.

29. Gr. ἀνέχεσθε, que tiene el sentido de "pasar por algo oneroso… sin rendirse" (BDAG); cp. el uso similar en 1 Co. 4:12.

30. Esta expresión (ἐν πυρὶ φλογός) aparece al final de la presente cláusula, de la cual fue separada cuando se añadieron los números de los versículos. Este hecho creó la desafortunada traducción de la KJV (mantenida en la NKJV) en la cual se entiende que la misma va con el participio διδοντες ("dar" = "devolver", de ahí "en llamas de fuego cobrándose la venganza"). La TNIV ha integrado bien el participio en el verbo con su traducción "castigará".

*en que venga para ser glorificado por medio de sus santos y admirado por todos los que hayan creído, entre los cuales están ustedes porque creyeron el testimonio que les dimos.*

Como se ha señalado, la primera acción de gracias de Pablo en esta epístola evoluciona en la primera de las tres grandes preocupaciones de la carta:[31] animar a los creyentes tesalonicenses frente a las crecientes "persecuciones y sufrimientos" (1:4). Con lo cual, el resto —de hecho, la mayor parte— de esta larga y enrevesada "acción de gracias" pretende demostrar la justicia de Dios frente a la persecución presente de los tesalonicenses. Nuestro versículo 5 sirve como transición entre ambas partes. Pablo comienza en el versículo 6, donde (aparentemente) incluye el tres veces repetido verbo *pagar* de la Septuaginta de Isaías 66:4-6,[32] y explica con detalle el justo juicio de Dios que los enemigos presentes de los tesalonicenses experimentarán en la revelación final de Cristo (vv. 6-7a). De manera significativa, es Cristo mismo quien llevará a cabo el juicio en su venida (vv. 7b-10). Resulta igualmente significativo que gran parte del pasaje esté formulado en el lenguaje de varios textos de juicio del Antiguo Testamento, donde la Septuaginta tiene a *Kyrios* ("Señor", término que sustituye a Yahvé[33]) como administrador de juicio.[34]

31. Las otras dos se encuentran en 2:1-12 (una aparentemente desatinada palabra profética al respecto de que el día del Señor era inminente) y 3:6-15 (el problema continuo de los ociosos-rebeldes).

32. Gr. ἀνταποδίδωμι; el verbo "encierra" realmente el oráculo de Isaías. No pretendo sugerir que Pablo esté necesariamente tomando este verbo de una forma *consciente.* Pero el hecho de que el lenguaje de Isaías desempeñe un papel significativo en nuestros actuales vv. 8 y 12 indica que este pasaje está en su cabeza, por así decirlo. Sobre la posible influencia de Isaías 66 en todo este pasaje, ver R. Aus, "The Relevance of Isaiah 66:7 to Revelation 12 and 2 Thessalonians 2", *ZNW* 67 (1976), 252-68. Beale, 186-91, defiende especialmente este punto de vista, ya que lo ve como si Pablo estableciera deliberadamente un marcado contraste entre los creyentes tesalonicenses y sus persecutores, que no obedecen el evangelio —del mismo modo que en Isaías 66 encontramos el contraste entre los "pobres y contritos" y "los que han escogido sus propios caminos" (66:3)—.

33. Aunque este asunto sigue siendo un problema debatido entre los expertos bíblicos, este fenómeno parece respaldar con bastante solidez el hecho de que la sustitución oral de *Adonai* ("Señor") por Yahvé —para que el nombre divino no fuera tomado en vano— estaba bien fijada en los círculos judíos allá por el primer siglo cristiano. Para la importancia de esta transferencia del κύριος = Yahvé a Cristo en las iglesias paulinas, ver mi obra *Pauline Christology: An Exegetical-Theological Study* (Peabody, Mass.: Hendrickson, 2007), 41-55, etc.

34. Aunque esto ha sido raramente señalado por comentaristas anteriores (por ej., Elliott), los comentaristas ingleses han reconocido este fenómeno desde hace mucho, comenzando por Findlay (1904). Frame (1912) lo ha abordado de manera más extensa y destaca (correctamente) que, aunque "la descripción abunda en reminiscencias de la LXX, solo existe una cita aproximadamente exacta [v. 9, que cita Is. 2:10]". Desde Best (1972), esta ha sido más o menos la dirección estándar en la que han ido los comentarios, algunos con más cautela que otros. Las implicaciones cristológicas también se han señalado con frecuencia, comenzando con Findlay (en el v. 8, "Διδόντος transfiere al Señor Jesús la terrible prerrogativa reservada en el AT a Dios únicamente", 148); cp. Marshall, 1983 (en el v. 9, "es significativo que el lenguaje empleado originalmente para Yahvé

Así pues, uno de los rasgos sorprendentes de esta frase tan larga es que Cristo es ahora el *Kyrios* ("Señor") a quien Pablo hace referencia en estos ecos intertextuales. Así pues, como ya se ha señalado en 1 Tesalonicenses 3:11-13, en la época en que se escribieron estas cartas,[35] las primeras comunidades cristianas, representadas aquí por Pablo, ya estaban atribuyendo a su Señor resucitado, Jesús, los textos *Kyrios* = Yahvé del Antiguo Testamento.[36] Al hacerlo, estaban afirmando de una vez la propia deidad de Cristo, pero sin confundirlo con el Padre.

**5**

La siguiente palabra en la frase de Pablo, el término "prueba"[37], no solo resulta desconcertante, sino que también se siente desubicada en términos de gramática; por tanto, la mayoría de las traducciones inglesas han hecho como la TNIV: incluir un pronombre de algún tipo para ayudar en la transición. Lo más probable es que el nombre *endeigma* empleado por Pablo sea un acusativo, el cual pretendía que fuera aposición de "la perseverancia y la fe que muestran" en medio de la persecución, ya que parece ser la única cosa en la frase precedente que da sentido a lo que sigue.[38] Así pues, lo que Pablo probablemente quería decir es que "vuestra resistencia fiel en medio de vuestras presentes dificultades" funciona como una "señal" o "prueba"[39] para los propios creyentes. Eso habría sido suficientemente fácil de no haber seguido a la palabra "prueba" el genitivo "del juicio justo de Dios".

---

se aplique aquí a Jesús", 179-80), y Wanamaker ("la apropiación de textos originalmente escritos sobre Dios para describir a Jesús como Señor fue uno de los acontecimientos más importantes de la antigua cristología y llevó finalmente a la casi total identificación de Cristo con la naturaleza y actividades de Dios", 229).

35. Probablemente algo menos de dos décadas después de la crucifixión/resurrección.

36. Ver con detenimiento la exposición de 1 Ts. 3:11-13 anterior.

37. Gr. ἔνδειγμα, un *hapax* del NT. Como es un sustantivo neutro, no podemos estar seguros en este contexto de si Pablo pretendía que fuera nominativo o acusativo; lo más probable es que sea acusativo (así lo ven también la mayoría de los comentarios). Por necesidad, la mayor parte de las traducciones inglesas comienzan una nueva frase aquí, habitualmente con un "esta" introductorio, y hacen de "señal" un predicado nominativo. Pero no queda claro en estas traducciones cuál es el antecedente a "esta"; los traductores de la TNIV eliminaron la ambigüedad con su "todo esto", convirtiendo así la totalidad de los vv. 3-4 en "prueba", pero eso es probablemente un poco exagerado. Para una exposición de la palabra en su presente escenario, ver J. M. Bassler, "The Enigmatic Sign: 2 Thessalonians 1:5", *CBQ* 46 (1984), 496-510.

38. Así lo cree la mayoría de los intérpretes (ver esp. Malherbe, 394). Bassler ("The Enigmatic Sign") argumentó que en la frase de Pablo en griego se encuentra en aposición de una forma más natural "al soportar toda clase de persecuciones y sufrimientos", lo cual, según ella, se sustenta por el *contenido* del v. 5, que se centra en su sufrimiento, no en su perseverancia. En esto, solo la han seguido Wanamaker (220-21) y Green (284).

39. También lo creen así Lightfoot, 100; Frame, 226; Bruce, 149; Morris, 198. Best (255) incluye el "alardear" de Pablo como parte de la "señal", pero eso parece dudoso.

Pero conforme se va desarrollando el resto de la acción de gracias, parece claro que esta frase es deliberadamente anticipadora.[40] Esto es, Pablo está preocupado por dos asuntos a la vez: que los tesalonicenses entiendan: *(a)* la naturaleza y propósito de su sufrimiento; y *(b)* el papel que su sufrimiento desempeña en el anuncio de los juicios justos de Dios sobre sus enemigos. El resto de la presente cláusula explica el primer asunto; el resto de la frase (vv. 6-10) hace lo propio con el segundo.

Así, antes de proseguir delineando el justo juicio de Dios sobre los responsables de sus presentes "persecuciones y sufrimientos", Pablo recuerda a estos creyentes cuál será el resultado final de su propia resistencia presente. El juicio justo de Dios en su favor será que Dios "los considere dignos[41] de su reino", ya que este es el objetivo supremo "por el cual están sufriendo" realmente.[42] En esta segunda aparición del lenguaje del "reino de Dios" en estas cartas (cp. 1 Ts. 2:12), no podemos estar seguros de que sea un referente futuro o presente. Lo más probable es que se refiera principalmente a lo presente del gobierno de Dios[43] —están sufriendo en ese momento por el reino que trasciende los reinos de este mundo—. Sin embargo, al mismo tiempo señala hacia su futuro, de manera que el sufrimiento presente tiene un papel que desempeñar al respecto de su presencia en el reino final. Así pues, el sufrimiento es la suerte de aquellos que son discípulos de un Mesías siervo y sufriente. De hecho, el sufrimiento cristiano siempre debe entenderse de esta forma.

Aunque existe un sentido teológico en el que nadie debería considerarse "digno del reino", Pablo no está pensando aquí en términos teológicos posteriores. Los creyentes tesalonicenses están sufriendo en ese momento "por causa del reino", y Dios es quien los cuenta como dignos de la ciudadanía del mismo, tanto ahora como en el futuro. De ahí que la cláusula final del apóstol funcione simultáneamente para afirmar que su sufrimiento forma parte de un paquete mayor, por así decirlo, y para garantizarles que el objetivo de todo esto es el definitivo —estar presentes en el reino escatológico final, donde el gobierno misericordioso de Dios es absoluto—.[44]

40. Cp. Findlay (143), "ellos no exhiben [justicia divina], pero 'apuntan' a un reajuste futuro".

41. Gr. καταξιωθῆναι, que podría significar posiblemente "os haga dignos" (NRSV), pero eso es improbable aquí; cp. la fuerte objeción en Morris, 198.

42. La TNIV (y otras versiones inglesas) omiten el καί de Pablo, que parece ser un recurso innecesario. El término funciona adverbialmente aquí, con un sentido intensificador ("realmente, en realidad").

43. Sin duda, la mayoría de los comentarios sugieren otra cosa; ver, entre otros, Marshall, 173; Bruce, 149; Green, 284-85; Beale, 184.

44. Para un análisis de estos puntos escatológicos culminantes de las acciones de gracias de Pablo (1 Ts. 1:10; aquí; 1 Co. 1:7-8; Fil. 1:10), ver J. H. Roberts, "The Eschatological Transitions to the Pauline Letter Body", *NovT* 20 (1986), 29-35.

**6-7a**

En la frase de Pablo en griego, esta cláusula comienza con una conjunción que normalmente tendría el sentido de "si realmente", pero en este contexto tiene poco de su sentido condicional y más de algo parecido a "como realmente".[45] Deberíamos señalar además que, como la frase de Pablo empieza a ser inmanejablemente larga en este punto, los traductores de la TNIV han decidido dejar que el contexto se imponga. Por tanto, la sorprendente afirmación se sostiene por sí misma: "Dios es justo" en realidad. El resto de la cláusula (hasta v. 7a) explica con detalle la naturaleza de la justicia de Dios.

En efecto, Pablo simplemente apela a la justicia de Dios vigente en el Antiguo Testamento en la Ley del Talión, la ley de la justa retribución.[46] Así pues, las acciones "justas" de Dios en este caso se expresan en términos de lo que han estado experimentando los creyentes tesalonicenses —*thilipsis* ("aflicción"),[47] lo que Dios infligirá finalmente a sus persecutores—. Efectivamente, por tanto, esta cláusula sirve como frase que explica la idea principal de todo lo que sigue. Para los creyentes tesalonicenses que están siendo perseguidos por sus conciudadanos, la justicia de Dios adoptará una doble forma: "aflicción" para aquellos que los están "afligiendo", y "descanso" para los que están siendo "afligidos". En el tiempo de Dios, añade Pablo al final, cuando experimenten descanso, será junto "a nosotros", es decir, Pablo, Silas y Timoteo. El apóstol les garantiza así su futuro escatológico mutuo y seguro. Pero lo que se promete aquí no es un juicio temporal —juicio sobre sus enemigos en su futuro cercano—, sino un juicio escatológico. Todo en estas dos epístolas indica que Pablo y los tesalonicenses vivían plenamente inmersos en la tensión del "ya/todavía no" del control de Dios. La vida para ellos en el presente se basaba totalmente en la resurrección de Cristo, la cual también había garantizado su propio futuro seguro.

El resto de esta frase explicará con algún detalle estos dos elementos de la justicia de Dios. En los versículos 7b-9, recurriendo al lenguaje de varios textos proféticos, Pablo delineará el justo juicio de Dios sobre sus persecutores, mientras que en el versículo 10 concluye destacando que la misma "revelación" del Señor Jesús que significa juicio sobre sus persecutores significará "glorificación" para el pueblo de Dios.

**7b-8**

Con esta cláusula, Pablo presenta el rasgo principal del desenlace escatológico de Dios, y por tanto el momento clave en su frase —el regreso de Cristo mismo (= "la

45. Gr. εἴπερ, empleado por Pablo en Ro. 3:30; 8:9, 17; 1 Co. 8:5; 15:15; 2 Co. 5:3. Cp. Findlay (145), "el adverbio afirma retóricamente, en la forma de una hipótesis, un hecho reconocido".

46. Que se encuentra en el AT en el conocido "ojo por ojo".

47. Para el significado de esta palabra, ver nota 28 más arriba.

parusía/venida"), descrita por el apóstol como "la revelación del Señor Jesús"—.[48] Cuando esta "revelación"[49] tenga lugar, se ejecutará la justicia divina. Así que, para intensificar el efecto de este momento para sus hermanos atribulados, Pablo describe la "revelación" con tres frases preposicionales, en este orden: "Desde el cielo", "entre llamas de fuego", "con sus poderosos ángeles".[50] La primera y la tercera (primera y segunda en la TNIV) repiten lo que él había afirmado anteriormente en su primera epístola. Primero, Pablo empieza con la ubicación presente del Señor. Él será revelado "desde el cielo" (1 Ts. 4:16; cp. 1:10) —lenguaje bíblico para la "morada" de Dios—. En su ascensión, el Cristo resucitado fue "llevado al cielo", desde donde, como Pablo les había asegurado en su primera misiva, "descenderá" acompañado por diversos fenómenos apropiados para "despertar a los muertos" que resucitarán a su venida. Este elemento espacial de la venida es por tanto la primera cosa mencionada aquí también.

Segundo (en la frase de Pablo en griego), en su venida el Señor Jesús vendrá acompañado por "sus poderosos ángeles".[51] Esta última frase interpreta así el "todos sus santos" de Zacarías (ver 1 Ts. 3:13) con conceptos apocalípticos judíos. Lo más probable es que la frase signifique aquí "los ángeles que son ministros de su poder".[52]

Tercero,[53] la venida del Señor también vendrá acompañada por "llamas de fuego".[54] Con esta frase, Pablo se mueve de principio a fin dentro de la esfera

48. A causa de la singular naturaleza de este material, un gran número de intérpretes consideran los vv. 7b-10 como material preformado al que Pablo ha recurrido aquí. Ver esp. los argumentos en Wanamaker (232). Aunque existen muchas posibilidades de que sea así, la realidad es que el material nos llega únicamente de Pablo y solo debe entenderse dentro de esta carta, como una frase paulina. Todo lo demás es especulación.

49. Esta misma palabra se emplea al respecto de la "venida" del Rebelde en 2:3, lo cual explica en parte que se le denomine históricamente como el "Anticristo". Ver más adelante.

50. Por razones entendibles (un inglés más lógico y legible), el comité de la TNIV decidió reordenar las dos últimas; ver también nota 28 más arriba.

51. Muchos han considerado este genitivo como adjetival (sus poderosos/fuertes ángeles; ver, por ej., NRSV, REB, NAB), pero como lo expresa Lightfoot, esta "interpretación debe descartarse... [ya que] en este supuesto el apóstol estaría hablando del poder de los seres subordinados en lugar de hablar del poder del propio Señor"; cp. Best, 258.

52. Punto de vista compartido por Lighfoot (102) y la mayoría de comentarios; Best (259) prefiere "los ángeles que pertenecen a su poder".

53. Existe una considerable historia de interpretación que entendía que esta frase modificaba el διδόντος ἐκδίκησιν ("infligir venganza"; TNIV: "Él castigará") que sigue. Esto explica el sistema de numeración diferente de la KJV (y la NA[27]) y la mayoría de las versiones inglesas posteriores. De esta forma, la KJV dice: [8] *In Flaming Fire Taking Vengeance On Them That Know Not God.* Los comentaristas están divididos aquí. La mayoría sigue la puntuación del texto griego, pero Marshall (177) y Wanamaker (226-27) prefieren la posición histórica.

54. Aunque hay poco en juego aquí, existe una considerable variación textual en este punto en el texto de Pablo entre ἐν φλογὶ πυρός *(entre llamas de fuego)* (B D F G Ψ 2464 pc a vg

del apocalipsis judío. La frase en sí misma es un eco de Isaías 66:15, mientras que el final de la cláusula incluye lenguaje de Isaías 66:4. La importancia de este eco intertextual de Isaías se ve mejor al plasmar aquí los tres textos (en los que se subrayará el lenguaje común):

> Pablo: cuando el Señor Jesús… entre llamas de fuego, … para castigar a los que no reconocen a Dios ni obedecen el evangelio de nuestro Señor Jesucristo.
>
> Is. 66:15: ¡Ya viene el SEÑOR con fuego! ¡Sus carros de combate son como un torbellino! Descargará su enojo con furor,
> y su reprensión con llamas de fuego.
>
> Is. 66:4: Afirma el Señor [v. 2]… yo también escogeré aflicciones para ellos… cuando hablé, nadie escuchó.

La preocupación de Pablo, por supuesto, es garantizar a los atribulados tesalonicenses que, a su venida, Cristo infligirá el justo castigo de Dios a sus persecutores. Al hacerlo, Pablo ha recurrido a pasajes muy conocidos del Antiguo Testamento, acerca de los cuales debemos mencionar tres asuntos son significativos. Primero, el *Señor* en ambos pasajes de Isaías es Yahvé, mientras que en el uso de Pablo de este lenguaje se especifica como "el Señor, Jesús". Esto significa, en segundo lugar, que "el Señor" que vendrá "entre llamas de fuego" para infligir este juicio es ahora "el Señor Jesucristo", que asumirá así el papel de Yahvé en el texto profético. Tercero, la razón para el juicio en Isaías es que "ellos no me escuchan", donde "me = Yahvé". Esto se expresa ahora en términos del "evangelio de nuestro Señor Jesucristo". Lo que ha ocurrido aquí, por tanto, es que Pablo no solo ha identificado al Señor Jesús con el "Señor = Yahvé" del oráculo de Isaías, sino que el evangelio del Señor Jesús también es lo que los malvados no han obedecido y por tanto Él los juzgará. Apenas podemos huir de las implicaciones lógicas de tal intercambio intertextual.

La naturaleza del juicio se expresa con una palabra que tiene que ver con "castigo", y a menudo con el sentido más fuerte de "venganza".[55] Desgraciadamente, esta palabra tiene unas connotaciones tan fuertemente negativas que aborrecemos emplearla con referencia a Dios. Pero si pensamos en el término en relación con su análogo "vengarse a sí mismo", se elimina parte de las mismas. En cualquier caso, existen dos lados del "castigo" divino final. Por una parte, se está

---

sy co; Ir[lat] Tert), que se consideraría normalmente la prueba más sólida de MS, y ἐν πυρὶ φλογός *(en fuego ardiente)* (ℵ A 0111 0278 33 1739 1881 Maj d m sy[hmg]; Ambst). Para una exposición completa sobre mi opción textual preferida (la primera), ver *Pauline Christology*, 58, n. 83.

55. Gr. ἐκδίκησιν; para el cual Plummer (22) ofrece la útil traducción "retribución total", la cual capta la idea de la palabra sin las connotaciones extremadamente negativas que tienen palabras como "venganza".

ejecutando la justicia divina; por otra, y desde la perspectiva humana, el mayor "castigo" es ser excluido de la presencia del Señor, lenguaje que refleja el castigo original de la raza humana en el Edén. Esto es realmente "retribución total" para la arrogancia humana contra Dios.

Dada esta clara repetición del lenguaje apocalíptico del Antiguo Testamento, no podemos por tanto estar seguros de cuán literalmente debería entenderse parte de ello, especialmente a la luz de 1 Tesalonicenses 4:16-17, donde se hace hincapié totalmente en la Venida a los creyentes. Aquí, el énfasis recae en el efecto de esa venida en los incrédulos, cuya doble descripción es que: *(a)* no conocen a Dios; y por tanto *(b)* no obedecen el evangelio de nuestro Señor Jesucristo. Aunque algunos han sugerido, principalmente sobre bases gramaticales, que Pablo está considerando dos grupos diferentes,[56] eso probablemente sea hacer finas distinciones que el apóstol no pretendía. En su punto de vista, más bien, como creyente en Cristo, existen ahora realidades que se corresponden.[57] El único "conocimiento" auténtico de Dios disponible para cualquier persona es el que viene por la vía del evangelio, el cual tiene a la persona y obra de Cristo como su característica esencial. Así pues, los que no "conocen a Dios" de *esta* manera, como obediencia al "evangelio de nuestro Señor Jesús", están pues destinados para el "castigo" que el Señor mismo infligirá.

**9**

Pablo continúa su larga frase y prosigue ahora con la descripción del juicio de los persecutores. Ellos "sufrirán el castigo de la destrucción eterna, lejos de la presencia del Señor y de la majestad de su poder". La traducción "serán castigados" de la TNIV plasma en un pasivo inglés lo que el griego de Pablo expresa con un verbo y objeto activos, lit. "[ellos] pagarán la pena". Así pues, los traductores han convertido la impactante metáfora del apóstol en algo un poco más manejable, pero al mismo tiempo han perdido la fuerza de la expresión. Es cierto, por supuesto, que "ser castigado" es una forma de "pagar la pena", pero el cambio de sujeto gramatical (de los "persecutores que pagan la pena" a "su castigo [por parte de Dios]") parece poner el énfasis en el lugar equivocado. Dando eso por hecho,

56. Esta era la opinión de muchos intérpretes anteriores (incluidos Morris [203] y Marshall [177], que habitualmente (no siempre) sugieren que "quienes no conocen a Dios" se refiere a los paganos que no han aceptado lo que puede conocerse mediante la revelación general, mientras que los segundos han rechazado deliberadamente el evangelio tras haberlo oído. Un argumento para respaldar este punto de vista ha sido que el repetido artículo definido así lo indica. Pero probablemente sea hacer demasiado de casi nada. Cp. Best (160-61), quien, al respecto de la repetición del artículo definido, señala que el mismo más bien "hace hincapié en la enormidad de su acción". Lo que es seguro en esta descripción es que el lenguaje de Pablo en la frase "no conocen a Dios" hace referencia principalmente a los gentiles.

57. Como Malherbe (401) señala por medio de ilustraciones del Salterio.

esta última descripción encaja bien con la esperada realidad. Sin embargo, Pablo hace hincapié en lo que ellos merecen justamente, no en la actividad castigadora de Dios. De ahí que Pablo empiece esta cláusula con la afirmación de que "ellos pagarán la pena" por su incapacidad de reconocer a Dios y obedecer el evangelio de su Hijo.

Aunque existen algunas dificultades inherentes en entender precisamente lo que Pablo quería decir con "destrucción eterna, lejos de la presencia del Señor", lo más probable es que refleje un hebraísmo, en el cual la *naturaleza* del propio juicio ("destrucción") está incluida en su *resultado final* (ser cortado "de la presencia del Señor"). Además, parte de nuestra dificultad brota del uso —una vez más— deliberado que Pablo hace del lenguaje del Antiguo Testamento, en este caso, Isaías 2:10 (LXX).[58]

> Pablo - ellos... lejos de la presencia del Señor y de la majestad de su poder.
> Isaías - escóndete... de la presencia temible del Señor y de la gloria de su majestad.

Aquí, Pablo no solo ha recurrido directamente al lenguaje de la Septuaginta, sino que también ha mantenido el sentido del texto de Isaías, que aparece en un oráculo de juicio del "día del Señor" en contra de Judá. En Isaías, ese juicio tiene que ver con que Israel es cortado de la presencia divina; en el uso de este lenguaje por parte de Pablo, se asume que "el Señor" es Cristo mismo. Por tanto, este es un ejemplo seguro en el que hace uso de una prerrogativa exclusiva de Yahvé para referirse a Cristo.[59]

Al recurrir de esta forma al lenguaje de Isaías, Pablo considera que la naturaleza del juicio es doble. Primero, el mismo confirma que es definitivo en términos de pérdida eterna —ser cortado eternamente de la presencia divina, que en este caso se encuentra en Cristo—. Así pues, para Pablo, el juicio *definitivo* sobre quienes "no conocen a Dios" porque no han "obedecido el evangelio de nuestro Señor Jesús" no es, en este caso, una expresión del "infierno", sino de ser eternamente incapaz de conocer la presencia de Dios tal como ha sido revelada

58. Señalado tan pronto como Tertuliano (*Adv. Marc.* 3.16). El traductor de la LXX se tomó en este caso algunas libertades con el lenguaje de Isaías, probablemente con el fin de dejar en claro lo que él suponía que Isaías tenía en mente. Es decir, "el temor de YHWH" tiene que ver con ver "su rostro". Pablo, a su vez, ha mantenido el lenguaje de "rostro = presencia" y ha omitido φόβου ("temor") en beneficio de sus intereses presentes —centrados en el retorno del Señor Jesús y, por tanto, con los persecutores haciendo frente al hecho de estar en la *presencia* del Señor y teniendo que sufrir su juicio.

59. Sobre el uso de "gloria" con referencia a Cristo, ver p. 341 (sobre 2 Ts. 2:14); cp. *Pauline Christology*, pp. 184-85 (sobre 2 Co. 3:18 y 4:4).

en Cristo. Para los seres creados a imagen divina, esta es la desolación suprema.[60] Segundo, significa perderse "la gloria de su poder", tanto ahora como en la eternidad. Esta última frase probablemente sea un hebraísmo que significa algo como "el esplendor de su gloria como el Todopoderoso". De ser así, Pablo está reivindicando una vez más una cristología muy elevada, en la cual Cristo asume de nuevo el papel del Todopoderoso.

Debería señalarse además que Pablo tiene poco (o ningún) interés en el "infierno" como tal. Para él, la gloria eterna tiene que ver con estar en la presencia del Padre y del Señor resucitado. El juicio eterno de los impíos es la pérdida absoluta de tal gloria. Se trata probablemente de una acusación contra la iglesia posterior que se ha obsesionado tan a menudo con la naturaleza espantosa de la "destrucción eterna", mientras que el apóstol hace hincapié en su exclusión de la presencia de Dios —la pérdida definitiva—. Así pues, no nos sorprendemos cuando, en una carta posterior, Pablo solo piensa en el destino eterno de los *creyentes* en tales términos —"partir y estar con Cristo" (Fil. 1:23)—.

Ser cortado de esta posibilidad es lo que Pablo ve como "destrucción eterna". Lo más probable es que la pérdida de esta dimensión muy *personal* del cielo —y su pérdida como "destrucción eterna"— ha desembocado en la frecuente fijación de la iglesia posterior con el "cielo" o el "infierno" como un *lugar* al cual van las personas. Para Pablo, el "cielo" tiene que ver con la realidad de "la venida de Cristo" y la experiencia de su "poderosa gloria", ya que la persona mora eternamente en esa gloria.

**10**

A la conclusión de su ahora larga frase, Pablo continúa con lo que ha dicho acerca de Cristo en el versículo 9, pero expresa la dimensión positiva de la "venida" de Cristo. La propia frase de Pablo concluye realmente con las palabras "en ese día", lo cual no combina bien al final de la misma, desde nuestra perspectiva. El "día", por supuesto, es lenguaje del Antiguo Testamento para el acontecimiento escatológico que significa salvación eterna para el pueblo de Dios y castigo para sus enemigos. Para nuestros propósitos presentes, dos asuntos son dignos de destacar. Primero, la propia complejidad de la frase atrae la atención del lector hacia ella.[61]

60. Como Pablo está expresando este juicio únicamente en términos de su exclusión total e irreparable de Cristo, es difícilmente útil tratar de extraer de esta cláusula datos escatológicos significativos relativos a los "perdidos", como, por ej., E. Fudge ("The Final End of the Wicked," *JETS* 27 [1984], 325-34), que defiende la "aniquilación" como significado del ἀπό de Pablo; cp. la respuesta de C. L. Quarles ("The AΠO of 2 Thessalonians 1:9 and the Nature of Eternal Punishment", *WTJ* 59 [1997], 201-11), que sugiere "castigo divino provocado por u originado en la presencia del Señor".

61. De hecho, es tan compleja que incluso los traductores de la KJV, al elegir mantener el orden de palabras de Pablo (tal como era su estilo), pusieron entre paréntesis "porque creyeron

Muy probablemente, por tanto, sirve con su compañera "cuando el Señor Jesús se manifieste" del versículo 7b como un marco deliberado, haciendo así de 7b-10 un tipo de oráculo del "día del Señor" por derecho propio. Al mismo tiempo, en segundo lugar, su posición enfática al final es casi sin duda una respuesta deliberada al asunto planteado seguidamente (2:1-12): alguien (aparentemente en nombre de Pablo) había declarado entre ellos que "el día del Señor ya había llegado".[62]

El núcleo de esta cláusula final en la frase explica el efecto doble de la venida de Cristo en los creyentes, ambas partes de la cual, si se la traduce rígidamente, pueden sonar extrañas para los oídos modernos. Pero del mismo modo que sucedía con gran parte de lo precedente, la clave de esta aparente extrañeza reside en el hecho de que Pablo continúa empleando deliberadamente el lenguaje de los textos escatológicos del Antiguo Testamento.

"El día[63] en que venga", empieza Pablo, Cristo lo hará "para ser glorificado por medio de sus santos". Como en 1 Tesalonicenses 3:13, esto podría ser una referencia al "pueblo de Dios" o a los "ángeles"; pero en este caso, la primera opción es casi sin duda la válida. La razón por la que podemos estar relativamente seguros aquí se encuentra en la preposición "en", la cual parecería ser una manera muy poco habitual de referirse a los ángeles. Además, eso sería totalmente incompatible con el uso normal de Pablo, especialmente con su apropiación adicional aquí del lenguaje de la Septuaginta —en este ejemplo del Salmo 89:7 (LXX 88:8)—:

> Pablo - el día en que venga para ser glorificado por medio de sus santos.
> Salmo 89 - Dios es glorificado en la asamblea de los santos.

El único asunto real en este caso es si Pablo, al usar este lenguaje bíblico, pretendía que la preposición "en" fuera un verdadero locativo, de manera que Cristo, tal como la TNIV lo expresa, será glorificado *en* su pueblo, o si buscaba un locativo más distributivo: "entre" su pueblo.[64] Parece totalmente posible que el "en" de Pablo sea en este caso una palabra de desafío en contra de los persecutores tesalonicenses. Así pues, en el mismo acontecimiento escatológico en el cual los últimos "sufrirán el castigo de la destrucción eterna lejos de la presencia del Señor [Jesús]", el pueblo de Dios en Tesalónica estará entre quienes traerán gloria eterna a Cristo

---

el testimonio que les dimos", de manera que el lector podría considerar (apropiadamente) que "en ese día" modifica la primera parte del v. 10.

62. Cp. Lightfood (105), "impone el deber de esperar la venida del Señor".

63. Gr. ὅταν = "en ese tiempo, en el momento que" (BDAG).

64. Sobre este asunto, la mayoría de las traducciones inglesas más recientes tienden hacia el "entre". La traducción de la TNIV es la tradicional, que se encuentra en la KJV, y por tanto en su mucha progenie (ASV, NASB, ESV). Lightfoot (104) también lo sostiene. La NRSV interesantemente dice "por medio de sus santos".

al estar presentes entre los redimidos. De ahí que Cristo el Señor sea "glorificado *en ellos*" en ese día.

Seguidamente, y empleando ahora lenguaje del Salmo 68:35 (LXX 67:36),[65] Pablo afirma que Cristo en su venida "será admirado por todos los que hayan creído".

> Pablo - y admirado por todos los que hayan creído.
> Salmo 67 - Maravilloso es Dios entre sus santos.

Aunque este tipo de lenguaje no está tan presente como en lo precedente, la apropiación intertextual del lenguaje del Salterio parece segura, y eso en un pasaje en el que se hace referencia a Yahvé como *Elohim* ("Dios"), en lugar de por su Nombre, que acabó traduciéndose como "Señor".

En este pasaje resulta sorprendente el uso deliberado por parte de Pablo de este lenguaje de dos lugares del Salterio, donde los salmistas están exaltando la grandeza sin parangón de Yahvé. Para Pablo, ese lenguaje encaja perfectamente con la venida escatológica de Cristo. Así pues, con esta serie de ecos de textos de "juicio" del Antiguo Testamento, en los que Yahvé "vendrá" y ejecutará el juicio, el apóstol, por medio del uso de *Kyrios* de la Septuaginta, coloca ahora a Cristo en el papel de Dios como juez.

Sin embargo, con esta aparentemente deliberada apropiación de textos del Salterio, la frase de Pablo se ha apartado un poco de él. Por tanto, para asegurarse de que los tesalonicenses no perdieran de vista el hecho de que todo esto tenía que ver con ellos, añade: "Entre los cuales están ustedes porque creyeron el testimonio que les dimos". Es decir, Pablo quiere que los creyentes tesalonicenses reconozcan que ellos mismos se encuentran entre el "pueblo santo" de Dios, que "admirará" la venida de Cristo. Esta no es por tanto una especie de cláusula "desechable", añadida al final por causa de ellos. Más bien, es la idea hacia la que todo lo expuesto se dirige en todo momento. Sea cual fuere la naturaleza de sus circunstancias presentes, con todas sus dificultades y sufrimientos, Pablo les garantiza que estarán entre los que presenciarán el juicio de Dios sobre sus enemigos cuando Cristo venga "a dar descanso a los que sufren" (v. 7).

Finalmente, de una manera típica, Pablo une a los creyentes tesalonicenses a sí mismo y sus compañeros con la cláusula "porque creyeron el testimonio que les dimos", no el "evangelio" en este caso. Sobre el tapete no se encuentra la

65. Estos ecos pueden parecer algo más tenues que los demás en estas series. De hecho, si fueran los únicos ecos de la LXX en este pasaje, probablemente la literatura no los notaría. De hecho, apenas se destacaron en los comentarios hasta Rigaux. Desde entonces, cp. Best, 264-65; Marshall, 180; Bruce, 153; Wanamaker, 231; Malherbe, 404; Green, 294-95; pero no Beale, 190, que preferiría seguir considerándolo un reflejo de Isaías 2 y 66.

proclamación del evangelio como tal, sino el factor relacional. Los tesalonicenses se hicieron creyentes, destinados para la gloria eterna, porque "creyeron el testimonio que les dimos". Este tipo de lenguaje no se centra en la "proclamación" en sí misma, sino en el "testimonio" que Pablo y sus compañeros dieron al respecto de Jesús —crucificado, resucitado y exaltado—. Gracias a que "creyeron" en este "testimonio", los tesalonicenses habían sido "incluidos" con los que serán "glorificados" en la venida de Cristo.

Así pues, debemos señalar al final que Pablo no se ha "salido del camino", por así decirlo. Aunque es cierto que, desde una perspectiva posterior, la "acción de gracias" parece dar varios giros y bandazos, en realidad toda ella se centra en los tesalonicenses y sus circunstancias presentes. Dado que estaban experimentando considerables dificultades y que esta era la consecuencia directa de que siguieran a Cristo, lo que necesitaban continuamente para resistir es la realidad de que el Crucificado, en y por cuyo nombre estaban sufriendo, también es Aquel que viene. Y en su venida, no solo experimentarán la gloria eterna, sino que sus perseguidores sufrirán la ira divina.

Pasajes como este han pasado por una revisión "mixta" en la iglesia posterior. Los mismos sirvieron durante demasiados años para avivar los fuegos de las expectativas escatológicas que mostraban un especial interés en el destino de los impíos, mientras que, en este pasaje, Pablo se preocupa en todo momento de consolar a los que sufren recordándoles el justo destino de sus persecutores. De ahí que los especialmente entusiastas con los asuntos escatológicos tiendan a utilizar este pasaje principalmente para concretar los detalles de sus propias perspectivas escatológicas. Pero todo este tipo de "aplicación" tiende a desviarse mucho de las propias inquietudes del apóstol. Él estaba hablando a una minoría perseguida para darle ánimo con la realidad de que en el tiempo de Dios habría un gran giro de la "fortuna". Y esta palabra sigue cumpliendo precisamente esta misma función con los millones de creyentes de nuestra época que se encuentran en situaciones en las que seguir a Cristo significa estar expuesto a la persecución y frecuentemente también al peligro.

## C. ORACIÓN (1:11-12)

11 *Por eso oramos constantemente por ustedes, para que nuestro Dios los considere dignos del llamamiento que les ha hecho, y por su poder*[66] *perfeccione toda disposición al bien y toda obra que realicen por la fe.* 12 *Oramos así, de modo que el nombre de*

66. Esta expresión (ἐν δυνάμει) aparece al final de esta frase. La TNIV y la mayoría de las demás traducciones contemporáneas inglesas la incluyen (la ESV es una destacada excepción).

*nuestro Señor Jesús*[67] *sea glorificado por medio de ustedes, y ustedes por él, conforme a la gracia de nuestro Dios y del Señor Jesucristo.*[b]
[b]12 O *Dios y Señor, Jesucristo*

En esta carta, Pablo sigue su acción de gracias con un informe de oración. Así pues, lo que estaba separado por alguna distancia en 1 Tesalonicenses, a causa de la gran preocupación de Pablo por presentar la narración de sus relaciones pasadas y las de los tesalonicenses, se introduce en lo que se convertirá en la práctica más estándar en sus epístolas: un informe de oración inmediatamente después del de acción de gracias.[68] La oración en sí misma retoma tres preocupaciones de lo precedente: primero, en un eco de la inquietud del versículo 5, él ora "para que Dios *los considere dignos* del llamamiento que les ha hecho"; segundo, como en el versículo 3, lo hace para que Dios cumpla por medio de su poder su deseo de bondad y la obra que fluye de su fe; y tercero, haciéndose eco del versículo 10, lo hace para que la escatológica "glorificación en el pueblo santo [de Dios]" empiece a cumplirse mutuamente en el presente. Con esta oración, por tanto, Pablo vincula la totalidad de estas primeras inquietudes.

**11**
Pablo conecta esta oración con lo que precede con un ligeramente ambiguo "en esto", que algunas traducciones han plasmado como "por lo cual", "por eso", "para este fin", "en vista de esto" o, como la TNIV y otras lo han expresado acertadamente, "con esto en mente". La ambigüedad se encuentra en la determinación del antecedente del "esto" del apóstol, que puede abarcar la totalidad de la "acción de gracias" precedente o, quizás con más probabilidad, la conclusión positiva expresada justo al final (v. 10). En ambos casos, Pablo repite el lenguaje empleado en su acción de gracias de 1 Tesalonicenses 1:2, donde él (y sus compañeros) "oran por ellos" y lo hacen "continuamente". Lo que sigue explica el *contenido* básico[69] de sus oraciones y su *objetivo* final.

El *contenido* de la oración continua de Pablo y sus compañeros a favor de estos creyentes atribulados es básicamente triple, aunque se expresa por medio de dos verbos ("haceros dignos" y "cumplir" [TNIV, "llevar a buen término"]). El primer interés, que probablemente funcione como la "frase que expresa la

67. Habitualmente, un gran número de MSS, algunos bastante antiguos, añaden Χριστοῦ ("Cristo") para completar el "nombre" del Señor (A F G P 0278 33 81 104 365 1505 1739 1881 lat sy bo$^{pt}$); no está presente en ℵ B D K L Ψ 0111 6 323 630 1175 1241 2464 *pm*.

68. Quizás debería señalarse que este es el único rasgo en 2 Tesalonicenses que anticipa el resto del corpus —lo cual solo aumenta las dificultades de quienes optan por la pseudoepigrafía—. ¿Cómo podría el falsificador conocer tanto del Pablo de sus otras cartas, sin conocer nada más?

69. Cp. O'Brien (*Introductory Thanksgivings*, 178): "ἵνα introduce la certeza, no el propósito, de la oración de Pablo".

idea principal" para el resto, es que "nuestro Dios los considere dignos[70] del llamamiento que les ha hecho". Aunque es posible interpretar que esto tiene que ver con su gloria final, el resto de la frase da por seguro que el apóstol quiere que Dios haga esto en y para ellos en ese momento. Al referirse a su conversión en creyentes como consecuencia del "llamamiento" de Dios, está repitiendo lo que había dicho sobre ellos en su primera carta (1 Ts. 2:12). Así pues, incluso en un momento fugaz como este, Pablo expresa regularmente la relación de la persona con Dios en términos del llamamiento de Dios, no de la creencia de la persona en Cristo. Para el apóstol, nuestra creencia siempre se entiende como respuesta al llamamiento anterior de Dios.

El segundo asunto es la primera manera en la que él desea que Dios los haga dignos de su llamamiento, concretamente que Dios "lleve a buen término"[71] todo su "deseo de bondad". De ahí que la TNIV haya entendido como un genitivo objetivo (correctamente con casi total seguridad) el ambiguo "todo su deseo de bondad" de Pablo. Es decir, la "bondad" es lo que impulsa los diversos deseos de los tesalonicenses. La alternativa, un genitivo subjetivo, apuntaría a todo deseo que la "bondad" impulsa en ellos. Aunque en un sentido ambas cosas surgen en el mismo lugar, en la oración Pablo hace muy probablemente hincapié en el "cumplimiento" por parte de Dios de todos los deseos de los tesalonicenses de ser y hacer lo que es bueno para el bien de los demás.

La tercera inquietud se expresa como la segunda manera en la que él desea que Dios los haga dignos[72] de su llamamiento, en este caso, que Dios "pueda llevar a buen término... todos vuestros hechos impulsados por la fe". Así pues, se insiste en ambos casos en lo que los tesalonicenses deben hacer para que Dios "cumpla" estas virtudes y hechos en y entre ellos. Resulta difícil no ver aquí, y en el versículo 12 que sigue, que Pablo está anunciando el asunto que debe retomar en 3:6-13. Es digno de señalar que en este caso el apóstol considera que tales hechos son consecuencia de su fe, la cual, de nuevo, como en otros pasajes de estas dos cartas, se refiere a su continua confianza fiel en Dios.

Con la mayor probabilidad, este parece ser el caso cuando llegamos a la cláusula final de la frase, "por su poder". Este momento inesperado parecería poner una responsabilidad especial sobre los ociosos-rebeldes, que difícilmente puedan

70. Pero ver Lightfoot (105), quien argumenta que el verbo significa únicamente "contaros como dignos"; para la defensa del significado adoptado por la TNIV, ver Best, 268-69; cp. O'Brien, *Introductory Thanksgivings*, 179.

71. Gr. πληρώσῃ, que a menudo significa "cumplir", pero en este caso, como la TNIV y la mayoría de las versiones inglesas lo expresan, significa "completar".

72. Gr. ἀξιώσῃ, un verbo que puede significar "hacer digno" o "considerar digno". Para los cristianos posteriores, esta elección está llena de presuposiciones teológicas. Para Pablo probablemente no había duda. Su preocupación era que el hecho de que ellos fueran "dignos" era en última instancia el resultado de la actividad divina.

reivindicar "incapacidad" como una razón para no trabajar con sus propias manos. Al mismo tiempo y probablemente en busca de énfasis,[73] Pablo añade que Dios cumplirá estas cosas en ellos "con poder",[74] una frase suficientemente ambigua como para requerir especial atención.[75]

Primero, parece seguro que Pablo no está pensando aquí en el "poder" como una expresión más abstracta de uno de los atributos de Dios[76] (que Dios es el todopoderoso), ya que acaba de referirse a Dios de esa forma (v. 9, "la gloria de su poder"); allí empleó la palabra más apropiada *ischys*. Segundo, en la acción de gracias de 1 Tesalonicenses 1:5 (q.v.), el apóstol ya ha hablado de su predicación como algo que viene a ellos "con poder", lo cual se define inmediatamente como una referencia al Espíritu Santo. Finalmente, y quizás de forma más significativa, él atribuye en otros pasajes estas actividades forjadas de forma divina entre el pueblo de Dios a la actividad del Espíritu. De hecho, tanto la "bondad" como la "fe (fidelidad)" se incluyen, juntas y en este orden, en Gálatas 5:22 como fruto del Espíritu. Así pues, aunque a causa del contexto Pablo lo exprese únicamente en términos de "poder", podemos estar razonablemente seguros de que está hablando del poder del Espíritu.

Otros dos rasgos de este texto son dignos de destacar. Los mismos tienen que ver con algunas "tensiones" básicas en la teología paulina. *(a)* Una tensión saludable entre la actividad divina y la responsabilidad humana está presente a lo largo de las cartas de Pablo. Nuestro presente texto indica que él hace hincapié en la acción anterior de Dios.[77] Que los tesalonicenses hayan sido hechos dignos del llamamiento de Dios, tal como prueban su bondad y su fiel obra, es ante todo algo que Dios produce en sus vidas, y lo hace por medio del poder del Espíritu. Esto no elimina el imperativo en Pablo, no en gran medida. En otros pasajes, él instará a llevar a cabo tales actividades en sus comunidades de creyentes, a menudo sin mencionar la actividad anterior de Dios.

*(b)* Aunque podamos estar bastante seguros de que detrás de la palabra "poder" se encuentra el Espíritu divino, Pablo emplea la palabra griega para

73. También Rigaux, 640.

74. Sin justificación, F. W. Hughes (*Early Christian Rhetoric and 2 Thessalonians* [JSNTSS 30; Sheffield: JSOT Press, 1989], 55) traduce esta frase, incorporándola a la anterior, "toda obra de fe y poder". Esto parece descuidado e imposible en relación con la frase de Pablo en griego.

75. También Whiteley (indirectamente), Frame y Bruce. Muchos la traducirían adverbialmente —"que él cumpla poderosamente" (por ej., Lightfoot, Ellicott, Best; más recientemente, Wanamaker)—, pero esto parece perder el uso paulino de otros pasajes, así como su posición enfática aquí.

76. Cp. Hiebert, 297: "El poder característico inherente en su naturaleza".

77. A este respecto, deberíamos señalar que el informe de oración termina finalmente en el v. 12: "Que el nombre de nuestro Señor Jesucristo sea glorificado por medio de ustedes, y ustedes por él, *conforme a la gracia* de nuestro Dios y del Señor Jesucristo".

"poder" aquí, no *pneuma* (Espíritu), porque este es su énfasis presente. Él está verdaderamente agradecido a Dios por el hecho de que ellos estén soportando pacientemente su persecución y sufrimiento presentes; pero también sabe que lo que necesitan para continuar es el *poder* de Dios obrando en sus vidas. En contraste con gran parte del cristianismo posterior, en el cual la vida ética se toma demasiado a la ligera con mucha frecuencia, Pablo no conoce ninguna vida cristiana que se pueda vivir de una forma no digna de este llamamiento. Pero la iglesia —y sus miembros individuales— no son abandonados a su suerte, a sus propios recursos, por así decirlo. Más bien, Dios se ha comprometido con ellos a empoderar semejante vida mediante el Espíritu que mora en el creyente.

**12**

Finalmente, el versículo 12 da la razón para todo esto, concretamente: que Cristo mismo será glorificado por medio de quienes anden en sus caminos y por tanto lleven y compartan su gloria. Al hacerlo, Pablo se apropia una vez más del lenguaje de la Septuaginta, en la que el nombre divino Yahvé se tradujo como *Kyrios*, que aplica a Cristo. En este caso, el lenguaje empleado repite el de Isaías 66:5, de manera que Pablo concluye con un eco del oráculo de Isaías con el que empezó en el versículo 7.

> Pablo: de modo que el nombre de nuestro Señor Jesús sea glorificado por medio de ustedes.
> Isaías: de modo que el nombre del Señor sea glorificado.

Aunque a primera vista este uso pueda parecer un poco tenue como caso de "intertextualidad" genuina, existen razones especialmente buenas para considerarlo como tal. Primero, el lenguaje de Pablo es el del Isaías de la Septuaginta, un libro con el que Pablo manifiesta una familiaridad total. Además, en segundo lugar, el apóstol acaba de emplear lenguaje de este oráculo anteriormente en el versículo 7. Tercero, las palabras de Pablo en este caso difieren considerablemente del hebreo, ya que el traductor de la Septuaginta estaba intentando dar sentido a algunas líneas difíciles del texto hebreo. Así pues, el traductor ha convertido las palabras originales de burla de los "religiosos aristocráticos" a los fieles a Yahvé después del exilio —"¡Que el Señor sea glorificado, para que veamos la alegría de ustedes!"— en una promesa a los fieles de que "el nombre del Señor será glorificado" y sus persecutores serán por tanto avergonzados.

Lo que resulta significativo en este caso es la similitud del contexto de Isaías con el de los tesalonicenses. Hacia el final de su "acción de gracias", Pablo había presentado la demostración de la justicia de Dios (vv. 7-10) con ecos del mismo oráculo de Isaías. Al mismo tiempo, también recurrió al lenguaje de Isaías 2 y del Salterio para hacer hincapié en los futuros escatológicos opuestos de los creyentes tesalonicenses y sus atormentadores. "De hecho", afirma, Dios pretende que Cristo "sea glorificado en sus santos". Ahora Pablo ora por el cumplimiento de esa promesa y vuelve a Isaías 66 —con un lenguaje hablado en un contexto parecido al de ellos—. Y, de nuevo, "el Nombre = YHWH" pertenece ahora a Cristo Jesús mediante el uso de la Septuaginta del *Kyrios*[78] sin artículo para el nombre divino.

Pero la inquietud de Pablo es que haya reciprocidad de "gloria"; es decir, su oración principal es que el nombre del Señor sea glorificado en *ustedes* (los creyentes). Aunque existe frecuentemente una ambigüedad inherente a esta frase en griego, en cuanto a si significa "en" o "entre", en este caso dicha ambigüedad parece ser eliminada por lo que sigue inmediatamente después, ya que Pablo ora para que ellos sean a su vez glorificados *en él* (el Señor Jesús). Y todo esto en sintonía con la gracia divina, gracia que, como en la salutación, es simultáneamente la "de nuestro Dios y Señor Jesucristo". Esto apenas necesitaría más comentario, excepto la nota en la NTIV: "O [la gracia de] nuestro Dios y Señor, Jesucristo".

Aunque esta nota traduce lo que es una *posibilidad* gramatical, dos elementos se oponen rotundamente a que sea una *probabilidad*. Primero, a pesar de cómo interpretarían algunos este pasaje, así como Romanos 9:5 y Tito 2:13, simplemente no existe ninguna evidencia indiscutible de que *(a)* Pablo empleara alguna vez *theos* para referirse a Cristo —más bien, es la palabra que él utilizaba exclusivamente para referirse al Padre— ni de que *(b)* empleara *kyrios* para referirse al Padre, ya que este nombre divino se reserva exclusivamente para Cristo. El momento definitivo para estas distinciones en Pablo llega en su siguiente carta, en 1 Corintios 8:6, donde el *theos* de la *Shema* se aplica a Dios Padre y el *kyrios* a Cristo, el Hijo. Segundo, este desdoblamiento de Dios y Cristo es tan absoluto en estas dos cartas que necesitaríamos una evidencia especialmente sólida para pensar de otra manera aquí, y tal evidencia es precisamente lo que falta. Así que, aunque a mis sensibilidades teológicas les encantaría tener esta opción, mis sensibilidades exegéticas no lo permitirían —ni siquiera como alternativa en este caso—.

Así pues, indirectamente a través de la oración, Pablo concluye estos primeros asuntos de su carta anunciando sus inquietudes finales en 3:6-15. Pero antes debe ocuparse de un tema que ha causado una considerable angustia en la comunidad: el tiempo del día del Señor.

Como siempre, hay mucho que aprender de los informes de oración de Pablo. Así pues, aunque esta oración podría sacarse de sus anclajes contextuales y seguir siendo entendible —y útil—, es especialmente significativa en su contexto presente. Podemos pues aprender mucho sobre la oración por los demás en este

78. Esto es: la manera en la que los traductores se cuidaron de confundir esta traducción con la más común *Adonai* ("Señor") fue evitar continuamente utilizar el artículo "el" con κύριος = Yahvé, mientras que lo mantuvieron con κύριος = *Adonai*.

ejemplo. En medio del dolor y sufrimiento de los tesalonicenses, la oración de Pablo por ellos se centra finalmente en Dios y su gloria. Pero la gloria de Dios se manifestará cuando Él cumpla en su pueblo el deseo de esta oración. Nunca debemos perder de vista el hecho de que la gloria de Dios está íntimamente vinculada al hecho de que Cristo sea glorificado en y entre su pueblo.

## II. EL SEGUNDO ASUNTO: EL "CUÁNDO" DEL DÍA DEL SEÑOR (2:1-17)

Tras su acción de gracias, que evoluciona en una expresión de consuelo para los creyentes de Tesalónica que estaban sufriendo, Pablo se sumerge inmediatamente en el primero de los dos asuntos candentes que han dado lugar a esta carta. En este caso, tanto el lenguaje como la manera en que se expresa la inquietud indican que algunos problemas tratados en la primera misiva habían desaparecido. El primer pasaje es, al mismo tiempo, el más crucial y el más problemático en la epístola. Es el más crucial porque Pablo articula ahora, por su bien y el de los tesalonicenses, su entendimiento de la información que ha recibido recientemente acerca de la situación en Tesalónica; algo que sirve pues como *ocasión principal* para la carta. De hecho, las otras preocupaciones —su injusto sufrimiento (cap. 1) y las continuas dificultades con los ociosos-rebeldes (cap. 3)— se entienden mejor al relacionarlas con ella. Lo que circulaba entre ellos acerca del "día del Señor" (ver 1 Ts. 5:1-11), fuera lo que fuese, había desembocado en que algunos de ellos se habían visto sacudidos por sus presentes sufrimientos y había permitido que otros siguieran teniendo un punto de vista erróneo acerca de "trabajar con sus propias manos".

El presente argumento es en sí relativamente directo, con partes fácilmente identificables. Nuestras dificultades para entenderlo son el resultado de dos problemas adicionales. Primero, el propio Pablo no está seguro de la *fuente* de esta información errónea que ellos tienen, especialmente cómo se le atribuyó de alguna manera a él. Segundo, su respuesta está llena de *recordatorios* de asuntos sobre los cuales él les había informado anteriormente, durante su estancia entre ellos. Estas dos realidades juntas explican la mayor parte de nuestros desafíos para entender. Dicho de otra manera, cuando dos partes conversan acerca de algo bastante bien conocido por ambas, la persona ajena al tema que escucha a escondidas se queda haciendo muchas conjeturas sobre lo que está aconteciendo.[79] Cuando esta observación se aplica al presente pasaje, estamos especialmente a oscuras acerca de cuánto del mismo adopta la forma de recordatorio y cuánto es información nueva, en el sentido de que la información antigua se configura

79. La incapacidad de señalar esta simple realidad histórica parece estar detrás de que muchos expertos no puedan reconocer la autenticidad de la carta.

de una nueva forma. El resultado neto es que el lector/intérprete tiene un déficit de información especialmente elevado en este punto,[80] y debe hacer lo posible por darle sentido, confirmando lo que parece ser cierto y mostrando la debida precaución en otras partes.

Al mismo tiempo, este pasaje también es el más problemático en la carta porque, tan crucial como es, su significado finalmente está lejos de ser seguro. La dificultad es doble: (1) ¿*Qué* se les ha comunicado? ¿Qué significaba para ellos que se les declarara que (de alguna manera) "el día del Señor (ya) había llegado"? Y (2) ¿*Cómo* se les había comunicado eso, y cómo estaba relacionada con Pablo esa comunicación? Para los propósitos de este comentario, el primer asunto no requiere que nos detengamos, ya que descubrir qué habían llegado a creer, aunque sería útil, no es definitivamente esencial para nuestro entendimiento general. Sin embargo, como es fundamental para la totalidad de la carta, pero especialmente para la forma en que debe entenderse el versículo 2, empezamos con un resumen de conclusiones.

Primero, parece casi imposible no ver que esto tiene relación con algún tipo de mala interpretación de 1 Ts. 5:1-11, con su repetida mención del día del Señor (vv. 2, 4) y la posterior interpretación de los temas del "día" y la "noche".

Segundo, con toda probabilidad el contenido de la mala interpretación tiene que ver con que alguien enseñara que ya estaban en presencia del día del Señor o, quizás más probablemente, a la luz de los énfasis en el capítulo 1, que ya había *empezado* de alguna manera. Esto de por sí parece dar sentido al argumento que sigue, en el cual Pablo insiste en que, justo como él les había enseñado previamente, acontecimientos particularmente observables deben suceder *antes* de que llegue el día. El Día[81] no solo vendrá *precedido* por ciertos acontecimientos, sino que estos serán también demasiado visibles para que cualquiera de los tesalonicenses no reconozca el Día cuando llegue.

Tercero, una enseñanza tan errónea de que el Día ya viene de alguna manera ayuda a explicar los énfasis en los capítulos 1 y 3. A la luz de lo que Pablo ha dicho en la carta anterior, el incremento —y la naturaleza injusta— de sus sufrimientos les daba una considerable razón para estar inquietos si el Día ya había aparecido. Esto también explica la garantía de Pablo en el capítulo 1, tanto de su propia vindicación (futura) como del justo juicio de sus adversarios. Sin embargo, la misma realidad también apoyaría el razonamiento de los ociosos-rebeldes.

80. Cp. Findlay (162): "Este párrafo es el más confuso en todas las epístolas paulinas". Aunque algunos puedan votar por otros párrafos, el hecho de que un experto de gran nivel pensara así indica el alto grado de opacidad al que nos enfrentamos aquí.

81. He decidido denominar al "día del Señor" de esta forma (en mayúscula y sin "del Señor") como una forma conveniente para referirme a lo que debería pensarse siempre en términos de toda la frase.

Como el día del Señor ya había llegado y como ellos en cualquier caso habían adoptado aparentemente un punto de vista confuso sobre el trabajo,[82] ¿por qué se molestarían en absoluto en trabajar?

De todas maneras, el intérprete debe hacer todo lo posible y tener integridad para señalar cuándo está suponiendo o, en algunos casos, presentar una variedad de opciones viables. El único punto en el que puede tenerse cierto grado de certeza es el intento de describir el curso del argumento, aunque muchos de los detalles sigan siendo dudosos. En este caso, el pasaje en sí mismo puede presentarse en sus diversas partes simplemente como describiendo las propias frases de Pablo.

El asunto se presenta en nuestros *versículos 1-2*. Tiene que ver con el día del Señor. Pero lo que ha ido mal exactamente, no se sabe con seguridad. Aparentemente alguien/algunos ha/han declarado con autoridad que el Día ya ha llegado (¿empezado?), lo cual ha provocado una considerable consternación en la comunidad. La respuesta de Pablo tiene tres partes (relativamente claras). En los *versículos 3-4*, él les recuerda por qué el Día *no puede* haber llegado aún —porque ciertos acontecimientos sobre los que él había advertido anteriormente *precederían* a ese día—. En los *versículos 5-7*, prosigue bosquejando para ellos lo que está *reteniendo* el Día en ese momento; y como esto es información repetida para ellos, gran parte de este material sigue siendo un misterio para los lectores posteriores. En los *versículos 8-12*, les reitera lo que *ocurrirá* cuando el Día venga realmente. Como el problema ha surgido de una manera que ha provocado que algunos sean "sacudidos", Pablo concluye en los *versículos 13-17* con una acción de gracias, una exhortación y una oración, todas las cuales consideran la firmeza de los tesalonicenses. Así pues, intencionadamente o no, el asunto tratado en 2:1-12 está enmarcado entre la acción de gracias y la oración (1:3-10/11-12 y 2:13-14/16-17).

## A. SE PRESENTA LA CUESTIÓN (2:1-2)

1 *Ahora bien, hermanos, en cuanto a la venida de nuestro*[83] *Señor Jesucristo y a nuestra reunión con él, les pedimos que* 2 *no pierdan la cabeza ni se alarmen por*

82. Sobre este asunto, ver esp. R. Russell, "The Idle in 2 Thess 3.6-12: An Eschatological or a Social Problem?", *NTS* 34 (1988), 105-19; y D. C. Aune, "Trouble in Thessalonica: An Exegetical Study of I Thess 4:9-12, 5:12-14 and II Thess 3:6-15 in Light of First-Century Social Conditions" (Tesis doctoral no publicada; Vancouver, B.C.: Regent College, 1989).

83. En B Ψ 33 y algunos otros testimonios (incluidos sy[h] y algunos MSS de la Vulgata) falta ἡμῶν. De existir más testimonios de esto, la mayoría de las críticas textuales, incluida esta, pensarían que los otros testimonios han añadido el pronombre (como en 1:2), ya que esta es la manera más habitual de efectuarlo por parte de Pablo. Pero lo más probable aquí es que tengamos una omisión de los escribas por razones estilísticas, a la luz del ἡμῶν que sigue unas palabras después.

*ciertas profecías, ni por mensajes orales o escritos supuestamente nuestros, que digan: "¡Ya llegó el día del Señor!".*[84]

Esta es una de esas frases en Pablo que, si pudiéramos estar seguros de cómo descifrarla, resolvería muchas de nuestras dificultades en la comprensión de todo el pasaje. Pero la misma es realmente compleja en sí misma y al mismo tiempo está repleta de dudas gramaticales y léxicas. La TNIV ha decidido (acertadamente) "descifrarla" por medio de una ligera reorganización de las frases. Para ayudar al lector a ver las dificultades, ofrezco aquí la siguiente versión "palabra por palabra" del versículo 2 —sin puntuación, como en el griego—:

> que no sean sacudidos en su mente ni se alarmen si por el Espíritu si de palabra si por carta supuestamente nuestra en cuanto al hecho de que el día del Señor haya llegado.

El *asunto* en sí se presenta de una manera directa (v. 1). Tiene que ver con "la venida de nuestro Señor Jesucristo y nuestra reunión con él". La *inquietud* (v. 2) tiene relación con alguna información errónea relativa a este acontecimiento, a efectos de que "el día del Señor ya ha llegado". La complejidad se encuentra en dos lugares. Primero, qué podría significar esto, dado que una parusía visible del tipo descrito en la primera carta (1 Ts. 4:13-17) no había tenido realmente lugar. Segundo, la parte media del versículo 2 es bastante ambigua. Por un lado, la información errónea se había atribuido al propio Pablo; por otro, el apóstol no está seguro de los *medios* reales empleados para comunicársela a los tesalonicenses —todo lo cual da lugar a una frase inusualmente compleja para lectores posteriores—. Así pues, nos enfrentamos a uno de esos momentos en Pablo en los que lo que él dice parece suficientemente claro —y en este punto, la TNIV parece haberlo expresado correctamente—, pero lo que quiere decir en términos de cómo este tipo de información errónea se extendió entre esos primeros creyentes no es en absoluto seguro.

**1**

Nuestro versículo 1, que básicamente expone el tema en cuestión, consta de tres partes. Primero, Pablo empieza presentando su petición: "Hermanos… les pedimos". El verbo en sí es la palabra estándar del griego para pedir algo a alguien;[85]

84. En contra de todas las evidencias anteriores en toda forma (griego, versiones, los padres), el Texto Mayoritario ha reemplazado Χριστου por κυρίου, en lo que parece ser un intento de asegurar que "Señor" equivale a "Cristo" en este pasaje, algo que es correcto con casi total seguridad.

85. Gr. ἐρωτῶμεν δὲ, el verbo habitual para pedir información o hacer una petición a alguien. La mayoría de los expertos reconocen el δὲ, que con mucha frecuencia es adversativo en

así pues, apenas nos alerta de lo que viene después. Como mínimo, no iza una bandera roja, por así decirlo, para indicar que lo que sigue será fuerte. Habitualmente en momentos como estos, el apóstol "insta" o "exhorta" a sus congregaciones a tener o evitar un comportamiento dado; pero aquí simplemente "pide". Segundo, el verbo viene seguido por el vocativo "hermanos", el segundo de siete en esta carta.[86] Y de nuevo aparece de una manera difícilmente acorde con las palabras mucho más fuertes que siguen.

Tercero, el tema en cuestión se presenta seguidamente con una preposición[87] que significaba tradicionalmente "por causa de", pero aquí debe ser algo como "con referencia a". El asunto en sí se expresa pues en algo así como "las dos caras de una misma moneda".[88] La "cara" más importante del acontecimiento se menciona primero: "La venida de nuestro Señor Jesucristo", y por tanto se presenta una vez más a los lectores la palabra clave *parusía.*[89] Que esto se refiere a lo que la iglesia posterior llamó "la segunda venida" queda claro en la segunda "cara": "Nuestra reunión[90] con él". En este punto, la persona que haya leído 1 Tesalonicenses 4:16-17 verá que esta es simplemente una versión condensada de lo que Pablo ha dicho allí, sin ningún recorte.

**2**

Tras esta primera indicación del tema en cuestión, nos encontramos muy poco preparados para el contenido de la petición de Pablo que da lugar al resto de la frase. En algunos aspectos, el tema está suficientemente claro. Algunos de los

---

griego, como simplemente transicional (de ahí que Rigaux [647] afirme: "c'est un δὲ de transition"; cp. el "ahora" de la KJV).

86. Para la importancia de este uso en estas cartas, ver nota 13 sobre 1 Ts. 1:4.

87. Gr. ὑπὲρ; con el genitivo tiene el significado básico de "por causa de", pero en el período *koiné* acabó siendo casi un sinónimo de περί ("relativo a", "acerca de"), con el que los antiguos escribas lo intercambiaban a menudo. Aun así, Findlay (163) se pregunta "si ὑπὲρ en san Pablo pierde alguna vez el significado más rotundo de *por causa de*". Es decir, es en el propio interés del advenimiento futuro de Cristo que Pablo se siente obligado a escribir. En un momento verdaderamente idiosincrático, la RV tradujo la preposición "*por* su venida", y la ASV lo cambió a "tocante a su venida". Esto es "traducción" en términos de lo que uno piensa que el autor *tendría que* haber dicho en lugar de lo que dijo realmente.

88. Esto parece garantizado por el hecho de que un único artículo definido controle ambos nombres (παρουσίας y ἐπισυναγωγῆς).

89. Gr. παρουσία, que apareció cuatro veces en la primera carta (2:19; 3:12; 4:15; 5:23), y lo hará dos más en esta (vv. 8 y 9 en el presente argumento).

90. Gaventa (109) prefiere "reunión juntos *delante* de él, en el sentido de que los creyentes se reúnen para dar testimonio y recibir justicia"; también Richard, 324.

creyentes han sido "sacudidos en su mente"[91] o simplemente "alterados". Y parece que eso ha ocurrido "rápidamente",[92] lo que no significa pronto después de su conversión, sino rápidamente al oír la información falsa. El desdoblamiento por parte de Pablo de los verbos de angustia probablemente apunte a dos grados de "sacudida" por lo que otros entre ellos han estado afirmando acerca del día del Señor —que el mismo "ya ha llegado"—.[93] Lo que esto pudiera significar para sus proponentes, o cómo lo habrían entendido los creyentes tesalonicenses, queda finalmente en el ámbito de la especulación. Pero, en cualquier caso, ha tenido efectos perturbadores y Pablo está profundamente preocupado por lo que se les ha comunicado (supuestamente como procedente del propio apóstol).

Sin embargo, una cláusula que a simple vista parece suficientemente clara contiene realmente dos dificultades que exigen un considerable debate:[94] *(a)* ¿Cómo ha confundido esto totalmente el entendimiento surgido entre ellos?; y *(b)* ¿Qué relación tiene esto con cualquier cosa que Pablo haya podido decir o escribir? El problema es tanto *lingüístico* (¿qué significa *pneuma* [Espíritu/espíritu][95] aquí, especialmente como primer miembro de un trío aparentemente equivalente que incluye "palabra" y "carta"?) como *gramatical* (¿qué relación tiene la frase final "como por [*dia*] nosotros" con el trío precedente, el cual también es "por [*dia*]" estos posibles medios?). La resolución de estas dificultades implica dos ideas.

Primero, debemos tomarnos en serio que, tal como deja en claro la frase de Pablo, él *no está en absoluto seguro* de la *fuente* exacta de la información errónea. Es decir, no sabe verdaderamente si ha llegado a ellos por medio de una declaración profética, otro tipo de palabra hablada o una carta falsificada. Además, debemos tomarnos igualmente en serio las declaraciones explícitas en 2:5 y 15 de que el

91. La TNIV ha expresado el griego de Pablo en un buen inglés idiomático. Pablo escribe εἰς τὸ μὴ ταχέως σαλευθῆναι ὑμᾶς ἀπὸ τοῦ νοὸς ("que no sean sacudidos rápidamente en su mente").

92. Gr. ταχέως, un adverbio que se centra aquí en la velocidad de la acción (BDAG 1 β); de ahí, "rápidamente" (Best); cp. Gá. 1:6.

93. A. M. G. Stephenson ("On the Meaning of ἐνέστηκεν ἡ ἡμέρα τοῦ κυριοῦ en 2 Thessalonians 2,2", *TU* 102 (1968), 442-51) sugirió que significaba "a mano" = "cerca". Pero no existe ninguna evidencia de tal significado para este verbo.

94. Algunas de estas dificultades con el texto griego han quedado ahora (apropiadamente) a un lado con la decisión de la TNIV de poner entre paréntesis la opción triple, de manera que no parezca que la única opción real es la última, "carta" —como en la mayoría de las traducciones inglesas (por ej., KJV: "...ni por carta supuestamente nuestra, en cuanto a que el día..."; NASU: "...o una carta supuestamente nuestra, a efectos de..."; la ESV refuerza aún más la idea errónea: "... palabra hablada, o una carta que parece ser nuestra, a efectos de...")—. La NIV original era ambigua: "Por espíritu o por palabra o por carta, como si fuera nuestra, a efectos de...".

95. De nuevo, la TNIV ha traducido (correctamente) en términos del propósito de la palabra de Pablo "Espíritu", que, en este caso, dado lo que él escribió en la primera carta (5:19-22), probablemente sea la fuente real de preocupación del apóstol.

apóstol había hablado anteriormente de esta cuestión tanto durante su estancia entre ellos ("palabra") como en su carta anterior (nuestra 1 Tesalonicenses). Todo esto se vuelve de lo más problemático cuando consideramos, sobre la base de los versículos 3-12 y 1 Tesalonicenses 5:1-11, que el propio Pablo había sido bastante claro sobre este asunto y que la posición presente de ellos estaba muy lejos de lo que él había enseñado o escrito. Así pues, el apóstol parece enfrentarse a una situación en la cual sabe: (1) que su propia enseñanza ha sido ignorada, malinterpretada o tergiversada (probablemente esta última opción); y (2) que, aunque no está seguro de cómo surgió el problema, la palabra que circulaba por Tesalónica es que lo que se enseñaba en ese momento procedía en última instancia del propio Pablo.

Eso lleva, en segundo lugar, a la pequeña expresión "como por medio de nosotros", que en la frase de Pablo viene justo después de "si por el Espíritu, si por palabra, si por carta".[96] Con demasiada frecuencia, la misma se ha entendido como una referencia únicamente al elemento final (= "si por carta, como si procediera de nosotros").[97] Eso se apoya habitualmente en la firma de 3:17, el hecho de que Pablo "firme" en este caso la carta de su propia mano para que no se confunda con una falsificación.[98]

Tan tentadora como ha sido esta reconstrucción para muchos intérpretes, la misma parece encallar en lo que Pablo afirma realmente. Ante todo, una postura como esa tiene una gran dificultad con 2:15, donde el apóstol declara que los tesalonicenses deben ceñirse realmente a lo que les llegó de él por medio de la "palabra" o por "carta". Además, si una carta falsificada le preocupara aquí, esperaríamos que dijera "como *procedente de* nosotros". Después de todo, las cartas no llegan "por" un autor sino "de" él o ella. De hecho, la repetición del "por" en esta expresión no solo tiende a decretar la sentencia de muerte de este enfoque tradicional,[99] sino que también nos ofrece la clave de lo que Pablo pretendía.

96. Ver la útil exposición en R. Jewett, *The Thessalonian Correspondence: Pauline Rhetoric and Millenarian Piety* (Philadelphia: Fortress, 1986), 181-86, que cataloga los enfoques de esta expresión de tres maneras: (1) considerar la misma como obra de un falsificador (lo cual se derrumba según opina acertadamente Jewett al intentar interpretar 2:15); (2) negar que tenga implicación alguna de falsificación; (3) considerar 1 Tesalonicenses como la carta, pero entender que esta se ha tergiversado de alguna manera (el punto de vista asumido en este comentario).

97. Por ej., Moffatt, Moore, Bruce; para traducciones inglesas, ver nota 16 más arriba.

98. Ver los comentarios posteriores sobre 3:17. Tal como se señala allí, él firma de esta manera precisamente porque *no* está seguro de si la fuente era o no una carta falsificada.

99. Esta idea gramatical se pasa por alto o se ignora generalmente en los comentarios y traducciones (von Dobschütz [266] y C. H. Giblin [*The Threat to Faith: An Exegetical-Theological Re-examination of 2 Thessalonians 2* (AnBib 31; Roma: Instituto Bíblico Pontificio, 1967), 149] son excepciones). Pero eso no servirá, ya que Pablo muestra en otros pasajes una considerable precisión en su uso de estas dos preposiciones. Para una fuente principal, él siempre emplea ἀπὸ (ver 1 Ts. 3:6 más arriba: "Ahora que Timoteo ha vuelto a nosotros *de* ustedes"); cuando se refiere a un agente secundario, a través del cual se ha mediado algo, utiliza διά. A este respecto, ver esp.

A causa de la dificultad del "por" *(dia)*, muchos han sugerido que la expresión va con las tres palabras precedentes.[100] Aunque esto tiene más de argumento gramatical, el problema con esta solución reside en comprender cómo podría haberse entendido que "el Espíritu" mediara "por medio de nosotros", ya que Pablo no había estado recientemente en la escena. Tampoco resulta fácil ver cómo este punto de vista erróneo acerca del "día" podría haberse atribuido al apóstol sobre la base de lo que había afirmado en su carta anterior.

Por tanto, la mejor resolución de este problema es que de alguna forma consideremos elíptica la frase. El enigmático "como por nosotros" se entiende mejor, tal como la TNIV expresa, no como una referencia directa a la *forma* por medio de la cual se ha mediado la información errónea a los tesalonicenses (es decir, Espíritu, palabra, carta), sino al *contenido* de la misma y, por tanto, a la cláusula que sigue. En este caso, Pablo no está declarando que la carta no procediera de él —ya que realmente así era—, sino que lo que *ellos están creyendo ahora* acerca del día del Señor no vino a través de él.[101] Así pues, la preocupación de Pablo es singular: él no es en absoluto responsable de la información errónea relativa a la parusía que de alguna manera se le había atribuido.

Así pues, la "lógica" de la frase de Pablo parece ser la siguiente. Su dificultad es doble; primero, él es consciente de que la información errónea se le ha *atribuido* finalmente a él; pero, segundo, no está muy seguro de *cómo* se comunicó. Él empieza por tanto con el último elemento, la fuente dudosa, cuyo primer miembro es con mucha probabilidad la clave de todo. Con casi total seguridad, "Espíritu" en este caso se refiere a una "declaración profética".[102] Por medio del "Espíritu" alguien podría haberse erigido fácilmente en un representante de Pablo

---

la bien conocida excepción perentoria en Gá. 1:1, que su apostolado no es ἀπ' ἀνθρώπων ni δι' ἀνθρώπου (no tenía su fuente en seres humanos ni estaba mediado por uno de ellos). Debemos aceptar simplemente como errónea la traducción de la presente expresión, "*por* espíritu o *por* palabra o por *carta*, como *de* nosotros" (NRSV; cp. NIV). Pablo no está refiriéndose aquí a la *fuente* de la información errónea, sino a quien *medió* entre la misma y los tesalonicenses.

100. Esta es de lejos la opción más común en los comentarios ingleses, aunque Ellicott (107) lo limita a las dos últimas.

101. Este punto de vista ha sido sugerido, entre otros, por Findlay, 165, "'*suponiendo que* sea por medio de nosotros', concretamente, que el anuncio de la llegada del 'Día' llegue del Señor por medio de sus apóstoles y tenga su autoridad"), y Frame, 247 ("él niega simplemente toda responsabilidad en la declaración: 'El día del Señor está presente'"); cp. también Jewett, *Thessalonian Correspondence*, 184-86; von Dobschütz, 266-67; y Dibelius, 44.

102. Este punto de vista fue anunciado por Giblin, *Threat*, 149-50, 243, aunque su solución tomó la forma de la cuestión de la autoridad. Tal como ocurre con su opinión de πνεῦμα en 1 Ts. 5:19, Gunkel (*The Influence of the Holy Spirit* [original en alemán, 1889; ET Filadelfia: Fortress, 1979], 31) piensa que se refiere a glosolalia aquí. Pero nos preguntamos cómo pudo una comunicación errónea de ese tipo ocurrir por medio de un fenómeno que no entienden ni quien habla ni el oyente.

que hablaba en su nombre. Pero para el apóstol sería igualmente posible que esa "profecía" pudiera haberse dado en la forma de una interpretación con autoridad de lo que él había enseñado o escrito previamente (por ej., "el Espíritu afirma que lo que Pablo quería decir era..."). En cualquier caso, tras haber mencionado la *fuente* dudosa por medio del repetido "si por...", ahora se centra en el *contenido* tergiversado, como si el mismo, independientemente de cómo llegara, pudiera atribuírsele a él.

Esta forma de interpretar la frase de Pablo también ayuda a explicar las implicaciones negativas del "como que" (*hōs hoti*; TNIV: "Afirmando que")[103] que introduce la cláusula final. Su propósito parece bastante claro; aquí, finalmente, se encuentra el contenido de lo que se ha dicho entre ellos y que los estaba perturbando en ese momento. Pero la frase en sí misma ha empezado a irse de las manos gramaticalmente. Así pues, la segunda palabra, *hoti* ("que"), sirve para introducir el contenido de lo que se ha dicho entre ellos; el *hōs* precedente ("como") toma el sentido de la tergiversación de la expresión precedente, y esto las vincula. Una enseñanza de este tipo no puede de ninguna manera atribuirse a Pablo.

Deberíamos señalar también que este entendimiento de la compleja frase de Pablo da sentido a varios asuntos en estas cartas. Tal como destacamos en nuestros comentarios sobre 1 Tesalonicenses 5:19-22, Pablo ya ha anunciado la necesidad de que esta comunidad sea un poco más perceptiva en cuanto a las declaraciones del "Espíritu". Además, y significativamente, esto explica por qué más adelante en el presente pasaje (2:15) él se refiere de nuevo a "oralmente o por carta",[104] e insta a los tesalonicenses a ceñirse a lo que él les había enseñado anteriormente. Sabe que esa enseñanza no era ambigua y ellos debían por tanto aferrarse a lo que él les "había entregado" *directamente*. Lo que falta notablemente en este segundo ejemplo es el primer miembro del presente trío, "por el Espíritu" —muy probablemente porque esto es lo que el propio apóstol consideraba la fuente principal de la dificultad—.[105]

103. Para un uso similar cuya pretensión es desacreditar un punto de vista, ver 2 Co. 11:21; para un uso positivo de esta combinación, ver 2 Co. 5:19.

104. Para apoyar lo que se ha argumentado anteriormente (nota 21) acerca del uso de διά por parte de Pablo, nótese que el δι' πιστολῆς en 2:15 *no* se refiere a la *fuente*, sino a los *medios* por los cuales se habían dado las "tradiciones" a los tesalonicenses.

105. Para una opinión diferente sobre la relación entre 1 Ts. 5:19-22 y 2 Ts. 2:2; 2:15, ver F. W. Hughes, *Early Christian Rhetoric and Thessalonians* (JSNTSS; Sheffield: JSOT Press, 1989), 56-57, que interpreta que el supuesto autor no paulino de 2 Tesalonicenses niega la validez de "espíritu", lo cual es contrario al Pablo auténtico en 1 Ts. 5:19-20 ("un contraste particularmente estremecedor" con la exhortación de no apagar el Espíritu —¡como si Pablo no hubiera escrito los vv. 21-22 también!—). Cp. Giblin, *Threat*, 45, que también considera que 2:15 "excluye" una "confianza excesiva en las declaraciones carismáticas", pero como una "modificación" en lugar de una "secuela" de 1 Ts. 5:19-22.

De ser así, el hecho de que tales abusos de las "declaraciones proféticas" no se condenen directamente en sí mismos probablemente se deba en este caso a sus relativas dudas sobre la causa real. Al mismo tiempo, si esto se aproxima al propósito de Pablo en 2:2, entonces en 2:15 también está ofreciendo un criterio para "poner a prueba a los espíritus": "Las *tradiciones* que se les enseñaron, oralmente o por carta".[106]

## *B. RESPUESTA DE PABLO (2:3-12)107*

Sobre el tapete, pues, se encuentra el "cuándo" del día del Señor como acontecimiento futuro en lugar de realidad presente, un tema complicado (para nosotros) por dos factores: *(a)* Pablo ya ha hablado de este asunto en la primera carta; y *(b)* no está seguro de la fuente de la presente enseñanza errónea. Pero, en cualquier caso, él procede ahora a aclarar el problema recordando a estos creyentes lo que ya les ha enseñado. Al hacerlo les recuerda tres temas: primero, ciertos acontecimientos, que aún no han tenido lugar (vv. 3-4), *precederían* a ese día; segundo, *qué/quién retiene* ese día no se ha revelado todavía (vv. 5-7); y tercero, la *naturaleza* de los acontecimientos que sucederán realmente ese día debe ser descrita (vv. 8-12). Aunque no es clamoroso, podemos detectar un grado menor de frustración en Pablo. De ahí que el material nos llegue con no menos de dos frases separadas (vv. 3 y 7); y en el versículo 5, el apóstol recurre a la única primera persona del singular en toda la carta (hasta la firma en 3:17), cuando les recuerda específicamente lo que él mismo había enseñado durante su estancia entre ellos.

Deben destacarse otros dos asuntos preliminares, por medio de un recordatorio, con el fin de interpretar el pasaje en términos de Pablo y los tesalonicenses, y evitar por tanto mucha información escatológica errónea. Primero, el contenido básico del pasaje acaba teniendo que ver totalmente con "aquellos que perecen", no con los propios creyentes, cuyo futuro se ha abordado en la primera carta (1 Ts. 4:13-18 y 5:4-11). Esto es así incluso en la mención del Señor Jesús en el versículo 8, donde su llegada tiene que ver con su victoria sobre el "malvado". Segundo, el propósito del pasaje no es *informar* a los tesalonicenses sobre el futuro, sino *consolarlos* a la luz de una grave información errónea a la que se habían visto sometidos. Finalmente, también debemos señalar que la presentación cambia continuamente del futuro (vv. 3b-4) al presente (vv. 5-7), seguidamente de nuevo al futuro (vv.

106. Quizás debería señalarse que esto también establece el patrón para la iglesia de una época posterior, la cual por supuesto, solo tiene las "tradiciones" en su forma escrita.

107. Como bien podríamos esperar, la literatura sobre este pasaje es extensa. Así pues, aunque he consultado gran parte de la misma, he decidido en este caso hacer referencia únicamente a una cantidad limitada de fuentes secundarias, para evitar que el propio comentario quede sobrecargado de notas.

8-10a) y otra vez al presente (vv. 10b-12),[108] todo lo cual tiene relación con la idea precedente: que el objetivo de Pablo es consolarlos en el presente al respecto de lo que sigue siendo futuro —y todo ello en respuesta a la información *errónea* acerca del día del Señor recién señalada (que este "ya ha llegado")—. Todo lo que sigue debe entenderse como la respuesta del apóstol a esta situación, más que una "enseñanza" sobre el futuro en sí mismo.

Necesitamos por tanto que se nos recuerde que muchas de nuestras dificultades presentes brotan del hecho de que *Pablo ya les enseñó todo esto* durante su estancia entre ellos. Esto es particularmente cierto en cuanto al participio nominal *katechon/katechōn* (TNIV, "retener"), que aparece en neutro en el versículo 6 y en masculino en el 7 —un término sobre el que han corrido ríos de tinta, con muy poco consenso como para llegar a una resolución—. La razón de ello parece bastante simple. La mayor parte de estas cosas no es enseñanza nueva para la iglesia tesalonicense. Así pues, hay mucho que ellos ya saben, lo cual les ayudará a "conectar los puntos" por así decirlo, pero que simplemente no está disponible para nosotros. Así que aquí, particularmente, tenemos un lugar en el que debería verse menos una excesiva certeza por parte del intérprete.[109]

## *1. Lo que precederá a ese día (2:3-4)*

[3] *No se dejen engañar de ninguna manera, porque primero tiene que llegar la rebelión contra Dios y manifestarse el hombre de maldad, el destructor por naturaleza.*[a] [4] *Este se opone y se levanta contra todo lo que lleva el nombre de Dios o es objeto de adoración, hasta el punto de adueñarse del templo de Dios*[110] *y pretender ser Dios.*
a En algunos manuscritos, *pecado.*

Con estas palabras nuestras dificultades se multiplican, dificultades relacionadas con nuestra distancia de Pablo y los tesalonicenses. No obstante, aunque falta certeza acerca de algunos de los detalles particulares, al menos podemos describir lo que el apóstol entiende que tendrá lugar. Tal como deja en claro el versículo 5, él ya les había enseñado que antes de que el propio día del Señor se revele, se producirá una rebelión general (presumiblemente en contra de Dios y su Cristo),

108. Un fenómeno destacado también por Malherbe (414)

109. Quizás deberíamos destacar también en este punto que tanto la naturaleza narrativa de este pasaje como el propio trasfondo semítico de Pablo surgen de manera bastante poco propicia por medio de la extraña aparición de tres frases seguidas en el griego del apóstol, cada una de las cuales empieza por καί ("y"; vv. 6, 8 y 11).

110. El Texto Mayoritario, en este caso apoyado únicamente por testimonios tardíos (el más antiguo, del siglo X), tienen un ὡς θεόν ("como Dios") aquí. De ahí que la KJV diga "de forma que él *como Dios* se sienta en el templo de Dios". Lo más probable es que el propósito de la interpolación fuera que el "como Dios" acompañara a καθίσαι; de ahí, "de manera que él se establece como Dios en el templo de Dios".

liderada por alguien a quien Pablo denomina el "hombre de maldad".[111] Además, los tesalonicenses *ya saben* lo que lo está reteniendo; así que esto es simplemente un recordatorio. Y no solo eso, sino que el lector/intérprete debe tener continuamente en mente que el propósito del presente pasaje es el *consuelo*, no la información. Por tanto, para los creyentes tesalonicenses no había ninguna nueva información aquí. Nuestras dificultades residen en el hecho de que en ninguna parte de sus restantes epístolas Pablo se acerca a afirmar algo como el contenido de esta frase. De ahí que nos veamos ante un momento verdaderamente singular, sin la ayuda de otros pasajes.

Además, e independientemente de cualquier otra cosa que se oiga o aprenda de este pasaje, el lector/intérprete debe tener en mente que su propósito es *tranquilizar* a quienes se han angustiado por la información *errónea*. Y Pablo lo hace recordando lo que declaró anteriormente a los tesalonicenses, no ofreciendo nueva información sobre los últimos tiempos. Así pues, su inquietud está muy lejos del tipo de preocupación que algunas generaciones posteriores han traído a este pasaje. Por tanto, el lector necesita plantear regularmente una de las principales preguntas exegéticas: además de "*¿qué* significa todo esto?", salta a la palestra "*¿por qué* estaba Pablo recordándoles todo esto que ellos ya sabían?" —aunque no tengamos certeza al respecto de la segunda—.

**3a**

Pablo empieza su respuesta a la información errónea a la que se habían visto sometidos los tesalonicenses refiriéndose a ella como un "engaño":[112] "No se dejen engañar de ninguna manera". Aunque resulta improbable que el "engaño" sea intencionado en este caso,[113] la realidad de que pudieran haber sido engañados por esa "enseñanza" da fuerza a la posibilidad de que su fuente hubiera sido una

111. Al menos esa parece ser la mejor elección textual, en lugar de "hombre de pecado", tal como la KJV (y su desafortunada hijastra, la así llamada NKJV) lo expresan. La elección es entre ἀνομίας ("rebeldía" = "rebelión"), interpretada por la mejor y más antigua evidencia (א B 81 1739 1881 cop; y muchos Padres) y ἁμαρτίας (A D G K L P MajT lat; y muchos Padres); ninguno de los papiros restantes tiene este pasaje. Finalmente entra en escena lo que el/los escriba/s tenía/n en mente a la hora de buscar la palabra alternativa. Y aquí los mejores manuscritos deberían conseguir el asentimiento crítico textual, ya que, en una época posterior en la iglesia, el "pecado" es la mayor preocupación, no la "rebelión". Todo esto se confirma finalmente por medio de la referencia repetida a esta persona como "el malvado" en el v. 8, donde no había variación textual. (Llamo desafortunada a la NKJV porque, de manera simultánea, ha conservado el peor rasgo de la KJV [su texto griego tardío] y eliminado el mejor [su expresión clásica del inglés isabelino]).

112. Gr. μή... ἐξαπατήσῃ. Esta advertencia de no ser engañados aparece en varias de las epístolas siguientes (1 Co. 6:9; 15:33; Gá. 6:7; Col. 2:4; 2 T. 3:13), en unas ocasiones con este verbo y en otras con μὴ πλανᾶσθε. El presente verbo se emplea en Gn. 3:13 LXX para el engaño de Eva por parte de la serpiente.

113. *Pace* Lünemann (575), Eadie (264) y Best (280).

palabra profética, y por tanto, una "declaración del Espíritu" —que al mismo tiempo les habría parecido una fuente de "autoridad" de un nivel más elevado que la del apóstol—.

La propia consternación de Pablo se vuelve evidente de dos sutiles maneras. Primero, añade el (de lo contrario innecesario) "de ninguna manera" a su primera cláusula, en una clara referencia específica a las tres opciones del versículo 2, pero de cualquier otra manera también. Esta cláusula, además de expresar el desánimo de Pablo, elimina eficazmente cualquier enseñanza contraria o diferente de la suya. Segundo, e igualmente revelador, lo que sigue termina como una frase "rota"[114] —una larga cláusula "si/a no ser" (vv. 3b-4a) sin un indicativo futuro correspondiente—.[115] Así pues, la cláusula de Pablo no incluye "ese día no vendrá". Proveer estas palabras (o algo parecido)[116] es necesario por el bien del lector en nuestro idioma —y en todas las demás lenguas indoeuropeas, cabe destacar—.

**3b**

La explicación de Pablo de por qué no deberían ser engañados comienza con un recordatorio sobre lo que debe tener lugar "primero",[117] concretamente "la rebelión", que incluye "la revelación del hombre de maldad"[118] (= "el Rebelde"), que al mismo tiempo es "el hijo de destrucción", donde el primer descriptor se ocupa de

114. Esto es así solo gramaticalmente, por supuesto. En el contexto, Pablo da por supuesta la apódosis "ausente" ("no vendrá"), ya que es la última locución en la frase inmediatamente precedente (al final de nuestro v. 2). Sin embargo, impacta el hecho de que los escribas griegos nunca remendaran la frase, mientras que todas las versiones deben proveer una apódosis apropiada por el bien de la segunda lengua (o lenguas). Esto indica que era más rápidamente accesible para los greco-parlantes nativos. En cualquier caso, las traducciones a las lenguas indoeuropeas son unánimes al proveer algo como "['ese día'] no vendrá" (cp. el OL, *nise venerit*; y la KJV, en la que los traductores siempre pusieron en cursivas las palabras no encontradas en el texto griego, "porque *ese día no vendrá*, excepto…"). Para ejemplos posteriores de un anacoluto similar, ver Gá. 2:4, 6; 5:13; Ro. 4:16. Como Findlay (166) señaló hace años, el estilo de Pablo "es el de un orador, no el de un docto escritor". Estamos ante *cartas*, después de todo, no ante tratados cuidadosamente pulidos.

115. Así pues, como en el caso de la larga frase que forma la acción de gracias precedente, la numeración de los versículos en este caso fue arbitraria y sin ningún "sentido" aparente —excepto (quizás) un intento de mantener una longitud igual en los "versículos"—.

116. Giblin (*Threat*, 122-39) sugiere que el contenido de esta cláusula debería proveerse a partir de lo que sigue; pero requiere una interpretación muy poco natural de una elipsis, y sus propias proposiciones parecen demasiado obtusas para ser realistas (bien "el juicio de Dios no se habrá ejecutado en contra del poder del engaño, eliminándolos de una vez por todas", bien "el Señor no habrá venido en juicio para terminar definitivamente con el engaño que es obra de Satanás"). Nos preguntamos cómo pudieron haber provisto los tesalonicenses cualquiera de estas dos frases.

117. Gr. πρῶτον, una palabra aparentemente "envuelta" en el "hasta" de la TNIV.

118. Algunos piensan que se trata de dos acontecimientos independientes, uno detrás del otro; pero eso parece altamente improbable. Cp. Marshall, 188.

su carácter y el segundo de su destino final.[119] La presente cláusula empieza con un "porque",[120] que introduce así la larga explicación que sigue. Los tesalonicenses no deben ser engañados "a causa de" lo que Pablo sigue recordándoles sobre los acontecimientos muy *visibles* que deben tener lugar *antes* del día del Señor en sí, especialmente la gran rebelión que debe precederle. Aunque el propio Pablo no emplea el término "Anticristo",[121] una de las razones por las que se hace frecuentemente referencia al Rebelde por ese nombre aquí es que el lenguaje empleado por el apóstol, "la revelación" de este personaje, retoma lo afirmado sobre Cristo en 1:7.

La palabra griega traducida como "rebelión" (*apostasia*) solo aparece en el NT aquí y en Hechos 21:21. En Hechos significa claramente "apartarse de", por tanto "convertirse en 'apóstata'"; adopta en nuestra lengua el mismo significado que en el griego. Además, las diversas apariciones del verbo sinónimo[122] se refieren habitualmente a un "apartamiento" que equivale a "apostasía", un rechazo deliberado y antagonista de Cristo. Pero a pesar del significado habitual de este nombre en Hechos 21, difícilmente tenga ese sentido aquí, su primer uso, ya que Pablo espera claramente perseverancia por parte de estos creyentes. Después de todo, nada en el contexto indica que los *creyentes* serán engañados por el "hombre de maldad". Por tanto, este nombre, que se ha traducido como "caída" en la KJV,[123] en traducciones inglesas más recientes se ha traducido correctamente como "rebelión".[124] En el griego secular, de hecho, la palabra se empleaba para referirse a una revuelta política o militar, no en el sentido de "caerse" de una

119. Cp. Lightfoot (111): "Un término [maldad] expresa el carácter intrínseco, el otro la destrucción (esperada) definitiva de la persona".

120. Gr. ὅτι; esta idea debe explicarse aquí porque esta palabra sirve con más frecuencia en Pablo para introducir un discurso directo o indirecto.

121. Este término solo se encuentra en Juan en el NT (1 Jn. 2:18, 22; 4:3; 2 Jn. 7) y únicamente en la obra de Policarpo *A los filipenses* (7:1) en los antiguos Padres de la Iglesia. Como el apóstol no utiliza esta palabra, he decidido referirme a este personaje como el "Rebelde", adoptando el lenguaje del propio Pablo al nombrar ἀποστασία ("rebelión"; cp. LXX Jos. 22:22; 2 Cr. 29:19; 1 Mac. 2:15).

122. Gr. ἀφίστημι; ver esp. 1 T. 4:1; Lc. 8:13; He. 3:12, que refleja así un uso común del sinónimo ἀφίσταναι en la LXX, que aparece con más frecuencia como referencia a "apartarse" de Dios (por ej., Is. 57:8; 59:13; Jer. 2:5; et al.), reflejando así también en cada caso lo que equivale a "rebelión".

123. Ha sido entendido así por muchos comentaristas antiguos (Ellicott [108], Findlay [167], Milligan [98], Plummer [46]). Best (282-83) piensa en ello en términos del rechazo judío del evangelio. Para la interpretación adoptada aquí, cp. Frame, 251; Bruce, 167; Marshall, 189; Morris, 219; para otras, Malherbe, 418; Green, 307; Beale, 207.

124. Como BDAG, que ofrece "desafío de un sistema o autoridad establecidos"; cp. la obra de Calvino, "una rebelión traicionera contra Dios", que él encontró aplicable a la iglesia romana de su época (398-99); para traducciones inglesas, ver NRSV, REB ("gran revuelta", NJB).

posición ostentada una vez, sino de una rebelión contra un poder o deidad con quien no se está comprometido.

Por tanto, históricamente, esta palabra se ha entendido como una referencia a algunos del propio pueblo de Dios (creyentes o judíos) que han elegido rebelarse contra Dios y Cristo de una manera u otra. Pero eso parece hacer mucho más hincapié en el significado principal de la palabra como tal, y no el suficiente en su uso en el contexto presente. Además, debemos señalar que en los versículos 10-12 parte de "la revelación del Rebelde"[125] implica sus poderes y engaños entre "los que perecen", no entre los creyentes. Por tanto, en el presente caso, del mismo modo que "el misterio de la maldad" ya está obrando (v. 7), para ser revelado en toda su plenitud e intensidad con la "parusía" del Rebelde, el lenguaje de la "rebelión" se emplea al principio para describir este gran acontecimiento satánico.

Pero Pablo no es alguien que deje tal descripción como su foco de atención principal, por lo que tras el descriptor "el Rebelde" incluye las palabras de consuelo (para los tesalonicenses) de que este es "el hombre condenado a la destrucción". De nuevo, la TNIV ha traducido apropiadamente el sentido del semitismo de Pablo, "el hijo de destrucción", a un inglés adecuado. Como en otros pasajes del Nuevo Testamento, el lenguaje "hijo de" es un hebraísmo para alguien que participa o mantiene una estrecha relación con alguien o algo. Así que el apóstol sigue la descripción del carácter del rebelde, "hombre de maldad", con una expresión que describe su destino final. Lo hace recurriendo (aparentemente) al lenguaje de Isaías 57:4 de la LXX,[126] lenguaje empleado también por Juan (en la boca de Jesús) para describir a Judas en Juan 17:12. Así pues, Pablo define al "Rebelde" —desde la perspectiva divina y en el lenguaje antiguo de la KJV— como "el hijo de perdición", que significa "el hombre condenado a la destrucción". Deberíamos destacar que este descriptor aposicional es típico de Pablo, que odia dar la última palabra al malvado. Por tanto, aquel que en su rebelión traiga el caos por medio de sus malvados poderes es también aquel cuyo destino final es su propia "destrucción".

El resto del pasaje (hasta el v. 12) es básicamente una explicación de las actividades del Rebelde y de su derrota final por medio de la venida del Señor

125. He decidido referirme a este personaje como "el Rebelde", porque la traducción más precisa "el hombre de maldad" parece demasiado forzada en inglés; y, en cualquier caso, "lawless" en inglés indica alguien que actúa *fuera* de la ley, mientras que este personaje está *en contra* de la ley —probablemente tanto de Dios como del imperio— y es por tanto el "rebelde" absoluto, que a su vez liderará la gran rebelión contra Dios y su pueblo. Lo más probable es que esta sea la misma persona a la que Juan hace referencia como ὁ ἀντίχριστος ("el Anticristo"; ver 1 Jn. 2:18, 22; 4:3; 2 Jn. 7).

126. La Septuaginta (57:3) lo tiene en plural, con lo cual el profeta está reprendiendo al pueblo judío en el exilio por ser υἱοὶ ἄνομοι ("hijos rebeldes"); cp. también Sal. 89:22 (88:23 LXX), donde el enemigo de David se denomina υἱοὶ ἄνομοι ("un hijo de rebeldía"), un hebraísmo para "rebelde".

Jesús. En primer lugar, está su carácter "anti-Dios" (v. 4), después su actual "ocultación" (vv. 5-7) y sus actividades anti-Dios en su venida (v. 9a), las cuales incluyen su éxito entre los impíos (vv. 9b-10a), quienes perecerán junto al Rebelde en la venida de Cristo (vv. 10b-12). Solo el contenido del versículo 8 rompe esta secuencia al indicar que el Rebelde será finalmente destruido por Cristo en su venida. Pero antes de que Pablo se centre en estos asuntos, concluye esta presente frase independiente con una descripción de las actividades del Rebelde cuando "sea revelado".

4

La cláusula que constituye nuestro versículo 4 se encuentra en aposición a la doble descripción precedente del Rebelde ("el hombre de maldad/condenado a la destrucción"). Así pues, lo que Pablo hace seguidamente es describir las actividades del Rebelde de una manera que ofrece la razón divina de su condenación. Todo acerca de él lo revela como "anti-Dios",[127] no en términos de título, sino de sus actividades. En gran parte del resto de la frase, Pablo está en deuda con el lenguaje de Daniel 11:36 LXX y Ezequiel 28:2. El primer pasaje es una descripción de la autoexaltación de Antíoco IV, que se bautizó a sí mismo como "Epífanes" (el manifestado de forma divina); de ahí que Daniel lo definiera como alguien "que se exaltaba a sí mismo en contra de toda deidad y del 'Dios de dioses'", que significa el único Dios sobre todos los demás que pudieran considerarse "dioses". En la primera mitad de esta cláusula (v. 4a), Pablo emplea este lenguaje e imágenes. La descripción del Rebelde como quien "se opone y se exalta sobre *todo lo que es llamado*[128] Dios o es adorado"[129] es, como en los pasajes del Antiguo Testamento, una manera de describir su total arrogancia. Por tanto, con esta adopción del lenguaje de Daniel, Pablo revela su entendimiento de ese pasaje como referencia a un acontecimiento aún por venir,[130] como una duplicación de una de las tragedias verdaderamente terribles de la historia judía, cuando Antíoco hizo lo mismo.

127. No queda claro históricamente cómo o dónde se originó el término "Anticristo". Su único uso bíblico (ἀντίχριστος) se encuentra en 1 y 2 Juan (1 Jn. 2:18, 22; 2 Jn. 7).

128. Gr. πάντα λεγόμενον θεόν. Al insertar el λεγόμενον en el lenguaje de Daniel, Pablo traiciona el absoluto monoteísmo reinante en su generación. Así pues, el "toda deidad" de Daniel es, en términos de Pablo, "toda *así llamada* deidad".

129. Gr. σέβασμα, que significa "objeto de reverencia", que se refiere tanto a cosas como a personas. Esta expresión es la segura señal reveladora de que Pablo se está haciendo eco del pasaje de Daniel, ya que, de lo contrario, sería totalmente innecesario para sus presentes inquietudes.

130. Al menos ese parece ser el sentido claro del pasaje; Lightfoot (112) prefería entender todo el pasaje como una representación de la "personificación de algún principio o movimiento malvado".

El pasaje de Ezequiel es una profecía contra el rey de Tiro, quien "en la soberbia de [su] corazón" afirmó: "Yo soy un dios; me siento en el trono de un dios". Con el lenguaje y las imágenes de Ezequiel, Pablo recuerda a los tesalonicenses que la evidencia de la arrogancia del Rebelde será que "se exaltará[131] en el templo de Dios y proclamará ser Dios".[132] El templo, por supuesto, es el de Jerusalén,[133] que por esa época había sido profanado ya tres veces. Antíoco había entrado en el Lugar Santo en el tercer siglo a. e. c., Pompeyo lo hizo en el primer siglo a. e. c. y el emperador romano Calígula en el año 41 e. c. Lo que no podemos saber desde nuestra distancia es si en el presente pasaje Pablo esperaba que esto aconteciese de nuevo en otro momento o si simplemente estaba utilizando acontecimientos bien conocidos del "Anticristo" para describir la autodeificación del Rebelde. Esta segunda opción es la más probable, ya que en la época en que el apóstol escribió esta carta, el templo de Jerusalén ya no tenía ninguna importancia para él, excepto de una manera simbólica como recordatorio para otros de la pasada presencia de Dios con su pueblo.

Por tanto, en esta primera descripción, Pablo hace hincapié en la oposición del Rebelde contra Dios. De hecho, cuando aparezca en escena, se opondrá a cualquier expresión religiosa conocida. La segunda descripción del Rebelde en los versículos 9-10 insistirá en su relación con los que perecerán con él. Pero antes de eso, Pablo sigue recordando a los tesalonicenses la instrucción previa, en este caso, acerca del hecho de que el Rebelde estará controlado hasta el momento escogido.

## 2. Lo que retiene ese día (2:5-7)

5 ¿No recuerdan que ya les hablaba de esto cuando estaba con ustedes? 6 *Bien sa-*
*ben que hay algo que detiene a este hombre, a fin de que él se manifieste a su debido*
*tiempo.* 7 *Es cierto que el misterio de la maldad ya está ejerciendo su poder; pero falta*
*que sea quitado de en medio el que ahora lo detiene.*

131. Gr. ὥστε αὐτὸν... καθίσαι, (lit. "de manera que se sienta..."). Parte de la arrogancia no es simplemente que se "exaltaría a sí mismo" (como en la TNIV), sino que asumiría el sentarse en el trono de otro, adoptando así el papel divino para sí mismo.

132. Gr. ὅτι ἔστιν Θεός; aunque las traducciones inglesas han traducido esto coherentemente como "Dios", a la luz del Θεός sin artículo, es posible que Pablo quisiera decir simplemente que "él era un dios" o "divino". ¡Después de todo, Antíoco no era monoteísta!

133. Aunque algunos intérpretes antiguos (Crisóstomo, Teodoreto, Teodoro de Mopsuestia, Jerónimo), considerando que el templo llevaba mucho tiempo destruido por ese entonces, lo transfirieron entendiblemente a la iglesia —un punto de vista adoptado también por algunos intérpretes posteriores (por ej. Lightfoot; Giblin, *Threat*, 76-80)—. Green (312-13) se inclina por un templo del culto imperial en la propia ciudad de Tesalónica; pero eso parece ser una exageración para el uso por parte de Pablo de un lenguaje bíblico como τὸν ναὸν τοῦ Θεοῦ, especialmente con los artículos definidos combinados.

Con lo que parece ser cierta frustración personal con los tesalonicenses por su necesidad de hablar de este asunto,[134] Pablo prosigue ahora proveyendo algo de detalle sobre lo que debe tener lugar antes de que se produzca la parusía. Por tanto, tras su recordatorio sobre la realidad de la aparición del Rebelde, incluye otro más breve sobre por qué la Venida aún no ha tenido —de hecho, no ha podido tener— lugar. Y aquí en particular, los que leemos esta carta en una época muy posterior y sin el conocimiento profundo de "estas cosas" que Pablo "solía decirles", nos quedamos generalmente con más preguntas que respuestas. Podemos entender el argumento como tal con bastante facilidad, pero nuestros problemas surgen con algunos de los detalles, a los cuales tenían acceso los tesalonicenses, pero nosotros no.

Así pues, tras el recordatorio de su enseñanza anterior (v. 5), Pablo recuerda lo básico de esa enseñanza acerca de lo que debe acontecer antes de que la propia parusía se produzca.[135] En el centro de este recordatorio está el hecho de que *algo* "lo está "reteniendo", que resulta ser *alguien*, una persona que será revelada "a su debido tiempo" (v. 6). El contenido del versículo 6 se repite después (v. 7) con una mayor elaboración al efecto de que "el misterio de la maldad", que "ya está ejerciendo su poder", continuará hasta que sea quitado el que lo retiene. Como todo esto es lo que "ustedes (tesalonicenses) conocen", nos quedamos mayormente a oscuras en este punto. Así, podemos definir qué conocían, pero sin perspectiva alguna de lo que significaba para ellos.

## 5

La pregunta con la que empieza esta parte de la respuesta de Pablo es también el principio de nuestra falta de información. "¿No recuerdan que ya les hablaba[136] de esto[137] cuando estaba con ustedes?", pregunta. Sorprende la manera práctica en que lo hace, en el sentido de que los detalles escatológicos que siguen parecen haber sido parte de su enseñanza relativa a la muerte, resurrección y retorno final de "nuestro Señor Jesucristo" (v. 1). Sin embargo, aquí aparecen detalles que no se encuentran en ninguna de las demás cartas de Pablo, por lo que nos quedamos haciendo muchas conjeturas.

134. Cp. Findlay (174-75): este "recordatorio reprueba gentilmente a los lectores, quienes no deberían haberse angustiado tan fácilmente por causa de los alarmistas, después de lo que el apóstol les había dicho".

135. Tanto Rigaux (662) como Malherbe (421) consideran que esta cuestión pertenece al párrafo precedente (vv. 3-5). De cualquier forma, parece ser un caso a resolver "a gusto de cada uno".

136. Este es ahora el cuarto ejemplo en estas dos cartas de su cambio repentino a la primera persona del singular; ver nota 15 sobre 1 Ts. 2:18. Que un falsificador logre fingir esta sutileza parece más allá del alcance de toda probabilidad histórica.

137. Este es también el cuarto de seis ejemplos en estas dos cartas en los que Pablo les insta a "recordar" lo que les ha enseñado; ver 1 Ts. 2:9; 3:4; 4:1; 5:1-2; 2 Ts. 3:10.

Este hecho destaca a su vez la naturaleza *ad hoc* de esta carta —y de las otras también—. Debería ser un recordatorio continuo de que desconocemos mucho de la teología de Pablo, y especialmente de su escatología. En el presente caso, nuestra lejanía de esos datos se subraya con su "ya les hablaba[138] de esto cuando estaba con ustedes". Cuando se nos recuerda que el contenido de la presente carta puede leerse en voz alta en unos quince minutos y que Pablo pasó al menos cinco semanas allí, quizás lo más digno de destacar sea que podamos conocer tantas cosas a través de sus epístolas.[139] Pero sobre el asunto que nos ocupa, su "cuando estaba con ustedes", nos deja con ciertas dudas al respecto de los *detalles* sobre la venida de Cristo, pero de cuya certeza como *acontecimiento* tanto Pablo como el resto del Nuevo Testamento están totalmente de acuerdo.

**6**

Como no es alguien que dejaría las cosas así —simplemente recordándoles que les había enseñado "estas cosas"—, Pablo prosigue explicando los detalles esenciales de lo que está "reteniendo" la aparición del Rebelde. Y de nuevo, esto es algo que "ustedes saben",[140] que también significa que aquí en particular estamos mirando la situación desde fuera, por así decirlo.[141] La frase de Pablo comienza con un inusual "y ahora" —inusual en el sentido de que él no es dado a la parataxis (empezar frases con "y"), pero entendible en la presente situación como una manera de hacer hincapié en su inquietud por la comunidad tesalonicense—. Sin embargo, al emplear el participio acusativo neutro aquí ("lo que está reteniendo"), seguido por el masculino singular en la siguiente cláusula ("el que retiene"), Pablo da lugar a una larga historia de interpretación, que ha intentado descifrar qué o quién tenía en mente el apóstol, por no mencionar cuál podría ser la relación entre este

138. Gr. ἔλεγον; este es un ejemplo principal de uso iterativo del imperfecto griego. Malherbe (421) lo considera ligeramente peyorativo ("seguí diciéndoos"), pero parece innecesario en este caso.

139. Algunos miembros de la comunidad evangélica pueden sentirse un poco angustiados por esta realidad, especialmente por cómo podría impactar en la doctrina de la inspiración divina de las Escrituras. La respuesta, por supuesto, es la histórica en cuanto a la perspicacia básica de las Escrituras. Mi mayor preocupación apunta a quienes desean conocer más sobre estos asuntos de lo expuesto aquí, y por tanto crean esquemas escatológicos con mucha más confianza de la que los datos parecerían permitir. Lo que se necesita oír en este punto es la *certeza* de Pablo al respecto de la parusía, una certeza que quizás sea necesaria recordar a las generaciones posteriores. Lo que la parusía es en sí y no su cercanía es lo que impulsaba a Pablo y debe alentarnos a nosotros. Debemos aprender a confiar en Dios al respecto de sus tiempos.

140. La frase de Pablo contiene *sus* inquietudes básicas en su orden de énfasis: καὶ νῦν τὸ κατέχον οἴδατε ("y ahora lo que retiene lo saben"). Como era su costumbre, la traducción de la KJV puso en este caso el objeto después del verbo ("Y ahora saben lo que retiene").

141. ¡Pero esta realidad no ha disuadido a los intérpretes de tomar sólidas posturas a este respecto a lo largo de muchos siglos!

neutro y el siguiente nombre masculino. Lo más probable es que Pablo no esté hablando aquí de *dos* realidades diferentes, sino de una sola, lo cual enfatiza en esta cláusula el acontecimiento en sí, mientras que la segunda locución se centra en quién es responsable de la misma.[142]

Además, que Pablo siga su "y" con el adverbio "ahora" es igualmente ambiguo y ha llevado así a dos comprensiones diferentes, dependiendo de si el adverbio es verdaderamente "temporal", relativo al "tiempo presente" de una manera u otra, o si es "lógico", relativo a la naturaleza del argumento.[143] Es decir, Pablo quería decir "y ustedes ahora [= ya] saben lo que está reteniendo" o "Y ahora [= para avanzar en el argumento] ustedes saben...". Aunque se puede argumentar con solidez a favor de la última opción,[144] tanto el uso de este adverbio como su posición en la frase hacen lo propio por un sentido "temporal". Pero de ser así, la pregunta sigue siendo: ¿qué se pretende modificar, los propios tesalonicenses que "ahora [= ya] saben" esto o "lo que está ahora [= presentemente] reteniéndolo"?[145] Sin duda, los puntos de vista están divididos en partes iguales sobre este tema, pero las inquietudes presentes del apóstol parecen favorecer al segundo de ellos, ya que no está en cuestión el hecho de que ellos supieran ya de lo que él estaba hablando, sino el hecho de que algo o alguien está reteniendo "ahora" (= en este momento) al Rebelde, de manera que este aparecerá en un tiempo posterior.[146]

142. Parece improductivo desde esta distancia unirse a la especulación sobre a qué/quién se refería Pablo con estos enigmáticos participios; es decir, es "improductivo" en el sentido de que, como nunca lo podremos saber, deberíamos simplemente descansar aquí y ponernos de acuerdo con la *idea* de todo esto, sin conocer los detalles específicos. El resumen más conveniente de las diversas posibilidades para estos detalles puede encontrarse ahora en Green, 311-16.

143. Debería señalarse que esta ambigüedad se acarrea en la traducción histórica encontrada en la KJV ("y ahora ustedes saben"). Este orden de palabras tiene relación con la tendencia de los traductores hacia una literalidad más rígida. Pero al hacerlo, no podemos estar seguros desde esta distancia de cómo entendían ellos el adverbio, si querían decir "y ahora, ustedes saben" o "y, ahora ustedes saben".

144. De hecho, es aceptada por Lightfoot, Findlay, Rigaux y Richard. Sin embargo, debe señalarse que ninguna de las referencias de Lighfoot para tal uso se encuentra en las cartas de Pablo.

145. Como en la KJV, NKJV, TNIV, NAB, REB y NJB (traducido "también" en las dos últimas); la mayor parte del resto de las versiones inglesas (por ej.; N/RSV, NASB/U, ESV; NJB) lo consideran temporal ("lo que está reteniéndolo ahora"; NJB, "lo que sigue reteniéndolo"; cp. GNB). Los traductores de la NLT (aparentemente) eligieron la segunda forma de entenderlo, pero lo hicieron más enfáticamente al ponerlo en la siguiente cláusula ("...porque él *solo* puede ser revelado cuando llegue su tiempo").

146. También deberíamos señalar que algunos intérpretes han entendido como intransitivo el verbo más comúnmente traducido como "retener", por lo que significaría "dominar" (ver Frame [258] y Best [299]).

El resultado final[147] de que el Rebelde esté "retenido" en este momento es que "él será revelado (después)", lo cual acontecerá "a su debido tiempo". Pero esta cláusula también resulta ser una de las más confusas en el corpus paulino, pues es consecuencia de la realidad de que esto es simplemente un recordatorio de lo que ellos ya "saben". "¿No recuerdan?", empieza diciendo. Lo que saben (o al menos deberían recordar) es que algo está reteniendo en este momento al Rebelde, de manera que "él pueda ser revelado 'a su debido tiempo'".[148] Aunque algunos intérpretes considerarían enfático el adjetivo "su propio" y lo traducirían como "su tiempo escogido", eso parece hacer demasiado hincapié en un designio intencionado, quizás incluso divino. Lo más probable es que Pablo solo pretendiera describir el tiempo de la venida de Cristo como *su* momento de aparecer, pero que no es presentemente el caso. Y como los tesalonicenses lo "saben", lo que sigue es por tanto el fundamento de lo que ellos deben recordar al respecto del tiempo *presente.*

7

Con un *gar* ("porque", "es cierto que") explicativo, Pablo prosigue explicando con el más breve detalle cuáles eran para él y sus lectores las dos realidades *presentes*, las cuales siguen estando llenas de "misterio" para los lectores posteriores. Primero, "el misterio de la maldad ya está ejerciendo su poder"; y segundo, esa condición prevalecerá hasta que él/eso "sea quitado de en medio". O al menos eso parece ser lo que la (en cierto modo confusa) frase de Pablo pretende decir. En uno de los puntos más difíciles del corpus paulino, esta frase (independiente) final dice (literalmente): "Solo aquel que retiene ahora desde en medio ha acontecido". Lo más probable, como en la mayoría de las traducciones inglesas, es que Pablo quisiera decir algo como (empezando con el v. 6): "Y ahora saben lo que (le) está reteniendo, para que sea revelado en su propio tiempo; porque el misterio de la maldad ya está obrando —pero solo lo hará hasta[149] que aquel que retiene (sea quitado) de en medio de nosotros—". Así pues, Pablo describe la presente situación como una en la que "el misterio de la maldad" está siendo retenido en ese momento.

Lo que Pablo pretendía decir con "*el misterio* de la maldad" ha demostrado ser un "misterio" en sí mismo, especialmente para los lectores contemporáneos,

147. La cláusula de Pablo empieza con un εἰς τό, que, seguido de un infinitivo, expresa "resultado". El "resultado" en este caso es la "revelación" del Rebelde a su debido tiempo.

148. Gr. ἐν τῷ ἑαύτοῦ καιρῷ; no estamos suficientemente seguros de cómo entendieron los traductores de la NIV el reflexivo ἑαὐτοῦ para traducirlo como "apropiado". Tanto la REB como la NJB lo traducen como "su tiempo escogido", pero es necesario ver los comentarios que siguen.

149. Gr. μόνον... ἕως; el "solo" en este caso parece pertenecer a la prótasis no expresada (= esta situación *solo* se mantendrá hasta...); cp. Lightfoot. Ver Gá. 2:10 para un uso elíptico similar de μόνον.

para quienes esta palabra probablemente signifique algo bastante diferente del propio uso de Pablo. En lugar de tener que ver con algo "misterioso", el término griego *mystērion* se refería habitualmente a algo escondido que se revelaría a su debido tiempo. Pero no es seguro que el apóstol quisiera decir eso aquí. Muy probablemente, se refiera a una revelación mucho mayor de la "maldad" que vendría en el futuro, pero que ya había hecho sentir su presencia en el mundo.

Precisamente porque ellos sabían lo que Pablo quería decir es que nosotros no lo sabemos; y por tanto también es de poca utilidad que especulemos al respecto del propósito del apóstol aquí. Sin embargo, esta falta de conocimiento es también lo que ha abierto la puerta a un gran número de especulaciones. Una de las más comunes y una que, desde la distancia histórica, podría sostenerse con mucho sentido es la posibilidad de que Pablo pensara en el propio Imperio romano como "*eso* que retiene" y en el emperador como "*aquel* que retiene". Al mismo tiempo, esta opción muy común se ha sugerido desde una distancia histórica considerable. La misma supone también lo que de lo contrario no puede conocerse a partir de las cartas de Pablo, concretamente que él consideraba el Imperio como el gran mal. Después de todo, él mismo era ciudadano de ese Imperio, que por un lado había crucificado a su Señor, pero por el otro había hecho posible una gran difusión del evangelio en su época. Así pues, al final del día, probablemente debamos dejar la frase como lo que es —algo que tanto él como ellos conocían, y como ellos lo conocían, nosotros no, y muy probablemente nunca lo hagamos de este lado de la eternidad—.[150]

Eso también significa que todas las especulaciones sobre aplicaciones posteriores a nuestras realidades presentes, sea la de Lutero con el Papa o las de los norteamericanos del siglo veinte con Hitler o el comunismo ruso, son vanas. Desde nuestra distancia presente, la mejor postura parecería ser "espera y ve".

### 3. Lo que sucederá ese día (2:8-12)

*[8] Entonces se manifestará aquel malvado, a quien el Señor Jesús*[151] *derrocará con el soplo de su boca y destruirá con el esplendor de su venida. [9] El malvado vendrá,*

150. Esto, por supuesto, no impide la especulación continua; ver por ej., C. Nicholl, "Michael the Restrainer Removed (2 Thess. 2:6-7)", *JTS* 51 (2000), 27-53.

151. Aquí surge una difícil elección textual. Por un lado, muy buenas evidencias tienen "el Señor *Jesús*" (א A D F G P Ψ 0278 33 pc; latt sy co, Orígenes Dídimo). Pero en otras evidencias igualmente buenas (B 1739 1881 MajT) falta el Ἰησοῦς encontrado en el resto. Como aquí no hay dudas de que "el Señor" es Jesús, ¿será que añadieron algunos escribas antiguos "Jesús" en sintonía con la frecuencia de esta combinación en estas letras, o se omitió a causa de la parablepsis (salto visual)? Como los nombres divinos se abreviaron muy pronto en la tradición copista del NT griego, estos nombres habrían quedado el uno junto al otro como ΚΣ ΙΣ, sin espacio entre ellos. Resulta fácil ver que los escribas podrían haber dejado fuera la segunda palabra. Pero como esta combinación se produce demasiado a menudo en estas cartas, y como la omisión de una o la otra

*por obra de Satanás, con toda clase*[152] *de milagros, señales y prodigios falsos.* [10] *Con toda perversidad engañará a los que se pierden por haberse negado a amar la verdad y así ser salvos.* [11] *Por eso Dios permite que, por el poder del engaño, crean en la mentira.* [12] *Así serán condenados todos los que no creyeron en la verdad, sino que se deleitaron en el mal.*

Aunque algunos detalles siguen siendo confusos, la inquietud básica de Pablo en esta conclusión a la pregunta del "cuándo" del día del Señor resulta suficientemente fácil de discernir. En las frases precedentes, él ha expuesto dos ideas: primero, que el día del Señor no puede haber llegado aún, porque antes deben tener lugar ciertos acontecimientos observables conocidos para ellos, acontecimientos que aún no han ocurrido; y segundo, que ellos ya saben esto, porque también saben lo que está reteniendo la revelación del Rebelde, cuya aparición precederá a la de Cristo. Así pues, nuestros versículos 3 y 4 se dedicaron básicamente a describir el carácter "anti-Dios" del Rebelde, mientras que el contenido de los versículos 5-7 tenía que ver básicamente con lo que el apóstol había enseñado previamente a los propios creyentes sobre la "revelación"[153] del Rebelde *antes* de la venida de Cristo.

La idea de Pablo en todo esto es dejar claro a los tesalonicenses que, dadas estas realidades sobre la venida del Rebelde antes de la de Cristo, no deben dejar que nadie los "engañe" con lo contrario acerca de la parusía (v. 3). Lo que sigue ahora es una descripción breve, pero gráfica de lo que acontecerá cuando aparezca el Rebelde —lo cual parece tener un doble propósito en la presente carta: primero, seguir asegurando a los creyentes tesalonicenses que la "Venida" no ha llegado aún; y segundo, hacer hincapié por su bien en que sus presentes persecutores recibirán su merecido a su debido tiempo, por así decirlo—. Así pues, el grueso de estas dos largas frases (vv. 8-10 y 11-12) se centra en lo que acontecerá a los incrédulos en la parusía.

Todo lo relativo al pasaje sugiere que Pablo está ofreciendo aquí una palabra de aliento a estos creyentes perseguidos, ya que ahora hace hincapié totalmente

ocurre muy raramente, parece más probable en este caso que la adición sea secundaria. Lightfoot (115) pensaba de otra manera.

152. No es absolutamente seguro cómo quería Pablo que se entendieran el adjetivo πάσῃ ("toda") y el genitivo final ψεύδους ("de falsedad"). La NRSV considera que "todo" va solamente con "poder" y "de falsedad" únicamente con "maravillas" ("todo poder, señales y maravillas falsas"); la NIV considera que ambas van con las tres palabras ("toda clase de falsos milagros, señales y maravillas"). Como πάσῃ es singular y modifica el singular δυνάμει, la NRSV y TNIV son las que mejor lo plasman en esta cuestión. El adjetivo ψεύδους es más difícil, pero como *sigue* a τέρασιν y por tanto *puede* incluir a ambos nombres, y como las dos palabras parecen ir juntas tan claramente y hablan por tanto de una misma realidad, parece probable que Pablo pretendiera abarcar ambos nombres precedentes, no solo el último. Ver más en la exposición posterior.

153. Cp. vv. 3 y 6, donde se emplea realmente el lenguaje de la "revelación".

en el juicio definitivo y justo de Dios sobre sus persecutores. Sin embargo, como es típico en él, Pablo empieza su primera frase (v. 8) con la propia "venida" de Cristo y su victoria final sobre el Rebelde. No obstante, a partir de ahí, el pasaje se ocupa exclusivamente de cómo serán las cosas cuando aparezca el Rebelde, justo *antes* de la *parusía* de Cristo. El resto de la primera frase (vv. 9-10a) comienza así centrándose en la naturaleza de la "venida" del Rebelde, incluidos sus poderosos engaños. Sin embargo, la frase se centra finalmente (v. 10b) en los que perecerán. Casi con total seguridad, esto va dirigido en parte a los enemigos presentes de los creyentes tesalonicenses; de ahí que se les describa como "quienes están pereciendo", porque "se negaron a amar la verdad y por tanto a ser salvados".

La segunda frase a su vez (vv. 11-12), típica del entendimiento que Pablo tiene de las cosas, hace hincapié en la actividad de Dios en todo esto —que hará que muchos de los enemigos de los creyentes "crean la mentira" y sean por tanto condenados "a perecer"—. Así, un argumento que comenzó con un énfasis en la realidad "aún futura" de la venida de Cristo, termina recordando a los creyentes que las cosas solo empeorarán antes de mejorar, con la garantía de que sus persecutores presentes estarán entre los que perecerán "con el esplendor de su venida [de Cristo]".

**8**

El "*entonces*" con el que empieza esta cláusula parece indicar una manera enfática de decir "y no antes", al contrario de la información que estaba circulando en ese momento por Tesalónica y que Pablo señaló al principio (v. 3). El Rebelde solo será "revelado" después de que los acontecimientos enumerados en los versículos 3b-4 hayan tenido lugar. Pero habiendo llegado tan lejos, y de una forma típica, Pablo cambia inmediatamente su centro de atención a Cristo. Sin duda, a su debido tiempo, "el hombre de maldad será revelado"; pero Pablo es simplemente incapaz de darle el papel principal. Así pues, el resto de la frase (hasta el v. 10) se compone de dos cláusulas relativas, en las que el "a quien" de nuestro versículo 8 y el "cuyo" del versículo 9 describen, a su vez, primero (v. 8), lo que acontecerá finalmente al propio Rebelde, y segundo (vv. 9-10), la naturaleza de la venida de este que, a su vez, es responsable de que el Señor lo venza en *su* venida.

Por tanto, lo que Pablo dice en primer lugar sobre el Rebelde es que Cristo acabará definitivamente con él en su parusía. El resto de esta cláusula es un momento de extraña intertextualidad en las cartas de Pablo, extraña porque aquí emplea *kyrios* ("Señor") para referirse a Cristo en un pasaje cuyo lenguaje principal tiene matices de mesianismo judío.[154] Como en el caso de 1 Tesalonicenses 1:10

154. Esto es extraño en el sentido de que en todas las demás apropiaciones paulinas de los textos κύριος del AT para referirse a Cristo, el κύριος representa el Tetragramatón (YHWH). Aquí, el contexto de Isaías tiene que ver con el futuro rey.

(q.v.), parece ser una alusión a Cristo como Mesías, en la que lo representa en ese momento en el cielo, esperando su intervención en el juicio final de los impíos. Al expresar esta idea, Pablo hace dos cosas.

Primero, recurre al lenguaje de Isaías 11:4 (LXX) y lo aplica a la (segunda) venida de Cristo:

> Pablo - A quien el Señor Jesús derrocará con el soplo de su boca y destruirá con el esplendor de su venida.
> Isaías - Y él golpeará la tierra con la palabra de su boca, y con el soplo de sus labios destruirá a los impíos.

Aquí, Isaías había profetizado que el "retoño del tronco de Isaí" que vendría se caracterizaría por la justicia y el juicio, lo que incluirían la destrucción de los impíos con "el soplo de su boca". Con la ayuda del Salmo 32:6 (para la *forma* de la frase "el soplo de su boca"[155]), Pablo combina las dos líneas de la poesía de Isaías en una sola y atribuye este juicio mesiánico futuro al "Señor = Jesús".

Sin embargo, en segundo lugar, el apóstol no ha terminado. En un reflejo de su propio trasfondo semítico (y bíblico), convierte su prosa en un momento de poesía semítica, de manera que el resto de su frase funciona de una manera muy parecida a como lo hace el paralelismo sinónimo en el Salterio. Así pues, la segunda parte clarifica la primera cuando Pablo habla de la destrucción del Rebelde en términos de que Cristo lo "abolirá" en su venida (la de Cristo). Que se trata de un momento poético lo demuestran tanto la redundancia de esta cláusula en sí misma como la (de lo contrario innecesaria) amplificación de la propia "venida". En prosa clara, Pablo podría haber escrito fácil y simplemente "a su venida"; pero en este momento más poético, la realidad singular se amplifica a "la manifestación de su venida", donde "manifestación"[156] tiene el propósito de enfatizar no solo la *realidad* de su venida, sino especialmente su carácter inequívoco y *basado en*

155. Gr. τῷ πνεύματι τοῦ στόματος αὐτοῦ. Este es uno de los raros ejemplos en Pablo en el que πνεῦμα significa simplemente "soplo", como en la LXX, y por tanto no es una referencia al Espíritu Santo, *pace* Giblin, que lo interpreta como "el Espíritu de la boca del Señor" (ver *Threat*, 91-95); Milligan (103) también atribuye este punto de vista a Atanasio (*Ad. Serap.* 1.6). Pero esa opinión encalla en dos puntos: (1) No se toma el lenguaje metafórico suficientemente en serio como una metáfora. Es dudoso que Isaías o Pablo pensaran en términos del Espíritu de Dios al emplear esta metáfora. (2) El uso del artículo definido con πνεύματι en este ejemplo apunta lejos de una referencia al Espíritu, en lugar de hacia ella (sobre este asunto, ver cap. 2 en *GEP*). Sobre el probable significado de la metáfora en sí, como referencia a un mandato del rey con autoridad, ver R. Watts, "The Meaning of *Alaw Yiqpesu Melakim Pihem* in Isaiah LII 15", *VT* 40 (1990), 327-35 (esp. 330-31).

156. Gr. ἐπιφανεία, una palabra que solo aparece aquí en el corpus paulino de la iglesia. Lo hace cinco veces en las epístolas pastorales, una vez al respecto de la encarnación (2 T. 1:10) y cuatro más como aquí (1 T. 6:14; 2 T. 4:1, 8; Tit 2:13).

*la evidencia*. Es decir, la venida de Cristo difícilmente será "secreta", ya que esta palabra desestima esa opción. Más bien, la parusía de Cristo será abiertamente manifiesta a todos, tanto los que esperan su venida como los que serán "abolidos" cuando él venga.

Al mismo tiempo, la naturaleza poética de esta frase parece rechazar totalmente el hecho de que estas dos líneas de prosa (ahora poética) hagan referencia a dos acontecimientos diferentes. De hecho, la naturaleza de tal paralelismo sinónimo en el hebreo es que la segunda línea habitualmente desarrolle o intensifique lo que se dice en la primera. Por tanto, la naturaleza poética de esta cláusula refuerza para los creyentes tesalonicenses que sus persecutores presentes están destinados al juicio divino; ellos serán destruidos por Cristo y por tanto "abolidos" en su venida.

Finalmente, debemos señalar que la naturaleza poética de esta frase, y especialmente la adopción deliberada por parte de Pablo del lenguaje de la traducción griega de Isaías, rechazan de igual manera la especulación en cuanto a si "los destruidos" serán verdaderamente "abolidos" en términos de existencia continua. Dado lo que el apóstol afirma en otros pasajes acerca del futuro de los impíos, probablemente no debamos llevar lo que él dice aquí más allá de su propósito inmediato: asegurar a una minoría perseguida que Dios no se ha olvidado de ellos ni de sus persecutores. Del mismo modo que los creyentes tesalonicenses tienen un futuro seguro, también lo tienen sus persecutores, ¡pero este no es uno que deban esperar con anhelo!

**9-10**

Con esta cláusula, Pablo continúa su descripción de la parusía sobre la figura del Anticristo, que precederá inmediatamente a la de Cristo. "Su venida", afirma Pablo, será ante todo "por obra de Satanás". Así pues, el enemigo implacable de la humanidad, que anteriormente había dificultado el viaje de Pablo a Tesalónica (1 Ts. 2:18), será responsable de los fenómenos que acompañarán a la "venida" del Rebelde, el "hombre de maldad". En otros pasajes del Nuevo Testamento se emplea el presente lenguaje ("milagros, señales y prodigios") para autenticar el ministerio y persona de Jesús (Hch. 2:22); y estos fenómenos son del mismo tipo que los mencionados en otras partes como presentes (y que en parte autentican) el propio ministerio apostólico de Pablo (Ro. 15:19; 2 Co. 12:12). Pero según Marcos 13:32 (cp. Mt. 24:24), Jesús mismo predijo el surgimiento de "falsos cristos [plural]", que llevarían a cabo grandes señales y maravillas, lo cual probablemente sea la fuente del material tradicional reflejado aquí por Pablo.

Por razones entendibles ha sido común entre las traducciones inglesas tratar como un triplete la locución preposicional de Pablo, ya que sin puntuación dice: "Con todo poder *kai* ["y"] señales *kai* maravillas de falsedad". De ahí que la KJV lo tradujera "con todo poder y señales y maravillas falsas",[157] mientras que la más contemporánea NRSV (típica de la mayoría) tiene "todo poder, señales, maravillas mentirosas".[158] Sin embargo, este tipo de literalidad plantea varias dificultades, ya que en esta manera de entender el asunto se considera que el "todo" engloba los tres nombres, mientras que el genitivo "de falsedad" se convierte en un adjetivo que solo modifica la palabra final, "maravillas". Pero esto parece estar muy lejos del propósito de Pablo. Como el primero de estos nombres es singular y los otros dos plurales, parece mucho mejor tomar el camino de la TNIV,[159] que considera que los dos *kai* significan "tanto… como/y". En esta interpretación, "tanto señales como maravillas" se encuentran en aposición a "con todo poder", mientras el genitivo final "de falsedad" (correctamente, parecería) se considera una modificación del doblete común "señales y maravillas". Así pues, lo más probable es que Pablo quisiera decir: "Con todo tipo de exhibición poderosa, tanto señales como maravillas basadas en la falsedad" (que la TNIV ha plasmado de mejor manera: "Señales y maravillas que sirven a la mentira").

Pablo sigue después esta preposición con una segunda compañera que crea un doblete típico, que la mayoría de las traducciones inglesas ha destacado. Cuando las dos locuciones preposicionales se expresan "literalmente", aparecen de la siguiente forma:

con toda clase de poder, tanto señales como maravillas de falsedad
y con toda clase de engaño de maldad

Las dos series de palabras en este doblete son "poder/engaño" y su fuente hostil, "falsedad/maldad". Pablo entiende así claramente que "señales y maravillas" puede acompañar tanto a falsedad como a verdad. De hecho, que Satanás pueda igualar al Espíritu en las manifestaciones de poder es una conclusión inevitable para Pablo. Por tanto, con su descripción de las acciones del Rebelde como algo que brota de la falsedad, no quiere decir que sean "falsas", en el sentido de que no se

157. Cp. la igualmente "literal" NASB/U: "Con todo poder y señales y falsas maravillas". La propia complejidad de esta traducción, por no mencionar su mezcla de ideas, debía de haber atraído la atención de los traductores en este caso.

158. Ver también Ellicott (116), Lightfoot (116-17), Milligan (104), Malherbe (425); pero el problema con este punto de vista es el singular "poder", seguido por "señales" y "maravillas", un trío que tiene poco sentido. Lightfoot, por ej., cruza referencias con 2 Co. 12:12; pero este pasaje *no* es análogo, ya que en él las tres palabras están en plural, unidas por τε καί/καί (σημείοις τε καὶ τέρασιν καὶ δυνάμασιν). Green (321) es inusitadamente descuidado en este punto y pone sistemáticamente las tres palabras en plural.

159. Cp. Ro. 15:19 (ἐν δυνάμει σημείων καὶ τεράτων, ἐν δυνάμει πνεύματος θεοῦ); para 2 Co. 12:12, donde constituyen un triplete, ver la nota precedente.

produzcan realmente.[160] Todo lo contrario: son realmente milagros; pero provienen de la falsedad y como tales su propósito es engañar, descarriar a las personas tras Satanás.[161] En ambos ejemplos (el verdadero y el falso), por tanto, las "señales y maravillas" son la obra del "espíritu", bien del falso, como aquí, bien del Espíritu Santo, como en el caso de Pablo. La clave de la idea de Pablo en el presente pasaje se encuentra en la última locución, "los que se pierden". Lo hacen, continúa, "por haberse negado a amar la verdad", por un lado, y por elegir "creer la mentira", por el otro. Como Satanás tiene el poder de llevar a cabo "señales y maravillas", la clave del uso de Pablo se encuentra en las dos palabras "verdad" y "mentira", en las cuales profundizará en el resto del pasaje. Así pues, el apóstol concluye la presente frase con una palabra de explicación relativa a "los que se pierden". Ellos van directos a la "destrucción"[162] precisamente porque "no fueron receptivos"[163] a un amor por la verdad,[164] mientras que al final (v. 12) son simplemente aquellos que "no han creído la verdad".

Aunque la construcción "amar la verdad y así ser salvos" suena para muchos como algo no-paulino, especialmente para quienes interpretan al apóstol únicamente a través del prisma de su batalla contra los judaizantes en Gálatas

160. Como este es el único significado real de "falso", la NIV parecía bastante confusa en su traducción "falsos milagros, etc.", convirtiendo así el genitivo de Pablo "de falsedad" en algo totalmente diferente. La TNIV lo eliminó correctamente y cambió la locución a "señales y maravillas que sirven a *la mentira*". Ver también la RSV, que era aún peor: "Con pretendidas señales y maravillas" –corregido ahora en la NRSV, pero no de una manera totalmente adecuada, a "maravillas mentirosas"—.

161. Nos preguntamos de soslayo si esta no es una de las razones por las que en 2 Corintios 10-13 Pablo es tan reticente a llevar a cabo "señales y maravillas" para autenticar su ministerio. De esta manera, no las niega, pero tampoco les da mucha importancia *como marcas de autenticación*. Para él, la evidencia del apostolado no reside en última instancia en lo milagroso —en el sentido de "señales y maravillas", ya que Satanás también puede producirlas—, sino en su propia "imitación de Cristo" en sus sufrimientos y en el fruto de tal imitación, la conversión de los propios corintios.

162. La palabra de Pablo τοῖς ἀπολλυμένοις, la voz media de ἀπόλλυμι, tiene que ver con aquellos que experimentarán la destrucción eterna. No se puede hacer nada con la naturaleza de ese destino sobre la base de la palabra únicamente, ya que puede englobar desde la "destrucción total" hasta el menos ominoso sentido de la "ruina" como tal.

163. Gr. ἐδέξαντο, que la TNIV plasmó aquí con un giro más común. Así pues, el "no 'aceptaron' un amor por la verdad" de Pablo se convirtió acertadamente en "rechazaron amar la verdad".

164. Toda esta locución, "no aceptaron un amor por la verdad para poder ser salvados", es una de las razones por las que algunos han rechazado la autoría paulina de esta carta, ya que para ellos suena como algo muy lejano del Pablo de Romanos y Gálatas. Pero eso parece apartarse mucho de la naturaleza *ad hoc* de las epístolas de Pablo. Este lenguaje particular se formuló *ad hoc* sobre la base de la anterior descripción de los que perecen. Y el propio Pablo está bastante dispuesto a referirse al evangelio en términos de "verdad" en otros pasajes (ver, por ej., Gá. 2:5, 14; Col. 1:5 para esta locución).

y profundizan considerablemente en Romanos, esta es no obstante una manera muy paulina de hablar. Este énfasis en "la verdad" es el resultado directo de lo que se acaba de decir en el contexto al respecto de la influencia de Satanás sobre los incrédulos. Satanás tiene que ver con "creer la mentira"; el contraste lógico —y por tanto legítimo— de ello es "amar la verdad y así ser salvos".

**11**

Con las dos cláusulas de esta última frase, Pablo prosigue ofreciendo la respuesta divina a "los que se pierden por haberse negado a amar la verdad". Debemos señalar que todo esto es una continuación de la profundización de Pablo en la venida del Rebelde (vv. 8-9). Y, una vez más, el lector también debe recordar que el propósito de todo esto no es amenazar a los tesalonicenses, sino consolarlos en medio de la presente persecución. Como esas personas que los están persiguiendo ya se han comprometido con "amar" la falsedad en lugar de la verdad, "Dios les envía [literalmente] una obra de engaño". Es necesario destacar el tiempo verbal presente. La incapacidad de las personas de amar la verdad tiene como consecuencia una respuesta divina. Dios les envía por tanto un poderoso engaño para que crean la mentira;[165] es decir, lo que reciben de Dios es un engaño de tal poder que creerán en lo que es totalmente falso. Y esto no tiene que ver simplemente con cualquier falsedad, sino con *la* mentira, la falsedad suprema generada por el Malvado, que ha provocado que esas personas hayan rechazado al único Dios verdadero, que se ha revelado en su Hijo, el salvador del mundo.

**12**

El resultado final[166] de la resistencia de las personas a la misericordia de Dios que ha venido por medio de Cristo será la "condenación".[167] El énfasis de Pablo se encuentra aquí, ya que el verbo aparece en primer lugar en su frase (lit. "serán condenados todos…"). El verbo viene seguido por el contraste no/pero que los identifica como lo enemigos de Dios, no solo de los tesalonicenses. El apóstol retoma los temas precedentes del "engaño" y la "mentira", y anuncia de forma negativa que su juicio viene porque "no han creído la verdad". De hecho, su rechazo

165. Algunos han tenido dificultades teológicas con esta cláusula —que Dios estaría implicado en algo malvado—. Pero se trata de una expresión de juicio divino sobre quienes han rechazado su misericordia. Que el juicio sea temporal en este caso es simplemente secundario para la presente idea.

166. El ἵνα de Pablo, que habitualmente introduce una cláusula de propósito, presenta en este caso una cláusula que bordea el resultado. De ahí el "de manera que" de la TNIV; cp. NRSV, REB, NAB, NJB; NET dice "y así".

167. Gr. κριθῶσιν, que en esta expresión pasiva indica el resultado final del juicio de Dios sobre ellos.

de la verdad, que para Pablo tiene que ver con el propio evangelio, también los ha llevado a deleitarse "en la maldad".

Existe un sentido, por supuesto, en el cual con estas dos cláusulas finales (vv. 11 y 12) Pablo parece haberse desviado considerablemente de las inquietudes con las que comenzó este pasaje —alguien había anunciado que "el día del Señor" ya había llegado—. Pero ese "sentido" es el resultado de nuestra propia perspectiva, la cual difiere considerablemente de la del apóstol —y de la de los tesalonicenses—. Un anuncio (probablemente profético) como ese, en una comunidad que sufría una considerable persecución, produciría precisamente lo que Pablo deseaba que no sucediera: que se vieran "sacudidos". Estas frases finales, que se ocupan totalmente de la suerte de sus persecutores —y otros— son pues totalmente entendibles. Mientras los tesalonicenses no deben ser sacudidos por las falsas profecías, sus enemigos tienen todo el derecho de serlo, aunque no les estuviera ocurriendo realmente en ese momento. Esta, pues, es la razón del énfasis singular de Pablo en esta sección final, un énfasis que al mismo tiempo debería servir para estimular la determinación de los creyentes. Justo antes de la muy esperada parusía del propio Señor, sus enemigos serán engañados por el "hombre de maldad" de Satanás, a quien el Señor destruirá en su propia venida.

Cuando llegamos al final de estas palabras correctivas (no principalmente instructivas), nos vienen a la mente varias reflexiones. Primero, este pasaje ha sido el semillero de todo movimiento escatológico imaginable en la historia de la iglesia; y eso a su vez ha causado que gran parte de la iglesia evite el pasaje con un descuido benigno. Por un lado, lo que Pablo pretendía que fuera una corrección de una escatología falsa se ha convertido a su vez en la base de futuras escatologías contrarias. Por otro lado, como la perspectiva y el lenguaje escatológicos de Pablo han incomodado a algunos cristianos posteriores, estos han actuado simplemente como si no fueran parte de las Escrituras inspiradas. Pero ninguno de estos puntos de vista es justo para Pablo ni para los tesalonicenses.

En segundo lugar, de este pasaje es necesario señalar la absoluta certeza del apóstol sobre el futuro de los creyentes, a pesar de las diversas formas de enseñanza falsa que pudieran tener lugar. En ninguna otra parte del pasaje menciona Pablo ni alienta la expectativa ansiosa. De hecho, el pasaje no trata de la expectativa *per se*, sino de un entendimiento informado relativo al propio futuro de Dios para los suyos. Así pues, este pasaje, que sirvió de corrección para los tesalonicenses, debería servir a la iglesia posterior como una exhortación de primer orden.

Se puede confiar en Dios al respecto del futuro; y para quienes confían así en él, existe una certeza subyacente de que ellos también formarán parte de ese futuro. Es necesario insistir en la idea principal de Pablo. Si el tiempo del gran día venidero del Señor es desconocido, creer en su certeza —y esperarlo con paciencia y expectación— es parte del evangelio cristiano, que nos llega mediante el Nuevo Testamento.

Tercero, aunque no es en absoluto una idea central, quizás debamos señalar la forma totalmente preposicional en la que Pablo se refiere a lo que podríamos denominar como "milagroso". Dado que la referencia a ello en este pasaje tiene que ver con milagros que promueven la falsedad, Pablo solo emplea tal lenguaje porque presupone que los milagros producidos por el Espíritu Santo son parte de la fe cristiana que él conocía y experimentaba. Sin embargo, al hacer referencia a ellos tan de soslayo, vemos que tanto él como sus iglesias presuponían esa obra del Espíritu Santo —una presuposición que parece haberse perdido en gran parte del cristianismo posterior—. La expectativa ferviente ha tendido a ser sustituida por una no-expectativa benigna de que Dios puede (o podrá) hacer cualquier cosa extraordinaria. Por mi parte, pienso que Pablo y sus iglesias estaban en lo cierto.

## *C. CONCLUSIÓN (2:13-17)*

Es común considerar los elementos que siguen a la respuesta de Pablo en los versículos 3-12 como algo parecido a un "interludio" antes de abordar el asunto (final) relativo a los ociosos-rebeldes.[168] Pero lo que debería impedir que lo hagamos es la naturaleza claramente continuista del versículo 15, que sirve como una *inclusio* con el versículo 2 anterior y por tanto mantiene unido todo el pasaje. A la luz de esa realidad, este material se puede entender mejor si se considera que Pablo lleva el argumento precedente a su conclusión apropiada. Así pues, la presente sección tiene tres partes discernibles —una acción de gracias (vv. 13-14), una palabra final (v. 15) y una oración final (vv. 16-17)—, cada una de las cuales está demostrablemente relacionada con el argumento precedente; y como señalaremos, cada una de ellas desempeña su propio papel como parte de la conclusión.

La acción de gracias en sí misma se encuentra en claro relieve de la "letanía de los perdidos" que la precede, y, por tanto, no debe separarse de ella como algo nuevo. Su propósito parece ser asegurar a los creyentes tesalonicenses, a la luz del relato del juicio sobre sus enemigos inmediatamente precedente, que ellos están destinados a compartir la propia gloria de Cristo. La palabra final que sigue (v. 15) es pues una última amonestación para que se mantengan firmes, aferrándose a las "tradiciones" que se les han enseñado y se les reiteran ahora. Con el lenguaje del versículo 2, la amonestación presente de Pablo sirve también como una *inclusio*: al final lleva el argumento de vuelta a su principio. Finalmente, a la luz de las informaciones falsas, la oración (vv. 16-17) tiene como objetivo animar sus "corazones" y fortalecerlos para seguir sirviendo al Señor "de palabra y de hecho". Al mismo tiempo, anuncia el asunto final que se abordará en la carta.

168. Tres comentarios recientes en inglés lo hacen, de hecho (Holmes, Malherbe, Witherington), aunque Malherbe, como mínimo, incluye la acción de gracias en vv. 13-14 con lo que precede. Para un comentario anterior que haga lo mismo, ver Findlay.

## 1. Acción de gracias (2:13-14)

13 *Nosotros, en cambio, siempre debemos dar gracias a Dios por ustedes, hermanos*
*amados por el Señor, porque desde el principio Dios los escogió*[a] para ser salvos, mediante la obra santificadora del Espíritu y la fe que tienen en la verdad. 14 *Para*
*esto Dios*[169] *los llamó por nuestro evangelio, a fin de que tengan parte en la gloria de*
*nuestro Señor Jesucristo.*

a Algunos manuscritos *porque Dios los escogió como primicias.*[170]

Como se ha señalado, para muchos expertos ha resultado fácil separar esta oración de su contexto,[171] y considerarla así una imitación del segundo "informe de oración" en 1 Tesalonicenses 3:11-13. Sin embargo, resulta bastante improbable que los primeros destinatarios de la carta pudiesen haberlo entendido de esa manera. En un documento compuesto en unciales ("letras mayúsculas") y sin separación entre palabras y frases —por no mencionar la ausencia de párrafos—, los tesalonicenses la habrían considerado como lo que casi con total seguridad pretendía ser: una acción de gracias a Dios por ellos, en marcado contraste con la inmediatamente precedente espantosa letanía de juicio y condenación sobre los que los estaban persiguiendo.

169. Nos enfrentamos aquí a una difícil elección textual, si hay o no un ("también") tras el καί de Pablo. La "dificultad" en este caso tiene relación con nuestras proclividades textuales, en el hecho de que no está en lo que la mayoría de los expertos considera la mejor evidencia ($A^{vid}$ B D Ψ 33 1739 1881 MajT a b $m^{*}$ $vg^{mss}$ $sy^{p}$ Ambrosiaster), pero su presencia parece ser también la interpretación más difícil (esto es, resulta difícil imaginar las circunstancias en las cuales los escribas habrían *añadido* aquí καὶ cuando parece tan innecesario para el sentido general). Por tanto, va entre paréntesis en el texto griego $UBS^{4}$-$NA^{27}$ y se ha excluido de la mayoría de las traducciones inglesas. Estamos ante un caso en el que la interpretación más difícil (encontrada en ℵ F G P 0278 81 365 2464 *al* lat $sy^{h}$) debería prevalecer como original, y en la que Pablo escribió por tanto εἰς ὃ καὶ ἐκάλεσεν ("a la cual Dios también los llamó").

170. A simple vista, esta podría parecer una de las elecciones textuales más difíciles en 2 Tesalonicenses (entre ἀπαρχήν, "primicias" [B F G P 33 81 326 1739 $it^{c,dem,div,f,x,z}$ vg $syr^{h}$ $cop^{bo}$] y ἀπ' ἀρχῆς "desde el principio" [ ℵ D K L Ψ 104 181 pler $it^{ar,e,mon}$ $sy^{p}$ $cop^{sa}$]. La evidencia externa está dividida en partes iguales, tanto en Oriente como en Occidente. Probablemente, el cambio tampoco se haya producido por puro accidente (excepto en el sentido señalado abajo, que un escriba mirara una cosa, pero "viera" otra). Los comentarios tienden a estar a favor de ἀπ' ἀρχῆς (Ellicott, Frame, Plummer, Hendriksen, Hiebert, Marshall, Morris, Wanamaker; de otra forma, Weiss, Moffatt, Bruce), mientras que las traducciones inglesas están más divididas ("desde el principio", KJV, RSV, NASB, ESV, NJB, REB; "primicias", TNIV, GNB, NAB, Moffatt, Knox). Ver además Metzger, *Textual Commentary*, 568. Estamos ante un caso en el que debe prevalecer el dictado de que, cuando las cosas son generalmente iguales, "la interpretación más difícil es muy probablemente la original" (ya que los escribas tendían a simplificar las dificultades, no a crearlas intencionadamente). De ahí que la TNIV lo plasme correctamente casi con total seguridad.

171. Esto ocurre especialmente en versiones, como la TNIV, que emplean "encabezamientos" para ayudar a los lectores a navegar a través del texto.

Los contrastes son varios, y habrían sido inmediatos para ellos. Además del más general entre los destinos de los creyentes y de las personas engañadas por el enemigo, existe el obvio y explícito entre "los que no creyeron en la verdad" (v. 12) y los propios tesalonicenses, salvados en parte "por medio de la creencia en la verdad" (v. 13). De hecho, los primeros han "creído la mentira" anterior (v. 11). La propia singularidad de este lenguaje relativo a la salvación atrae la atención de los lectores posteriores hacia el contraste. De manera parecida, Pablo compara ambos destinos: los primeros "serán condenados" (v. 12), mientras que Dios ha escogido a los creyentes para que "sean salvos" (v. 13). Finalmente, los dos destinos aparecen en un marcado contraste en el versículo 14, donde los creyentes tesalonicenses están destinados a "compartir la gloria de nuestro Señor", frente a sus enemigos cuyo destino es "ser condenados" y por tanto "perecer".

**13**

Las primeras palabras de esta acción de gracias traen a la mente la oración de 1:3. Pablo sigue teniendo un sentido de compulsión divina a dar gracias a Dios por estos creyentes. La diferencia singular entre la manera en que comienza esta oración y la anterior se encuentra en el vocativo, "hermanos", al que Pablo ha añadido aquí "amados por el Señor". En muchas maneras, se trata de una adición muy destacable y totalmente paulina por el lenguaje real empleado. En la acción de gracias inicial de la primera carta (1:4; q.v.) repite el lenguaje de Deuteronomio 7:7-8 relativo a la constitución de Israel como el pueblo de Yahvé ("amado por Dios/escogido"). Aquí se expresa la misma realidad en términos de "amado por el Señor",[172] que es el lenguaje preciso de la Septuaginta encontrado en la bendición de Benjamín en Deuteronomio 33:12. Este hecho difícilmente ha sido accidental, ya que sabemos de otras partes de las epístolas de Pablo que él mismo era benjaminita (Ro. 11:1; Fil. 3:5), algo por lo que sentía cierto orgullo. Lo que él ha hecho, por tanto, lo hayan captado o no, es conceder a estos amigos "amados" su propia bendición ancestral: ellos "son amados por el Señor".[173]

Quizás deberíamos señalar de soslayo que Pablo hace distinciones bastante coherentes entre el amor de Dios y el de Cristo. El primero es la declaración

172. Gr. ἠγαπημένοι ὑπὸ κυρίου. Que Pablo esté recurriendo a su lengua ancestral parece seguro en este caso por la anartra κυρίου, frente a la misma locución en 1 Ts. 1:4, donde Dios (θεός) es quien ama (ὑπὸ τοῦ θεοῦ). Es necesario destacar por tanto que la mayoría de los comentaristas han perdido este eco seguro de la LXX, señalado por primera vez por Westcott-Hort y que ha estado en el margen de Nestle-Aland al menos desde 1950 (pero ver Findlay, 188); otros (Frame, 279; Best, 312; Malherbe, 436) referencian la LXX, pero ven poca o ninguna relación.

173. Esta realidad, tan singularmente paulina, por sutil que pueda ser para lectores posteriores, es suficiente para sofocar todos los intentos de negar la autoría paulina de esta carta. Nos preguntamos cómo podría un falsificador haber sido tan perspicaz o haber tenido tanta "suerte" para lograr esto.

divina sobre la cual encontró expresión en la historia el segundo por medio de su muerte en sacrificio por nosotros, un amor actualizado para el creyente mediante "la obra santificadora del Espíritu". Así pues, el hecho de que los creyentes sean "amados por Dios" sirve como la base de todo. Pero también deberíamos señalar que, en lo que parece ser una manera muy sencilla, Pablo une en una frase las actividades divinas de Dios (el Padre), Cristo (el Hijo) y el Espíritu a favor de sus amados tesalonicenses.

La consecuencia de que el apóstol exprese su acción de gracias de esta forma resulta ser el primero de casi cuarenta momentos soteriológicos proto-trinitarios[174] en sus epístolas,[175] los cuales tienen en otros pasajes la siguiente "gramática" de la salvación (ver, por ej., Ro. 5:1-8):

> La salvación se *declara* sobre el amor de Dios;
> Cristo la *efectúa* mediante su muerte y resurrección;
> y *se hace efectiva* por medio de la obra del Espíritu Santo.

Pero aquí toma la forma inusual de:

> Los tesalonicenses han sido *escogidos y llamados por Dios* como primicias para la salvación;
> evidenciada por el hecho de que ellos son *amados por el Señor;*
> y son por tanto *salvados por medio de la obra santificadora del Espíritu.*

Lo impactante aquí no es lo que se dice acerca de Dios, ya que a lo largo del corpus paulino tanto "elección" como "llamamiento" se atribuyen regularmente a Dios Padre. Lo es más bien que ese lenguaje habitualmente reservado para Dios Padre se atribuya aquí libremente al "Señor",[176] y ese lenguaje habitualmente atribuido

174. A la luz de algunas objeciones (legítimas) a mi uso de "trinitario" en *GEP* como nomenclatura apropiada para la teología paulina —mayormente porque la palabra tiene un gran bagaje para debates posteriores relativos a cómo forman un conjunto las tres "personas" divinas en unidad de ser— he decidido emplear aquí "proto-trinitarios" para denominar esos momentos en Pablo. Me he inspirado en Stanley Porter (en I. H. Marshall, *Beyond the Bible: Moving from Scripture to Theology* [Grand Rapids: Baker, 2004], 122, n. 59) como una manera de designar esos textos en los que el propio Pablo, riguroso monoteísta como era, une a Padre, Hijo y Espíritu de formas que indican la identidad plena del Hijo y el Espíritu con el Padre, sin perder nunca ese monoteísmo.

175. Para una enumeración completa de estos pasajes, ver Fee, *GEP*, 48, n. 39.

176. Que esto se refiere a Cristo y no a Dios (contra Rigaux, 371; Malherbe, 436; Green, 325 [?]; Beale, 225) parece seguro, tanto sobre la base del uso paulino como de la gramática de la presente frase. De haber pretendido Pablo que ὑπὸ κυρίου igualara al precedente τῷ θεῷ, la composición simple y común de tal frase habría sido: τῷ θεῷ… ἠγαπημένοι ὑπὸ ἀὐτοῦ, ὅτι εἵλατο ὑμᾶς ἀπαρχήν, ("a Dios, … amados por Él, porque os escogió como primicias"). Así pues, la forzada repetición de "Dios" como sujeto de la frase de Pablo se produce precisamente porque, entretanto, él ha mencionado un segundo sujeto ("el Señor"), exigiendo así su retorno al

a Cristo es el terreno especial del Espíritu Santo. De hecho, en los otros cinco ejemplos en los que Pablo habla del amor de Cristo (Gá. 2:20; 2 Co. 5:14; Ro. 8:35; Ef. 3:19; 5:2), se vincula habitualmente de manera explícita con el amor expresado en su muerte redentora[177] (por ej., Gá. 2:20: "El Hijo de Dios, ... que me amó y se dio a sí mismo por mí").

Pablo habla más habitualmente del amor *de Dios*, que le sirve como sujeto de la salvación. De hecho, dos frases (griegas) después (2:16), es precisamente esto lo que afirma: "Dios nuestro Padre, que nos amó y por su gracia nos dio consuelo eterno y una buena esperanza" (cp. 1 Ts. 1:4). Y aunque la locución "amado por el Señor" probablemente sea en este caso una alusión a la obra salvadora de Cristo en la cruz,[178] en lugar del sujeto de su salvación, como cuando se dice del Padre, es sin embargo destacable que esta atribución particular tenga lugar en una de las formas triples paulinas de hablar acerca de la salvación. Se ha sugerido con considerable perspicacia[179] que la razón para el cambio de lenguaje en este caso es que permanezca en un contraste deliberado con lo que el mismo Señor Jesús hará a aquellos a quienes "destruirá por el esplendor de su venida" (v. 8).[180] Así pues, en su segunda aparición en el corpus, el amor de Dios por su pueblo elegido se expresa en términos de ser amado por Cristo el Señor, un atributo que en el pensamiento de Pablo es igualmente compartido por Padre e Hijo —por presuposición y sin argumentación—.[181]

Es de considerable interés que Pablo haya elegido aquí referirse a sus amigos tesalonicenses como "primicias". Sin duda, muchos prefieren la interpretación (seguramente secundaria) "desde el principio"; pero existen buenas razones para rechazarla como un intercambio deliberado o accidental de una *sigma* final (Σ) por una *un* (N). Aunque la evidencia textual parece ir decididamente en contra

primer nombre (cp. Lightfoot, 119; Best, 311; Marshall, 206). Esta realidad gramatical, además del hecho de que Pablo exponga en estas dos cartas la importante idea de identificar a Jesucristo como ὁ κύριος, parecería tener mucho más peso que las consideraciones contextuales que Malherbe presenta para sugerir lo contrario. Estamos en un lugar en el que el uso paulino debe prevalecer sobre las preferencias teológicas.

177. Ef. 3:19 es la excepción destacable.

178. Cp. Frame, 279; contra Morris, 238, quien sugiere que "probablemente no haya significado en el cambio".

179. Por. ej., Morris (238) y Marshall (206).

180. Todo esto, podríamos señalar, es demasiado sutil y paulino para ser imitado por alguien que decidiera escribir esta carta breve y corriente en nombre de Pablo. Resulta difícil imaginar las circunstancias en las que un creyente cristiano en el primer siglo se hubiera preocupado de hacer tal cosa —¡y con qué fin, nos preguntamos!—.

181. Reflejando así lo que L. Kreitzer llama un "solapamiento funcional y conceptual entre Cristo y Dios" (*Jesus and God in Paul's Eschatology* [JSNTSS 19; Sheffield: Sheffield Academic Press, 1987]).

de "desde el principio",[182] quienes siguen estando a favor de ello lo hacen por el fuerte énfasis de Pablo en este pasaje en la actividad anterior de Dios (donde está contrastando la "salvación" de los tesalonicenses —y por tanto su seguridad— con el "juicio" de los engañados en vv. 10-12). Así estaría asegurándoles que la elección de ellos por parte de Dios es "desde el principio [del tiempo, puede ser la única opción posible, si es original]". Se puede obtener realmente una gran confianza de tal seguridad teológica.

Sin embargo, los argumentos textuales parecen estar casi todos en el lado de las "primicias", lo cual tiene igualmente el propósito de ser una palabra de aliento, pero de una manera ligeramente diferente. Como Pablo no califica "primicias" de ninguna manera,[183] casi con total seguridad pretendía que estos creyentes se vieran como las "primicias" de Dios *en Tesalónica*. Así pues, las imágenes funcionarían en dos direcciones. Primero, su propósito es alentarlos en medio de quienes son responsables de su presente dolor, descritos en nuestros versículos 10-12 con su maldad y ruina final. Dios ha escogido en los creyentes tesalonicenses un pueblo para su propio nombre —sus primicias, por así decirlo— de la gran cosecha escatológica que se supone en el versículo 14, un tema recurrente a lo largo de esta carta. Segundo, y al mismo tiempo, funcionaría por tanto también para animarlos con la realidad de que Dios ha escogido a otros de entre sus compatriotas tesalonicenses, que escaparán igualmente del engaño y juicio resultante y serán "santificados por el Espíritu, cuando crean la verdad". Si la comunidad creyente es relativamente pequeña y está siendo duramente perseguida en ese momento, ellos necesitan oír desde la perspectiva divina —esto es, desde la perspectiva de que "Dios los ha escogido para salvación"— que habrá más personas, incluso de entre sus conciudadanos, que se unirán a ellos "para obtener la gloria de nuestro Señor Jesucristo".

La meta de la elección de Dios es la "salvación",[184] lenguaje que puede ser —y a veces lo ha sido— perturbador para aquellos que se han criado con Gálatas

182. Ver nota 92 más arriba; para un argumento más amplio sobre este asunto, ver mi obra *To What End Exegesis? Essays Textual, Exegetical, and Theological* (Grand Rapids: Eerdmans, 2001), 75-76.

183. Los que están a favor de ἀπ' ἀρχῆς suponen a menudo injustificadamente que Pablo habría querido decir "primicias *de Macedonia*", de haber empleado ἀπαρχήν en este pasaje, pero esto difícilmente es así. En realidad, Pablo solo califica geográficamente esta palabra en Ro. 16:5 y 1 Co. 16:15, refiriéndose en ambos casos a individuos, sin ningún énfasis particular en la "cosecha" de otros. El calificador "del Espíritu" en Ro. 8:23 es muy probablemente aposicional (el Espíritu mismo es las primicias y garantiza la realidad futura). En los otros tres casos (Ro. 11:16; 1 Co. 15:20, 23), calificados o no, la metáfora representa las "primicias" de una "cosecha" mucho mayor. Esa parece ser precisamente la idea expuesta aquí, de manera que la ausencia de un calificador genitivo geográfico sería bastante irrelevante.

184. Gr. εἰς σωτηρίαν, que la TNIV ha plasmado como un verbo, "ser salvado".

y Romanos como la única forma apropiada de leer y entender a Pablo. En esta segunda aparición de la palabra "salvación" en el corpus paulino,[185] sin embargo, el apóstol no está pensando en términos de "cómo" se ha hecho efectiva para el creyente la salvación materializada por Cristo ("por fe"), como en Gálatas y Romanos.

Más bien, aquí se interesa por los medios dobles a través de los cuales una persona se convierte en miembro del pueblo de Dios —y en este caso especialmente en contraste con los que no lo son (en vv. 9-12)—. Así pues, tras haberlos descrito como "amados por el Señor (Jesús)" y retratar ahora su salvación como algo totalmente efectuado por Dios (Padre), prosigue describiendo cómo se hace efectiva dicha salvación en sus vidas; y, como es habitual en Pablo, pone los medios divinos (el Espíritu) por delante de los humanos (creer la verdad).[186]

Además, en este caso, Pablo no está pensando en cómo ha sido "salvado" cada uno o cualquiera de ellos. Eso es hacer hincapié en el individuo de maneras que no importarían a Pablo en este punto. Más bien, está centrándose en ellos colectivamente, tal como prueba su orden de palabras. Establece un contraste entre estos creyentes y los impíos incrédulos descritos en los versículos 9-12. Describe a estos últimos como seducidos por "las formas en las que la maldad engaña a los que perecen"; y ellos están pereciendo porque "se niegan a amar la verdad". El resultado final es que "ellos creen la mentira" y "se deleitan en la maldad". Los creyentes tesalonicenses, por el contrario, han sido "escogidos para la salvación" que Dios ha efectuado por los medios dobles de "la obra santificadora del Espíritu y [su propia] creencia en la verdad" (o, quizás mejor, "por poner su confianza en la verdad").

Por tanto, el orden de palabras de Pablo en este caso es explicable y significativo. Que se conviertan en creyentes es ante todo el resultado de la "obra santificadora" de Dios (frente a la "maldad"), efectuada por el Espíritu (frente a "Satanás"); su papel ha sido "creer la verdad" (frente a "la mentira" y "el deleite en la maldad"). Así pues, este momento único no es "no paulino", como muchos afirman, ni diferente del Pablo de Romanos y Gálatas, algo que parece angustiar a otros. Se trata simplemente del Pablo típico, cuya manera de hablar sobre la obra salvadora de Cristo responde habitualmente a la situación del momento en que él está escribiendo. La idea es que el apóstol no está intentando hacer una declaración teológica aquí, sino recordando a los tesalonicenses su propia *experiencia* de "salvación", parte de la cual era que ellos creyeron la verdad del evangelio cuando la oyeron; y a este respecto contrastan de forma clara con quienes *no* han creído la verdad y están por tanto destinados a perecer.

185. Ver la exposición sobre 1 Ts. 5:8-9 para su primera aparición.

186. Que Pablo se refería a una realidad doble en este caso se certifica por el hecho de que ambas locuciones son el objeto (gramatical) de una única preposición. De ahí, "... salvación por la santificación del Espíritu y la confianza en la verdad".

**14**
Tras haber presentado a los enemigos incrédulos de los tesalonicenses como destinados a "perecer" y a los creyentes como escogidos por Dios "para ser salvados", Pablo concluye su larga frase recordándoles tanto los *medios* como el *destino final* de su llamamiento. La cláusula empieza con un pronombre relativo neutro,[187] la forma en la que Pablo engloba toda la cláusula precedente como su antecedente en lugar de cualquier parte de ella. Así pues, el mismo Dios que "los escogió para salvación" efectuó la materialización de esa elección "por medio del evangelio".

Sin embargo, el momento impactante en esta oración llega al final, cuando Pablo habla del destino final del creyente en términos de "obtener la gloria de nuestro Señor Jesucristo". Es cierto que en otras dos ocasiones Pablo habla de Cristo en términos de "gloria",[188] pero cuando se emplea esta palabra como la meta escatológica de la redención cristiana, la misma hace referencia habitualmente a "la gloria de Dios Padre", como en 1 Tesalonicenses 2:12 ("... Dios, que los llama a su reino y gloria"; cp. Fil. 1:11; 2:11).

Esta palabra común en el Antiguo Testamento da expresión a la absoluta majestad del Dios eterno, que nadie más comparte, así como a la maravilla evocada por esa majestad. Es la "gloria" de Yahvé que Moisés deseaba ver (Éx. 33:18), y que llenaba entonces el tabernáculo (40:35) y el templo (1 R. 8:11). De hecho, Yahvé declara de forma expresa que él *no* compartirá su gloria con nadie más (Is. 42:8; 48:11, en una referencia a otros "dioses" en este caso). Pero precisamente porque el Hijo divino ya comparte esa gloria, Pablo puede hablar fácilmente en tales términos. En este ejemplo, sin duda, la expresión tiene que ver probablemente con la propia exaltación presente de Cristo a la gloria, tras su humillación en la muerte, una exaltación en la cual participarán los tesalonicenses. Pero, aun así, esta atribución a Cristo de un lenguaje habitualmente reservado para Dios es una manera destacable de hablar de la meta final de la redención de los tesalonicenses.

## 2. Exhortaciones finales (2:15)

15 *Así que, hermanos, sigan firmes y manténganse fieles a las enseñanzas*[a] que, oralmente o por carta, les hemos transmitido.

[a] O "tradiciones".

187. Gr. εἰς ὅ (lit. "en el cual"), que "no es gramatical" en el sentido de que un pronombre relativo concuerda técnicamente en género y número con su antecedente, y aquí no hay ningún nombre precedente que sea neutro singular.

188. 1 Co. 2:8: "Crucificado al Señor de la gloria"; 2 Co. 3:18/4:4: "Todos nosotros, que con el rostro descubierto reflejamos como en un espejo la gloria del Señor" / "la gloria de Cristo, que es la imagen de Dios".

Esta palabra final es la que deja en claro que la acción de gracias precedente pertenece al *argumento* de los versículos 1-12 y no debe separarse del mismo, tal como se hace a menudo en la literatura,[189] por no mencionar las traducciones. Lo que deja esto en claro es que Pablo recurre deliberadamente al lenguaje del versículo 2, indicando de esta forma que el mismo sirve con esa frase como una *inclusio* para la totalidad del argumento.[190]

**15**

Con un segundo uso en estas cartas de un rotundo "por tanto",[191] que los traductores de la TNIV han plasmado apropiadamente como "así que", y un vocativo repetido,[192] Pablo procede a ofrecer una exhortación final en cuanto a cómo debían actuar los tesalonicenses a la luz de la explicación precedente relativa al día del Señor. Debían hacer dos cosas: mantenerse firmes y aferrarse a las tradiciones.

El primer imperativo, "manténganse fieles", es una respuesta directa a la inquietud expresada en el versículo 2, de que no "pierdan la cabeza ni se alarmen" a causa de la enseñanza contraria a lo que él les acaba de recordar. De hecho, toda la respuesta de Pablo, además de la preocupación expresada en el versículo 2 y repetida aquí por medio del imperativo, indica que estaban a punto de ser "sacudidos". El segundo imperativo indica los medios por los cuales deben mantenerse firmes: aferrándose a las "tradiciones",[193] es decir, a la enseñanza que el propio Pablo ya les ha "transmitido". El uso de la palabra "tradiciones" aquí, la cual tiene una larga historia en el judaísmo en el que Pablo se educó, es su manera de indicar que su enseñanza pertenece al mismo tiempo a la mucho más extensa comunidad de la fe, de la cual ellos mismos han pasado ahora a formar parte. Así pues, al apartarse de su enseñanza anterior, los tesalonicenses también lo han hecho de la enseñanza común de los primeros creyentes. No obstante, su inquietud se centra en *su* enseñanza en este punto, la cual están ignorando ahora.

Pablo pretende que "tradiciones" haga referencia en este caso a *su* propia enseñanza, como certifica su doble mención de su fuente: "Oralmente" —su propia enseñanza durante su estancia entre ellos— "o por carta" —nuestra 1

189. De nuevo, Findlay (191) es una destacada excepción.

190. Sin embargo, impacta cuán a menudo se deja de señalar esta clara relación en los comentarios más antiguos (por ej., Calvino, Ellicott, Plummer, Milligan) y también en algunos de los más recientes (por ej., Morris).

191. Ver nota 43 sobre 1 Ts. 5:6.

192. El cuarto en esta carta; aún quedan tres por delante (3:1, 6, 13).

193. Gr. παραδόσεις, una palabra que aparece de nuevo en 3:6, y en este sentido positivo en otros pasajes de Pablo únicamente en 1 Co. 11:2 (al respecto de la Cena del Señor), donde está acompañada por su verbo afín. La palabra aparece en Gá. 1:14 en relación a las "tradiciones" judías en las que Pablo fue educado, y de nuevo en Col. 2:8 con connotaciones totalmente negativas.

Tesalonicenses—.[194] Lo que debería ser más destacable en esta "inclusio" es la ausencia de la palabra "Espíritu" del versículo 2. Tal como se sugirió anteriormente, la razón más probable de esta "omisión" es la sospecha del apóstol de que algún tipo de declaración profética entre ellos sea la causa principal de su aceptación de la falsa enseñanza de que "el día del Señor ya ha llegado". Así pues, la manera en que Pablo se ocupa de la fuente de la misma es positiva, al recordarles su propia instrucción clara en la carta anterior (1 Ts. 5:19-22). Allí se les instaba a "someterlo todo a prueba"; aquí les ofrece una vez más la base para tal "prueba", ya que, si una profecía errónea es realmente el problema, ellos no han seguido su instrucción anterior.

### *3. Oración (2:16-17)*

16 *Que nuestro Señor Jesucristo mismo y Dios nuestro Padre, que nos amó y por su gracia nos dio consuelo eterno y una buena esperanza,* 17 *los anime y les fortalezca el corazón, para que tanto en palabra como en obra hagan todo lo que sea bueno.*

Pablo no es alguien que deje a sus amigos con un imperativo como el del versículo 15 como última palabra sobre este asunto y se dispone inmediatamente a ofrecer oración por ellos, una oración llena de momentos impactantes al respecto de la teología paulina y especialmente su cristología. Las inquietudes básicas de la misma parecen ser dos. Por un lado, él mira al *pasado* profundizando en Cristo y el Padre en términos del amor del Padre por ellos que les da "consuelo eterno y una buena esperanza". Por el otro, la oración en sí misma es para su *presente* aliento y fortalecimiento, el primero ("aliento") a la luz de sus presentes circunstancias, el segundo ("fortalecimiento") con su estilo de vida cristiana continua a la vista. Así pues, la breve mirada al pasado funciona como la base de la confianza de Pablo en la oración al respecto de su presente y futuro.

**16-17**

Antes de centrarnos en los detalles como tales, es necesario que señalemos contextualmente en primer lugar que esta oración lleva a término la totalidad de 2:1-17 —la preocupación de Pablo por la gravemente equivocada escatología presentada por algunos de los tesalonicenses, algo profundamente inquietante en una comunidad ya angustiada—. Al mismo tiempo, en segundo lugar, concluye los versículos 13-15, en los que Pablo exhorta a los creyentes tesalonicenses a permanecer en lo que ya se les había enseñado (v. 15), tras establecer un marcado contraste entre ellos (vv. 13-14) y quienes creen la mentira y serán condenados con el hombre

194. Esta referencia a su carta anterior es la que convierte la inversión del orden de estas dos cartas (como, por ej., Wanamaker) en un ejercicio realmente difícil.

de maldad (vv. 10-12). Así pues, parece tener la doble función de recordarles las realidades pasadas que los han llevado a la vida e instarles a persistir en "hacer" justicia ("toda buena obra y palabra") con la ayuda de Dios (Padre e Hijo).

El mejor camino para llegar a un análisis de la oración en sí quizás sea señalar sus impactantes similitudes y diferencias con la oración de 1 Ts. 3:11-13. Y aquí en particular, y de una forma verdaderamente profunda, la muy elevada cristología de Pablo es especialmente destacable, no como algo defendido, sino simplemente asumido como la esencia común de la creencia cristiana temprana. La mejor manera de verlo es presentar ambas oraciones juntas (la mención de Cristo va en **negrita**; la de Dios <u>subrayada</u>; las "traducciones" son mías):[195]

> **Y que nuestro Señor Jesucristo** y <u>Dios nuestro Padre, que nos amó y nos dio</u> consuelo eterno y buena esperanza en la gracia, **<u>aliente</u>** vuestros corazones y [os] **<u>fortalezca</u>** en toda buena obra y palabra.
>
> Que <u>Dios, nuestro mismo Padre</u>, y **nuestro Señor Jesucristo <u>dirijan</u>** nuestro camino a ustedes; y que **el Señor haga crecer y abundar** en amor los unos por los otros y por todos, al igual que nosotros hacia ustedes, **para fortalecer** sus corazones libres de culpa en santidad <u>delante de nuestro Dios y Padre</u> **a la venida de nuestro Señor Jesús con todos sus santos.**

Primero señalamos las similitudes, ya que examinarlas juntas establecerá algunas de las cuestiones gramaticales que se han planteado en el presente ejemplo. (1) Ambas oraciones van dirigidas a Dios Padre y al Señor Jesús en conjunto. (2) En ambos casos, Pablo, gramaticalmente, tiene un sujeto compuesto ("Dios" y "Señor") con un verbo en singular. Aunque algunos han argumentado que no debemos sacar demasiadas conclusiones teológicas de este fenómeno,[196] lo que debemos señalar aquí es que ocurre lo mismo en ambos casos, aunque los

195. Mucho de la primera parte de esta exposición se ha tomado de mi obra *Pauline Christology* (Peabody, Mass.: Hendrickson, 2007), 73-76.

196. Ver, por ej., J. A. Hewett, "1 Thessalonians 3.13", *ExpTim* 87 (1975-76), 54-55 (cp. Lightfoot [48], Wanamaker [142], Bruce [71]), quien sugiere que "con dos sujetos el verbo concuerda habitualmente con el más cercano de los dos". Pero los textos presentados no parecen ofrecer buenas ilustraciones. Esto es, "viento y mar" (Mr. 4:41), "polilla y óxido" (Mt. 6:19) y "plata y oro" (Stg. 5:3) no parecen expresar esta idea; más bien, son análogos al uso de Pablo aquí, donde no piensa en ambos individualmente, sino colectivamente. Richard (167-68) resuelve este "problema" postulando una antigua corrupción del texto original de Pablo por parte del escriba, reconstruido como: "Ahora que Dios nuestro Padre, y también nuestro Señor Jesucristo, dirijan". Pero tal "reconstrucción" se basa en los prejuicios contra esta carta, pura y simplemente. Parecería mejor tomarse en serio a Pablo, ya que él puede orar a ambos en conjunto o a uno de ellos por separado. Deberíamos señalar que la preocupación de Richard es legítima: no leer a Pablo a la luz de formulaciones trinitarias posteriores. Por el contrario, este es el tipo de fenómeno que desempeñó un papel en formulaciones posteriores.

sujetos se encuentren en orden inverso en el presente ejemplo.[197] (3) En el texto griego ambas oraciones comienzan con el intensificador "él mismo", el cual debe entenderse gramaticalmente en cada caso que va con el primer sujeto,[198] aunque, dado el verbo singular, bien puede considerarse un singular colectivo.[199] (4) En ambos casos, la elaboración se dirige al segundo destinatario de la oración (pero sujeto gramatical de la frase): "El Señor" en 1 Tesalonicenses, "Dios Padre" en la presente oración. Este fenómeno parece estar a su vez en algo de tensión con el anterior. Es decir, el "mismo" parece poner el énfasis sobre el primer miembro, pero la elaboración solo se centra en el segundo. (5) Ambas oraciones comparten como inquietud básica que los tesalonicenses sean "fortalecidos", un verbo que aparece en cuatro ocasiones en estas epístolas y solo dos veces en otras partes del corpus paulino (Ro. 1:11; 16:25).[200]

Por supuesto, la diferencia significativa singular es que los dos sujetos gramaticales se invierten en el presente pasaje, de manera que, si no hubiera desarrollo alguno, podría parecer que el énfasis se pone en el primer miembro, especialmente desde que en ambos casos este miembro va acompañado por el pronombre intensificador "*mismo*" ("que nuestro Dios y Padre *mismo* y el Señor Jesucristo" / "que nuestro Señor Jesucristo *mismo* y Dios nuestro Padre"). Y eso lo hace de una sola manera. De hecho, de tener solamente una de estas oraciones, podríamos argumentar[201] por extrapolación que, en la oración, Pablo hace hincapié en la primera persona a quien va dirigida. Pero tener ambas oraciones, con su *inversión del orden* y la continuación de la oración dirigida únicamente al *segundo* miembro, parece evitarlo.

De hecho, nos enfrentamos aquí a una oración bastante diferente de la anterior. Como se ha señalado, sigue teniendo el sujeto en plural con verbos en singular, pero el "mismo" va ahora con el Señor Jesucristo. La mención de Dios

197. Richard (ver nota anterior) y Wiles (ver nota siguiente), como muchos otros, rechazan la autoría paulina de 2 Tesalonicenses, lo cual dificulta más la tarea de explicar este fenómeno en 1 Tesalonicenses.

198. G. P. Wiles (*Paul's Intercessory Prayers* [SNTSMS 24; Cambridge: Cambridge University Press, 1974], 30) sugiere que "esto debió de haberse tomado del lenguaje litúrgico convencional al que estaban acostumbrados el apóstol y sus lectores". Pero "debió de haberse" queda lejos de ser una demostración real. Lo digno de destacar es que el fenómeno solo existe en 1 y 2 Tesalonicenses en el NT —aunque se siguen encontrando oraciones-deseo en las cartas de Pablo (Wiles también incluye Ap. 21:3, pero es una afirmación, no una oración)—.

199. También, por ej., Frame, 136-37, y Best, 147.

200. En estas dos cartas, tres de las cuatro apariciones tienen que ver con el fortalecimiento divino, dos de las cuales tienen a Cristo como sujeto (ver arriba en 2 Ts. 3:3), mientras que la otra (1 Ts. 3:2) tiene que ver con el consuelo apostólico del pueblo de Dios. También en Romanos 16:25 es divino; 1:11 es apostólico.

201. Como hace Wiles, ver nota 120 anterior.

Padre se desarrolla pues en aquel que "en la gracia *nos* ha amado y nos ha dado consuelo eterno y buena esperanza". Pero después se supone que los dos verbos que constituyen la oración real son la acción conjunta del Señor Jesús y Dios Padre. El resultado, pretendido o no, es que el primer verbo, "consolar" (*parakaleō*), retoma la segunda locución sobre Dios inmediatamente precedente ("consuelo [*paraklēsis*] eterno"), mientras que el segundo, "fortalecer" *stērixai)* se empleó para Cristo en 1 Tesalonicenses 3:12 y se utilizará de nuevo en el versículo 3:3 como una afirmación sobre lo que Cristo hará por ellos.

Para Pablo, por tanto, entra en juego la necesidad de que los tesalonicenses sean "consolados" y "fortalecidos", y aunque esa es la razón principal de la carta en sí misma, el apóstol también es plenamente consciente de que eso por sí solo no les servirá. Por tanto, ora por ellos al final para que, con las explicaciones precedentes y el argumento presente, sean realmente consolados para no ser "sacudidos" por la enseñanza falsa que circula entre ellos (quizás [¿probablemente?] por medio de una declaración del Espíritu errónea). Al orar para que Dios y Cristo "consuelen sus corazones", Pablo se está preocupando de que las personas divinas los reafirmen en este tiempo de crisis y especialmente por lo que les queda por delante. Al orar además para que Dios y Cristo "les fortalezca en toda buena obra y palabra",[202] Pablo los está trayendo de vuelta a la vida cotidiana. Al mismo tiempo, él está casi sin duda apuntando a 3:6-15. Así pues, la oración funciona como una forma de consuelo bajo la presente presión y como (una sutil forma de) exhortación al respecto de su perseverancia bajo la misma.

Asimismo, debemos señalar al final que el concepto de "buenas obras", expresado aquí como un nombre en la combinación "toda buena obra", es una manera de hablar muy paulina, un lenguaje que retomará en 2 Corintios 9:8, "para que abunden en *toda buena obra*". El problema en nuestra lengua surge con la palabra "obra/hecho", que, por algunas razones históricas entendibles, no ha encajado bien en ciertos sectores del protestantismo. Pero todo lo que se necesita para interpretar lo que Pablo quiere decir es cambiar la frase a su equivalente verbal, "que abunden en *hacer lo que es bueno*", ya que este es el objetivo de la expresión de Pablo. Convertir esta frase en "buenas obras" se vuelve problemático, no porque sea incorrecto, sino porque nuestra locución lleva a menudo un bagaje ajeno a las propias inquietudes del apóstol. Su pasión es que el pueblo de Cristo *haga lo que es bueno* para otros; de ahí que ore para que Cristo y el Padre "fortalezcan los corazones" del pueblo de Dios, de manera que abunden en "hacer el bien" de una vez por todas.

202. El griego de Pablo dice: ἐν παντὶ ἔργῳ καὶ λόγῳ ἀγαθῷ, una típica *inclusio* en el apóstol, de manera que el propósito es que παντί ("toda") y ἀγαθῷ ("buena") vayan con ambos nombres, tal como la TNIV lo expresa correctamente.

Hay mucho que aprender de estos materiales finales, aplicables a cualquiera que tenga responsabilidad en el ministerio de la iglesia. Lo más destacable de la sección quizás sea el orden en sí, donde la acción de gracias fluye directamente de la frase final de la exposición precedente, en contraste directo con el comportamiento de quienes están pereciendo. Pero la realidad sigue siendo que la conclusión del argumento (v. 15) sigue a la acción de gracias (vv. 13-14), que a su vez viene seguida por la oración (vv. 16-17). Lo más impactante sobre estas dos últimas es lo adecuadas que son en términos de la explicación precedente acerca del día del Señor. Como siempre en Pablo, en la acción de gracias él hace hincapié en la actividad de Dios hacia ellos como se expresa en el hecho de que Cristo los ame y el Espíritu los santifique. Al final del día, por tanto, cuando el apóstol como maestro ha hecho todo lo posible por medio de una reafirmación de su argumentación, reconoce claramente que todo es en vano sin la obra capacitadora de Dios —Padre, Hijo y Espíritu— en su favor.

Al mismo tiempo, difícilmente se puede ignorar que la oración responde directamente a la acción de gracias. Es decir, Pablo recuerda a sus amigos que da gracias a Dios por lo que Él hace por ellos y sigue orando por ello en su favor. El orden es impactante y realista. Mientras que las explicaciones precedentes pretenden restaurar el orden y sofocar lo que podría conducir a error, el apóstol también reconoce que nada de eso acontecerá sin ayuda divina. De ahí que Pablo no diga, como a menudo tenemos por costumbre: "Oraré por ustedes"; más bien, les hace saber el contenido de su acción de gracias y su oración en su favor. La iglesia posterior tiene mucho que aprender aquí.

## III. EL TERCER ASUNTO: SOBRE EL OCIO PERJUDICIAL (3:1-15)

Históricamente, los expertos han tenido considerables dificultades con los materiales de 2:13-17 y 3:1-5, que para algunos parecen estar situados desconectados entre los dos temas principales de la carta[203] (el tiempo del día del Señor [2:1-12] y la mala conducta continua de los ociosos-rebeldes[204] [3:6-15]). Pero nos encontramos en una parte del corpus paulino en la que, quien insertó los números en el texto —por instinto o por suerte—, parece haberlo hecho acertadamente, a pesar

203. Ver Holmes (251 ss.), que cuando habla de la presente sección no señala en absoluto el τὸ λοιπόν con el que comienza; cp. Malherbe (443-48), que pone la totalidad de la misma (2:15-3:5) bajo la rúbrica "Exhortación", aunque la única exhortación en toda esta sección se encuentra en 2:15; y Witherington (240), que sigue a R. Jewett (*The Thessalonian Correspondence* [Leiden: Brill, 1971]) en esta idea.

204. Para esta traducción de ἀτάκτως, ver el comentario anterior sobre 1 Ts. 5:14 (p. 327).

de algunas expresiones de protesta en el sentido contrario. Tal como se señaló anteriormente,[205] la acción de gracias precedente (2:13-14), la exhortación final (2:15) y la oración (2:16-17) sirven bien para llevar el asunto del tiempo del día del Señor a una conclusión adecuada.

Tras haberse ocupado cuidadosa y pastoralmente de ese asunto, Pablo se centra ahora en un último tema, en este caso uno que ya abordó en la carta anterior (1 Ts. 4:9-12), pero aparentemente con poco éxito: lograr que los ociosos-rebeldes decidieran trabajar por su propio pan en lugar de ser una carga para los demás. Para llegar ahí, recurre a un rasgo común de la retórica antigua y empieza con lo que parece servir como una *captatio benevolentiae* (vv. 1-5), una palabra de elogio introductoria cuyo propósito es conseguir de los tesalonicenses una buena disposición a oírle antes de tratar este complicado asunto una vez más.[206] Así pues, Pablo empieza a presentarse a sí mismo y sus propias necesidades ante la comunidad creyente (vv. 1-2a). Con esta explicación sobre por qué necesita esa oración (v. 2b) y por medio de más afirmación y oración (vv. 3-5), se mueve lentamente hacia el asunto final a tratar (vv. 6-15).[207]

## A. LA CAPTATIO BENEVOLENTIAE (3:1-5)

Al respecto de estas primeras frases, es necesario preguntar cómo sirven para introducir las amonestaciones que siguen en los versículos 6-15 —¿acaso lo hacen?—. Y aquí debemos permitir que lo que parecen ser los instintos de Pablo sean nuestros guías. Tras haberse ocupado del asunto principal que le había llegado de ellos (relativo al día del Señor), debe volver ahora a un tema que había tratado en la primera misiva, pero aparentemente sin éxito. Cómo llegar ahí, sin embargo, podría haber sido un problema para él, especialmente desde que sus anteriores instrucciones sobre este asunto habían sido suficientemente claras, pero no habían logrado los resultados deseados.

Pablo comienza por tanto con una introducción cuyo propósito parece principalmente conseguir de todos ellos una buena disposición a oírle.[208] Empieza mostrando su disposición a la vulnerabilidad al pedir que oren por él (vv. 1-2a)

205. Ver p. 327 más arriba.

206. Cp. Frame (288), quien, sin emplear este término técnico, indica: "Deseando conseguir su obediencia de buen grado al mandato [que sigue], él busca su simpatía al pedirles sus oraciones por él y su causa…"; frente a Best (322), que lo ve como "de alguna manera unido ligeramente al contexto precedente y a lo que sigue".

207. Esta parece ser una mejor manera de considerar las relaciones entre las frases de esta sección que verlas simplemente como moviéndose "de una manera en cierto modo compleja de la petición de oración a la oración-deseo" (Gaventa, 125).

208. Esto parece dar un sentido mucho mejor al argumento como un todo que la sugerencia (de pasada) de Witherington (242) de que estas frases simplemente "presagian" los vv. 6-13.

y ofrecer la razón por la que necesita tal oración (v. 2b). Esto viene seguido a su vez por una cuidadosamente elaborada serie de afirmaciones relativas a la propia fidelidad de Cristo (v. 3) y a la disposición de los creyentes a hacer lo correcto (v. 4), más una oración por ellos (v. 5). En esta última, pide que el propio Señor Jesús dirija los corazones de todos ellos, pero especialmente a los ociosos-rebeldes, hacia el amor de Dios (de manera que empiecen a trabajar por su propio sustento) y la perseverancia de Cristo (tal como lo hacen con su empoderamiento).[209] Resulta sorprendente, especialmente tras la oración precedente (en 2:16-17), que este pasaje esté absolutamente centrado en Cristo.[210] La transición en sí misma viene notablemente marcada por el uso por parte de Pablo del verbo idéntico "ordenamos" en los versículos 4 y 6.

## 1. Una petición de oración (3:1-2a)

[1] *Por último, hermanos, oren por nosotros para que el mensaje del Señor*[211] *se difunda rápidamente y se le reciba con honor, tal como sucedió entre ustedes.* [2] *Oren además para que seamos librados de personas perversas y malvadas…*

El contenido de la petición de oración de Pablo para sí mismo y sus compañeros es doble y típico. Como siempre, su preocupación principal es la difusión del evangelio, y es en este contexto que la petición se vuelve más personal. Así pues, la segunda inquietud va con la primera: que Pablo y sus compañeros sean librados de quienes obstaculizaban su labor por el bien del evangelio.

209. Considerado de esta forma, podemos verlo como algo mucho más deliberado de lo que sugieren muchos intérpretes (por ej., Rigaux, Morris, Wanamaker, Jewett [*Thessalonian Correspondence*], et al.); Wanamaker (273), por ej., lo define como "bruscamente compuesto" (cp. Rigaux, 692).

210. Deberíamos añadir que no todos piensan así (esp. Malherbe); pero negar que "el Señor" se refiere a Cristo en este pasaje es ir en contra de todo lo demostrablemente paulino, incluido el autor de esta carta, sea Pablo u otro. De hecho, el apóstol nunca emplea ὁ κύριος para referirse a Dios Padre; más bien, es su forma exclusiva de mencionar a Cristo. Esta realidad, coherente en estas dos epístolas, es explícita en su siguiente carta, en 1 Co. 8:6, donde disgrega la *Shema* tradicional de manera que θεός se refiere siempre al Padre, mientras que κύριος lo hace siempre al Hijo. Para la exposición completa de estos asuntos, ver mi obra *Pauline Christology* (Peabody, Mass.: Hendrikson, 2007). Debemos señalar que esta consistencia es uno de los argumentos más sólidos a favor de la autenticidad, ya que sería algo demasiado sutil para que un falsificador lo lograra algunas décadas después.

211. Gr. ὁ λόγος τοῦ κύριος. Un puñado de manuscritos (G P 33 489 927 vg[mss]) dicen θεοῦ en lugar de κυρίου. Este hecho podría haber sido consecuencia de un descuido en el proceso de copiado (estamos hablando de una sola letra [ΘY/KY]) o de la expectativa, en una época en la que los *nomina sacra* se abreviaban continuamente y "la palabra de Dios" era el término más común.

**1**

Esta petición de oración empieza algo nuevo en la carta, como se puede comprobar de dos maneras: primero, por el *to loipon*[212] inicial, un adverbio que se ha traducido tradicionalmente como "finalmente" o "por último", y sirvió por tanto para convertir a Pablo en blanco de muchas bromas desafortunadas; y segundo, por el sexto (o séptimo) ejemplo del vocativo "hermanos". Aunque es cierto que al final de una carta, como en 2 Corintios 13:11, *to loipon* significa "finalmente", es más frecuente en Pablo que aparezca antes en la misma cuando él está abordando los últimos asuntos de su agenda. Así pues, habitualmente significa, como en este caso, "en cuanto a lo que queda por decir", que los traductores de la TNIV han plasmado bien con su "en cuanto a otros asuntos".[213] Aunque se ha sugerido que en este caso indica un movimiento hacia asuntos secundarios, a la luz de los hábitos posteriores de Pablo es mucho más probable que, en realidad, con la idea de hacer más hincapié en ello, haya guardado la última palabra para un asunto que le preocupa en gran manera —ya que se ha demostrado que no tuvo éxito la primera vez—.

Lo que "queda por decir" primero es una petición de oración[214] *a* ellos, petición que sigue bien a su propia oración *por* ellos (2:16-17). Y aquí encontramos un ejemplo en la carta donde el plural "por nosotros", que probablemente sea también un plural literario de cortesía, se refiere casi sin duda a los tres compañeros —Pablo, Silas y Timoteo—. Pero, como es típico de Pablo, cuando pide la oración de los tesalonicenses "por nosotros" no lo hace por seguridad o salud, sino por la causa del propio evangelio. Al formular esta petición por el evangelio, (literalmente) "que la palabra del Señor pueda correr y ser honrada", Pablo se hace eco (de forma muy clara) del lenguaje del Salmo 147:5 en la Septuaginta, cuya segunda estrofa dice: "Su palabra corre con rapidez".[215] Por tanto, al usar el

212. Pero ver Witherington (240), que sin evidencias afirma que "en este caso *to loipon* introduce la última sección de un segmento de oración de tres partes". Esto es argumentar que Pablo está empleando este adverbio de una manera no paulina. De hecho, estamos ante un claro caso en el que cierto tipo de análisis retórico *se cuela* en el texto de Pablo, por no mencionar su uso de esta construcción adverbial en otros pasajes.

213. Cp. el comentario sobre el adverbio en 1 Ts. 4:1, donde en gran parte desempeñaba la misma función que aquí —y allí incluso más desde el final de la carta—. Morris (245) sugiere (erróneamente, parecería) que aquí indica movimiento hacia un asunto secundario en la carta. Podríamos argumentar al contrario que, desde la perspectiva de Pablo, dado que él ha respondido hasta ese momento a temas procedentes de ellos, ha reservado para el final lo que considera el asunto más importante. Después de todo, parecía que los creyentes tesalonicenses no lo consideraban así, ni siquiera después de que el apóstol les hablara de ello en la carta anterior.

214. Gr. προσεύχεσθε… περὶ ἡμῶν, donde el tiempo verbal presente indica que es un tema continuo.

215. El griego de Pablo dice: ἵνα ὁ λόγος τοῦ κυρίου τρέχῃ. La LXX dice: ἕως τάχους δραμεῖται ὁ λόγος αὐτοῦ. Si para nuestros oídos τρέχῃ y δραμεῖται no evidencian un "eco", lo

verbo "correr" como metáfora, el apóstol expresa su deseo de que el evangelio "se difunda rápidamente" en Acaya, donde él estaba en ese momento,[216] y más allá.

Sin embargo, a pesar de su lenguaje básicamente claro, la expresión de Pablo "la palabra del Señor" es (desde nuestra distancia) bastante ambigua y ha llevado por tanto a más de una interpretación. A causa de la frase hecha "palabra del Señor", algunos han argumentado que "el Señor" se refiere aquí a Dios Padre.[217] Sin embargo, eso va en contra del propio uso de Pablo en otros pasajes y es totalmente erróneo en el contexto, especialmente desde que "el Señor" en todos los ejemplos de este párrafo refleja el uso estándar del apóstol como una referencia a Cristo. De hecho, el uso predominante por parte de Pablo de "el Señor" como una referencia a Cristo[218] en estas dos cartas hace muy improbable que el apóstol haya cambiado repentinamente su referente y pretenda que los tesalonicenses oigan su mensaje como "la palabra que proviene del Señor". Así pues, si seguimos el propio uso de este giro por Pablo, como por ejemplo en 1 Tesalonicenses 1:8, aquí está refiriéndose una vez más al evangelio en sí mismo, "el mensaje sobre Cristo".[219]

Lo que Pablo quiere para el evangelio, por tanto, ayudado por las oraciones de ellos, es que[220] "corra por su camino" y "sea honrado". La última palabra, traducida como "honrado" por la TNIV, es el término estándar de Pablo para algo o alguien que sea "glorificado", esto es, que reciba su propia gloria y honra entre las personas. Muy probablemente, por tanto, se utiliza aquí como una referencia indirecta a la "corona" del vencedor en una carrera.[221] Pero en este caso,

---

harían para una persona que hablara griego, del mismo modo que "voy" y "fui" lo harían para un hispanoparlante.

216. Por razones que no están del todo claras, Calvino (386) supone que Pablo escribió la carta durante su viaje a Jerusalén (Hch. 21:1-16).

217. Ver, por ej., Malherbe (445), que expone un concepto considerable sobre ello, pero se aparta mucho del uso de Pablo (ver nota siguiente). Witherington (241), por el contrario, lo cambia simplemente sin argumentación a "la Palabra de Dios". Pero eso difícilmente cuajará a la luz de las propias designaciones de Pablo de las palabras κύριου ("Señor") y θεός ("Dios").

218. Tomando ambas cartas juntas —aparte del más completo "Señor, Jesucristo"—, Pablo emplea κύριου en solitario 23 veces para referirse a Cristo, y otras nueve en la combinación "Señor, Jesús". Por el contrario, utiliza Χριστός en solitario únicamente en cuatro ocasiones, y la combinación "Cristo Jesús" solo en dos. Todo esto cambia considerablemente en el corpus posterior. Para estas estadísticas, ver mi obra *Pauline Christology*, p. 83.

219. En el contexto, parece mucho más probable que un genitivo subjetivo, "el mensaje que proviene de Cristo", ya que esa locución no aparece en ninguna otra parte del corpus paulino.

220. En lugar del esperado ὅτι, en este caso Pablo emplea ἵνα, que habitualmente indica propósito; pero aquí, como en otros pasajes en Pablo, desempeña la función de introducir el objetivo de la oración.

221. No todos piensan así (por ej., Best [324] y Marshall [214]). La RSV tradujo curiosamente este verbo como "y triunfe", aparentemente como una versión americana de ganar una

como una referencia al evangelio, no se está hablando de la gloria escatológica, sino de la presente. La manera en que será "glorificado" entre las personas es por medio de la aceptación de su mensaje como lo que realmente es (las buenas nuevas de Dios),[222] así como de su conversión en seguidores del crucificado, ahora glorificado.

Con el fin de que esta idea cuaje —la oración por el evangelio como deber de los creyentes tesalonicenses—, Pablo añade la expresión, relativa a la difusión del evangelio, "tal como sucedió entre ustedes". Esta frase final, carente de verbo en el texto griego, probablemente no deba entenderse en absoluto con un referente temporal, sino simplemente con la realidad en sí misma, tanto en su comienzo como en su continuación.[223] Lo que Pablo quiere transmitir aquí es la *realidad* del éxito del evangelio entre ellos, no *cuándo* tuvo lugar ese éxito. Aunque este tipo de referencia no aparece con frecuencia en las cartas de Pablo, es uno de sus supuestos básicos de trabajo —que el evangelio representa las buenas nuevas de Dios que le han llegado a él y a sus iglesias, y, por tanto, también son buenas nuevas para otros. Estas deben compartirse y la inquietud del apóstol es que los tesalonicenses lo reconozcan por sí mismos al hacer de ello un tema de oración.

**2a**

Las prioridades de Pablo están siempre en su sitio cuando se trata del evangelio. Así pues, el primer tema al "orar por nosotros" es la difusión del propio evangelio. Pero él tampoco evita pedir oración por sí mismo y sus compañeros, "para que seamos librados de personas perversas y malvadas".[224] Con esta cláusula, Pablo está haciéndose eco una vez más del lenguaje de su Biblia, de Isaías 25:4, donde la Septuaginta difiere considerablemente del texto hebreo tradicional, que dice

---

carrera; pero eso se aleja mucho de la metáfora de Pablo, por lo que la NRSV lo corrigió y tradujo "sea glorificado en todas partes".

222. Findlay (198) tiene otra opinión, que el mismo es "objetivo" en el sentido de que la "gloria" del evangelio se manifiesta en sus efectos salvadores.

223. Dado que la cláusula de Pablo no tiene referente temporal, los intérpretes han mostrado una considerable ambivalencia al respecto de su propósito aquí. Las versiones inglesas tienden a ir hacia una referencia al pasado (siendo la KJV y la NRSV las excepciones). Los comentarios ingleses están divididos; la mayoría lo interpretan como algo aún presente (Ellicott, Findlay, Plummer, Frame, Richard, Malherbe; cp. Rigaux [en francés]); otros como una referencia al tiempo de su conversión (Bruce, Wanamaker, Green); mientras otros consideran que incluye tanto el pasado como el presente (Best, Marshall, Morris, Witherington). Pero todo esto parece extraño a la cláusula sin verbo de Pablo, la cual enfatiza la realidad en sí en lugar del "cuándo" de la misma.

224. A este respecto, cp. Ro. 15:13 y la petición indirecta de tal oración en 2 Co. 1:10b-11a. Como otros han señalado (Malherbe, Green), Pablo describe aquí las acciones malvadas de esas personas, no solo un carácter defectuoso en ellas.

(en parte): "De las personas malvadas los librarás".[225] La adición "y malvadas" echa por tanto la red de una forma amplia. La primera palabra,[226] traducida como "perversas" en la mayoría de las versiones, tiene que ver con personas cuya conducta está "fuera de lugar" en un sentido peyorativo.[227] La segunda[228] es la más estándar para el mal de todo tipo. En la época en que escribió esta carta, Pablo ya había tenido numerosas experiencias con tales personas, especialmente en la ciudad macedonia de Filipos y en Tesalónica. Así pues, al formular su petición de oración a los creyentes tesalonicenses, Pablo no está simplemente siendo "espiritual"; está hablando de lo que ellos mismos sabían que era una situación muy real en la que Pablo vivía continuamente, siempre en peligro de quienes, en relación con el evangelio, son "personas perversas y malvadas". De hecho, parece totalmente probable que en lugar de un tópico (decididamente negativo), y especialmente a la luz de la metáfora precedente que alude a los juegos, Pablo esté siendo bastante específico en este caso. Así pues, aunque no podamos conocer los detalles específicos, podemos suponer acertadamente que está reflejando aquí una situación muy real en Corinto, donde probablemente estuviera viviendo en la época en la que escribió la carta.

## 2. Afirmación y oración (3:2b-5)

*... porque no todos tienen fe.* ³ *Pero el Señor*[229] *es fiel, y él los fortalecerá y los protegerá del maligno.* ⁴ *Confiamos en el Señor de que ustedes cumplen y seguirán cumpliendo*

225. Gr. ἀπὸ ἀνθρώπων πονηρῶν ῥύσῃ αὐτούς; el texto de Pablo dice: ἵνα ῥυσθῶμεν ἀπὸ... πονηρῶν ἀνθρώπων. Este uso de un lenguaje idéntico parece difícilmente coincidente, dado cómo cita o repite Pablo el del AT griego, especialmente Isaías. Debemos señalar además que este uso muy paulino de Isaías pone una presión enorme sobre las teorías de falsificación.

226. Gr. ἀτόπων (ἄτοπος), una palabra que no es necesariamente peyorativa y se refiere simplemente a lo que está "fuera de lugar". Se emplea tres veces en el NT con el presente sentido de estar "fuera de lugar" al ser "perverso" (cp. Lc. 23:41; Hch. 25:5). La Vulgata lo tradujo *importunus* (= inadecuado, desfavorable), una traducción que Calvino (413) consideraba "bastante buena", pero que parece estar bastante equivocada en este tema.

227. Ver, por ej., las tres ilustraciones de los papiros en Milligan (110), donde la palabra tiene este sentido peyorativo, pero sin los matices morales pretendidos por Pablo aquí (por ej., P. Flor. 99 [siglos I y II e. c.], de que los padres de un hijo pródigo ya no serían responsables de sus deudas por ἄτοπος τι πράξῃ ["cualquier hecho irresponsable"]). Beale (239) parece alejarse de las inquietudes de Pablo aquí al indicar que "fuera de lugar" es la probable noción pretendida, ya que combina muy pobremente con πονηρῶν, una palabra que difícilmente puede diluirse de ninguna manera.

228. Gr. πονηρῶν, la principal palabra griega contraria a lo que es "bueno" o "recto".

229. Las expectativas de los escribas, de que "el Señor" aquí fuera una referencia a Dios Padre, provocaron que algunos de ellos, esp. en Occidente (A D F G 2462 it), cambiaran este κύριος por θεός, que en la época de esos escribas implicaba únicamente una sola letra en la forma abreviada: ΚΣ a ΘΣ. Cp. nota 9 más arriba.

*lo que les hemos enseñado.*[230] ⁵ *Que el Señor los lleve a amar como Dios ama, y a perseverar como Cristo perseveró.*

Con estas palabras, Pablo se mueve en una serie de pasos, mayormente con palabras de aliento, que lo llevan de ofrecer una razón para sus oraciones por él (v. 2b) a una afirmación de la fidelidad de Cristo para protegerlos del malvado (v. 3), a una palabra de afirmación (v. 4) que anticipa las duras palabras de corrección que siguen en los versículos 6-15, a otro momento de oración por ellos (v. 5). La oración pide que el Señor (Jesús) dirija sus corazones hacia el amor continuo y la perseverancia, cualidades que se ejemplifican específicamente en el Padre y el Hijo. Todo esto es reafirmación por parte de Pablo —que los tesalonicenses están haciendo realmente lo que se ha ordenado— y una aparente vacilación, ya que lo siguiente (vv. 6-10) deja en claro que no todos lo están haciendo. Así pues, él confirma a la mayoría, mientras que establece la difícil tarea de advertir a la (probablemente pequeña) minoría que aún no ha prestado atención a sus instrucciones de la primera carta.

**2b**

Pablo concluye la petición de oración anterior con una perogrullada que a primera vista difícilmente parece necesaria. Por supuesto que ellos saben que (literalmente) "no de todas las personas es [la] fe".[231] Después de todo, de eso trata la primera parte de su carta: el sufrimiento de los tesalonicenses a manos de sus conciudadanos que no "tienen fe". Así pues, "la fe" no es objetiva aquí (= una referencia al contenido del evangelio), sino subjetiva, y tiene que ver con que las personas (no) pongan su confianza en Cristo. Lo interesante en este caso es que Pablo se refiere de esta forma negativa a los ajenos a la comunidad creyente, en lugar de hacerlo con más descriptores relativos a la naturaleza de sus actos malvados. Parece que fue algo deliberado por su parte, de manera que pudo emplear este lenguaje negativo para sus enemigos en contraste con la expresión positiva de fe (fidelidad) encontrada en Cristo mismo.

230. Una gran mayoría de manuscritos, tanto griegos como versiones, tienen un ("ustedes") aquí; pero falta en demasiados testimonios tempranos y generalizados (א B D* Ψ 6 33 1739 b vg bo[mss] Ambst) para poder considerarlo original. Simplemente no es el tipo de palabra que los escribas omitirían, deliberadamente o por descuido, pero, entendiblemente, sí añadirían.

231. Tal como observa Lightfoot (125), es una lítotes por parte de Pablo. Para una lítotes similar, cp. Ro. 10:16 ("no todos los israelitas aceptaron las buenas nuevas"). De hecho, la inmensa mayoría no creyó en Cristo. Así pues, el juego de palabras sobre su "fe" y la "fidelidad" de Cristo es la razón más probable para esta expresión poco habitual.

**3**
Aquí tenemos un momento en el texto griego que sería inmediatamente accesible a los destinatarios de la carta, pero que, al mismo tiempo, es casi imposible de expresar de la misma impactante manera en nuestra lengua. La última palabra en la petición de oración en los versículos 1-2 es el nombre *pistis* ("fe"); la primera de esta frase es el adjetivo *pistos* ("fiel"). Así pues, estos dos términos se encuentran uno al lado del otro, sin una pausa ni puntuación entre ellos. De hecho, habría sido básicamente imposible para sus lectores griegos ignorar el juego de palabras. Los que han estado oponiéndose a Pablo y sus compañeros, estuvieran donde estuvieran estos al escribirse esta carta (probablemente Corinto), son personas cuya característica principal, desde la perspectiva de Pablo, es que son personas "sin fe". Y como tales, son incrédulos y enemigos de quienes creen —o podrían creer—. El poder inherente en esta yuxtaposición de nombre y adjetivo reside en el contraste entre "las personas perversas y malvadas" que se oponen a ellos y "la fidelidad" de Cristo hacia quienes tienen "fe" y son por tanto "fieles".

En esta frase sorprende, a la luz de la petición de oración precedente por sí mismo y sus compañeros, el cambio de objeto —de "nosotros" a "ustedes"—. Esta parece ser la principal evidencia de que dicha oración es tanto para los propios tesalonicenses como para el trío apostólico del que proviene esta carta. Es decir, la inquietud de Pablo parece poner la necesidad de liberación divina de Pablo y sus compañeros en un contexto muy parecido al de los propios tesalonicenses. Aunque él no acusa en ninguna parte a los ociosos-rebeldes de estar bajo la influencia del malvado, el contexto de esta petición de oración parece tener consideraciones de más alcance de las que podemos observar a simple vista. Esta interpretación puede ser la más probable a la luz de la afirmación y oración que siguen inmediatamente.

Al expresar esta idea, Pablo apela una vez más a las Escrituras de Israel. Una de las facetas principales de la revelación de Yahvé a Israel es que Él es un Dios fiel, siempre fiel al ser de Dios y por tanto al carácter de Yahvé.[232] Así pues, Yahvé se revela en el momento clave en Deuteronomio 7:9: "Reconoce por tanto que Yahvé [*Kyrios* en la LXX] tu Dios es el Dios verdadero, el Dios fiel, que cumple su pacto generación tras generación, y muestra su fiel amor a quienes lo aman y obedecen sus mandamientos". A causa de su fidelidad, Yahvé no puede cometer injusticia (Dt. 32:4); y tanto el salmista (por ej., 145:13) como el profeta (por ej., Is. 49:7) apelan a la fidelidad de Yahvé. Y también lo hace Pablo, ya que su primera aparición en sus cartas tiene lugar en 1 Ts. 5:24 ("El que los llama es

232. Cada vez que releo esta frase me desanima la insuficiencia de la lengua inglesa, en la que nos atascamos en pronombres relacionados estrictamente con el género para hablar del Dios único. Yahvé es simplemente Dios; y Dios no tiene género. Nuestro problema reside en nuestros pronombres, totalmente relacionados con el género. Por tanto, he decidido repetir la palabra "Dios" de principio a fin.

fiel, y así lo hará"). Y aunque este tema no aparece a menudo en sus cartas a partir de ahí, lo hace tres veces en su correspondencia con (la menos que fiel) Corinto (1 Co. 1:9; 10:13; 2 Co. 1:18).

En el muestrario anterior es digno de señalar el hecho de que, en el Antiguo Testamento, Dios *(theos)* es quien es fiel. Pero aquí Pablo atribuye esa fidelidad a Cristo: "Fiel es el Señor". Es cierto que algunos expertos argumentan sobre la base de este uso del Antiguo Testamento que Pablo tenía a Dios Padre en mente aquí también.[233] Pero eso parece estar muy lejos de la cristología de Pablo, ya que en todas sus cartas restantes, él emplea la palabra *Kyrios* exclusivamente para referirse a Cristo. En el presente caso, tres asuntos parecen defender particularmente el uso habitual de Pablo.

Primero, solo dos frases antes (2:16) —y sin pausa de "capítulo" (¡!)—, Pablo ha identificado al "Señor" con Jesucristo y lo ha hecho con el pronombre intensificador "mismo". Necesitaríamos evidencias extraordinarias de lo contrario para rechazar la identificación del apóstol. Segundo, en todos los demás casos en sus cartas, Pablo designa claramente a "Dios" (*theos* = el Padre) como Aquel que es fiel. ¿Por qué cambiar entonces a *kyrios* aquí, si no pretendía un cambio de sujeto? Tercero, en la frase inmediatamente siguiente Pablo declara que su convicción al respecto de los tesalonicenses encuentra su base en *kyriō* ("en el Señor"). Como esta locución preposicional en las cartas de Pablo se refiere universalmente a Cristo, sería realmente extraño que Pablo se refiriera a Dios Padre de esta forma en la presente frase y cambiara inmediatamente de referentes en la siguiente. Así pues, *kyrios* (= Cristo) es fiel y Pablo está por tanto convencido en *kyriō* (= Cristo) sobre su respuesta a esta petición.

Dado que Pablo pretendía identificar al "Señor" como Cristo, resulta más interesante que emplee aquí un verbo relativo a la actividad de Cristo que es idéntico al utilizado para el Padre en la oración precedente en 2:17. Todo esto, como en otras partes anteriores en estas cartas, apunta al hecho de que la "elevada cristología" de Pablo ya estaba afianzada mucho antes de la redacción de estas dos epístolas.

Pero existe una mayor ambigüedad en la frase griega de Pablo que es necesario señalar. La fidelidad de Cristo los protegerá de *tou ponērou* ("el mal"

233. Por ej., Calvino (414), Green (337-38) y Malherbe (461). Este último admite que "Cristo" es "un posible, pero no necesario" entendimiento de esta expresión. Sin embargo, las pruebas parecen contundentes en este sentido, ya que Pablo identifica regularmente a Cristo de manera explícita como κύριος y no emplea en ninguna otra parte este término de forma clara para referirse a Dios Padre. Así pues, la base sobre la cual podríamos cambiar aquí de Cristo a Dios parece particularmente débil —especialmente cuando Pablo divide explícitamente en su siguiente carta la *Shema* de la LXX (Dt. 6:4), de manera que θεός se refiere continuamente (y siempre) a Dios Padre (a pesar de algunos que piensan lo contrario al respecto de Ro. 9:5 y Tit. 2:13 [ver las exposiciones en *Pauline Christology*]) y κύριος a Cristo de igual forma—.

en sí mismo o "el malvado"). La KJV había optado por la primera, "libraros del mal". Pero esta traducción es totalmente ambigua, ya que el verbo "librar" en esta locución tendería a significar "libraros de hacer cualquier cosa malvada", de ahí que muchos sermones hayan expuesto esta idea. Sin embargo, la frase de Pablo sin duda no habla de "librar a alguien del mal", en ese sentido, sino de la protección del creyente frente al propio Satanás y sus artimañas, como en casi todas las versiones inglesas modernas. Así pues, no estamos ante una sutil exhortación, sino ante una palabra de aliento, que de la misma manera en la que Pablo ha orado pidiendo que tanto él como sus compañeros puedan ser "librados de las *personas* perversas y malvadas", su fiel Señor, Jesucristo, protegerá a los tesalonicenses del propio malvado —aunque sean continuamente hostigados por él de cualquier forma—.

Debemos señalar finalmente que este es uno de esos escasos momentos en Pablo en los que parece hacerse eco de la tradición del Evangelio. En la versión de Mateo de la así llamada "Oración modelo", encontramos un lenguaje muy parecido al empleado por Pablo aquí. En Mateo, la oración es "pero líbranos del maligno"; la afirmación de Pablo es que el Señor "los protegerá del maligno". Aunque los verbos no son sinónimos, convergen efectivamente en el mismo lugar, ya que el "librar" de Mateo no tiene que ver con ser soltado del agarre de Satanás, sino con "liberación" en el mismo sentido que el "proteger" de Pablo.

4

El apóstol sigue ahora su propia afirmación de lo que Cristo hará por los creyentes tesalonicenses con una segunda, relativa a su convicción[234] y la de sus compañeros al respecto de ellos: que ellos realmente "cumplen y seguirán cumpliendo lo que les hemos enseñado". Lo más probable es que esta frase sea el "título" para las amonestaciones que siguen; y la única razón que nos impediría reconocerlo como tal brota de la "firma" por parte de Pablo de este pasaje introductorio con la oración por ellos en el versículo 5. De hecho, sin la oración que sigue,[235] difícilmente podríamos ignorar su papel como introducción a los versículos 6-15. Después de todo, el verbo encontrado al final de casi todas las versiones inglesas,

234. La palabra griega de Pablo πεποίθαμεν es el tiempo perfecto del verbo que significa "persuadir", traducido por tanto como "confiado/confianza" en la mayoría de las versiones inglesas contemporáneas, incluida la más "rígida" NASU, donde podríamos haber esperado "estamos persuadidos". Este es el primero de cuatro ejemplos de esta expresión ("persuadido = confiado en el Señor") en el corpus (ver Gá. 5:10; Ro. 14:14; Fil. 2:24 [cp. 1:14, donde se emplea para otros]).

235. Contra Best (323), que piensa que "no puede ir especialmente dirigida a" la siguiente advertencia sobre la ociosidad. Al contrario, puede tener el mejor sentido haciendo exactamente eso, "interrumpido" después por la oración en el v. 5, cuyo objetivo igualmente es su obediencia a las amonestaciones que siguen.

"lo que ordenamos",[236] es la primera palabra en el versículo 6 posterior, en el que Pablo comienza a abordar el asunto de los ociosos-rebeldes.

La confianza de Pablo en este caso debe encontrarse "en el Señor", una expresión que en adelante se convertiría en una fórmula estándar para él.[237] De nuevo, el "Señor" es Cristo, que en esta frase funciona por tanto como la fuente de la confianza de Pablo al respecto de sus amigos tesalonicenses. No quiere decir que le falte confianza en ellos, sino que está señalando que la misma reside en lo que Cristo continuará haciendo en y entre ellos.[238] Casi sin duda, el propósito es confirmar a la mayoría de ellos como seguidores diligentes de Cristo en términos de conducta y anunciar la corrección necesaria para la minoría que no ha captado aún cómo debe ser el comportamiento cristiano. Así pues, expresa confianza en ellos de que "seguirán[239] cumpliendo lo que les hemos enseñado".

Esta cláusula final es lo que nos hace darnos cuenta de que el propio Pablo era consciente de su relación apostólica con un grupo de creyentes a quienes consideraba ante todo sus amigos. Pero el hecho de que algunos de ellos continuaran en una senda de desobediencia al respecto de "trabajar con sus propias manos" provoca que el apóstol "haga valer su rango" en este punto, pero de una manera muy discreta. Así puede mantener su autoridad apostólica en la iglesia y, al mismo tiempo, la relación más fundamental de "hermano" con los demás hermanos y hermanas en esta comunidad de fe.

**5**

Como otra prueba de que su relación básica con los creyentes tesalonicenses era de "amistad" en lugar de una de "apóstol y discípulos", Pablo concluye esta palabra final de introducción a la corrección que sigue con otra oración por ellos. No obstante, esta también puede interpretarse como algo trivial antes de que caiga

236. La cláusula "ustedes cumplen y seguirán cumpliendo", que concluye la frase de Pablo, es en realidad el sujeto y verbo de la frase, mientras que "las cosas que les ordenamos", que aparece en primer lugar, es el objeto directo. Resulta obvio por tanto dónde hace hincapié el apóstol: no en su mandato, sino en la obediencia de ellos.

237. Gr. ἐν κυρίῳ, una expresión exclusivamente paulina en el NT y que raramente aparece incluso en la LXX, donde la misma idea se expresa más a menudo como ἐπὶ κυρίῳ. Esta es una de las expresiones sutiles en esta carta que se opone con más fuerza a la teoría de la pseudonimia, ya que es exclusivamente paulina pero no aparece en 1 Tesalonicenses, la única carta paulina de la que el escritor de la presente epístola conocía algo.

238. Calvino (410) cree que el ἐν κυρίῳ modifica en este caso el "mandato" de Pablo de que "no era su intención dictar ninguna regulación excepto por orden del Señor". Pero esto parece hacer el orden de palabras de Pablo casi incomprensible.

239. Un intento por parte de los traductores de la TNIV de captar el sentido del tiempo futuro del mismo verbo, al estar en conjunción con el tiempo presente que le precede (la "literal" NASB hizo lo mismo, pero puso el "seguirán" en cursivas, ¡como si el verbo no tuviera ese significado en sí!).

el hacha, por así decirlo. De hecho, para el Pablo que conocemos únicamente de sus restos literarios, es muy poco habitual que él relacione este tipo de oración con sus amigos. Con mucha frecuencia, sus oraciones tienen una estrecha relación con los asuntos conductuales que aborda en sus cartas; pero aquí la plegaria tiene que ver totalmente con su relación con Dios y Cristo.

Como antes, y siempre, "el Señor" a quien ora es una referencia a Cristo.[240] Mientras que otros piensan de manera diferente aquí, que se refiere a Dios Padre,[241] eso estaría en una considerable tensión con el uso de Pablo en otras partes de estas cartas, en las que "Dios" siempre se identifica como *theos* ("Dios") y Cristo como *ho kyrios* ("el Señor"). De hecho, no tendría mucho sentido en el uso paulino que este "Señor" se refiriera a Dios, cuando en el informe de oración precedente en 2:16-17 Pablo ha decidido colocar a Cristo primero como aquel a quien se dirige la oración y lo identifica como "el Señor" —y ha empleado el pronombre intensivo al hacerlo—, seguido después por *theos*, que se identifica como "el Padre". Solo nuestra familiaridad con la referencia a Dios como "el Señor" y la resistencia a los patrones de lenguaje y las designaciones deliberadas de Pablo harían que este ejemplo de *kyrios* estuviera hablando de Dios Padre.

Lo que Pablo quiere del Señor para ellos es que lleve[242] sus corazones al "amor de Dios y la perseverancia de Cristo". De muchas maneras, este momento es muy poco habitual en las cartas de Pablo; y es especialmente significativo en términos de su cristología subyacente. En una sola frase, él ora a Cristo y seguidamente pone la actividad de este por ellos al mismo nivel que la de Dios Padre. Nuestra única dificultad real con la cláusula es lo que quería decir el apóstol con su locución final, "en el amor de Dios y la perseverancia de Cristo".

De especial interés en esta oración es el uso intertextual (aparentemente) deliberado de 1 Crónicas 29:18.[243] En su oración junto con las ofrendas llevadas

240. No es que su oración siempre vaya dirigida hacia Cristo, sino que el título "Señor" siempre tiene a Cristo como su referente, no a Dios Padre. Así pues, Witherington (243) está claramente equivocado en este punto al cambiar el referente de Cristo a Dios.

241. Ver Malherbe, 447 y (aparentemente) Beale, 243-48. La mayoría (correctamente) considera que se retoma 2:16-17, donde Cristo ha sido identificado específicamente como ὁ κύριος. Después de todo, no había ninguna pausa de capítulo o versículo en el texto de Pablo; ¿cómo podrían pensar los tesalonicenses que en las siguientes frases (vv. 3 y 5) ὁ κύριος cambiaría repentinamente de identidad? Muchos de los antiguos Padres griegos argumentaron que se trata de una referencia al Espíritu Santo, ya que se menciona a Dios y Cristo en lo que sigue. Pero esta interpretación viene impulsada por la teología trinitaria, no por el uso paulino.

242. Gr. κατευθύναι, cuya otra única aparición en el corpus paulino (y fuera de Pablo, solo en Lc. 1:79) se encuentra en la oración de 1 Ts. 3:11; por tanto, en Pablo se relega a estos dos momentos de oración, y en ambos casos es algo que se pide al "Señor" que haga por los amigos de Pablo.

243. Como la mayoría de comentaristas opina (por ej., Findlay, 202; Rigaux, 699; Best, 329-30; Marshall, 217; Bruce, 202; Richard, 372; Malherbe, 447; Green, 339).

para la construcción del templo, David implora: "Señor, Dios de nuestros antepasados... dirige su corazón hacia ti". Empleando este mismo lenguaje, Pablo ora pidiendo que el Señor "dirija sus corazones al amor de Dios". Así pues:

Pablo - **Que el Señor dirija** sus **corazones** al amor de Dios.
1 Crónicas - **Señor** Dios también **dirige** sus **corazones** hacia ti.

Tres elementos nos hacen pensar que nos encontramos ante una intertextualidad deliberada: (1) la locución es impactante y poco habitual; de hecho, el verbo solo aparece en otros pasajes de Pablo en 1 Tesalonicenses 3:11; además, (2) la expresión "el Señor dirija sus/vuestros corazones" hacia Dios es *exclusiva de estos dos pasajes* en la Biblia;[244] y (3) la expresión sale de la boca del gran rey de Israel, el mismo David —¡y en una oración!—, de manera que no es simplemente una frase dicha de pasada por un personaje secundario. De nuevo, Pablo atribuye a Cristo la traducción de la Septuaginta del Tetragramatón (YHWH) como *Kyrios*.[245]

Igualmente impactante es la meta de esta oración por ellos. La expresión "el amor de Dios" nos presenta poca dificultad aquí, pues en este caso probablemente se refiera simultáneamente al amor que caracteriza a Dios y al que ellos mismos han experimentado de Él, y por tanto no al amor de ellos por Dios.[246] Pero no resulta tan fácil entender la segunda expresión, "la perseverancia de Cristo". Las opciones son muchas aquí. ¿Está orando Pablo, como algunos sostienen, por la "paciente espera de Cristo"[247] de los creyentes tesalonicenses, o para que estos exhiban "la clase de perseverancia encontrada en Cristo",[248] o (en sintonía con el genitivo subjetivo precedente) que Cristo les concederá su propia perseverancia?[249] Aunque cada una de estas interpretaciones ha tenido sus proponentes, parece que lo más probable a la luz de la frase precedente es que Pablo pensara en una combinación de las dos últimas opciones,[250] probablemente lo que los traductores de la NIV (mantenido en la TNIV) pretendieron al emplear el posesivo inglés. De ser así,

244. Es decir, estos son los únicos dos lugares en los que "el Señor" es el sujeto de este verbo y "el corazón" es el objeto. En adelante en 2 Crónicas, el propio rey "dirige su corazón" para seguir a Yahvé o no lo hace (por ej., 12:14; 19:3).

245. Más digno de señalar aún en este caso es que tanto 1 Ts. 3:11 como este pasaje se expresan como una *oración*; y la oración de Pablo va dirigida hacia Cristo como Señor.

246. Aunque Ellicott (127) tiene otra opinión.

247. Calvino tenía este improbable punto de vista, que aparece en la KJV. Defendido recientemente por J. Lambrecht, "Loving God and Steadfastly Awaiting Christ (2 Thessalonians 3,5)", *ETL* 76 (2000), 435-41. Lightfoot (128) sugiere que no se "rechace apresuradamente", pero lo hace finalmente de todas formas.

248. Ver, entre otros, Ellicott, 127; Findlay, 203; Milligan, 112; Plummer, 92; Marshall, 218.

249. Como Best, 218; Bruce, 278-79; Wanamaker, 279; Richard, 372; Holmes, 258.

250. Como Bruce indirectamente (202) y Morris (251).

esta oración pide que Cristo los dote del tipo de perseverancia que él exhibió en una vida destinada a la cruz —ser totalmente entregado para lograr el objetivo supremo—. Así pues, Pablo anuncia la amonestación que sigue, dirigida a la iglesia en su totalidad, pero que se centra específicamente en los "ociosos" recalcitrantes.

La idea de todo esto como introducción a la reprimenda que sigue es típica de Pablo: primero presenta la dimensión positiva de un grupo de creyentes, antes de ocuparse de los que están creando dificultades entre ellos. El resultado es que alienta a toda la comunidad, mientras que prepara a los recalcitrantes de una manera positiva para la necesaria amonestación que sigue.

Hay mucho que aprender de este pasaje. Primero, de la *captatio* en sí misma, que no siempre se ha visto de una forma positiva; podemos reconocer rápidamente que existe una línea muy fina entre elogiar correctamente a las personas cuando los elogios son merecidos y hacerlo con una segunda intención en mente. De hecho, no siempre podemos estar seguros de nuestras motivaciones en tales momentos, por lo que debemos ser tolerantes con el apóstol en este caso. La cortesía cristiana exige que empecemos a dar crédito a Pablo. Después de todo, esto no es muy diferente de la parecida técnica parental de elogiar (honestamente) a un niño por un trabajo bien hecho y emplear esa alabanza como un motivo para estimular en él otras formas de buena conducta. Únicamente se debe poner acertadamente en cuestión ese enfoque cuando la alabanza es "inventada". Más importante aún es señalar la muy elevada cristología adoptada de principio a fin. La teoría de la falsificación pierde mucha fuerza especialmente aquí; resulta difícil imaginar a nadie capaz de ponerse en la piel de Pablo tan plenamente a este respecto como se ve en este pasaje, tanto intencionadamente como de otra manera. Y en este asunto, no debemos ignorar que apelar a la fidelidad de Cristo es la raíz de todo, incluida su confianza en la oración al final (v. 5).

## B. EXHORTACIÓN AL RESPECTO DEL OCIO PERJUDICIAL (3:6-12)

Pablo retoma por fin el problema del ocio perjudicial.[251] En este caso el problema se explica claramente al final, en los versículos 11-12, donde el apóstol indica que conoce la situación. Algunos de ellos son *ataktōs* (= ociosos-rebeldes),[252] término que se define de dos maneras, comenzando con un juego de palabras con el verbo "trabajar" que resulta difícil trasladar a nuestro idioma. Primero (v. 11), ellos no están "trabajando" (*ergazomenous*), pero están siendo entrometidos (*peri-ergazomenous*); segundo (v. 12), con una reprimenda doble, Pablo les insta a:

251. Ver comentarios sobre 1 Ts. 4:11-12 y 5:14 (pp. 191-94, 242-43) para las ocasiones anteriores en las que Pablo aborda el asunto.

252. Sobre el significado de esta palabra, ver el comentario sobre 1 Ts. 5:14 más arriba; cp. D. Spicq, "Les Thessaloniciens 'inquiets' étaient-ils des paresseux?", *ST* 10 (1956), 1-13.

*(a)* trabajar "tranquilamente" (= sin molestar a los demás); y *(b)* por tanto, a "comer su propio pan" (= no aprovecharse de los demás). Todo lo que Pablo dice a ambos lados de estas dos frases provee una base para la corrección (vv. 7-10) o indica a la comunidad cómo ocuparse de los *ataktoi* si estos no se conforman (vv. 6 y 13-15).

Se ha sugerido frecuentemente que estas personas estaban viviendo de esa manera porque creían que "el día del Señor" estaba "a la vuelta de la esquina", lo cual se entiende en términos de estar inmersos en una expectativa escatológica febril.[253] Sin embargo, en estas dos cartas existen simplemente demasiados asuntos que ponen seriamente en cuestión este punto de vista. Primero, no hay una sola palabra en la exhortación siguiente que dé una remota pista de que esa era su motivación. Así pues, no dejan de ser conjeturas de algunos expertos y nada más. Segundo, en el versículo 9, Pablo les recuerda que había tratado este tema "incluso cuando estuve entre ustedes", y no hay nada en ninguna de estas cartas que indique la existencia de tal fervor escatológico desde el principio. Tercero, al hablar de los asuntos escatológicos en la primera carta (4:13-18 y 5:1-11), no hay indicios en ningún caso de que Pablo estuviera hablando de una expectativa escatológica acrecentada o intensa.

Esto significa, pues, que simplemente no sabemos por qué algunos de ellos decidieron no trabajar y vivir por tanto de la generosidad de los demás. ¿Lo hacían por desdén hacia el trabajo, porque al ser el pueblo del reino de Dios estaban por encima de la necesidad de trabajar? ¿Era llevar demasiado lejos el evangelio del reino *esperar/exigir* que los ricos cuidaran de los pobres? ¿Tenía relación con su entendimiento escatológico? ¿Era un intento de Pablo de acabar con las dependencias creadas por las relaciones patrón-cliente?[254] ¿O era simplemente pereza? No lo sabemos; y en realidad obtener una respuesta a esta pregunta difícilmente afectaría en absoluto nuestro entendimiento del texto. Todo lo que conocemos con seguridad es lo que Pablo dice realmente: "Nos hemos enterado de que entre ustedes hay algunos que andan de vagos, sin trabajar en nada, y que solo se meten en lo que no les importa" (v. 11), que significa no estar dispuestos a trabajar y por tanto alterar la *shalom* de la comunidad creyente.

Por eso, deberíamos empezar cualquier exposición sobre este pasaje admitiendo que, aunque el texto en sí es generalmente directo y fácilmente accesible, al final sabemos muy poco de los detalles específicos que lo ocasionaron, y

253. Ver, por ej., J. Kurichialnil, "If Any One Will Not Work, Let Him Not Eat", *Biblehashyam* 21 (1995), 184-203; para una perspectiva ligeramente diferente de la misma opinión básica, ver M. J. J. Maarten, "Paradise Regained or Still Lost? Eschatology and Disorderly Behaviour in 2 Thessalonians", *NTS* 38 (1992), 271-89.

254. Esta opinión se ha presentado de dos maneras ligeramente diferentes: R. Russell, "The Idle in 2 Thess 3.6-12: An Eschatological or a Social Problem?", *NTS* 34 (1988), 105-19; y B. W. Winter, *Seek the Welfare of the City: Christians as Benefactors and Citizens* (Grand Rapids: Eerdmans, 1994), 41-60.

especialmente en términos de la motivación por parte de quienes vivían así. La única pista que tenemos acerca de por qué decidió Pablo trabajar con sus propias manos durante su estancia entre ellos la encontramos de una manera secundaria en el versículo 8, "para no ser una carga a ninguno de ustedes". Aunque en última instancia eso tiene razones teológicas inherentes, el apóstol no está exponiendo aquí su idea por estas razones, sino por el bienestar de la comunidad como un todo.

La respuesta de Pablo al problema llega en tres partes, según la división de los párrafos de la TNIV. Pero tras una inspección más detenida, también es uno de los argumentos menos habituales en sus restantes cartas. Así pues, comienza (vv. 6-10) dirigiéndose a toda la comunidad, a cuyos miembros urge a "apartarse" de quienes no estén dispuestos a trabajar. Al hacerlo, la mayor parte de la sección (vv. 7-9) tiene que ver con el propio ejemplo de Pablo y sus compañeros al respecto del trabajo. La segunda parte (vv. 11-12) va dirigida (¿finalmente?) específicamente a los ociosos-rebeldes, aunque les sigue llegando por medio de lo que el apóstol está diciendo aquí al resto de la comunidad, elogiada en el versículo 13. La tercera parte (vv. 14-15) indica a esta última qué hacer si los ociosos-rebeldes no prestan atención a las instrucciones dadas aquí. Deben ser apartados, no como castigo, sino como un medio de redención. Una lectura detenida de todo el pasaje revela que a Pablo le preocupa sin duda que los ociosos-rebeldes participen activamente en la comunidad de fe. No obstante, al final del día, la mayor inquietud de Pablo, como de costumbre, es la comunidad al completo y su papel como prueba evidente del gobierno de Dios sobre la tierra gracias a su conducta en general y sus relaciones comunitarias en particular.

## 1. Presentación del problema (3:6)

6 *Hermanos, en el nombre del*[255] *Señor Jesucristo les ordenamos que se aparten de todo hermano que esté viviendo como un vago y no según las enseñanzas*[a] *recibidas*[256] de nosotros.

[a] O *tradición.*

255. La NIV decidió seguir los testimonios de B y D* en este punto y omitir el ἡμῶν encontrado en todos los demás testimonios, un problema que desafortunadamente no se corrigió en la TNIV. La naturaleza poco habitual de este hecho garantiza que se trata de una "omisión" en esos dos manuscritos en lugar de una "adición" en todo el resto de las evidencias. Ningún escriba pensaría añadir un "nuestro" aquí a una locución que raramente lo tiene, mientras que lo común de la otra interpretación es lo que provocaría que un escriba lo omitiera por descuido o deliberadamente. También resulta interesante que Metzger decidiera no comentar sobre ello en su obra *Textual Commentary*, porque (aparentemente) lo consideró de una importancia menor.

256. Los traductores de la NIV (algo desafortunadamente mantenido en la TNIV) han decidido seguir otras versiones inglesas al traducir lo que por todos los estándares comunes de la crítica textual debe considerarse como la interpretación "más fácil", por tanto, secundaria, παρελάβετε ("ustedes recibisteis"), encontrada en B F[gk] G 104 327 436 442 1611 2005 2495

En muchas maneras, esta presentación inicial del problema llega en el lenguaje más fuerte de todo el pasaje (de hecho, de toda la carta). Se dirige a la totalidad de la comunidad, ya que ese es el caso con toda la carta, y no sería demasiado útil dirigirse únicamente a los propios holgazanes, en cualquier caso. Sin embargo, si ellos estuvieran presentes cuando se leyera la misiva a toda la comunidad, recibirían una reprimenda.

**6**

Pablo comienza con uno de los mandatos más fuertes que se encuentran en sus epístolas, "en el nombre del Señor Jesucristo les ordenamos",[257] que solo se suaviza con la aparición del séptimo (y último) vocativo ("hermanos") en la carta. Aunque dos manuscritos importantes omiten el "nuestro" de Pablo al referirse al Señor (ver n. 53), con todos los criterios razonables el pronombre se entiende mejor como procedente del propio Pablo, no como una inserción llevada a cabo por (muchos) escribas posteriores. La razón para esta "adición" singular a la forma de lo contrario común de Pablo de hablar de Cristo es muy probablemente un énfasis intencionado en el señorío de Cristo como la realidad que todos ellos tienen en común. Él es "nuestro" Señor común, y por tanto lo que Pablo está a punto de ordenarles se basa en ese señorío.

La aparición del vocativo en este punto probablemente no vaya dirigida a los holgazanes, aunque ellos también estarían incluidos, sino al resto de la comunidad creyente, a quien se habla de principio a fin. Según la estimación de cualquiera, el mandato en sí es especialmente inusual para Pablo, y por tanto bastante inesperado. Su objetivo, como la vez anterior en que abordó este asunto, es en última instancia el bienestar de toda la comunidad. Pero sus medios para llegar hasta ahí son los que captan nuestra atención. Finalmente lo dejará en claro a los propios ociosos-rebeldes: deben ponerse a trabajar para "ganarse la vida" (v. 12).

---

syr[h] cop goth arm), en lugar de la más compleja παρελάβοσαν ("ellos recibieron"), encontrada en ℵ * A (D) K L P plur. Este es sin duda un caso en el que sigue prevaleciendo la influencia de Westcott y Hort, de que la combinación de B con miembros significativos de la tradición occidental debería considerarse habitualmente original. Pero como gran parte de esta evidencia procede de versiones anteriores, que tienen la misma tendencia que los traductores al inglés, tiene mucho menos peso aquí del que tendría de lo contrario. Resulta difícil imaginar las circunstancias en las que los escribas habrían cambiado el perfectamente normal "ustedes recibisteis" por "ellos recibieron", especialmente desde que lo que sigue es un retorno a la segunda persona del plural y, por tanto, continúa centrándose en toda la comunidad. Ver además Metzger, *Textual Commentary*, 569.

257. Gr. παραγγέλλομεν, un verbo que aparece en cinco ocasiones en estas dos cartas, en cada caso relacionado con el presente asunto (1 Ts. 4:11; aquí, y en vv. 6, 10 y 12).

Pero para llegar ahí, Pablo dice a todos los miembros de la comunidad que deben apartarse[258] de "todo creyente [gr. *adelphos*, 'hermano'][259] ocioso y perturbador", personas que aparentemente no han prestado atención a las palabras de corrección de la primera carta (1 Ts. 4:9-12). La razón básica dada aquí para el "apartamiento" tiene relación con el hecho de que ellos han ignorado la exhortación anterior del apóstol. Para explicar esta idea, él hace referencia a que ellos "caminan[260] de una manera ociosa y perturbadora". Al hacerlo, no están "andando conforme a las 'tradiciones' que recibieron de nosotros". El hecho de que exista más de uno viviendo *ataktōs* queda claro en este punto por medio de una sutil realidad gramatical. El apartamiento es al respecto de "todo hermano" que esté viviendo de esta manera. Al dar la razón de ello, el apóstol está recurriendo al lenguaje de 2:15, donde se ha elogiado a la comunidad en su totalidad por "guardar las tradiciones" que esta había "recibido de nosotros".[261]

Este verbo final, "ellos[262] recibieron", hace hincapié en el hecho de que, como parte de la comunidad creyente, ellos mismos eran partícipes de estas instrucciones no solo cuando Pablo estuvo presente entre ellos, sino también en su carta anterior. Él les había transmitido "las tradiciones", sin duda. Pero aquí se hace hincapié en su final. El apóstol no solo había transmitido la enseñanza que era común a la antigua comunidad cristiana, sino que en este caso recuerda a todos los creyentes tesalonicenses que los propios ociosos-rebeldes también habían recibido esta enseñanza. Por tanto, la comunidad no debería esperar sorpresas, nada nuevo, en lo que sigue. Más bien, está a punto de recordar a todos ellos, pero especialmente a los ociosos-rebeldes, lo que enseñó tanto de palabra como por medio del ejemplo. Y el énfasis principal se pone en este último, el ejemplo que ellos habían visto en su trabajo con sus propias manos, aunque como su maestro

258. Gr. στέλλεσθαι, un verdadero término medio en griego (= manteneos alejados de); cp. Ro. 16:17, donde se afirma la misma cosa con un lenguaje diferente relativo a "aquellos que provocan divisiones y ponen obstáculos en vuestro camino, que son contrarios a la enseñanza que han aprendido", una frase que, de haber aparecido en 2 Tesalonicenses, ¡se habría utilizado para condenar esta epístola como no paulina!

259. Quizás deberíamos señalar que el asunto planteado aquí ha tenido una historia escabrosa en la iglesia. Básicamente, cuanto más "exclusiva" sea una comunidad creyente, más energía se dedica a la obediencia. Así pues, históricamente, en la iglesia protestante solo lo llevan a cabo grupos disidentes, que tienen una variedad de "marcadores de identidad" que mantener.

260. Sobre la razón para "explicar" esta metáfora, ver nota 112 sobre 1 Ts. 2:11-12 (p. 110).

261. Este es otro de los elementos de la carta empleado para condenarla como no paulina. Pero esta misma idea, expresada de forma positiva y con diferentes palabras, aparece en 1 Co. 11:2. Esta es la clase de sutileza que es típica de un autor, pero una que parecería casi imposible de lograr para un impostor.

262. Para esta traducción, ver nota 54 más arriba.

*(a)* él podría haber esperado apoyo financiero de ellos, y *(b)* ese trabajo con sus propias manos bien podría haber rebajado su estatura entre algunos de ellos.

## 2. Palabra inicial al respecto del ocio perjudicial: imitar a Pablo (3:7-10)

7 *Ustedes mismos saben cómo deben seguir nuestro ejemplo. Nosotros no vivimos como ociosos entre ustedes,* **8** *ni comimos el pan de nadie sin pagarlo. Al contrario, día y noche*[263] *trabajamos arduamente y sin descanso para no ser una carga a ninguno de ustedes.* **9** *Y lo hicimos así no porque no tuviéramos derecho a tal ayuda, sino para darles buen ejemplo.* **10** *Porque, incluso cuando estábamos con ustedes, les ordenamos: "El que no quiera trabajar, que tampoco coma".*

Con esta explicación, Pablo está detallando básicamente "las tradiciones" que se les "habían transmitido". Al mismo tiempo, en su segundo uso del lenguaje de la "tradición" (v. 6) en la carta, la palabra toma una segunda forma. En su primera aparición (en 2:15), Pablo menciona "las tradiciones que se les *enseñaron*", en referencia a la enseñanza verbal. En la introducción a esta sección (v. 6 más arriba), se refiere a "la tradición que ellos *recibieron* de nosotros". Y aunque la comunicación verbal sin duda acompañó a la decisión de Pablo de continuar trabajando durante su estancia entre ellos, su idea aquí tiene que ver totalmente con lo que deberían haber aprendido de su *ejemplo*.

Debemos señalar además que en la raíz de este pasaje (v. 8), Pablo recurre al lenguaje que había empleado en la carta anterior (1 Ts. 2:9), pero con una diferencia significativa en cuanto a su razón para decidir trabajar. En la primera epístola, él estaba defendiendo su "derecho" a trabajar con sus propias manos, aparentemente porque algunos de la comunidad creyente habían desaprobado su "trabajo" y, por tanto, que no aceptara "sustento" de ellos. Aquí se utiliza la misma realidad (su trabajo para su propio sustento y el de sus compañeros) para ofrecer un modelo a imitar a los ociosos-rebeldes. Cuando se examinan juntos, estos dos pasajes (de ambas cartas) indican que, desde el principio de su estancia en Tesalónica, Pablo sintió que "trabajar" era un problema para algunos de ellos. Así que ahora debe abordar la presente situación de una manera más exhaustiva.[264]

263. Gr. νυκτὸς καὶ ἡμέρας, un genitivo de tiempo apoyado por ℵ B F G 33 81 104 255 256 263 442 1611 1845 1908 2005, y adoptado por la UBS[27]; el alternativo νυκτά καὶ ἡμέραν (A D K L P MajT) enfatiza la duración de sus trabajos (= día y noche).

264. En lo que sigue, he decidido comentar sobre las propias frases y cláusulas de Pablo en lugar de la numeración de los versículos, pues esta no refleja en absoluto lo que el apóstol estaba haciendo realmente.

## 7a

Pablo empieza su corrección con un "por" exclamativo, indicando que lo que sigue será una profundización en la idea final de la frase precedente "que *ellos* (= los ociosos-rebeldes como parte de la comunidad creyente) habían recibido de nosotros". Pero ahora vuelve a la segunda persona del plural, acompañada por un "mismos" enfático.[265] Así pues, Pablo recuerda una vez más a la comunidad, y especialmente a los ociosos-rebeldes, que esto es algo que "saben". No hay sorpresas aquí, porque Pablo había hablado de ello en otras dos ocasiones: cuando estuvo con ellos y en su carta anterior (1 Ts. 4:11-12). Por tanto, no puede haber excusa para que los ociosos-rebeldes continúen con sus inaceptables patrones de conducta.

Pero el objeto del verbo "ustedes (mismos) saben" viene como por sorpresa, ya que tiene poco que ver con el contenido de lo que se enseñó y todo que ver con el propio Pablo como paradigma ejemplar en este asunto. Así pues, lo que ellos "saben" no es en este caso el tipo de enseñanza (doctrinal) a la que se refiere en 2:15 ("las tradiciones que se les enseñaron"); más bien, se está refiriendo a su instrucción anterior relativa a cómo vive en comunidad y en el mundo el pueblo recién formado de Dios. En este punto, por tanto, Pablo, el seguidor de Cristo, es al mismo tiempo Pablo, el judío, educado en un contexto en el que la "tradición" no era simplemente una enseñanza doctrinal/teológica transmitida, sino (especialmente) una que tenía que ver con cómo vive en el mundo el pueblo de Dios.[266] Que ese es el caso en el presente contexto es seguro por su descripción siguiente de lo que incluía tal instrucción.[267] Tenía que ver totalmente con una conducta correcta del pueblo redimido de Dios.

## 7b-8

Esta cláusula empieza con la palabra griega *hoti*, que aquí puede estar introduciendo una cláusula "causal" (= "porque") —lo que da una *razón* para su conducta— o una de "objeto" (= "que") —lo que ofrece el *contenido* de su conducta como paradigma ejemplar—. La TNIV en este caso (casi sin duda correctamente) ha escogido la segunda, llevando la primera a una conclusión y comenzando una nueva frase con lo que equivale al "contenido" de su anterior enseñanza. La enseñanza en este

265. Es enfático por el orden de las palabras: αὐτοὶ γὰρ οἴδατε ("ustedes mismos saben").

266. Podríamos señalar cómo se expresa esta inquietud en la siguiente carta conservada de Pablo (1 Co. 11:1) de una forma muy parecida, pero sin emplear las mismas palabras.

267. En este punto, cierto sector de la iglesia cristiana quiere gritar "falta", porque piensan que se puede separar realmente cómo estamos relacionados con Dios (solo por fe) de cómo debemos vivir en el mundo quienes tenemos esa fe. Pero Pablo no estaba al tanto del tipo de teología que piensa que tal división entre la fe y las obras puede hacerse realmente. Pablo está obviamente en contra de cualquier cosa que se parezca a "fe + obras = una relación correcta con Dios". Pero como este pasaje deja en claro, él liquida igualmente la "fe" que no lleva a las "obras" (= conducta) apropiadas para la misma.

caso no es del tipo "haced lo que digo", sino "haced lo que hice"; y lo que él hizo cuenta toda la historia en términos de la dificultad presente entre los creyentes de Tesalónica.

Primero (v. 7b), y expresándolo en negativo, él les recuerda literalmente que "nosotros no fuimos 'desordenados' cuando estuvimos entre ustedes". Aquí está la frase que probablemente haya causado que muchos expertos y traductores se inclinaran hacia "ociosos" para esta palabra griega, ya que lo que sigue es una explicación de por qué las cosas no eran así en su caso; a simple vista, podríamos argumentarlo con alguna validez. Pero hacerlo es al mismo tiempo descuidar totalmente el significado principal de esta palabra griega ("fuera del orden"). Por tanto, lo que parece haber ocurrido es el tipo de situación que encontramos en la TNIV.

Por un lado, Pablo está preocupado por las personas "desordenadas" en el sentido de ser "ociosas y (de este modo) perturbadoras". Por el otro, la inquietud principal del apóstol aparece al final de nuestro versículo 8 ("no ser una carga para ninguno de ustedes"). Por tanto, concluye la presente cláusula recordándoles que tampoco "comimos el pan de nadie sin pagarlo". Para la mayoría de las personas en el mundo contemporáneo occidental, esto suena tan ordinario que simplemente no capta nuestra atención. Pero necesitamos considerar qué habría significado esto para él y para ellos. Aunque no sabemos cuánto tiempo estuvieron Pablo y sus compañeros en Tesalónica, él había establecido un patrón regular de "trabajar con sus propias manos", lo cual se convirtió en su caso en un problema del tipo "maldito si lo haces y maldito si no lo haces". Como indica la negación en la primera carta (1 Ts. 2:8-9), él había trabajado con sus propias manos a un gran costo personal para "no ser una carga para nadie mientras les predicamos el evangelio de Dios". Pero al mismo tiempo, esto eliminaba el hecho de que ellos pudieran ministrarlo económicamente. Esa decisión anterior benefició afortunadamente su presente argumento. Su ejemplo de "trabajar" para no ser una carga para nadie es precisamente el modelo que puede exponer ante los ociosos-rebeldes.

En el proceso de explicar esta idea, Pablo repite casi textualmente el lenguaje empleado en la anterior carta.[268] Como antes, su recordatorio consta de tres elementos. Primero, "trabajamos día y noche",[269] lo cual es una forma de decir que estaba teniendo que trabajar constantemente con sus propias manos. Segundo, ese "trabajo" implicaba para él "un esfuerzo arduo y sin descanso", palabras que juntas hacen hincapié en el trabajo como un esfuerzo en sí mismo, que tenía una

268. Para una exposición más exhaustiva de esta cláusula, ver comentario sobre 1 Ts. 2:9 anterior; cp. también 1 Co. 4:12, donde Pablo añade la frase "con nuestras propias manos", dejando en claro que está haciendo referencia a un trabajo "manual".

269. Gr. νυκτὸς καὶ ἡμέρας, que, como antes, es un genitivo de tiempo (= durante el día y la noche) en lugar de "toda la noche y el día".

dimensión de "trabajo duro". En otras palabras, él trabajaba arduamente en su ocupación y en una base continua. Tercero, la razón para hacerlo era una elección deliberada por su parte, más que una necesidad; y con esta dimensión, llegamos a la razón real de que se repita en este asunto. Con lo que sirve como una palabra indirecta a los ociosos-rebeldes, Pablo les recuerda que hizo eso "para no ser una carga a ninguno de ustedes". Si suponemos, como probablemente debamos, que los ociosos-rebeldes estaban presentes en la lectura de la carta como una palabra de Pablo a la iglesia, esto iba dirigido a ellos en última instancia, pero de una manera indirecta.

**9**

Con esta frase, Pablo pasa a ofrecer su explicación de la decisión de trabajar por su pan durante su estancia en Tesalónica en lugar de depender de ninguno de los creyentes tesalonicenses. La explicación llega en la forma de una cláusula "no/pero", cuyos dos lados son explicaciones necesarias de los recordatorios relativos a su "ejemplo" en las frases precedentes (vv. 7-8). La cláusula "no" es un descargo de responsabilidad significativo (¿y necesario?) que tiene que ver con su propia "autoridad" como apóstol, un asunto al que hizo alusión previamente en la primera misiva (2:7). Lo que Pablo quiere que ellos entiendan bien en este punto es que, como apóstol de Cristo, él tenía realmente "derecho" a su sustento. Si eso no quedaba claro entre ellos, el resto del argumento no tiene peso.

Una vez expuesto ese recordatorio, Pablo declara su razón principal de elegir "trabajar con sus manos" (1 Ts. 4:11): "Ofrecernos como un modelo a imitar por ustedes". Desde nuestra distancia, por supuesto, no podemos estar seguros de si esta motivación estaba presente desde el principio como su intención o si pudo haberse iniciado como una "necesidad" por su parte que pronto evolucionó a un "modelo" para los creyentes de Tesalónica. En cualquier caso, desde su perspectiva presente, lo segundo empezó pronto a servir como la razón principal para "trabajar con las manos" (1 Ts. 4:11). Así pues, lo que desde la perspectiva presente de Pablo *no* nació de la necesidad de "comer y beber", adquirió otro valor, lo que le permitió "ofrecernos [Pablo y sus compañeros] como un modelo a imitar por ustedes".

Con esta cláusula final, "para darles buen ejemplo", Pablo "envuelve" el argumento que comenzó con el mismo lenguaje al principio del versículo 7, en cuanto a lo que ellos "conocen". Lo que comenzó como un "deberían" al respecto de "seguir el ejemplo de Pablo" concluye con una cláusula de propósito que emplea el mismo lenguaje para explicar la misma idea. Según lo que él ha declarado en cuanto a su propósito al "trabajar día y noche" en el versículo 8 ("para no ser una carga a ninguno de ustedes"), al final no podemos estar totalmente seguros de su razón *principal* para dicho trabajo. Lo más probable es que él entendiera ambas razones como los dos lados de la misma moneda. En el lado práctico de las cosas, trabajaba "día y noche" para no ser una carga para ellos. Al mismo tiempo, lo que nació de la necesidad llegó a entenderse como un ofrecimiento a ellos de un modelo a imitar.

**10**

Con el nuevo modelo a su disposición, entendido ahora como algo a imitar por ellos, Pablo concluye con una nota que puede sorprender al lector posterior, pero que recuerda a los tesalonicenses algo que él "solía ordenarles"[270] cuando estaba presente entre ellos. El "mandato" es muy simple: "Si alguien no está dispuesto a trabajar, que no coma".[271] El elemento "sorpresa" para el lector posterior es el hecho de que Pablo hubiera establecido esa norma, aparentemente de una forma continua, cuando tanto él como sus compañeros estaban presentes con ellos.

Aunque no tenemos pistas en el texto en sí de *por qué* le había preocupado este tema incluso desde el principio de su ministerio allí,[272] no pueden existir dudas sobre el hecho de que el problema no era reciente (algo que hubiera surgido después de que el trío apostólico se hubiera marchado de Tesalónica). Tanto la primera cláusula de Pablo ("cuando estábamos entre ustedes") como poner el verbo en modo imperfecto ("solíamos daros esta orden") indican que algo no iba del todo bien entre ellos desde el principio. Las personas a quienes se dirigía este mandato son las destacadas en el versículo 6 como "andando [= viviendo] de una manera ociosa y perturbadora". El resto de la sección (vv. 11-12) seguirá explicando los detalles de lo que Pablo sabe de la situación.

## 3. Repetición del problema y de la exhortación (3:11-12)

[11] *Nos hemos enterado de que entre ustedes hay algunos que andan de vagos, sin trabajar en nada, y que solo se meten en lo que no les importa.* [12] *A tales personas les ordenamos y exhortamos en*[273] *el Señor Jesucristo que tranquilamente se pongan a trabajar para ganarse la vida.*

270. El verbo de Pablo (παρηγγέλλομεν) está en modo imperfecto, lo cual indica un mandato continuo o al menos repetido.

271. Como un estudiante asiático angloparlante escribió en un examen hace muchos años, el lema simplificado es: "No trabajas, no comes".

272. R. Jewett ha presentado el intrigante argumento de que no se está haciendo referencia aquí a las comidas en las "iglesias en casas", sino en las "iglesias de vecindario", en las que no habría un anfitrión de clase media o alta. También, en ese escenario, la comunidad en conjunto sería la responsable de estas comidas "de amor". En tal escenario, las presentes normas se considerarían absolutamente esenciales; todos deben "colaborar", por así decirlo, si quieren comer. Ver "Tenement Churches and Communal Meals in the Early Church: The Implications of a Form-Critical Analysis of 2 Thessalonians 3:10", *BR* 38 (1993), 23-43.

273. La TNIV representa aquí lo que es de lejos la interpretación "más difícil" de ἐν κυρίῳ Ἰησοῦ Χριστῷ (א* A B F G 0278 33 1739 1881 2464 lat); la TR sigue el Texto Mayoritario al interpretar διὰ τοῦ κυρίου ἡμῶν ("a través de nuestro Señor"). Aquí tenemos un caso claro en el

Con algo que, desde nuestra distancia, nos sorprende un poco, Pablo repite y resume ahora lo que ha declarado hasta este punto (desde el v. 6). Pero lo que empezó como un imperativo para toda la comunidad (apartarse de "todo hermano" que esté caminando de una forma desordenada, y por tanto no esté observando las "tradiciones" recibidas de él), se dirige ahora explícitamente a los propios ociosos-rebeldes (aunque sigue hablándole a la comunidad en su totalidad). Así pues, en dos frases (en griego; vv. 11 y 12), Pablo reúne lo que ha dicho hasta ese momento y lo comunica directamente a quienes necesitan corrección. Primero (v. 11), repite el contenido de su primera frase (v. 6), pero ahora por medio de un juego de palabras con el término "trabajo"; segundo (v. 12), habla directamente a los ociosos-rebeldes, pero (en sintonía con todo el pasaje) lo hace en la tercera persona en lugar de la segunda. Así pues, el todo va dirigido a "algunos entre ustedes" que "están ociosos y son perturbadores"; y a "tales personas" se les ordena ahora directamente que trabajen con sus propias manos para "ganarse el pan que comen".

**11**

Hacia el final de lo que comenzó como un simple mandato en el versículo 6, Pablo da a conocer a toda la comunidad lo que él ha sabido de una fuente desconocida para nosotros, probablemente Timoteo a su regreso de Tesalónica, tras haber entregado la primera carta. En cualquier caso, Pablo no duda de la validez de lo que ha "oído". El problema de un tiempo pasado (señalado en 1 Ts. 4:10b-12) persiste; y él presiona a la comunidad para que tome cartas en el asunto. La manera en la que el apóstol enfoca el doble mandato que sigue en el versículo 12 es explicar precisamente lo que ha llegado a sus oídos.

Al hacerlo, Pablo empieza repitiendo el lenguaje que ha empleado al entrar en este tema en nuestro versículo 6, excepto que lo que en el primer caso era un distributivo singular ("todo hermano") se expresa ahora en plural ("algunos entre ustedes"). Esta es sin duda una señal reveladora de que en ambas cartas Pablo ha estado preocupado por más de una persona con una vida "ociosa y perturbadora" (para cuyo significado, ver v. 6 anterior). Este plural explica además por qué en este segundo caso él está dispuesto a invertir tanto tiempo en este asunto, además de hacerlo al final de la carta, como una manera de enfatizar su importancia.

Pero ahora, con un juego de palabras considerable, Pablo explica que no están siendo simplemente "ociosos", tal como se les ha definido históricamente, sino que están perturbando la *shalom* de toda la comunidad. Aunque los juegos de palabras son casi imposibles de traducir eficazmente de una lengua a otra, los traductores de la TNIV han decidido en este caso plasmar justo eso, sin perder

---

que la "interpretación más difícil" debe prevalecer como la original, ya que no podemos imaginar que ningún escriba (o escribas) hubiera/n alterado esa interpretación perfectamente entendible por la encontrada en todos los testimonios más antiguos y mejores.

demasiada precisión en la traducción. El problema de Pablo es que estas personas no solo no están "trabajando" (*ergazomenoi*); además, se están "entrometiendo" (*periergazomenoi* = "trabajando entrometidamente"), un juego de palabras que todos habrían captado inmediatamente en la comunidad tesalonicense; esto fue plasmado muy acertadamente por la TNIV como "no ocupados, sino entrometidos". Como este recurso es sin duda intencionado por parte de Pablo, podemos estar seguros de que, si el lenguaje directo no dejaba en claro el problema, este juego de palabras llamaría la atención de todos —especialmente, de los "culpables" al respecto de este asunto—.

**12**

El "direccionamiento" de estos imperativos continúa ahora con el "a tales personas" con el que empieza esta frase (conservado acertadamente por la TNIV). Al mismo tiempo, dicho "direccionamiento" también da lugar a un imperativo directo, en este caso enfatizado por medio de imperativos sinónimos dirigidos ahora a los propios ociosos-rebeldes. De ahí el "ordenamos"[274] y "exhortamos"[275] a tales personas. No solo eso, sino que, en este caso, para reforzar aún más los imperativos enfáticos, como al principio de esta sección (v. 6), añade la base sobre la cual se dicta el mandato. Se hace "en el Señor Jesucristo", la octava de nueve apariciones del "nombre" completo en esta carta.[276]

El contenido del mandato en sí recurre al lenguaje expresado negativamente en el versículo 10 y se aplica ahora de una manera positiva a los ociosos-rebeldes. Una parte del énfasis de Pablo puede verse en el propio orden de palabras (lit. "con el fin de que 'tranquilamente' trabajando, su propio pan puedan comer"). Aquí se hace hincapié en que vivan o permanezcan "en un estado de tranquilidad sin perturbar" (como la BDAG). Como antes, esto no tiene que ver con estar "en silencio" como tal sino, como la TNIV ha traducido acertadamente, con que se "estabilicen" de manera que (de nuevo literalmente) "su *propio* pan puedan comer".[277] La clara implicación de la combinación de la expresión "tranquilamente" con el pronombre reflexivo enfático "su propio" es que esa "tranquilidad"

274. Gr. παραγγέλλομεν; recurre al mismo verbo empleado anteriormente en vv. 3, 6 y 10 (ver en 1 Ts. 4:11). En otros pasajes del corpus de la iglesia, solo en 1 Co. 7:10 y 11:17.

275. Gr. παρακαλοῦμεν, de lejos el verbo más común en Pablo y el resto del NT. Pablo lo utiliza en cada carta (incluidas las epístolas pastorales), excepto Gálatas, incluidas ocho ocasiones en 1 Tesalonicenses y unas 18 en 2 Corintios.

276. En esta carta siempre en este orden. Para las estadísticas de uso en todo el corpus, ver mi obra *Pauline Christology*, 26. Las únicas dos epístolas que exceden el uso en esta son 1 Corintios (10x/8x en el presente orden de palabras) y Romanos (11x/6x en el presente orden de palabras).

277. El énfasis aquí se encuentra en el propio texto griego (ἵνα μετὰ ἡσυχίας ἐργαζόμενοι τὸν ἑαυτῶν ἄρτον ἐσθίωσιν).

tiene que ver con no perturbar la *shalom* de la comunidad "aprovechándose" de otros creyentes; y además se incluye la implicación de que ellos han *decidido* no trabajar con sus propias manos. Así pues, ellos no están entre aquellos a quienes la vida ha dado un duro golpe, por así decirlo. Más bien, han elegido libremente no trabajar y vivir por tanto de la generosidad de los demás; y si estos "otros" en este caso son o no "adinerados" no se sugiere ni indica en el texto como tal, aunque en la naturaleza de las cosas en la cultura grecorromana del primer siglo, los ricos serían probablemente los objetivos principales de su indolencia.

Probablemente debamos tener una precaución divinamente inspirada al pensar sobre cómo se aplica un texto como este al tipo de mundo multicultural en el que la mayoría de los usuarios de este comentario se ha educado, particularmente porque la palabra "trabajo" ha adoptado un significado considerablemente diferente al del mundo en el que yo me crié. "Trabajo" tenía que ver con una labor manual, y cuanto más difícil o intensa era esta, más verdaderamente se entendía como "trabajo". En una época anterior, habría sido impensable que estar sentado delante de una computadora escribiendo este comentario se considerara trabajo en el mismo nivel que el del granjero, el albañil o el "obrero" de cualquier tipo. De hecho, ellos tenían el ejemplo de Pablo ("trabajar arduamente y sin descanso" en su ocupación) como "prueba" bíblica de su punto de vista. Sin embargo, la preocupación de Pablo en este pasaje, como en su expresión anterior en 1 Tesalonicenses 4:9-11, tiene que ver con la naturaleza "perturbadora" de quienes han decidido ir por ese camino —lo cual solo incrementa la farsa de haber traducido la palabra griega de Pablo *ataktōs* con el término inglés "ocioso"—. No es la "ociosidad" en sí misma la que preocupa al apóstol, sino la naturaleza rebelde de su negativa a trabajar y, por tanto, que perturben la *shalom* de toda la comunidad. Cualquier comunidad de fe tendría que estar legítimamente preocupada por ese tipo de "ociosidad".

### C. EXHORTACIÓN AL DESCANSO (3:13-15)

Tras haber ordenado a los ociosos-rebeldes que trabajen "con sus propias manos", Pablo se dispone a concluir esta larga exhortación. Para hacerlo, habla primero con quienes no son parte del problema y les insta a no "cansarse" de "hacer el bien" (v. 13). Y como estas personas, sin duda la mayoría de la comunidad creyente, deben llevar a cabo el "apartamiento" que se pide en el "mandato" precedente (v. 12), Pablo termina esta exhortación explicando cómo deben ocuparse de los que sigan desobedeciendo, especialmente después de haber sido avergonzados por la lectura pública de esta misiva. La mayoría no debe "relacionarse con ellos", de manera que los ociosos-rebeldes se "avergüencen" realmente de su conducta (v. 14); pero al hacerlo, esta misma mayoría no debe olvidar que estos "ociosos" son miembros de la familia. Así pues, se les debe advertir como a hermanos o hermanas

(v. 15) —miembros aún de la familia, sin duda, pero ahora en el borde exterior de la misma, por así decirlo—.

### *1. Hacer siempre el bien (3:13)*

13 *Ustedes, hermanos, no se cansen de hacer el bien.*

Por razones no especialmente claras, los traductores de la NIV (mantenido en la TNIV) decidieron incluir este imperativo no como el "encabezamiento" de la conclusión encontrada en los versículos 14-15, sino como la "conclusión" de las exhortaciones precedentes. En esto estaban aparentemente siguiendo la dirección de la RSV (mantenida también en la NRSV), con lo que estas dos son las únicas traducciones inglesas que lo hacen. Sin embargo, para tomar este camino, ambas traducciones han tenido que ignorar el uso por parte de Pablo del vocativo "hermanos", que en cada una de sus muchas apariciones en sus epístolas sirve como una manera de "señalar" una nueva sección o como una transición dentro de una misma sección. Simplemente, no existe analogía en Pablo del uso del vocativo para concluir un argumento.

**13**

Aunque es cierto que no existen indicadores seguros en el texto de que Pablo esté hablando ahora a toda la comunidad, tal suposición por sí sola parece dar sentido a esta exhortación. Por un lado, hablar de esta forma a toda la comunidad, tanto a la mayoría como a los pocos que estaban perturbando la *shalom* de la comunidad, permite al apóstol dejar el mismo imperativo a todos ellos; ninguno debe "cansarse de hacer el bien". Al mismo tiempo, por el contrario, también le es útil como prefacio de lo que pedirá hacer a toda la comunidad si los ociosos-rebeldes no obedecen el imperativo. Que eso sirva por tanto como "encabezamiento" para las pautas finales relativas a su tratamiento de los ociosos-rebeldes parece seguro tanto por el contenido del imperativo en sí mismo como por el hecho de que venga seguido por otros tres. Juntos, estos datos indican que Pablo está dando conclusión a este asunto al ofrecer este mandato general como una especie de "encabezamiento" para las "correcciones" finales que siguen.

También debemos señalar cómo es este énfasis paulino. Es común en varias situaciones contemporáneas, en las que se considera a Pablo como algo parecido a un héroe teológico, pensar en términos de "hacer lo *correcto*". Aunque ese lenguaje no es totalmente extraño al apóstol,[278] su propio énfasis se encuentra habitualmente en el presente lenguaje, "hacer el *bien*". Esto puede parecer un

278. Ver, por ej., Ro. 12:17; 13:3; 1 Co. 9:4-12 (4x); 2 Co. 8:21; 13:7; Col. 4:1. Pero resulta sorprendente que este tipo de lenguaje raramente aparezca en los imperativos éticos de Pablo (siendo excepciones destacadas los usos en Romanos 12 y 13).

problema pequeño para muchos, pero es una desafortunada parte de la historia de la iglesia el hecho de que el pueblo de Dios esté mucho más preocupado por "lo correcto" que por "lo bueno", y a menudo de maneras que abandonan totalmente lo segundo. Aunque Pablo está preocupado por ambas cosas, sus propios énfasis tienden a recaer sobre lo segundo, como en el presente pasaje. Después de todo, "lo bueno" casi siempre es "lo correcto".

## 2. Apartarse de los desobedientes (3:14-15)

14 *Si alguno no obedece las instrucciones que les damos en esta carta, denúncienlo públicamente y no*[279] *se relacionen con él, para que se avergüence.* 15 *Sin embargo, no lo tengan por enemigo, sino amonéstenlo como a hermano.*

Probablemente deberíamos leer estas amonestaciones finales con la presuposición de que los ociosos-rebeldes, al menos algunos de ellos, estuvieron presentes en la lectura de la carta. De ser así, ya debían de tener suficiente en ese momento, y como la acción prescrita ahí estaban por "avergonzarlos" totalmente en una cultura en la que el "honor" y la "vergüenza" eran valores absolutamente básicos, con estas últimas palabras a toda la comunidad, Pablo intenta suavizar el golpe, por así decirlo. De hecho, fuera de una cultura marcada por el concepto de "honor/ vergüenza", estas palabras tenderían a ser difíciles de comprender —no en términos de las propias palabras, sino de lo que habría impulsado a Pablo a decirlas—. Por un lado, él quiere que ellos experimenten verdaderamente "vergüenza"; por el otro, no quiere que esa "vergüenza" los saque totalmente de la comunidad. Así que, al final, él parece estar hablando a ambos grupos al mismo tiempo. Está bastante preparado para que los ociosos-rebeldes experimenten la vergüenza de ser expulsados de la comunidad creyente; pero también parece esperar que no se tenga que llegar a eso. De ahí la ambivalencia que muchos lectores modernos experimentan cuando leen estas palabras. Si Pablo no está intentando avergonzarlos, ¿por qué unas palabras como estas? La respuesta a tal pregunta parece ser un "sí" y "no" modificado. Él está bastante dispuesto a que ellos experimenten la clase de vergüenza que los llevará al arrepentimiento en la comunidad creyente; al mismo tiempo, desea que experimenten este grado de vergüenza "dentro", de manera que no tengan que sufrir la vergüenza absoluta "fuera" al ser totalmente apartados de

279. Tanto la traducción al latín (D F G vg) como finalmente el Texto Mayoritario (entendiblemente) insertan un καί delante de este imperativo, de manera que el texto de Pablo se leería así: τοῦτον σημειοῦσθε καί μὴ συναναμίγνυσθαι ("tomen especial nota de esta persona y no se relacionen con ella"). Difícilmente podemos imaginar las circunstancias en las que un *y* tan "aliviador" podría haberse caído del texto, accidental o intencionadamente. Pero parte de la fuerza de Pablo reside en lo abrupto del segundo.

la comunidad. Así pues, todo lo dicho aquí solo tiene sentido en una cultura en la que el "honor" y la "vergüenza" son dos de los valores más importantes.

**14**

En aras de una redacción correcta, los traductores de la TNIV han reorganizado el orden de palabras de Pablo, que en su texto griego pone todo el énfasis en el "alguno" que podría ignorar "nuestra instrucción en esta carta". Aunque en algunas formas pareciera que esto llega de sorpresa al final, es realmente la clara indicación de que Pablo sabe bien que no todos obedecerán de buen grado lo que él está ordenando a toda la comunidad. En efecto, el apóstol está instando a esta a "apartarse" de quien persista en ser un ocioso-rebelde y no esté dispuesto a conformarse ni siquiera después de que esta carta se haya leído en su presencia. De hecho, el resto debe "tomar especial nota"[280] de tal persona.

Pero la manera de "señalar" a alguien que persistiera en su actitud ociosa-rebelde tras la lectura en voz alta de esta carta en la comunidad sería no "relacionarse"[281] con él.[282] Y en este punto todo gira sobre "sentirse avergonzado" en una cultura del honor y la vergüenza. De hecho, este es el primero de solo dos ejemplos en sus cartas en los que Pablo sugiere esta clase de disciplina para las personas que estén haciendo lo incorrecto.[283] Si ellas estuvieron presentes en la lectura de la misiva, se vieron señaladas con vergüenza, algo que Pablo aparentemente esperaba que tuviera resultados efectivos y las llevara a cambiar sus caminos.

**15**

En uno de los momentos más sorprendentes en esta carta, Pablo no empieza esta frase calificativa con un esperado "pero", sino con un "y" (TNIV), que en este caso ellos habrían entendido probablemente como "pero al mismo tiempo". De nuevo, Pablo hace hincapié en parte en su orden de palabras: "No lo tengan por enemigo, sino amonéstenlo como a hermano". Su idea obvia es que su acción debe llevarse a cabo de una forma redentora en lugar de punitiva.[284] Pablo reconoce claramente que esa "corrección" puede realizarse de una manera que castigue, pero

280. Gr. σημειοῦσθε, un *hápax legómenon* del NT. La palabra, que comúnmente significa "anotar" algo, en este caso implica "señalar" a tal persona y fijarse especialmente en ella (BDAG).

281. Gr. συναναμίγνυσθαι; la misma palabra aparecerá en la siguiente carta de Pablo en términos de cómo debe tratar la comunidad corintia al hombre no arrepentido "que vive con la esposa de su padre" (1 Co. 5:9).

282. El uso del pronombre masculino aquí asume que la norma cultural tenía que ver con un hombre capaz de trabajar por su sustento, pero que no estaba dispuesto a hacerlo.

283. El otro es el del hombre incestuoso de 1 Corintios 5, una situación en la que "apartarse" se comprende mucho más fácilmente que este caso en el mundo cristiano occidental.

284. Pensamos en una madre que corrige a su hijo con una azotaina, acompañada por las palabras: "Esto me duele más a mí que a ti".

sin lograr al mismo tiempo redimir; y su inquietud a lo largo de todo este pasaje es redentora, tanto para la(s) persona(s) implicada(s) como para toda la comunidad.

Este pasaje ha tenido su propia historia escabrosa en la iglesia. En las iglesias más occidentalizadas y por tanto más "democratizadas" del mundo occidental, este tipo de disciplina solo es efectiva en comunidades étnicas más restringidas, donde el "destierro" es motivo de enorme vergüenza cultural. Para el resto del mundo occidental, tiende a ser un "o lo tomas o lo dejas" por parte de quienes ofenden y de la comunidad en general. Este tipo de destierro únicamente desempeña un papel significativo en congregaciones en las que el poder en manos de los líderes de la iglesia es especialmente fuerte. Y esto es simplemente un intento de ser observador (en el primer sentido de esa palabra, que significa ser un buen observador del mundo en el que uno vive), no una sugerencia sobre cómo deberían cumplir las iglesias en las sociedades más democráticas estos imperativos comunicados en un orden cultural muy diferente. Cualquier "destierro" que tuviera lugar en la iglesia posterior debería tener al menos la misma posibilidad de eficacia que este.

## IV. ASUNTOS FINALES (3:16-18)

Lo más sorprendente acerca de los "asuntos finales" en esta carta quizás sea, aparte de la "gracia" en sí, que en este caso incluye a "todos ustedes"; cuán diferente es de su pasaje análogo de la primera carta. De hecho, todo lo que necesitamos es comparar las "conclusiones" de sus dos cartas conservadas a la iglesia de Corinto para reconocer que tales "diferencias" se convertirán en el repertorio de Pablo al respecto de estos asuntos.[285] En este caso, como en 2 Corintios, los "saludos finales" son breves y directos: una bendición viene seguida por un momento de autenticación y la gracia de cierre final. La carta, de una manera aparentemente deliberada, termina con la misma nota con la que empezó, con un deseo de "paz" y una "gracia" final, retomando en orden inverso la "gracia a ustedes y paz" de la salutación.

### *A. BENDICIÓN (3:16)*

[16] *Que el Señor de paz les conceda su paz siempre y en todas las circunstancias. El Señor sea con todos ustedes.*

Pablo llega a su saludo final de una manera muy judía en esta carta, ofreciendo a los tesalonicenses un "deseo de paz", una oración-deseo singularmente diferente de

285. Esta idea en particular debería significar la muerte de las teorías de la falsificación, ya que se esperaría que un falsificador "autenticara" la carta adoptando (o al menos adaptando) el material de la primera epístola. Pero no es así; el material aquí encaja distintivamente con la presente carta y con ninguna más.

la que aparece en la primera misiva, que se centraba en que vivieran vidas santas. Pablo se preocupa totalmente aquí de que experimenten la propia *shalom* de Cristo.

**16**

Cuando Pablo se acercaba al final de su primera epístola, oró: "Que Dios mismo, el Dios de paz, los santifique por completo". Pero en la presente carta, la "vida santa" no ha sido en absoluto el foco de atención. Más bien, lo han sido la venida del día del Señor y la *shalom* dentro de la comunidad creyente. Así pues, la oración-deseo en este caso pide al "Señor de paz" que les conceda esa paz. En muchas maneras esta es la más "judía" de todas las bendiciones paulinas; pero sin duda, esa no es la razón de la misma. A la luz del contenido precedente (el juicio venidero de Dios sobre sus enemigos; el tiempo del día del Señor; y la alteración provocada por los ociosos rebeldes), esta oración es precisamente lo que se necesita. Así pues, en sintonía con lo que se convertirá en su hábito vitalicio, la "gracia" al final de la carta se centra totalmente en la *shalom* de los creyentes tesalonicenses. Y siguiendo el enfoque cristológico general en esta carta, la oración es que "el Señor de paz" les conceda esa paz.

Tal como ocurre a lo largo de toda la epístola, por tanto, esta oración tiene considerables implicaciones cristológicas que Pablo simplemente da por supuestas y no explica, pero es necesario hacerlo para nosotros. Primero, en línea con el enfoque principal de las oraciones en 2:16 y 3:5, la oración en sí misma va dirigida a Cristo, y de nuevo como en 3:5, a Cristo únicamente. En cartas posteriores, esta oración se dirige al "Dios de paz",[286] pero en sintonía con el cristocentrismo de esta carta, Pablo dirige su oración al "Señor de paz". En ella pide que ellos conozcan la paz de Dios "siempre y en todas las circunstancias", las dos expresiones que abarcan todo lo que es la vida, tanto en el aspecto temporal ("siempre") como en el de la experiencia ("en todas las circunstancias").

Resulta por tanto interesante que la salutación de 1:2, que engloba al Padre y al Hijo como la fuente de "la gracia y la paz", se centra totalmente solo en el Hijo al final de la carta, lo cual se vuelve muy notorio en la oración subsiguiente: "El Señor esté con ustedes". Esta última plegaria es un momento final (raramente señalado[287]) de intertextualidad en esta carta, especialmente digno de mención. En este momento singular en sus epístolas, Pablo recurre a su herencia judía con la bendición tradicional: "El Señor esté con ustedes". Solo en este caso, dada la naturaleza de la carta, la misma pasa a ser "El Señor esté con *todos* ustedes". Con ello, él se apropia del lenguaje que en el Antiguo Testamento se veía como una evidencia de fidelidad a Yahvé, como el autor de Rut gusta de señalar. Así pues, Booz saluda a sus segadores con: "Que el Señor esté con ustedes"; al cual ellos

286. Ver anteriormente en 1 Ts. 5:23; cp. 2 Co. 13:11; Fil. 4:9.

287. Las excepciones son Marshall (230) y Richard (385).

responden: "¡Que el Señor lo bendiga!" (Rut 2:4).[288] El saludo de Pablo refleja una vez más el (en este caso carente de verbo) texto de la Septuaginta:

> Pablo - El Señor (esté) con todos ustedes.
> Rut - El Señor (esté) con ustedes.

Así pues, de nuevo de una manera especialmente significativa, Pablo se ha apropiado de lo que pertenecía estrictamente a Yahvé en un pasaje del Antiguo Testamento y lo aplica directamente a Cristo.

### B. SALUTACIÓN PERSONAL DE PABLO (3:17)

17 *Yo, Pablo, escribo este saludo de mi puño y letra. Esta es la señal distintiva de todas mis cartas; así escribo yo.*

**17**

Con esta quinta —y última— aparición en estas dos cartas de la primera persona del singular,[289] es obvio que Pablo toma ahora la pluma y "firma" personalmente. Sin embargo, una de las idiosincrasias genuinas de los expertos en el Nuevo Testamento es que quienes niegan que Pablo escribiera esta carta utilizan esta salutación como prueba definitiva para condenarla como *no* paulina. Sin embargo, eso sería un intento de precisar lo imprecisable. Este mismo fenómeno también tiene lugar en Gálatas 6:11, y el mismo tipo de argumentación debería prevalecer en contra de la autenticidad de esa epístola, pero por supuesto nadie pensaría jamás en hacerlo. En el presente caso, de hecho, la evidencia en la propia carta indica que Pablo no está del todo seguro de la fuente de la información errónea que ha creado inquietud entre ellos (2:2 y 15); así pues, el presente énfasis parece diseñado para descartar una carta falsificada como *una* de las opciones.

Lo que estas dos cláusulas nos indican además es lo que de otra forma podrían haber observado únicamente los destinatarios originales, concretamente que la caligrafía del cuerpo de la carta y la de esta salutación final habrían sido obviamente diferentes. Aunque posteriormente llegamos a conocer el nombre del "escriba" (Tercio; Ro. 16:22), esta epístola y Gálatas ofrecen juntas la mayor prueba de que Pablo dictaba sus cartas y las firmaba al final.

De un gran —pero definitivamente irresoluble— interés es saber cuántas de sus cartas anteriores ("todas mis cartas") fueron escritas a iglesias, como nuestra 1 Tesalonicenses y esta. En cualquier caso, esta expresión final sugiere que Pablo

288. Para este fenómeno, ver también Jue. 6:12 y Lc. 1:28, ambos precedidos (como aquí) por el deseo de paz.

289. Ver p. 135, nota 15, sobre 1 Ts. 2:18.

ya había comenzado con el hábito de comunicarse con sus iglesias por medio de cartas, lo cual indica, además —junto con la correspondencia perdida a la iglesia de Corinto— que nuestra colección no es sino una parte de las misivas que escribió a sus iglesias. En este punto, las doctrinas históricas de la providencia e inspiración divinas recogen el testigo a la luz de lo que la evidencia histórica no puede demostrar, de una manera u otra.

### C. BENDICIÓN (3:18)

18 *Que la gracia de nuestro Señor Jesucristo sea con todos ustedes.*

Como esta "gracia" final es casi idéntica a la de la primera carta, empiezo aquí simplemente adjuntando esos comentarios, solo con algunas ligeras modificaciones. No obstante, la única diferencia, la adición de "todos ustedes", necesita ser comentada.

**18**

Es digno de señalar que el "adiós" estándar en las cartas antiguas era *errōso* (lit. "sean fuertes"), que únicamente aparece en el Nuevo Testamento en la carta de Santiago registrada en Hechos 15:29. Tal como ocurre con la salutación con la que comenzó nuestra carta, esta conclusión estándar se ha cristianizado. El apóstol los saludó al principio con la "gracia", el favor de Dios que es suyo por medio del "Señor Jesucristo"; y ahora en la conclusión, él les desea esa misma "gracia". En el vocabulario de Pablo, este es el término que engloba todo lo que Dios ha hecho y que él desea que haga por sus amigos tesalonicenses por medio de Cristo Jesús.

La adición de "todos ustedes" al final de esta salutación parece estar en sintonía con el contenido de la propia carta, especialmente a la luz de la inquietud inmediatamente precedente que Pablo ha decidido tratar al final. Quizás no deberíamos dar demasiada importancia a una adición de otro modo "pequeña", pero como esta es básicamente exclusiva de esta carta,[290] es necesario decir algo más. Tal como ocurre con la salvedad que concluye la instrucción/corrección precedente (v. 15), esta parece ser otra manera (quizás sutil, pero sin embargo real) de englobar a toda la comunidad en la gracia final. Analizado de esta forma, quizás esté dando la mano de la comunión a algunos que de lo contrario necesitarían corrección para poder ser parte del "todos".

Al final debemos señalar una vez más que quienes piensan que esta carta es una falsificación se enfrentan a enormes dificultades históricas. La pregunta definitiva es "¿por qué?": ¿por qué y por quién se tomaría alguien la molestia de

290. Digo "básicamente" porque el "todos" aparece también en la bendición triple de 2 Corintios, que es única en el corpus; así pues, el "todos" en ese caso no es igual que este.

escribir semejante carta en nombre de Pablo? Ante todo, el tiempo que habría necesitado su "autor" para meterse tanto en la piel de Pablo como para reproducir las decenas de asuntos que solo un autor conocería, parece estar verdaderamente fuera del alcance, incluso de la imaginación histórica. Y después, hacerlo al respecto de asuntos aparentemente mucho menos importantes que otros que podrían haberse tratado parecería algo carente de propósito. Esto no es restarle importancia a la carta, sino plantear la pregunta definitiva: ¿por qué?

Y no solo eso, sino que también debe plantearse la pregunta "¿cómo?": ¿cómo podría un falsificador haberse metido tanto en la piel de Pablo, por así decirlo, como para mantener los elementos gramaticales y estilísticos relacionados únicamente con 1 Tesalonicenses en el corpus paulino? Al final, esta es una carta que bien podemos entender como escrita por Pablo al ver que algunas cosas de la primera misiva no iban tan bien como él habría esperado; pero parece fuera del alcance de la imaginación histórica que alguien lo hiciera tan pronto en la iglesia. Y haberlo hecho en una fecha posterior, sin caer en la tentación de incluir en ella asuntos del resto del corpus solo aumenta las dificultades. Así pues, esta suposición queda como una "teoría" simple y pura, una que debería perder su sitio definitivamente en los estudios paulinos.

# ÍNDICE DE AUTORES MODERNOS

# ÍNDICE TEMÁTICO

# Índice de referencias bíblicas

**2 Corintios**



**Gálatas**



**Efesios**



**Filipenses**

**2 Tesalonicenses**



**Filemón**



**1 Timoteo**



**2 Timoteo**



**Tito**